此书为国家社科基金重点项目《翻译理论的中庸方法论研究》结项专著（项目编号：12AWW001）

A Methodological Study of
Centering-the-Heart
on Translation Theory

翻译理论的中庸方法论研究

蔡新乐 著

南京大学出版社

目 录

体例说明 ·· i
0 绪 论 ·· 001
0.1 解题 ·· 003
0.2 目前翻译研究的理论探索的困境：翻译研究领域的反理论和非理论倾向 ·· 004
    0.2.1 我们身在何时 ·· 004
    0.2.2 后现代的"反理论" ·· 005
    0.2.3 "前现代"的"非理论" ·· 012
    0.2.4 依然迷茫的出路 ·· 015
0.3 中华思想视角下的翻译理论——兼论西方"原型"翻译思想 ······ 018
    0.3.1 早已发端的思想 ·· 018
    0.3.2 西方翻译理论的原型 ·· 021
    0.3.3 中华转向指向的意义 ·· 024
        0.3.3.1 有教无类对翻译的场域设置 ························· 025
        0.3.3.2 孔子"学习"的要义及其与翻译的关涉 ··········· 028
        0.3.3.3 《论语》和佛家"如实论"之中的"如"与翻译的境界
        ·· 031
    0.3.4 从逻辑思维走向恕道 ·· 034
0.4 儒家交流论的基础："恕道"、"感通"以及"学"和"孝" ······ 035
    0.4.1 《论语》之中的"恕道" ·· 035

  0.4.2 《周易》之中的"感通" ··· 040
  0.4.3 《论语》之中的"学"和《孝经》之中的"孝" ················· 044
0.5 历史的成绩与研究现状 ··· 048
  0.5.1 中国译论史之中的中庸化倾向 ································· 048
  0.5.2 钱锺书对严复的误读及其问题 ································· 059
    0.5.2.1 钱锺书笔下"信达雅"的出处 ························· 059
    0.5.2.2 "信达雅"所隐含的"中庸"理论方法论 ··············· 060
    0.5.2.3 字词的趋同并不能遮掩思想渊源的分殊 ············· 063
  0.5.3 当代传统译论的新进展 ·· 068
0.6 研究空白、研究问题及其导向 ·· 075
0.7 作为翻译理论方法论的中庸之道 ······································· 079
  0.7.1 中庸之道的一般意义 ··· 079
  0.7.2 中庸之道的跨文化作用 ··· 082
  0.7.3 中庸之道的导向的要义 ··· 091
0.8 本书的思路和结构安排 ··· 097

1 内外合一，反复其道：以《论语》之中的"文"为中心 ······ 101

第一部分 ··· 103
1.1 "文章"与人的跨文化构成 ··· 103
1.2 《论语》之中的"文"以及相关表达的跨文化意义 ···················· 106
1.3 "夫子之文章" ··· 109
  1.3.1 问题的提出 ·· 109
  1.3.2 "文章"内在化倾向，《论语》之中的内证 ···················· 111
  1.3.3 作为中庸之道的方法论与阴阳之道 ······························ 112
  1.3.4 "夫子之文章"的译解："文章"与"天道"（阴阳之道）的内化，解经者外化的偏颇 ··· 115
  1.3.5 英译者外化的问题 ··· 121
  1.3.6 中庸之道与德里达和黑格尔的哲学的对比 ····················· 123

1.4 《论语》另一处的"文章" ……………………… 127
1.4.1 问题重温 ……………………… 127
1.4.2 《论语》内外"文"之为"德"之证 ……………………… 129
1.4.3 "文章"的译解及其问题 ……………………… 131
1.4.4 海德格尔哲学之中的阴阳之道 ……………………… 140

1.5 夫子之"归与归与"和"斐然成章" ……………………… 142
1.5.1 问题的再次提出 ……………………… 142
1.5.2 "斐然成章"的今译的问题 ……………………… 144
1.5.2.1 从"相得益彰"开始的"斐然成章" ……………………… 144
1.5.2.2 中庸之道视角下"归"的意指与"斐然成章" ……… 147
1.5.3 "斐然成章"与"归与归与"的英译 ……………………… 150
1.5.4 孟子对夫子之"归"的解读 ……………………… 155
1.5.5 夫子之归与中庸之道 ……………………… 159

1.6 "博学于文"与中庸之道观 ……………………… 161
1.6.1 "摄心"与文德 ……………………… 161
1.6.2 "文"与"博学于文" ……………………… 162
1.6.3 "博学于文"及"博我以文"的译解问题 ……………………… 166

第二部分 ……………………… 180

1.7 《论语》中之"文莫" ……………………… 180
1.7.1 走进"文"的要求 ……………………… 180
1.7.2 "文莫"之"莫"并非虚词,不当以杨伯峻的译解为准 ……… 181
1.7.3 对有关译文的批评 ……………………… 185

1.8 "以儒解儒"的中庸之道方法论:以《论语》"文过"与"文之以礼乐"的汉英译解的内在化指向为例 ……………………… 189
1.8.1 什么叫"以儒解儒" ……………………… 189
1.8.2 "以儒解儒":《论语》英译研究的方法论问题 ……… 192
1.8.2.1 相关博士论文方法论的缺席,与《论语》解经的回归 ……………………… 192

　　　　1.8.2.2　以儒解儒的学问修身：为己之学的指向 …………195
　　1.8.3　"小人之过也必文"与"文之以礼乐"的汉英译解的问题 … 200
　　　　1.8.3.1　"小人之过也文"的汉英译解 …………… 200
　　　　1.8.3.2　"文之以礼乐" ……………………………… 206
　　1.8.4　"斯文"必依中庸之道而在 ………………………… 215
1.9　从中庸之道看"子以四教"的汉英译解 …………………… 217
　　1.9.1　"四教"为什么不能成其为四 ……………………… 217
　　1.9.2　汉英译文及其问题 …………………………………… 220
　　1.9.3　"文"的意义与"四教"之正义 …………………… 224
　　1.9.4　儒家与道家所分有的宇宙论 ………………………… 233
1.10　本章小结：有"文"方能"章" …………………………… 237

2　阴阳循环、生生不已：从"生生"、"亲亲"到"茫茫"——一个特色性表达方式及其跨文化译解的中庸的运用 ………… 251

第一部分 ……………………………………………………………… 253
2.1　"生生之意"与本章的构思 …………………………………… 253
　　2.1.1　"生生"何为——海德格尔哲学映衬下的"生生不息" …… 253
　　2.1.2　"生生"的一般解说及本章思路 …………………… 259
2.2　"生生"与中庸之道 …………………………………………… 261
　　2.2.1　"生生"的要义及以"三"（参/叁）来验证的一般说明 …… 261
　　2.2.2　"生生"、"存存"："不息"要求跨语言的新的表达 …… 264
　　2.2.3　"乾乾"与"至至终终"："天道"的承载如何显现于目的语
　　　　　　…………………………………………………………… 275
　　2.2.4　"井井"的"心意"及其跨文化处理 ……………… 283
　　2.2.5　"纯亦不已"的"生生"与"事事物物"之中的"大本" …… 294
2.3　反思、"生生"与"正名" …………………………………… 304
　　2.3.1　黑格尔对孔子的"非思辨"的误解 ………………… 304
　　2.3.2　"反思"与"生生" …………………………………… 305

####### 2.3.3 海德格尔和德里达与儒家思想可能的契合 ·········· 312
####### 2.3.4 海德格尔有关事物存在样态的例子 ············· 317
####### 2.3.5 海德格尔的"世界世界化"与"君君臣臣"和"贤贤易色"的英译
··· 319
######## 2.3.5.1 海德格尔的"世界世界化" ··············· 319
######## 2.3.5.2 "君君,臣臣"的意义和英译················ 323

第二部分··· 331
2.4 孟子之乐乐 ·· 331
2.4.1 从中庸看孟子的"亲亲" ························ 331
2.4.2 孟子之"乐乐"、"亲亲"与"生生" ················· 332
2.4.3 孟子的"为为"、"知知觉觉"及孔子的"时时而中" ······ 350
2.4.4 回到"贵贵"和"亲亲"的孟子 ····················· 361
2.4.5 孟子的"乐乐"与"生生" ························ 375
2.5 "茫茫"之中论"生生":就毛泽东的诗词用语,看《红楼梦》相应表达的英文翻译 ······································· 377
2.5.1 对诗歌之中的叠词的运用的一般说明 ·············· 377
2.5.2 毛泽东诗词之中的"茫茫"和相关的用语 ············ 378
2.5.3 《红楼梦》之中"茫茫"的译解 ···················· 384
2.5.4 "茫茫"、"离离"和"萋萋":《敕勒川》与《草》 ········ 388
2.6 本章小结:"生生"的跨文化负载或使命 ················· 393

3 以明为德,参赞天地:中庸之道视角下的"明"的汉英译解
··· 399
第一部分··· 401
3.1 "明"所昭示的就是作为思想方法的中庸之道所要印证的 ···· 401
3.2 "明"在儒家著述之中的重要性 ······················· 403
3.3 从"明明德"看"明"的意义和作用,及汉译译解之中"天"的缺席
··· 407

3.4 庞德对"明"的处理及海德格尔对荷尔德林的疏解的启示 …… 422
3.5 回到"易道"之"日月之明"与《大学》之中所引的《尚书》之例 …… 435
3.6 《中庸》之中的"诚明" …… 445
3.7 老子的"知常曰明"与庄子的"不若以明" …… 450
3.8 新的译文和杜诗译解的检测 …… 469

第二部分 …… 482
3.9 "明"、"生生"与上帝之"圣名" …… 482
 3.9.1 "明"的"生生之意"及其在字典之中的解释 …… 482
 3.9.2 上帝之"圣名"与"明"之"生生" …… 487
3.10 《淮南子》之中的"神明":再回《周易》看"明"的英文处理 …… 493
 3.10.1 《淮南子》之中的"神明"与《荀子》之中的"文"和"神" …… 493
 3.10.2 《周易》之中的"神明" …… 498
 3.10.3 《周易》之中"明"的另一些译例 …… 511
3.11 若以"明"字解禅诗——论安德鲁·怀特海《无月之月与美女:翻译一休宗纯》 …… 524
 3.11.1 一休宗纯其人其诗 …… 524
 3.11.2 安德鲁·怀特海对《中秋无月》诸译文的批评 …… 525
 3.11.3 论者的新译及其所作的说明 …… 528
 3.11.4 四句教与四料简 …… 530
 3.11.5 另一种新译 …… 538
3.12 本章小结:"明"之"参天地之化育" …… 540

4 自然而然,适时而作 …… 549
4.1 自然而然与中庸 …… 551
4.2 "诗经节奏"与"凤姐登场" …… 553
4.3 "诗经节奏"与英文的一般表达 …… 557
4.4 "诗经节奏"和海德格尔的"将作为语言的语言带给语言" …… 561
4.5 春秋必还原为"春秋":一篇散文看分明 …… 564

4.6 中庸之道启动的"回家"之旅:以《简·爱》前三段为例……………… 579
4.7 坚持"恕道"的决定性作用 ……………………………………… 623
    4.7.1 鲁迅的"小"与曹丕的"审己" ……………………………… 623
    4.7.2 从"恕"看"恕"的英译 ……………………………………… 627
    4.7.3 依"恕"而行的翻译批评:一个讨论……………………… 638
4.8 本章小结:"回家"与古典回归………………………………… 642

5 结论:跨文化之中需要创造出"阴阳互动和感通的语言"
………………………………………………………………………… 649
5.1 一个归纳:中庸之道主张内德的打造和自然回归…………… 651
5.2 中庸之道突出诗的真正的内在性及其生生之德 …………… 652
5.3 中庸之道引向跨文化之中的"阴阳互动和感通的语言"的创造,兼评安乐哲与郝大维的"焦点与场域的语言"……………………………… 663

主要参阅文献 ……………………………………………… 678

体例说明

一、因为第一、第二、第三诸章较长,故而,将之分为第一和第二两个部分。

二、文中引用的儒家经典,如《论语》、《孟子》、《大学》、《中庸》、《周易》、《诗经》以及《左传》等,均以《十三经注疏》(李学勤主编,北京大学出版社,1999年版)为据;所引其他诸家文本,如《道德经》、《庄子》、《荀子》、《淮南子》以及《吕氏春秋》等,主要以《诸子集成》(中华书局,1954年版)为准。

三、引文一般加脚注,每页单独排序。

四、各章第一次注释为详注,其中包括作者、书名、出版社名称以及出版时间等;同一著作或论文在后文出现,则只给出作者、书名以及页码标示。

五、例句则加以行内注,给出译著者以及发表时间。

绪论 0

0.1 解　题

本书通过对中庸之道的理论分析和阐述,试图为翻译研究的基础理论方面的探究提供助益或新的思路,也期待未来能为儒学翻译学的一般理论的建构做出贡献。

本章绪论,主要的任务为:第一,对目前翻译研究领域理论缺失或缺席的危机的严重性进行分析,以突出真正的理论的历史必要性;第二,对儒家思想进行一般性的介绍,以说明将之引入译论建设的重要意义;第三,对中国传统思想在翻译领域指导性的研究及其当代进展进行文献综述,以确定研究空白和研究问题;第四,对作为方法论的中庸之道加以辨析和定位,以对本书的理论导向以及中庸之道本身对翻译研究的重大作用进行界说;第五,在上述任务完成之后,对本书的思路和各章具体内容加以说明,以期强化论述的合理性和有效性;第六,对预期的结论进行相应的介绍。

此一绪论的主旨是,论证以"西方"为标签的翻译理论,因受到"后现代"的"反理论"和"前现代"的"非理论"的夹击,而使其"现代"难以见出,因而,面对翻译研究的种种问题,应对无方,攻守无据。如此的局面正可说明,中华文化的思想资源在一个新的时代有了展现她的力量的历史机遇和可能性。

文化的输出,主要表现为思想的输出。设若外传仅仅是物质意义上的,时过境迁则一定物是人非。而思想上的输出,要依赖的正是优秀的传统。惜乎中华文化的思想传统自近代以来一直被视为过时的东西(所谓"国故之学")甚或"毒草",而历来最有影响的儒家思想更是被不断"打倒"。在这种情况下,即使想使儒家思想的普遍性作用呈现出来,无疑也十分困难。起步之时,我们应对的办法是,坚持以儒家思想本身,首先来处理儒家经典本身的语内和语际释义。应该强调,理解,不论是语内或是语际,都要回到思想的起源之处:只有在一个原点上,才谈得上对传统的理解,也才能启动思想的外传;没有既定的文化立场,也就不存在跨文化的交流。

因而,本章最终的指向是,通过论证来说明,中华文化思想具有特定的力量,能以其对"生生"和"感通"的仁爱追求,来奠定人的精神世界的活力。这样的精髓的确有助于打破理性主义的分隔和分割之弊,将人统一在情感的维系之中,因而适足为跨文化交流奠基。

0.2 目前翻译研究的理论探索的困境:翻译研究领域的反理论和非理论倾向

0.2.1 我们身在何时

欲言翻译研究,先需回答一问题:我们目前身在什么"时代"? 若仍执着于"后现代"或"前现代"而无所松懈或对之无所顾及,便很难走出"时代困境":"无所谓理论"、"反理论"乃至"后理论"已成时尚。在反逻各斯中心主义大行其道的当下,此一领域仍一力建构体系、成就系统,强化"学科建设";但若与"时代潮流"背道而驰,在"理性主义"的"现代工程"早被唾弃之时,有关努力何以成就? 另一方面,或许同样无意识或不自觉的,就是坚持"常规性的"观点而不问今夕何夕,甚至立足于对理论的拒斥和不思的"知识化",即令进行了某种总结,最终也不会形成有建设意义的思想结果。

如此,毫不奇怪,胡开宝在"首届翻译学国际前沿课题高端研讨会"[①]以"当代中国译学研究:问题与展望"为题发言,以大数据揭示,2000—2015年,中国学界在翻译研究的基础理论方面一片空白。可以认为,首先是"时代"思想重点的转移,使研究者无以"措手足"。

但本节只是希望说明,翻译研究目前深陷两难:一方面是"反理论",即理性有效性终结之后,主客二分无以成立,人对事物的所谓认识或曰本质捕捉已不可能。因而,理论化只能偶在化和碎片化,是描写性的和艺术性的,

---

① 2016年12月17日,北京师范大学外国语言文学学院举办。

而不可形成规约和示范。另一方面则是"非理论":停滞于常识,以不思为思,甚至堂而皇之地对真正的思想进行所谓批判,实则将实践和经验之谈作为理论的替代。历史并不久长的翻译研究,或仍需回到现代,才能找到进路? 但是,也只有更多引入异域思想资源,才能在基础层面有所推进甚或起步。前路漫漫而任重道远,而本节所论,不过是以一己之见对严重局面略示端倪而已。

0.2.2 后现代的"反理论"

翻译研究作为一门学科不过几十年的历史,发轫之初,正待建构理论体系,20世纪60年代兴起的后现代对逻各斯中心主义的解构一时发作,直接影响到学科独立性建构的思考。此外,哈贝马斯提出"现代"仍是一项"未完成的工程"。二者恰相反动,至今仍是人文学科诸多方向思考的焦点。但翻译研究领域很少走出自身,尚未引入思考就已陷入"不知如何是好"的窘境。

比如,目前盛行的"所有在目标语系统里被呈现为或被认为是翻译的,就是翻译"①,不就是尼采所说的"[……]我要说,恰好没有事实,只有解释。我们不可能确定事实本身:这样做的尝试也许是毫无意义的"翻版? 如此典型的后现代思路,似欲突出目的语文本,实则强调个体主义即为一切。论者认为,正因上帝已死,也就不存在任何客观、绝对价值。②

这种倾向也正是描述主义(descriptivism)的特征性表现。如倡导"文化转向"的 Bassnett③ 在总结她与 Lefevere 的"历史贡献"时,直接将 ideology

---

① Gideon Toury(著),*Descriptive Translation Studies and Beyond*,第32页,Amsterdam: John Benjamins Publishing Co. ,1995年版。
② A. Nehamas(撰), "Nietzsche",收入 Michael Groden, Martin Kreiswirth 与 Imre Szeman(编), *The Johns Hopkins Guide to Literary Theory and Criticism*,第710-713页,引文见第713页,Baltimore and London: The Johns Hopkins University Press, 2004年版。
③ Susan Bassnett(撰), "Culture and Translation",收入 Piotr Kuhiwczak 与 Karin Littau(编), *A Companion to Translation Studies*,第13-24页,引文见第14页,Clevedon: Multilingual Matters Ltd, 2007年版。

和 ethics 及 culture 三者并置，不作任何界定，对主导性关键词亦未作说明。① 更有甚者，竟以"文本网格"(textual grids)和"文化资本"两个"方法论工具"来支撑"文化转向"的"可能性"，尽管并未区分"文本网格"和"概念网格"，甚至对"文化资本"也语焉不详！②

一方面，Bassnett 坚持认为，在人文学科的整个领域都已出现她所说的"文化转向"。言下之意，他们二位洞见非凡。但另一方面，以两个简单的"工具"来支撑如此重大的"转向"，又不计其来源和出处，不论其是否具有思想或理论力量担负起"历史重任"，不理二者的逻辑关联和理性意义。这，能说得通吗？

在对如此的"重大事件"的追溯之中，Bassnett 还表现出另一种后现代的特色：无视逻辑合理性。她的论文最后极力强调不能将"文化"和"语言"截然分开，否则便会形成"蛋生鸡还是鸡生蛋"的戏论。如此，"文化转向"若可视为"语言转向"，"转"与"不转"可有区别？ 如此结论，不仅扭曲了它的正当性，也有意搁置读者的判断能力，甚或对之加以剥夺。

这种"反理论"的情调，在 Hermans③ 甚为时尚的论文中亦有鲜明表现：此文题目即为"Cross-cultural Translation Studies as Thick Translation"（"作为厚重翻译的跨文化翻译研究"，或"跨文化翻译研究即厚重翻译"）。设题径直以类比的方式，将本来不同的事物等同起来，的确意在弃却逻辑。不过，作为一种活动的"翻译"（且不论是否"厚重"），能直接变为与作为一个学科的"翻译研究"同质的东西吗？ 如此而为，十足体现后现代的理论与书写、思想和实践的混融。但问题是，若翻译可与研究它的理论等同，后者还

---

① 参见蔡新乐（撰），《"文化转向"无向可转？——巴斯奈特论文〈文化与翻译〉》，载《外国语文研究》2015 年第 1 期，第 78–85 页。
② Susan Bassnett（撰），"Culture and Translation"，收入 Piotr Kuhiwczak 与 Karin Littau（编），*A Companion to Translation Studies*，第 19–20 页。
③ Theo Hermans（撰），"Cross-cultural Translation Studies as Thick Translation"，*Bulletin of the School of Oriental and African Studies*，University of London，Vol. 66，No. 3（2003），第 380–389 页。这里引用的是网上转载的文章，详见爱问共享资料(http://ishare.iask.sina.com.cn/f/13111620.html)，2013 年 1 月 2 日采集。

要、还能系统化吗？反过来，作为一种活动的"厚重翻译"靠什么来展开？更何况，二者若可混同，又何必多此一举，以二名"代"一名？

  Hermans 的书写的确就是这样的用意：翻译研究无所谓理论，也就无所谓规约作用。在他看来，一方面，"翻译"（亦即"翻译研究"？）只是一种尝试或曰实验。① 他十分推崇 John Johns 对亚里士多德《诗学》中希腊文"爱"字的英译 state of nearness and dearness。② 但此译仅是一种描述，而亚氏之"爱"不是概念吗？ 既然是描述，诸如 condition of nearing, state of nearing 以及 condition of nearness 等也可用。那么，作者是否要说，翻译就是文字游戏？ 所以，另一方面，的确，作者强烈呼吁研究者和译者要抛弃理想的、最好的译文的追求！③ Hermans 大谈并不存在"元语言"④，亦即理论（语言）。这不也是一样在玩文字游戏：取消理论，则"厚重翻译"便是无谓的？

  Hermans 提倡所谓"厚重"，一心要为"翻译研究"提供新的"具有想象性"亦即创造性的语汇。⑤ 但可以随时改动、随地变化的描述性词语，只有感性的具体而不见理性的抽象，如此的单维度何以"厚重"？ 如此，排斥逻辑和推论，而强调实验性和类比性，舍弃概念化，而突出描述性，这样的后现代的确是"有想象性"的，但因为理性缺席或曰逻各斯不在场，则很难见到"创造性"。

  崇尚描述，Bassnett 不界定因为无可界定，Hermans 不判断因为不可判断：一旦界以定之、区以别之，便会导致后现代所坚决反对的"本质主义"，即事物具有不变的、超历史的本质。这种倾向，从 Hermans 另一文对"文学"和"文学翻译"的"描述"来看，⑥再清楚不过：他引 Eagleton 和 Culler 指出，

---

 ① Theo Hermans（撰），"Cross-cultural Translation Studies as Thick Translation"，*Bulletin of the School of Oriental and African Studies*，University of London，Vol. 66，No. 3(2003)，第 382 页。
 ② 同上，第 381 页。
 ③ 同上，第 385 页。
 ④ 同上，第 385 页。
 ⑤ 同上，第 380 页。
 ⑥ Theo Hermans（撰），"Literary Translation"，收入 Piotr Kuhiwczak 与 Karin Littau（编），*A Companion to Translation Studies*，第 77 - 91 页。

长期以来,研究者很少关注如何界定这二者,即加界定,亦是"功能性的和暂时的,而不是形式上的和存在论性的"。① 易言之,"文学"和"文学翻译"的研究,已无须界定其"本质"或"实质",不再关注 What,而只需注意 How。

那么,一、若大而化之,哲学、科学、经济乃至所有的文本和话语,是否会一片混乱?翻译研究作为一种"话语",何以厘清其边界?假若不能,学科如何独立?这样的描述主义是否也正在解构翻译研究本身?二、若可对研究对象随意描述,而它们又是不可通约的,又该如何取舍?有无可以制衡的东西,如标准或"尺度"?三、描述的目的不是要人"懂"吗?假设这样的"懂"并不在可以推论的范围,描述的用处何在?如果承认上述问题不可思议,那么,描述主义的作用又在哪里?而且,"作用"或曰"功能"本身,若是还有"其本身",难道没有"本质(主义)"的特性包含其中吗?

后现代对"宏大叙事"的颠覆,也一样深深铭刻于翻译研究之中。论者会认为,这样的叙事无所不包,因而也就无所能包。但问题是,历史还有"规律"可言吗?回答若是否定的,研究历史的作用何在?与上引 Bsssnett 和 Hermans 第二文收于同一论文集探究"翻译史"的文字,就充分体现了这方面的困境。② 作者特地强调,"我们这里应讨论的,或是复数的翻译史(translation histories),因为单数的术语会意味着存在着某种固定的事件序列,我们可以从中得出普遍适用的结论"③。作者显然是要规避"宏大叙事"的消极性,因而才会对"事件序列"避而不论。但如此研究只能以一个个可能不相联系的"个案"出现,最终的结果是否不会呈现任何"规律"?我们的疑问还有待解答,作者却在"我们如何确定翻译史的导向"④一节又说:"现将这一旅程或可开始的出发点之中的一些罗列于后。推出的这一方法论可以运用于任何文化。"单数的 methodology 骇然在目!

---

① Theo Hermans(撰),"Literary Translation",收入 Piotr Kuhiwczak 与 Karin Littau(编),*A Companion to Translation Studies*,第 79 – 80 页。
② Lynne Long(撰),"History and Translation",收入 Piotr Kuhiwczak 与 Karin Littau(编),*A Companion to Translation Studies*,第 63 – 76 页。
③ 同上,第 63 页。
④ 同上,第 66 页。

那么,到底是要走向多还是一? 作者并未说明,而是对"语言议题"①、"文学议题"②、"宗教和哲学议题"③、"科学交流"④以及"探究与征服"⑤等之下具体的"个案"展开论述。若果如其论,这些就是"个案",那么,对之的研究的效应何在? 它们对有关的、同质或相反性质的现象会产生作用,亦即,具有适应性吗? 抑或是,依之来解说"历史",必将其分析、分离或破解下去,直到它们成为一个个孤零零的"碎片",甚至连碎片也算不上("碎片"最终仍具统一性和整体性)? 若是反过来,作者想要看到的是"个案"的"适用性",那么,它们所本应具有的理论力量,又在何处? 也就是,它们所能引发的思想如何可以并不止于其本身,而是敞开实质的内涵,使人看到它们与别的事物是通约的,因而也就能被引入某个系统或统一体之中? 但作者不是要颠覆"宏大叙事"吗? 这种"叙事"被解构掉,便有了不可穷尽的"个案"、说不完的"话语"、做不完的"书写",其中含有"理论思想"吗? 果如此,后现代的翻译研究,不是文字游戏还能是什么? 至少,读这样的文章,我们真的已经不再能明白,到底要走向哪一个方向。在这里,难道不是很能看出,后现代舍弃"理性"的"系统化"所产生的某种反历史的"无聊的疯狂"? 这,难道不是非常值得进一步思考吗?

以上只是较为显明的例子,或可说明,后现代如何深深影响着翻译研究的"(反)理论化"。惜乎濡染既深,已成无意识,很少见到对之的申说。Hermans 或为例外,直接说明引用后现代学说:就在此文之中,他援引美国"新实用主义"哲学家理查德·罗蒂的"反本质主义",大力批判"基础主义"。⑥ 一般认为,后者指人类为自己的认识和行为寻找一种最终的无可置

---

① Lynne Long(撰),"History and Translation",收入 Piotr Kuhiwczak 与 Karin Littau (编),*A Companion to Translation Studies*,第 66 页。
② 同上,第 68-71 页。
③ 同上,第 72-73 页。
④ 同上,第 73-74 页。
⑤ 同上,第 74-75 页。
⑥ Theo Hermans(撰),"Cross-cultural Translation Studies as Thick Translation",*Bulletin of the School of Oriental and African Studies*,University of London,Vol. 66,No. 3 (2003),第 386 页。

疑的绝对基础的文化努力。如此,在后现代,主体和客体之间的联系已被打破,二者不可彼此触及,几为定论。那么,事物如何在思想之中建构而成?既然主体无法把握客体,放弃"规约"而走向"描述"便成了"时代的选择"?

不过,上文分析已可说明,若这样的描述几近游戏,其作用何在?比如,它会像 Bassnett 所论,使"文化转向"具有历史性吗?如何衡量?它还可能像 Hermans 所说的,成为"实验"吗?因为,人们会问,"实验"怎么规定、预定或设定?人们还会追问,若不能或无法进行价值判断,不说"历史"如何研究,我们还能将之视为(具有特定的整体性的)"历史"吗?或只能说,因为学者不自觉地站在后现代的立场,摒弃了理性的引导和制约,因而,其笔下看似言之成理的"其本身"难免成为悖论。易言之,后现代只能走向"反理论"。

还应指出,Hermans 对"厚重翻译"的论述是典型的后现代"文本"观的体现。如论者所说:"解构理论所引入的文本性概念,以其对文本意义的不确定性的强调(文本是无尽的能指链条),推翻了文本概念可能被认为具有任何解释的特权或文学权威性。"[1]文本的"意义"是"不确定的",因而,如 Hermans 所说,也就无须寻找"最好的"甚或"确切的"意义;既然要放弃"解释的特权"和"权威性",因而,任何解释都是可行的,到最后"能指链条"无限延伸,嬉戏也就成了一种趋向。那么,所谓的"厚重翻译"究竟是在"自我解构",还是如这位理论家所言,要为"翻译研究"提供新的"更多想象性和自我批评性的概念"?[2]

在 Bassnett 那里,也一样能看到类似的倾向:若可判定,"文化"不仅囊括人类过往的一切,它的"能指链"不是在"无限延伸"吗?这样,人类过去和未来在翻译领域之中所做的一切都"可"推入"文化",那么,"文化转向"到底是要"转向"哪里?的确,Bassnett 开篇就说,她与合作者在 20 世纪 90 年代

---

[1] 引自 F. De Bruyn(撰),"Genre Criticism",收入 Irene R. Makaryk(主编),*Encyclopedia of Contemporary Literary Theory: Approaches, Scholars, Terms*,第79-85页,引文见第81页,Toronto: University of Toronto Press,1993 年版。

[2] Theo Hermans(撰),"Cross-cultural Translation Studies as Thick Translation",*Bulletin of the School of Oriental and African Studies*,University of London,Vol. 66,No. 3(2003),第 380 页。

发现,翻译研究领域正在转向"超文本"和"非形式主义"的方面,但这里的"超文本因素"(extra-textual factors),是可以此文第二段的"文本"来替代的:"要研究的是,置基于其始源和目的文化符号二者的网络之内的文本。"①"文本"如此使用,或可清楚说明,她是在运用后现代的"文本"观:无头无尾、无始无终? 那么,读者是否早已淹没进汪洋大海般的所在,而无可逃于这样的天地,他们还会有能力做出选择去"转向"吗?

正因"文本之外无一物"(德里达语),而其中的符号又相互平等、彼此分有,无高低优劣之分,不会存在一种限制、制约、约束另一种的区别,所以,Hermans"并不存在元语言"的断言就并非怪事,尽管此一断言本身就是一种"元语言"!② 因为,加以否定的元语言若无"理论指导",如何表达? 虽然如此自我解构,他本人却依然要为"翻译研究"提供(新的)"术语"(terminologies),而且大谈"厚重翻译"的"五种优势"③,甚至在文末将诸如伊拉斯莫斯的《新约》的译文、海德格尔对古希腊思想家的残篇的译解以及近人所提出的"修辞阐释学"引入,以说明这种"翻译"包揽广阔而前途光明。这不是在作"元语言的理论"的阐述吗? 否则,又该如何确定这些例子都是导向性的,可指向未来? 而且,上述三例,一来自宗教领域,二引自哲学研究,三突出阐释学领域的意识形态并涉及"修辞"。如此囊括,若无元语言或理论的眼光,从何说起? 反过来说,若这三者真的是后现代意义上的文本,它们不是不可也不该区分的吗? 为什么还有"三者"? 简简单单的"三者",不是也一样需要某种"理论"才能"区分",必须有某种"理论"才可进行"理性"的区分,而且甚至是必须进行"理论的区分"吗?

或可认为,反理论者本身就是在运用某种理论,惜乎如此之"反"只能形成"对自身的反动",而不能造成"自返"。或许,他们会反问,"自身"之"本

---

① Susan Bassnett(撰),"Culture and Translation",收入 Piotr Kuhiwczak 与 Karin Littau(编),*A Companion to Translation Studies*,第13页。
② Theo Hermans(撰),"Cross-cultural Translation Studies as Thick Translation",*Bulletin of the School of Oriental and African Studies*,University of London,Vol. 66,No. 3(2003),第384页。
③ 同上,第387页。

质"已"不在场"或曰已遭"颠覆",它既"不存在",你为什么还要提及?不过,我们还可再"反问"一句:既然如此,"你"(还有"自身")在"在场"吗?

0.2.3 "前现代"的"非理论"

异代不同时,同代或异其时。翻译研究领域的"后现代"已足以让人无所适从,而"前现代"或一样可怖。不妨以 Pym 为例:在《哲学与翻译》①的论文中,这位理论家将翻译哲学与爱伦·坡所说的"家具哲学"相提并论②,称若是无此哲学也无须悲哀。他完全否定翻译哲学在希腊哲学中的作用③,似对海德格尔的《存在论》④一书一无所知,且拒不承认尼采"哲学家"⑤的地位,尽管后者在哲学界一直被视为"最后的形而上学者"。

哲学常识的缺失,或能表现"不知为不知"的坦然。但若根本不顾及论述的思路,又会如何?就在 Pym 此文即将结束时,他特地归纳:

> 翻译可视为一种解决问题的活动:在这里,源语因素可以在目的语之中被处理为一或多个因素。如果译者只有一个可资利用的选择,也就再没有什么可说的了;哲学根本就不需要。不过,如果说它们有两或三个选择,翻译就值得谈论了:理想的是,要在译者之间[展开],因为他们这样已经开始理论化了。不过,如偶尔所出现的,如果有很多选择,而且,也没有理论能简化这样的复杂性,那么,所要讨论的原因就可抵及有可能向哲学求助的诸多层面……⑥

---

① Anthony Pym(撰),"Philosophy and Translation",收入 Piotr Kuhiwczak 与 Karin Littau(编),*A Companion to Translation Studies*,第 24-44 页。
② 同上,第 26 页。
③ 同上,第 25 页。
④ 参见马丁·海德格尔(著),何卫平(译),《存在论:实际性的解释学》,北京:人民出版社,2009 年版。
⑤ Anthony Pym(撰),"Philosophy and Translation",收入 Piotr Kuhiwczak 与 Karin Littau(编),*A Companion to Translation Studies*,第 33 页。
⑥ 同上,第 44 页。

若依作者,"翻译"仅为某种"实践",那又如何解释此文所说的海德格尔与德里达的观点:前者将翻译视为一种思维方式①,而后者直接将之界定为"哲学的通道"②?

作者强调,翻译是"解决问题"的"活动",那么,没有哲学甚或理论意识的人,能真正发现"问题",进而找到"解决方案"吗?作者的回应是,若只有一个"选择",哲学是无用的。但问题是,如何判定,那一定是"一个",文本有无可能纯粹到只有"一个"(选择)?在他看来,"两个或多个选择"出现,才用得着哲学。但那又是什么哲学?作者并未回答,而是打破了他在前文所说的"哲学、翻译理论和实践"的三分法,直接将"哲学"与"理论"拉入同一个层面,亦即将二者相等同。依其逻辑,在无用的地方,哲学缺席;但在本应有用的地方,它也应缺席。

那么,理论来自实践,再返回来指导理论,不就是他要强调的?这就是"翻译哲学"的研究者要讨论的"理论"?而这样的"常识",不正是一般意义上的理论思考要首先质疑的吗?③ 而且,难道说,翻译研究不属于人文学科,因而根本无须关注人?将人排斥在外的"研究",还有终极意义和作用吗?更何况,二项对立的解决方案就是翻译理论建构的导向吗?没有"中间项"的理论还能构成系统吗?

可是,我们在翻译研究领域所能看到的,长期以来就是这样的非此即彼。"直译"和"意译"一直是近乎人人都可念诵的"常识",即使没有读过相关著作的人对之也能心领神会。若追溯"理论史"的开篇,就会知道,这原本就是"学科特色",因而,施莱尔马赫才会一力强调,"他[译者]只有两个选择",要么是"尽量不打扰原作者而将读者移近作者",要么是"尽量不打扰读

---

① Anthony Pym(撰),"Philosophy and Translation",收入 Piotr Kuhiwczak 与 Karin Littau(编),*A Companion to Translation Studies*,第 28 页。
② 同上,第 40 页。
③ 详见 Jonathan Culler(著),*Literary Theory:A Very Short Introduction*,第 4 页,Oxford:Oxford University Press,1997 年版。

者而将作者移近读者"。① 到后来,Eugene A. Nida 有"动态对等"和"形式对等"一说,后以"功能对等"影响一时。再后来,Peter Newmark 提出"语义翻译"和"交际翻译"的名目,一样大行其是。而在目前,似乎 domestication 和/或 foreignization,又成了不是"对子"的对子,亦即,二选一的"理论概念"。这些例子不知能不能提示我们,理论是要"创新"的,而思维方式的停滞不前,能起到这样的作用吗?尽管这里如此简单化的评论不无武断之嫌,但若是理论化都是这样的趋势,翻译研究的确就会成为"非理论"的。

这样的"非理论"趋向,与钱歌川多次重印再版的著作《翻译的基本知识》②异曲而同工。看一下此书的目录,就会明白:第六章要求对外国文"批评",对本国文则持"实用"态度。但对本国文的运用就无须批评,这究竟有什么道理?此种决断在第七章的题目中更进一层——"直译和意译举例",显然也是非此即彼。可直译和意译如何区分,何以归入同一个理论系统,作者却无意解释。而且,和 Pym 一样,若只有两层,理论还能成立吗?第八章题目为"译文第一要通达",第九章则是"首先要了解原文":"第一"和"首先"是否同等重要,因而,孰轻孰重,又怎么判别,作者还是未作解释。

第四章论及"信"时,作者强调,"单只一个信字也就够了"③,至于"信"是什么,为什么如此重要,则不及一语。如此的前现代,其潜台词是,只要抓住了"根本"(比如,能把握住理论与实践之间的关节,以及单单一个"信"字),就可以包打一切,而掌握着如此"生杀大权"的一定就是高高在上的权威。上述二位的思想导向不是很明显吗?

或许,具有前现代的翻译研究特色的,还有尽人皆知的"目的论":此一理论突出译事"目的"的正义性,强调只要能达到目的,运用什么手段都是可行的。而且,此一理论还提出了目的、连贯以及忠实三准则,来为翻译活动

---

① 弗雷德里克·施莱尔马赫(撰),伍志雄(译),《论翻译的方法》,收入陈德鸿、张南峰(编),《西方翻译理论精选》,第 19-27 页,引文见第 25 页,香港:香港城市大学出版社,2000 年版。
② 钱歌川(著),《翻译的基本知识》,北京:世界图书出版公司,2011 年版。
③ 同上,第 15 页。

确定导向。不过,活动若是只为特定的目的而设,甚或为目的而目的,如何思及人性问题?比如,若赞助人别有用心,强行要求译者以其意志行事而不计后果,甚至在文本的翻译或相关处理之外另有所图,如传播谣言、扰乱人心。之所以如此说,只是想指出,若是真正的理论,既是社会性的,就一定是批判性的。自笛卡尔以来,人文学科的思想特色就是怀疑主义,难道这并未进入翻译研究最为基本的思考,甚至是在基础理论的建设上? 而且,恩格斯不是讲得明白:"一切都必须在理性的法庭面前为自己的存在作辩护或者放弃存在的权利。"(《反杜林论》)放弃理性思考,不行使批判的权力,如此的"非理论",仅止于"技术",这样培养出的译者只是专业的"技术员",或者就是一台机器。最终,所谓的"目的"不就是要迎合某种需要,而并不一定关乎人本身的精神涵养和跨文化建设。

这一理论根本无视康德和马克思等对人类的社会的未来的那种目的论的设想和展望,将其视界局限或封闭于满足"交换"要求的所在,与我们通常所接受的类如赞宁所说的"译之言易也,谓以所有易所无也"不可谓不一致,因为后者就出自孟子对市场的强调:"古之为市也,以其所有易其所无者,有司者治之耳。"(《孟子·公孙丑下》)[①]精神交流,变为物质交换;现在,这样的交换,岂不是已不以人的意志为转移,再无须"人"的思想干预或参与?

0.2.4 依然迷茫的出路

若依 Hermans "厚重翻译"一文,"翻译"即"实验",且见不到"精确"与"最好"甚或对错,那么,描述主义便会因为不能为"理论思想"和"实践"提供最为基本的、建设性的力量,而沦落为无限滑动的"能指":一个具体的东西,再加上另一个具体的东西,还可以再来上无数个具体的东西,如此无穷无尽。但到底它们指涉什么,已难确定,谈何其他? 如此的后现代做派,正因为力图解构逻各斯中心主义而以感性的呈现来愉悦某种快感,使有关努力

[①] 赵岐(注),孙奭(疏),《孟子注疏》(李学勤主编,《十三经注疏》之十一),第120页,北京:北京大学出版社,1999年版。

止步于此:被封堵了的,是理性主义的"合理性"。易言之,在后现代的反理论之中,我们看到的是对现代无限度的反动,但丢掉的或正是人文学科的基本精神:规矩、规范和规则,而它们就建立在理性基础之上。不过,完全舍弃又是很难的,因而,Hermans[①]文中才会有"自我反思性的"(self-reflexive)的用词以及对"概念"的强调,尽管前者能体现的就是理性主义"批判"意义上的"反思",后者则突出"逻辑"的作用。

Hermans 的思路可谓后现代的范例:思想中的双方一直相互争执,但总是不能形成基本的一致,甚至要颠覆这样的一致。

这样的反理论的确最终是以"反思"的特色来运作的,不过,那是对思想的抗拒,是对"反思想"的"反思":不仅反抽象,而且反理性;因为反理性,进而反理论。而非理论的前现代则是以不思想或曰丢掉思想为其特色的。"目的论"或是其显例。

因为,对社会现实不干预,而是直接接受;对建制不反思,而是直接充任其中的附属物;对从事的活动不予批判,而是直接唯命是从:这样的"理论",完全不具备任何"批判"和"怀疑"精神,如何显出"理论的品格"?若赞助人代表的就是市场,而市场又总是唯利是图,或者说无视人之为人的精神力量,但最终对译事有决定权的就是这样的人,那么,如此这般的"理论"究竟是在要求翻译所牵连到的都应彻底丢掉思想,还是在进行"技术指导"或曰"生存培训":只要一味顺应甚或屈从建制性的力量(institutional powers),"挣得饭吃"就是"天理"? 如此的"活命哲学",与翻译研究所要求的一般意义上的基本性的"思考"有何干系?

前现代和后现代或有很多不同,但在挤兑理性上,则相当的一致:"不思"无须因而也无所谓理性的推动,"反(对)思"正需要将之打翻在地。于是,翻译研究真的是处于两个极端之间,而寸步难行:在非理论那里,见不到"进步";在反理论之中,"进步(主义)"就是要被颠覆的。或许,我们真是来

[①] Theo Hermans(撰),"Cross-cultural Translation Studies as Thick Translation",载 *Bulletin of the School of Oriental and African Studies*, University of London, Vol. 66, No. 3 (2003),第 380 及 381 页。

到了一个历史的拐角,只是不知向何处迈步。

在已经莫衷一是的非/反理论的话语之中,还有以"意识形态"为表征的"权力斗争"的喧哗不绝于耳,似乎翻译研究领域已成为"你争我夺"的"竞技场","是亦一无穷,非亦一无穷"(《庄子·齐物论》)。但"争夺的"变为"争夺的",也支配或主宰着"争夺的"。如此,"你我"退避,缺席于"在场","人"在何处? 上引 Hermans 之文有句话很是典型:定稿中"对他人对单一文本的解读是没有终结的"①之所在;另一版本则说"我之所以提及这一方面,为的是要强调,对他人对单一文本的解读是没有终结的——当然了,任何读到这句话的人,都有权怀疑我对 Venuti 对琼斯对亚里士多德对希腊悲剧的本质的解读的解读的解读的解读"②。这或可为"意识形态斗争"的微缩版:"解读"就是斗争——人不仅要与人斗,还要与物斗,但就是既不能及于物,也不可及于人!

如此的"意识形态"真的就成了马克思主义所讲的那种"统治性的力量",什么都要由它来支配,但就是找不到加以压制的"人(的因素)"! 认识论失效,找不到"物","理性"缺席,见不到"人",余下的只有"飘浮"的"能指"。在这样一个"无根基时代"③,执着于事物之真之美的跨文化传译的"翻译"和"翻译研究"在发挥什么作用?

现代之所以不在思想之中,首先是因为"人"及其"理性"并不在那里:二者并未现身其中的这个时代成了一个空洞的名词,尤其是在翻译研究领域,甚至还未被引入思想。

如此,我们又该如何寻找或重新寻找一条路子,迈出"自己"的步子? 后现代以其嬉戏宣示"一切(理论)共时",前现代以其"无谓"揭示"一切(理论)过时"。那么,"现代"呢? 她守候在什么地方? 还有必要寻觅吗? 她还有什

---

① Theo Hermans(撰),"Cross-cultural Translation Studies as Thick Translation",载 *Bulletin of the School of Oriental and African Studies*,University of London,Vol. 66,No. 3(2003),第 382 页。

② 引自 https://wenku.baidu.com/view/8333608bd0d233d4b14e69ae.html,2017 年 3 月 24 日采集。

③ 详见张国清(著),《无根基时代的精神状况——罗蒂哲学思想研究》,上海:上海三联书店,1999 年版。

么值得我们为之"上下求索"的？她如何再回归"后现代"已经将之颠覆的"现代性的认识"？即令她不在"前现代"的"顺从和接受"范围，但还能"反思"或曰"思想思想"吗？[①] 抑或是，那一套（理论）早就需要他者的文化思想资源的促动，在其重生之后，才可见出交流的真意和真情？但在"较早"特意突出"理性"进而有加以"无理"的"颠覆"的作为一种"范式"的"西方"，思想倾向呈现诸多"不合理"，因此，"我们的"翻译研究，不在那里？但是，她到底又在哪里？

翻译研究的理论化目前遇到前所未有的困难，导致了翻译理论建构乃至学科建设的空前危机。其表现为，身在"后现代"，而无可成说；坚持"前现代"，但散漫不堪；更严重的是，夹缝之间却无所意识？本节以 Bassnett、Hermans 及 Long 等为例说明前者的问题，以 Pym、"目的论"及钱歌川为例显示后者的危害。"现代"的缺席或正说明，那是一项有待完成的工程，需要我们回返现场，寻找翻译的理论建构新的线索。讨论尽管限于上述理论的有关论断和论述方式的批判，或已见出翻译研究举步维艰：需另寻他途，才可超克"现代"？

0.3 中华思想视角下的翻译理论——兼论西方"原型"翻译思想

0.3.1 早已发端的思想

2012 年 11 月 16—18 日在苏州大学召开的"2012 年全国翻译高层研讨会"上，不少学者的大会发言都指向了同一个方向，这个方向就是中华思想应在翻译研究领域起到什么样的作用。潘文国提出如何使中华文化进一步走出去，而不是仅仅局限于政府提倡的交流模式。谢天振以"中国文化走出

---

① 引自冯友兰（著），涂友光（译），《中国哲学简史》，第 3 页，北京：北京大学出版社，2013 年版。

去:理论与实践"为题,也突出了同样的主题。蔡新乐在题为"翻译如何厚重?——赫曼斯的'厚重翻译'批判"文章中指出,西方的逻各斯中心主义思路在触及后现代问题之后,理论形态不可避免形成悖论式的思维,因而,已让人无所适从;替换性的方法可能是走向伦理,而中华文化具有丰富的资源可资利用。何刚强以"自家有富矿,无须效贫儿"为题,倡导走向中华文化的纵深,吸取必要的营养,反对那种一味西化,以西方思想为指向的倾向。郭尚兴在《论中国传统哲学的整体性与翻译的意义相契性》的发言中,强调"解经"和"诠释"作为传统的中国解释方法的意义,认为其"整体性"作用对翻译理论建构具有重要意义。李照国在《文化主权与翻译研究》的发言中,以亲身经历点出了中华文化对外交流的历史遗留问题以及目前的种种困境,呼吁寻找有效的途径,强化中华文化的历史地位,以确保对外交流的可行性。刘华文的《自感为体和感人为用:诗歌翻译的感应论》则以马一浮的哲学思想为框架,试图推出诗歌翻译的"感应论"。

可以注意到,强调中华思想在翻译研究当中的作用,已经形成一种传统。张柏然提出了"有中国特色的翻译理论"的命题[1],刘宓庆旗帜鲜明地倡导"关注翻译理论的中国价值"[2]。而张佩瑶则是以"翻译话语"为题,推出了 *An Anthology of Chinese Discourse on Translation*:*Volume I*:*From Earliest Times to the Buddhist Project*[3] 这一著作,将众多传统中华经典文献当中直接和间接翻译话语收入其中并加以注释评述,为翻译研究乃至东西方思想的交流树立了一座里程碑。如果我们上溯,则可发现:从以儒家经典思想为"文章正轨"和"译事楷模"来支撑翻译取向的严复[4],到提倡"兼顾

---

[1] 张柏然、许钧(编),《译学新论丛书》,"总序",上海:上海译文出版社,2008 年版。
[2] 刘宓庆(撰),《中国翻译教育必须彻底改革:翻译学呼唤"回归美学"(Back to Aesthetics)(代序)》,见刘宓庆、章艳(著),《翻译美学理论》,,第Ⅻ页,北京:外语教学与研究出版社,1989 年版。
[3] Martha P. Y. Cheung(编著),*An Anthology of Chinese Discourse on Translation*, Volume I, *From Earliest Times to the Buddhist Project*,Shanghai:Shanghai Foreign Language Education Press,2010 年版。
[4] 严复(撰),《〈天演论〉译例言》,见罗新璋、陈应年(编),《翻译论集》(修订本),第 202 页,北京:商务印书馆,2009 年版。

两面"、"力求其易解",同时"保存着原作的丰姿"的鲁迅[1],从坚持文化传播"必须一方面吸收输入外来之学说,一方面不忘本来民族之地位"、"相反而适相成"的陈寅恪[2],到倾心儒家思想、坚守"以中正之眼光,行批评之职事,无偏无党,不激不随"信念的吴宓[3],从突出"无过无不及"的傅雷[4],到强调"信达雅的幅度"、主张"信"不可"过头"的赵元任[5],再到正视译事实际、提出"妥协"观点的杨宪益[6],其中的一条主线就是中华思想。也就是说,在汉语学界,从近代以来论,中华文化思想始终是翻译研究的理论形态的一种主导思想。那么,我们还需要再"转向"吗?

或许,我们根本就没有忘记中华形态的理论思路,只不过随着西方翻译理论的渗入,奈达的"动态对等"可能对"信"的信条形成了冲击,纽马克的"语义翻译"和"交际翻译"使得传统的直译与意译二分观念变得复杂起来。而解释学的理论思想进一步将翻译理论拉入西方的哲学模态,文化学派对文化因素的凸显则强化了语境的历史力量。随着女性主义的渗透,女性的特性得到空前张扬,而后殖民理论则可能使人认识到,理论化本身在"殖民后"需要有相应的话语权。但是,所有这些都一步步将理论化拉向所谓"后现代",即"反基础主义"、"反本质主义"的那个无根基时代。但是,这样的后现代,正因为立足于西方传统哲学思维方式,因而,不但不能使思想自由成为现实,恰恰相反,有关理论话语仍然因为牵绊于特定的逻辑主义的思路而不可避免形成这样那样的悖论。因此,我们既不知道该面对悖论所牵拉的哪一个方向,而且,由于"基础"的不复存在,甚至也不能形成任何有效的价值判

---

[1] 鲁迅(撰),《"题未定"草》,见罗新璋、陈应年(编),《翻译论集》(修订本),第373页。

[2] 陈寅恪(撰),《冯友兰中国哲学史下册审查报告》,第284-285页,《陈寅恪集·金明馆丛稿二编》,北京:生活·读书·新知三联书店,2001年版。

[3] 转引自沈卫威(著),《回眸学衡派——文化保守主义的现代命运》,第7页,北京:人民文学出版社,1999年版。

[4] 傅雷(撰),《〈高老头〉重译本序》,见罗新璋、陈应年(编),《翻译论集》(修订本),第624页。

[5] 赵元任(撰),《论翻译中信、达、雅的信的幅度》,见罗新璋、陈应年(编),《翻译论集》(修订本),第809页。

[6] 杨宪益(著),《银翘集》,第117页,福州:福建教育出版社,2007年版。

断。理论世界,似乎真的是构造在问题之上,同时,其本身也就成了问题。

在这样的情况下,我们也就不能不有所回返:回到另一种思想资源当中,以便检核该如何应对后现代的无根基、非价值(或反价值)的描述主义倾向。或许,这样才能找到理论建构的起点,进而对近乎虚无主义的倾向产生纠偏的作用?要想做到这一点,也就有必要寻找"原型"。这样,在新的语境下,作为人类文化的组成部分,中华文化的思想资源也就能够发挥其历史作用了。

本节试图针对西方翻译理论背后的思维原型展开分析,并且以赫曼斯对文学翻译研究的讨论为例,进而尝试分析中华思想在哪些方面可以显现它的优势和适用性。

0.3.2 西方翻译理论的原型

"原型"(archetype)一般是指已经定格的某种意象(image)。在荣格的心理分析中,它指的是集体无意识在人类文化当中的表现:这种无意识以反复出现的意象表现出来,形成"本能自身的无意识形象"。[1] 人类的这种"集体"的"心理"文化表征化、历史化深远影响,或许可以说,人一旦诞生于某个文化环境,其文化心理便无时不为与之有关的原型所濡染,久而久之,就会形成一种强大的物质性的力量,致使文化本身也显现出特定的倾向。有关翻译的观念或认识,原型也一样在发挥作用。赫曼斯有关"文学翻译"的论述就是一个明显的例子。

在《文学翻译》一文中,赫曼斯引用了大量的例证之后指出:"文学的界定今天已倾向于成为功能性的、偶然性的,而不是形式上的或本体论意义上的。"[2] 而典型的文学翻译则是一种预先被视为而且或许也是被意向为一种文学文本,因而也就具备了文学特性和素质;围绕着典型文本,聚集起了一

---

[1] 荣格(撰),《集体无意识的概念》,见叶舒宪(编),《神话—原型批评》,第105页,西安:陕西师范大学出版社,1987年版。
[2] Theo Hermans(撰),"Literary Translation",收入 Piotr Kuhiwczak 与 Karin Littau(编),*A Companion to Translation Studies*,第79页。

大批或多或少有问题的成员,可以使这一系统随时间推移而发生变化。①

这样,一方面,翻译包括文学翻译,已经成为"功能性的"和"偶然性的",这一定是人为的甚至个体化的结果。也就是说,在不同的语境下,对于不同的人,翻译会显现出不同的风貌和特性,也会产生不同的作用。因此,不同的语境就会导致不同的翻译观的产生。如此一来,用"老套"的话来说,翻译便是"主体性的",而不是"客观的"东西,是随时而变的,而不是具有"内在规定性的"。另一方面,作为"一个历史和意识形态的范畴",翻译的"社会和政治功能化"才是研究者感兴趣的地方。但这又意味着与前面完全相反,翻译被引向了社会而不是个人,甚至可能引向统治阶层的意识形态。

也就是说,一方面,翻译是个体的,而另一方面,它又是社会性的;一方面,它可能是个体的描述的结果,而另一方面,它又是某个阶层操控所产生的。那么,一句话在陈述当中就出现了这样的分裂,到底应该倾向于哪一个方面? 有没有某种根据可供我们参照? 这是不是意味着,后现代的西方翻译理论已难走出某种两难困境?

我们认为,这样的分裂所表现出来的就是西方思想史上的一个原型:差异,即距离、不同、分歧、此不及彼、人不容我等等,形成的是纷争、争斗、批评、排斥以及难以触及目标因而无休无止的焦虑——"我"既已为"我",又如何达到并实现"真我"?

在哲学史上,苏格拉底可以说是这样的差异最早的原型。其哲学活动,作为事件,就是为了说明自己的"无知",从而突出"知识就是美德"。而这样的知识也就是"自我的知识"或"求知"。反讽的是,他的努力并没有得到他所置身其中的雅典社会的认可,他反而被判死刑:不仅他与其"自我"具有不可消除的距离,而且,他与他人也有难以超越的沟通障碍。②

在宗教史上,这种原型反映就更为明显。据《圣经》中的记载,人类之所

---

① Theo Hermans(撰),"Literary Translation",收入 Piotr Kuhiwczak 与 Karin Littau (编),*A Companion to Translation Studies*,第 79 页。

② G. W. F. 黑格尔(著),贺麟、王太庆(译),《哲学史讲演录》(第二卷),第 96 页,北京:商务印书馆,1959 年版。

以被赶出伊甸园,就是因为亚当、夏娃偷吃了禁果。"智慧树"上的果子,或许只有上帝可以食用、享受,而人就应与"智慧"鸿沟永隔。人被逐出天国,神人两处存在,彼此之间无可企及。按照牟宗三的研究,这种观念在康德的哲学中有进一步的描述:智的直觉,只有上帝才可具有;人,就这样远离了本该拥有的那种最为崇高的精神力量。①

在文学中,这样的原型的表现不乏其例。博尔赫斯(Jorge Luis Borges)在一首诗中写道:"我的名字在整个大陆传扬/而我却从未活过/我渴望成为其他人。"②他在提及读者与作者的相似性时,还强调:"我们都一样无足轻重。你们是这些作品的读者,我是记录者,这纯粹是命运不值一提。"③他在所写的文章《博尔赫斯》中,描述了他身上不断出现的情况:曾经发生在他身上的经历,实际上并没有发生在他身上。④ 他甚至认为,"你只能在时间中知道一个偶然的自我,但你无法知道客观的、以经验为依据的世界。你认为你正在了解的世界其实不过是自身困惑的一个投影"⑤。

如果自我与其自身分裂,"主体"并不能及于其本身,那么,伽达默尔所说的,"从翻译的结构当中,昭示了将异质的东西变为我们自己的这个普遍问题"⑥,不就难以成立了吗? 也就是说,假若"我"就是缺席的,凡是"异质的"、他人的、他者的、异于"我"的,也就不可能为"我"所挪用、借鉴抑或学习,甚至谈不上解释,哪里会出现"普遍的问题"? 或许,也只能是像本雅明《译者的任务》一文当中所说的那样,解释之结果(比如译本)不是用于交流的,也就是不及于读者、受众或听众的。⑦ 再换句话说,只有在上帝那里,才

---

① 牟宗三(著),《现象与物自身》,第77页,台北:学生书局,1984年版。
② 转引自詹森·威尔逊(著),徐立钱(译),《博尔赫斯》,第3页,北京:北京大学出版社,2011年版。
③ 同上,第15页。
④ 同上,第14页。
⑤ 同上,第8页。
⑥ Hans-Georg Gadamer(著), D. E. Linge(编), *Philosophical Hermeneutics*, 第98页, Berkeley, CA: California University Press, 1977年版。
⑦ Walter Benjamin(撰), "The Task of the Translator", 收入 H. Arendt(编), *Illuminations*, 第69页, London: Fontana, 1970年版。

有所谓真正的交流。

"差异观"登峰造极式的表现是喧嚣一时的德里达的观点。他认为,由于能指的不断推延,形成了符号的"延异"(différance),所以,能指便达不到所指,而是形成了不断延伸的能指链条。这样一来,意义便是非在场的。[1] 而翻译也就是对这样的"延异"的"处理"。这种近似于虚无主义的观念,已经使翻译无从起步了。赫曼斯本人的"解释的解释的解释的解释"[2]便是这样的观念的一种表现:正因为昔不至今,人不及我,所以,解释者只能不断地推出解释,尽管没有任何办法说明这样的解释到底还有什么"意义"。

于是,我们又一次回到了苏格拉底的"自我"、亚当夏娃的故事以及博尔赫斯所说的自我的不可能性:差异总是就在那里,挥之不去,连人自身也真的要形成这样的分裂,似乎也只有这样,翻译理论才会是西方的,也就是有力量的? 但是,既然"意义"这样无限制地"延异"了下去,我们已经找不到价值判断所能遵循的特定指向,又如何判断这样的"作为"作为"事件"是历史的或者有历史"意义"的?

实际上,按照这样的思路,连我们依照这样的思路所可能提出的问题,也已陷入文字游戏,只不过,并没有产生某种愉悦,而只是一种沉重。差异观,就这样带着我们进入了一个特别的场域,使人不能不对由此而来的西方翻译理论产生根本上的怀疑:或许,那里真的已经是此路不通。

0.3.3 中华转向指向的意义

尽管尚未有人提出"中华转向",但是,可以看出,此前学界还是做了一定的工作的,只不过,这样的工作,要么只是一种认可或表现为某种呼吁,要么促成的是一种强调,或者也只是点出要点,但未作具体陈述和分析。但这

---

[1] Jacques Derrida(撰), "Différance", 收入氏著, Alan Bass(编译), *Margins of Philosophy*,第1-27页,Chicago: The University of Chicago Press,1982年版。

[2] 参见 Theo Hermans, "Cross-cultural Translation Studiesas as Thick Translation,"载 *Bulletin of the School of Oriental and African Studies*, University of London, Vol. 66, No. 3 (2003),第382-383页。

说明,学界已认识到学术交流必然要有本土化的倾向,同时应有效地利用传统的民族思想资源。我们认为,有针对性地展开探讨才是一个方向。所谓有针对性,也就是为差异论的症结找到对症下药的处方。

而在中华思想当中,孔子所提倡的"教"、"学"以及"如",正可起到这样的作用。"教"之"教化"的要求,不忌差别,最终促成的是"文化天下"的局面。而跨文化翻译的目的与此少有不同。"学"之"觉悟"的指向,必要条件是尊重先哲,推而广之可以说是要对一切人等予以尊重,如此才称得上是"学"。这也是翻译的必要条件:将一切可以交流的力量统统视为"物我同类"的生命,虔诚自在其中,诚信亦在其内。而"如"则在此基础之上突出了某种与西方迥异的观感:既不是完全具象化的,也不是彻底抽象性的,而是二者兼而有之,因而相得益彰。而"如"所突出的这种倾向,还能联系上佛家的"如是观",进一步强化对翻译本质的认识。

不过,我们这里所做的也只是一种尝试性的探索,因而,其针对性或许也只表现为某种意义上的增补性。

0.3.3.1　有教无类对翻译的场域设置

一般认为,"有教无类"说的是孔子教导学生,不计较等级差别。而考古学的成果揭示的却是,"类"指的是种族、民族、族裔意义上的那种"不同"。也就是说,孔子所提倡的,应该是不分种族差别的那种教育。多种族的存在,可以充分说明翻译在古老的中华大地上早就出现了。而孔子的教育思想的一个基本指向就是,不能依照种族的、文化的、地域的以及阶级的区别展开"教化",而是应该"因材施教"[①],海纳百川,才是真正的"育人":养护生命,培植后进,延续文化的命脉,形成新的生命的力量。

"有教无类"敞开了这样一个场域:文化的教育所引出的一切,始终是在翻译研究所坚持的那种跨文化的区域进行的。再换句话说,假若离开了这

[①] 《论语·先进》中记载:"德行:颜渊、闵子骞、冉伯牛、仲弓。言语:宰我、子贡。政事:冉有、季路。文学:子游、子夏。"朱熹:"孔子教人,各因其材,于此可见。"见朱熹(撰),《四书章句集注》,第123页,北京:中华书局,1983年版。

种基本的倾向,所谓的"教化"将不复存在。而正是由于如此无歧视、非等级、去差别的教育思想,中华大地上才可能营造出一种开放而又延续至今的伟大文化传统。中华文化与西方的"自我排斥"的差异观,显而易见大异其趣。也正是因为这个原因,考古学家张光直才特别强调:

> 对中国、马雅和苏米文明的一个初步的比较研究显示出来,中国的形态很可能是全世界向文明转进的主要形态,而西方的形态实在是个例外,因此社会科学里面自西方经验而来的一般法则不能有普遍的应用性。①

"有教无类"反对"差异观"的解释,首先是由考古学的发现形成的。而一般人对这一论断的理解,都出自各代的经解集注。何晏《集解》引马融曰:"言人所在见教,无有种类。"皇侃《义疏》:"人乃有贵贱,同宜资教,不可以某种类庶鄙而不教之也。教之则善,本无类也。"邢昺《疏》:"此章言教人之法也。类谓种类。言人所在见教无有贵贱种类也。"②钱穆的白话译文是:"人只该有教化,不再分类别。"③而考古学家苏秉琦却认为,"有教无类"可以反映孔子先进的"反种族主义"思想。这种解释,可谓其来有自。

考古学家李济指出,中国发现的最早的"智人"(Homo Sapiens)——1933年在北京周口店发现的"山顶洞人","所遗的头骨中,出乎意料之外竟包括了好几个种族"。④ 李济在研究安阳殷墟出土的"人骨"时进一步指出:从"安阳遗址出土的人骨资料来看,就远不是纯一人种的。……这一组颅骨

---

① 详见他的论文《连续与断裂——一个文明起源的新说草稿》,原载香港《九州学刊》1986年9月总第1期,郭净译。收入张光直(著),《美术、神话、祭祀》,沈阳:辽宁教育出版社,2002年版。这里的引文见该书后记第108-109页。
② 转引自安作璋(主编),《论语辞典》,第116页,上海:上海古籍出版社,2004年版。
③ 钱穆(著),《论语新解》,第423页,北京:生活·读书·新知三联书店,2002年版。
④ 详见他的著作《中国文明的开始》(美国华盛顿州立大学出版部1957年英文版,台北商务印书馆1980年中译本第二版),收入李济(著),《安阳》,"附录",第468页,石家庄:河北教育出版社,2000年版。

有着极不同的来源"①。苏秉琦在其著作《中国文明起源新探》中引用李济的后一段论述,进而指出:"虽然时代越近,人种差别越小,但孔子时代,中原地区的人种差别仍然很大,所以'有教无类'主要不是指社会贫富等级差别,而是种族特征差别,孔子的教育思想是要平等待人,反对种族歧视,这当然是很先进的思想。由于面对的是多文化且复杂的民族传统社会,所以他讲课的内容也是包罗万象,兼容并举。……至于'罢黜百家,独尊儒术',那是汉武帝以后的事。"②从这两位考古学家的论述来看,可以认为,中华文化一直是"融合性的",因而其中的"杂质"与"混杂"显而易见构成了其自身文化特色。中华文化之所以能源远流长,绵延数千年,其中一个重要原因可能就在这里。

根据考古作出的判断,可以推测,在人类早期的历史中,已经不可避免地存在着翻译,否则民族的融合和共同生存便是不可能的。或可认为,人类文明本身就是翻译的文明,是各种文化因素同生共存、相互交融的文明。反观目前的翻译史,或许也只能以现存文献材料为根据展开叙事。但问题在于,这种叙事可能避开了日常与日用,但是它所要求的那种统一,或许会影响翻译事件的个体性以及以自身为法则的可能性。因此,翻译的起源可能并不在某个时间点上,而是立足于常态的生活。

其实,这同时说明了,只有消除种族和文化偏见的文化,才能促成"教化"的力量:人类的文明维系首先是由于某种相互承接、彼此支持的"向善"意识。也就是说,如儒家所首先承认的,人性本善。这也始终就是孔子教育思想的一个前提,也应该是跨文化交流的一个必要条件。朱熹这样解释"有教无类":"人性皆善,而其类有善恶之殊者,气习之染也。故君子有教,则人皆可以复于善,而不当复论其类之恶矣。"③抱持着这样的思想,与人为善,

---

① 见他的论文《再论中国的若干人类学问题》(此文英文原载《国际亚洲史学家第二双边年会会议录》,第1-12页)。中文译文收入李济(著),《李济考古学论文选集》,北京:文物出版社,1990年版。又见引文李济(著),《安阳》,第288页。

② 引自苏秉琦(著),《中国文明起源新探》,第5页,北京:生活·读书·新知三联书店,1999年版。

③ 朱熹(撰),《四书章句集注》,第168页。

不排斥、不鄙视、不加妄,便能与人交流。

若联系上翻译,便会认为,那也是一种怀抱善良意愿与人交际的活动,而且,其中也必然含有朱熹所说的那种"君子"的态度"教人"的作用——启人哲思、诱人向善、引发智慧的活动。最为重要的是,"有教无类"的教育思想以"天下一家"为前提,西方的差异观的种种排斥、分别、距离等等,在这里是见不到踪迹的。

我们对翻译的基础也会有另一种认识:那首先是情感意义上的沟通或直觉性的交流,然后才是别的方面的理解。因为,有了首先认定他人是善良的这样的思想,任何解释便首先是情感上的实现,然后才是分解性的意义的阐发。用孔子的话来说,"我欲仁,斯仁至矣"(《论语·述而》)[①]。

可以看出,以"有教无类"为视角,不仅能让人明白,一个古老的文化的跨文化翻译历史是悠久的,也是实际生活当中常态性质的存在;同时,其中所含有的对人心善良的强调,突出了交流的情感根源,也就是翻译不可或缺的基础或必要条件。如果我们反观西方"差异观",就会发现,这不正好可以矫正那种偏差吗?若还是要强行与他人拉开距离,甚至和自我相互脱离,什么时候、什么情况下才能达到真正趋向交流的,也就是彼此相及进而产生互动的解释?

0.3.3.2　孔子"学习"的要义及其与翻译的关涉

如果说,"教"的"善良"怀抱,可以开辟无限延展的文化空间和连续的相继的历史传统,那么,与之相应的另一个层面便是对这一特别预设的教育理念的支持:"天行健,君子以自强不息","地势坤,君子以厚德载物"。(《周易·坤卦·象传》)[②]君子之人能体察到如何顺应天地之变,自我调整,进而与之成为一体。而就历史的承继而论,这样的体察是始终要以先贤作为榜样的。

　　[①]　何晏(注),邢昺(疏),《论语注疏》(李学勤主编,《十三经注疏》之十),北京:北京大学出版社,1999年版,第95页。

　　[②]　王弼(注),孔颖达(疏),《周易正义》(李学勤主编,《十三经注疏》之一),北京:北京大学出版社,1999年版,第10、27页。

所以,朱熹这样解释《论语·学而》第一句"学而时习之,不亦说乎":"学之为言效也。人性皆善,而觉有先后,后觉者必效先觉之所为,乃可以明善而复其初也。习,鸟数飞也。学之不已,如鸟数飞也。说,喜意也。既学而又时时习之,则所学者熟,而中心喜悦,其进自不能已矣。"①以"后觉""效""先觉"称之为"学",而且,这是一种"必(然)":人身为个体要想有所作为,就必须拿出仿效之力、传习之功,以先人为榜样,对其品德修养加以模仿习练,进而取得文化人的资格资质,最终达到传承文化的目的。而所有这一切,都要立足于那种"善意"。在"无条件"仿效"先觉"的文化传习过程当中,文化生命赓续,意味着真正的文化生命的"生生不息",也就是生命本身的"生生不息"。用《周易·系辞》之中的话来说,"生生之谓易"②。有了这样的"连续性",才会有变化、变易、变异,因而才会找到翻译之所以成为翻译的那种出发点。

与西方思想相比,我们在"学习"所含有的"微言大义"③中可以看出,学习不仅仅是时间意义上的所谓历时的活动,它的力量更清楚地表现为历史性的活动,即有益文化传承的生命无限伸展的活动。可以认为,离开了这样的活动,文化是不可能存在的。这样的"学习"当中所含有的翻译,自然也应发挥同样的作用。对于先贤的道德文章,无疑既要像孔子那样"述而不作,信而好古"(《论语·述而》)④,同时更需像他那样"久矣,吾不复梦见周公"⑤、"念兹在兹"(《尚书·大禹谟》)⑥,无时或忘。如此,文化的力量已化为生命的一个部分,一旦弱化,便可能意味着生命趋向终结。

而就"对外的交流"而论,《论语·学而》中的第二句话则能充分体现出同样情感的生命意义:"有朋自远方来,不亦乐乎。"朱熹说:"朋,同类也。自

---

① 朱熹(撰),《四书章句集注》,第47页。
② 王弼(注),孔颖达(疏),《周易正义》(李学勤主编,《十三经注疏》之一),第271页。
③ 汉刘歆《移书让太常博士书》:"及夫子殁而微言绝,七十子卒而大义乖。"
④ 何晏(注),邢昺(疏),《论语注疏》(李学勤主编,《十三经注疏》之十),第84页。
⑤ 同上,第85页。
⑥ 孔安国(传),孔颖达(疏),《尚书正义》(李学勤主编,《十三经注疏》之二),第90页,北京:北京大学出版社,1999年版。

远方来,则近者可知。程子曰:'以善及人,而信从者众,故可乐。'又曰:'说在心,乐主发散在外。'"①就上下文来看,这一解释是有问题的。何晏《集解》引包咸注曰:"同门曰朋。"刘宝楠《正义》引宋翔凤《朴学斋札记》曰:"《史记·孔子世家》,[……]故孔子不仕,退而修《诗》、《书》、《礼》、《乐》,弟子弥众,至自远方。即'有朋自远方来'也,'朋'即指弟子。"②这些解释似未能注意将这句话与下一句联系起来分析:"人不知而不愠,不亦君子乎。"假若说,世人对"我"知之甚少,那也不会影响到我力求以君子之道行事的原则,因而无须为之不快。两相比较,第二句话讲的应该是有朋友自远方而来,实在是很快活的事。也就是说,孔子这里所说的,并不一定局限于他自己,而是在说,在很多情况下,有朋友自远方来,都应该成为生活当中快乐的事情。那么,为什么会是这样呢?

我们认为,那是因为,"远方来"的"朋友",跟"我"一样抱有"推己及人"的向圣贤学习的目的,这样,"有匪君子,如切如磋,如琢如磨"(《诗经·卫风·淇奥》)③,相会一处,学习或研究问题时便可以彼此商讨砥砺,互相吸取长处,改正缺点,共同进步。

"远方来"的"友朋"既与"我""同类"、"同辈",二者之间便是平等的,而且,"学习"应该不分前后、主次,应相与往还、彼此启发。如此,才可能达到相知而自知的目的。个人如此,文化也是这样。

应该指出,这里的"友朋"彼此之间在交流之时,是首先抱着向对方讨教、请益的目的,真诚地希望得到长进,所以才会有"自远方来"。而守护此处的那位,一样是怀抱诚挚,以向对方学习为目的,也就是首先善意地认定对方可以成为仿效的榜样或力量。孔子另一处所讲的"三人行,必有我师焉"(《论语·述而》)④也表达了同样的意思。因此,"交友"、"学习"与人生

---

① 朱熹(撰),《四书章句集注》,第47页。
② 安作璋(主编),《论语辞典》,第206页。
③ 毛亨(传),郑玄(笺),孔颖达(疏),《毛诗正义》(上)(李学勤主编,《十三经注疏》之三),第216页,北京:北京大学出版社,1999年版。
④ 何晏(注),邢昺(疏),《论语注疏》(李学勤主编,《十三经注疏》之十),第92页。

经历甚至生命历程本身,以及与文化传承和发展,已都呈现出同一个价值取向:向善之心。"择其善者而从之,其不善者而改之"(《论语·述而》)①,孔子所要突出的教义,不就在这里吗?

这样,在历时层面上,文化的交流是要"后觉效先觉"。将这一要求置于翻译研究,语内翻译就可能首先表现为一种伦理诉求:寻找最有价值的资源,加以模拟、演习、体味,进而以身作则,加以体现,最终使之发扬光大。而在共时层面,则要求与"远方"相呼应,使可能不在场的力量呈现趋"近"、走"近"的倾向,进而"亲会之"、体味之,并与之一起开拓相互碰撞、相与往还的可能性的通道,最终营造出一个新的文化空间。这也就是语际翻译的要义。

由此可见,按照孔子所说的,翻译可能就是一种"亲近":不管是古时的往昔的,还是远方的遥远的,都可能由于有了"学习"和"交友之道"之中所不可避免含有的"翻译"这个渠道,得到实现。我们在《论语》的前两句话之中,可以为翻译找到最为适应的交流的根本意蕴:往者可追,远者可求,而我作为身在此时此地的存在者,就在这样相互冲击的要冲当中,发挥着收集古往今来、远方近处的信息的聚焦点的作用。这,难道不是翻译最为根本的要义吗?

反观西方的那种分离主义的差异观,哪里可能有这样精辟的思想?哪里能找到交流相遇往还的文化构造的新作用,生生不息的文化的承继力量又体现在何处?

0.3.3.3 《论语》和佛家"如实论"之中的"如"与翻译的境界

王佐良提出,译者应该"一切照原作,雅俗如之,深浅如之,口气如之,文体如之"②。《说文解字》解释:"如,从随也,从女,从口。"徐锴曰:"女子从父之教,从夫之命,故从口。会意。"③"如之",可以从《论语·八佾》"祭如在,

---

① 何晏(注),邢昺(疏),《论语注疏》(李学勤主编,《十三经注疏》之十),第92页。
② 王佐良(撰),《新时期的翻译观》,见王佐良(著),《翻译:思考与试笔》,第3页,北京:外语教学与研究出版社,1989年版。
③ 许慎(著),班吉庆、王剑、王华宝(点校),《说文解字》(校订本),第365页,南京:凤凰出版社,2004年版。

祭神如神在。子曰：'吾不与祭，如不祭'"，①探知"如"的真意：对于已经逝去的亲人，应该以虔诚的态度，像其生时那样彬彬有礼。这种视死如视生的态度，置之远近的关系，也一样有其作用：应该以虔敬的态度对待他人，即使对方并不一定是在目前或者当下。如此礼敬他人，才能拉近距离，确保交流的渠道畅通。因此，"如"意味着想象力的飞升，也含有"一日不见，如三秋兮"(《诗经·王风·采葛》)②的那种韵味：打造出一个扩大了的场域，深入其中，让对象直接面对作为观者的我。

对于祭礼的要求，《礼记·中庸》之中还强调："使天下之人，齐明盛服。以承祭祀。洋洋乎如在其上，如在其左右。"③这种虔敬实为他种文化所未有。的确，遥远的将之拉近，久去的将之再临，僵死的使之具有另一种生命，物质的使之呈现出新的精神，异域的使之在另一种文化格局当中复原其本来面目，这不就应该成为我们翻译研究以及翻译本身的一种伦理态度吗？

而且，这也意味着，我们的翻译研究工作总是一种"趋向"：它要做到的，只是近似、相似，不管那是理论阐述，还是操作上的努力。但这并不是说，一旦某事完成，就要停滞不前，相反，我们是不能停步的，也是无法停步的。

儒家的这种观感论，与佛家的"如实论"不无契合之处。正如论者所指出的，看似有我的那种观感，实则又是一种"无我之境"：

> 不要以我观物，而应该以物观我。以我观物是静止的，结果必然形成各别的相对系统；以物观我是动态的，我参与其中，结果不知何者为我，何者为物。这时候整个存有领域不再破裂，主与客复归为一，而知识亦失去了它的媒介的价值，因为主体已经达到客体。所以，这一个"观"，是观照的意思，由主体一直切入客体的内

---

① 何晏(注)，邢昺(疏)，《论语注疏》(李学勤主编，《十三经注疏》之十)，第35页。
② 毛亨(传)，郑玄(笺)，孔颖达(疏)，《毛诗正义》(上)(李学勤主编，《十三经注疏》之三)，第267页。
③ 郑玄(注)，孔颖达(疏)，《礼记正义》(下)(李学勤主编，《十三经注疏》之六)，第1434页，北京：北京大学出版社，1999年版。

面,虽有"知"义,但这时不宜再称之为"知",而应该称之为"证",或"见"佛教经典中所谓"证道"、"见道",正是指此而言。①

　　这里的"证道"和"见道",与《论语·学而》当中所说的那种"学习"如出一辙,也可认为那就是一种向崇高的力量习练人生的要义的最后显现。或许,忘掉自身,才能促成理论的生命;忘掉自身,也才能成就译文的生命。也就是说,不论是理论家,还是翻译家,实质上都需要这样的忘我精神。这不也是同上文提及的赫曼斯所推出的那种"解释"完全相反的取向吗?

　　而且,有趣的是,在佛教经典的翻译当中的那个世人皆知的"如来佛",或许也一样能对我们关注的问题产生启发意义:tathā·gata 可译为"如去",而 tathā·āgata 则可译为"如来"。吉藏《胜鬘宝窟》的解释:"如来者体如而来,以教化众生。"tathā"代表真理,是目的语,因为真实的世界就是'如此';而 gata 是前往"。这样,"如来"实际上指的就是"走向真理的人"、"抵达真理的人"或"得证真实的人"。因此,"tathāgata 可翻译为'圆满'",有人甚至用"完全人格者"来称呼"如来"②。我们认为,若是将"如来如去"置放一处,或更能体现出此号的真意:真理的抵达者,不会执着于自我所得。实际上,按照佛理,那也是一无所得。因而,"如来"之后,还一定要"如去";而且,不管是"如来",还是"如去",最终也只是"一如"。照字面来理解,它的意思便是:虽以庄重庄严的态度行进而来,但毕竟不能拘泥于此,滞留于一事一物,而是要适可而止,功成则身退。这样,"如来如去"也就是这样一种境界,其要义就是,那种真理召唤着一种自由的心声,在其昭示之下,这个世界才能成为显现趋向真理的行者的所在。这不仅是佛家的智慧——来去自由,生得自在,也是儒家的思想(《论语·先进》当中所描述的那种"莫

---

① 霍韬晦(撰),《如实观与如实行》,见霍韬晦(著),《现代佛学》,第 47 页,北京:中国社会科学出版社,2003 年版。
② 同上,第 147 页。

春"①),更是道家的精思(《道德经》第二十五章中所说的"道法自然"②)。

显而易见,我们的翻译不论是语言构造,还是理论建树,都要遵照这样的原则行事,将一己所见所得提至这样的境界。

0.3.4 从逻辑思维走向恕道

如果我们依然如故停留在逻辑推论的天地,将名词替换视为"转向",那么,"有点傻"(皮姆语③)当然是不可避免的。不过,如果跳出了西方的逻辑主义的藩篱,不再以逻辑为基本标尺来建构理论,而是要不断反问:谁的逻辑?谁在掌握着这样的逻辑?逻辑能够营造普世的真理吗,假若它关注的并不是人本身及其跨文化关系?康德不是早就点明,逻辑学已经完成其历史使命,④黑格尔不也早就指出"逻辑命题"已"不适宜于表达思辨之真"了吗?⑤ 那么,我们就有可能真正变换视角甚至思维方式来重新审视翻译研究的基本问题。而从中华思想入手,可能就是一条通途。

若是总结,就会发现,进入后现代,逻辑主义似已丧失效应,推论上的两难局面已使翻译研究无所适从:我们不知风该向哪一个方向吹,甚至不知该如何依照风向安排思绪。与西方翻译思想不同,从儒家经典观念引申出的路向则可将人的情感置于始发点的位置,把人与人之间的关系确定为沟通的主要问题,透过"有教无类"的跨文化场域涉及"学"所要求的对他者的虔敬态度。只有这样,真正的翻译才是可能的。而"如"则意味着,境界意识在触及事物之真基础上对"文化天下"持续性的显现。应该指出的是,这里也只是尝试性地通过诠释和引申,将孔子的教义引入翻译观念的探索,进一步

---

① 何晏(注),邢昺(疏),《论语注疏》(李学勤主编,《十三经注疏》之十),第154页。
② 王弼(注),《老子注》(《诸子集成》第三册),第14页,北京:中华书局,1954年版。
③ 刘艳春、冯全功、王少爽(撰),"Aspects of Translation Education: An Interview with Professor Pym",《广译:语言、文学与文化翻译》2012年第6期,引文见第203页。
④ 参见伊曼努尔·康德(著),李秋零(译),《纯粹理性批判》,中国人民大学出版社,2004年版,第12页。
⑤ 黑格尔直接指出:"采用判断形式的命题并不适宜于表达思辨的真理。"详见 A. V. Miller(译), *Science of Logic*, 第90页,London: George Allen & Unwin, 1969年版。

的研究还有待来日。或许,可以将上述思路归纳为:生命为本,仁爱置基,远近应之,译入变易。

应再指出,如赫曼斯对文学翻译无法界定的讨论所显示的,西方翻译研究已落入后现代的逻辑主义陷阱。摆脱两难局面的一个方法是,转向儒家思想,诸如"教"、"学"以及"如",都可以其非逻辑性的思维方式引入译学理论并在其中发挥作用。只有通过"教"所敞开的跨文化场域以及"学"的过程当中对他者怀抱的虔诚,作为交流的翻译才是可能的。也只有将"如"视为目标,旨在追求显示事物之真的"文化天下"的可持续性,翻译也才能达至它本应追求的东西——因为,只有"心心相如",也就是达到了"恕",才可能出现真正的交流。

张载强调:"心大则百物皆通,心小则百物皆病。"论者解释:"心本灵虚,能具众理而应万事。苟能涵养此心,使其回复到'天地之性'的宽广宏大,如此待人接物,自然畅通无阻。反之,若此心为习气所拘,'气质之性'用事,则此心褊狭固滞,那就万物皆病,到处碰壁了。因此,为学当以治心为要。"[①]

0.4 儒家交流论的基础:"恕道"、"感通"以及"学"和"孝"

0.4.1 《论语》之中的"恕道"

儒学思想之所以能进入翻译研究,并且起到它应有的理论指导作用,首先是因为,儒家聚焦于社会之中人的构成及其文化的延续,因而,有着独具特色的交流理论和交际学说。若以简洁的形式来表述,可以"恕道"称之。上引王佐良所说的"一切照原作,雅俗如之,深浅如之,口气如之,文体如之",其所依据的也就是这样的"恕道"。

试想,若是"一切如之",那不可能只是流于表面,而无内在里的支持。

---

① 朱高正(著),《近思录通解》,第 55 页,上海:华东师范大学出版社,2010 年版。

恰恰相反,正是因为内在里强有力的充实达到一定的极限,外在才有相对应的表现。如此,才能做到"如"。因而,"如"的核心并不在于"什么如什么",而是在于"如"本身的力量来源。在儒家看来,它的力量源头就是"心"。因此,在儒家经典之中,此一"恕"具有特别重要的意义:

> 子贡问曰:"有一言而可以终身行之者乎?"子曰:"其恕乎?己所不欲,勿施于人。"(《论语·卫灵公》)①

"一言可以行终身",这是多么大的力量,能使人趋而近之、遵而循之!"一言""可以""终身行之",此"言"必有"终身行之"的道理。孔子点出"恕"字,进而加以解释。若是王佐良所说的"一切如之",真的可以在"恕"那里找到"来自心的力量",那么,我们似乎就可以说,儒家思想本来就应该是跨文化翻译实践及其研究的一个立足点,只不过是没有人指出罢了。实际上,甚至可以说,没有"恕"的态度,就不可能有人际交往的可能,也就不存在所谓的翻译。反过来也可以说,"恕"的精神洋溢之时,也就是中华文化兴盛之际。

假定儒学主要是一种人生哲学,而且,其主导性功用在于如何教化人"成人成己",那么,它不仅适用于人生,也适用于翻译活动以及对它的本质的探究。原因无他:既然跨文化翻译是人的活动,那么,它也就是人之为人,其人性所要成就的人文构成的不可或缺的组成部分。由于翻译是将人的视界保持在一定的广度、幅度和高度的活动,因而,"恕道"之运行必然涉及这样的视界的形成和保持。易言之,"恕道"虽然未及在翻译研究领域得到认可,但是,作为一种人生于世的态度,它本来就应为人的"跨文化构成"做出贡献。而这样的贡献因其构成,不能在单一的文化系统之中成就,必须在语言际的、文化际的系统中成就。儒家坚持"执两用中"而反对极端,正好能够突出这样的导向:将"交感"、"交际"、"交合"、"交会"以及"交融"等,视为人

---

① 何晏(注),邢昺(疏),《论语注疏》(李学勤主编,《十三经注疏》之十),第214页。

之为人的必然倾向,同时这也是人类文化的基本要求。

成人成己的跨文化构成如此,文化的取向之预设如此,人的交际之特性如此,那么,翻译作为在有关观念之中运作的活动,当然也就需要在"恕道"引领之下,沐浴于儒家思想的温馨之中,而最大程度地汲取其中的营养,将理论建设的思想导入正确的道路。

那么,"恕道"究竟是什么精神?为什么要说它可以引导翻译研究走向正确的道路?

"恕道"强调将心比心。孔子教导:"己欲立而立人,己欲达而达人。能近取譬,可谓仁之方也已。"(《论语·雍也》)[①]这样的仁人之心,大爱无疆,可确保人之为人的决定性的力量:"三人行,必有我师焉;择其善者而从之,其不善者而改之。"(《论语·述而》)[②]在这里,人心高于一切,依之为裁断的尺度,就可以如孟子所突出的"心之所同然"(《孟子·告子上》)[③],将人之为人的力量规定在一个认同的路径,而不是预先以区以别之的态度对待他者、异域的文化。这是跨文化翻译活动的一个基石。假若没有这种观念,一味认取所谓"现代文化"或曰"先进文明",势必会再一次退回到差异极端化的老路,而不能真正达到平等交流的目的。

实际上,若是不坚持"恕道"的平等待人的精神,跨文化翻译研究的思路从一开始就有可能将强势文化视为高等文明的代表,进而排斥其他文化。这是西方古代一直到中世纪的翻译观:在漫长的岁月之中,有一些人始终坚持"语言的神学等级制度",凡是"神圣启示的语言"就被视为上等,而其他语言则等而次之。因而,就翻译而论,"主导性通常是从优位的(prestigeous)到低等的(inferior)语言"[④]。在翻译研究领域的"文化学派"的代表人物Susan Bassnett看来,如此的翻译才是"唯一有效的翻译":"要想使翻译成

---

① 何晏(注),邢昺(疏),《论语注疏》(李学勤主编,《十三经注疏》之十),第83页。
② 同上,第92页。
③ 赵岐(注),孙奭(疏),《孟子注疏》(李学勤主编,《十三经注疏》之十一),第303页。
④ 详见 Anthony Pym(撰),"Philosophy and Translation,"收入 Piotr Kuhiwczak 与 Karin Littau(编),*A Companion to Translation Studies*,第26页。

为有效的,唯一的路子就是使之从支配性的到较弱力量的语言发生。"①如此,历史是否在倒退? 回到中世纪的翻译,是否需要一个新的"上帝"? 而且,这样的翻译作为"唯一有效的",是否已经预备将其他各具优点、特性和长处的语言置于不顾的地步,进而试图以"大国沙文主义"的精神影响、取代或曰取消它们的存在? 那么,这样的论调还有什么道理可言? 但是,这难道不是长期以来所谓的"西方"思想的"学术"的实质表现吗? 以所谓"现代"或"先进"自居,而不考虑其他类型的文化和文明,不管是不是会造成其他文化的消亡。

面对仍然在大行其道的诸如此类的论断,若是不能回到"恕道",我们又该以什么心态,去回顾历史的苦难和不堪? 仅以中国近代以来的翻译活动为例:

> 理想的世界文化交流本该是双向输入与输出,交流的双方是互为主客体,以双方各自对对方需要为基础,以双方各自对这种需要的意识为前提,而且文化传播与活力可以量化。目前普遍接受的量化方法是看某种文化中被翻译为外文的文化产品(著述)的数量在其文化产品总量中所占比例。然而,过去的中外文化交流并不十分对称。统计数据表明:从1900年到2000年的100年间,中国翻译的西方文化文、史、哲、政、经、法、数、理、化等书籍近10万种,但是西方翻译中国的书籍的种类还不到500种。关汉卿的作品量比莎士比亚大(前者60部戏剧、10余首散曲、50余首小令;后者37部戏剧、2首长诗、154首十四行诗),而世界上知莎翁者多,知关翁者寡。②

---

① 引自 Susan Bassnett(撰),"Culture and Translation,"收入 Piotr Kuhiwczak 与 Karin Littau(编),*A Companion to Translation Studies*,第22页。
② 引自汪榕培、王宏(主编),《中国典籍英译教程》,第2-3页,上海:上海外语教育出版社,2009年版。

这是一组完全不成比例的数字,一方面是不断的,甚至是没有拣选的输入,另一方面则是鲜见成效的输出,二者实具天壤之别。尽管我们不能不承认,翻译家们为中华文化贡献良多,但不能不让人担忧的是,长此以往,西方是否有可能将中国或中华文化同化?因为,"四库全书"也不过收入1万种著述[①],而10倍于它的著作在百年时间如洪水般涌入,造成的难道不是强势文化对弱势文化的同化吗?

可资对比的一个现象是,伦理学界早就已经将"己所不欲,勿施于人"作为"世界伦理"的"律则"。[②] 作为伦理学的坚实的组成部分,这样的律则在整个世界范围都是行之有效的。既然这样的律则具有普适性或普世性,那么,儒学经典之中所突出的"恕道",也就有了在翻译研究之中的相当强大的指导作用:它自然可以引领有关探索走向正确的道路。

首先,坚持"恕道",翻译活动就不再是强势文化对弱势文明的侵袭和同化的代名词,如此也就会通过反思确定历史新的走向的可能性和可行性。

其次,由于"恕道"宣扬的是"人心",因而,"向善"也就是所有跨文化交流的倾向。如此,这样的态度势必最大限度地保证译者的材料选取和经营意图是有利于人群大众的。既然"心同理同",那么,依之为交流的基础就能生产出顺应人文基本要求的作品。而且,最为重要的是,既然人心是相通相同的,那么,在最大程度上,跨文化翻译也就不能仅仅被定位为人物之间的关系,而应被视为生命与生命之间的沟通和协作。这样对翻译重新界定,是将之拉向物我一体,而不再是主客二分。如此或可破除西方的既定思路,而为这方面的探索重新厘定方向。

再次,"恕道"出自儒学思想,其精义即为以情感维度导向对人和物的感知,因而,如何使人回归、使物成为物,也就是"恕道"的终极取向。这样,翻译在本质上也就不仅仅是要将一种文化的语言形式和思想内涵传递于另一

---

① 详见陈来(著),《中华文明的核心价值》,第107页,北京:生活·读书·新知三联书店,2015年版。
② 详见孔汉思、库舍尔(著),何光泸(译),《全球伦理:世界宗教议会宣言》,成都:四川人民出版社,1997年版。

种文化和语言,而是要以新的形态传递宇宙的消息,即人之为人、物之为物存在着别的形式和样态,值得进一步学习和探求。易言之,翻译的目的除了对语言和文化力量的传输之外,还有一种哲学的目的:是人间的智慧,造成了世界的创造,因而,需要回归这样的智慧的别样的形态及其他者的面貌,以便在多元的形式之中,选取最佳的思想和生活方式。再换言之,翻译的最终目的是为了人,为了人的生活,为了人的跨文化构成。

最后,由于"恕道"将人心确立为翻译的核心,因而,其中的一个要点必然是,如何跨过语言和文化障碍来确保人与人之间的交往,既合情合理,又具有特定的历史意义和价值。也就是说,在"恕道"的引导之下,有意义和价值的永远是他者:他们的生活情调和文化追求,精神向往和思想情态及其特有的表现形式等等。"恕道"最终要追问的是,如果像他人那样拥有更为美好的生活,需要什么样的翻译。

如杜维明所强调的,中华文化是一种"善于学习的文化"[①]。没有"恕道",这是不可想象的。正是有了儒家的这一思想,中华文化才经历万千困难,形成世界唯有的几千年连续性的文化。因而,历史的教益应是深刻的,其中的资源也是丰厚的,值得我们去发掘和整理。

0.4.2 《周易》之中的"感通"

"感通"一词出自《周易·系辞上》:"《易》无思也,无为也,寂然不动,感而遂通天下之故。"[②]意思是:"《易经》本身是没有思虑的,是没有动作的,是很安详寂静不动的,人若能感发兴起而运用之,终能通达天下一切的事故。"[③]用现代的语言来讲,"易"可理解为"超越者",但这样的"超越者"在儒家那里,又是时时体现于生活之中的日常化常态性的力量:那是一种"感

---

① 参见杜维明(著),《二十一世纪的儒学》,第186页,北京:中华书局,2014年版。
② 王弼(注),孔颖达(疏),《周易正义》(李学勤主编,《十三经注疏》之一),第284页。
③ 引自南怀瑾、徐芹庭(注译),《周易今注今译》,第419页,重庆:重庆出版社,2011年版。

情"。用孔颖达的话来说,就是"有感必应,万事皆通",因而"至极神妙"①。严复更是认为,"人群"或曰社会的存在,其本身就是"感通"的结果。他特地强调:"赫胥黎保群之论,可谓辩矣。然其谓群道由人心善相感而立,则有倒因为果之病,又不可不知也。盖人之由散入群,原为安利,其始正与禽兽下生等耳,初非由感通而立也。夫既以群以安利,则天演之事,将使能群者存,不群者灭;善群者存,不善群者灭。善群者何?善相感通者是。然则善相感通之德,乃天择以后之事,非其始之即如是也。其始岂无不善相感通者?经物竞之烈,亡矣,不可见矣。"②

人的存在之所以如此,是因为"感通"首先意味着事物的存在;那是天人之间的"感应",或曰"互感"指向上的存在。易言之,没有这样的对偶的互相感应,也就无所谓天,更无所谓人。

> 心与物之间的关系,就成了一种互相交感的关系。在此,"感"永远不是单向的,而是双向互动的。关于这种双向互动,显然应当上推到《易传》。在《易传》中,对"感"做了最形象诠释的就是《咸》卦。《咸·彖》云:"咸,感也。柔上而刚下,二气感应以相与。止而说,男下女,是以亨利贞,取女吉也。天地感而万物化生,圣人感人心而天下和平。观其所感,而天地万物之情可见矣。"《咸》卦的卦象下艮上兑,艮为山,兑为泽,如郑玄所说:"山气下,泽气上;二气通而相应,故曰'咸'也。"可见,《易传》以山泽之交比方男女之感,比方天地自然万物之交感。在这里,《易传》把这种交感的意义推举到天地大化和圣人之道一样的高度,《系辞上传》曰:"易无思也,无为也,寂然不动,感而遂通天下之故。非天下之至神,其孰能与于此?"所以,《乐记》仅仅是将"物感"与文学创作联系了起来;《易传》却从一个超越性的高度出发,看到了心物之间交互作用这种

---

① 引自南怀瑾、徐芹庭(注译),《周易今注今译》,第419页。
② 见严复(著),《天演论》,引自王栻(主编),《严复集》(第五册),第1347页,北京:中华书局,1986年版。

"交感"普遍存在于宇宙大化之中。①

在中国古人看来,能"有感"的不仅是"人"这一方,还有"天"这一方;而且,只有"互感"之"感"才是真正的"感"。之所以如此,是因为"人"和"天"是互成的:离开了一方,另一方就不会存在。同样的,双方"互感",才有真正的"感"。而这实际上是在说,万物都是有生命的,而"感情"的存在是其基本的存在。只有相互"感动",彼此才可相通。"易道"与"人"的沟通如此,万事万物之间的沟通当然也是一样。

这样,若将"相感"的道理置于人际关系之中,便可认为,人与人之间的交流首先是一种"感通"的表达,亦即"同感"基础之上的那种"心意相通"。明乎此,就比较容易理解,为什么《毛诗正义·诗谱序》论述"诗三百篇"的创作起因,认为那是由于"情志不通,故作诗者以诵其美而讥其过"②,又为什么钱锺书先生会强调,"中国固有的文学批评的一个特点"就是"把文章通盘的人化或生命化(animism)"③。

对宇宙之"生命化",赢得的是相通相感的局面。如此,若与"恕道"合而观之,则会认为,中国哲学的思路便是:不仅人将他人视为另一种有可能高于我的、值得我学习的对象,而且,整个宇宙之中的事事物物也都是可能高于我的存在,值得我学习。

如此,在儒家成己成人的观念中,"我"即为"虚我":"我"将学习视为终生的追求,孜孜不倦,持之以恒。之所以如此,是因为人生就是一种学习的过程。这样,儒家思想的确就有条件为后现代的思想危机提供某种解决方

---

① 引自张锡坤、姜勇、窦克阳(著),《周易经传美学通论》,第 375 页,北京:生活·读书·新知 三联书店,2011 年版。
② 毛亨(传),郑玄(笺),孔颖达(疏),《毛诗正义》(上)(李学勤主编,《十三经注疏》之三),第 5 页。
③ 参见《中国固有的文学批评的一个特点》,原载 1937 年 8 月《文学杂志》第一卷第四期;收入氏著,《钱锺书散文》,第 388-408 页,引文见第 390 页,杭州:浙江文艺出版社,1997 年版。

案,尤其是在"主体之后会有谁来"已经成为疑问的情况下①。举例来说,罗兰·巴特指出,西方的"主体"打乱对象,虚构"客体",实则造成"主体"的独一。② 齐泽克则调侃"主体"对审美对象视而不见,专门把概念炮制为游戏。③

如果今天的翻译研究,继续沿用这样的概念及其系统,是否在说明,我们的思想尚未进入基本的反思和批判状态? 如果说,认识论并不能"认识",所谓的"客体"或"对象"原本就是虚构的,而解释学也并不能"解释",因为解释只是所谓解释的"主体"的"解意",那是由"私益"或"私意"而导致的"肆意",那么,一切便需要在跨文化交流之中通过"感通"重新开始。

牟宗三在讨论程颢关于仁的思想时,特别强调:"此正是开辟创造之源、德行之本者。故由其指点与启发而总可谓此体之本质实性曰觉曰健,以感通为性,以润物为用。"④这里的"仁体"作为"超越者"的"同体流遍",可否认为是在特定的文化之内的那种"大化流行"? 果真如此,从异域而来的他者的文化思想,是否能够进入此"仁"此"体"? 也就是说,因译事而起的"感通"是否能够造成另一种"超越"?

如此,或可为西方哲学提供一种新的补偿性的路径,一条适宜的历史性的途径,尽管那也是一种"早已有之"的途径? 因为,正如李泽厚所指出,那正是后者的弱项:

> 有一点曾让我惊讶:古希腊有名的"四大美德"——节制、正义、智慧、勇敢,其中没有仁爱一项,即没有情感性的东西。除了勇敢之外,另外三者都是理性的。当代麦金太尔名著《追求德性》也

---

① 详见 Eduardo Cadava, Peter Connor 与 Jean-Luc Nancy(编),*Who Comes after the Subject?*, New York and London: Routledge, 1991 年版。

② 参见 Roland Barthes(撰),"The Structural Activity,"收入氏著, Richard Howard(英译), *Critical Essay*, New York: Hill and Wang, 1972 年版。

③ Slavoj Zizek(著), *The Fright of Real Tears: Krzysztof Kieslowski Between Theory and Post-theory*, 第 5–6 页, London: British Film Institute, 2001 年版。

④ 详见牟宗三(著),《心体与性体》(第三册), 第 278 页, 台北:正中书局, 1968 年版。

说,德性的核心是智慧,突出的仍然是理性、理知判断,这个理性主义传统如此持久顽固,对中国人来说,有点奇怪吧? 当然,希腊也大谈 eros(爱欲),认为它是智慧的根基,基督教大谈 agape(圣爱),但它们都不是中国这种以亲子为生物基础而加以理性化的仁、慈、孝、爱[……]中国人讲的德性或美德,都是情感性非常突出而又包含着认知、理智,反对"愚忠愚孝"。"智、仁、勇"三达德,其中仁是最根本的。在理论上也一直如此。我欣赏《礼记·檀弓》记载孔子讲对待死者的"礼":如果把他当死人,是"不仁";如果把他当活人,是"不智";所以陪葬品是"明器",而不是真物。这多么有意思!仁智兼备构成了许多层次和比例不同的情理结构的心理形式。①

0.4.3 《论语》之中的"学"和《孝经》之中的"孝"

"恕道"确定人对人的沟通态度,"感通"勾勒出宇宙的沟通的条件,而儒家的"学"和"孝"则决定着人的生存的文化精神。

在对《论语·学而》开篇"学而时习之,不亦乐乎"的解释之中,朱熹如此论述:

学之为言效也。人性皆善,而觉有先后,后觉者必效先觉之所为,乃可以明善而复其初也。②

在这里,"学"是"效"的意思,意为:效法、效仿贤人之所为。持之有故,进而有序;如此,才可确保生存是可持续的。也就是说,在儒家看来,生活本身的意义就在于生命的延续,而这样的延续一定是要以先贤为榜样的:他们

---

① 引自李泽厚、刘绪源(著),《中国哲学如何登场?——李泽厚2011年谈话录》,第81页,上海:上海译文出版社,2012年版;另见李泽厚(著),《回应桑德尔及其他》,第56页,北京:生活·读书·新知三联书店,2014年版。
② 朱熹(撰),《四书章句集注》,第47页。

造就了我们,同时也造就了万古的基业,值得我们去认真体会如何持有,进而发扬光大。因此,"学"既是"复初",即人一生"守善"或"完善"的过程,亦为生命延伸的传统的强化的过程。二者在有责任心的君子那里,最可见出它的基本倾向,因而,也就最能说明人生的价值。

如此之"学"被视为"效",而这也是"孝"的另一种说法。或者说,"学"即为"孝道"的文化承担和精神传承。因而,《礼记·祭义》之中强调:

> 君子反古复始,不忘其所由生也。是以致其敬,发其情,竭力从事,以报其亲,不敢弗尽也。①

如此,血脉传承也就成了一种文化传统的主流力量。因此,《礼记·中庸》也指出:

> 夫孝者,善继人之志,善述人之事者也。②

对于"学"与"孝"的文化关系,《孝经·开宗明义章》说得更为明确:

> 子曰:"夫孝,德之本也,教之所由生也。"③

有了"孝"那种"继人之志"的决心以及"述人之事"的心意,也就能保证"德"的打造,"教"和"学"才是可能的。因而,"孝道"既是人类血脉和文化精神的相续,也是人世间最为崇高的责任和道德义务。所以《孝经·三才章》强调:

---

① 引自郑玄(注),孔颖达(疏),《礼记正义》(下)(李学勤主编,《十三经注疏》之六),第1329页。
② 同上,第1438页。
③ 引自李隆基(注),邢昺(疏),《孝经注疏》(李学勤主编,《十三经注疏》之十二),第3页,北京:北京大学出版社,1999年版。

子曰:"夫孝,天之经也,地之义也,民之行也。"①

人首先感受到的当然是父母的慈爱和养育,《诗经·小雅·蓼莪》之中歌颂道:"哀哀父母,生我劬劳";"哀哀父母,生我劳瘁";"父兮生我,母兮鞠我。拊我畜我,长我育我。顾我复我,出入腹我,欲报之德,昊天罔极"。②对爱有了最为真切的感受,进而推己及人,将之发扬光大,才可有所回报。《说文解字》解释篆体"孝"字云:"善事父母者。从老省,从子,子承老也。"③将个人对亲人的敬爱,扩而大之,推而广之,是为仁爱。

因而,在儒家思想深深浸染的汉语语境之中,"学"在两个方面扮演着角色:一是自然本性的回归,即"父母全而生之,子全而归之"(《礼记·祭义》)④;二是强化文化传承,将先贤之事业坚持下去。二者兼顾,才可能成为"全人"。"学"、"孝"合一,而身体就是人生"学习"过程中要打造好的对象之一。

与之相比,西方则不存在这样敞开心胸、扩充自己的观念,比如,黑格尔就如此描述"哲学史":

全部哲学史这样就成了一个战场,堆满着尸骨:它是一个死人的王国,这王国不仅充满肉体死亡了的个人,而且也充满着已经推翻了的和精神上死亡了的体系,在这里面,每一个杀死了另一个,并且埋葬了另一个。这里不是"跟着我走",按照这里的意思倒必须说,"跟着自己走"。这就是说,坚持你自己的信念,不要改变自己的意见,何必采纳别人的意见呢?⑤

---

① 李隆基(注),邢昺(疏),《孝经注疏》(李学勤主编,《十三经注疏》之十二),第3页。
② 毛亨(传),郑玄(笺),孔颖达(疏),《毛诗正义》(中)(李学勤主编,《十三经注疏》之三),第776-778页。
③ 许慎(著),班吉庆、王剑、王华宝(点校),《说文解字》(校订本),第239页。
④ 引自郑玄(注),孔颖达(疏),《礼记正义》(下)(李学勤主编,《十三经注疏》之六),第1435-1436页。
⑤ 引自 G. W. F. 黑格尔(著),贺麟、王太庆(译),《哲学史讲演录》(第一卷),第21-22页,北京:商务印书馆,1959年版。

这样,弑父(之罪)乃是西方的思想特色,或者说,西方思想史即为或充满着弑父的故事? 即便是与人交流,这样的交流也是要如此"鲜血淋漓",不见真正的"生意"吗?

如上文不断提及的 Hermans,他在那篇讨论"厚重翻译"的未定稿中所用的"my reading of Venuti's reading of Jones' reading of Aristotle's reading of the nature of Greek tragedy"①,要说的不正是:人不及我,我难及人;人亦不及物。那么,个体主义就是一切,沟通如何可能? 那么,如黑格尔所说,这样共时的交流和历时的一样,也是一场"血腥的厮杀"? 与黑格尔所说的西方观念截然相反②,儒家特地强调承继,表现最为具体的当是亲人之间代代相续的"孝道"精神。

上文用到"生意",因为儒家强调的是"生命与生命的沟通",而且是双方之间的"感情之沟通",在"生命"的基础上,在认同他者即为"我"的同类的前提下,交流才是"可感"的,也就可能是"可知"的。易言之,交流的主体是生命,它所带来的意义是"生意"或曰"生之意",即生命的意义,亦即对生命本身的尊重、呵护以及回归;它所产生的价值是对生命的价值的突出和强化。"生意"是生活的意思,是活生生的意思,更是生命本身的意思:那是一种动态的过程,是一种可以营造万有的进程。"学"和"孝"的功用,也就在这里。

将这样的思想引入翻译研究之中,就会发现,生命的感通寄托在一种无限扩大的视野之中,因为一切都可能因为其生命的力量,而与"我"产生交流的欲求,一切也都可能出现督促或协助人打造更为美好的生命意义和价值的精神飞跃。因而,"我"身为芸芸众生之中的一员,除了尽本分"学习"之外,又有什么资格排斥他者,而以自我为中心,进而偏向于一己或某一种文

---

① 详见 Theo Hermans(撰),"Cross-Cultural Translation Studies as Thick Translation," *Bulletin of the School of Oriental and African Studies*, University of London, Vol. 66, No. 3(2003),第 380-389 页。

② 《礼记·坊记》之中记载:"《鲁春秋》记晋丧曰:'杀其君之子奚齐,及其君卓。以此坊民,子犹有弑其父者。'"郑玄注曰:"不子之甚。"引自郑玄(注),孔颖达(疏),《礼记正义》(下)(李学勤主编,《十三经注疏》之六),第 1413 页。

化之所得,而不及其他,因而也就不计其他呢? 若如此设限,那不就是将自己界定为一个不懂生命为何物因而肆意妄为之辈,而在这样的人身上,"文化"已经荡然无存,遑论其他!

0.5 历史的成绩与研究现状

0.5.1 中国译论史之中的中庸化倾向

儒家思想在历史长河之中富有其影响力,但在现代,随着"西方"的强大,它的光辉不再,作用也逐渐变小,似乎成了某种暗流,未及显现水面。因而,一方面儒家思想在历史上发挥"过"作用,另一方面有关传统已被遗忘或丢弃。

首先,在历史长河中,我们只是注意到了支谦(三国时佛经翻译家)在《法句经序》中指出:

> 仆初嫌其为词不雅。维祇难曰:"佛言依其义不用饰,取其法不以严,其传经者,令易晓勿失厥义,是则为善。"座中咸曰:"老氏称:'美言不信,信言不美';仲尼亦曰:'书不尽言,言不尽意,明圣人以深邃无极'。今传梵义,实宜径达。"①是以自偈受译人口,因顺本旨,不加文饰。②

在这里,儒家思想显而易见,"依义不饰"是说,朴素行事,而不加雕饰,大有儒家谦谦君子的作风,意在"恶其文之著也"(《礼记·中庸》)③。而"取

---

① 马祖毅引言止于此,但"径"字被写作"结",不知何故。详见氏著,《中国翻译简史("五四"以前部分)》,第 29 页,北京:中国对外翻译出版公司,2004 年版。
② 引自钱锺书(著),《管锥编》(第三册),第 1101 页,北京:中华书局,1986 年版;另见钱锺书(著),舒展(编),《钱锺书论学文选》(第四卷),第 367 页,广州:花城出版社,1990 年版。
③ 郑玄(注),孔颖达(疏),《礼记正义》(下)(李学勤主编,《十三经注疏》之六),第 1461 页。

法不严",并不是真的"不严"甚或"不取法"。相反,这里说的是"取其法不以严"之"法"是要经过协商,甚至妥协才能"取"的。显而易见,其中就包含着特定的中庸之道的"走中道"的意味,因而,取向不极端、不严苛。文中所引的"座中之语"、"今传梵义,实宜径达"以及支谦自己的主张"因顺本旨、不加文饰",也都有朴素的追求的意味。

钱锺书评论这段话时指出:

> 严复译《天演论》弁例所标:"译事三难:信、达、雅",三字皆已见此,译事之信,当包达、雅;达正以尽信,而雅非为饰达。依义旨以传,而能如风格以出,斯之谓信。支、严于此,尚未推究。雅之非润色加藻,识者尤多;信之必得意忘言,则解人难索。译文达而不信者有之矣,未有不达而能信者也。①

依钱锺书,严复之论源自支谦。不过,支谦的翻译思想又源自哪里,他并没有说明。实际上,或许源头并不是"翻译"本身,也不是"佛教"经典,而是儒家。尽管资料似乎不多,研究者也并没有怎么注意,但是,自支谦以来,儒家思想就已被应用于译学的探讨,而且,近代以来的中国译论,实际上还形成了一种"中庸化的"传统。

比如,在王国维的一篇批评文章之中,可以看到他对儒家思想的运用。在这篇对辜鸿铭的批评文章《书辜氏汤生英译〈中庸〉后》②之中,他指出,此译"唯无历史上之见地,故译子思之语以西洋哲学上不相干涉之语"③。之所以如此,有主客两方面的原因:一是译者为求"贯串统一","势不能不用意义更广大语","然语意愈广者,其语愈虚,于是古人之说之特质渐不可

---

① 见钱锺书(著),《管锥编》(第三册),第1101页;另见钱锺书(著),舒展(编),《钱锺书论学文选》(第四卷),第367页。
② 此著收入氏著,傅杰(编校),《王国维论学集》,第390-400页,北京:中国社会科学出版社,1997年版。
③ 同上,第399页。

见"①；二是"以西洋之哲学解释《中庸》"②。客观原因则是，"中国语之不能译为外国语者，何可胜道"③。他所提的主观原因，依义推之，实则是在说，若是脱离了《中庸》语境，任凭译者现代化，又如何能企及原文之寓意，那当然是不能"中意"了。而这意味着，不仅王国维的讨论不能脱开如此虚泛地运用"中庸之道"式的评论，同时可印证，即令没有明确运用中庸之道作为指导思想，它的基本原理仍是指引性的思想力量。只不过，他没有给予说明罢了。

而在对"天"的意义的讨论之中，王国维的思想则明显是在中庸之道框架之中展开，尽管同样也见不到他提及有关字眼。就在他强调"中国语不能译为外国语"的时候，所举的例子就是"天"：

> 外国语中之无我国"天"字之相当字，与我国语之无 God 之相当字无以异。吾国之所谓"天"，非苍苍者之谓，又非天帝之谓，实介二者之间，而以苍苍之物质具天帝之精神者也。④

这个解释说的是，"天"既不是物质的存在之实体，也不完全是精神层面的超自然存在，而是二者兼而有之，的确很难转译为另一种没有相同表达方式的语言。这是典型的中庸之道式的语言，突出的是两方面的合一所形成的事物的存在。既然连"天"本身就是如此，世上万物就其存在而论当然同样具有相同的特质。王国维这里的论述所突出的要义在于，事物既然如此存在，若要求得存在论意义上的事物，就必然需要依照某种方法对之加以还原。如果我们能够确定，适宜的方法就是中庸之道，那么，它在跨文化翻译之中的作用，就是需要被认可和肯定的。

另如马建忠在提出"善译"时，如此强调："心悟神解，振笔而书，译成之文，适如其所译而止，而曾无毫发出入其间。而夫后，能使阅者所得之益，与

---

① 此著收入氏著，傅杰（编校），《王国维论学集》，第 392 页。
② 同上，第 392 页。
③ 同上，第 393 页。
④ 同上，第 393 页。

观原文无异,是则为善译也已。"①尽管他所提出的"曾无毫发出入其间"很难实现,但是,"适如其所译而止"之中的"适如"所突出的"恰如其分",倒是值得注意的。而这样的"适如",正是中庸之道所一力体现的"适时而动"的精神的一种表现。

梁启超在两个方面对佛经汉译的讨论,也可以印证中庸之道的意义。一是他对"翻译文体"的讨论:

> 翻译文体之问题,则直译意译之得失,实为焦点。其在启蒙时代,语义未及娴洽,依文转写而已。若此者,吾名之为未熟的直译。稍进,则顺俗晓畅,以期弘通;而与原文是否吻合,不甚厝意。若此者,吾名之为本熟的意译。然初期译本尚希,饥不择食;凡有出品,咸受欢迎。文体得失,未成学界问题也。及兹业寖盛,新本日出,玉石混淆。于是求真之念骤炽,而尊尚直译之论起。然而矫枉太过,诘鞠为病;复生反动,则意译论转昌。卒乃两者调和,而中外醇化之新文体出焉。此殆凡治译事者所例经之阶段,而佛典文学之发达,亦其显证也。②

此论"翻译文体",亦即新的文体如何产生的来由或原因。而从我们的论题视之,其中最重要的当是"两者调和",这种历史性的地位,实则将中庸之道置于对翻译史变化的描述之上。这意味着,就梁启超的解释来看,中庸之道足以揭示出历史的规律。梁任公坚持此一历史观,引例亦加强化:

> 道安大弟子惠远,与罗什并时,尽读其新译,故其持论,渐趋折

---

① 引自马建忠(撰),《拟设繙译书院议(甲午冬)》,收入罗新璋、陈应年(编),《翻译论集》(修订本),第192-195页,引文见第192页。
② 引自梁启超(撰),《翻译文学与佛典》,收入氏著,《中国佛教研究史》,第81-134页,引文见第104-105页,上海:读书·新知·生活三联书店,1988年版;此文另见氏著,陈士强(导读),《佛学研究十八篇》,第163-201页,引文见第179-180页,上海:上海古籍出版社,2011年版。

衷。其言曰:"譬大羹不和,虽味非珍;神珠内映,虽宝非用。'信言不美',有自来矣!(此言直译之缺点)若遂令正典隐于荣华,玄朴亏于小成,则百家诡辩,九流争川,方将函沦长夜,不亦悲乎!(此言意译之缺点)[……]则知依方设训,文质殊体。若以文应质,则疑者众;以质应文,则恍者寡"(《大智论抄序》)。此全属调和论调,亦两派对抗后时代之要求也。①

直译、意译两种方法,呈现两种诉求,进而形成两种流派。而到惠远这里,则有"调和"倾向出现,而形成新的历史取向。此词本身意味着不走极端,而是取其所长,汰其所短。所谓"执其两端,用其中于民,其斯以为舜乎?"(《礼记·中庸》)②,此之谓也。

这样的"调和",他认为,在玄奘那里达到了历史的高度。所以,他如此评价:

> 故必如玄奘、义净,能以一身兼笔舌之两役者,始足以语于译事矣!若玄奘者,则意译直译,圆满调和,斯道之极轨也!③

二是他对"定名"的论述:

> 翻译之事,遣辞既不易,定名尤最难。全采原音,则几同不译;易以汉语,则内容所含之义,差之毫厘,即谬以千里。折衷两者,最

---

① 见梁启超(著),《中国佛教研究史》,第112页;另见氏著,陈士强(导读),《佛学研究十八篇》,第186页。
② 郑玄(注),孔颖达(疏),《礼记正义》(下)(李学勤主编,《十三经注疏》之六),第1425页。
③ 见梁启超(著),《中国佛教研究史》,第115页;另见氏著,陈士强(导读),《佛学研究十八篇》,第186页。

费苦心。①

紧接着他列举了鸠摩罗什和玄奘的例子,以对此进一步说明。不过,"折衷"一词之中的"折"是"判别作出决断",而"衷"(或"中")指的是"正确标准"。② 作为判别取正的用法,直至汉代未变。如司马迁强调:"自天子王侯,中国言《六艺》者,折中于夫子。"(《史记·孔子世家》)③如此,"中"(或曰"衷")就成为最高标准,有了它,才可企及理想。

梁启超的译论,以中庸之道观之,其重点在于"调和"的历史意义。而赵元任的观点突出的则是"合宜之道":

> 现在把信的幅度再一一的分析一下。一种就是意义跟功用上的幅度。比方拿一句法文 Ne vous dérangez pas, je vous en prie! 照字义译成英文就是 Do not disturb yourself, I pray you! 可是按功用翻英文就说 Please don't bother! 因为在同样情形之下法国人那么说英美人就这么说。不过要是把任何原文跟译文的成素细看起来,就可以看出来所谓意义跟功用的不同还只是程度的问题。固然法文的 dérangez 不能翻译成英文的 derange,因为那是比较词的来历,不是翻译,不过要是求意义相近的一点也许也可以译作 disturb youself。同样,I request you 跟 je vous prie 意义较为接近,可是在功用上法文说 je vous prie 的时候英文多半是说 please。不过归根说起来,一个字句在某场合的意义不就是在那场合的功

---

① 引自梁启超(撰),《佛典之翻译》,收入氏著,《中国佛教研究史》,第155-254页,引文见第251-252页;此文另见氏著,陈士强(导读),《佛学研究十八篇》,第202-279页,引文见第277页。
② 详见杜任之、高树帜(撰),《中庸、中立、中和、折中辨议》,收入中华孔子研究所(编),《孔子研究论文集》,第368-383页,引文见第380页,北京:教育科学出版社,1987年版。
③ 司马迁(撰),裴骃(集解),司马贞(索隐),张守节(正义),《史记》(中册),第1566页,北京:中华书局,2005年版。

用吗？要是的话,那么意义最合的翻译也是最用得上的翻译了。①

正因为"故时措之意也"(《礼记·中庸》)②,才可取得最大的效果。这样,赵元任所强调的,也就是中庸之道所要突出的:根据不同的情况,作出选择,以求效果最佳化。这样,意义的处理变得不重要起来,原因是"功用"实现之时,才称得上真正的翻译的目的达到了。

他在论及直译和意译时,再次指出:

> 比方英国的死胡同儿口贴着 No Thoroughfare 可以直译作"没有通路",美国街上就贴着 Not A Thorough Street,直译是"不是一条通街",或者文一点儿叫"非通衢",可是意译成中国街上贴的字就是"此路不通"了。从一方面看起来所谓直译乃是一种细颗粒的翻译,意译是粗颗粒的翻译。如果光是翻译的颗粒细,而结果功用不相当,或语句不通顺,那么信的总分数就不能算高。③

赵元任的远见卓识,有后来的"功能主义"的味道,或无须论证。果如此,依中庸之道建构起的译论,并不是不可能成为新的思想资源。只不过,这仍需要一定的系统性罢了。但是,这样的系统性未必应走现代的路子。也就是,未必需要以改写历史面目的方式来体现思想者的思想的在场及其现代意义。因而,赵元任特别强调:

> 原文跟译文体裁相当不相当自然是极要紧的幅度。现代的语言当然最好用现代语言来翻译。如果原文是很古的东西,翻译起

---

① 引自赵元任(撰),《论翻译中信、达、雅的幅度》,收入罗新璋、陈应年(编),《翻译论集》(修订本),第 806－822 页,引文见第 808－809 页。

② 郑玄(注),孔颖达(疏),《礼记正义》(下)(李学勤主编,《十三经注疏》之六),第 1450 页。

③ 引自赵元任(撰),《论翻译中信、达、雅的幅度》,收入罗新璋、陈应年(编),《翻译论集》(修订本),第 810 页。

来就有些问题了。如果某作品早有用了很久的译文,那么这译文也成了一种作品,那又是一回事。但是光求两方的时代相当并不一定就能译的很信。并且如果原文的时代还远在译文的语言成立以前,例如中国的十三经的时候还没有所谓英文那语言,那怎么办呐? 在这种情形之下,最好的办法——并且也是最常取的法——是用一种最无时代性的体裁来翻译。这办法虽然免不了失掉点原来的精彩跟生气,可是至少可以免掉搀入与原文不合的意味。固然过久了先以为无时代性的,后来的人还是会觉得出来那是某时代的译文。所以有些名著过过就又得重新翻译。不过翻译旧东西的时候至少要避免太漂亮太时髦的词句。因为越漂亮就越容易蔫,越时髦就越容易过时。[①]

赵元任的这段话的确能给我们很多启示,比如,若是认可中庸之道能给翻译研究带来特定的指导意义,那么,为什么上引诸家对之含而不露,又分明是在强调它的意义和作用? 又如,以中庸之道为标尺,追求的不仅仅是时代意识,更可能是"合宜之道"的原则之下更为适用的力量:在这里,则表现为"无时代"特征的表达方式。而这样的"无时代"正因为"无时代",却可以超越时代。但是,反过来看,"时髦"的东西,倒可能因为时过境迁,而完全不能应景,因而,也就最终丧失了真正的作用。这样,与其说追求一时的东西,倒不如既不留恋如何"保住以往",又不"坚持当下",而是去把握某种"中性"的或曰处于二者之间的东西,这样,真正的翻译才可能诞生。

赵元任的论述精当而又深刻,的确是不可多得的理论范例,足以使我们深思:为什么中庸之道后来并没有发挥出它的作用,而在当下译论建设中真正获取一席之地? 而且,即使专门从事《中庸》研究和翻译的人,也不一定遵守这样的"合宜之道"? 有关问题,我们会在本书的结论部分以安乐哲与郝

[①] 引自赵元任(撰),《论翻译中信、达、雅的幅度》,收入罗新璋、陈应年(编),《翻译论集》(修订本),第 817 页。

大维为例加以归纳。

在后来被命名为"学衡派"的学者和思想家之中,诸如陈寅恪、吴宓、汤用彤以及梅光迪等,都在坚持中庸之道而持守民族文化立场方面有着比较深刻的见解。尽管有关论断与翻译或翻译研究没有直接的关系,但是,它们反映的却是一代学人不忘民族文化之本,试图以之为据点,进至世界,悠游于思想大潮的愿景。

陈寅恪强调:"然惟中国人之重实用也,故不拘泥于宗教之末节,而遵守'攻乎异端,斯害也已'之训,任儒、佛、回、蒙、藏诸教之并行,而大度宽容(tolerance),不加束缚,不事排挤,故从无有如欧洲以宗教牵入政治。"①这里可见出中华文化的命脉之所在,而其背后的支撑力量正是中庸之道的精神。因而,对跨文化交流,陈寅恪的态度极其鲜明:"其真能于思想上自成系统,有所创获者,必须一方面吸收输入外来之学说,一方面不忘本来民族之地位。此二种相反而适相成之态度,乃道教之真精神,新儒家之旧途径,而二千年民族与其他民族接触史所昭示者也。"②正是因为有了中庸之道的精神,民族文化才可能绵绵不绝数千年,而且富有强劲的生命力;也只有继续坚持这种思想,文化复兴才有可能。所以,陈寅恪特地强调,若是不能如此而为之,则"即使能忠实输入北美或东欧之思想,其结果当亦如玄奘唯识之学,在吾国思想史上,既不能居最高之地位,且亦终于归于歇绝者"③。

陈寅恪的中庸之道的观念,在"学衡派"之中颇有代表性,或亦为一代学人的心声。比如,创立《学衡》杂志的吴宓,就倡言"论究学术,阐求真理,昌明国粹,融化新知,以中正之眼光,行批评之职事,无偏无党,不激不随"④;而汤

---

① 吴宓1919年12月14日记陈寅恪语。引自吴学昭(著),《吴宓与陈寅恪》,第12页,北京:清华大学出版社,1992年版。

② 引自陈寅恪(撰),《冯友兰中国哲学史下册审查报告》,原载冯友兰(著),《中国哲学史》,上海:商务印书馆,1934年版;收入陈寅恪(著),《金明馆丛稿二编》,第282-285页,引文见第284-285页。

③ 同上,第284页。

④ 《学衡》办刊宗旨,见该刊1922年1月第1期《学衡杂志简章》。转引自沈卫威(著),《回眸学衡派——文化保守主义的现代命运》,第7页。

用彤则批评"旧学毁弃,故无论矣,即现在时髦之东西文化,均仅取一偏,失其大侔"①,也一样是在坚持中庸之道。中庸之道的精神,甚或应成为"信仰"的力量,而加以守护。② 故而,梅光迪提出:"凡世界上的事,惟中庸则无弊。"③

从"学衡派"的坚守来看,作为儒家思想之精髓的中庸之道,的确称得上文化本位和历史回归的指南。就跨文化交流而论,它一定是一种行之有效因而需要持之以恒的思想。这不仅是历史的要求,也是学理的基本规律的体现。

如果说,我们在王国维、梁启超、赵元任以及"学衡派"那里看到的,还属于"中庸化"的言论,那么,在诸如提倡"兼顾两面"、"力求其易解"、"保存着原作的丰姿"④的鲁迅,突出"无过无不及"⑤的傅雷以及正视译事实际、点出"妥协"⑥的杨宪益,我们都可以看到这样的倾向,因而,更能说明中庸之道的历史作用。

---

① 汤用彤(撰),《评近人之文化研究》,载《学衡》1922年第12期。
② 据吴宓1961年8月31日《雨僧日记》:"[……]然寅恪兄之思想即主张,毫未改变,即仍遵守昔年'中学为体,西学为用'之说(中国文化本位论),……但在我个人如寅恪者,则仍确信中国孔子儒道之正大,有裨于全世界,而佛教亦纯正。我辈本此信仰,故虽危行言殆,但屹立不动,决不从时俗为转移;……云云。"引自吴学昭(著),《吴宓与陈寅恪》,第143页。此或可证,一代学人的心理历程起步于儒学,而最终又止步于此。既然作为一种"信仰",那么,儒家毫无疑问是他们不可须臾或离的精神世界的一种支柱。与之相比,后代的学者则已经丧失这样的信念。也就是说,对后代的学术人士来说,学术可能只是职业之所要求者,而与立身行事并未建立起良好的关系。这也是历史性差异之严重问题所在。
③ 梅光迪(著),罗岗、陈春艳(编),《梅光迪文录》,第166页,沈阳:辽宁教育出版社,2001年版。
④ 见鲁迅(撰),"'题未定'草",收入《且介亭杂文二集》,上海:三闲书屋,1937年版;引自罗新璋、陈应年(编),《翻译论集》(修订本),第370-375页,引文见第373页。另见中国翻译工作者协会《翻译通讯》编辑部(编),《翻译研究论文集(1894—1948)》,第244-250页,引文见第246页,北京:外语教学与研究出版社,1984年版。
⑤ 傅雷强调:"本来任何译文总是在'过与不及'两个极端中荡来荡去,而在中文为尤甚。"详见傅雷(撰),《致林以亮论翻译书》,原载刘靖之(编),《翻译论集》,香港:香港三联书店,1981年版;收入罗新璋、陈应年(编),《翻译论集》(修订本),第610-614页,引文见第612页。
⑥ 杨宪益强调:"翻译诗,既要忠实于原作,又要达意,结果多半是一种妥协。"转引自司怀永(撰),《论学者型翻译家杨宪益的诗歌翻译思想》,载《群文天地》2008年第12期,第69-70页,引文见第69页。

总结的话,似乎就可以说,如佛经翻译家支谦,其翻译思想具儒家思想渊源,故而,开后世严复的"信达雅"之理论先河①;而近现代诸家,其翻译思想则又明显有"中庸化"倾向,如王国维、梁启超、赵元任、吴宓、傅雷以及杨宪益等,莫不如此。从以儒家经典思想为"文章正轨"和"译事楷模"来支撑翻译取向的严复,到提倡"兼顾两面"、"力求其易解"同时"保存着原作的丰姿"的鲁迅,从坚持文化传播"必须一方面吸收输入外来之学说,一方面不忘本来民族之地位"、"相反而适相成"的陈寅恪,到倾心儒家思想、坚守"论究学术,阐求真理,昌明国粹,融化新知,以中正之眼光,行批评之职事,无偏无党,不激不随"信念的吴宓,从突出"无过无不及"的傅雷,到强调"信达雅的幅度"、主张"信"不可"过头"的赵元任,再到正视译事实际、点出"妥协"的杨宪益,中庸已经成为中国近现代译论的一条主线。重新审视,或可续写历史。而且,中庸思想还可用以指导翻译本身的探讨以及翻译理论的建构。

但是,随着老一代过去,在"西方文化当令的时代"②,由于哲学说的是希腊语③,新的一代已经渐行渐远,因而一直作为批判对象而绝不是涵养人的性灵的儒家思想几乎已被遗忘于历史的角落。因而,我们的译论,还未及在系统化方面有所展开,就已别道另行,而传统不再。在这样的情况下,中华文化思想之花蕾是否尚未真正开放于译论建构,便已凋谢于无形?

因而,有必要,第一,重温严复的译论思想,以期对它的儒家思想渊源进行辨析;第二,回顾新近译论之关乎儒家思想尤其是中庸之道者,以便进一步彰显它的历史价值和理论建构作用。

首先需要指出,我们认为,钱锺书对严复的翻译思想是存在误读的,亦即没有真正把握到他的儒家根脉;而晚近的译论思想,则已远离中庸之道。

---

① 详见下节的讨论。
② 见牟宗三(著),《中国哲学的特质》,第1页,上海:上海古籍出版社,1997年版。
③ 见马丁·海德格尔(著),孙周兴(选编),《海德格尔选集》(上卷),第591页,上海:上海三联书店,1996年版。

0.5.2 钱锺书对严复的误读及其问题

0.5.2.1 钱锺书笔下"信达雅"的出处

上文所引钱锺书有关"信达雅"已见于支谦《法句经序》①。这意味着，严复之所论可能是没有多少创新之处的。钱还认为，1930 年商务印书馆出版的周越然编的英文读本，提及"信达雅"三字诀受到英国翻译理论家 Alexander Tytler1790 年出版的 *Essays on the Principles of Translation* 一书的启示。②

的确，做一下简单的对比，也会发现"信达雅"与 Tytler 的"翻译三原则"的论断，颇多相合之处。Tytler 强调：

> 译文应完全复写出原作的思想；
> 译文的风格和笔调应与原文的性质相同；
> 译文应和原作同样流畅。③

第一个"规则"（rule）可说是"信"，在思想上忠实于原文；第二个指的是"雅"，即风格统一；第三个则是指"达"，即译笔顺畅。

钱之意非常明确：严复的思想其来有自。一是借鉴甚或借用了佛典翻译理论家的思想甚至文辞；二是直接转用了英国翻译理论家的话语作为理论改写，但并没有注明出处。

但是，若是重温一下严复的原文，似乎并不像钱锺书所说的那样，而是另有出处。因为，严复在《天演论·译例言》④之中直接点明：

---

① 参见钱锺书（著），《管锥编》（第三册），第 1101 页。
② 参见刘靖之（主编），《翻译新论集：香港翻译学会二十周年纪念文集》，第 159 页，台北：商务印书馆，1993 年版；另见王荣祖（撰），《严复的翻译》，收入刘梦溪（主编），《中国文化》（第九期），第 117-123 页，北京：生活·读书·新知三联书店，1994 年版。
③ 引自 Alexander Tytler（著），*Essays on the Principles of Translation*，第 9 页，London：J. M. Dent & Sons Limited，1907 年版。
④ 此文收入罗新璋、陈应年（编），《翻译论集》（修订本），第 202-204 页。

易曰:"修辞立诚。"子曰:"辞达而已。"又曰:"言之无文,行之不远。"三者乃文章正轨,亦即为译事楷模。故信达而外,求其尔雅,此不仅期以行远已耳。①

依照严复,具体来说,"信"应以《周易·乾卦·文言传》之中的"君子进德修业。忠信所以进德也。修辞立其诚,所以居业也"②来解释,意思是:"讲忠信所以提高品德,修饰言辞确立在诚实上,所以处理事业。"③"辞达而已"引自《论语·卫灵公》。何晏《论语集解》曰:"凡事莫过于实,辞达则足矣,不烦文艳之辞。"④朱熹《集解》曰:"辞取达意而止,不以富丽为功。"⑤"言之无文,行之不远"出自《左传·襄公二十五年》:"仲尼曰:'《志》有之:"言以足志,文以足言。"不言,谁知其志?言而无文,行而不远。'"杜预注曰:"虽得行,犹不能及远。"⑥《孔子家语·正论》之中也记载:"孔子闻之,谓子贡曰:'《志》有之:"言以足志,文以足言。"不言,谁知其志?言之无文,行之不远。'"⑦一般认为,"言之无文,行之不远"的意思是,如果讲话没有文采,便不会传播广远。

0.5.2.2 "信达雅"所隐含的"中庸"理论方法论

严复之所以直接点明"信达雅"引自儒家经典,是有其特别的用意的。如果说"信"是指忠实于原作或作者,那么,"达"(如严复本人所说的"达旨")便意味着,应将原文的意蕴顺畅地传达到译文读者那里。因此,"信"偏重于对原作的意向的强调,而"达"则突出该如何顺利地在译文之中将原文题旨

---

① 见罗新璋、陈应年(编),《翻译论集》(修订本),第 202 页。
② 引自王弼(注),孔颖达(疏),《周易正义》(李学勤主编,《十三经注疏》之一),第 15 页。
③ 引自周振甫(译注),《周易译注》,第 7 页,北京:中华书局,2012 年版。
④ 引自程树德(撰),《论语集释》(第四册),第 1127 页,北京:中华书局,1990 年版。
⑤ 见朱熹(撰),《四书集注》(甲种本),第 173 页,台北:世界书局,1995 年版。
⑥ 左丘明(传),杜预(注),孔颖达(疏),《春秋左传正义》(中)(李学勤主编,《十三经注疏》之七),第 1024 页,北京:北京大学出版社,1999 年版。
⑦ 见杨朝明(注说),《孔子家语》,第 320 页,开封:河南大学出版社,2008 年版。

传达出来进而使原作意义顺畅抵达译文读者。这样,二者不可偏废。也就是说,在严复那里,二者相互支持,彼此补充,在形成一定的张力的情况下,才可造就出真正相应适宜的译文来。再换言之,严复说的是,"信"与"达"是否能形成相应和平衡,可以用以衡量译文的优劣。也就是说,在严复看来,"中庸"就是对"信"、"达"的适宜性或是否达到要求的衡量尺度。

尽管严复对此并没有加以说明,但既然他是在运用儒家的思想,而传统的儒学思想之"至大不易"的"道统"(详见朱熹《中庸章句序》之中对"人心惟危,道心惟微。惟精惟一,允执厥中"的讨论)[①]就是"中道",用现代词语来说,儒家思想的正统的"方法论"就是"中庸",那么,自然的推论便是,只有回到进而运用这样的"中道",才能说严复的"信达雅"的"经典"引用引证是自成系统并且渊源自在的。

另一方面,假若只是词句的"引用",有关理论没有基本的方法支持,便很可能沦落为"借用"。因为,片段的摘抄很可能形成不了应有的效果:其来有自,而且需要"言之凿凿"。因此,"信达雅"置基于儒家的思想资源,其本身直接与传统相接相合,尤其是在方法上渊源自在,这样,其历史化也就有可能趋近经典。我们今天之所以对"信达雅"依旧津津乐道,甚至强调它已经不仅仅是一般意义上的原则和标准,而完全可以视为中国传统翻译的理论核心,甚或中国传统翻译思想的纲领[②],也就不是没有原因的了。只不过,至于"信达雅"作为一种系统性的理论话语,其方法论是什么,学界迄今则不见探讨,甚至还没有人将它与儒家思想的关系突出出来。

至于"雅",学界一向争论不断,但若以"正"释之,就可认为严复是在强调,只有用一种足以与西方人的思想相抗衡的言语表达方式,才能使之正常呈现并保持、长存于中华文化之中。也就是说,在严复看来,文化交流不仅仅是文字意义的转换或符号信息的转化,而首先应该是双方思想的碰撞和彼此的渗透。在严复的时代,在还很少有西方近现代思想传入的情况下,适

---

① 见朱熹(撰),《四书集注》(甲种本),第 21-23 页。
② 参见王秉钦(著),《20 世纪中国翻译思想史》,第 65 页,天津:南开大学出版社,2004 年版。

宜的办法就是运用最为正统、最为优雅的方式,来印证一个基本的道理:只有运用儒家的思想界定得了的、稳定而且恒定的那种言说形态,才可确保与西方的交流畅通无阻,同时保证这样的交流是沿循正道而行的。也就是说,严复认为,只有通过最能适宜与西方交接的那种言语手段,翻译才是正当的、正常的,也就是最为合理的。类比的话,或许可以说,一个稚气未除的小孩不可能与成人形成对等的交流,至少无法促成那种交流所必需的互动;同样的,一种不能站在自身文化立场上的翻译,也自然不一定能达到平等的往还,甚至可以说,那本身就不一定是交流,所促成的反倒更像是教义的引入或训诫之辞的授受、领会。近代以来的所谓翻译,有很多在很大程度上不就是这样的"现代性"的所谓"启蒙"之书之文吗?

这样看来,严复"三难"之中"雅"的引入,倒是能显现对翻译或跨文化交流本身认识的"启蒙"作用。无怪乎,瞿秋白强调:严复"是用一个'雅'字打消了'信'和'达'"[①]。从正面来看,这的确是不刊之论。因为,只有进入"雅言",也就是"正统"的或"真正"的"中国话"(严复认为,"用汉以前字法、句法,则为达易;用近世利俗文字,则求达难"),才能做到"达旨":将西人思想顺畅而又自然地传递到读者那里。因此,在对梁启超的批评作出的回应之时,他特地强调:"窃以谓文辞者,载理想之羽翼,而以达情感之音声也。是故理之精者不能载以粗犷之词,而情之正者不可达以鄙倍之气。中国文之美者,莫若司马迁、韩愈。而迁之言曰:'其志洁者,其称物芳。'愈之言曰:'文无难易,惟其是。'仆之于文,非务渊雅也,务其是耳。"[②]

孔颖达《正义》曰:"'雅'云'言今之正,以为后世法',谓正雅也";"'雅'既以齐正为名,故云'以为后世法'"。[③] 从上文分析可以看出,作为言语表达方式的"雅"无疑规定着译文的走向,也可以说,言语的使用制约着"信"和

---

① 详见《鲁迅和瞿秋白关于翻译的通信:瞿秋白的来信》,收入罗新璋、陈应年(编),《翻译论集》(修订本),第335-343页,引文见第337页。
② 详见严复(撰),《与梁任公论所译〈原富〉书》,王栻(主编),《严复集》(第三册),第516页。
③ 毛亨(传),郑玄(注),孔颖达(疏),《毛诗正义》(李学勤主编,《十三经注疏》之三),第11-12页。

"达"是否见效、有效，因此，就"三难"的理论系统的概念的层级来看，"雅"高于"信"和"达"。如果说，作为大一统的"法"的"雅"是真正的翻译原则（principle）的话，那么，"信"和"达"则应视为次一级的"准则"（maxims）。

在翻译实践层面，"雅"关注宏观意义上的"法"，亦即方法（言语表达方式的选择）上的规定性；而就理论层面来看，"信达雅"作为一个整体，含有不可或缺的"中庸"思想：无论"雅"走向何处（要求选择什么样的翻译手段），都需要相互作用的"信"和"达"彼此之间的那种平衡、对称与和谐。由此可见，在作为近代的翻译思想史的"开篇"的严复那里，方法以及方法论无比重要。但这无比重要的思想是否早被国人遗忘？

0.5.2.3　字词的趋同并不能遮掩思想渊源的分殊

但若从学理上来看，支谦与严复的思想之间的距离是难以跨越的。首先，出世之人怎么可能有志于入世的儒士的那种"士不可不弘毅"（《论语·泰伯》）[①]的精神？最终走向"言语道断，思维路绝"的佛教大德，他们的"信"和"达"不是指向"涅槃"、"寂灭"、"波若"的"智慧"，而将在世者的知识系统充其量视为"客慧"？其次，如果说严复的思想就词语的运用（或引用）而论是其来有自，那么生活在三国时期的支谦（约三世纪）是否也早已考虑到了儒家典籍之中已成为某种意义上的"定论"的"信达雅"可以运用于翻译理论？也就是，在支谦那里，他是否对儒家经典做了引用或借鉴，而只是由于某种原因，没有明白地讲出？再次，支谦转而以《道德经》八十一章之中的"美言不信，信言不美"[②]为自家张目，或许可以说明他有意避开有关思想的儒家的渊源。但是，这不正可印证那是与儒家完全不同的思想追求？最后，在严复那里，"信达雅"首先是"文章正轨"，然后才可能达到"亦即为译事楷模"的目的。换言之，在他看来，"信达雅"不仅仅是作文与翻译的问题，更重要的还是一种宇宙论的构成以及存有论指向中道德意义上的修身的问题。而这一点正可说明，支谦本人之所据就是典型的儒家思想。

---

① 何晏（注），邢昺（疏），《论语注疏》（李学勤主编，《十三经注疏》之十），第103页。
② 王弼（注），《老子注》（《诸子集成》第三册），第47页。

尽管"三难"在文字表达上和支谦及 Tytler 不无共通之处,但是,由于严复的定位不同,也就是由于他将"信达雅"置于儒家的思想系统之中,思想方法的不同就造成了导向上的巨大差异。而且,他在《〈天演论〉译例言》之中所特地强调的"三者乃文章正轨,亦即为译事楷模"[①],正是儒家思想的方法论的体现。

首先,从表达上来看,"亦即为"突出的是条件关系,它将"文章正轨"设定为"译事楷模"的条件。严复说的是,正是因为"信达雅"是"文章正轨",它们才可能是"译事楷模"。其次,最重要的是"文章正轨"。什么叫"文章正轨"? 长期以来,学界对此似乎并未注意,尽管正是在这里寄寓着儒家思想的方法论。

我们首先不能将板结的,即早已现成化或曰概念化的"文章"视为它的意义取向,因为那是在将之解为某种书写或这方面的活动,比如,一篇文章,某种文学作品,一本书的写作等等。这样理解是将业已定型的东西强加给"文章",因而只能遮蔽其意义。

"文章"之解,最好是将之视为一种动态过程:"文"的意向是"内德打造",指的是人尽可能吸收、涵养天地间最为美好的力量,来营造自己的精神世界,以求成人成己。而"章"的意思与"彰"相同,指的是将塑造好的"美德"显示出来。二者合二为一,形成一种动态循环,而趋向"君子乾乾"[②]的"不息"[③]之态。儒家的这种追求,在诸如《论语》之中的"夫子之文章"(《公冶长》)[④]、"焕乎其有文章"(《泰伯》)[⑤]以及"斯文"(《子罕》)[⑥]之中都有显而易

---

① 见严复(撰),《〈天演论〉译例言》,引自罗新璋、陈应年编,《翻译论集》(修订本),第202页。
② 《周易·乾卦》:"九三:君子终日乾乾,夕惕若厉,无咎。"引自王弼(注),孔颖达(疏),《周易正义》(李学勤主编,《十三经注疏》之一),第4页。
③ 《周易·乾卦·象传》:"天行健,君子以自强不息。"同上,第10页。
④ 何晏(注),邢昺(疏),《论语注疏》(李学勤主编,《十三经注疏》之十),第61页。
⑤ 同上,第106页。
⑥ 同上,第113页。

见的说明。但是,惜乎知之者寡。①

至于钱锺书对严复的理解,我们认为一样偏离了儒家这一思想渊源,因而不能将其中特定的方法论问题揭示出来。"文"若是指内德的打造,则必向内牵拉;而内德外显,则一定是向外伸展。如此,一内一外,内外结合,表里如一,二者彼此不断作用,互相推移,才生成人的"文章"的过程。很明显,这里存在着"合外内之道也"(《礼记·中庸》)②的原则的运用,也就是内外趋同、天人相合的倾向。易言之,只有依照"合外内之道也"的要求,人趋向天以及内与外相互一致的倾向才是可能趋及的。反过来说,假若不注意这样的倾向,人不关注自身的修炼,他的存在出现问题,天人的关系便得不到维持,人也就不可能真正正常地生活在天地之间。

如此,正因为"文章"意味着人的常态生成样貌,亦即,无此也就无所谓生存,因而它才可能是"译事楷模",即译者所要遵照的样板、效仿的模特。易言之,生存本身就是"文章"的"原理"的反映,而"译事"作为跨文化的生存,当然也需要如此而为,不可背离。

这样,儒家思想的方法论——中庸之道——也就和"译事楷模"联系起来,为跨文化翻译的理想追求打下基础。而钱锺书以文辞的相似性为重心,当然并不能说明上述思想来源的作用。

还应指出,钱锺书的解释或只有"文字依据",而难以见到理论分析。我们不妨再看一下《管锥编》之中关于纪晓岚的有关翻译的文字:

> 纪昀《纪文达公文集》卷九《耳溪诗集序》:"郑樵有言:'瞿昙之书能至诸夏,而宣尼之书不能至跋提河,声音之道又障碍耳。'此似是而不尽然也。夫地员九万,国土至多。自其异者言之,岂但声音

---

① 本书第一章主要讨论的就是"文"、"文章"以及相关的跨文化的处理问题。因此,这里并未展开。
② 引自郑玄(注),孔颖达(疏),《礼记正义》(下)(李学勤主编,《十三经注疏》之六),第 1450 页。

障碍,即文字亦障碍。自其同者言之,则殊方绝域,有不同之文字,而无不同之性情,亦无不同之义理,虽宛转重译,而义皆可明。见于经者,《春秋传》载戎子驹支自云言语不通而能赋《青蝇》,是中夏之文章可通于外国。见于史者,《东观汉记》载白狼《慕德》诸歌,是外国之文章,可通于中夏。"论殊明通。①

纪晓岚本身就是引用他人论点,进而以经书和史书之中的实例为据加以批判,而钱锺书更是一句"明通"就道尽了纪晓岚的论断的评判。的确是言简意赅,但明显见不到任何理论的或曰形而上的辨析,只有实践意义上的追问,或者是作为一种文化现象的翻译的过往故事的作用。而纪晓岚所说的"性情"和"义理"的"无不同",则分明是化用了陆象山的论点:

> 东海有圣人出焉,此心同也,此理同也;西海有圣人出焉,此心同也,此理同也;南海北海有圣人出焉,此心同也,此理同也;千百世之上有圣人出焉,此心同也,此理同也;千百世之下有圣人出焉,此心同也,此理同也。②

若是理性探讨形而上的走势决定,第一,有必要追根溯源,核实论点的由来;第二,有必要审视这一论点的适用范围和具体作用;第三,此一论点的未来意义,亦即对历史的趋向是否有益。而钱锺书止步于罗列他人论点。"知识"不可谓不渊博,但"思辨"也就不显著。

陆象山的观点,论者指出可追溯至孟子③:

---

① 引自钱锺书(著),《管锥编》(第四册),第1367页;另见钱锺书(著),舒展(编),《钱锺书论学文选》(第四卷),第377-378页。
② 引自陆九渊(著),《陆九渊集》,第273页,北京:中华书局,1980年版。
③ 详见张向东(撰),《明末清初西学东渐中的"心同理同"说与"圣人"话语纠葛新诠》,载《山东社会科学》2012年第11期,第57-64页。

>舜生于诸冯,迁于负夏,卒于鸣条,东夷之人也。文王生于岐周,卒于毕郢,西夷之人也。地之相去也千有余里,世之相后也千有余岁,得志行乎中国,若合符节。先圣后圣,其揆一也。(《孟子·离娄下》)①

实际上,若是停滞在历史渊源追溯上,则必不能达到分析未来走向的目的,因而,必须启用哲学思辨,加以分析,比如,"心同理同"为什么可以作为古今释义之法的基础? 为什么它又能够作为中外释义的理论基础?

我们认为,只有上溯至"天人合一"之境,并且以"感通"为突破口,才可能触及"心同理同"的要义。而牟宗三所说的"以仁爱为性,以感通为用",正是"天人相合"的"仁爱之性"的显露,而"感通为用"是在此"性"规约下的仁爱的功用的体现。也就是说,陆象山的观念,需要以儒家的天人互动,以及宇宙间的心心相印的力量来印证。而这也就是将宇宙作为一种特定的生命体。如此,我们就不能不以《周易》之中所说的"寂然不动,感而遂通"(《周易·系辞上》)②的教义,而将易道作为一切出发点和归结处。那么,避开了这些,有关论述可能就是不完整甚或不合理的。而在深入探究翻译研究的义理机制的要求下,也只有坚持中庸之道的方法论,不断调适至于易理,才可突出中华文化尤其是儒家思想的伟大意义和作用。

实际上,秉承儒家思想,这是严复一生的追求。《严复集》的编者王栻强调,到了晚年,严复在给其门生的一封信中还如此谆谆教导:"鄙人行年将近古稀,窃尝究观哲理,以为耐久无弊,尚是孔子之书。《四书》、《五经》,固是最富矿藏,惟须改用新式武器,发挥陶冶而已。"③

因此,贺麟强调:"一面介绍西学,一面仍不忘发挥国故。这也是严氏译

---

① 赵岐(注),孙奭(疏),《孟子注疏》(李学勤主编,《十三经注疏》之十一),第212页。
② 引自王弼(注),孔颖达(疏),《周易正义》(李学勤主编,《十三经注疏》之一),第284页。
③ 见严复(撰),《与熊纯如书》之五十二,引自王栻(主编),《严复集》(第三册),第667-668页;另见王栻(撰),《严复与严译名著》,收入商务印书馆编辑部(编),《论严复与严译名著》,第1-21页,引文见第5页,北京:商务印书馆,1982年版。

书的特点。"① 史华慈(Benjamin Schwartg)也指出:"他的文体的宗旨要求最大限度地运用中国古代哲学的隐喻手法来表达西方概念。"②

遗憾的是,严复并没有在论著当中明确又直接地将"中庸"与翻译以及翻译研究联系起来。但是,这并不能说明"中庸"作为儒家思想的精髓或者说方法论,是不能运用于翻译研究的。更何况,不论是在理论所必不可少的方法论指向方面,还是从翻译实践活动本身来看,在在都可印证,在近代翻译思想史的"开端",在严复的理论话语之中,它对于理论化建构的支撑作用的合理性和可行性。

0.5.3 当代传统译论的新进展

当代的译论,大多是在西方思潮影响下取得的。很多情况下,传统译论的创新性开展是对有关思想的回应。因而,在传统思想不能与之兼容的情况下,有关发展基本上不会关注民族文化的特色,而自觉不自觉地将之推向或认同为另一种思想。在这样的语境下,我们还是看到了一些新的思路和动向。比如,郑海凌的"文学翻译标准和谐说"③,吴志杰的"和合翻译学"④以及陈东成的"大易翻译学"(Yi-translatology)⑤等。这里对之略作学理上的说明。

郑海凌认为:"近二十年来,我国翻译理论界对翻译标准问题做了大量的研究,没有取得突破性的进展,主要原因是忽视传统译学理论的研究,忽视对翻译活动的本质与规律的正确的把握。"⑥他指出:"'和谐'是一个具体的切合实际的审美价值体系,是一个完整的系统的关系结构,是一个有机

---

① 贺麟(撰),《严复的翻译》,《论严复与严译名著》,第32页。
② 见史华慈(著),叶凤美译,《寻求富强:严复与西方》,第86页,南京:江苏人民出版社,1996年版。
③ 详见郑海凌(撰),《翻译标准新说:和谐说》,《中国翻译》1999年第4期,第2-6页。
④ 吴志杰(撰),《和合翻译学论纲》,《广西大学学报》2012年第1期,第100-103页。
⑤ 详见陈东成(撰),《大易翻译学初探》,载《周易研究》2015年第2期,第7-13页;及陈东成(撰),《大易翻译学中的"译之义"》,载《华北水利水电学院学报》2012年第5期,第104-106页。
⑥ 郑海凌(撰),《翻译标准新说:和谐说》,《中国翻译》1999年第4期,第2页。

的整体","和谐观念则是人们对自然界万事万物之间的复杂关系的审美的把握",强调"译者在表达方式的选择上,既要正确地、恰如其分地传达原作词句的意思,又要在表述形式上、在修辞色彩上与原作和译文的句群、段落、篇章乃至整体协调,最终达到普遍的整体的和谐","和谐"作为文学翻译的标准,具有"审美性"、"整体性"、"普遍性"、"辩证性"以及"创造性"等特性。①

吴志杰则提出"和合翻译学",试图"以张立文先生的和合学为理论基础,首先通过对中国传统文化中'和'、'合'、'和合'、'合和'四范畴进行理论梳理与阐释建立由和合本体论、和合认识论、和合实践论构成的和合观"②。依他描述,

> "和合"是贯穿"意"、"诚"、"心"、"神"、"适"五个部分的主要线索,不仅体现在和合本体观、和合伦理观、和合认识观、和合审美观、和合文化生态观之中,也体现为过程性、系统性、伦理性、审美性等和合精神与"多元与创生"的和合价值,弥漫于整个和合翻译学的体系之中。③

"和"以及"和谐"说,一直被视为儒家社会理想的追求。现代汉语之中流行的"家和万事兴"可以比较充分地说明,在一个以"家"为首要的社会单位的文化之中,各个成员之间的"和"的关系的作用不可谓不大。推己及人,放大这种作用,则一切便应无不在"和"之中。因而,《礼记·中庸》特地强调:"喜怒哀乐之未发谓之中,发而皆中节谓之和。中也者,天下之大本。和也者,天下之达道也。"④

---

① 郑海凌(撰),《翻译标准新说:和谐说》,《中国翻译》1999 年第 4 期,第 4-5 页。
② 吴志杰(撰),《中国传统译论研究的新方向:和合翻译学》,载《南京理工大学学报》2011 年第 2 期,第 77-81 页,引文见第 80 页。
③ 吴志杰(撰),《和合翻译学论纲》,载《广西大学学报》2012 年第 1 期,第 103 页。
④ 郑玄(注),孔颖达(疏),《礼记正义》(下)(李学勤主编,《十三经注疏》之六),第 1422 页。

不过,近年来,出现了一种对此不太认同的声音。比如,许全兴就直接否定"中国的智慧在和谐"的论断,认为:"'和'是中国哲学的重要范畴","但'和'不是中国传统哲学的精髓"。①

就我们的论题来说,可以认为,一、"和"的确是中庸之道的追求,只不过那是一种效果,而不一定代表思想过程的全部。二、"和"无法说明方法论,只是一种理想或曰思想追求。但这样的追求,的确是需要相应的方法论的。设若我们仍在追求理想,而不计方法和进路,或已错失比较重要的因素。三、方法之所以重要,是因为在方法启动之时,或者说,在思想运作的过程中,"和"可能并不是决定因素,甚至可以说,"和"的作用是见不到的。比如,《孟子·梁惠王下》中有"武王亦一怒而安天下之民"②的论断,说明人有时只能以非常的手段来达到目的。而这样的手段,尽管不是平日所能用的,却可以达到平日所不能达到的效果。四、翻译理论若是要系统化,首先必须有取向,进而强加方法论,而不一定是"标准"或别的学说。五、支撑理论的建构的方法论,同时还应该能够说明,有关的理论是有力量运用于相应的实践活动的。

这样的评述不一定对上述两种理论系统有效,却是我们努力的方向。此外,我们注意到,另一种比较传统的倾向。这就是,试图以某一种思想概括尽可能多的现象,容纳之、解释之甚或同化之。下一理论就有这方面的倾向。

陈东成推出"大易翻译学"(Yi-translatology),并出版专著《大易翻译学》,强调:

> 我们可以用《周易》这个"空套子"去"套"翻译,翻译研究的相关问题能以易理作为哲学依据,从《周易》这"宇宙代数学"中寻求答案。③

---

① 见许全兴(撰),《"和"与中国传统哲学精神》,收入周山等(著),《中国哲学精神》,第60-70页,引文见第60页,北京:学林出版社,2009年版。
② 赵岐(注),孙奭(疏),《孟子注疏》(李学勤主编,《十三经注疏》之十一),第37页。
③ 引自陈东成(著),《大易翻译学》,第14页,北京:中国社会科学出版社,2016年版。

"按话题内容归纳",此书"所用主要易理(包括易图以及能根据《周易》推演出的道理)大致如下":翻译含义,翻译本质,翻译标准,翻译策略,翻译原则,翻译方法,翻译审美,翻译伦理,翻译风格,翻译距离,复译,翻译批评以及翻译生态环境。① 以上这些既是此书所推出的主导性的概念,也是"大易翻译学"的主要内容。

不过,我们的疑问是,第一,若是"易道"如此具有包容力,那么它的限度在什么地方?易言之,可否给予它某种限定,使之具有更强的解释力?抑或是,它可以包揽万物,因而我们所要做的就是将之引入翻译研究,而无须进行一定的思辨,并在一定范围之内审视它的作用?第二,"套"的学理依据如何能确保这样的"套"是合理的,而不是泛泛而论,亦即,只有易道之学说的在场,而很难展现它的适宜性,如此,易言之,易道之运用,是否还需某种"超易道"的理论思想作为一种指针?第三,假设易道可以包罗翻译之所有现象或翻译研究的众多领域,那么,有关现象或领域的关联何在?如何能说明各种现象和(亚)领域之间的关系是连续性的,而不是散乱的;是彼此依赖的,而不是互不相关的;是学理上互相支持的,而不是思想上不搭界的?

最重要的或许是,即令消除了非逻辑的干扰,在完全抽象化的思想倾向下,"生生之易"的倾向性可能得到保持和展示?如此的动态过程,是否会被概念化为另一种"非易道"的"结构"?

中国传统的译论一向被视为"传统的",这便可能意味着早已不是活生生的传统,而是业已过时、亟待处理的问题或研究对象。因而,似乎只有通过现代化的转型,它才可能立足于在场?而这方面的研究,可以张思洁的中国传统译论范畴及其体系方面的研究②为代表。他提出:"令翻译学界感到困惑的是:中西翻译历史相当,为何中国传统译论缺乏较为'科学'的理论形态?"③针对这一"传统译论难题",他推出了19个/对范畴,并且将之分为本

---

① 引自陈东成(著),《大易翻译学》,第14-15页,北京:中国社会科学出版社,2016年版。
② 张思洁(撰),《中国传统译论范畴及其体系略论》,载《外语与外语教学》2007年第5期,第56-59页。
③ 同上,第56页。

体论、认识论以及过程论三个层次加以系统化,以期说明此一范畴系统蕴含着"译学研究范式"。

从上述较为新颖的理论形态来看,一、中庸之道作为儒家思想的方法论,并没有成为基础性的思想资源,进而建构译论。二、理论建构注重的更多的是,如何以概念化的形态来推出新的系统,而不是儒家思想可能的原有系统的还原和生发。三、最重要的缺陷表现在四个方面。一是,儒家所要求的成己之学的工夫论倾向,并没有在理论建构之中生成。而这意味着,思想探讨的确已经化为了专业的营造,而与人的打造不一定具有特别的关系。如此,跨文化翻译也就可能成为外在于人的精神的某种活动,而不是滋养人本身的力量。但这是与儒家的"文德"的追求不相切合的。进而言之,跨文化不是成了一种职业活动,就是变成了纯理性的探究,并不能牵涉人的自我回归,跨文化并没有成为人的生存的要义,而只有外在化的、异质化的作用。这样,在翻译被视为单纯的思想活动的情况下,人是否已被逐出跨文化运作? 二是,在对传统转型的时候,由于注重的只是理性的分析和概念的形态化和系统化,儒家甚至中华文化的导向性作用未得发挥,由此造成的结果就是另一种思想在引导甚或支配着对儒家思想乃至中华文化倾向的认识、理解和把握,也就是后者被纳入了西方思想框架之中,而不能施展它自身的精神力量。三是,若是思想的营造一味停滞于概念的框架化之中,那么实用的才是最有价值的,而人文的往往不见或难见它的意义和作用。这样,观点偏重的便是技术,而不是精神多维度的开发,甚至完全丢掉了精神之为精神的要旨。四是,假若一味坚持中华文化的现代转型,那么传统的思想尚未在译论建设之中形成传统,就已被拉向别的方向,而见不到真正的作用发挥,又何谈"传统"? 如此的思路,根本没有顾及源头的力量,实则追求的是另外一些不相干的东西。

我们认为,安乐哲与郝大维所提出的"焦点与场域的语言",就是比较典型地试图以另外一种思想取中华文化思想而代之的理论语言。两位坚持认为,这一"语言"最能在英文之中再现汉语这一"过程语言","首先,它允许用一种过程和事件的相关性语言来替代那种有关个别客观事物的指涉性语言。其次,相对于那种要求将所有关系化约为外部关系的关于线性因果关系(linear causality)的语言,我们的'焦点与场域的语言'可以充分欣赏《中庸》所预设的有关自发的、交互性的各种关系的复杂关联的场域。第三,过程语言避免确定性、单一性和规定性的目标,这三种属性在一个追求实体化、量化、非连续性的语言中是被推崇的,相反,过程语言容许了一种对于中国哲学话语的诗化的隐喻的更为充分的理解"[1]。同时,二位强调:"那种仍执迷于对儒家文本所做的一成不变、保守而陈腐的解读方式的人,代表了一种愚钝麻木的保守传统,这种传统无疑会认为,我们已经走得太远,将过程思想的自发性(spontaneity)和更新性(novelty)观念输入到了儒家经典之中。"[2]

的确,二位在翻译"中庸"这一关键词时,也是运用的 focus,所以,《中庸》的书名被译为 *Focusing the Familiar*。不过,我们认为,如果"过程语言"说的是"变易的语言",那么,它就不会像二位所论的,"即便一个词可能包含与它首要公认的含义截然相反的含义,也是无须惊讶的"[3]。这当然"无须惊讶",因为"一阴一阳之谓道"(《周易·系辞上》)[4],既然阴阳互相推移,那么,两种力量来回反转,世界才会变易不住。这样,一般而论,普通的表达方式其本身就是"一阴一阳"的构造,这是常态,而不是"无须惊讶"的"非常之事"。事物之"更新"是其"循环不已"的"更新"。至于事物的"自发性",若论的是其"自生",则一定是用于说明"生生"(《周易·系辞上》)[5]的,因而,可能也并不是二位的创发。

而最为严重的,还是他们提出的"焦点与场域的语言"。因为,"焦点"与古代汉语的特色不仅是不相对应,而且取向完全相反。

论者指出,西方语言的句子是一种"焦点视"。"一般来说,西方语言句

---

[1] 引自安乐哲、郝大维(著),彭国翔(译),《切中伦常:〈中庸〉的新诠与新译》,第28页,北京:中国社会科学出版社,2011年版。
[2] 同上,第79页。
[3] 同上,第28页。
[4] 王弼(注),孔颖达(疏),《周易正义》(李学勤主编,《十三经注疏》之一),第268页。
[5] 同上,第271页。

子的谓语必然是由限定动词来充当的。这个限定动词又在人称和数上与主语保持一致关系。"①"西方句子的这种样态,就像西方的油画一样,采用的是严格的几何形的焦点透视法:句子的主语是通过一致关系与谓语动词联系的;句中的其他成分则往往是通过格位显示与关系词显示来明确它们与谓语动词的关系的。"②但"汉语句子的认知心理不是'焦点'视,而是'散点'视"③。其证据是,一、现代汉语 SVO(主动宾)型的句子只占百分之九;④二、即令是在 SVO 型句子中,将近一半也是长宾语。"如果把这些句子都看成是'主动宾'模式的句子,那是用西方语法框架曲解了汉语的表达功能。"⑤汉语的句子"采用散点透视的方法,形成独特的流水句的格局。这很像中国画的透视"⑥。

之所以"散点视"在中国人审视事物的方式方面占主导地位,是因为国人以物为物的追求,也就是绝不以人为主来决定事物的真面目,因而对世界和自然的认识自然也就不会以人的意志为转移。相反,"焦点视"始终是在以人的"焦点"为中心,来设计或规定世界和自然的面目。如此,在人的目光成为核心力量的前提下,焦点化本身决定了世界和宇宙。易言之,是人而不是事物才是视界以及由此形成的世界的中心。但是,安乐哲与郝大维所批判的西方传统哲学的认识论问题,在他们这里不仅依然存在,还起着至关重要的决定作用:假若不是人在看,亦即不是人在对事物加以焦点化,这个世界还会存在吗?再换言之,他们突出的是,人是主体,而别的一切都是客体。但是,客体不是来自、起自或曰生成于主体的审视、观察的聚焦吗,和它们身为事物的那种"自发性"进而"更新性"有何关系?换句话说,事物如何依照他刻意强调的这种"焦点和场域的语言"来到语言?

安乐哲与郝大维试图以另一种形式来改易"易道的语言",而依之来同

---

① 申小龙(著),《论汉语人文精神》,第 177 页,沈阳:辽宁教育出版社,1990 年版。
② 同上,第 177-178 页。
③ 同上,第 178 页。
④ 同上。
⑤ 同上,第 178-179 页。
⑥ 同上,第 180 页。

化中华文化基本思路,显而易见在思想上是很难行得通的。易言之,如此设计的方法论,或对某些表达方式有效,但就整体而论,则不一定有益于"易道"的基本思想的传播,甚至有害于它的保持。因此,有必要改弦更张,重归古典和传统,而不是加以离弃。安乐哲与郝大维的问题,可能就缘自以为求得创造和创新就能解决问题,而不顾汉语表达的与"易道"相互一致这一基本规律。

因此,本书的另一个重心就是,如何通过中庸之道回归阴阳之道这一宇宙大法。

如此审视,并不意味着上述理论形态没有它们自身的独到之处。我们这里也只是依照我们的论题进行解说,因为立场不同,结论可能是不对应的。

0.6 研究空白、研究问题及其导向

从上述文献综述来看,以儒家思想来研究儒家思想进而运用于翻译研究的理论建构,仍然是未及深入的一项工作,但是,其历史性要求我们,以作为儒家的方法论的中庸之道来探讨有关儒家典籍和相关著作的跨文化传输应该是一项关乎人的文化现实的急切任务。

如此,本书意欲突出以下问题:一、如何在中庸之道引导之下,在确保儒家思想回归的同时,将之应用于翻译理论的建构,并且使之成为特色性的建构?二、既然中庸之道所引导的回归是有针对性的,那么它的作用也一定是有限度的,因此,它首先需要显示的是对儒家典籍本身的解释力量,如此,在什么情况下它可以达到基本要求,即对儒家典籍进行实用而又有效的语内译解和语际处理?三、如果中庸之道只是限制在儒家经典层面,那不是在说明它只能对同一传统的事物的译解产生作用,而对域外之物毫无意义吗?该如何依之来体现,事物之来到语言,即被引入在场,中庸之道可以非常明确地发挥作用,并且使有关事物之来到在场成为一种回家的旅程?

就本课题的研究导向而论，其中最为重要的当是坚持孔子"仁学"思想，而寻求跨文化的成人成己之道的适宜性和合理性的解说之途。

这首先牵涉"仁"的意义和作用。《礼记·中庸》之中讲"仁者，人也"[①]。郑玄注曰："人也，读如相人偶之'人'。以人意相存问之言。"[②]段玉裁在《说文解字注》之中以郑玄的解释为基础，对其中的"二"字的解释："独则无耦，耦则相亲，故其字从人二。"论者认为，

> "仁"字并非两个人面对面互相礼敬的象形，而仍应如段玉裁所言，为表示互相亲爱之情的会意字。[③]

"仁"当然表示仁爱，而它强调的重心则为人的生存的一般样态：那是一种"对偶互动"关系。成中英将之界定为"和谐化辩证法"，进而强调"对偶"具有如下的作用：

（1）万物之存在皆由"对偶"而生。

（2）"对偶"同时具有相对、相反、互补、互生等性质。

（3）万物间之差异皆生于（亦皆可解释为）原理上的对偶、力量上的对偶和观点上的对偶。

（4）对偶生成着无限的"生命创造力"（对《易经》而言）、"复"的历程（对《老子》而言），以及事物与事物之间的"互化性"（对《庄子》而言），还有"反"的过程（《易经》、《老子》、《庄子》之共同）。

（5）如果我们能描述出各种对偶之间互生关系的架构，并且在这架构中，我们能无碍地宣称世界的根本乃一整体，以及万物有

---

① 郑玄（注），孔颖达（疏），《礼记正义》（下）（李学勤主编，《十三经注疏》之六），第1440页。

② 同上。

③ 白奚，《"仁"与"相人偶"——对"仁"字的构形及其原初意义的再考察》，载《哲学研究》2003年第7期，第50－54页，引文见第52页。

本体上的齐一性,那么冲突便可在此框架中化解。

(6) 人可经过对自我以及实在的了解,以发现化解冲突的途径。①

成中英的描述,虽然与我们的论题不无距离,但是他有关"对偶"的创生性,即"万物皆由之而生"之意,却是需要首先被认同的。

"仁学"作为孔子的创造,其根本要义当然亦可从"对偶"的角度视之。那么,其中天地人物相合的倾向,显而易见确定了人对其本身加以打造的取向。而孔子教导:

为仁由己,而由人乎哉?(《论语·颜渊》)②

"由己"要求人打造人的内在美德,从自我做起是唯一的途径。而最为根本的要义如此,正切合跨文化的交流所要求的那种先在的人的条件:自我一定要有一个他者,作为存在的先决条件,舍此,自我的存在无从谈起。就人生而论,人的存在如此;而就跨文化交流而论,也一样是这样。

日本学者也强调:"我们每一个人都是唯一的存在,彼此都是一种他者之间的关系。"③而这意味着,没有"他者",无所谓"自我"。但是,长期以来,"所谓哲学无论它如何具有普遍性,最终还不是一种限定在欧洲人的视野、思维方法等范畴的学问"④?因而,"如果说欧洲哲学中存在着某种必须解决的严重问题的话,那就是要建立一个相当于欧洲而言的他者的声音,并赋予其应有的权利"⑤。我们认为,如此既是保证自我的存在,也是确保牵涉

---

① 引自成中英(著),《世纪之交的抉择:论中西哲学的会通与融合》,第183页,上海:知识出版社,1991年版。
② 何晏(注),孔颖达(疏),《论语注疏》(李学勤主编,《十三经注疏》之十),第157页。
③ 引自高桥哲哉(著),何慈毅、郭敏(译),《反·哲学入门》,第17页,南京:南京大学出版社,2011年版。
④ 同上,第9页。
⑤ 同上,第11页。

到文化的常态生存。这也是交流的基础:"一旦出现了一起生活的他者,就会产生交流的需求了。交流必须通过谁和谁在说话,或彼此反复认知和认同对方才能够处理。"①论者还强调:"只有当理性超越欧洲式的理性,才能成为真正的理性;只有当普遍性超越欧洲式的普遍性,才具有真正的普遍性。可以说理性和普遍性都路过概念本身具有超越自身框架的可能。"②那么,如何实现这样的超越?

加以对比,我们就会认为,第一,作为"相人偶"的"仁",突出的就是"二人"的"对偶关系"。有了这样的关系,才会有人的存在。如此,存在本身就是交流的基础,文化内如此,文化际更复如此。也就是说,儒家的待人接物之道,应该能成为一种"新的"跨文化翻译研究的资源。第二,这种资源,其优胜之处正在于,它将仁爱之心确定为交流的前提。而这,正是对欧洲理性的超越的可能性的一个重要方面。至少可以矫正后者过分依赖人的工具理性的倾向性,进而祛除其中排斥他者的意向。第三,依照儒家思想,则人同时已经被引入跨文化语境之中,而超越交流者本人所在的文化传统,易言之,交流者身在边际之上,自可由外入内审视有关问题,而扩大其视野,活跃其思想。不过,这一过程之中最重要的还是人由此可以形成新的人格,这便是"跨文化构成之中的人"的生成:它最终将打破单一文化的种种壁垒和障碍,真正将人引向总是在变化之中的境地。

因而,从中庸之道的方法论入手,其研究导向最终将呈现为人的跨文化构成的落实。尽管我们的探究是初步的,但是中庸之道作为一种导向,因为其与儒家的成人成己之学密不可分,会进而对跨文化产生有效作用,因而值得学界充分重视。只有如此,儒家作为思想才可能真正成为新的资源,用于我们的译论的建构。

不过,上述这些问题及其导向,其可能性的意义是要通过中庸之道的理论分析以及本书的主体的举例解说结束之后,才可做出归纳。而下文所要

---

① 引自高桥哲哉(著),何慈毅、郭敏(译),《反·哲学入门》,第23页,南京:南京大学出版社,2011年版。

② 同上,第15页。

做的,是对作为儒家思想的方法论的中庸之道的介绍,然后再论及本书的思路和章节安排。

0.7 作为翻译理论方法论的中庸之道

0.7.1 中庸之道的一般意义

"中庸"是儒家哲学的"基本观念"①。"'中庸'是孔子创立的哲学方法论,是我国古代思想史中的珍贵遗产"②,在历史上发挥过巨大的作用。论者强调:

> 中庸之道不仅是儒家的思想准则,而且在中国思想史上成为诸多思想流派的思想方法论,因而具有中国思想经典和世界观纲领的重要地位。中庸之道贯穿在宇宙万事万物的规律之中,影响着中国文化思维和人们的处世行为,具有历久弥新的重要价值。历史表明,中庸不是折中调和的中间路线,而是在不偏不倚中寻求恒常之道。③

孔子"述而不作",成为"周礼乐文明的总结者"以及"儒家中庸理论的奠基者"④。在中华文化思想史上,其地位无人可及。因此,梁漱溟有如下论述:

---

① 见张岱年(著),《中国古典哲学概念范畴要论》,第174页,北京:中国社会科学出版社,1989年版。
② 引自杜任之、高树帜(撰),《中庸、中立、中和、折中辨议》,收入中华孔子研究所(编),《孔子研究论文集》,第368-383页,引文见第369页。
③ 引自王岳川(著),《大学中庸讲演录》,第2页,桂林:广西师范大学出版社,2008年版。
④ 详见吴锐(撰),《中庸说》,收入中国孔子基金会(编),《中国儒学百科全书》,第65-67页,引文见第66页,北京:中国大百科全书出版社,1997年版。

往者夏曾佑著《中国古代史》有云:"孔子一身直为中国政教之原;中国历史孔子一人之历史而已。"柳诒徵著《中国文化史》有云:"孔子者中国文化之中心也;无孔子则无中国文化。自孔子以前数千年之文化赖孔子而传,自孔子以后数千年赖孔子而开。"两先生之言几若一致,而柳先生所说却较明确。①

有论者进而认为:"倘若中国的人民和历史忽视《中庸》,便是拒绝自身生命的本源,而拒绝的结果,唯有死亡和败落。"②具有如此历史性影响力的夫子可谓千古一人。那么,以之所创立的中庸之道来营建译论,也可说是正宗学派。这也可能是前人未及注意的。如前文所指出的,只有将最为优秀的中华文化引入译论,才可能在解决好"中国问题"的同时,有针对性地解决好跨文化问题。也就是说,只有先行深入儒家思想,才谈得上文化的"跨越"、"输出"和"转译"。而以最具影响力的思想来加以构造有关理论思想,则中华文化之中于跨文化交流最可体现对应性者必然最具解释力和涵盖力。

问题在于,我们需要首先探究中庸之道在语内文化之中的作用。有论者③指出,它主要在以下方面发挥作用:

第一,在政治上,孔子研究历史,强调"舜好问而好察迩言……执其两端,用其中于民"(《礼记·中庸》)④,即以"中庸"的态度和方法行其"仁"道。他研究现状,称赞桑伯子为政"可也简",是因为"居敬而行简,以临其民","无乃大简乎"(《论语·雍也》)⑤。这也是在说,桑伯子为政符合"中庸"

---

① 引自梁漱溟(撰),《孔子在中国历史上的地位》,收入中华孔子研究所(编),《孔子研究论文集》,第12-15页,引文见第12页。
② 引自金容沃(著),金泰成(译),《中庸:人类最高的智慧》,第6页,海口:海南出版社,2012年版。
③ 详见杜任之、高树帜(撰),《中庸、中立、中和、折中辨议》,收入中华孔子研究所(编),《孔子研究论文集》,第371-372页。
④ 郑玄(注),孔颖达(疏),《礼记正义》(下)(李学勤主编,《十三经注疏》之六),第1425页。
⑤ 何晏(注),邢昺(疏),《论语注疏》(李学勤主编《十三经注疏》之十),第70页。

原则。

第二，在经济上，孔子主张"施取其厚，事举得中，敛从其薄"(《左传·昭公十一、十三年》)①，"惠(民)而不费"(《论语·尧曰》)②，"使民以时"(《论语·学而》)③，去"奢"崇"俭"(《论语·述而》)④，即本的是"中庸"原则。

第三，在文艺上，孔子认为"质胜文则野，文胜质则史。文质彬彬，然后君子"(《论语·雍也》)⑤，亦即主张形式和内容俱好，好得恰当，所本的也是"中庸"原则。

第四，在自然科学上，孔子主张"行夏之时"(《大戴礼·夏小正》)，以便利人民按节令进行农事活动。他参观鲁桓公之庙，注水试验"虚则欹，中则正，满则覆"(《荀子·宥坐》)⑥的结论，可说是掌握了"中庸"准则。

第五，在伦理道德和教育方面，孔子也应用"中庸"原则。如"不得中行而与之，必也狂、狷乎！狂者进取，狷者有所不为也"(《论语·子路》)⑦，认为"中行"才合乎"中庸"原则。他反对"以德报怨"，主张"以直报怨"(《论语·宪问》)⑧。对于不了解的人，则坚持"众恶之，必察焉；众好之，必察焉"(《论语·卫灵公》)⑨，实则是不愿违离"中庸"原则。他批评弟子"师也过，商也不及"，强调"过犹不及"。(《论语·先进》)⑩

如此全面影响中国历史进程的哲学思想，也必然有其负面的影响。因而，论者指出：中庸"也存在形而上学的根本缺陷，导致折中主义；在政治上，往往成为改良主义的理论基础；在民族心理素质上，造成因循守旧、谨小慎

---

① 原文应作"施取其厚，事举其中，敛从其薄"，出处为《左传》哀公十一年，见左丘明(传)，杜预(注)，孔颖达(正义)，《春秋左传正义》(下)(李学勤主编，《十三经注疏》之七)，第1662页。
② 何晏(注)，邢昺(疏)，《论语注疏》(李学勤主编，《十三经注疏》之十)，第269页。
③ 同上，第5页。
④ 此章记载："子曰：'奢则不孙，俭则固。与其不孙也，宁固。'"同上，第98页。
⑤ 同上，第78页。
⑥ 王先谦(著)，《荀子集解》(《诸子集成》第二册)，第341页，北京：中华书局，1954年版。
⑦ 何晏(注)，邢昺(疏)，《论语注疏》(李学勤主编，《十三经注疏》之十)，第179页。
⑧ 同上，第198页。
⑨ 同上，第215页。
⑩ 同上，第148页。

微、缺乏创新、不敢冒险等惰性"①。

置之于解经传统,对"中庸"的解释有汉宋学派的不同。汉代学者将之解为"中和以为用";宋时学者则将"庸"释为"常",如此"中庸"的意思就是"无过无不及之常道"。不过,郑玄的解释不无矛盾:一方面,他的"注"释"君子中庸"为"庸,常也。用中为常,道也"②;另一方面,他将"执其两端,用其中于民"释为"两端,过与不及也。'用其中于民',贤与不肖皆能行之也"③。如此,张岱年指出,他兼取"庸,用也"和"庸,常也"二义,"未能自圆其说"。④朱熹引程颐释"中庸"云:"不偏之谓中,不易之为庸。中者天下之大道,庸者天下之定理。"⑤朱熹认为,"中者,无过无不及之名也。庸,平常也"⑥;"中庸者,不偏不倚、无过不及,而平常之理,乃天命所当然,精微之极致也"⑦。此后,"朱熹的注释取得了主导地位"⑧。

0.7.2 中庸之道的跨文化作用

那么,儒家的这一方法论如何运用于跨文化的翻译研究呢?我们关注的是以下三个方面:

首先,仁爱与感通。

从原理上看,这一方法论既为儒家所支持,也为道家所赞成,因而,"'毋太过'历来是两家的格言"⑨。而这意味着,中庸之道作为一种哲学方法论,既是积极入世的途径,也可能是出世的一个法门。但是,在这里,儒家与道

---

① 引自吴锐(撰),《中庸说》,收入中国孔子基金会(编),《中国儒学百科全书》,第65-67页,引文见第67页。
② 郑玄(注),孔颖达(疏),《礼记正义》(下)(李学勤主编,《十三经注疏》之六),第1424页。
③ 同上,第1425页。
④ 详见张岱年(著),《中国古典哲学概念范畴要论》,第175页。
⑤ 朱熹(撰),《四书章句集注》,第91页。
⑥ 同上。
⑦ 同上,第18-19页。
⑧ 张岱年(著),《中国古典哲学概念范畴要论》,第175页。在这里,张岱年坚持认为,"庸虽亦有常行、平常之义,但'中庸'之庸应是'用'义,不应将庸的歧义牵合为一"。
⑨ 见冯友兰(著),涂又光(译),《中国哲学简史》,第16页。

家又有所不同。冯友兰强调,就儒家而言,"这种方法把人的精神提高到同天的境界","它通过推广仁爱,把人的精神提高到超脱寻常的人我和人物我分别"。①

正是因为儒家方法论背后的对大爱无疆的追求,我们认为,经由这样的方法论,便可企及牟宗三所说的"贯通而不隔"的境地:

> [……]综起来而了解文化生命之表现的方式就是了解一个民族的文化生命的方式或途径。只要眼前归于真实的生命上,则我现在之看文化,是生命与生命照面,此之谓生命之通透;古今生命之贯通而不隔。②

之所以能使"生命贯通",就是因为,仍如牟宗三所说,"仁以润物为性,以感通为用"③。在他看来,"感通是生命(精神方面)层层扩大,而且扩大的过程没有止境,所以感通必以与宇宙万物为一体为终极,也就是说,以'与天地合德、与日月合明、与四时合序、与鬼神合吉凶'为极点。润物是在感通的过程中予人以温暖,并且甚至能够引发他人的生命","仁的作用既然如此深远广大,我们不妨说仁代表着真实的生命(Real life);既然是真实的生命,必是我们真实的本体(Real substance);真实的本体当然又是真正的主体(Real subject),而真正的主体就是真我(Real self)"。④ 也就是说,"仁"即真实的人,而这样的仁爱之人,是要经由中庸之道这样的途径才可企及的。

因而,依之为方法论的一个重要指向就在于,在人之为人的意义上,孔子之教的达成,不论是语内的,还是语际的,都需要这样的"仁爱之教"的方法论。

---

① 见冯友兰(著),涂又光(译),《中国哲学简史》,第 171 页。
② 见牟宗三(撰),《关于文化与中国文化》,收入氏著《道德的理想主义》(《牟宗三先生全集》9),台北:联经出版事业股份有限公司,2003 年版,第 317 - 337 页,引文见第 317 - 318 页。
③ 见牟宗三(著),《中国哲学的特质》,第 31 页。
④ 同上,第 31 - 32 页。

其次,时机与合宜。

中庸之道的要义在于"时",坚持"故时措之宜也",在适宜的时候有适宜的活动,恰到好处,才可能达至"和谐之境"。冯友兰指出,

> 时间,在"恰到好处"的观念中是个重要因素,冬天穿皮袄是恰好,夏天穿皮袄就不是了。所以儒家常常将"时"字与"中"字连用,如"时中",孟子说孔子"可以仕则仕,可以止则止;可以久则久,可以速则速"(《孟子·公孙丑上》),所以"孔子,圣之时者也"(《孟子·万章上》)。①

"恰到好处"说的并不是"做到正好",而是在时间意义上,正中其时或曰正及其时。如此,事物得其所宜,便会一切得宜。张祥龙也强调:

> 对于孔子而言,天道就是中道。这"中"绝非现成的两极端的中间,而意味着摆脱了任何现成思维方式的"在构成之中"。这无所执却又总为至极的中就是"时中"(zhong,四声)。②

而这一论断就意味着,中庸之道或与妥协之类的意向并没有多大的关系。而成中英也就是这样理解的。他指出:

> 在最近的社会和政治科学对国家与社会与经济的发展策略的讨论中,英国社会学家 Anthony Giddens(1938—)提出所谓第三条道路的说法。何谓第三路线?第三路线是对第一路线与第二路线而说的。它与儒学里的中庸之道有何关联?在《论语》中学与思可看成两条治学路线,但二者缺一不可,故最好的方式就是两者兼

---

① 引自冯友兰(著),涂又光(译),《中国哲学简史》,第167页。
② 张祥龙(著),《海德格尔思想与中国天道》(修订版),第246页,北京:生活·读书·新知三联书店,2007年版。

用,进行一个最佳或最见成效的组合。第三路线是否有包含此一最好的组合的意思并不可知。显然,Giddens 所重视的标准是实用主义,而非具有道德意义或本体意义的致中与用中之道。上述组合两端或两极或两面以求其中是致中的方法之一,但如果两物不可兼得,必须要有取舍,也必要有一个决定取舍的标准,此一标准也可视为第三条路,但由于它是独立于两者之上的一个尺度、一个眼光,最好称之为超越提升之道。故孟子说鱼与熊掌不可兼得,舍鱼儿取熊掌,是基于熊掌更为难得。故第三路线的真正的含义在认知和批判已存有的第一、第二或其他选择以求最好的选择,也可说是超越第一与第二所做的最佳选择。孔子说的"君子之于天下也,无适也,无莫也,义之于比"(《论语·里仁》)或"无可无不可"(《论语·微子》)的适当选择就可以看做此一超越提升的态度或原则的说明。在一般的情况下,孔子所提出的"时中"概念,以切时为中,也可以作为对此一态度与原则的说明。如果第三路线能就孔子说的"执其两端,用其中于民"来寻求时中之道并切实用于革新与改良,则所谓的第三路线就有其道德的内涵了。《论语》里孔子常谈到中字,而其所谓中往往指的是中节、中的之中。如他说柳下惠、少连是"言中伦、行中虑",又说虞仲、夷逸是"身中清、废中权"(《论语·微子》)。他也表示"夫人不言,言必有中"(《论语·先进》)。这些中所显示的当然不是什么取悦民意、获得选票的中间路线,而有提升社会、归本民命的意思。

如上所说,所谓"用中"应该有两个意思:一是执其两端而取其中而用之;一是无论是否有两端,只要能够依照一个理想的标准或价值力求其中的。第二个意思应该是更重要的。因为即使有两端,用其中的中绝不是一个折其半的折中,盖如此则流于机械而无法真正解决问题。如此"用中"之义也就不外乎中用。所谓"中用"就是能发挥解决问题的作用。甚至我们也可以解释中庸的哲学原理就是用中以中用,中用而用中。中庸即中于日常之道而用之,故中庸即中用。同样,时中即中时。《中庸》说的"致中和,天地位焉,万物育焉"的道理乃在执中而用中,使执中之中中于用。执中之中指的是本体,而"用中"也可指人性本体的良知或人生整体的智慧以找到解决问题之道以解决问题,此即中用或致中而用。如此,我们也就回答了如何去致中、知中、执中与用中的问题。致中与知中就是要回归人性的本体以掌握人心与社会整体之需,有一个全宇宙的与全球的大局眼光与理解。执中就是无忘此一本体的眼光以求深刻持续,用中乃在从超越具体时空到深入具体时空来发掘问题、认知问题、分析问题与解决问题。执中而中用是一个制定政策或策略的方法论,此一方法论或可名之为"立足整体、针对具体以解决问题"的方法论。①

在他看来,作为"超越提升之道"的中庸之道,才可称为"'立足整体、针对具体以解决问题'的方法论"。如此,中庸之道实则就是某种抉择:在恰到好处的时候,见机而行。因而,若与"妥协"、无原则的"调和"相较,可谓相去千里。

如此,在适宜的时刻去做适宜的事情,达成适宜的效果,也就是中庸之道的施为者的追求。而这,若是置于跨文化的翻译之中,则可能意味着:一、坚持中庸之道,就不能为迎合目的语的现成性而顺应之,而要别开生面,对始发语文化的内涵精神进行恰切的译解,以求最大化地顺成之,从对目的语的顺应,到对始发语的顺成,其处理在态度上完全不同,而目的就在于如何确保异域而来的文化消息是真实而有生命力的。二、之所以适时而动,还有一种哲学意义,只有如此,事物才可能保持其"生生"之态,而不致于僵化于板结的概念化之中。而长期以来,或者说,近代以来的诸多跨文化外传,这样的适时而动,只是顺应了目的语文的预设的要求,也就是,先在的现成传

---

① 引自成中英、麻桑(著),《新新儒学启思录——成中英先生的本体世界》,第27-28页,北京:商务印书馆,2008年版。

统,首先将之纳入了概念化的框架之中。如此,在动态的变为静态的、动词化为名词、非概念易为概念的情况下,被改造的当然不仅仅是典籍本身的文辞结构,还包括不断被改易的思维方式:似乎在如此西化的设置之中,中国的始终是"朴素的","前现代"的,在未及进入现代的条件下,一切都显得那么幼稚,因而也就难及"理性"的基本要求。如此,如何葆有中华文化的活力,在跨文化翻译之中也就有了特别重要的历史意义。而中庸之道显而易见由于它特定的"时机化"的情调和特色,有可能会帮助我们找到一些具体的办法,确保中华文化在跨文化的生成之中仍然能保持她的青春活力和魅力。三、若是修正了概念化,那可能是一种补足,即以中华文化之所长,弥补西方文化之所短。如海德格尔所强调的,自柏拉图以来,哲学在西方不过是对"超感性之物"的探究,与此同时也是对"感性之物"的遮蔽和遗忘。那么,坚持适时而动,可以保证"生死之机",就可以发扬"情本体"[①]的优长,在理性与感性兼顾的前提下,更为充足地实现文化交流以及未来的文化融合。

最后,**诚明与参赞**。

论者指出,"中庸之道"之所谓"中",其要义就在于"上下通达"。而我们则认为,它本来就是古今贯通的方法论,今后还可将之付诸中外通达的种种跨文化经验,以试炼其跨文化的普遍适宜性。论者强调,

> 无论是"两端"之"中",还是"四方"之"中",还是"上下"之"中","中"作为一个"中间"地带,它恰恰提供了将两端、四方、上下贯通起来的可能性。在这个意义上,"中"意味着不偏向某一个现成的位置或端点,不是指向某种现成的存在者,而是在不同的位置或端点之间展开连接、通达的可能性。所以胡煦指出:

[①] 这是哲学家李泽厚提出的理论。他认为,"情本体"注重人的感情;不过,他的主要目的是为了强调,"这个'情本体'本来就'在伦常日用之中'","这个'情本体'即物本体,它已不再是传统意义上的'本体'"。详见李泽厚、刘绪源(著),《该中国哲学登场了?——李泽厚2010年谈话录》,第75页,上海:上海译文出版社,2011年版。显而易见,从体系性的哲学思辨到"伦常日用",其中一定含有"百姓日用而不知"的儒家传统在发挥作用。

盖两端皆不能举中,惟中为能周于两端,达于四旁。今有百斤之木于此,令于一端举之,虽万斤之力不胜矣。若于其中挟之,则百斤之力可耳。卦爻贵中,其势其力,与边旁殊也。况大化由中而出,是即周易之大原乎！尧之执中,舜之用中,孔子之时中,均非无见于此也。①

从哲学角度视之,"中"处于最为关键的位置,因而,依之可得天地之原理,故而,"是即周易之大原"。"民受天地之中以生,所谓命也"之中的"中"早已将人界定在天地之间最为重要的位置,以突显其特殊的参赞天地的力量。我们认为,正是由于人与天地万物相合、相感、相通的缘故,人可与万事万物相往还而得其自然。

但是,"百姓日用而不知",所以,也只有那些能够引领或昭示人们回到原初的人,也就是"至诚"者——圣人、贤人或曰有道之士,才可企及那片天地。故而,《礼记·中庸》之中强调：

唯天下至诚,为能尽其性。能尽其性,则能尽人之性。能尽人之性,则能尽物之性。能尽物之性,则可以赞天地之化育。可以赞天地之化育,则可以与天地参矣。②

依照儒家,成人成己的追求当然包含"成物",也就是《中庸》之中所说的"栽者培之,倾者覆之",应物自然,而无所不得。如此,可使事物回归自身。

如此"诚"的追求,实际上是在说,不但人要回归"诚明"之境,物也一样要还原到"诚明"之境。那么,"诚"和""明"也就不能从字面上加以解释,而

---

① 引自陈赟(著),《中庸的思想》,第 48 页,北京:生活·读书·新知三联书店,2007年版。此处作者有注:(清)胡煦《周易函书约存》卷五,《文渊阁四库全书》第四十八册,第176 页。

② 郑玄(注),孔颖达(疏),《礼记正义》(下)(李学勤主编,《十三经注疏》之六),第1448 页。

是要有相应的语内和语际的针对性的解释。

首先,郑玄《礼记》之"注"云:"诚者,天之道也,诚之者,人之道也:言'诚者',天性也。'诚之者'学而诚之者也。"而朱熹《集注》则称:"诚者,真实无妄之谓,天理之本然也。"他强调:"诚者,至实而无妄之谓,天所赋,物所受之正理也。"(《通书解》)① 钱穆解释说,"凡宇宙间一切之化,则皆本于宇宙间一切之诚"②。牟宗三进一步将之置于儒家思想史谱系之中至关重要的地位:

[……]传统思想中高高在上的天道,经过《中庸》的发展,而致完全可被人通过仁与诚去体会、去领悟。如是,天、天道、天命的"内容的意义"可以完全由仁与诚去证实它为一"生化原则",因此可以说为"天命流行之体"。[……]我们不妨把它们写成一串恒等式:

天命、天道(《诗》、《书》等古籍)=仁(《论语》)=诚(《中庸》)=创造性自己(Creativity itself)=一个创造原理(Principle of creativity)=一个生化原理(创造性原理的旧名词,就是生化原理)。③

如此,"诚"也就成了"创造性",但据安乐哲与郝大维的介绍,只有到了1971年,creativity这一词语才因为怀特海的影响力,被收入《牛津英语词典》之中。④ 因而,"生化原理"的旧称,是否会在"现代"的路上走得太远,而将"大化"或"生化"之"流行"变为"概念化"之"盛行"?

至于"明"则很少见到形而上的解释,一般也就是对之加以字面意义的

---

① 转引自张岱年(著),《中国古典哲学概念范畴要论》,第102页。
② 见钱穆(著),《中国学术思想史论丛》(卷二),第43页,合肥:安徽教育出版社,2004年版。
③ 见牟宗三(著),《中国哲学的物质》,第39页。
④ 见安乐哲、郝大维(著),彭国翔(译),《切中伦常:〈中庸〉的新诠与新译》,第55页,注1。

解说,比如,将之解说为"明了"或"明瞭"、"理解"等等。我们也会在后文之中有专门的解释,这里要强调的是,只有使之回归日月之明,易道的力量才可得显。在这里,它与"诚"一样,体现的是天人合一的追求。而中庸之道就是要我们回到这样的易道之中。惜乎历史上以及当下的众多解释,并没有关注如何使之回归。

实际上,若是回到"诚",便要承认,它的意思已经由书写的形式显现出来:有言则事成;如此,物以言立,人以言成。也就是说,在先人看来,事物之成,首先是因为它们可以来到语言,因而其成是语言的构成,而不是别的什么;它们的存在是语言的存在,而不能以其他别的东西加以构成。也就是说,是人受天之赐,赋予了事物以生成的可能性,因之人也就在这样的构成之中体现人之为人的那种"参赞"之力。

再换言之,人和物的世界是一个语言的世界:在这里,一切都因为"诚"之物的存在,而先行显现为人物的真实的"如语"的共在,也就是符合"道"的共同存在。之所以如此,是因为"言"本身就是"道"的一种表现形式,而成就"人与物"的共在的那个"道"应首先是"言道"之道。如此创设的"道"铺设出的不是"真实无妄",而应该是"言以立物"的力量,也就是事物自然回归的那种导向。只有在这样的导向之下,才谈得上"真实无妄"。

还应指出,这里所谓的"生化之流行"是在人与物共同存在的基础上的那种流行,是天地与人、物一起运作的那种生生不息的流行。

因此,钱穆强调:"苟使由我之诚而推以明夫宇宙之大诚,则一切宇宙变化长育之权,我可以赞助之,参预之,人道而乃于此乎立极。"[①]我们认为,这里讨论的是物之来到语言。《礼记·中庸》之中讲得明确:"诚者非自成己而已也,所以成物也。"[②]而"成物"本来就是一种"文化之成",确实说来,便是如何以言成之,使之回归其本然之性。

行文至此,我们研究的倾向和重点业已显露:如何确定儒家思想的关键

---

① 见钱穆(著),《中国学术思想史论丛》(卷二),第43页。
② 郑玄(注),孔颖达(疏),《礼记正义》(下)(李学勤主编,《十三经注疏》之六),第1450页。

词,依之来说明在诸多经典之中的作用和意义。也就是说,在这些词语所在的语境之中,它们如何既在理论上行使其功用,同时又如何以这样的理论,来在语内和语际两方面达到自身回归。易言之,我们的探讨,首先是以有关词语所体现的理论,来付诸对这些词语的语内和语际的跨文化处理的适用性和合理性。同时,要坚持在特定的语境之中,对这样的适宜性和合理性加以有效的验证和考察。至于验证的标尺,则最可说明问题者,还是"参赞"之所指:本来是流动不住的动态,而静态来看,事物之"成",端赖"三"是否在场。易言之,要看是否清除了"偏于一端"而不及其余。正面言之,也就是看是否做到了"执中"和"用中"。

这里,有一个问题非常值得注意。论者指出:"如果中国人的生命乃是以'情'为本——即所谓的'情本论',是我们每个人每一天都从自己身体生发出的生命感——以及面对深渊的态势形成自己的个体生存性格,那么,我们如何以情性出发来标记自己的时间性,并且达致普遍性?"[1]

这个问题问的是,我们作为个体,其生命的延伸、延续和展开,并不是生理意义上的,而是具有特定的文化指向的,那么,如何使之体现出它在思想上的或曰精神上的空间的扩展? 这的确是一个极其重大的生存问题,是任何一个生于"斯文"而死于"斯文"的人不能不在日常日用之中加以思考和践行的。

0.7.3 中庸之道的导向的要义

儒家思想专注的是成人成己,由此出发对其方法论的归纳或曰提炼,在根本上应该以人的自我之生成和打造为导向,因此,中庸之道的第一个要义是"尊德性而道问学"(《礼记·中庸》)[2]。这句话的意思,南怀瑾解释:"君子之学,需要先'尊德性'(明心见性),同时'道问学'(学问修养)。"[3]但我们

---

[1] 引自夏可君(著),《〈中庸〉的时间解释学》,第23页,合肥:黄山书社,2009年版。
[2] 郑玄(注),孔颖达(疏),《礼记正义》(下)(李学勤主编,《十三经注疏》之六),第1455页。
[3] 南怀瑾(著),《话说中庸》,第113页,北京:东方出版社,2015年版。

认为,"尊德性"亦即为"道问学"。这是因为,如朱熹所释,"学"的意思就是"以后觉效先觉",而"效"的目的在于"明善而复其初",也就是如何培养人自己的德性,恢复善良的本性之初,成为真正的人。因而,那种将二者割裂开来的思路是不正确的。《近思录·为学》第五十八条引《程氏遗书》之中的论断:"涵养须用敬,进学则在致知。"①也应该以子思之所论加以理解:在修炼自己,"涵养"上天以及先贤文章之时,当然要保持诚敬之心;而在"进学"之途,则需要"致知",也就是不断求索,以形成新的智慧之思。不过,二者绝不是割裂的,而是二而一的。这是因为,如上所述,"进学"之求,其终极的归宿毕竟是在于人自身的美德的打造,而且需要达到"至诚无息"(《礼记·中庸》)②之境,这样才谈得上"进学"和"致知"。

也就是说,中庸之道作为儒家思想的方法论,其第一个要义便是"德性"之锻炼与"不息"之追求。

这是天地一体的追求,因而不当以主观客观的二分解之。但是,经历了"现代"的洗礼的人,思路已经成为"集体无意识",即使力图避免,也是十分艰难的。比如,韩国学者金容沃一方面批判"道德"与西方人所说的 morality 相去甚远,不能以现代语之中的翻译术语"道德"取而代之;另一方面,他又强调:"如果说道以客观世界为对象,德则是以内在的、主观的世界为对象。道是认识的问题,德则与'身体和积累'相关。"③论者在这里引入了"主客二分",不仅"道"和"德"相隔离,而且"体"和"认"也相分裂。实际上,"道"的践行与"德"的修炼,完全是一体的,也可说,二者一体两面,而人总是兼顾这两面,才可真正成为人。

需要强调的是,这样的追求,其出发点在人,最后回归的还是人。因而,在具体的步骤上,人的思路仍然是坚持天之道的循环与人之道的"生生不息"的合一。

---

① 朱高正(著),《近思录通解》,第32页。
② 郑玄(注),孔颖达(疏),《礼记正义》(下)(李学勤主编,《十三经注疏》之六),第1450页。
③ 金容沃(著),金泰成(译),《中庸:人类最高的智慧》,第212-213页。

如此,中庸之道的导向的要义的第一点就是,以文为德,而反复于道。

中庸之道的第二个要义应是"执中",亦称"执两用中"或曰"执其中而用于民"。《论语·子罕》之中记孔子之语:"吾有知乎哉,无知也。有鄙夫问于我,空空如也,我叩其两端而竭焉。"①《礼记·中庸》之中也记载:"子曰:'舜其大知也与? 舜好问以好察迩言,隐恶而扬善,执其两端,用其中于民,其斯以为舜乎!'"②其中的"叩其两端"和"执其两端,用其中于民"都是在强调,对事物的认识和处理应该抓住两个"端"或曰"极端",进而显现出"中"的大用。如此,可以避免"过犹不及"(《论语·先进》)③之弊,而达不偏不倚之境。

不过,我们认为,中庸之道还应理解为对阴阳之道的一种体现。这是因为,后者是中国哲学的宇宙论,亦即为事物构成之根本理论。也就是说,不论是什么方法论,最终归入的一定是对事物的真正面目的揭示及其本根的复归。而在这一意义上,作为修炼心性之道的中庸之道,其最终的指向便一定是阴阳之道。这样,它的运作必然顺应并且合乎阴阳之道的基本规律。

因此,我们认为,有必要进一步将"执中"解为"执中而用明"。"明"字显而易见即为"日月之明",也就是其本身就是对阴阳之道的体现。"日"与"月"的相互推移,形成了"道",而"执中"的目的就是要显现这样的"道"的大功大用。而这意味着,不仅对事物的理解需以中庸之道将之拉回阴阳之道,而且"明"本身的译解也一样不能再专注于一个方面,而是要两面兼顾。比如,不能以人的知解力或知性来确定"明",出以"理解"、"了解"或曰"启蒙"之类等等,而要以"日月同辉"的心态视之,以保持其"日月相代"的指向和意义。

中庸之道的第三个方面的要义就在于,"天"所昭示的动态作用的"不

---

① 何晏(注),邢昺(疏),《论语注疏》(李学勤主编,《十三经注疏》之十),第114-115页。
② 郑玄(注),孔颖达(疏),《礼记正义》(下)(李学勤主编,《十三经注疏》之六),第1425页。
③ 何晏(注),邢昺(疏),《论语注疏》(李学勤主编,《十三经注疏》之十),第148页。

息"及其对人所形成的"乾乾"之态。一方面,如《礼记·中庸》一开篇所强调的"天命之谓性,率性之为道,修道之谓教"①,论者指出"'天所命的'是现在进行型,是动的过程(Dynamic Process),所以没有始终,没有间断的休息或终止"②。《礼记·中庸》的这一论断突出的正是《周易》之中所强调的"天行健,君子以自强不息"(《周易·乾卦·象传》)③的精神。如此,另一方面,我们也就不能不联系《周易》之中的"生生之谓易"(《周易·系辞上》)④的论断。因为,"天地之大德曰生"(《周易·系辞下》)⑤。因而,"行健"的功用显现,就在于"生生"。作为一种动态过程,那是不息的、不休止的动态过程。

但是,问题在于,"生生"之意在现代汉语之中有可能已经被板结为"生",也就是完全名词化,进而概念化为一种观念、一个抽象的术语,而与动态过程背道而驰。而在跨文化的翻译之中,这样的板结化可能更为严重。因为汉语之外的语言世界,是很难不按"理念至上"的态度来对之加以处理的。

进而言之,中庸之道的第四个要义,是要凸显出事物在动态过程中的节奏的意味,保持其自然生态的样貌。我们认为,这也就是《礼记·中庸》之中所讲的"君子而时中"⑥的意向。孟子将孔子视为"圣之时者也"(《孟子·万章下》)⑦,也就是人间的典范。"时中"意即为适时而动、因时制宜、恰好、正好。或者说,只有"时中"才可能做到恰好、正好。如此,时机之作用不可谓不大!成中英所强调的"适宜",也就是"恰到好处",应该在这里得到理解。

而身为"圣之时者也"的孔子,之所以得到如此的盛赞,就是因为他有力量真正使事物来到语言,也就是为事物之自我回归造就了历史性的条件和

---

① 郑玄(注),孔颖达(疏),《礼记正义》(下)(李学勤主编,《十三经注疏》之六),第1422页。
② 金容沃(著),金泰成(译),《中庸:人类最高的智慧》,第27页。
③ 王弼(注),孔颖达(疏),《周易正义》(李学勤主编,《十三经注疏》之一),第10页。
④ 同上,第271页。
⑤ 同上,第297页。
⑥ 郑玄(注),孔颖达(疏),《礼记正义》(下)(李学勤主编,《十三经注疏》之六),第1424页。
⑦ 赵岐(注),孙奭(疏),《孟子注疏》(李学勤主编,《十三经注疏》之十一),第268页。

理论储备。这样,我们对事物的译解,也就没有理由避开如此重要的法则。

总结的话,首先,我们认为,"文章"打造人的内在美德,进而将之适当显现。这是君子"成人成己"的必然要求,亦即为儒家所追求的人生目标。因而,以中庸之道为方法论,必然首先触及这一根本性的问题,并且始终将之作为重中之重的思考对象。无此方法论,所谓成人成己,可能也就会成为一句空话。其次,中庸之道的第二个方面的要义就在于,它以"执两用中"的方法,力图达到不偏不倚。不过,我们还认为,这样的"执中"应以阴阳之道为归路,也就是以事物的宇宙论为目的,以便确保事物的真正显现。如此,"执中用明"才是真正的目的。而"明"本身昭示的就是"日月之明",亦即"易道"。再次,中庸之道既已以阴阳之道为导向,因而,"天命不息"、"君子乾乾",对它的运用便只能以"生生"为样板,突出那种动态过程,而不应再以长期以来的板结化的名词、概念化的态度待之。最后,这样的过程是自然的,也就是有节律的,因而,要想使中庸之道显现出它的力量,就必须要求事物之自我回归,最终能显示出它们的节奏。

内外一致、生生不息、天人(物)合一,最终促成事物之自然回归:这既是中庸之道的要义要突出的重要方面,也就应该成为我们跨文化研究的首要对象。

还应指出,"乾以易知,坤以简能"(《周易·系辞上》)[①],"易道"以及儒家的思想"广大"而又"简易"。由于儒家思想注重的是修身的实用性,因而即使是颇具理论内涵的论断也是"简洁明快"、"灵活机动"的。同样的,我们这里总结出来的四个要义,每一个都可以说有很多隐含,一个可以囊括多个或所有。那么,我们又有什么理由如此对之分别加以突出呢?

一方面,儒家思想具有全息技术的那种引发作用,一即整全,少意味着多,甚至片段亦可印证整体。因此,比如,我们这里所说的内外一致,实质上的确也就有与仁的对偶的宇宙论设计的指向相互一致,在这里,也就不可或缺地含有"生生不息"的意味。而且,内若可指人,外一定就是天。那么,内

[①] 王弼(注),孔颖达(疏),《周易正义》(李学勤主编,《十三经注疏》之一),第259页。

外一致,亦即为天人合一。同时,不论是内外之交际,还是天人之关涉,其中也都含有"叁"的指向,因而,事物的自然节奏也就包含在对偶的宇宙论设计之中。

而另一方面,展开来看,内外可能规定的是人我的关系,亦即为,人通过他人,比如说先贤,将文化遗产化为自己的内在的力量和美德。如此,人便可获得与人交往的出发点,或曰支撑点。因而,以文为德偏重人的社会关系之中对人的打造的一面,也可视为人之为人的一个条件或基础,也就是我们这里所说的出发点或支撑点。而"生生不息"则是下一步的内涵:人在掌握了"斯文"之锁钥之后,深明宇宙存在之大义,而力图进入与之共享的层面,而最终企及与天相同化。

这两个层面,套用朱熹的话来说,一个是"动静两端",另一个是"循环不已"[①],尽管实则不能完全分离。但是,如上所述,为了说明的方便,我们完全可以将前者释为后者的条件。

至于天人合一和事物自我回归,则可视为上一个步骤的某种重复或更新,印证的是事物不断变化、聚合与运动的动态过程。天人相合,回到了事物之为事物的出发点,旨在形成"叁"的局面,进而,走向最后一个阶段。这便是,事物以其本然的节奏,来不断达及它们的自我回归。

如此分析,则我们这里所说的这四方面要义,实则是对"偶对"之法及其事物的自我回归的印证。因而,更多是描述性的,亦即对事物之真实的揭示。的确,说是"偶对"之法和事物的自我回归的描述,当然是对阴阳之道的凸显。果如此,则中庸之道便没有离开事物存在的大法,而是在始终体现它的作用和意义了。

也就是说,在任何一个阶段,对事物意义的传译都会呈现出"生生不息"的倾向。因为,事物的存在其本身就是阴阳二气的反转和相互推移。因此,在一种力量延伸至另一种的时候,第三个阶段也就开始了。如此,上文所说

---

① 朱熹强调:"天地之间,只有动静两端,循环不已,更无余事,此之谓'易'。"(《答杨子直》,《文集》卷四十五。引自朱熹(著),郭齐、尹波(点校),《朱熹集》(第四卷),第 2253 - 2254 页,成都:四川教育出版社,2001 年版。

的任何一个阶段,都应该能包含着其他阶段,只不过,它们的侧重点不相一致罢了。要则不出乎阴阳之道的引导,而仍为中庸之道所约制。易言之,我们这里所提出的中庸之道的要义,可能对事物的跨文化形成某种系统的说明,或曰,步骤性的安排,也可能是其中一个阶段或一项,已足以说明事物之"生生不息"的构成,有待我们以具有对应性的铺排将之再现于目的语译文之中。

0.8 本书的思路和结构安排

按照上文之所论,本书的主体四章分别讨论的主要是:

一、内外交合,反复于道。即以《论语》之中的"文"为引子,而以"合外内之道也"的意向,试图对之重新作出解释,进而说明如何运用中庸之道的这一基本原理,去疏解儒家典籍的基本思想倾向。之所以要强调"反复其道",目的是要突出,只有不断地、反复或曰重复性地进入那个"斯文"的天地,儒家思想本身才可得到宣解,同时,这样的诠释过程亦即为人修炼自身的过程。也就是说,解释、研究与生命力的弘扬是一体的。而"反复其道"这种致思方式,可能是西方治学之途不会采纳的。但是,在我们看来,既然是要求"文"的内外合一,那必然会循环不已,因而,不能以由此及彼的方式论证之,而只能通过生命体验来验证或解会。

二、阴阳循环,生生不已。此章秉持"生生"之大义,而将儒家(以及道家)的相同的表达形式分为四类,认为它们都具有使物归为自身的循环不已的意向。将这样的表达方式置于一处考察,不仅可以发现,历来的解释并没有沿着哲学思路前进,而更多的是将之板结为名词,进而以之为"概念"。如此,在以毛泽东诗词之中的"茫茫"的解释为证,置之于《红楼梦》"茫茫大地一片真干净"的意义时,就会发现,误解的原因,正在于解释者丢掉了对"生生之动态"的体认和感悟。中庸之道正可推动我们回到跨文化理解和解释的正确的道路,尽管对诸如"乾乾"之类的表达还存在着特别的困难。

三、以明为德,参赞天地。此章突出过去对"明"的解释,像对"生生"之类的表达方式一样,并没有触及语言本身的意义,而这也正是其哲学的意向之所在。如此,如何以中庸之道为指导,而使"明"回归"日月之明"也就有了历史性的意义。之所以如此,是因为《礼记·大学》一开篇就突出"明明德"①,《礼记·中庸》之中特别强调"诚明"②,《道德经》坚持"知常曰明"③,而《庄子》之中也有"不若以明"④的论断。"明"字实则是中华文化思想之中的一大关键词。因此,在古代经典之中几乎俯拾皆是的"明",若是依照中庸之道来解释,不仅有助于重新审视以往的译解的问题所在,而且,有助于推动我们回到语言本身。让语言说话,在这里,实际上是要求我们让文字说话。而让文字说话,是要它的书写形式说话。依此,则日月之明,其本身就是阴阳之道的体现,也只能依此作解,才可印证诸多经典之中的要义是指向哪里。从海德格尔对荷尔德林的论述之中,我们看到了他所引用的这位诗人的诗人的文字之中,正好出现一个可以译解为汉语"明"字的表达,将之直接运用于我们对之的译解,可谓恰如其分。此外,以《周易》和杜甫的诗等内容之中出现的"明"来验证,如此知解的合理性以及跨文化处理的有效性,我们认为,那是具有真正的作用的。本章还讨论了"明"与《圣经》之中的上帝之"圣名"在表达和意向上的趋同,进而或可说明"生生之谓易"的要义。

四、自然而然,适时而作。本章进一步突出自然而然的事物回归自身之意向,同时将研究范围再次扩大,在深入"诗经节奏"的同时,以诸如《简·爱》等西方文学经典为例,试图来印证中庸之道的解释力和运用性。并且,在此章最后,讨论回到了"恕"的译解和跨文化处理。

最后,还要对本书的结论先行作一定的说明。我们认为,经过以具体的实例的分析而对中庸的四个方面的要义所展开的研究,尽管局限在中华文

---

① 郑玄(注),孔颖达(疏),《礼记正义》(下)(李学勤主编,《十三经注疏》之六),第1592页。
② 同上,第1448页。
③ 王弼(注),《老子注》(《诸子集成》第三册),第8页。
④ 王先谦(著),《庄子集解》(《诸子集成》第三册),第12页,北京:中华书局,1954年版。

化典籍(尤其是儒家典籍)的相关方面,但是,有关例子在哲学指向上确有一定的代表性,显然也是跨文化研究可能要聚焦的所在。

因为中国哲学思想的跨文化传输只是近代以来的事情,而且,以往的处理一般是直接以西方的思维方式加以同化,也就是以概念化的静态,将动态过程静态化为西方文化之中已有的或既定的观念,在"变易"之势被转换为"不变"之态的条件下,任何为中华文化争取话语权的努力都可能是失败的。而在一个历史时期过去之后,我们今天的跨文化翻译依然如故,沉浸在如此将不对等视为对等、被取代释为创造的恶性循环之中,一味将"译意"作为最高追求,而反复将本来是"生机盎然"的思想抽象化、贬抑化为西方某种对应物的"朴素的"再现,也就是后者的"少儿版"。

这样的情况,在安乐哲与郝大维的《中庸》之中似已出现转变。但是,他们采取的"焦点与场域的语言"正是西方的另一种表达,因为,中国古代的"散点视"与之恰相反动。而如此以一种视界传统取另一种而代之的做法,不仅不能再现中庸之道的精义,实则不断违离了中庸之道。因为,依之来处理,事物并不能还原到事物本身。这一点,在二位的《中庸》英文译作对"诚"的处理上突出表现出来。假设如其所论,"诚"即 creativity,其一,1971 年才进入英文字典的这个词,是否能以它极端现代的特色来说明"诚"的意义,再现其《中庸》的意涵,进而体现出它作为"诚体"的天人合一维度的作用?其二,若依 Eagleton,浪漫主义对现代西方的文学观念的影响至深至巨,后者对 imagination(想象力)的推崇达到登峰造极的程度,而 imagination 本身有两个意向:一是创造性的,二是虚构性的。[1] 那么,如此的("想象"性的)"创造性",是否会带上浪漫主义那里传承下来的特有的"虚构性"的成分?果如此,"诚"之"真实无妄"(朱熹语)[2]又该如何保持?其三,"诚者自成"[3]作为

---

[1] Terry Eagleton(著),*Literary Theory, An Introduction*,第 16 页,北京:外语教学与研究出版社,2004 年版。
[2] 朱熹(撰),《四书章句集注》,第 31 页。
[3] 郑玄(注),孔颖达(疏),《礼记正义》(下)(李学勤主编,《十三经注疏》之六),第 1450 页。

"自生性"的体现,如何可能和"创造"相联系?这样做,是否会将中国哲学的"生生之意"的"自我滋生"和"无穷无尽"意涵,引向一个完全外在的、超越的上帝:是祂"创造"了世界?因而,这里才会出现"自成"?

如此,我们势必要更改思路,而回归"阴阳互动和感通的语言",以充分显现中国哲学作为思想设计的精神源泉,在作为跨文化的方法论中庸之道的引领下,是能够说明或解决相关的问题的。

1 内外合一，反复其道：以《论语》之中的『文』为中心

第一部分

1.1 "文章"与人的跨文化构成

上文对严复"信达雅"进行分析时业已指出①,"三者乃文章正轨,亦即为译事楷模"②,实则强调的是,"信达雅"是修身的正确道路;准确地说,即人的"内在文德"("文")打造之后不断显现或曰彰显的过程("章")。正因为"文章"就是人修炼自身规律性的体现,所以,人道与天道相合的要求始终在支配着人的一切。如此,随着阅历的增加、视野的开阔、自我反省能力的不断增强,人也就不能止步于某一文化系统而闭塞其耳目,而必须不断提高自身,以求锻炼出更为合宜的超越性的文化品格。这意味着,人对自身的"文章"的打造,其导向即为一种跨文化的构成的打造,易言之,那始终是视界不断扩展,超出单一文化格局的打造。舍此,则不仅可能无所谓打造,甚至无所谓视野。在"地球村"逐渐成为现实的今天,若抱残守缺而不思进取,停滞于往昔的语境之中,或只能醉心于昔日的辉煌,而无法启动"善继人之志,善述人之事"(《礼记·中庸》)③的"学"或"孝"的进程,则做人没有真正开始,学问之所求也仍然是在一种浑噩之中。

因而,严复给我们的启示就是,"信达雅"是人的"文章"发显为用的过程:从语内而论,那是人修身的导向性的力量;而从语际来看,它也一样应该成为"译事楷模"。很明显,他所宣扬的就是,要将儒家"成人"的基本要求和

---

① 参见 0.5.2.3 的讨论。
② 严复(著),《〈天演论〉译例言》,罗新璋、陈应年(主编),《翻译论集》(修订本),第 202 页。
③ 郑玄(注),孔颖达(疏),《礼记正义》(下)(李学勤主编,《十三经注疏》之六),第 1438 页。

跨文化的"成人"的目标结合起来：一方面，儒家之"成人"是必然朝向"信达雅"的目标来打造的；另一方面，这样的打造对于跨文化的翻译也一样发挥着作用。那么，语内能起到作用的儒家追求，为什么能在语际产生作用？我们的回答是，语际的或跨文化的处理，最为重要的指向应该是，将翻译首先视为一种生命与生命的交流。只不过，那是要越出文化或语言的障碍而已。正因为儒家在修身之道方面积累了极其宝贵的经验，将之引入译论，才有了非常特别的历史意义：这样做，首先可以丢开长期以来的那种"理性主义"的或曰"科学主义"的"客观化"之具体表现的主客二分或曰认识论过程，代之以生命与生命相互沟通的过程。也就是说，严复的翻译观，更多是在突出儒家思想之中对人或生命的精神力量，而不是近代以来那种理性至上的追求。如此，在保证人自有其尊严的同时，可以最大限度地将交流还原为人的"修身求道"的事情，而不是"科学"的外在化；那是人"修身为己"的事务，是其不断向外扩展自己精神世界的过程，而不是别的什么。如此，"信达雅"才会成为"文章正轨"，同时可以作为"译事楷模"，亦即人跨文化构成的基本取向。而这样的价值取向，在严复看来，显而易见是超越了中华文化的藩篱，成为一种杠杆或尺度，以用于对译品的检验和校正。

所有这一切，若是坚持儒家的修身修己之学的本位立场，就会发现，那的确是切实有力的。有论者指出，依儒家观点，人的"美德须是发自人内在的道德本性和道德心灵的自觉"[1]。要想成就这样的"自觉"，一定是要尽可能将一切优秀的文化传统囊括在学习者的视野之中。这样才可确保"道德本性"和"道德心灵"的塑造，以及在此基础之上"自觉"的培养。也只有如此，"若外在的道德具体实践有人性内在之根，人心内在之根源，才可本能地永继不息而'时行之'，能合内外、人我的道德主体乃是成就了君子人格者"[2]。

如此，便可认为，严复的"信达雅"并不是后世所说的"标准"或者别的什

---

[1] 引自曾春海（著），《先秦哲学史》，第115页，台北：五南图书出版股份有限公司，2010年版。

[2] 同上。

么,而是对儒家的修己之学的延续和发扬光大。所谓的"标准",或带有特别的现代意味,而要求人行事统一甚或整齐划一,如此,是否就会将人文之事化为严格执行某种尺度的客观化的东西? 后人不察,或未及辨明此意? 儒家的修己之学的传统并没有进入跨文化的翻译研究领域,甚至很少在这一领域成为一种思想资源,其原因是否与人们对"信达雅"的不明确理解有关? 这或是我们应该注意的。

但由此而来的历史的教训则是,我们如何面对一种悠久的文化传统,假若只是认为那不过是一种"国学"或曰"国故之学",也就是"过时之物的学问"? 难道说,即便是"过去的故事",其中的诸多真实以及众多人等,曾经鲜活的人生,仅有"材料"的意义,因而只能成为被研究的东西,而不可化为思想资源吗? 更何况,假若特别讲究"成人成己"的儒家思想不能进入跨文化的翻译研究,我们对人本身的跨文化构成的探索,能够启动吗? 这一问题追问的是,我们对自身的跨出文化的追求,在学理的一般意义上可能加以说明吗? 翻译研究,最终不是要刻画人,而是要"苟日新,日日新,又日新"(《礼记·大学》)①。这样的儒家教导,在这里不能发挥作用,还有什么样的理论思想能更胜一筹?

因而,继续讨论"文章"问题,便有了非常重要的意义。首先,《论语》之中这方面的表达方式,正可帮助我们研究验证中庸之道的方法论作用;同时,我们将对译例本身的分析理论化。其目的,套用"新儒家"的代表人物刘述先的话来说,正是在将儒家最为优秀的思想引入译论。

> 毫无疑问,中国的传统有丰富的资源。特别在伦理方面,尤其是儒家的传统,是有十分丰富的资源的。[……]儒家伦理绝不可以化约成为封建时代某种阶级的伦理,孔子最大的开创在于体证到"仁"在自己生命里内在的根源,故他说:"为仁由己,而由人乎

---

① 郑玄(注),孔颖达(疏),《礼记正义》(下)(李学勤主编,《十三经注疏》之六),第1594页。

哉?"(《论语·颜渊》)这是他对于所继承的传统的深化。孟子又进一步继承孔子的思想,与告子力辩"仁义内在"的问题。如今连西方学者如狄百瑞(Wm. Theodore de Bary)也十分明白儒家精神传统的精粹在于"为己之学",每一个人都可以在自己的生命内部找到价值的泉源。①

的确,"成人成己"就是要在每一个人那里建立起一个"价值泉源"。如此,有关"泉源"的表达方式就是最为重要的儒家思想的表达。而要想成就某种跨文化的视界,也就不能不关注如何将儒家在"文德"的打造方面的用语,尤其是《论语》之中所出现者,加以处理,并且使之葆有语内的一般特性。

1.2 《论语》之中的"文"以及相关表达的跨文化意义

"文"之为文,作用不可谓不大,但我们关注的是,它能为儒家思想厘定思想导向,并且确立一定的指向。

首先,是思想导向。"文",按照《说文解字》的解释:"错画也,像交文。"②意思是,它起初指的就是一条条没有规律的线条或道子,之所以能变为"文化"性的,可以推测,那一定是因为这样的"错画"被赋予了一定的规律;易言之,人类对"错画"之"文"进行了安排设计,使之产生了秩序,就如同对其本身一样。这样,"文"也就由一个表示错乱的线条的字眼,变成看待体现人类创造力的观念:在那里,它似乎体现着秩序、新生、润色、修饰以及打

---

① 见刘述先(撰),《从当代新儒家观点看世界伦理》,收入刘述先(著),《儒家思想开拓的尝试》,第 130-150 页,引文见第 133-134 页,北京:中国社会科学出版社,2001 年版。
② 许慎(著),班吉庆、王剑、王华宝(点校),《说文解字》(校订本),第 254 页。《易传》之中也有"物相交,故曰文"。见《周易·系辞下》,引自王弼(注),孔颖达(疏),《周易正义》(李学勤主编,《十三经注疏》之一),第 319 页。

磨等等。

而在儒家那里，由于"周文病疲"，夫子(孔子，下同)试图"克己复礼"(《论语·颜渊》)①，"吾其为东周乎!"(《论语·阳货》)②，因而，"文"实为社会制度和人类文明的另一种说法，亦即所谓"斯文"(《论语·子罕》)③。因而，夫子教导，"文之以礼乐，亦可以为成人矣"(《论语·宪问》)④。这里的"文"用作动词，但其中的"内德打造"的意思是显而易见的：只有将社会之中的"礼乐制度"作为锻炼人的精神的力量，才可真正打造出君子人格，如此，"亦可以为成人"了。在另一处，夫子还说："文、武之道，未坠于地，在人。贤者识其大者，不贤者识其小者。"(《论语·子张》)⑤其中的"文、武之道"，实质上也就是"文道"的延伸和扩展，因为儒家并不赞成"武道"的"刑杀"之政，特别推崇"为政以德，譬如北辰，居其所而众星拱之"(《论语·为政》)⑥。

从《论语》本身来看，可以说，"文"字寓意着夫子的社会理想和精神追求，因而能够代表儒家的思想倾向：如何打造人类文化，使之具备历史性的特色。

其次，这样的历史性的实质表现在，"文"是要向内伸展的，即"文"意指的是人接受、吸纳、涵摄、消化普天下的一切美好，包括天地的自然赐予，以及先人前辈和父母的教导等等，也就是向内纳入、涵养所成就的内德的过程。

但是，长期以来，这一意涵基本上为注解者所遗忘。因而，将之复原，也就等于在两方面还原儒家的基本指向：一是人的存在，其超越性和内在性两方面的统一，必然要求人本身内心的体验发挥作用。也就是，内德的打造和提炼始终是最为重要的成人成己的基础，它的落实意味着人的存在的"文化"走向和理想性格的养成。二是确定了这一核心性的意义，与"文"有关的

---

① 何晏(注)，邢昺(疏)，《论语注疏》(李学勤主编，《十三经注疏》之十)，第157页。
② 同上，第234页。
③ 同上，第113页。
④ 同上，第188页。
⑤ 同上，第261页。
⑥ 同上，第14页。

字眼也就随之能复原它们的源初意义,亦即,作为动态过程之中的人的美德的打造和养成。徐复观指出,孔子"开辟了内在的人格世界,以开启人类无限融合及向上之机"①,并且强调"人只有发现自身有此一人格世界,然后才能够自己塑造自己,把自己从一般动物中,不断向上提高,因而使自己的生命力作无限的扩大与延展,而成为一切行为价值无限源泉"②。

大而言之,就儒家而言,人类文化就是一种"文章":由人的内德的打造,而生成的灿烂的华彩之章。舍此,无所谓文化和文明。因此,复原"文"的"内德锻造"的意义,不仅可以消除有关误解,而且能够确定儒家在跨文化译解之中如何真正地实现"人的文章",即人之为人的精神力量的转化和再现。离开了"向内"、"内化"的意义,也就谈不上"文"。

如此,一、内炼之意,即为儒家所强调的君子的成人成己的基本要求;二、对这一要求的意涵的理解,正是遵循"合外内之道"的中庸之道的解释学原理而探究出的结果。

"合外内之道也,故时措之意也"③,因而,必须打破"概念化的体系",让事物本身说话,也就是使之始终处于一种循环不已的动态,如此,在周而复始的运动之中体现"文"的力量。所以,我们并没有依照所谓"步步深入"的"结构化"的一般要求来安排行文,而是在对《论语》之中典型的论述的思考之中,通过"重复"同一个话题,试图"反复其道"(《周易·复卦·象传》)④。

迻译于目的语,也就是,相应于英文的表达,这样的"反复其道"或正是这种语言所需要从汉语之中引入的一种思考问题的方式:跨文化翻译首先是一种介绍,而其偏重点,就哲学而言,应为另一种思维,可能是目的语之中一般情况下所不熟悉的。因而,"内外相合"可使事物有内有外,内外兼顾,这样的事物生成之态,又在"反复其道"的过程之中体现出它的生存之能。

---

① 引自徐复观(著),《中国人性论史》(《徐复观文集》第三卷),第73页,武汉:湖北人民出版社,2002年版。
② 同上,第74页。
③ 郑玄(注),孔颖达(疏),《礼记正义》(下)(李学勤主编,《十三经注疏》之六),第1450页。
④ 王弼(注),孔颖达(疏),《周易正义》(李学勤主编,《十三经注疏》之一),第111页。

如此,也就能说明,儒家特定的思想经过跨文化传输,自有其生命力:赋予事物以生命力,思想本身才能体现出自己的生命力。

1.3 "夫子之文章"

1.3.1 问题的提出

"夫子之文章"长期以来被片面地解释为物质层面上的成就。本书认为,"文"首先应解为"德",进而从其对人的内在化入手,内外兼顾、表里如一,才可把握其实质。既然"文章"已是"人性"之内外在的结合,那么,"夫子之言性与天道,不可得而闻也"实则已蕴含于"夫子之文章"之中,因而,自可"得而闻也"。如此,中庸之道作为方法论,可将《论语》的译解拉回正确的道路。

与之相反,《论语》的汉译译解一向有一种外在化和物质化现象,与夫子之教截然对立。比如,《论语辞典》①对"文"这一条目,给出"文化"、"文采"、"文字、文辞"、"文饰、掩饰"、"特指周文王"以及"谥号"六个义项;对"文章"则给出"《诗》、《书》、《礼》、《乐》等文化知识"、"礼乐制度"两个义项,即是如此。而安乐哲和罗思文②也在其《论语》英文译本之中解释:"文的意思是,inscribe(刻写)、embellish(纹饰),进而可延展为 culture(文化)。"二者趋同。

但是,"文"在《论语》很多地方中的意义应是"德"。如此理解,才可把握此字以及"文章"的文本意义和历史意义。

子曰:"天生德于予。"(《论语·述而》)③周文在他这里,在他身上已得体现;他本人就是此"德"此"文"的精神化身。只要天并未离丧此德此文,则周文的精神便仍可传之后世,发扬光大。④ 而对德的强调,本来就是周人的

---

① 详见安作璋(主编),《论语辞典》,第 69-70 页。
② Roger T. Ames 与 Henry Rosemont, Jr. (译), *The Analects of Confucius: A Philosophical Translation*,第 58 页,New York:Ballantine Books,1998 年版。
③ 何晏(注)、邢昺(疏),《论语注疏》(李学勤主编,《十三经注疏》之十),第 93 页。
④ 子曰:"天之将丧斯文也,后死者不得与于斯文也。天之未丧斯文也,匡人其如予何?"同上,第 113 页。

一贯立场。典籍记载:"帝谓文王,予怀明德"(《诗经·大雅·皇矣》)①,因而周文王被誉为有德之君。周公提出"敬德","皇天无亲,惟德是辅"(《尚书·蔡仲之命》)②,加强人的力量而济天道之穷。这本是常识,而以之为据,足可说明,"文"不可能是物质化的东西:夫子对周"文"的继承,本质上是精神性的;它表现为人之"德"的内在含蕴,因而,又是生命性的。这也就是《论语·子罕》一章"天丧"的意义。很明显,"文"的真正功用并不在于"显现",而在于它作为内化的力量对人打造之后体现于夫子一人之身的那种精神,或曰人自我做主的"含章内映"③。

将"文"解释为德,也符合当时的思想现实。历史学家余英时指出:

> 先秦各家的哲学突破。大体上说,是要把"巫"的成分从礼乐传统中驱除出去,而代之以"心"。每人都有"心",如加以修养,即可上通于"天"或"帝"或"神"。所以孔子把"仁"看作"礼"的精神核心,而"仁"必由"心"的修炼而成,因此说颜回"其心三月不违仁"。[……]由于以"心"代"巫"的突破,先秦很多思想家都重视把"心"修炼到完全净化的状态,如荀子所谓的"虚一而静,谓之大清明",使它可以引进"道"来。④

而余秋雨更是强调:"中华文明不中断地延续数千年,是全人类唯一的奇迹。这个奇迹中最值得称道的,是一种美德的延续。美德的最高文本,是孔子的《论语》。"⑤

---

① 毛亨(传),郑玄(笺),孔颖达(疏),《毛诗正义》(李学勤主编,《十三经注疏》之三),第1032页。
② 孔安国(传),孔颖达(疏),《尚书正义》(李学勤主编,《十三经注疏》之二),第453页。
③ 《论语·学而》开篇的"人不知而不愠",邢昺的"疏"给出两个解释,其一解为:"古之学者为己,已得先王之道,含章内映,而他人不见不知,而我不怒也。"引自何晏(注),邢昺(疏),《论语注疏》(李学勤主编,《十三经注疏》之十),第3页。
④ 引自陈致(访谈),《余英时访谈录》,第60页,北京:中华书局,2012年版。
⑤ 引自360百科(http://baike.so.com),2016年3月4日采集。

实际上,在先秦经典中,在很多情况下,"文"的确也就是"德"的意思。如《汉语大字典》"文"字给出 23 个义项,第 16 个就是"德":

  美德。《书·文侯之命》:"追孝于前文人。"孔传:"使追孝于前文德之人。"《国语·周语下》:"夫敬,文之恭也。"韦昭注:"文者,德之总名也。"①

《礼记·乐记》之中有"礼减两进,以进为文"的描述,郑玄注曰:"文,犹美也,善也。"②而《荀子·不苟篇》中"夫是之谓至文"③的"至文"意即"最高的道德"④。

1.3.2 "文章"内在化倾向,《论语》之中的内证

《论语》"文德"二字连用,见《论语·季氏》:"夫如是,故远人不服,则修文德以来之。"⑤这里的"文德"一般即解释为"德"⑥,或"文治之德"⑦。很明显,"德"的内在修炼功夫在这里起着重要的作用。夫子强调,只有通过"内修其德",政治家以德治国,才能引来贤才、强化国体。这与《论语·泰伯》对尧的赞美"焕乎,其有文章"⑧恰相一致:王者应以圣人的品格为典范,认真修炼自身。这样,"文"字在此著中虽有外化的"文过饰非"的意向,但在很多地方更多意指内在化或"德化"。

---

① 引自《汉语大字典》编委会(编),《汉语大字典》,第 909 页,武汉:湖北辞书出版社;成都:四川辞书出版社,1993 年版。
② 郑玄(注),孔颖达(疏),《礼记正义》(下)(李学勤主编,《十三经注疏》之六),第 1142 页。
③ 王先谦(著),《荀子集解》(《诸子集成》第二册),第 25 页。
④ 王先谦注曰:"言德备。"同上。
⑤ 何晏(注),邢昺(疏),《论语注疏》(李学勤主编,《十三经注疏》之十),第 221 页。
⑥ 详见程树德(撰),《论语集释》(第四册),第 1138 页。
⑦ 详见刘宝楠(著),《论语正义》(《诸子集成》第一册),第 352 页,北京:中华书局,1954 年版。
⑧ 何晏(注),邢昺(疏),《论语注疏》(李学勤主编,《十三经注疏》之十),第 106 页。

《论语·公冶长》记载的夫子对谥号"文"的解释,也可说明"文"之内德充盈这一意向,"子贡问曰:'孔文子何以谓之"文"也?'子曰:'敏而好学,不耻下问,是以谓之文也'"①。孔文子姓孔名圉,并非善人。而夫子秉承君子不扬人恶之意,指出"文"(作为谥号)的意义本身就是强调要向人学习,以求打造自己。这样,"文"之意就不一定是外显的什么,而是这样一种期许:只有内在里将应该纳入的充盈其中,得到充分修炼的美德才能显现出来,也就是"文采之彰"才有可能。

"文"的"德"意,在邢昺对《论语》谥号的疏中也有说明。对《论语·公冶长》中的臧文仲及季文子,邢昺的疏引《谥法》曰:"道德博厚曰文。"②而对《论语·宪问》篇公叔文子的谥号,也引《谥法》说:"慈惠爱民曰文。"三解都将"文"释为"德"。唯《论语·宪问》中夫子所说的"可以为文矣",邢昺再引《谥法》释为"锡民爵位曰文"③,似与"文"的"德"的内涵没有直接关系。不过,二者存在必然联系:被授予谥号的人,一般都被视为道德高尚的人。刘宝楠《正义》引钱坫《论语后录》说:"周书谥法,文有六等,称经天纬地,道德博厚,学勤好问,慈惠爱民,愍民惠礼,锡民爵位。"④而所有死后得封号的人都是"有德之士"。

1.3.3 作为中庸之道的方法论与阴阳之道

夫子的教育无疑就是"德育",因而,忽视了文之为德这一根本指向,"夫子之文章"之真意必然隐而不彰。在儒家经典中,诸如"崇德广业"(《周易·系辞上》)⑤、"德润身"(《礼记·大学》)⑥等等,早已成为修德成人的格言。

---

① 何晏(注),邢昺(疏),《论语注疏》(李学勤主编,《十三经注疏》之十),第 62 页。
② 同上,第 63 及 66 页。
③ 同上,第 193 页。
④ 刘宝楠(著),《论语正义》(《诸子集成》第一册),第 316 页。
⑤ 原文为:"圣人所以崇德而广业也。"引自王弼(注),孔颖达(疏),《周易正义》(李学勤主编,《十三经注疏》之一),第 273 页。
⑥ 郑玄(注),孔颖达(疏),《礼记正义》(下)(李学勤主编,《十三经注疏》之六),第 1593 页。

《左传·襄公二十九年》记载:"吴公子札来聘,……请观于周乐。使工为之歌《周南》、《召南》,曰:'美哉! 始基之矣,犹未也,然勤而不怨矣。'为之歌《邶》、《鄘》、《卫》,曰:'美哉渊乎! 忧而不困者也。吾闻卫康叔、武公之德如是,是其《卫风》乎?'为之歌《王》,曰:'美哉! 思而不惧,其周之东乎!'为之歌《郑》,曰:'美哉! 其细已甚,民弗堪也。是其先亡乎!'为之歌《齐》,曰:'美哉,泱泱乎! 大风也哉! 表东海者,其大公乎? 国未可量也。'为之歌《豳》,曰:'美哉,荡乎! 乐而不淫,其周公之东乎?'为之歌《秦》,曰:'此之谓夏声。夫能夏则大,大之至也,其周之旧乎!'为之歌《魏》,曰:'美哉,沨沨乎! 大而婉,险而易行,以德辅此,则明主也!'为之歌《唐》,曰:'思深哉! 其有陶唐氏之遗民乎? 不然,何忧之远也? 非令德之后,谁能若是?'"①是知"诗教"即为"德教",且作为国家的文化礼仪,深入人心,早已成为歌颂的内容。圣王因"德"而为世人楷模,因而,《礼记·中庸》引用《诗经》,一力称道:"于乎不显,文王之德之纯。"②

《论语·述而》记载:"子曰:'德之不修,学之不讲,闻义不能徙,不善不能改,是吾忧也。'"③"修德"即为成人成己。但如此重要的"文教",竟未能在先儒对"文"的疏解中体现出来,不能不让人觉得兹事体大,理应详加论述。而方法论则至关重要。也只有这样,才可能一以贯之,使译解产生针对性进而系统化。《礼记·中庸》强调:"合外内之道。"④这里突出的正是人之内德之"文"与外显之"章"的两个方面的关系,业已体现出这一方法论:中庸之道。

这意味着,对"夫子之文章"的理解,不能偏重于一个方面:先儒倾向于外在化,行不通;若执着于内在性,也一样不具备对应性。只有内外兼顾,表

---

① 左丘明(传),杜预(注),孔颖达(正义),《春秋左传正义》(中)(李学勤主编,《十三经注疏》之七),第1095-1100页。
② 郑玄(注),孔颖达(疏),《礼记正义》(下)(李学勤主编,《十三经注疏》之六),第1453页。
③ 何晏(注),邢昺(疏),《论语注疏》(李学勤主编,《十三经注疏》之十),第84页。
④ 郑玄(注),孔颖达(疏),《礼记正义》(下)(李学勤主编,《十三经注疏》之六),第1450页。

里如一,才可达成正解。这样解释是在揭示事物的规律:事物有内亦有外,内外呼应,相辅相成,才能形成特定的动态,循环不已,不断回归自身。而这也正是人经由中庸之道的方法论达至阴阳之道的基本规律的体现。朱熹强调:"盖天地之间只有动静两极,循环不已,更无余事。"①要想使事物之存在具有真正的现实性,也只能凭借中庸之道向阴阳之道回归。先儒并未完全忽视"德"的要义,只因未及内外兼顾而偏于一端,也就不能凸显中庸之道方法论的作用了。

比如,邢昺疏中对"德"的解释,就是在讲"文"的内化:"德者,得也。物得其所谓之德,寂然至无则谓之道,离无入有而成形器是谓德业。"②那么,如何做到"物得其所"? 事物回到自身,才可自得其所。如何才能自得其所? 答曰,只能是内化充实、充盈。而内拉、内涵、内蓄、内化的过程,也就是"文"温润人身人心的过程,那是其他任何形式的"得"或"德"所无法比拟的。因而,孟子才说:"充实之谓美,充实而有光辉之谓大,大而化之之谓圣,圣而不可知之之谓神。"(《孟子·尽心下》)③有了"神圣"的经过"充实"的内在的力量,人才能将之付诸言行,同时焕发灿烂的光辉。这也就是孟子所说的"君子所性,仁、义、礼、智能根于心,其生色也,睟然见于面,盎于背,施于四体。四体不言而喻"(《孟子·尽心上》)④的意义,即"文"得以外显且光芒四射的原因。

如此,对"文章"的理解,就应,一、回到原初,即将之视为动态词,表示的是动态过程。二、变易不住的"文"指的是,人所接受、继承的先贤的文物、文章、文献的内化的阶段。在这一阶段,人不断将外在的力量,比如文字以及别的媒介如礼仪或典制方面的文明成果所包含的思想,拉向心中,加以吸收、提纯、净化,直到它成为内心强大的力量,最终甚至与其共存亡。三、与生命力同化的"文德",经过发酵、整理、反省和精细的加工,在某种外缘作用

---

① 引自朱熹(著),郭齐、尹波(点校),《朱熹集》(第四卷),第 2253 – 2254 页。
② 何晏(注)、邢昺(疏),《论语注疏》(李学勤主编,《十三经注疏》之十),第 85 页。
③ 赵岐(注)、孙奭(疏),《孟子注疏》(李学勤主编,《十三经注疏》之十一),第 394 页。
④ 同上,第 362 页。

之下最后得而显现,光彩斑斓,成为支撑文化持续发展的动力。于是,从"文"到"章",一个阶段的循环结束,也意味着另一个阶段的开始,也就是,前一阶段的回复和强化。如此反反复复、循环不已的过程,不就是人在世之在,亦即为文化创造的过程吗?

第一阶段,物表现出外在的"章",展现出引人瞩目或令人感动的华彩。因为它作为天、神或帝以及先贤的创造,不免使人为之心动神摇,因而要将之纳入自己的身心之中。第二阶段,这一"含德内映"的吸收和内在发散达到一定程度,必足以与生命相始终,使人"满腹文章"(白朴《墙头马上》)、"满腹经纶"(冯惟敏《海浮山堂词稿》),进而不断充溢,直至第三个阶段,即"内德外显"。苏轼诗中歌颂:"腹有诗书气自华。"(《和董传留别》)这样的"华彩"显现出来,即可陶冶情操,再造新物。如上所述,那是一种生命光彩的散发,足以启人深思,惊异于其特别的魅力,进而加以含纳和吸收。因为,这是经过生命的滋养而生成的,也必将形成新的生命形态。如此,三阶段的循环重新开始。

因此,依中庸之道来解"文章"[①],明显可反衬出先儒之偏颇;而通过对诸多译文的分析,亦能验证它作为儒家思想方法论用于译解所具有的空前的力量。

1.3.4 "夫子之文章"的译解:"文章"与"天道"(阴阳之道)的内化,解经者外化的偏颇

例1. 子贡曰:"夫子之文章,可得而闻也。夫子之言性与天道,不可得而闻也已矣。"(《论语·公冶长》)[②]

[①] 后文数节,在作为论文单篇发表时,有的是以"阴阳之道观"为标题。"中庸之道"一般应理解为儒家思想的方法论,而人在修炼自身的过程中,依照中庸之道而行的同时,势必"调适上遂"(《庄子·天下篇》),试图最终企及天道至高至远之境。如此,中庸之道必取向阴阳之道,以回归并成就人之自身以及物之本性。二者的区别可能还在于,中庸之道突出的是"时中",尽管阴阳之道已经包含了这样的"时机化"。特此说明。

[②] 何晏(注),邢昺(疏),《论语注疏》(李学勤主编,《十三经注疏》之十),第61页。

依邢昺,"章者,明也,总义包体所以明情者也"①。此章之解,先儒和现代解经者们大半按照"外显"之"明"展开。至于"明"何以为"明",则未着一词。《庄子·德充符》盛赞相貌丑陋的哀骀它,称人对之极其仰慕,端因"非爱其形也,爱使其形者也"②。内修之美,才是真美;内在之德,方可焕发光彩。但是,这一朴素的人生哲理,竟未为解经者所注意。

疏解1. 夫子之述作威仪礼法有文采,形质著明,可以耳听目视,依循学习,故可得而闻也。若夫子言天命之性,及元亨日新之道,其理深微,故不可得而闻也。(何晏、邢昺,1999:61)

疏解2. 文章,德之见于外者,威仪文辞皆是也。性者,人所受之天理;天道者,天理自然之本体,其实一理也。言夫子之文章,日见乎外,固学者所共闻。至于性与天道,则夫子罕言之,而学者有不得闻者。盖圣门教不躐等,子贡至是始得闻之,而叹其美也。(朱熹,1983:79)

译文1. 先生讲诗书礼乐,是可以听得到的。先生讲性与天道,是难得听到的了。钱穆今译(钱穆,2002:122)

译文2. 老师关于文献方面的学问,我们听得到;老师关于天性和天道方面的言论,我们听不到。杨伯峻今译(杨伯峻,2006:52)

译文3. 先生关于文献典籍的学问,可以听得到;先生关于命运和天道的言论,我们听不到。孙钦善今译(孙钦善,2009:51-52)

译文4. 老师讲诗书礼乐、古代文献,我们是可以听到的。老师讲人性和天道,却是听不到的呀!李泽厚今译(李泽厚,1998:132)

依邢昺,"文章"意为"夫子之述作威仪礼法有文采"。但是什么造就了"威仪礼法"?那不是"诚于中,形于外"(《礼记·大学》)③的内心力量吗?依朱熹,"文章"既是"德之见于外者",那不是从内在里焕发出来的吗?若是

---

① 《论语注疏解经序序解》,何晏(注),邢昺(疏),《论语注疏》(李学勤主编,《十三经注疏》之十),第4页。
② 引自王先谦(著),《庄子集解》(《诸子集成》第三册),第35页。
③ 郑玄(注),孔颖达(疏),《礼记正义》(下)(李学勤主编,《十三经注疏》之六),第1593页。

外在的,或曰表现为外在的东西,又有什么可宝贵的?

邢昺的"文采"之卓著,必含内在的力量;而朱熹的"德之见(现)",亦必有德之内化首先在起作用。而这样的"德"、"诚"或曰内在的力量,也一定是天人合体的结果。

因而,若是将"文章"和"性与天道"截然分开,那么,从上引译文来看,就会产生这样的疑问:夫子真的是对"性"与"天道"不言一字,那么,朱熹所说的"文"所意味的"天道"又该如何落实?朱子在解释《论语·子罕》"文王既没"时指出:"道之显者谓之文,盖礼乐制度之谓,不曰道而曰文,亦谦辞也。"①承担天命的人,对天道、人性或天性竟然不着一字,又如何说得通?而且,"文"在夫子那里应是惊天地、泣鬼神的大事业,如此之"文"又岂是"礼乐制度"所能代表或体现的?另如夫子强调"生死有命,富贵在天"(《论语·颜渊》)②,所以,《论语·子罕》之中所说的"子罕言利与命与仁"③不合实际:论者认为,他很少谈利,却推许命和仁。④

实际上,夫子绝不是没有谈论"天道"和性。比如,他说"天何言哉",感叹"四时行焉,百物生焉"(《论语·阳货》)⑤,强调"天"之"不言"是可以效仿的;又说"性相近也,习相远也"(《论语·阳货》)⑥,突出人的天赋性情相近,是后天的环境和个人的际遇造成了人与人之间的差异。既然夫子言天论性,何以"不可得而闻也"?这不是非常矛盾的吗?

另一方面,夫子并不关注"性"或人性本身的构成吗?那不是"天人合一"的结果,因而,必然同时具有"天命之性"和"人生之成"两个方面,亦即,兼具"天人"之"性"或曰"天人合体"的特性?若是缺少一个方面,人本身的内在统一如何成立?而对此并不关注的夫子,只重视"可以言说"的东西,根本不顾及人性构成的另一面,因而不加以任何解说或很少进行解说?这的

---

① 详见朱熹(撰),《四书章句集注》,第110页。
② 何晏(注),邢昺(疏),《论语注疏》(李学勤主编,《十三经注疏》之十),第159页。
③ 同上,第111页。
④ 详见蔡尚思(著),《孔子思想体系》,第84页,上海:上海人民出版社,1982年版。
⑤ 何晏(注),邢昺(疏),《论语注疏》(李学勤主编,《十三经注疏》之十),第241页。
⑥ 何晏(注),邢昺(疏),《论语注疏》(李学勤主编,《十三经注疏》之十),第233页。

确不能不让人产生种种疑问。

因此,还是宋翔凤对"夫子之文章"的解说,能够体现出它的精义:

《诗》、《书》、《礼》、《乐》者,夫子之文章也[……]"文章"者,即本乎性与天道,发为《诗》、《书》,动为礼乐,以正朝廷而成风俗。七十子中,在政事、文学之选者,皆修夫子之文章者也。子贡深窥斯旨,故愿明其可得而者,以陶淑一世。

以仁合乎天命,是为性与天道;以仁之道修其教于人,是为文章。子贡悯一世之人,不被《诗》、《书》、《礼》、《乐》之教,故守其所闻者以发明之。寻《论语》一书,孔子教人之法,亦惟言《诗》、《书》、《礼》、《乐》。①

如此,以"典籍"和"礼乐制度"来解释"文"意,我们第一个反对意见是,夫子不是已经在困厄之时,将"斯文"认同为"天道"了吗?第二个反对意见则为,他怎么可能避开人性的另一面,而只是去谈论可谈的甚或表面的东西?而且,他所突出的,难道只是外在的吗?君子之内在之德,他并不在意?这显然是说不通的。

实际上,若是回到内外一致、表里如一的立场,就会发现,夫子之文之章,端在自我打造。因而,此章说的是:夫子内在的"文德"经过打造和酝酿,光彩夺目地彰显出来,这样,其弟子及其他亲近者"可得而闻也";由于此文此德本身就是"人性"和"天道"内化的结果,因而,它既然彰显,使夫子成为"性与天道"的典范,夫子自然无须或很少言及。圣人即是"天"。不论是夫子所感叹的"天何言哉"(《论语·阳货》)②,还是"尧"的"巍巍"

---

① 引自宋翔凤(著),《论语说义》(王先谦编,《皇清经解续编》卷三八九至三九八),第549页,南京:凤凰出版社,2005年版。
② 何晏(注),邢昺(疏),《论语注疏》(李学勤主编,《十三经注疏》之十),第241页。

(《论语·泰伯》)①,其中所含有的意味都是:"则天"(《论语·泰伯》)②的圣人,有时是不用论及人生所求的终极要义的。"天何言哉"正是此意。所谓"不着一字,尽得风流"(司空图《诗品》),"桃李不言,下自成蹊"(《史记·李将军列传》)。

此解或可突出人们美德的内外结合,在夫子那里已得完美体现。如此,似可出新:

译文 5. 夫子对自身之德的文——化,其结果彰显出来,弟子以及周围的人可得而相闻;因而,他无须刻意言及性与天道,而人为地突出大化自然流行之美之意。

这正意味着,夫子本身就是大化流行之美的象征和印证,亦即为阴阳之道的最佳体现。这样,孟子将之称为"圣之时者也"和"集大成"者(《孟子·万章下》)③,也就不是没有原因的了。那么,就"文章"而论,这样解释有道理吗?答案应是肯定的。

这是因为,"章"是指外显,而"文"必为"天德"在内心之中的遍布或弥漫。而这意味着,人之德即为天命之性的内化和涵养,这就是为什么"文"应视为动态词的原因。而"章"再进一步,将如此涵养的文德显露出来,或曰使之彰明卓著,因而,也应以动态词视之。实际上,就夫子而言,不言之教,也就意味着,他可以不发一语,而他的为人处世所透显出来的,也就足以给人教益。人格魅力具在,后生小子如沐春风,因而,几乎无须再说些什么。孟子称"充实之谓美"(《孟子·尽心下》)④,认为"万物皆备于我矣。反身而诚,乐莫大焉"(《孟子·尽心上》)⑤。这和夫子所说的"德之不修,学之不讲,闻义不能徙,不善不能改,是吾忧也"(《论语·述而》)⑥一脉相承,强调的都是"修德",正是对"文"的内化作用的强调。

---

① 何晏(注),邢昺(疏),《论语注疏》(李学勤主编,《十三经注疏》之十),第106页。
② "唯尧则之",同上。
③ 赵岐(注),孙奭(疏),《孟子注疏》(李学勤主编,《十三经注疏》之十一),第269页。
④ 同上,第394页。
⑤ 同上,第353页。
⑥ 何晏(注),邢昺(疏),《论语注疏》(李学勤主编,《十三经注疏》之十),第84页。

邢昺疏曰:"天之为道,生生相续,新新不停,故曰日新。"①"夫子之文章"本身就昭示了这样的"天道":"先"将之内涵其中加以深化,内养已久,积蓄既深,便会不断彰显出来。如此,内外不断渗透,二者不停互动,必然动静兼具而生生不息。"文德"如此不断强化,直至最终成为新的天道的载体。所谓"内在而又超越",其表现不是这样的"文章"又能是别的什么呢?后世总是将"道德文章"一起运用,亦即为"天道"之内化于人心进而彰显于其外在言行的"文章"的另一种说法。

因此,从外在的角度、就物质层面的意思来阐释此章意蕴,无论如何只能是单一的、片面的。只有中庸之道,才是解释的正理正道;也只有依循它,才可能由内而外、自表及里,进而将二者统一起来。如此,解释的最终结果,便是一加一等于三。所谓"动静不失其时,其道光明"(《周易·艮卦》)②。"文章"本身是动态的循环,是天道在夫子身上的体现;从静态方面看,必然造就三足鼎立的格局,而不是只有一个维度的那种构成。因而,在思想倾向上,我们无法接受先儒以及现代的解释者们外在化的解释。

这样,文章便可视为"道德文章"的简略表达,其意为"道德华采如文,斐然成章";英文或可为 brilliant accomplishments in moral pursuit。简而言之,也就是"文德之彰显",或可译作 brilliant manifestations of the inner virtue 或 the flourishing virtue。③

---

① 何晏(注),邢昺(疏),《论语注疏》(李学勤主编,《十三经注疏》之十),第 62 页。
② 周振甫(译注),《周易译注》,第 243 页。
③ 就在这一部分定稿之时,又读到《论语》的两种今译。一位译者认为,"孔子是古代文化整理和传播的集大成者,这里的'文化'应该是指古代文献典籍"。故而,他将"夫子之文章"译作"老师文献方面的学问"。详见杨逢彬(著),陈云豪(校),《论语新注新译》,第 87 页,北京:北京大学出版社,2016 年版。另一位英汉双语译者也将此句译为"老师讲述的典籍知识",相应的英文译文则是: The classics taught by the Master。见吴国珍(今译、英译及英注),A New Annotated English Version of the Analects of Confucius(《〈论语〉最新英文全译全注本》),第 136 - 137 页,福州:福建教育出版社,2015 年版。暂记于此,以待进一步学习。

1.3.5 英译者外化的问题

解经者是从外在出发来解释经文的意义,下文是英译者的处理:

译文 6. Tsze-kung said, "The Master's personal displays of his principles and ordinary descriptions of them may be heard. His discourse about man's nature, and the way of Heaven, cannot be heard." Legge 英译(Legge,2010:38)

理雅各注意到了夫子的"文章"兼具两面,但 personal 突出的是"个人",而非"天道"之"廓然大公",principles(原理、原则)或更具外在的"客观性"?

译文 7. A disciple of Confucius remarked, "You will often hear the master speak on the subjects of art and literature, but you will never hear him speak on the subjects of metaphysics or theology." 辜鸿铭英译(辜鸿铭,1996:376)

依此译,夫子平生论及的只有现代意义上的"文学艺术"? 而且,他又如何可能谈及"形而上学"、"神学"? 此译西化倾向严重,或已脱离儒家思想的实质。

译文 8. Tzu-kung said, Our Master's view concerning culture and the outward insignia of goodness, we are permitted to hear, but about Man's nature and the ways of Heaven he will not tell us anything at all. Waley 英译(Waley,1998:55)

Waley 也注意到"文章"含有"内在的美德"之意,但将之解为"徽章"(insignia)可能也一样是西化处理。而且,依其所译,夫子真的没有讨论过"天道"?

译文 9. Zi-gong said, "One can get to hear about the Master's accomplishments, but one cannot get to hear his views on human nature and the Way of Heaven." 刘殿爵英译(Lau,2008:73)

此译坚持从"外在"角度出发,也就将"文章"和"性与天道"割裂开来,在内在和外在、内在与超越之间形成了不可跨越的鸿沟。

译文 10. Zigong said, "We have heard the Master talk about his views on ancient documents, but not about human nature and the Way of

Heaven."林戊荪英译(林戊荪,2010:87)

依此译,夫子只是"谈论过古代文献"而未及"内在美德",同时,有关"文献"和"人性与天道"之间也了无关系?

译文 11. Zi Gong said, "What our Master has to say about the classics can be heard and also embodied. Our Master's words on the essence and the Heavenly Way, though not attainable, can be heard." Muller 英译(http://www.acmuller.net/con-dao/analects.html)

此译与众不同之处在于,在"不可"和"得而闻也"之间断句,因而,"性与天道"尽管"不可得",但"可闻"。

译文 12. Zigong said, "We can learn from the Master's cultural refinements, but do not hear him discourse on subjects such as our 'natural disposition(*xing* 性)' and 'the way of tian(*tiandao* 天道)'." Ames and Rosemont 英译(Ames and Henry Rosemont,1998:98)

这也是一样从外在角度传译,因而,"夫子之文章"表现为"文化的提纯"(cultural refinements),或与"内美"无关。此译的特色是加入汉字,以突出原文特有的"变易"之意。但如上文所说,因未关注"文章"与"性与天道"的联系,"易道"最终并未体现于译文之中。

上引英译,都未留意作为"德"的"文",自然不能将其要义再现其中;同时,"文"与"性与天道"也被完全割裂开来。如此译文,给人的感受是,夫子只是在一味地讨论"文"(甚或现代意义上的"文艺")的成就的外显或"文化"的"纹身",而对其内在化于人,成为真正的美德的精神作用,不及一语。这样,即使关注易道的最后一个译文,中庸之道的真精神也并未显露。因此,"夫子之文章"也变得"不可得而闻也",空留下外在、外显的某种东西。而这不正和夫子所倡导修炼内美、强调"谦谦君子"的"扬人抑己"的"不言"之用心,恰成反动吗?

因此,"文"是内在的美德成就的结果,"章"是外在的显现:只有回到这一思路,中庸之道产生指导意义,此章经文才可得解。这是因为,内外的交合和相互作用的结果就是动静兼具、循环不已。而这也就是"文章"的内化和外显,亦即为"性"(内在之"文")之内蕴与"天道"的张扬(外在之"章")之间相互关系的有力说明。

人有"文",亦即内德内美,将之彰显出来,是为"章"。"文"行于前,"章"扬于后。同样的,有了"性",才可见"天道"。"性"之所以在先,是因为,人只有不断修炼,形成一定的心力,其立身行事,才能显露"天道"的精神力量。如此,"夫子之文章"本身既"可得而闻也",那么,"性"之"文"之"章",便体现为"大化流行"在夫子之"文章"中得以展现,且色彩斑斓。"天道"既已体现,便无须再"言"或多"言"。一"文"一"章",有"文"必"章";人"性"铸造,必然体现为"天道"之流行。因而,前者可"得而闻也",后者体现在前者之中,"不言"而胜万言。如此对举的两个说法,看似相互反动,实则互为补充;似乎彼此对立,实则表达的正是夫子体现的"天道",本身就是"无言之圣"作为"天道"的化身的意蕴。

因而,不论在内涵还是表述上,此章都在强调,"文"与"章"内化合一,"性"和"天道"上下维系。如此,"人能弘道,非道弘人"(《论语·卫灵公》)① 才可得解;如此,才可说明,大道在人,也在天,既体现为人的"文"的内化有其所,也展示为大道的承载有其致。夫子之"文章"不就是这样的内外一体、上下合一吗?与此相较,先儒之注疏,后世之传译,又是何等的不足!

因而,此章或可如此译出:

译文 13. Zi Gong said: "What our Master has to say about the inner virtue of humans as displayed in the classics can be heard. But, his words on the natural disposition of man and the Heavenly Way can seldom be heard."

1.3.6　中庸之道与德里达和黑格尔的哲学的对比

德里达②论及"哲学的通道"时,强调"我们所触及的翻译问题,就是哲

---

① 何晏(注)、邢昺(疏),《论语注疏》(李学勤主编,《十三经注疏》之十),第 216 页。
② 详见 Jacques Derrida(撰),"La pharmacie de Platon",载 *Tel Quel*,1968 年,第 32 期第 3-48 页,及第 33 期第 18-59 页;引文见第 32 期第 9 页,收入氏著,B. Johnson(英译),*Dissemination*,Chicago:University of Chicago Press,1981 年版。

学通道本身的问题"。他说的是,哲学思考离不开翻译;易言之,没有翻译,也就不可能有哲学。而他举的例子就是 phamakon。此一希腊词,依他所说,若译为法文,应兼具良药(remède)和毒药(poison)二义。此例可以联系"易有三义"的课题,而且,这也是钱锺书《管锥编》开篇批判黑格尔的例子。① 后者认为,只有德语那样的语言才有力量创造出 Aufhenben(扬弃)之类的表达。

德里达大概不看汉语著作,或不知阴阳之道的大用。《周易·说卦》强调:"昔者圣人之作《易》也,将以顺性命之理,是以立天之道曰阴与阳,立地之道曰柔与刚,立人之道曰仁与义。兼三才而两之。故《易》六画而成卦,分阴分阳,迭用柔刚。故《易》六位而成章。"② 不过,他的观点反可说明,"理想的翻译",其本质的呈现依照"易理"是完全可以揭示出来的。而且,在汉语之中,"药"字本身就兼具良药和毒药二义。这正可说明,国人的思维是正反兼顾而动静合宜的。因而,这样的表达方式,在汉语中比比皆是。如"化"为人一正一倒之形,寓意生生不息;"光阴"亦光亦阴,而流转不已;"幽"本身指的就是黑得发亮;如来可指如来,也可指如去等等。可以充分见证国人的思维就是这样关注动态、过程和事件的进行,而不是抽象、概念化和静态的。那么,西哲所追求的"理想翻译",不就是汉语一般表达方式及其背后的易道的体现?亦正为我们提倡中庸之道之方法论而希望企及的那种日常日用境界?

而如此"顺性命之理"的易道,依上文,用之于翻译,尤其是"夫子之文章",可谓顺理成章。本节就是从内外一致、表里如一人手,对"夫子之文章"加以译解。其中最重要的,当是如何回到夫子思想的根本。可以看出,只有以中庸之道为方法论,走阴阳之道,才能凸显要义。内外交合,成就的就是这种过程:在这里,事物两方面互动,促使"文"在向内运动之后,再向外散发力量。如此,人的内在吸取"天"的精华,也就是,与天地产生共感,然后将有

---

① 钱锺书(著),《管锥编》(第一册),第 1-2 页。
② 周振甫(译注),《周易译注》,第 263 页。

关成果,付诸言语行为,亦即彰显出来。天人之间的这种感应,塑造了"文"的内涵和外延。因而,"夫子之文章",其本身讲的就是"性与天道"的交会和互动。夫子的言行本身是卓著昭彰的;而就"天"一方面来看,又是隐而不彰的。因而,前者"可闻",而后者难得"与闻"。解经者的问题正在于,将天人的关系撕裂开来,以致于不能阐明,何以"夫子之文章,可得而闻也",而"夫子之言性与天道,不可得而闻也"。

执于一端,而难得全其正。这样的译解之中的夫子,的确会像黑格尔笔下的形象:"孔子是彻底的道德家,不是思辨哲学家。天这个普通的、通过皇帝的威力而成为现实的自然权力,在孔子这里和道德关系联系在一起了。孔子主要发展了道德这一个方面。"[1]很明显,在黑格尔这里,"夫子之言性与天道",的确是"不可得而闻也"。讲究"辩证法"的哲学家,是不是也偏执于一个方面,倾向于一端,而忘掉了另一方面、另一端与之的关系、作用、互动?正是二者之间的彼此作用,才会显现出事物的真相。这,不就是经由中庸之道而抵及的阴阳之道所昭示的宇宙之大法吗?

黑格尔不懂汉语,但如钱锺书所说,以"老师巨子之常态惯技",发以片面的高论,的确"不得不为承学之士惜之"。[2] 而专门研究儒学,穷尽心力于《论语》大义的人的译解,可能就更让人不可接受了:不能走向中庸之道,又如何趋近"夫子之文章"?

要强调的是,只有依照中庸之道,走向事物的动态过程,才能说把握到了阴阳之道的精髓。牟宗三指出:"一阴一阳之谓道。"(《周易·系辞上》)[3]其中的两个"一"是副词,而"阴"和"阳"都是动态词。[4] 如此,这一洞见讲的就是:事物的变化阴阳反转互化,其不断运动的过程就叫作"道"。

与之相较,则前贤对"夫子之文章"的注疏,偏于物性之外显,而略于夫

---

[1] 引自夏瑞春(编)、陈爱政等(译),《德国思想家论中国》,第107页,南京:江苏人民出版社,1995年版。
[2] 钱锺书(著),《管锥编》(第一册),第2页。
[3] 王弼(注),孔颖达(疏),《周易正义》(李学勤主编,《十三经注疏》之一),第268页。
[4] 牟宗三(著),《周易哲学演讲录》,第54页,上海:华东师范大学出版社,2004年版。

子内涵之懿德;内外不能互动,动静未得合一,内美和文情亦未见搭配。故此,有关译解,"章"或已彰显于外,而"文"则幽而默之。汉语转述如此,英译译解更复如是。易道既不能复归,"动静不失其时,其道光明"(《周易·艮卦·象传》)①更在何时?

最后而不是最不重要的:上文之所述,将汉语疏解和英文译解合而观之,并未突出文化差异,如此,或可说明,一旦语言壁垒清除,中庸之道方可大行其是? 中庸之道的导向始终是阴阳之道这一宇宙论大法。

成中英认为,儒学是生命的学问,更是实现生命的学问。"孔子虽肇其始,但儒学的根源却在生生不已之易。"易道之求,即为"宇宙智慧转化为生命智慧,生命智慧转化为积极的道济天下与能爱,这就是儒学的精髓所在"。② 易道的"天德"正是本章所强调的"文"的内化之意,此意可印证此德在内转之后外显所呈现出的那种精彩,是为"章"。如此,文与章的互动,便显示出阴阳之道的要义:生生不息,因其动其静有时而形成特定的过程。

也就是说,我们在译解之中追求的就是,如何还原夫子所崇尚的、国人远古以来一直在追求的生命在另一种情形之中的重新体现。

成中英还强调指出:儒学的特性可简述为"天人合一,人己合一,知行合一"。如此的建构或可重回原初儒学。不管这种追求是否在现实层面如何困难,我们认为,在跨文化的交流之中都是可以趋近的。因为,天人合一的要义,以成中英的话来说,是要得之于天,再回馈于天。而"文章"之译解正是这样的将"文"之"天德"复归于"天"之自然的言语表达形态的结果。而且,"文"与"章"的彼此作用及其不停的循环,原本就应凸显这样的回归。至于人己合一,也一样在"文章"由内在走向外在的路途之中体出。因为,只有如此,人己二者才可合一,"文"的内向力量在外显之时,在他人的认可的眼光之中得到认同。最后的"知行合一",在这样的跨文化译解之中,表现出的则是,以中庸之道为理论指导,此为"知",走向中庸之道所成就的译解,是为

---

① 牟宗三(著),《周易哲学演讲录》,第 54 页,上海:华东师范大学出版社,2004 年版,第 214 页。

② 成中英、麻桑(著),《新新儒家启思录——成中英先生的本体世界》,第 1 页。

"行"。二者也一样是循环不已,体现为易道的大行大用。

《礼记·中庸》有云:"合外内之道也,故时措之宜也。"①诚哉,此论!

若是扩大范围,将《论语》之中的另一处的"文章"纳入研究,那么,我们也一样会发现,中庸之道作为方法论的指导作用,足以正本清源,将我们引向更为合宜的途径,最终归向阴阳之道。故而,有必要"反复其道",而重回论题。

1.4 《论语》另一处的"文章"

1.4.1 问题重温

《论语》之中的"文章",先儒从外在入手,将之解为物质性的东西,而只有自内在性切入,把握内外合一,才可打破现成,使之形成动态过程。此一中庸之道的追求,尽管长期被遗忘,但在海德格尔和德里达那里产生了回响,因而将之作为解经大法,则可发扬最具中华文化特色的精神力量。

钱基博提出:"《论语》之言,无所不包;而其所以示人者,莫非操存涵养之要。"②"操存"语出《孟子·告子上》③,意为执持心志,不使丧失;"涵养"一般是指滋润、养育、培养,这里强调的是修身养性。"操存"要保持心志,坚持初心;而"涵养"则要涵物于中,养之长之,使之与生命相久长。因此,《论语》"其所以示人者",当是立身行事的要道:保持原初,依心而行。依钱氏,历代先儒对《论语》"文章"的解释便与夫子之要义不能对应,甚或恰相反动。

梁启超也早就指出,"儒家千言万语,各种法门,都不外归结到这一点":"一切以各人的自己为出发点","即专注重如何养成健全人格"。而"自儒家

---

① 郑玄(注),孔颖达(疏),《礼记正义》(下)(李学勤主编,《十三经注疏》之六),第1450页。
② 钱基博(著),《国学要籍解题及其读法》,第84页,上海:上海古籍出版社,2012年版。
③ 孟子引孔子的话说:"'操则存,舍则亡。出入无时,莫知其乡。'惟心之谓与?"赵岐(注),孙奭(疏),《孟子注疏》(李学勤主编,《十三经注疏》之十一),第306页。

言之,必三德(引者按,即智仁勇三达德)具备,人格才算完成"。① 马一浮亦曾强调,儒家哲学最根本的特征就是"体认自性":"今欲治六艺,以义理为主","但知向内体究,不可一向专恃闻见,久久必可得之"。② 牟宗三进一步提出:"是以儒之所以为儒必须有进一步之规定,决不能认为止于礼乐人伦、仁义教化为已足。必须由外部通俗的观点进而至于内在本质的观点方能见儒家生命智慧。"③向内开掘人自身的智慧,才是夫子教导的重点。而历代解经者对此的体会可能并不深刻,尤其是在"文章"二字的解会上。

"文章"在《论语》中先后出现两次。依杨伯峻,"夫子之文章"(《论语·公冶长》)中的"文章"意为"学术","焕乎其有文章"(《论语·泰伯》)则为"礼仪制度"。④《论语辞典》将前者解为"《诗》、《书》、《礼》、《乐》等文化知识",后者仍为"礼仪制度"。⑤ 二者都将"文章"物质化,即将之固化为习规、体制或实物之类的东西,可谓观点鲜明,但显然和上引诸家之论相反。

上引杨伯峻和安作璋之解尽管是现代产物,却展现了历代的成果,可谓集大成。而在钱基博那里,《论语》之"所以示人者",重点在于人如何打造内在的美德,亦即"含章内映"⑥,或曰内化美德,这是此著最为主要的倾向。而即使"文章"可解为"知识"、"学术"和"礼乐制度",此类事物至少也是美化人心的文化力量,那么,为什么不从内在而不是外在、精神而不是物质的角度作出解释呢?难道说,前现代的解释也都是这样:并不关注如何"操存涵养"对人的精神作用,不注意突出君子的人格养育,而一味张扬的就是外在的力量或文化本身的建制化甚或物质化吗?问题出在什么地方?这样的解释,会对跨文化的译解产生什么样的结果?

---

① 梁启超(著),《儒家哲学》,第35页,上海:上海人民出版社,2009年版。
② 马一浮(著),《马一浮集》(第一册),第37页,杭州:浙江古籍出版社,浙江教育出版社,1996年版。
③ 牟宗三(著),《心体与性体》(上),第14-15页,吉林:长春出版集团责任公司,2013年版。
④ 杨伯峻(译注),《论语译注》,第225-226页,北京:中华书局,1980年版。
⑤ 安作璋(主编),《论语辞典》,第68-70页。
⑥ 何晏(注),邢昺(疏),《论语注疏》(李学勤主编,《十三经注疏》之十),第3页。

本节的讨论，集中在"文章"的汉英译解上，尤其是对"焕乎其有文章"，目的是要找到一条解经的途径，以利《论语》的基本意义的解说和发挥。

1.4.2 《论语》内外"文"之为"德"之证

《论语》作为夫子"修德之教"最为重要的著作，对"德的内在化"的要求，在此著之中可谓俯拾皆是。夫子强调，"古之学者为己"（《论语·宪问》）①，要向其学习，坚持"君子怀德"（《论语·里仁》）②、"内省不疚"（《论语·颜渊》）③，坚决反对"德之不修，学之不讲，闻义不能徙，不善不能改"（《论语·述而》）④，督促人们"敏于事而慎于言，就有道而正焉"（《论语·学而》）⑤。身为伟大的教育家，夫子有关"成人"的教导真可谓鞭辟入里："君子义以为质，礼以行之，孙以出之，信以成之。"（《论语·卫灵公》）⑥品格的培养十分重要，因而，强调"主忠信"（《论语·学而》）⑦，以利君子之德的养成："君子惠而不费，劳而不怨，欲而不贪，泰而不骄，威而不猛。"（《论语·尧曰》）⑧"成人"的要求当然与政治有关，因而，夫子提出，"修文德"（《论语·季氏》）⑨，透过人格的修炼以招徕远客，扩大影响力。要之，夫子之学本来就是仁爱之道，假若不能求诸己，爱心合一培养，爱意又如何发挥？因而，从内在性角度入手，当可趋近夫子原旨。

至于"文章"二字，则更应突出"内德"之培养的意蕴。首先，内在即超越，亦即自然。所以，夫子感叹："天何言哉？四时行焉，百物生焉，天何言

---

① 何晏（注），邢昺（疏），《论语注疏》（李学勤主编，《十三经注疏》之十），第195页。
② 同上，第50页。
③ 同上，第159页。
④ 同上，第84页。
⑤ 同上，第11页。
⑥ 同上，第213页。
⑦ "子曰：'君子不重则不威，学则不固。主忠信，无友不如己者。过则勿惮改。'"同上，第8页。
⑧ 同上，第269页。
⑨ 同上，第221页。

哉?"(《论语·阳货》)①这是在强调要效法"天"之"所为"(亦即"无所为"),而道法自然。那么,什么是自然? 王夫之提出:"盈天地之间,惟阴阳而已矣。"②也就是说,夫子法"天"的追求,其宗旨就在于如何融入天地之大道。其次,"文章"就构成而论,和诸如"光阴""化""幽明""东西"以及"生死"等等,其本身就包含着中庸之道,只能以取向宇宙论大法阴阳之道的方法论而视之。语言表达,作为思维方式,构筑的是思想世界。因而,从这一点切入,一定可通达夫子之"文章"之要义。

依中庸之道来审视,"文章"之"章"意与"彰显"之"彰"同,当然是外在的显现;而"文"则是内在的美德的凝聚和充盈。内聚其德,外显光彩,内外互补共建,是为"文章"。如此,中庸之道不仅可以帮助我们破除以往那种拾取现成、抛弃事物动态的倾向,避免醉心于抽象化的弊端(详后),而且,在根本上也能使我们有了向着最具中华文化特性的思维方式回归的可能。

儒家"文德"之教影响之远之深,亦可见于《三国演义》:"文"就是直接作为"德"的另一个名称来使用的。

例2. 用武则先威,用文则先德;威德相济,而后王业成。(罗贯中《三国演义》第六十六回)

译文1. [...] inspiring fear is the chief consideration in war, as inculcating virtue is in government. / These two combined in one person fit him to be a prince. Brewitt-Taylor 英译(Luo, 1925:466)

译文2. A fearsome reputation is a precondition for military action, while the art of civil government depends upon a reputation for virtue. When might and virtue are in balance, true kinship can be achieved. Robert 英译(尹邦彦、尹海波,2009:63)

另一方面,《红楼梦》之中的《西江月》的反讽,或可视为"文章"之趋向物质化和形式化的反动:

---

① 何晏(注),邢昺(疏),《论语注疏》(李学勤主编,《十三经注疏》之十),第241页。
② 王夫之(著),《周易内传》(《船山全书》第1册),第525页,长沙:岳麓书社,1996年版。

例 3.［……］纵然生得好皮囊,腹内原来草莽。潦倒不通世务,愚顽怕读文章。［……］(《红楼梦》第三回《西江月》之一)

译文 1. Though outwardly a handsome sausage-skin,/He proved to have but sorry meat within./A harum-scarum, to all duty blind,/A doltish mule, to study disinclined [...] Hawkes 英译(Hawkes, 1974:56)

译文 2. For though endowed with handsome looks is he,/His heart is lawless and refractory./Too dense by far to understand his duty,/Too stubborn to apply himself to study,[...] 杨宪益与戴乃迭英译(Yang and Yang, 1999:34)

尽管"生得好皮囊",但由于"愚顽怕读文章","文"的力量未及入内,不能形成"德",也就无法彰显于外;因而,不免还是一副"好皮囊",空空如也,了无意义。如此,"贾宝玉"真的就是"假宝玉"了? 但若以内外合一的角度视之,这里所描写的就是:"好皮囊"徒有其表,一个空壳是说明不了什么的;只有内在里有了"文",它才能走向"章";也就是,内在里涵养充足,这样的涵养自然而然就可滋润、滋养人,进而有所呈现。如此,才可清除"腹内原来草莽"。

由此可见,"文"作为"德之总名"早已深入人心。如此,"文"所具有的"德"的意义已成文史常识。而这一意向,竟然在诸多解经者那里没有发挥重要的作用,也就难免让人觉得不可思议。夫子所崇尚的正是"周文",继承和发扬"周文"是他一生的梦想。那么,早已进入"日用"之中的这种内在的精神,竟然为解经者所遗忘? "百姓日用而不知,故君子之道鲜矣"(《周易·系辞上》)[1],岂止是"百姓不知"! 然则,"君子之道"又岂能不在"夫子之文章"中得到体现?

1.4.3 "文章"的译解及其问题

在汉宋以来的注经者那里,的确存在着和杨伯峻及《〈论语〉辞典》一致

---

[1] 王弼(注),孔颖达(疏),《周易正义》(李学勤主编,《十三经注疏》之一),第 269-270 页。

的倾向。①

例1. 夫子之文章,可得而闻也。(《论语·公冶长》)②

何晏注:"章,明也。文彩形质著见,可以耳目循。"③

邢昺疏:"夫子之述作威仪礼法有文采,形质著明,可以耳听目视,依循学习,故可得而闻也。"④

朱熹《集注》:"文章,德之见乎外者,威仪文辞皆是也。"⑤

刘宝楠《正义》:"文章自谓诗书礼乐也。"⑥

黄式三《后案》:"式三谓:文章,文辞也。"⑦

例4. 焕乎,其有文章。(《论语·泰伯》)⑧

何晏注:"焕,明也。其立文垂制又著明。"⑨

邢昺疏:"焕,明也。言其立文垂制又著明也。"⑩

朱熹《集注》:"焕,光明之貌。文章,礼乐制度也。"⑪

刘宝楠《正义》:"文章释焕。故焕得为明。其立文垂制又著明矣。"⑫

上引所有注解都将"文章"释为物质化或外在化(亦即将内在的拉向相反的方向或曰将之表面化)的力量。的确,在"夫子之文章"中,"文彩形质"是十分重要的,而在"焕乎,其有文章"中,文化的创制亦复如此。但是,若依朱子,"德见于外者"即为"夫子之文章",那么,此"德"来自何处? 如何进入"文章"? 而且,此"德"与"焕乎,其有文章"中的"文章"没有关系吗?

---

① 此节下文与1.3不无重复之处,但为了进一步解释有关问题,这里并没有删改。特此说明。
② 何晏(注),邢昺(疏),《论语注疏》(李学勤主编,《十三经注疏》之十),第61页。
③ 同上。
④ 同上。
⑤ 朱熹(撰),《四书章句集注》,第79页。
⑥ 刘宝楠(著),《论语正义》(《诸子集成》第一册),第98页。
⑦ 黄式三(著),《论语后案》,第121页,南京:凤凰出版社,2008年版。
⑧ 何晏(注),邢昺(疏),《论语注疏》(李学勤主编,《十三经注疏》之十),第106页。
⑨ 同上。
⑩ 同上。
⑪ 朱熹(撰),《四书章句集注》,第107页。
⑫ 刘宝楠(著),《论语正义》(《诸子集成》第一册),第167页。

反过来看,这两个问题,一是强调对"文章"的解释应关注"内在",也只有如此,"礼乐制度"等才可落到实处,进而与夫子的教导真正联系起来。二是主张解释应该系统化。一种表达有两种解释显然是有问题的。尽管"夫子之文章"讲的是孔子,而"焕乎,其有文章"说的是尧,但是,既然重心是"文章",二者本来就是二而一的,为什么要将之割裂开来?

不过,若是完全坚持内在,则解释也就与先儒的作为出现一样的问题:单一而又片面。也就是说,我们的解释应该坚持两面,而不是专注于一端。

行文至此,似乎可以说,先儒对"文章"的注疏,由于没有坚持中庸之道而出现了偏执:过分注重外在的甚或物质的因素,而忘掉了事物的构成之法。如此,也就无以获得正解。而中庸之道主张执两用中,趋向阴阳之道这一事物的构成原则,以之作为解经方法论,则顺理成章。

上文已论及,"文章"和众多的词语一样,其本身就是阴阳之道的体现。"文"主内,"章"才可见于外,亦即,有了"文",才可能出现"章"。再换言之,"文"是内因,而"章"是外显的结果,所谓"一阴一阳之谓道"。不如此解释,也就不能达至基本的意义,更不可能趋近《论语》之中充满深意的"夫子之文章"以及对尧大加颂扬的"焕乎,其有文章"之要义。

由此看来,先儒的确是忘掉了一个非常重要的切入点:应该从内在,而不是外在入手,来关注"文章",同时还应时刻牢记,内外合一才是"文章"的疏解之依归。

解经者之所以忘掉"文"之"德"意,或许是太过重视"现成",即完全将"文章"视为静态的、名词化的、抽象的东西。如此,也就丢掉了儒家最为根本的力量,将动态的、过程的,贬抑为静态的、抽象的。这一倾向在现代的汉英解经者那里,更是板结起来,甚或铁板一块:

例5. 夫子之文章,可得而闻也。(《论语·公冶长》)[①]

译文1. 先生讲诗书礼乐,是可以听得到的。钱穆今译(钱穆,2002:122)

[①] 何晏(注),邢昺(疏),《论语注疏》(李学勤主编,《十三经注疏》之十),第61页。

译文 2. 老师关于文献方面的学问,我们听得到。杨伯峻今译(杨伯峻,2006:52)

译文 3. 先生关于文献典籍的学问,可以听得到。孙钦善今译(孙钦善,2009:51-52)

译文 4. 老师讲诗书礼乐、古代文献,我们是可以听到的。李泽厚今译(李泽厚,1998:132)

译文 5. The Master's personal displays of his principles and ordinary descriptions of them may be heard. Legge 英译(Legge, 2010:38)

译文 6. You will often hear the master speak on the subjects of art and literature. 辜鸿铭英译(辜鸿铭,1996:376)

译文 7. Our Master's view concerning culture and the outward insignia of goodness, we are permitted to hear [...] Waley 英译(Waley, 1998: 55)

译文 8. One can get to hear about the Master's accomplishments [...] 刘殿爵英译(Lau, 2008:73)

译文 9. We have heard the Master talk about his views on ancient documents [...] 林戊荪英译(林戊荪,2010:87)

译文 10. What our Master has to say about the classics can be heard and also embodied. Muller 英译①

译文 11. We can learn from the Master's cultural refinements [...] Ames and Rosemont 英译(Ames and Rosemont, 1998: 98)

上引所有的现代汉语译文,几乎都是将"文章"外在化。而英文译文则相对复杂一些,但基本上没有摆脱这一倾向。只有在译文 5 和 7 中,"文章"似乎在英文里再现出了两层意思。译文 5 中,一方面是个人的原则(his principles),另一方面是相应的呈现(displays)和描述(descriptions)。但是,原则(his principles)并不是"美德",反倒可能是它的反动;而呈现(displays)

---

① 引自 A. Charles Muller(英译), *The Analects of Confucius*(http://www.acmuller.net/con-dao/analects.html),2017 年 2 月 1 日采集。下同,不详注。

竟然被限制在"个人的"（personal displays）的一面，进而和一般的描述（ordinary descriptions）联系起来，便可能有违于"公道自在人心"，亦即"大道内在人心"的意味。译文7中的the outward insignia of goodness若可解为"善之外章"，那么，译者显而易见关注到了内隐外显的意味，但以"徽章"（insignia）来解"章"，将之视为比喻，或是原文所不具有的。

译文8将"夫子之文章"译为"夫子之成就"（the Master's accomplishments），译文9译作"夫子对古代文献的观点的谈论"（the Master talk about his views on ancient documents），译文10则是他对"经典不得不道出的东西"（What our Master has to say about the classics），译文11也为"夫子文化上的提炼"（the Master's cultural refinements），都没有关注事物的两面，而是执着于一端，因而，也就将"夫子之文章"化约为一种抽象的、名词性的东西。这样，动态没有再现，进程也无从出现。

此外，依牟宗三①，若是以外在化为门径解经，夫子之教便会沦为一种手段，而不是目的："只习六经不必真能了解孔子之独特生命也。以习六艺传经为儒，是从孔子绕出去，以古经典为标准，不以孔子生命智能之基本方向为标准，孔子亦只是一媒介人物而已。"上引汉英译解，大都将夫子之"成就"或"文化修养"的"外显"作为导向，而如此的解经倾向便是将夫子作为"媒介"，因而很难企及他的教导最为根本的精神力量。

实际上，若将中庸之道作为解经大法，依之释义，"夫子之文章"的意义非常显豁：

译文12. 夫子内德外显，光彩映照，因而，可得听闻。

译文13. The virtue of the Master, flourishing splendidly as it is, can be learned.

夫子之内德外显或光彩四射，这便是"夫子之文章"的意义；易言之，"文章"之意义即为"道德文章"。

例6. 大哉，尧之为君也！巍巍乎！唯天为大，唯尧则之。荡荡乎，民无

---

① 引自牟宗三（著），《心体与性体》（上），第14页。

能名焉。巍巍乎,其有成功也。焕乎,其有文章。(《论语·泰伯》)①

译文1. 伟大呀! 像尧的为君呀! 高大呀! 只有天能那么高大,只有尧可与天相似,同一准则了。广大呀! 民众没有什么可以指别称说于他的了。高大呀! 那时的成功呀! 光明呀! 那时的一切文章呀! 钱穆今译(钱穆,2002:216)

译文2. 尧真是了不得呀! 真高大得很呀! 只有天最高最大,只有尧能够学习天。他的恩惠真是广博呀! 老百姓简直不知道怎样称赞他。他的功绩实在太崇高了,他的礼仪制度也真够美好了! 杨伯峻今译(杨伯峻,2005:96)

译文3. 伟大啊! 像尧那样的君主。高大呀,只有天最大,只有尧能效法天。广阔浩大啊! 老百姓无法用语言充分称赞他。高大啊! 他有那么伟大的功劳业绩。光彩啊! 他有那么完美的礼乐典章。孙钦善今译(孙钦善,2009:102)

译文4. 伟大啊! 尧! 崇高啊! 天! 只有尧能仿效! 广大啊! 老百姓简直不知道如何赞美他! 崇高啊,他的成功! 光明啊,他的礼制文采! 李泽厚今译(李泽厚,1998:210)

译文5. Great indeed was Yao as a sovereign! How majestic was he! It is only Heaven that is grand, and only Yao corresponded to it. How vast was his virtue! The people could find no name for it. How majestic was he in the works which he accomplished! How glorious in the elegant regulations which he instituted! Legge 英译(Legge, 2010:72)

译文6. Oh! How great, as a ruler of men, was Yao The Emperor! Ah! How toweringly high and surpassingly great: Yao's moral greatness is comparable only to the greatness of God. How vast and infinite: the people had no name for such moral greatness. How surpassingly great he was in the works he accomplished! How glorious he was in the arts he established.

---

① 何晏(注),邢昺(疏),《论语注疏》(李学勤主编,《十三经注疏》之十),第106页。

辜鸿铭英译(辜鸿铭,1996:403-404)

译文 7. Greatest, as lord and ruler, was Yao. Sublime, indeed, was he. "There is no greatness like the greatness of Heaven", yet Yao could not copy it. So boundless was it that the people could find no name for it; yet sublime were his achievements, dazzlingly the insignia of his culture! Waley 英译(Waley,1998:101)

译文 8. Great indeed was Yao as a ruler! How lofty! It is Heaven that is great and it was Yao who modelled himself upon it. He was so boundless that the common people were not above to put a name to his virtues. Lofty was he in his successes and brilliant was he in his civilized accomplishments! 刘殿爵英译(Lau,2008:137)

译文 9. What a great sovereign Yao was! Nothing is greater than Heaven. Yao alone took it upon himself to make Heaven his model. So great were his blessings that the people could find no word to praise him. How splendid his achievements! How brilliant his cultural accomplishments! 林戊荪英译(林武荪,2010:145)

译文 10. How great indeed was Yao as ruler! How majestic! Only *tian*(天)is truly great, and only Yao took it as his model. How expansive was he—the people could not find the words adequate to praise him. How majestic was he in his accomplishments, and how brilliant was he in his cultural achievements! Ames and Rosemont 英译(Ames and Rosemont, 1998:124)

译文 11. The rulership of Yao was so magnificent! He was so sublime that even though there is nothing as great as Heaven, he could accord with it. His greatness was so boundless it is beyond description. His efficacy was amazing, his writings were enlightening. Muller 英译

所有译文对"文章"的处理,都未触及"内在的美德"这一内因,只是一味地突出"外在"的"文化"或"文明"之结果。但夫子这里说的是,天下所有的

人都应该仿效天之所为,而只有尧达到了出神入化的地步;亦即,只有他能将天的超越性内化于自身,因而,其"道德文章"色彩斑斓地焕发出来。因此,"文"的作用首先应解为"天道"的"内化",此一内化的结果才是"文明"、"文化制度"、"礼乐"以及"典礼制度"等等。如此,以单纯的物质成就来表现尧开创文化之功绩,是不能突出他的那种内化力量强大到无与伦比的程度的,当然,也就不能再现夫子的意蕴了。而且,应再强调,只有将"文章"解为"内德的光彩彰显",才可与前文之中的"成功"相互对应:后者说的是,尧的事功或曰文化成就有如高山。要而言之,依中庸之道解之,"文章"本身可突出内外合一、表里一致。依中庸之道解之,"巍巍乎!其有成功也;焕乎,其有文章"(《论语·泰伯》)①,也一样是在强调尧之"德业"内、外在的对应关系:"成功"是说"事业"之成功,或曰"功德"之建立,偏向于外显;"文章"则因"焕发夺目的光彩"而突出内德之美的威力四射。此章便可解为:

译文 12. 尧之为君,大可钧天,巍巍高于崇山!天虽为大,惟尧可与之比肩。汪洋一片,漫无际涯,百姓无以名之。巍巍高于崇山,其成功有以见之;其道德文章光彩焕发!

译文 13. Oh! Yao the Great can be compared to Heaven in his loftiness! Heaven, supreme as it is, finds in Yao its sole measure. Vast as the ocean, the people do not know how to give a name to such greatness! Lofty is his achievement in cultural making, and brilliant his inner virtues!②

内外合一,无所不至,因而,将尧"归入"中庸之道,才可成其大;山河相喻,比其高,见其广。将"成功"解为"文化成就","文章"释为"内在美德",相互对应,可以印证他的"道德文章"自内而外的光彩夺目,同时突出他那动静

---

① 何晏(注),邢昺(疏),《论语注疏》(李学勤主编,《十三经注疏》之十),第 106 页。
② 杨逢彬(著),陈云豪(校),《论语新注新译》,该书将这里的"文章"译为"礼乐制度",见该书第 87 页。吴国珍(今译、英译及英注),*A New Annotated English Version of the Analects of Confucius*(《〈论语〉最新英文全译全注本》)同此,相应的英文译文则为 the institution and convenance he constituted,见此著第 224 页。

兼具而变易不住的圣人之"大象"。要之,此章对尧的丰功伟绩的歌颂,作为最后的收束,落实于"文章"二字,一定是要说明尧的伟业最后还是要回到人的内心,回到"文"能够滋养人的特定的所在。如此,"外内"反转,不断产生循环。这也就是为什么,我们要强调只有中庸之道,才能揭示夫子大义,进而在译解之中可见其大用的原因。

"文"解为"德","德"之光彩外显即为"章"。如此,"文章"的意义便是:人的美德蕴含于中而得显现于外者。这样,内德愈是凝练、愈是充实,则外显之力便愈是发达、愈是强劲。夫子以身作则,其内德充盈于中,光彩显明于外,故而,如经中所说,"夫子之文章,可得而闻也"[①]。

这样,中庸之道帮助我们解决的问题就是:一、"文章"不能被视为静态的;二、作为动态的过程,"文章"本身包含的两个方面是相互依附、相互促成的;三、把握到了"文"和"章"的两个方面,则"夫子之文章"以及"焕乎,其有文章"便可得正解。因为那是取向阴阳之道的理解:它总是兼顾两面,因而动静兼具,且表里如一。如此,静态来看,便可三足鼎立,形成系统。

将此一阐释方法论置诸英文的译解,便会发现,尽管有跨文化和跨语言的种种问题,但是,我们毕竟还可以通过关注两端的设计和创发,来再现"文章"内外的合力和互动,通过寻找途径,使"文章"的动态进入译文的在场,以保持过程的原真,而不是将之曲解为静态的和抽象的。再现出了动态,才能促成动静兼具,使事物循环不已,并且始终能自我回归。朱熹强调:"盖天地之间只有动静两极,循环不已,更无余事。"[②]

我们不妨再举一例,来说明本来是动态过程的"道德文章"的"文章",若是不关注内在化,进而不以阴阳之道视之,在译者那里会扁平化成什么。

例7. 文章千古事,得失寸心知。(杜甫《偶题》)

此为老杜名句,但和"文章憎命达,魑魅喜人过"(《天末怀李白》)、"名岂文章著,官应老病休"(《旅夜书怀》)以及"庾信文章老更成,凌云健笔意纵

---

① 何晏(注)、邢昺(疏),《论语注疏》(李学勤主编,《十三经注疏》之十),第61页。
② 引自朱熹(著),郭齐、尹波(点校),《朱熹集》(第四卷),第2253-2254页。

横"(《戏为六绝句》)中的"文章"意义显然不同,但即使是一般意义上的文学创作之中的"文章",也一样离不开修身的"内德"的打造。在这里,"文章千古事"若是不理解为"道德文章",则"千古事"之"千古大业"之意便难得宣解。

译文 1. A piece of writing lasts a thousand years. The gain and loss are known to the author's heart. 许渊冲英译(转引自江枫,2001:21-26)

译文 2. Good writings may long, long remain. Who knows the author's joy and pain? 许渊冲英译(同上)

译文 3. Good writings may last a thousand years. Who knows the author's smile and tears? 许渊冲英译(同上)

许氏认为,译文 1 可体现"知之"精神,译文 2 及于"好之",而译文 3 已达"乐之"之境。

不过,依上文,则有必要再加修改,才可企及"乐之"之境。

译文 4. 内德若得彰显可成千古大事,其得其失只有诗人存心知会。

译文 5. Inner virtues as seen in writings may last thousands of years. / But who knows in his heart their author's smile and tears?

因为,人和我,书写与美德,作者和读者,最重要的是内心的美德与外在的显示,都应同时体现于短短的两行之中。这样,是否会比简单地以物质意义的再现,更能体现杜甫的"文章"之意呢?

1.4.4 海德格尔哲学之中的阴阳之道

上文已经指出,解经者遗忘的阴阳之道,以别样的方式在海德格尔那里引起了反应,或者说,其学说与之产生了契合。

阴阳之道如此重要,可谓天地之大法,人化之根本,尽管先儒或有遗忘,但它的大功大用终究是不可能被遮蔽的。海德格尔的例子也可说明这一问题。

在《荷尔德林的赞美诗〈伊斯特〉》之中,海氏讨论荷尔德林的诗作《伊斯特》中有"抱持日月与心中,不可分离"之句,它所颂扬的正是"日月之明",亦即为阴阳之道的另一种表达。① 在描述河流(诗歌、解释、翻译乃至事件所有事物)的本质时,海氏用的是"处所性的旅程化"和"旅程化的处所性"②;海氏特地论及诗中描写河流"似乎是在向后走",也就是,伊斯特是在倒流,或者说循环性流动。③ 这,或可进一步说明,阴阳之道对事物的揭示和解释该有多么深入人心,尽管此著并未提及易道之名。因为,海氏之论不仅与朱熹对阴阳之道的论述暗合,而且和张载所作的解说如出一辙:"游气纷扰,合而成质者,生人物之万殊;其阴阳两端循环不已者,立天地之大义。"④《正蒙·太和》作为宇宙论,阴阳之道"立足于对事物变化内在动因的揭示,并进而用阴阳对立的理论来解释人类社会政治秩序的合理性"⑤,因而,其对事物的根本的说明如此有力,影响也如此广泛,也就不是没有原因的了。

钱基博强调:"易道见天下之动。"⑥因而,"《周易》之所明者天道,无往而不复",可使事物回归自身,面目自现。这也是为什么我们要运用中庸之道的方法论,坚持追求阴阳之道,以宣解夫子的"为己"的"德性之学"的原因所在。能把握天地之大法的阴阳之道,"乾以易知,坤以简能"(《周易·系辞上》)⑦。但是,如此的"易道"长期以来是不受重视的。上文论及,与国人的宇宙论的被遗忘而俱来的,当是对事物的静态化和抽象化,甚至板结化。而如此的倾向,大大削弱了《论语》的"微言大义"的力量:如果说,连"文章"也早已被界定为现代意义上死板的"文学"、"文章"(如辜鸿铭译文之所示),那么,不仅汉语的特色无以发挥,儒家思想之根本亦无法显现,"夫子之文章",也就只能"不可得而闻也"。

---

① 详见蔡新乐(著),《翻译哲学导论:〈荷尔德林的赞美诗《伊斯特》〉的阴阳之道观》,第112-126及223-224页,南京:南京大学出版社,2016年版。
② 同上,第201-203页。
③ 详见蔡新乐(著),《翻译哲学导论:〈荷尔德林的赞美诗《伊斯特》〉的阴阳之道观》,第221-222页。
④ 张载(著),《张载集》,第9页,北京:中华书局,1978年版。
⑤ 暴庆刚(撰),《阴阳》,收入王月青、暴庆刚、管国兴(编著),《中国哲学关键词》,第135-141页,引文见第141页,南京:南京大学出版社,2011年版。
⑥ 钱基博(著),《国学要籍解题及其读法》,第40页。
⑦ 王弼(注),孔颖达(疏),《周易正义》(李学勤主编,《十三经注疏》之一),第259页。

反过来,若是走中庸之道的路子,一、我们便可走向事物本身,也就是其动态的过程。二、在阴阳交合和内外互动的条件下,对之加以再现:"合外内之道也,故时措之宜也"(《礼记·中庸》)①,此之谓也。程子②有云:"物我一理,明此则尽彼,尽则通,此内外之道也。语其大至天地之所以高厚,语其小至于一草一木所以如此者,皆穷理之功也。"三、在阴阳之道发挥出作用的前提下,文化障碍和语言差异或已变得不那么重要。而上文对德里达和海德格尔的翻译哲学的简单讨论,或已有所说明。

1.5 夫子之"归与归与"和"斐然成章"

1.5.1 问题的再次提出

夫子之"归"有归入自我、弟子自我回归以及周文的复原三重含义,已经是天道的体现,因而,通过中庸之道,方可自内在切入《论语》和《孟子》的经文,进而将内、外在结合起来,形成特定的动态过程,如此,不仅可以纠正儒家经典解释之中物质化的倾向,也可为有关表达的解释和英译确定一个方向。

《论语》中"文章"出现两次,"文"出现多次,注经者多以外在化和物质性的东西释之,如皇侃就将"文"释为"华"③。现代解释者更进一步,将"文"纳入"文化"、"文采"、"文字、文辞"、"文饰、掩饰"、"特指周文王"以及"谥号"六个义项,而将"文章"归为"《诗》、《书》、《礼》、《乐》等文化知识"和"礼乐制度"两个义项④,尽管二者有重叠。然则这样的解释倾向与夫子的教导背道而驰。

---

① 郑玄(注)、孔颖达(疏),《礼记正义》(下)(李学勤主编,《十三经注疏》之六),第1450页。
② 程颢、程颐(著),《二程集》,第1272页,北京:中华书局,1981年版。
③ 安作璋(主编),《论语辞典》,第69页。
④ 同上,第69-70页。

《论语》记载,夫子强调,人理应"躬行君子"(《论语·述而》)①,"求诸己"而非"求诸人"(《论语·卫灵公》)②,不断打造自己,向古人学习,"古之学者为己"(《论语·宪问》)③,同时学习他人优长,故又有"三人行,必有我师焉"(《论语·述而》)④之说。故而,他突出自我修养,反对无故责备别人,特地强调"夫我则不暇"(《论语·宪问》)⑤。他的学生接受他的思想的熏陶,坚持"吾日三省吾身"(《论语·学而》)⑥。这已成为后人修养身心的格言。

马一浮指出:"圣人之教,使人自易其恶,自至其中,便是变化气质,复其本然之善。此本然之善,名为天命之性,纯乎理者也。此理自然流出诸德,故亦名为天德。见诸行事,则为王道。六艺者,即此天德王道之表显。故一切道术皆统摄于六艺,而六艺实统摄于一心,即是一心之全体大用也。"⑦

因而,论者强调:"儒学主张以人性的提升以及完美回归为直接的和最终的目的";"儒家哲学最根本的性征"就是"体认自性",这是"整个传统儒学特别是宋明儒学之精髓",也是"儒学与西方追求客观真理为目的哲学最大的不同"⑧。如此,以"文"的外在化、物质性倾向的解释,便可能完全脱离儒学的真正思想。因而,不可不辨。

我们认为,解经是要找到方法的,而对解经的评论也是一样。这二者一致起来,有关问题才可得到对应性的评述和解决的希望。有理由认为,中庸之道就是解经的方法论,但长期以来竟为世人所遗忘。

"文"以"德"解之,可救外在化、物质化之失。荀子强调:"贵本之谓文,亲用之谓理,两者合而成文,以归太一,夫是之谓大隆。"(《荀子·礼论》⑨)

---

① 何晏(注)、邢昺(疏),《论语注疏》(李学勤主编,《十三经注疏》之十),第97页。
② "子曰:'君子求诸己,小人求诸人。'"同上,第214页。
③ 同上,第195页。
④ 同上,第92页。
⑤ 同上,第197页。
⑥ 同上,第4页。
⑦ 马一浮(著),《马一浮集》(第一册),第19-20页。
⑧ 腾复(著),《马一浮和他的大时代》,第250-251页,厦门:鹭江出版社,2015年版。
⑨ 引自王先谦(著),《荀子集解》(《诸子集成》第二册),第234页。

"贵本"指向内在,突出人的根本,而"亲用"则趋向外在,内外兼顾,二者合二为一,才可促成"文"。故而,两"文"几不可分。很明显,坚持"性恶论"的荀子,也一样强调"文"对人的内心的锤炼作用,而且,他所运用的也就是中庸之道。

内、外在的交合成就"文",显示的就是阴阳交感和合、万物化生的作用。人类文明之昌盛,端在这样的交合、在人心与外在文化的互动、如此的连续和循环之中见出。而这也是和夫子的思想创造相吻合的:"孔子述六经,遂有《易传》问世,并充分利用了《易经》的开放性理论架构来演绎儒家的思想。《易传》在哲学上,一方面充分阐释和发展了《周易》切于民生日用的思想,主张'明于天之道,而察于民之故,是兴神物以前民用'。另一方面则将儒家的伦理道德观借《易》学的思想方法作形上的发挥,认为昔者圣人作《易》,'立天之道曰阴和阳,立地之道曰柔与刚,立人之道曰仁与义',主张体天地之撰,通神明之德,而顺性命之理。而合上述的两个方面亦可以归纳为一句话'穷理尽性'。正是在《易》学的思想基础上,儒家建立起了它的天人合一的哲学本体论学说,以及由此而开出的实用之学和伦理心性之学。"[①]

1.5.2 "斐然成章"的今译的问题

1.5.2.1 从"相得益彰"开始的"斐然成章"

中庸之道作为解经的方法论,其功用表现为内外兼顾、表里如一。如此,才可使事物相得益彰。"相得"才能"益彰"。反过来讲,"章"之所以为章(彰),是因为两种事物在进行交合、互动、作用,而这样的互动形成章(彰)。"相得益彰"一般就解为两个事物互相配合,使双方的能力、作用和好处能得到充分展示。如《史记·伯夷列传》:"伯夷、叔齐虽贤,得夫子而名益彰。"孙士毅《事物异名录序》:"是编采择宏富,区别精审,真两贤相得益彰也。"

例8. 子在陈,曰:"归与!归与!吾党小子狂简,斐然成章,不知所以裁

---

① 腾复(著),《马一浮和他的大时代》,第 217-218 页。

之。"(《论语·公冶长》)[1]

译文1. 先生在陈,叹道:"归去吧!归去吧!吾故乡这一批青年人,抱着进取大志,像布匹般,已织得文采斐然,还不知怎样裁剪呀!"钱穆今译(钱穆,2002:132)

钱穆[2]引《史记》以解"子在陈":"鲁使使召冉求,求将行,孔子曰:'鲁人召求,将大用之。'是日,孔子有归与之叹。"

"是日"说明的是,鲁使召冉求的"当天"还是"那些日子",实难定论。不过,可以肯定,司马迁是从"在陈"及"吾党"("党"解为"故乡")意义上来解释夫子之意的。而钱从之。

译文2. 孔子在陈国,说:"回去吧!回去吧!我们那里的学生们志向高大得很,文采又都斐然可观,我不知道怎样去指导他们。"杨伯峻今译(杨伯峻,2008:56)

杨伯峻注曰:"陈——国名,姓妫。周武王灭殷之后,求得舜的后代叫妫满的封于陈。春秋时拥有现在河南开封以东,安徽亳县以北一带地方。都于宛丘,即今天的河南睢阳县。春秋末为楚所灭。"[3]这是在介绍史地知识,但有助于对夫子当时之所在及其"归"之所向的理解。杨强调:"'不知所以裁之'——《史记·孔子世家》作'吾不知所以裁之'。译文也认为这一句的主语不是承上文'吾党之小子'而省略,而是省略了自称代词。"他进而解释:"'裁',剪裁。布要剪裁才能成衣,人要教育才能成才,所以译为'指导'。"[4]

我们这里的疑问是:一、夫子何以"不知所以裁之"?难道说,他是在单纯地欣赏诸弟子"斐然成章"?如此,"裁之"意义何在?二、若他不能"裁之",诸弟子本身也做不到,"裁之"岂非空话?三、夫子既言自己"不知所以裁之",他回归故里的目的何在?难道说,诸弟子之"志向"已经"高大"到了夫子无可制约的地步,因而,比喻说,即使他们身着的是"非礼"的衣服[而不

---

[1] 何晏(注),邢昺(疏),《论语注疏》(李学勤主编,《十三经注疏》之十),第66页。
[2] 钱穆(著),《论语新解》,第131页。
[3] 杨伯峻(译注),《论语译注》,第56页。
[4] 同上。

是"恶衣服而致美乎黻冕"(《论语·泰伯》)]①,那也一定是无可奈何的事情？诸弟子才华横溢,而夫子却徒叹奈何:身为导师的夫子,有可能如此束手无策吗？

最重要的是,诸弟子"斐然成章",如果表现得十分狂傲,因而,"不得其正"(《礼记·大学》)②,同时,假设夫子又"不知所以裁之",这还是夫子的弟子吗？而对"不得其正"的人,既然不能被"裁之",那么他们如何承担大任,将夫子"乐正,《雅》、《颂》各得其所"(《论语·子罕》)③的事业继承下去？

就学理上说,"乐正",而人"不得其正",这是否仍说明夫子不仅在人际关系上是失败的,不能取信于诸侯,而且身为教师,也一样不能尽一己之责,才会有如此浩叹？换言之,他所能做的,也就是避入象牙塔,因为已在现实之中完全失败？

译文3. 孔子在陈国,说:"回去吧,回去吧。我家乡这批学生有志向、有能力、有条理、有文采,我真不知道该如何再剪裁培育哩。"李泽厚今译(李泽厚,1998:139)

此译以感叹形式一贯到底,或可体现夫子对弟子的才华的热爱和肯定。不过,一、"回去吧,回去吧"仍仅有形而下的意义,而见不到形而上的那种自我回归——不管是对诸弟子、夫子本人,还是周文的未来发展,莫不如此；二、"斐然成章",原文之中有"过犹不及"(《论语·先进》)④的意味,因而,才需"裁之",而此译纯然是肯定甚或赞美,未及负面的意义。

译文4. 孔子在陈国,说:"归去吧！归去吧！我这一伙弟子,狂放不羁,志向高远,文采已斐然成章,可是还不知道如何约束自身。"孙钦善今译(孙钦善,2009:57)

孙在注解中指出:"'不知'句有两种解释,一种为孔子为主语,如《史

---

① 何晏(注),邢昺(疏),《论语注疏》(李学勤主编,《十三经注疏》之十),第109页。
② 郑玄(注),孔颖达(疏),《礼记正义》(下)(李学勤主编,《十三经注疏》之六),第1599页。
③ 何晏(注),邢昺(疏),《论语注疏》(李学勤主编,《十三经注疏》之十),第118页。
④ 原文为:"子贡问:'师与商也孰贤？'子曰:'师也过,商也不及。'曰:'然则师愈与？'子曰:'过犹不及。'"同上,第148页。

记·孔子世家》直作'吾不知所以裁之'。另一种以弟子为主语,如《集解》引孔安国曰:'孔子在陈,思归欲去,故曰:"吾党之小子狂简,进取于大道,枉作穿凿以成文章,不知所以裁之,我当归以裁之耳。"遂归。'以后一种说法为是,孔子对弟子并非'不知所以裁之',他总是用礼来约束、修饬弟子的。如9·11颜回说:'夫子循循然善诱人,博我以文,约我以礼。'6·27孔子自云:'君子博学于文,约之以礼,亦可以弗畔矣夫。'"[1]

此解点出了夫子诸弟子"不知所以裁之",强调夫子本人是有能力对之加以"裁之"的。而且,"约束"与斐然成章之"狂放"恰成对立,正说明夫子之教导理应将诸弟子拉回正常的中道:既不可"狂简",又不能"不知所以裁之",而是,既保持"斐然成章",又不可不知如何"修剪"去多余的东西。如此,"谦谦君子"或可在眼前了。

1.5.2.2 中庸之道视角下"归"的意指与"斐然成章"

依照中庸之道的内外兼顾、表里如一的释义原则:一、"斐然成章"意味着狂放过度,即因为才华出众而文采卓著;二、"文采卓著"其本身表明的就是"文德"已经培养充分,只是彰显、张扬(章)过分,因而需要加以剪裁(裁)。

如此,夫子讲的是,诸弟子才华显现,华彩纷呈,但他们不知如何修剪掉枝枝叶叶,而使真正质性的东西保持于身心和言行之中。因而,他要做的就是"归与归与",亦即,回到他们身边,或者说,回到他应该回到的所在,担当其教育者的职责,并且有以进之,使诸弟子在"斐然成章"的情况下有所收敛和保留,以便未来更有成就。

再加上此章前文有"子在陈曰"——"陈"这一特定的地点,因而,一般会认为,夫子的意思可确定为:仍待在鲁国的那班弟子"狂狷"而不走"中道",因而,需加以剪裁,以便使之有用于社会或见用于当世。而这一特定的地点,一旦引入,未免限制太过:一方面,并不是所有的弟子都在鲁国,更何况,也很难说清夫子周游列国时,诸弟子是在哪一个诸侯国;另一方面,即使他

---

[1] 孙钦善(著),《论语本解》,第56-57页,北京:生活·读书·新知三联书店,2009年版。

所说的"归",其最终的目的地就是鲁国,精神上的那种"归"也必另有所指。

这是因为,地理上的所指只可视为夫子之"归"的表面理由,而他真正的、最终的"归"的目的,就其身为"先师"而言,就不一定是指回归的地理意义上的某个所在,而应解为精神上的"家园之归"。

易言之,夫子之"归"讲的并不是回到鲁国之归,而是回到他身为"教师"的那种使其弟子"是其所是"的"归"。再换言之,夫子的意思是:弟子"斐然成章",已近成器,唯一要做的就是如何使之"中规中矩",严格履行人之为人的责任和义务,而不要不论何时何地都显扬自己的能力、技巧等。因为这既和谦谦君子的要求不符,也不利于成人成己的恒心的保持和发扬。实际上,过分显扬自己的能力,反倒有可能影响个人的自我反省和"成人"的追求,导致进步的延迟甚或退步。因为,自满会相伴相随,进入人心,甚至盘踞其中。

如此,夫子"归与归与"的呼唤或感叹,实际是在提示诸弟子:只有真正回到自己本身所应在的位置,认真保持并且加以把握,才可能"行己有耻"(《论语·子路》)[①],坚持担当,无往而不胜。

如此理解,"归与归与"的字面意思,与其内在的含义并不矛盾,且可相得益彰:外在上,它说的是夫子心在鲁国之善政,需要诸弟子的努力,因而,"归与归与"希望能见到弟子们各自发挥能力,使鲁国成为真正的文化家园,也就是成为真正可以体现周文的"精神的故土",如此,"克己复礼"(《论语·颜渊》)[②]的理想,便可得而复显;而内在里,这样的"归与归与"强调的则是夫子对诸弟子为人的那种要求:只有成为自己,也就是真正成为自己所应成为的那种人,才华才能用于其时其地,才不至于因过分显扬而不得其用,或加以滥用。

如此,依第二解,"归与归与"便是一种"文"的内化,即外在的力量如何转化为内在的精神。或者说,恢复周文之大义,将会怎么样或以什么样的形式,能在人自身的复原或回归其初(朱熹对"学"的作用解说为"乃可以明善

---

① 何晏(注),邢昺(疏),《论语注疏》(李学勤主编,《十三经注疏》之十),第178页。
② 同上,第157页。

而复其初也"①)之中加以体现。换言之,"克己复礼"与"明善复初"二者,指向完全一致,而且,意向全然相同。再换言之,个人的追求与对国家的责任,看似一而二,实则二而一。因而,夫子之"归"既是"乐正"、周文得其"文"的开始,也是诸弟子"得其正"的肇端。如此,教育、文化与做人,真正体现在一种行为之中;人生行事、教育导向和文化的未来,也都集中在一个"归"上。这不就是夫子身为教育家的理想的实现的标记,不也就说明了他的一生的确是成就非凡?再换言之,夫子如此倾向性的言语表达,最终不是在说,所有这一切,从中庸之道入手,最终复归于天道了吗?也就是说,自然与文化不就真正达成了"天人合一"吗?妙哉,"归与归与"!

这样,"归"就不再仅仅是地理意义上的回到鲁国而"小天下"(《孟子·尽心上》)②的气魄,而是在肩负文化使命的传承且有所成就的基础上,才可见出的精神。

如此,"归"也就有了另一重的含义:那是在讲夫子本人,必然要回到自身所应是的地方,或者说,他本应回到文化创造所需要的传承的所在。如此,栖栖遑遑奔走于四方、游说诸侯,自然不无过分显扬之嫌,也难免"斐然成章,不知所以裁之"之惑。因而,夫子本人讲得明白:"吾自卫反鲁,然后乐正,《雅》、《颂》各得其所。"(《论语·子罕》)③这不是在说,只有回到了人自身,人得其时得其地,物才能成其真、成其成吗?

那么,夫子所说的"斐然成章,不知所以裁之"的反面"归与归与",就他本人而言,也可得到证实:只有回到后世所说的他的"至圣先师"的所在,也就是履行起他作为"天生德于予"(《论语·述而》)④的天道天德承担者的责任,显现出使"斯文"(《论语·子罕》)⑤见诸其人的那种力量,才能"乐正",《雅》、《颂》各得其所"。"正"说的是"乐"走向它本该走向的地方,与"各得

---

① 朱熹(撰),《四书章句集注》,第47页。
② 赵岐(注),孙奭(疏),《孟子注疏》(李学勤主编,《十三经注疏》之十一),第365页。
③ 何晏(注),邢昺(疏),《论语注疏》(李学勤主编,《十三经注疏》之十),第118页。
④ 同上,第93页。
⑤ 同上,第113页。

其所"意义相同:事物各自回归自身。

经过上文的分析,便可发现,"归与归与"、"裁之",其对象是"斐然成章";既包括诸弟子,也可指夫子本身。而"正"、"各得其所"与"归与归与"、"裁之"分明也是一样的意向:两方面的词语都在强调,如何使事物自我回归。

如果说,"归与归与"、"裁之"显现的是"克己复礼"(《论语·颜渊》)[①]的意指,而"正"和"各得其所"则是这一意指的实现。

1.5.3 "斐然成章"与"归与归与"的英译

译文 5. When the Master was in Ch'an, he said, 'Let me return! Let me return! The little children of my school are ambitious and too hasty. They are accomplished and complete so far, but they do not know how to restrict themselves.' Legge 英译(Legge, 2010: 14)

以 they are accomplished and complete so far 来译"斐然成章",其意或为:"就目前这一阶段而论,他们修养完备。"但是,这样,儒家因为人生永不完美而人格上始终需要打磨的那种追求,其意义在这里几已缺席。如此,"成人"的阶段和过程意义和作用,尽管有 so far 作为限定,但在此译中还是没有凸显。

而此译最为严重的问题是,夫子的"归与归与"的感叹,既然被解为他自己对"自己归与"的呼声,也就忽略了:一、诸弟子的自我回归的存在论指向;二、因其诸弟子而引起的"周文"承继的未来的思想指向,亦即"周文"本身的自我归位;三、夫子本人因其回归而形成的"周文"的文化继承者的那种自我回返,也就是,夫子的自我归本。

因而,最佳的办法是将人称代词删除,而以 Homecoming, oh! Homecoming! 出之,庶几可达原文题旨。

译文 6. When Confucius in the last days of his travels abroad was in a

---

① 何晏(注),邢昺(疏),《论语注疏》(李学勤主编,《十三经注疏》之十),第 157 页。

certain State he was heard to say, "I must return of going home. I must really think of going home. My young people at home are all high-spirited and independent; they are, besides, accomplished in all the arts; but they have no judgment." 辜鸿铭英译(辜鸿铭,1996:378-379)

辜鸿铭将"狂简"译为"整个生气勃勃和独立"(all high-spirited and independent),将"斐然成章"解为"所有技艺都得完备"(accomplished in all the arts),但与"他们决无见识"(but they have no judgment 或可解为"他们根本没有判断能力")相较,读者会不会认为,"吾党之弟子"可能会因为没有头脑而无法无天?那么,学成的所有技艺(all arts)难道说真的没有浸润其身,内在的美德根本没有起到作用?如此,"章"只是表现为"一己之独立"和"兴致勃勃",但从来就没有内在化,因而,诸弟子也就从未能达到人之为人的基本要求,所以,才会出现这样的不堪:学得全部技艺("六艺"),最终却根本没有判断对错的能力?技艺之无用,弟子之无识,的确是出人意料?

而就我们这里另一个论题来说,夫子竟然也只是关注一己之私,才会强调"我一定要回家,我一定真的考虑要回家"。且不说,原文的感叹已化为一种自语,但会不会太过无力?如此,他身为教师,不回去,似乎他的那一班可能要胡作非为的弟子就会贻害人间,对他的名声大为不利,抑或是,他的那些弟子毫无见识,需要调理?但那还有可能做得到吗,如果说,这样的弟子已经受到过本该受的教育(如译文之中所说,已经接受了"所有的艺术"的教育)?

译文7. When the Master was in Ch'ên he said, Let us go back, let us go back! The little ones at home are headstrong and careless. They are perfecting themselves in all the showing insignia of culture without any idea how to use them. Waley英译(Waley,1998:59)

此译试图以"文化之显耀的纹章"将"章"译出,但未免太过"炫耀",似乎夫子之弟子的确是散漫无章,而且太过自我显示,毫无节制,甚至是不知如何"运用文化之纹章"(without any idea how to use them)。这样,诸弟子便形同一群"傻小子"?

而 Let us go back, let us go back！（"我们回去吧,我们回去吧！"）的译语,因还是执着于"我"的作为,而可能不及于弟子和"周文"未来之前途,也就难以企及其中的深意。

译文 8. When he was in Chen, the Master said, "Let me go home. Let me go home. Our young men at home are wildly ambitious, and have great accomplishments for all to see, but they do not know how to prune themselves." Lau 英译(Lau,2011:79)

此例仿理雅各和辜鸿铭来传译"斐然成章",以 have great accomplishments for all to see(成就斐然,人所共见)出之,但与辜译相比,则稍稍降低了调子。"不知所以裁之"以 but they do not know how to prune themselves 出之,基本是字面翻译。"归与归与"一句,则仍坚持"夫子的回归家乡"这一意向,而难得周圆。

译文 9. When the Master was in the State of Chen, he said (to those who accompanied him), "Let's go home. Let's go home. My disciples at home are ambitious and already accomplished. I don't know I could further refine them." 林戊荪英译(林戊荪,2010:90)

此译最终一句,依孔安国之解,但依上文,此解或难及最低要求:夫子两次感叹的"归与归与"何以落实？弟子"斐然成章",与"不知所以裁之"有何关联？此外,若夫子既然不知"所以裁之",为何又要提及？难道说,与其平时对弟子的教育,不能联系起来吗？

译文 10. Once, when Confucius was in Chen, he said, "I must return! I must return! My young disciples are wild and unbridled. Though they are developing well, they don't always know when to restrain themselves." Muller 英译

译文对夫子个人之"我"的突出,在这里是不对应的。因为,仅仅表现为"我"的话,就可能对弟子之作为不可能加以纠正、纠偏,甚至无法给予重视,尽管这样是没有什么道理的。这里字面上讲的就是,夫子要回到故乡,不过,那是因为诸弟子的缘故——要对之加以"裁之"。因而,至少夫子之所

论,不能停留在他个人方面。更重要的当是,一、弟子行为的"正"的可能性,一如"乐正"和"《雅》、《颂》各得其所"。而弟子的立身之"正",首先表现为他们成就其自身。这也就是"归"最为根本的意义:夫子之所为,最终的,甚至终极的目的,不就是使诸弟子乃至天下所有的人,都回到自身吗? 只有如此,天下不才是"天下"吗? 二、文化的复兴,如夫子之所言,当表现为"克己复礼"(《论语·颜渊》)①,因而,夫子之"归"绝不是一己之私,而是要承担天道之大任。这就是他自天之所得者(亦即所谓"天德"、"天生德于予")。②如此,"乐正"、"《雅》、《颂》各得其所"(《论语·子罕》)③正意味着,文化事业已开始铺就它的道路,或打下坚实基础,人可得而进之,对之有所发挥,进而从中有所收获,也就是形成新的"德"。这样,便能促进人的品格的养成。如此,良性循环开始出现。

或可将这样能用于剪裁的力量,称为"礼"(教)。因而,未及突出这一点,也就不能显现"归"之超越个人而兼具数意的指向。

译文 11. The Master was in the state of Chen, and said, "Homeward! Homeward! My young friends at home are rash and ambitious, while careless at the details. With the lofty style of the literati, they put on a display of culture, but they do not know how to cut and tailor it." Ames and Rosemont 英译(Ames and Rosemont,1998:101)

在这里,我们终于在英文译文之中看到:一、与"归与归与"相匹配的表达方式 Homeward;二、"斐然成章"相对恰切的译文 With the lofty style of the literati, they put on a display of culture(以文人的高雅风格,他们摆出一副炫示文化的架势);三、与后者相应的"不知所以裁之"——but they do not know how to cut and tailor it(但他们不知如何加以剪裁)。

还要指出,刘殿爵以 but they do not know how to prune themselves 来译"不知所以裁之",原文、译文可谓旗鼓相当。因为,prune 一词在培根《论

---

① 何晏(注),邢昺(疏),《论语注疏》(李学勤主编,《十三经注疏》之十),第157页。
② 同上,第93页。
③ 同上,第118页。

读书》之中具有同样的意义：

... for natural abilities are like natural plants, that need proyning by study.① 盖天生才干犹如自然花草，读书然后知如何修剪移接。

这里的 proyning，王佐良注云："修剪枝叶。"② 此词现作 pruning③。

如此，或可依之出新：

译文 12. 夫子在陈国，说道："回去吧，回去吧！故乡那一帮学生狂放不羁，文采斐然盛章，灿然可观。但就是不知如何加以修剪。"④

译文 13. The Master, in the State of Chen, claimed, "Return! Oh, return! The students in my hometown run wild in their abilities, flourishing as they are, but they do not know how to prune themselves."

对《论语·子罕》"吾自卫反鲁"一章，皇侃之疏颇为程树德所称道，认为"字字中肯，胜集注远甚"⑤。皇疏："孔子去鲁后，而鲁礼乐崩坏。孔子以鲁哀公十一年从卫还鲁，而删《诗》、《书》，定《礼》、《乐》，故乐音得正。乐音得正，所以《雅》、《颂》之声各得其所也。《雅》、《颂》是《诗》义之美者，美者既正，则余者正亦可知也。"最后一句突出的正是"美"（也就是"善"）应见于人心，亦即，有了善的内在化，一切便可"得其正"。我们对"归与归与"一章的

---

① 引自王佐良（著），《翻译：思考与试笔》，第 96 - 97 页，北京：外语教学与研究出版社，1989 年版。

② 王佐良、李赋宁、周珏良、刘承沛（主编），《英国文学名篇选读》，第 234 页，北京：商务印书馆，1983 年版。

③ 详见 Francis Bacon（著），P. E. & E. F. Matheson（编），*Francis Bacon: Selections*，第 104 页，Oxford: Oxford University Press, 1924 年版。

④ 杨逢彬（著），陈云豪（校），《论语新注新译》，该书将此章译为："孔子在陈国，说：'回去吧！回去吧！我们那里的学生狂放而耿直，文采又斐然可观，我都不知再用什么去指导他们了。'"见该书第 96 页。吴国珍（今译、英译及英注），*A New Annotated English Version of the Analects of Confucius*（《〈论语〉最新英文全译全注本》），今译为："孔子在陈国说：'回去吧！回去吧！家乡的学生志大而狂放。虽然文采可观，但还不知道怎样来塑造自己。'"英文译文则为 When the Master was in the state of Chen, he sighed, "O I'm going home! O I'm going home! The young pupils back in my hometown are ambitious but impetuous. While having striking literary grace they still do not know how to shape themselves."见此著第 146 页。

⑤ 程树德（撰），《论语集释》（第二册），第 609 页。

译解,也应如此:由内在化切入,再配以外在化的彰显,务求二者相得益彰,如此中庸之道的大功大用,在孟子对夫子之"归与归与"的阐释中也是一样有力。

1.5.4 孟子对夫子之"归"的解读

例9. 万章问曰:"孔子在陈曰:'盍归乎来!吾党之小子狂简,进取,不忘其初。'孔子在陈,何思鲁之狂士?"(《孟子·尽心下》)①

孟子所引,已与《论语》原文不同。最大的差别当是"不知所以裁之"被改为"进取,不忘其初"。这意味着:一、孟子突出的是夫子之"归"的目的;二、反过来也可说明,此"不忘起初"的核心也就是"归"。

可依朱熹对"学"的注解来解释有关问题:"学之为言效也。人性皆善,而觉有先后,后觉者必效先觉之所为,乃可以明善而复其初也。"②如此,"进取,不忘其初"便可解为吾党小子狂放,而文德斐然,但是他们并没有丢掉其善良的本性,而是始终保持着自己的本色。这样,夫子之"归",与"不忘其初"便是同一种意向:不论是弟子,还是夫子本人,都在坚持自我的追求——走出自身,行之大道,同时不断复归。

不过,有两点需要强调:一、"不忘其初"之"忘"的意思是"亡",后者与"无"同意,说的是,并没有丢弃、放弃或者说丧失。而这意味着,人本性善良,后天的学习是为了复归这样善良的天性。二、尽管"不知所以裁之"为"进取,不忘其初"所代替,但"裁之"的目的分明在于人(两处讲的都是夫子之弟子)如何回归自身。在《论语》原文之中,"裁之"是说要修剪去枝蔓的东西,使诸弟子更能体现人之为人最为重要的力量。而在《孟子》这里,人之为人的实质就表现为"不忘其初":保持自我善良的本性。

这样,夫子之所求,最终也就是弟子成长的正确道路的问题,亦即为,如何使之不断保持自我回归的态势,而永不丧失"其初"的善良本性。因为,这

---

① 赵岐(注),孙奭(疏),《孟子注疏》(李学勤主编,《十三经注疏》之十一),第404页。
② 朱熹(撰),《四书章句集注》,第47页。

正意味着,"周文"的事业的继承和发扬光大,首先是要求一个个士子遵循此一"复原"的大道,而不是别的什么。如此,"归"之三义——夫子之自我回复,诸弟子日常化或曰日用的自我归入,周文的常态的未来意义上的自我回归——在这里便可结合起来理解。

也就是说,夫子之"归"从根本上与是否"在陈",与他本人之所在,基本上关系不大。因为,更重要的是,人的自我回归以及文化本身的归入自身。夫子本身不是也需要这样吗?否则,假若人不能保持自我回归,而总是置身其外,那难道不是很荒唐吗?

而《孟子注疏》之中赵岐的注和孙奭的疏,却偏偏将着眼点放在了夫子身上,突出的也就是"归"外在的一面:

> 不忘其初,孔子思故旧也。(赵岐注)①
> 盍归乎来,言我党之为士,进取于大道而不得其中道者也,亦不忘其初而思故旧也[……](孙奭疏)②

孙奭的疏,前有"我党之为士","不忘其初而思故旧"的主语,似乎就已被改为夫子之弟子,但"故旧"仍局限在"故旧不遗"(《论语·泰伯》)③层面,突出的便只是个体的社会关系之中的"故"和"旧",而不是"周文"的文化本身的未来发展所需要的"故旧"以及存在论意义上人本性的那种"故旧"。而夫子在这里,在"归与归与"的呼声之中,要颠覆和清理的可能正是社会关系的"故旧"对自然的本性的"故旧"的遮蔽。

可以认为,"在陈"点出的是他的"求仕"之途是失败的,而只有文化视野的展开才是其真正的追求,后者的核心当是人才的培养;而人才培养的重心,又是在善良本性的基础上,使文化本身的"克己复礼"(《论语·颜

---

① 赵岐(注),孙奭(疏),《孟子注疏》(李学勤主编,《十三经注疏》之十一),第 405 页。
② 同上,第 407 页。
③ 同上,第 101 页。

渊》)①,也就是回到"周文"断续的传统,回归"三代"正常的途径。依此,译解的重心便是,如何彰显"归"之意义的精神化指向。

译文1. 万章问:"孔子在陈国,说道:'何不回去呢! 我那些学生们志大而狂放,进取而不忘本。'孔子在陈国,为什么思念鲁国那些狂放之人?"杨伯峻今译(杨伯峻,1960:342)

"进取而不忘本"应已保留了"进取,不忘其初"的意思,而且,主语指的就是夫子之诸弟子。因而,译文重点已得显示。

译文2. Wan Chang asked, saying, 'Confucius, when he was in Ch'in, said, "Let me return. The scholars of my school are ambitious but hasty. They are for advancing and seizing their object, but cannot forget their early ways." Why did Confucius, when he was in Ch'in, think of the ambitious scholars of Loo?' Legge英译(Legge, 1991:498)

此译有几个问题:一、夫子之"归",首先被明晰化为他个人物理意义上向故园的回归,而不是精神层面上的复归或复原。二、"狂简"被译为"雄心勃勃但有欲速之嫌"(ambitious, but hasty)。虽然后文advancing或可表达夫子所说的"狂者进取"(《论语·子路》)②之意,但hasty["欲速则不达"(《论语·子路》③)]未必就是"简"的意义,朱熹解曰:"狂简,志大而略于事也。"④三、最重要的是,They are for advancing and seizing their object, but cannot forget their early ways之意或为,他们的行动为的是推进(进取)并捕捉目标,但并未忘记过去的道路。如此,便会出现矛盾:第一,既已进取,似乎就说明选择的道路正确,是在朝着正确目标(their object)前进,因而,advancing之后不宜再出现seizing their object;第二,如advancing之所示,进取之心既得显示,所选道路正确,也就不该再说but cannot forget their early ways,那可能意味着,他们的"其初"是有毛病的,至少与目前的追求不

---

① 赵岐(注),孙奭(疏),《孟子注疏》(李学勤主编,《十三经注疏》之十一),第157页。
② 何晏(注),邢昺(疏),《论语注疏》(李学勤主编,《十三经注疏》之十),第179页。
③ 同上,第177页。
④ 朱熹(撰),《四书章句集注》,第81页。

相一致。如此,原文的"其初"在这里就保持了"昔日时光"的意义,带有不堪回首的意味,因而,要以"但是"加以转折,以示要与之一刀两断,才可说明目前理应有所抉择,甚或果决行动。

如此解释"其初",实已将之由"善根"、"善良的本性"的意思变为不足惜也无须惜的"过去的东西",而这正是对夫子以及孟子的意向的反动。在这里,很明显,理雅各并不清楚,"归"正是要使"其初"本身重新归来,进而保持在"进取"的任何活动之中。只有如此,内与外、本性之初与现世之动、自我追求与"周文"的复归和创发等等,才可显现于同一种"进取"的活动。

译文 3. Wan Zhang asked, 'When Confucius was in Ch'en, he said, "Why not go home? Our young men at home are undisciplined in their ambition, rushing forward while not forgetting their origins." As Confucius was in Ch'en, what made him think of the undisciplined Gentlemen of Lu?'刘殿爵英译(Lau, 2004:166)

此译将"归"模糊处理为 Why not go home? 或可使译文指向夫子之复归、弟子之复原如初以及"克己复礼"诸种意味,可谓恰如其分。而 rushing forward 有向前冲击之意,亦可再现"进取"十足的冲劲。同时,"不忘其初"以 forgetting their origins 译之,也一样适宜。译者用 undisciplined in their ambition 来处理"狂简",配以夫子对之的思念(think of),也可对夫子本身的志向作出说明。

译文 4. Wan Zhang asked, "When Confucius was in Chen, he said, 'Would it not be better to return home? The scholars of my school are madly ardent and impetuous. Intent on going forward and seizing their opportunity, they do not forget their origins.' Since Confucius was in Chen, why should he have been thinking about the mad scholars of Lu?" Bloom 英译(Bloom, 2009:165)

"归"以 Would it not better to return home 这样的反问加否定性的修辞问句出之,可达无须回答而答案自在的效果。不过,尽管"进取"或可以

Intent on going forward(志在进取)来处理,但并不一定和"抓住机会"(seizing their opportunity)有关。因为,就形而上观之,人若保持善良的天性,则时时都可焕发出生机和力量,以此作为"进取"之基,也就能成就"周文"的再度辉煌。至少,夫子和孟子均会含有这样的寓意。而该译对此不甚了了。

译文 5. Wan Zhang said, "When he was in Chen Confucius said, 'Let me go home. My young scholars in my native country are wildly ambitious, always forging ahead without forgetting their origins.' Why did Confucius think of those wildly ambitious scholars in Lu when he was in Chen?"赵甄陶等英译(赵甄陶等,1999:335)

此译将"归"之主语点明(Let me go home),意义范围缩小到夫子本身,也就不能及于诸弟子,更遑论"周文"的继承和未来的发展。不过,以 wildly ambitious 来转译"狂简",矛盾搭配似更能突出诸弟子"狂放不羁"而又无可约束的架势。这似乎就更需使之"归"——归之于理所应当之归处,如此,Let me go home 就越发显得不能对应。同时,forging ahead without forgetting their origins 是否也构成矛盾搭配,但是负面、消极,亦即,不相对应? 那么,又不能忘记"其初"(without forgetting their origins)可能就意味着,"其初"不一定是指"明善而复其初"之中的"初",而是含有诸多杂质因而不无沉重之感的"时日之初"或曰"昔日之起步阶段",但后者又是必须背弃的?

1.5.5 夫子之归与中庸之道

夫子的"所以裁之"道出善良的"其初"或本根的复原才是"归"的意指,而孟子进一步点明这一"善根"就是"其初"本身。自家中走出,达至身外的文化创造,再回归自身,这正是希腊哲学家普罗克洛斯(Proclus, 410-485)所说的家居、外出、再回到家的过程。① 这一过程,用钱锺书引德国诗人诺

---

① 详见 Qian Zhongshu(撰),"The Return of the Native",收入 Qian Zhongshu(著),*A Collection of Qian Zhangzhou's English Essays*,第 350-367 页,引文见第 352 页,北京:外语教学与研究出版社,2005 年版。

瓦利斯(Novalis,1772—1801)的话来说,也就是"思乡病":"哲学其实是思乡病,一种要回归本宅的冲动。"①

夫子"周游列国",看似求索于外,实则是要"回归本宅"。这样的追求,即为回归自身,而不是外在的什么追求。而且,从"家居"到"外出"再到"回归",如此的反复不断,诚然就是中庸之道的体现:在循环之中,在正和反、外与内的来回翻转之中,人才可能不断立足于正常的动态存在,并且加以保持。"归与归与",夫子言之在前,孟子附和于后,二人强调的均是"回归其初"的威力和魅力。

如此,以中庸之道为方法论,而将思想提升至阴阳之道的高度,则事物之回归,便在夫子之"归"之中呈现出空前的力量。

人之成如此,文化之创发亦复如是。若是译解者对此不加理会,则一定会出现问题。孟子尽管点出了夫子之"归"的具体所在"鲁",但他所说的"鲁"也一样应解为精神象征。正如《论语·雍也》所讲:"齐一变,至于鲁;鲁一变,至于道。"②顾炎武《日知录·变齐变鲁》曰:"变鲁而至于道者,道之以德,齐之以礼。变齐而至于鲁者,道之以政,齐之以刑。"③鲁作为当时"周文"的继承者和保护之所,处处焕发着特有的光辉,因而,"变道"之说显现的便是,如何使精神复归自身,文化归入大道之源。因而,内在化的吸收才是"克己复礼"的基础,同时还应遵循内、外在结合起来这一要求,将之发扬出来,形成历史的趋势。中庸之道的功用的显现,既是夫子的追求,亦应成为我们解释其思想的指针。

---

① 引自钱锺书(撰),《说"回家"》,收入钱锺书(著),《写在人生边上·人生边上的边上·石语》,第82-89页,引文见第83页,北京:生活·读书·新知三联书店,2012年版。
② 何晏(注),邢昺(疏),《论语注疏》(李学勤主编,《十三经注疏》之十),第80页。
③ 转引自安作璋(主编),《论语辞典》,第141页。

1.6 "博学于文"与中庸之道观

1.6.1 "摄心"与文德

熊十力在《原儒》中提出,"汉学阳尊孔子,而阴其质。[……]至宋而有理学之儒,以反己为宗(程子曰:'学要鞭辟近里切着己。'此宋学血脉也),排二氏之虚寂(道家沦虚,佛氏滞寂。理学家在人伦日用间,作存心养性工夫,故排二氏),救考核之支离(汉唐诸儒皆为考核之业,理学家斥其支离细碎而亡本),自是而有汉宋之分。然宋学异于汉学者,只是存养心性一着耳。其于汉儒之天人交感、阴阳五行诸论,及纲常名教大义,不惟全盘接受,且奉持益严也。宋学严于治心,自不得不疏于治物。其实,心物为本体流行之用,未可截作两片。吾心元与天地万物流通无碍,若惟摄心于内,而遏其流通之几。是乃自贼自心,而丧弃官天地、府万物之用,则人生与块土无异也"①。

"摄心"的意思是,控制心志,收敛心神。"宋学严于治心",依熊十力,这是宋学异于汉学的重点所在。而从朱熹的《论语集解》来看,似乎并非如此,尤其是对"文"的注解。

的确,在"文质损益"的问题上,朱子亦引何晏所引的马融的注解,可以说明,他对汉学家们所提出的"三纲五常"是"全盘接受"的。② 不过,如熊十力所论③,"此非朱子一人所见,实二千余年汉宋群儒之共同信守也"④。但奇怪的是,在本该"摄心于内"之处,朱子的注释也和何晏一样,基调几乎未变。个中原因,也就不能不让人追问了。这也是本节所要探究的第二个重点:我们这里所说的是"文"字,在《论语》关键处,本应解为"美德""内德"或

---

① 熊十力(著),《原儒》,第45-46页,台北:明伦出版社,1972年版。
② 朱熹(撰),《四书章句集注》,第59-60页。
③ 熊十力(著),《原儒》,第30页。
④ 牟钟鉴强调:"我多次说过,'三纲'一个也不能留,'五常'一个也不能丢。"见李文娟(整理),《用孔子智慧守护民族精神家园——牟钟鉴先生专访》,载《孔子研究》第二辑,第1-9页,引文见第6页,上海:上海古籍出版社,2011年版。

"成德",但朱子和何晏一样在很多地方代之以物质性的力量,甚至是外显性的东西,几乎完全忽视了《论语》有关观念的精义,也就丢掉了儒家最为关键的思想方法——中庸之道。

本节试图以"博学于文"及"博我以文"为例,来对有关问题加以论述。由于英文已经成为一种国际通用语言,故而,文中同时对有关英文译文进行讨论,为的是分析如何才可使夫子之教更为有效地传译为西语。同时,和上文一样,"文"本身就意味着一种理论修养对人的打造和提升,其规律性如何,也是需要在形而上指向上加以关注的。

1.6.2 "文"与"博学于文"

"文",依安作璋《论语辞典》,在先儒的注解之中有六个义项:文化,即古代文献典籍、礼乐制度;文采,或有文采;文字,或文辞;文饰,或掩饰;特指周文王;谥号。①

很明显,对"文"的解释历来注重的是外化。一个例子是,"行有余力,则以学文"(《论语·学而》)②。何晏引马融注曰:"文者,古之遗文。"③朱熹《集解》云:"文,谓《诗》、《书》六艺之文。"④依此,"文"与"行"分明要打为两截,而"文"也就变成了书本知识的代名词。实际上,在《论语》的注解之中,很少见到解经者以"德"来释"文"字。朱熹在对《论语·公冶长》"夫子之文章"解释时,注曰:"文章,德之见乎外者,威仪文辞皆是也。"⑤这可以说是他有关"文"的注解之中,唯一一次用到"德"字,但他显然并未将"文章"与"内在之德"联系起来,因为他的着眼点是在"外显"。所以,"文"之为"德"的大义,在他这里仍然沉默了下去。而在何晏的注之中,则还能见到这一意义的运用。

---

① 安作璋(主编),《论语辞典》,第 68 页。
② 何晏(注),邢昺(疏),《论语注疏》(李学勤主编,《十三经注疏》之十),第 7 页。
③ 同上。
④ 朱熹(撰),《四书章句集注》,第 49 页。
⑤ 同上,第 79 页。

如,对"以文会友"(《论语·颜渊》)①,何晏引孔安国注曰:"友以文德合。"②

如此,不管是汉儒,还是宋儒,对《论语》的注解,在"文"的问题上,似乎都没有关注熊十力所说的"严于治心",尽管实际上除了"小人之过也必文"(《论语·子张》)③这样的表达,《论语》在很多地方论及"文"时必有"德"的意义。这是历史决定的,也几乎成了常识。《论语》记载,夫子在遭遇厄难之时,道出他以"周文"的继承人自居,故有"斯文在兹"(《论语·子罕》)之叹。若是以先儒的注解,则此"文"如朱子所说,属于"礼仪制度"④,那么,这一"礼仪制度"能伴随夫子周游列国?若依刘宝楠的《正义》,则"文"指的是夫子"自随"的"所得典籍"?⑤ 这不都是很荒唐吗?如果反过来理解,将"文"理解为"德",或曰"德之内化",则问题迎刃而解:"斯文在兹"的意思是,夫子自信地说,"周文"所内化为的"至德",已经体现于他个人身上。因为那是"天德",所以,任何人都不能拿它怎么样,而只能任其自然存在。"至德"见于《论语·泰伯》——"周之德,可谓至德也已矣"⑥;"天德"则出自《论语·述而》——"天生德于予,桓魋其如予何!"⑦和"文"一样,二者均在强调,"德"是一种精神。夫子之所以"知其不可而为之"(《论语·宪问》)⑧,不就是有这样的"德"的精神体现,而他本人就是这一精神的象征吗?因而,将"文"视为"德"当是对《论语》微言大义的疏解之中的题中应有之义。惜乎先儒偏颇,全然丢掉了夫子之原旨。

夫子对"德"的弘扬是历史进程的一种飞跃:"周代统治者在原始传统的礼中突出了其积极的部分——礼,这无疑是一大进步。孔子批判地继承了

---

① 何晏(注),邢昺(疏),《论语注疏》(李学勤主编,《十三经注疏》之十),第169页。
② 同上。
③ 同上,第257页。
④ 朱熹(撰),《四书章句集注》,第110页。
⑤ 刘宝楠(著),《论语正义》(《诸子集成》第一册),第177页。
⑥ 何晏(注),邢昺(疏),《论语注疏》(李学勤主编,《十三经注疏》之十),第107页。
⑦ 同上,第93页。
⑧ 同上,第200页。

周公的精神遗产,又把周公强调的'德'改造并发展为'仁'。"①

如此,"文"之为"德"便有了一个合理的解释:任何文化活动,《论语》之中所说的"文",诸如《论语·八佾》"郁郁乎文哉"②,《论语·公冶长》"夫子之文章"③,《论语·宪问》"文之以礼乐"④,《论语·学而》"学文"⑤或《论语·先进》"文学"⑥,《论语·季氏》"修文德以来之"⑦,《论语·公冶长》"孔文子何以谓之'文'"⑧,《论语·述而》"子以四教:文,行,忠,信"⑨以及《论语·子张》"文武之道"⑩之中的"文"等等,其本身都在要求如何培养人的内德。而这也就是儒家思想在夫子那里得到的最为重要的一点。用梁启超的话来说,"儒家千言万语,各种法门,都不外归结到这一点":"一切以各人的自己为出发点。以现在语解释之,即专注重如何培养人格。"⑪有论者也强调:"先秦儒家了不起的地方在于天人合德,从尽心言性的角度谈心的善、性的善。道德主体做得够吗?不够,要尽心知性知天、存心养性事天,然后达到天人合德。"⑫有关"文"在先秦文献之中的"德"的意义,《汉语大字典》解释:

> 美德。《书·文侯之命》:"追孝于前文人。"孔传:"使追孝于前文德之人。"《国语·周语下》:"夫敬,文之恭也。"韦昭注:"文者,德之总名也。"⑬

---

① 引自刘家和(撰),《论中国古代轴心时期的文明与原始传统的关系》,载《中国文化(第八期)》,第60-64页,引文见第61页,北京:生活·读书·新知三联书店,1993年版。
② 何晏(注),邢昺(疏),《论语注疏》(李学勤主编,《十三经注疏》之十),第34页。
③ 同上,第61页。
④ 同上,第188页。
⑤ 同上,第7页。
⑥ 同上,第143页。
⑦ 同上,第221页。
⑧ 同上,第62页。
⑨ 同上,第93页。
⑩ 同上,第261页。
⑪ 梁启超(著),《儒家哲学》,第35页。
⑫ 引自王希孟(访谈),《政治理想、儒家文献以及中西对比——陈福滨先生访谈录》,载《孔子研究》2011年第2期,第10-19页,引文见第12页。
⑬ 《汉语大字典》编委会(编),《汉语大字典》,第909页。

《故训汇纂》也收有"文"之"德"义的很多例子:"美德之泛称",《诗·大雅·文王》有"比于文王";表示"文德",《诗·周颂·思文》意为"有文德",《国语·晋语七》有"公以赵文子为文也";"言有文德","思文后稷",《朱熹集传》、《国语·晋语九》"文祖襄公"韦昭注;《论衡·佚文》有"文德之操为文";《说苑·修文》有"文,德之至也";《论衡·福虚》有"文,德惠之表";"德能经纬顺从天地之道,故曰文",《诗·大雅·皇矣》"比于文王",孔颖达疏引服虔;"道德博厚曰文",《逸周书·谥法》;"道德博闻曰文",《礼记·檀弓下》。①

此外,《礼记·乐记》所谓:"礼减而进,以进为文。乐盈而反,以反为文。"②郑玄注:"文,犹美也,善也。"③而《荀子·不苟篇》中"夫是之谓至文"的"至文"意即"最高的道德";王先谦解之为"言德备"④。"至文"接下去的文字就是"诗曰:'温温恭人,惟德之基。'此之谓也"。

实际上,由于"文"之"德"意早就深入人心,在通俗小说中,"文"已可与"德"替换,如前文已举的《三国演义》第六十六回之中的例子。

如此看来,《论语》解经者在"文"的疏解上,违背了历史规律性的东西,也就背离了夫子教导的指向。

"文"之为"德"作用何在?比较切实的一个解释是,那是夫子在教人如何进入最为自然、最有哲理的精神状态:"文"若是解为文化传统,则此一传统所能给人带来的就是精神上的力量。而它冲击或不断濡染人的思想,使之呈现出别样的状态。至于"博学于文",在《论语》之中,其另一个表述为"博我以文",出现在《论语·子罕》之中,就哲学而论,讲的也是博通天地之意。如此,"博文"就不是闻见之知意义上的那种"博文",而是上可与天、下能与人相沟通,也就是庄子所说的"独与天地精神相往来"(《庄子·天下》)

---

① 宗富邦、陈世饶、萧海波(主编),《故训汇纂》,第975-976页,北京:商务印书馆,2003年版。
② 郑玄(注),孔颖达(疏),《礼记正义》(下)(李学勤主编,《十三经注疏》之六),第1142页。
③ 同上。
④ 王先谦(著),《荀子集成》(《诸子集成》第二册),第25页。

的那种意义上所能达到的"博文"。而如此的"博文",其中的"文"实质上就是"天德"的体现。因为,无此"德",便不可能达到"以通神明之德,以类万物之情"(《周易·系辞下》)①的目的。熊十力强调:"孔子言,博学于文,此文字,非谓书籍。盖自然与人事,皆谓之文。如天文、人文等词是也。博学者,即于物理、人事,须博以究昔之谓。学字有二义,曰效,曰觉。此处学字,是效义。效者仿效。如自然科学的知识,知识发见自然现象之公则。不以意见为诬解,即有效仿义。宋儒固非全无博文之功,但其精神只专注在人伦日用间,存养此心此性而已。博文工夫,终非其所注重。"②尽管熊十力将"文"解为"文字",但他所论及的"天文、人文"等等,"在在"都说明了那不是"文字"所能涵盖得了的,而只可以人的"内在的美德"的打造的意义为取向,才可得正解。而就朱熹的注解来看,的确,他在解经时,并没有关注"博文"如何进入自然的状态,也就是该如何企及"与天合德"的境界。

1.6.3 "博学于文"及"博我以文"的译解问题

例10. 子曰:"君子博学于文,约之以礼,亦可以弗畔矣夫。"(《论语·雍也》)③

子曰:"博学于文,约之以礼,亦可以弗畔矣夫。"(《论语·颜渊》)④

看一下汉儒和朱子的注解,就会明白,上文所论是有道理的:

何晏注曰:"郑曰:'弗畔,不违道。'"⑤邢昺疏云:"此章言君子若博学于先王之遗文,复用礼自检约,则不违道也。"⑥这是对《论语·雍也》中"博文"的注解,《论语·颜渊》此章之解与此类同⑦。

朱熹《集注》曰:"约,要也。畔,背也。君子学欲其博,故于文无不考;守

---

① 王弼(注),孔颖达(疏),《周易正义》(李学勤主编,《十三经注疏》之一),第298页。
② 熊十力(著),《原儒》,第45-46页。
③ 何晏(注),邢昺(疏),《论语注疏》(李学勤主编,《十三经注疏》之十),第81页。
④ 同上,第165页。
⑤ 同上,第81页。
⑥ 同上。
⑦ 同上,第165页。

欲其要,故其动必以礼。如此,则可以不背于道矣。程子曰:'博学于文而不约之以礼,必至汗漫。博学矣,又能守礼而由于规矩,则亦可以不畔道矣。'"①

何晏并未解释"文"的意义,而朱子则以"于文无不考"②解之,和邢昺一样将之视为"先王遗文"。但这样便造成了两方面的问题:一、若"博学于文"仅仅止于"先王遗文",会抵及熊十力所说的"天文、人文"吗？二、"考文"是否只限于对"文"的一般意义的考察和思考,难及于"德"的打造？这样,"博文"便是对外在的求索或耳闻之知的习得,而"约礼"也一样是外在的规范的施加,二者同在一个层面上,则"文"不论是指什么,它对人内在的精神的打造从何谈起？也就是说,朱子之解,是否已偏离了夫子的意指:一方面,"博文"是要修习者最终走向"天人合德",因而主内;而"约礼"则意味着人"博学"之后的举止规范,合乎社团的既定要求,说的是"文"之显于外者,亦即,人的德的外化需遵循基本的原理和社会化规范？二者一内一外,一内化,一外显,一内博,一外约,相辅相成,合二为一。"相反相成,万有公则。"③这也就是中庸之道的大功大用的表现。朱子对此,似乎并不关心。而在熊十力看来,"必吾人内省,而自识本来面目,存养而扩充之,则日用之际,皆是真性炽然流行"④。内化之必要性,几乎等同于人的自我存在的可能性。因而,人对内德的打造,无比重要。

这样,假设没有得自天而内化于心的"文",即"文"若不能形成"德",那么,事物本身的存在缺少了内质,何以可能？而解释本身也只能漂浮在表面上:朱子所说的这样的"见于外者",其中心因移向了外,而难以入内,因而,

---

① 朱熹(撰),《四书章句集注》,第91页。
② 《礼记·中庸》之中有"非天子,不议礼,不制度,不考文"。"不考文",孔颖达"正义"曰:"亦不得考成文章书籍之名也。"见郑玄(注),孔颖达(疏),《礼记正义》(下)(李学勤主编,《十三经注疏》之六),第1457页。即使"文"指的是"文章书籍",其中也不能没有有关天道之运行的规律性的解说和教导,而在儒家看来,这样的教导最终的目的在于如何成人成己。因而,"文"之"内德"打造的意味,也就包含其中。惜乎,后儒已经远离了儒家基本的思想指向。
③ 熊十力(著),《原儒》,第5页。
④ 同上,第3页。

也就不能突出"合外内之道也,故时措之宜也"(《礼记·中庸》)[①]的要义。

对"文"物质化或外在化的解释,《论语》现代的有关译解以及英译,都已深受其影响,因而多有不通。

译文1. 先生说:"君子在一切的人文上博学,又能归纳到一己当前的实践上,该可于大道没有背离了!"钱穆今译(钱穆,2002:162)

钱穆解释:"博学于文:文,诗书礼乐,一切典章制度,著作义理,皆属文。博学始能会通,然后知其真义。"[②]如此,"文"便可以肯定指的是物质性的文化因素。

但是,若依此章行文,则"博学于文"讲的是内在的东西的进入,而"约之以礼"则强调行动的规范,因而属于外在的力量。一内一外,内决定外,故而才需某种"客观"的东西——夫子所说的"礼",来加以约束和制衡。亦即,此章的设计,体现的是中庸之道内外一致、表里如一的原则。假若"文"指的是"诗书礼乐",或"一切典章制度",那么,内在的东西便可能没有在译解之中显示出来,或至少不是重点。如此就可推测,中庸之道没有得到运用,因而,与原文所设的宇宙论法则不相吻合。

依照钱氏之解,则"博学于文"是君子行为方面的事情,而"约之以礼"也一样如此,那么,夫子所说的"博学"便只能是:一、西方或现代人所说的对知识方面的求索,不一定包含对内德的修炼和培养,而这恰恰是君子必须坚持的人生修炼;二、由于"博学"和"约之以礼"趋向一致,因而,这不过是在说(类如西方的现代的)求知者的作为,需要一些必需的程序性的东西,使之更为规范罢了;三、"文"之为"德"正好被遗忘,而"无德之文"怎么可能在儒家的典籍如《论语》之中成为学的对象,这实在是匪夷所思的。

此章文字在《论语·颜渊》之中重现,因而,钱穆未进行新的白话文翻译,大概是完全对上引译文没有修改的意思。[③]

---

① 郑玄(注),孔颖达(疏),《礼记正义》(下)(李学勤主编,《十三经注疏》之六),第1450页。
② 钱穆(著),《论语新解》,第162页。
③ 同上,第317页。

译文 2. 孔子说:"君子广泛地学习文献,再用礼节来加以约束,也就不至于离经叛道了。"杨伯峻今译(杨伯峻,1980:64)

此译明显的问题也是,假若"广泛地学习文献",同时加以"礼节"的"约束"就能行得通,这是不是意味着,只要泛泛浏览书籍,同时有礼有节,就可以达到"不""离经叛道"的要求?由于其中见不到具体的行动,因而,"约之以礼"似乎成了对读书本身"加以约束",若是这样,读书"约束"太多,如何达到"广泛"?这是不是说,"君子"这种人可以没有行动或不将其所学付诸行动,不在行动之中表现自己,也足以不失君子之态?

这些疑问,或许还没有内在的力量的缺席严重。因为,"博学于文"的意思首先是:只有博学于先贤著述之所以为"文"者,也就是得其"美德"之所在,加以认真吸收、采纳和消化,人才能保持"君子"之为君子的品格,达到一个君子应为君子的基本要求。泛泛的阅读,可能起不到作用。而广博的识见,其表现应该是深和广:有深度,也有高度,更有广度。只有深高广的学习,才能充分见证历代先贤的伟业的精神实质,体味含蕴,进而感受到万千的魅力和力量,最终将之发扬光大。

因而,重要的不是"广泛"的"学习"和"学习""文献",而是对"文德"的修养的深化和提升;也不是"礼节"对读书本身的"约束",而是在亲炙先贤遗文之后对行为的约束——那是要显现,到底君子作为读书人是否遵循了先贤的遗训,又是否达到了君子为人的基本要求。这也就是"亦可以弗畔矣夫"的意义了。

如此,此译:一、没有触及文德的内化作用,亦即未及君子的学习的实质内涵;二、"约之以礼"的对象是含糊的,而本应是确切的:打造君子,需要进一步提升精神,因而,必然在行动上表现出来,也就必然需要对之加以规范。

译文 3. 孔子说:"君子广泛地学习文化知识,并且用礼来约束自己,也就可以不离经叛道了啊!"孙钦善今译(孙钦善,2009:74)

此译几乎和杨译是同一种取向:走向外在,而无视"文"的内在化作用。假若"文"只是"文化知识",那不就是现代意义上的学习吗?而夫子所说的君子,突出的是立身行事所需要的那种"文"。因而,它有特定的时间、空间,特有的语境,在在都要求以不同的方式加以疏解。若是持相反态度,比如,一旦现代化,读者会不会质疑:那不是小学生的"学习"吗,又怎么会是"君子"用于修身的"博文"之学呢?

译文4. 孔子说:"君子广泛地学习文献、典籍,用礼制来驾驭统率,这样也就可以不违背道理了。"李泽厚今译(李泽厚,1998:164)

和上引译文一样,此译注重的是对"文献、典籍"的"学习",因而,看不出"文德"的作用,而且,"驾驭统率"的对象似乎也只是"学习"活动本身。同时,"不违背道理"这一要求太低,因为夫子所说的"弗畔"并不是对一般的"道理"的"背离",相应的表达应是"大道"、"达道"、"善道",亦即为"天道"。或许后者才是最佳选择。因为,内在里的文德在强化,外在行动则又以礼仪作为约束,内外一致;学的是先贤遗文,加强的是人的修养,行为上再加以约束、提纯,要求的仍然是古今同归。如上文所说,这种是典型的中庸之道的思路和表达:夫子以文德之教的广博和礼仪指向的规约这两方面,来要求弟子达成君子人格的条件,亦即,走进最为自然的内外合一。

不过,这里的"礼制"一词对应性较强。因为,它的意思是:"国家规定的礼法。"如《礼记·乐记》:"天高地下,万物散殊,而礼制行矣。"[1]孔颖达疏曰:"礼者,别尊卑,定万物,是礼之法制行矣。"[2]《周礼·春官·肆师》:"凡国之大事,治其礼仪,以佐宗伯。"[3]《史记·礼书》:"至秦有天下,悉内六国礼仪,采择其善。"[4]

可以认为,因为"博学"在《论语》之中出现多次,如《论语·子罕》"大哉孔子,博学而无以成名"[5]、《论语·子张》"博学而笃志"[6]等,也早已成为人

---

[1] 郑玄(注),孔颖达(疏),《礼记正义》(中)(李学勤主编,《十三经注疏》之六),第1092页。

[2] 同上。

[3] 郑玄(注),贾公彦(疏),《周礼注疏》(上)(李学勤主编,《十三经注疏》之四),第508页,北京:北京大学出版社,1999年版。

[4] 司马迁(撰),裴骃(集解),司马贞(索隐),张守节(正义),《史记》(中册),第1024页。

[5] 何晏(注),邢昺(疏),《论语注疏》(李学勤主编,《十三经注疏》之十),第111页。

[6] 同上,第256页。

们耳熟能详的用语,所以,完全可以将原文保留。"以文"字面上说的是"用文"或"以文为途径、手段、措施",但实则指"君子博学以求文德"。如此,夫子这句话比较切合的译文应该是:

译文 5. 君子博学以求文德,(求学之所得)付诸行动应以礼制作为约束;如此,也就不大可能背离善道了。

译文 6. The Master said, "The superior man, extensively studying all learning, and keeping himself under the restraint of the rules of propriety, may thus likewise not overstep what is right." Legge 英译(Legge, 2010:52)

译文 7. The Master said, "By extensively studying all learning, and keeping himself under the restraint of the rules of propriety, one may thus likewise not err from what is right." Legge 英译(Legge, 2010:111-112)

此译突出的特点有二:一是,理雅各在处理"君子"时,以 the superior man 出之,又用泛指的 one 来传译,似乎谁都可以做得到;二是,两个译文只有词语表达上的不同,而无实质区别,说明译者始终坚持的就是"广泛地学习所有学问"(extensively studying all learning),并"将之置于礼仪的限制之下"(keeping himself under the restraint of the rules of propriety)。

不过,正如上文所强调的:一、"文"当然不是纯粹的"学文","学文"并不是"学问"所能包含的;二、"文德"更多的是一种内化的美德,要依靠"学文"得之。夫子要强调的应是"道德文章",而不是文献或典籍意义上的那种"文"。也就是,后者只是途径,君子以之修德才是目的。至于作为修德的"学文"活动,绝不是现代意义上的那种对"学问的学习"。因而,有必要再铸词语,以便加以再现。

译文 8. Confucius remarked, "A good man who studies extensively into the arts and literature, and directs his studies with judgement and taste, is not likely to get into a wrong track." 辜鸿铭英译(辜鸿铭,1996:387 及 436-437)

辜氏之译一贯以西方观念同化原文内涵,在这里,也出现了一样的情况。"文"被视为"文学艺术";"礼"则被解释为"判断和趣味"。这是典型的康德的表达方式。我们很容易在康德的汉语译文之中找到对应的东西,如"趣味判断是审美的"①——此句在另一译本之中作"鉴赏判断是审美的"②。不过,若依特里·伊格尔顿,则现代的文学概念来自浪漫主义:一方面,它将之压缩为"想象性的"书写,进而有可能贬抑了诸如哲学甚或科学书写;另一方面,则因突出想象力的作用,而将文学视为"创造性的",但后者本身也就是"虚构性"的同义词。③ 以如此的"虚构"来同化夫子所说的"道德文章",显而易见与其基本思路背道而驰,的确可称为"畔矣夫"了。

译文 9. The Master said, A gentleman who is widely versed in letters and at the same time knows how to submit his learning to the restraints of ritual is not likely, I think, to go far wrong. Waley 英译(Waley, 1998: 75 及 153)

此译前半段充其量说明的是,一个现代的文化人所应做的事情:博览群书,无所不窥,与此同时使其所学服从于礼仪(ritual)的约束。

不过,威利将"学"和"礼"紧密结合起来,这倒是他人没有关注的。也就是说,此译的逻辑思路十分明确:学以致用,博学之果必须交由对礼仪的践行来检验。

另一方面,"畔矣夫"以 not likely, I think, to go far wrong 出之,失之过简,未能突出"畔"的意义。

译文 10. The Master said, "The gentleman widely versed in culture but brought back to essentials by the rites can, I suggest, be relied upon not to turn against what he stood for." 刘殿爵英译(Lau, 2008: 99)

译文 11. The Master said, "By being widely versed in culture but

---

① 伊曼努尔·康德(著),宗白华(译),《批判哲学的批判》,第 39 页,北京:商务印书馆,2000 年版。
② 伊曼努尔·康德(著),杨祖陶、邓晓芒(编译),《康德三大批判书精粹》,第 423 页,北京:人民出版社,2001 年版。
③ Terry Eagleton(著), *Literary Theory: An Introduction*,第 2 及 16 页。

brought back to essentials by the rites, a man can, I suppose, be relied upon not to turn against what he stood for."刘殿爵英译(Lau, 2008:215)

在此译中,原文的"君子"以"绅士"(gentleman)出之:他是在广大的范围(widely)精熟于(versed in culture)知识,但又为礼仪(rites)拉回到基本要素。

如此,一、"文"与"行"的关系并不明确;因为,即使绅士作为文化人且知识渊博,也不能说明他是一个道德高尚的人或是对修养十分重视的人。二、"畔矣夫"以"不会反叛他为之而立的东西"(not to turn against what he stood for),"故而可以依赖"(relied upon)出之,意义似乎超出了原文。很明显,原文之中的"博学于文"和"约我以礼"所形成的内、外在的交合和互动,在这里并未显现。

译文12. The Master said, "A man of honor will not go astray, for he is widely read and cultured and keeps himself in line with rituals." 林戊荪英译(林戊荪,2010:110)

译文13. The Master said, "The humane will not go astray for he is widely read and keeps in line with the rituals." 林戊荪英译(林戊荪,2010:213)

依此译,只要"博览群书"(widely read)且"与礼仪保持一致"(keeps in line with the rituals),"君子"(A man of honor/The humane)就能"弗畔矣夫"。但是,一个疑问是,书读得多,并不一定能"修养"到位或"到家",也就是人有可能仍是不能达成自身。因而,这与儒家的"成人"观念明显是不一致的。不突出原文的"文德"指向,则不论读书多寡,都一定达不到传达原文寓意的要求。同时,此译并没有关注如何保留原文"畔矣夫"的感叹或推测。译文以判断出之,是与之有出入的。

译文14. The Master said, "Exemplary persons (*junzi* 君子) learn broadly of culture (*wen* 文), discipline this learning through observing ritual propriety (*li* 礼), and moreover, in so doing, can remain on course without straying away from it." Ames and Rosemont 英译(Ames and Rosemont, 1998:109 及 157)

此译将"博学于文"和"约我以礼"结合起来,明显比其他译文技高一筹。不过,"文"的意义仍然模糊不清。

若依上文,则可认为,"博学于文"意为:博学为的是培养、涵育文德。那么,是不是就可以将此一词组译为:

译文15. Cultivating the inner virtue by reading widely. ①

例11. 颜渊喟然叹曰:"仰之弥高,钻之弥坚,瞻之在前,忽焉在后。夫子循循然善诱人,博我以文,约我以礼,欲罢不能。既竭吾才,如有所立卓尔,虽欲从之,末由也已。"(《论语·子罕》)②

前文已对"博学于文,约之以礼"的译解的问题作过分析,这里简化论述,只引译文进而提出改进意见。

译文1. 他以文章开博我,以礼行节约我。钱穆今译(钱穆,2002:232)

译文2. 老师[……]用各种文献来丰富我的知识,又用一定的礼节来约束我的行为。杨伯峻今译(杨伯峻,1980:90)

译文3. 老师[……]用广博的文化知识充实我,用言行必遵的礼来约束我。孙钦善今译(孙钦善,2009:109)

译文4. 老师[……]以广博的知识丰富我,以严肃的礼制规范我。李泽厚今译(李泽厚,1998:221)

钱穆特地强调:"本章记颜子赞叹孔子之道之高且深,而颜子之好学,所以得为孔门最高弟子,亦于此见矣。惟夫子之道,虽极高深,若为不可几及,亦不过在人性情之间,动容之际,饮食起居交接应酬之务,君臣父子夫妇兄弟之常,出处去就辞受取舍,以至政事之设施,礼乐制度之讲贯。细读《论语》,孔子之道,尽在其中,所谓无行而不与二三子者是丘也。非舍具体可见之外,别有一种不可测想推论之道,使人无从窥寻。学者熟读《论语》,可见

---

① 杨逢彬(著),陈云豪(校),《论语新注新译》,此句的今译为"广泛地学习文献",见该书第125页。吴国珍(今译、英译及英注),*A New Annotated English Version of the Analects of Confucius*(《〈论语〉最新英文全译全注本》),则是"广泛地学习古代的文化典籍",英文译为 broadening his learning,见此著第176页。

② 何晏(注),邢昺(疏),《论语注疏》(李学勤主编,《十三经注疏》之十),第116页。

孔子之道,实平易而近人。而细玩此章,可知即在此平易近人之中,而自有其高深不可及处。"①

如此"高深不可及之处",当然不是实际的、物质性的、具体的东西所能体现的。因而,应该从精神层面去寻觅。到底"文学"或"文"指的是什么,这仍然是需要探究的。

而杨伯峻译文中的"老师"是不是特别像现代的、一般的老师:那种知识渊博因而希望或喜欢学生也行而效之的老师?即使再以"一定的礼节来约束我的行为",也不过如此。因为,哪一个做老师的,不曾是这样,或者说不愿意这样?

所以,译文泛化的意义正说明,它过于现代,必然趋向平淡,如此,也就和夫子之"文教"很少相合。

实际上,正如论者所说,"孔子所有的思想,都是以道德修养为根本的,所谓'壹是皆以修身为本'"②。背离了这个基本点,显而易见就会出现无法适应的结果。

若依孙钦善之译,每一个老师岂不都是这样:一方面,学识广博,要求学生也如是而为;言传身教,严守纪律,要求学生依之而行。而李泽厚的译文在这里也不过是用了"礼制"而已,似乎并不能从中体现出特别的,亦即,属于夫子特有的东西。这也就意味着,精神层面的力量是缺席的。

或许,时代的变迁,使"文"本身已经失去了它特定的内涵,或者说,它昔日的辉煌已经不再。但是,与"文"对应的现代汉语的表达方式,诸如知识、文化知识、典籍等等,其中可能早已不含有既定的内在化或美德内化的意向。因而,即使在注解夫子之语时有所注意,有关取向也是缺席的。那么,我们又要到哪里去寻找"文"之"德"呢?

汉语已是如此,英文又该如何?

译文 5. He enlarged my mind with learning, and taught me the

---

① 钱穆(著),《论语新解》,第 231-232 页。
② 徐刚(著),《孔子之道与〈论语〉其书》,第 73 页,北京:北京大学出版社,2009 年版。

restraints of propriety. Legge 英译(Legge，2010：77)

泛化趋势在此译之中极其明显。因而，作为一名教师的夫子，在这里也不过是扩大学生的思想(enlarged my mind with learning)，进而教导学生以适宜的礼对其行动加以约束(taught me the restraints of propriety)罢了。夫子身为教师，其作为竟然如此单纯、平易，那么，同一章之中的"仰之弥高，钻之弥坚，瞻之在前，忽焉在后"又该如何理解？显而易见，理雅各的译文是不到位的。

泛则必浮；完全显露于表面的，甚至是成为表面化的东西，可能并不是或并不能突出夫子的"博文约礼"。

译文6. He has enlarged my mind with an extensive knowledge of the arts, while guiding and correcting my judgment and taste. 辜鸿铭英译(辜鸿铭,1996：408)

此译文前半是对理雅各的模仿，但将 learning 改为 an extensive knowledge of the arts(广博的人文学知识)；后半所用的 judgment and taste (判断和鉴赏)，其倾向仍和他对"约之以礼"的处理一样，依据的是康德式的思想观念，因而，几与夫子无涉。

译文7. He has broadened me with culture, restrained me with ritual. Waley 英译(Waley，1998：109)

威利采用的时态和辜鸿铭的相同。在处理时，他也注意运用"拓宽" (broaden)和"限制"(restrain)意义相反的词语，如此也就便于在译文之中形成对立和互补。但是，此译的问题仍在于"文德"未见显扬，而内与外的那种对立自然也一样是缺席的。

译文8. He broadens me with culture and brings me back to essentials by means of rites. 刘殿爵英译(Lau，2008：146)

此译既见不到"博"与"约"的对立，内在、外在的那种对立当然也一样是荡然无存的。

译文9. He has broadened my mind with knowledge and restrained me with the rituals. 林戊荪英译(林戊荪,2010：155)

此译注意到了"博约"的关系的处理,但在更为关键的"文德"的内化上,一样没有顾及。

译文 10. [...] he broadens me with culture(wen 文), and disciplines my behavior through the observance of ritual propriety(li 礼). Ames and Rosemont 英译(Ames and Rosemont,1998:128)

此译与上引译文一样,没有将"文"与道德修养相联系。因而,单纯的"文化",或许并不能达到"文"对人的"教化"、"内化"、"德化"甚或"美化"、"雅化"的要求。如此内在的力量不得培养,则后文以"礼"对被培养者的"约"则不一定就是内在之德焕发出来之后的约束,而完全有可能仅仅是对人的"行为"(my behavior)的"惩戒"(discipline)。如此,我们是不是会很容易联想到夫子所说的"有耻且格"?

《论语·为政》记载:"子曰:道之以政,齐之以刑,民免而无耻。道之以德,齐之以礼,有耻且格。"① 夫子讲的本来是,若是仅仅依靠刑法或法律的力量,人会为了逃避惩戒,可能会没有廉耻之心;若是以道德来加以引导,用礼制去加以整齐,百姓不仅会有羞耻之心,而且有归服之意。那么,如何可能用在安乐哲的译文的评论上?

这是因为,和别的译文一样,若是内在里的美德没有到位,而纯粹依赖礼这种外在的力量来约束人的行动,那么,这样的行动者会不会像对付法律那样,来对付礼呢?也就是,尽管外在上表现得虔诚、谨慎,但实则非常不虔诚,甚至是极其不堪。也就是说,这样并无内在力量进入人心,或者说,人的内在力量没有汇合成为强大的精神支柱,以求发力于创造性的活动,那么,即使坚守诸礼,不越规矩,又有什么意义?空壳一般的人,究竟能做些什么,才可以达到以发自内心的力量,来营造衷心维护"礼"的那种动力呢?

也就是说,在最高意义上,文德的缺席会使一个人丧失掉他身为文化人的任何能力,因为在内心之中扎根进而表现于外的那种"内德",如果是不到位的,或者干脆就是缺位的,就会使人无以建构自身,在这种情况下,也就无

---

① 何晏(注),邢昺(疏),《论语注疏》(李学勤主编,《十三经注疏》之十),第15页。

所谓文化创造了。而在最低意义上,"文德"的缺席,会影响到人的自我充实,因为先天的力量无法和后天对"文典"的吸收的知识一起发挥作用。这样,就会造成人"敏而不达"的局面,空有小聪明,而难以企及才华横溢的程度。而夫子教育之导向,分明是要先天、后天相结合,而且是要人与文化、天等合一的。

这样,总是缺席的,却是最为重要的。没有它,就难以形成和古人的沟通:因为任何书籍都是过去的,任何文都是历史性的。也就是,昔不至今,如何打造自身?夫子的周文之梦,何以实现?没有它,先贤效法天的榜样力量,也是不存在的,如此,人也就缺少了与天相互亲近的一种渠道,空余下以一人之身与之相靠拢的可能。但是,问题在于,天可能在这样的直观之中,在无知、无见、无间的直视甚或逼视之中,允许人与之亲近吗?那还可能是亲近吗?

因此,有必要重新译出"博我以文":

Cultivating the inner virtue in me by broadening me with culture. ①

"文"通"纹",本义指各色交错的纹理。《周易·系辞下》载:"其旨远,其辞文","物相杂,故曰文。文不当,故吉凶生焉"。②《礼记·乐记》称:"五色成文而不乱。"③《说文解字》曰:"文,错画也,象交文。"④所有这些解释去古未远,因而都带有特定的形而上意味。而熊十力的哲学解说,突出的也是对"文"的"天人合一"追求的解释。

依熊十力,则汉儒、宋儒以及现代的解经者,乃至英文的译解者,大多没能做到如何体会夫子的微言大义,因而,其注解译文一般来说是不到位的,

---

① 杨逢彬(著)、陈云豪(校),《论语新注新译》将之译为"用文献来充实我",见该书第172页。吴国珍(今译、英译及英注),*A New Annotated English Version of the Analects of Confucius*(《〈论语〉最新英文全译全注本》)的今译是"用各种典籍来丰富我的知识",英文译文则为 broaden my learning,见此著第235页。

② 王弼(注)、孔颖达(疏),《周易正义》(李学勤主编,《十三经注疏》之一),第312、319页。

③ 郑玄(注)、孔颖达(疏),《礼记正义》(中)(李学勤主编,《十三经注疏》之六),第1110页。

④ 许慎(著)、班吉庆、王剑、王华宝(点校),《说文解字》(校订本),第254页。

也是难以对应的。

以中庸之道来疏解《论语》,若是肯定夫子是要回归到古人的宇宙论所描述的那种最为自然的状态,则以之为阐释学方法论,便是顺理成章的事情。但是,"天下国家可均也,爵禄可辞也,白刃可蹈也,中庸不可能也"(《礼记·中庸》)[①],是否已经真的成了现实? 果真如此,夫子之真意,又如何传之现代,更遑论及于域外?!

[①] 郑玄(注),孔颖达(疏),《礼记正义》(下)(李学勤主编,《十三经注疏》之六),第1427页。

第二部分

1.7 《论语》中之"文莫"

1.7.1 走进"文"的要求

　　只有从中庸之道的角度切入,《论语》中一向未被纳入理解的正确轨道的意向的"文莫",才可得其正解:内外一致,而动静合一。本节还依此对英汉语的译文进行了批判。《论语·述而》"文莫"一章,众说纷纭,莫衷一是。近年来,倒是有两篇文章试图解决有关问题。一是许征的《"文莫吾犹人也"别解》[①],二是俞志慧的《〈论语·述而〉"文莫吾犹人也"章商兑》[②]。第一篇文章提出"文莫吾犹人也"意思是:"(就生理属性而言)从外表到内心我跟一般人都差不多。"但未及将译解置于语境之中,比如,作者没有考虑如何将下文"躬行君子,则吾未之有得"同时引入思考,而且,似乎"生理属性"与夫子所论关系不大。第二篇则从语法入手,认为"莫"本无实际词汇意义,只是一个虚词,其作用是,因"文"一字不成词,故需"莫"字缀在实词后面,起舒缓语气的作用。如此,此句可以杨伯峻之译为解:"书本上的学问么,我同别人差不多。在生活实践中做一个君子,那我还没有成功。"但此解未达圆足之境。因为,一、译文之中所用的"学问"若可指"莫"(这是从杨伯峻的译文推测出来的:"书本"指的是"文",而"学问"则可能指"莫"),则后者一定是实词,而非文中所强调的虚词;二、夫子所说的"学问"乃至一切事物,都不可能不指向"文德",这也是他"修德之教"的重点。也只有这样解释,此部分前半句说的是内在美德的打造,后半句则讲美德在行为上的落实,如此,才合乎儒家

[①] 载《新疆教育学院学报》2010 年第 4 期,第 99 – 101 页。
[②] 见《绍兴文理学院学报》1999 年第 3 期,第 24 – 28 页。

"一阴一阳之谓道"之大义。易言之,"文"应指"德",而"莫"的意思则是广博、广布。那么,夫子说的是:在打造文德方面,我注意广博;(尽管如此,若是论及)躬行君子,我还是没有达到要求。

本节一方面是要对先贤所作的解释进行分析,另一方面则要对有关汉语和英语译文展开批判,以求走近夫子之"文"。

1.7.2 "文莫"之"莫"并非虚词,不当以杨伯峻的译解为准

依俞志慧,先儒对"莫"字有以下这些训释:

一、释为否定副词,相当于"无"、"不"。何晏《论语集解》:"莫,无也。文无者,犹俗言文不也。文不吾犹人者,言凡文皆不胜于人,但犹如常人也。"①皇侃《论语义疏》进而解释道:"孔子谦也。孔子言我之文章不胜于人,故曰'吾犹人也'。"至于"莫"字,则未予置词。

二、释为推测性连词,相当于"可能"、"也许"。如,朱熹《论语集注》:"莫,疑词。犹人,言不能过人,而尚可及人;未之有得,则全未有得,皆自谦之辞。"②释"莫"为"或许"、"也许"之类的义项,于本复句的语气自然能顺利贯通,但问题是验之于先秦典籍,于"莫"字本身的义诠,缺少应有的词源学依据。

三、与"文"字合成一词作联绵字解读,相当于"黾勉"、"勉强"。如,刘台拱《论语骈枝》云:"杨慎《丹铅录》引晋栾肇《论语驳》:'燕、齐谓勉强为文莫。'"③又,刘宝楠《论语正义》:"夫子谦不敢安行,而以勉强而行自承。犹之言学,不敢居'生知',而以'学知'自承也。"④杨雄《方言》则云:"侔莫,强也。北燕之外郊凡劳而相勉若言努力者谓之侔莫。"⑤将《方言》原文与二刘立论相对照,则可看出,《方言》所指为"北燕之外郊"而非"燕齐",语言差别

---

① 何晏(注),邢昺(疏),《论语注疏》(李学勤主编,《十三经注疏》之十),第 97 页。
② 朱熹(撰),《四书章句集注》,第 101 页。
③ 见陈大齐(著),《论语辑释》,第 109 页,北京:华夏出版社,2010 年版。
④ 刘宝楠(著),《论语正义》(《诸子集成》第一册),第 152 页。
⑤ 钱绎(撰集),《方言笺疏》(卷7),第 5 页,上海:上海古籍出版社,1984 年影印清光绪六十年红蝠山房本。

自然不可以道里计,更不能以北燕外郊之方言去解释孔子所在的鲁国方言或者其时雅语。"子所雅言,《诗》,《书》,执《礼》,皆雅言也。"(《论语·子罕》)①

最后,也是最重要的,即使"文莫"释为"黾勉",在语音上不成问题,在义理上也会发生前后矛盾。"黾勉"是什么意思呢? 是勤勉努力,那么这与下一分句的"躬行"又有什么区别? 二者在逻辑上有着概念上的同一性,这就相当于说"A 吾犹人,A 则吾未之有得",这不是很滑稽吗?

作者认为,"莫"字既不是否定副词或推测性连词,也不是联绵字。他指出,根据这一分句的内在特征,可以认为,后一分句仅言"行",前一分句也就只能言说一种德性:"文",而"文"和"行"正是孔子语汇中相对比而存在的一对概念,如《论语·述而》:"子以四教:文,行,忠,信","行有余力,则以学文"。② 正如钱穆所说:"孔门论学,范围虽广,然必兼心地修养与人格完成之两义。"③根据上述,就可以排除"莫"字可能为实词的解释,如"德正应和曰莫"(《周书·谥法》、《左传·昭公二十八年》④、《礼记·乐记》"莫其德音"郑注⑤),又如"莫莫,言清静而敬至也"(《诗经·小雅·楚茨》"或燔或炙,君妇莫莫"郑笺⑥),所以只能作虚词理解。

不过,我们认为,很难说"文"到底属于什么词类,也更难说"莫"是什么词。毋宁说,汉语的很多字,在根本上都是动态词:表示动态、变化和过程,而不是别的什么。

比如,"文"与"章"连用,则意味着"天"和人类文化精神的"内在化",因而,"文"应以动词视之,意为"文德"之内化,"章"则是此文此德的显现,被朱

---

① 何晏(注),邢昺(疏),《论语注疏》(李学勤主编,《十三经注疏》之十),第 91 页。
② 同上,第 93、7 页。
③ 钱穆(著),《论语新解》,第 5 页。
④ 左丘明(传),杜预(注),孔颖达(正义),《春秋左传正义》(下)(李学勤主编,《十三经注疏》之七),第 1497 页。
⑤ 郑玄(注),孔颖达(疏),《礼记正义》(下)(李学勤主编,《十三经注疏》之六),第 1122 页。
⑥ 毛亨(传),郑玄(笺),孔颖达(疏),《毛诗正义》(中)(李学勤主编,《十三经注疏》之三),第 815 页。

子以"明"解之,也自然是动词。强调动态过程,始终是国人的精神趋向。因而,如此解之,也就合乎了阴阳之道的宇宙论基本规律。也就是说,我们对《论语》的解释,应该将"广大如天地,无不覆载,变通如四时,迁运无穷"(熊十力语)①的中庸之道作为方法论。理由是,舍此,则很难找到优入圣域的途径,也就难以企及天道。而这正是先儒所没有重视的。中庸之道的缺席,其影响所致,不仅给历代解经者带来诸多问题,比如,对"文"的实体化甚或物质化,如朱子曰:"文,谓《诗》、《书》六艺之书。"②而对作为"德之总名"③的"文",几乎不置一词。尽管"以文会友"、"文行忠信"、"斯文"、"夫子之文章"、"焕乎,其有文章"以及"行有余力,则以学文"等表达之中的"文",都可能含有美德的意思。④

那么,如果我们将"文莫"之中的"文"字也解为"德",则前半句讲的是内在之美德,突出夫子学道方面十分努力;而后半句则是他谦虚的表达,努力之后,在行动上似乎仍有不足,因而不能达到躬行君子的基本要求。如此,一内一外,内外相辅相成,正是中庸之道的精义所在。夫子依此作句,可谓深得此道精神。

那么,"莫"字何解?上引俞志慧的论文,其中有一处可以作为提示。

俞志慧文中提及《诗经·大雅·皇矣》之中的"貊其德音"。此一表达,或是一线索,可以帮助我们找到解释"文莫"的正确道路。

他指出,《周书·谥法》、《左传·昭公二十八年》、《礼记·乐记》三部著作之中都引用了此诗中的"貊其德音,其德克明"。貊:《左传·昭公二十八

---

① 见氏著,《原儒》,第1页。
② 朱熹(撰),《四书章句集注》,第49页。
③ 《书·文侯之命》:"追孝于前文人。"孔传:"使追孝于前文德之人。"《国语·周语下》:"夫敬,文之恭也。"韦昭注:"文者,德之总名也。"详见《汉语大字典》编委会(编),《汉语大字典》,第909页,"文"字的解释。
④ 安作璋主编的《论语辞典》,认为先儒注解之中的"文"有"文化","文采","文字、文辞","文饰、掩饰","特指周文王"以及"谥号"等六种意义,但就是未见"德"的意义。

年》①及《礼记·乐记》皆引作"莫"②。莫,传布。貊:不声张。《郑笺》:"德正应和曰貊。"③貊又通"寞"。《集韵·陌韵》:"貊,寂也,定也。"这里用为安定、安静之意。

另有论者指出,《诗纪·大雅·皇矣》一诗第四章言,上帝度量文王品行端正,乃赐以洪福。④ "貊其德音"的"貊",《毛传》释为"定",高亨引《广雅·释诂》,"莫,布也",以为此句"言他的美名传布四方"。⑤

赵帆声注曰:"《传》:'貘,静也。'按:《礼记·乐记》引《诗》作'莫其德音'。是貘通莫(mò)。《广雅·释言》:'莫,漠也。'漠之义亦为'大'。《广雅·释诂》:'莫,布也。'布,广布。如是,'貊其德音'即言广为布其德音。"⑥

若可将"文"解为"德",而"莫"又可释为"布",则"文莫"的意义便和"莫其德音"一致:"文莫"的意思便是,夫子自言,他在修德方面注意广博。如此,"文莫"便与后文的"躬行君子"构成一内一外的格局,所谓"相辅相成",在这里起到了应有的作用。如此,二者对应,内外合宜,体现的正是中庸之道。

《礼记·中庸》有云:"合外内之道也,故时措之宜也。"⑦因而,依此道,此词可得正解。

---

① 左丘明(传),杜预(注),孔颖达(正义),《春秋左传正义》(下)(李学勤主编,《十三经注疏》之七),第 1495 页。

② 郑玄(注),孔颖达(疏),《礼记正义》(下)(李学勤主编,《十三经注疏》之六),第 1123 页。

③ 毛亨(传),郑玄(笺),孔颖达(疏),《毛诗正义》(下)(李学勤主编,《十三经注疏》之三),第 1027 页。

④ 详见姚小鸥、郑丽娟(撰),《〈大雅皇矣〉与文王之德考辨》,《中州学科》2007 年第 2 期,第 188-191 页。

⑤ 高亨(著),《诗经今译》,第 391 页,上海古籍出版社,1980 年版。

⑥ 赵帆声(著),《诗经异读》,第 362 页,开封:河南大学出版社,2002 年版。

⑦ 郑玄(注),孔颖达(疏),《礼记正义》(下)(李学勤主编,《十三经注疏》之六),第 1450 页。

1.7.3 对有关译文的批评

正因为解经者并没有坚持中庸之道,因而,对"别开一新天地"[①]的儒家思想的基本道理——"相辅相成"[②]无甚了解,因而,有关解释可能就是不对应的。

例 12. 文莫,吾犹人也。躬行君子,则吾未之有得。(《论语·述而》)[③]

译文 1. 努力,我是能及人的。做一个躬行君子,我还没有能到此境界。钱穆今译(钱穆,2002:194)

"能及人",若不是指一般人、常人,那么,君子也就包含其中。如此,这两句话是否存在不可避免的矛盾,即"努力"和"躬行"不能统一? 既然努力,还没有达到"境界",怎么知道那是一种努力,或者说,一种合乎要求的努力? 没有设定内在的标准,或者先行设定标准,又何来"境界"?

译文 2. 书本上的学问,大约我同别人差不多。在生活实践中做一个君子,那我还没有成功。杨伯峻今译(杨伯峻,1980:76)

果如此,则钱穆的译文之中的问题,在这里也一样存在。而且,由于"文"没有和"行"联系起来,因而,便可看到另一个不通之处:夫子为什么会谦虚到要说他的学问和别人差不多呢? 假若真是这样,他并没有倾心追求先贤的遗文,因而,不能成为一个"躬行君子"? 或者说,他对作为"书本上的学问"这种"文"本身就没有兴趣甚至很鄙视,因而,无所谓为之"努力"?"学问"未及深入,那么,"谦谦君子"也就谈不上了。果如此,似乎这一译文又是说得通的。但是,问题在于,这里也一样只有外在的东西,而内在的"文",亦即"德",因为是缺席的,故无法支撑"学问",也更无以使人企及"躬行君子"的理想。

译文 3. 论努力,我跟别人差不多。至于在自身修养上完全达到君子的标准,那我还未能有所收获。孙钦善今译(孙钦善,2009:91)

这里所用的"标准"不但是现代化了夫子之意,而且在很大程度上因为没有内化的那种德的滋养,所以,似乎夫子就成了一个"差不多"的人物,也

[①] 熊十力(著),《原儒》,第 11 页。
[②] 同上,第 5 页。
[③] 何晏(注),邢昺(疏),《论语注疏》(李学勤主编,《十三经注疏》之十),第 97 页。

就是马马虎虎甚至是连"个人的追求"("努力"的意义?)也会变得无所谓起来。

译文 4. 学习礼仪文献,我大概和别人差不多,努力实践做一个君子,我还没有达到。李泽厚(李泽厚,1998:193)

李泽厚引《集释》指出,"莫为其之误",进而强调此章"仍然是特别强调实践"①。不过,依此译来看,尽管"努力"了,夫子自称还是没有能"达到"成为君子的要求。这样,和上引译文一样,他是否说的是,这样的"实践"在方向上出了问题,因而,不管如何努力,最终都和心目中的君子距离遥远?而且,"学习礼仪文献",是否会沦为形式上的东西,而不是倾心尽力"做君子"的要求?或者说,这样的"学习"本来就和"做君子"没有关系?无论如何,这一译文由于未将"文"界定为内在化的精神力量,而不能与"君子"的追求连成一气。如此,也就产生了和诸多译文一样不可避免的问题。

译文 5. In letters I am perhaps equal to other men, but the character of the superior man, carrying out in his conduct what he professes, is what I have not yet attained to. Legge 英译(Legge, 2010: 65)

Legge 的译文将"文"译作 letters,意为文化修养、学问以及知识等。这样的物质化的解释,仍然将原文之中"文"与后文的"行"割裂开来。而且,profess 一词的使用突出的是 superior man 这样的人物,是在说明自己是有明确追求的。但是,如此一来,将君子译为 the superior man,一下子把这样的人物拔高到极限(至高无上的人、人上人、人中之龙?),哪里还能或需要再行达到、企及(attain to)?这样的人偏偏还要声言(profess=公开声明,口口声声?)他唯此是求。但是,这样,他还算得上"谦谦君子"吗?一直外求的种种暴露,是"君子"真的要追求的吗?

译文 6. In the knowledge of letters and the arts, I may perhaps compare myself with other men. But as the character of a good and wise man who carries out his personal conduct what he professes,—that is

---

① 详见李泽厚(著),《论语今读》,第 193 页,合肥:安徽文艺出版社,1998 年版。

something to which I have not yet attained. 辜鸿铭英译(辜鸿铭,1996:397)

此一译文问题比上一译文更甚,因为,除了 profess 袭用带来的疑问之外,还有一个比较严重的问题:由于割裂了"文"与"行"的关系,因而,在"文化知识和诸艺"(In the knowledge of letters and the arts)方面,可与他人相提并论的"我",既然知识如此广博,又如何可能尚未企及"要实施自我宣称的个人行为的一个善良而又智慧的人的品格"? 这不是正意味着,夫子之"文"无论如何光辉灿烂,始终是未及真正的"君子"的要求? 这样,学"文"无益,为什么还要拥有那么广博的知识? 换言之,知识是无用的,而实践上的追求又是失败的。夫子,难道真的就是如此狼狈,还是他的追求就是这样? 那么,"知其不可而为之"(《论语·宪问》)①又该如何解释?

译文 7. As far as taking trouble goes, I do not think I compare badly with other people. But as regards carrying out the duties of a gentleman in actual life, I have never yet had a chance to show what I could do. Waley 英译(Waley,1998:91)

译者以"不怕麻烦、费心"或"勉力而为"(taking trouble)来处理"文莫"。但是,问题仍然是,这一"努力"追求毕竟在第二句落了空:"文莫"之求与"躬行"之意,已被打为两截;君子的责任(the duties of a gentleman)以什么来判定,沿着正确的路线、按照正确的方法来施为(carrying out)已经有了问题,而译文最后竟以"我从来都未能找到机会来显示我能做些什么"来表达"躬行"(?)之意,未免行之过远。试问,君子有可能如此急于显现自己吗? 那岂不是"不患人之不己知,患不知人也"(《论语·学而》)②的反动,突出的岂不是"人不知而不愠"(《论语·学而》)③的反面吗?

译文 8. In classics, I'm no worse than anyone else, but I have yet to become a man of honor who practices what he has learned. 林戊荪英译(林戊荪,2010:131)

---

① 何晏(注),邢昺(疏),《论语注疏》(李学勤主编,《十三经注疏》之十),第 200 页。
② 同上,第 13 页。
③ 同上,第 2 页。

这一译文似乎是将"文"与"行"联系起来。但是,仔细看来,情况可能并不是这样。因为,若是如此,按照译文,夫子就是在说,他业已可与他人相比,也就是获得了足够的知识和见识。这样,他就不可能不将所学付诸实践(practices what he has learned),也就是成为一个君子。而此译将君子译为 a man of honor,如此的"名誉之士"是否太过炫耀,是否会导致他闻名乡里,甚至享誉诸国,进而无法确保他自身还是一个有追求的、实实在在的人物?既然高尚的道德未在"文"之中得以体现,夫子身为学习者又不懂如何在如此这般的"文"之中叙述先贤的意志,那么,对名誉的定位是否会进一步将这样的君子"改造"成徒有虚名的人物?

译文 9. In the niceties of culture(*wen* 文), I am perhaps like other people. But as far as personally succeeding in living the life of the exemplary person(*junzi* 君子), I accomplished little. Ames 与 Rosemont 英译(Ames 与 Rosemont, 1998:118)

此译以文化之精微、精细(nicety of culture)来传译"文"之内涵,不可谓不用心,不过,问题仍然是,这样的"文"并没有和"行"联系起来,"文"只是外在的力量。这样,尽管"我"仍然是和他人一样,但是,为什么会达不到君子的水平,如果说,他人之中一定存在君子的话?相反,若是认定他人之中不存在君子,那么,与他人相较用意何在?

译文 10. In literature, perhaps I am equal to others. But I cannot manifest the behavior of the noble man. Muller 英译

若是按照这一译文,则夫子在"文学"领域,足以和他人并驾齐驱,但此译已将之拉向西方和现代,不再具备夫子之春秋风采。一力彰显甚或张扬其所作所为(manifest the behavior),即使是高贵、高雅之人(the noble man),但那会是孔夫子吗?

译文 11. In unstinted effort, I can compare with others, but in how to be a practising gentleman I can, as yet, claim no insight. 刘殿爵英译(Lau, 2008:123)

在这一译文之中,本来致力于"文"来追求"君子之道"的夫子,以"不吝

惜的努力"(unstinted effort)可得与他人相比,但是,就是没有办法突破瓶颈,因而,竟然不能对如何成为一个实践的绅士(in how to be a practising gentleman)提出任何洞见(claim no insight)。夫子这里是自谦,还是过分自我贬低?是突出他的"行"与"文"之间的距离,还是在讲君子(或者说"绅士"?)就是不能从事实践?因而,要在此词前面加上 practising?既然他无法提出洞见(insight),又如何明确实践?这是不是在进一步拉大"行"与"文"之间的距离,还是在强调,那是不可跨越的?但是,问题在于,夫子至于如此"无德"又无识吗?果真如此,这是在再现夫子的形象,还是在抹黑他?

若是将"文"与"行"统一起来,一方面是需要将"文"解为"德",另一方面,则必然要依照中庸之道的基本原理来疏解文意。依此,我们作出了以下的译解:

译文 12. 文德之修养,在广博上,我或可与人相比;但是,毕竟躬行深入不足,因而尚未达到成为君子的要求。

译文 13. Attention to the broad cultivation of the inner virtues as seen in letters brings me on a par with others. But, as for the requirements of the superior man, I have not attained the goal for a lack of depth in practice in that direction.①

1.8 "以儒解儒"的中庸之道方法论:以《论语》"文过"与"文之以礼乐"的汉英译解的内在化指向为例

1.8.1 什么叫"以儒解儒"

关于《论语》的译解,目前国内的研究很少运用方法论,理性的知识求索

---

① 杨逢彬(著),陈云豪(校),《论语新注新译》,该书将"文莫"译为"书本上的学问",见第144页。吴国珍(今译、英译及英注),*A New Annotated English Version of the Analects of Confucius*(《〈论语〉最新英文全译全注本》),今译则为"书本知识",相应的英文译文是academic studies,见此著第 204 页。

或是其原因,儒家的思想可加以对治:研究过程即为修德过程,亦即为"成人"的必要步骤。而这种由内在化切入,便已启动了中庸之道,后者可视为儒家思想的方法论:它能将解经者引入生命的自然进程。本节试图以"文过"和"文之以礼乐"的中英文译解为例,对有关问题加以说明和分析。

夫子自称"郁郁乎文哉,吾从周"(《论语·八佾》)①,"天之未丧斯文也"(《论语·子罕》)②,以"周文"的继承者自命,而且,认为"天生德于予"(《论语·述而》)③,即接受天命之委托,故而,他要担负起历史重任。因而,《论语》多处论及"文",如颂扬"夫子之文章,可得而闻也",强调"博学于文",说明夫子以"文行忠信"为"四教",提倡"修文德",坚持"以文会友"。不过,这些"文"都与另外两处的"文"不同:一是"小人之过也必文"(《论语·子张》)④,一是"文之以礼乐"(《论语·宪问》)⑤。因为,这两处的"文"都是动词,表达的是"文饰"的意思。不过,这样简化的理解,却是有问题的。

比如,《论语辞典》如此总结先儒对此一义项的解释:"文饰,掩饰。旧读 wèn。《宪问》一四·一二:'文之以礼乐,亦可以为成人矣。'皇侃《义疏》:'又须加礼乐以文饰之也。'《子张》一九·八:'小人之过也必文。'何晏《集解》引孔安国曰:'文饰其过,不言情实。'"⑥之所以说这样解释有问题,首先是因为,尽管都用"文"字,但"文之以礼乐"意为以"礼乐"加以修饰,使人的言行更为文雅、高贵,要做到这一点,还需以背后的或曰内在的精神的力量作支撑。也就是说,"文之以礼乐"的意思是"增益"、好上加好,口气是肯定的,态度是积极的。而"礼乐"之"修饰",实则是说,"礼乐"应成为一种内化的力量,表现为人的修养。也就是说,"礼乐"之设,绝不是外在的,而是一种要对人内心世界加以维护、稳定,以使之体现出内在的美德的力量。易言之,"礼乐"绝不仅仅是外在的施加,而更应深化为内在的蕴涵和提纯:虽然

---

① 何晏(注),邢昺(疏),《论语注疏》(李学勤主编,《十三经注疏》之十),第 36 页。
② 同上,第 113 页。
③ 同上,第 93 页。
④ 同上,第 257 页。
⑤ 同上,第 188 页。
⑥ 安作璋(主编),《论语辞典》,第 69 页。

是规约性的精神力量,但它最终还是要化为人的内在动力的。所谓"人文化成"[①],意义就在这里。因而,它与另一处的"文",趋向恰相反动:"小人之过也必文"讲的是,有了错,偏偏要加以掩饰、遮盖,不愿为人所知,但又因惧怕最终显露,故而,横加伪饰甚或累赘的雕饰。

很明显,"文之以礼乐"突出的是内美的打造和修炼,以及所成之德的外化。一内一外,而内外相合。这也是在说,在"礼乐"的指引下,人的言行一致,诚笃厚实,而美德自见。而"小人之过也必文"强调的则不仅仅是掩饰和文饰,甚至是花里胡哨的粉饰,是对不欲人知而又可能为人所周知的错误或缺点的掩盖和遮蔽。本来可能是不大的、小小的错误,如此遮遮掩掩,反倒透露出当事者的不诚、不实甚或不善,不免有自欺欺人之嫌甚或"欺世盗名"的"伪善"之疑。如此,二者虚实相离、真伪相悖、正反相违,可谓互为反动。因而,简单化的理解必然引出问题。

很明显,夫子笃实求诚,反对文饰、华而不实,当然不会将外在化、虚饰或表面现象作为解释世界的路径。如此,"过"若粉饰以"文",就要为他所贬低、痛斥。这样,若就外在的倾向来解说两处"文"字的意义,则必然走向经文原旨的反面。但问题恰恰就在于,解经者中不乏这样的倾向。因而,辨正也就有了必要:这样做不仅关乎"文"的理解,也涉及儒学一个思想指向上的重大问题——内在化的进路及其所特定的解经的方法论,亦即中庸之道。

本节试图以现代汉语和英文的译解为例,对这两处的"文"的意义的语内、语际的有关处理加以讨论,以求回归经文原旨。因为中庸之道作为解经的方法论,始终未得关注,而其他方面的理论系统,在《论语》的解经过程中也并未发挥资源优势,至少很少见到有效的运用,因而,有必要对有关研究加以回顾,进而对中庸之道作为方法论的大功大用进行分析。

---

① 《周易·贲卦·象传》曰:"刚柔交错,天文也;文明以止,人文也。观乎'天文',以察时变;观乎'人文',以化成天下。"王弼(注),孔颖达(疏),《周易正义》(李学勤主编,《十三经注疏》之一),第105页。

1.8.2 "以儒解儒":《论语》英译研究的方法论问题

1.8.2.1 相关博士论文方法论的缺席,与《论语》解经的回归

应该指出,《论语》的注解,历来几乎是随文注释。因而,按照一般的看法,的确很难见到"一以贯之"的解经方法。至于今日的有关探索,传统的"辞章、义理、考据"之学,现在视之,未免宽泛,且很难说是解经的统一法则,尽管其中可能不乏这方面的成因。因而,可以认为,对解经方法论的探究,具有特别的重大意义①,尤其是在将儒家之思想创发用之于儒家这一方面。毕竟,近代以来学界一直都是将西方的思想视为思想,而其他思想几被忽略。在跨文化交流已经达到某种高度和广度的今天,不以民族思想为资源,去探究平等的可能性,我们要拿出什么,才能说明思想的对话是因为个别文化的参与才见其特色的? 如果承认儒学首先表现为一种思想,那么,它竟然没有自己的方法论? 这岂不是在说,这样的思想,只能是别的思想研究的对象或曰历史资料,也就是完全过时的东西,因而,也就不会有精神力量可言? 若是对此没有清醒的认识,即使强调那是儒家的,最终的结果还是会像黑格尔所发狂言:"我们看到孔子和弟子们的谈话,里面所讲的是一种常识道德,这种常识道德我们在哪里都找得到",因而,"假使他的书从来不曾有过翻译,那倒是更好的事"。②

无疑,方法论是十分重要的。但是,目前来看,《论语》的英译研究,可以

---

① 杜维明提出应以"对话"作为方法,进入儒家经典的解释,但是,似乎他只是论及此一方法是非"辩证"的(详见氏著,《二十一世纪的儒学》,第 267 - 268 页),并未进一步展开。倒是他所提出的"在儒家看来,原初纽带是修身的根本"(上引书,第 162 页),值得认真探讨。"原初纽带",英文表达为 primodialties,"指一些构成人之所以为人的那些基本特征","不是静态的结构,而是动态的过程,无时无处不在流转之中"(同上,第 161 页)。而刘笑敢强调,应在中国哲学研究中重视方法论的自觉意识,关注两种取向,即,"忠于历史与文本的学术取向和立足当下和未来的应用取向"。前者是客观性定向,后者则是主观性定向[详见氏著,《挣扎游走于两种定向之间——以朱熹〈论语集注〉为例》,此文原以"从注释到构构:两种定向、两个标准"为题,刊于《南京大学学报》2007 年第 2 期,后经修改收入刘笑敢(主编),《经典诠释之定向》(《中国哲学与文化》第三辑),第 108 - 132 页,桂林:广西师范大学出版社,2008 年版]。但我们认为,"主客二分"本身可能和儒家"天人合一"之取向是相反的。

② G. W. F. 黑格尔(著),贺麟、王太庆(译),《哲学史讲演录》(第一卷),第 119 页。

说全然令人失望。因为,有关论文,要么在研究中根本就不运用任何方法论(甚至是不置一词),要么是不问方法论究为何物,进而无视论文写作本身所需要的指导性理论的预设以及由此而来的论证的完整性和论文本身的整体性。

在《中国知网》,我们可以看到14篇讨论《论语》或者传教士有关儒家经典的英译问题的博士论文,其中2篇已作为专著出版。就在这些论文之中,我们看到了极不情愿看到的情况:除了1篇以语境化为题研究《论语》英译的论文之外,其他文章(或专著)并未见到方法论的踪迹。由此导致的问题应该是很严重的,加以描述的话,有下文这些表现:

一、灵光一现,举世黑暗。绪论之中仅仅点出论述要运用什么方法,但后文完全没有照应。如一文提出要以"唯物主义"等为"理论指导",就是这样的情况。二、手段多多,难见联合。或是因为不明白方法论的要义,故而以手段或研究方法取而代之,至于有关工具是否具有兼容性,又是否可以相互通约,并不在作者的思想视野之中。如一文声言要运用"解读法","历史学、语言学交叉法","对比法","翻译法"以及"归纳研究法",但这些"方法"作为"概念"有无重叠,是否相互配合,又能否形成一体,似并未进入作者的思考范围。另一文涉及的理论包括语言学派、功能学派、文化学派、解构主义等,但将之收编的可能性何在,不知为何不加说明。三、理论无为,历史无益。一篇论文声称要运用"东方主义"的"成果"。如果那是肯定性的,那么,与萨义德(Edward Said)所一力批判的肯定大相径庭,但该文并未见到分析和解释。四、颠覆逻辑,放弃分析。一文提出要运用"描写法"。但是,如果其中含有特定的"后现代"思想倾向,那么,在"规约性"缺席的情况下,判断力如何发挥作用已经成为一个问题。而没有判断,不作判断,甚至也没有能力作出判断,这样的"描写"还能成为一种方法吗?假若判断力本身已被"解构",我们又如何明白,那就是一种"方法"?五、沉湎陈迹,罔顾事实。一文论及"翻译研究学派",特地点出"尤其是"勒弗维尔和巴斯奈特,认为以此为"视角",就可涵盖"忠实传意"和"再现风格"的"二元论方法"以及"功能主义目的论"等,但是,有关研究何曾重视过"忠实"? 六、中西杂陈,真味难寻。

一文声明,要采用的研究方法是"历史考据"、"文本分析"以及"定性的内容分析和话语分析"。但正如钱穆所指出的,"惟考据乃证定知识之法门,为评判是非之准的"①,还强调,"讲话又要有本有据,那是考据之学"②。如此,"考据"一定不属于"分析(法)",那么,它们能共同进入本应具有"同一"性质的系统之中吗?若是不能,硬性加以铺排,论文写作之中还含有基本的理论思考吗?

很明显,上述论文除一篇外,其他都没有关注如何以一种理论或多种理论的统一化形式,引入论题的论述,同时一以贯之,将理论化贯彻到底,使之成为真正指导文章论述的规约性的框架;实际上,也只有这样,论文才算得上是趋向整体性和完整性的。相反,我们看到的论文,绝大多数是以个别的、单一的方法或者是近乎随意地混合、铺排,引入论题,而没有顾及这些方法是否兼容。总的方法的缺席,可能会造成的后果是,讨论只是随意为之,而见不到论述的"公共"指向。而后者才能突出,具有普遍性意义的那种理论才可引出真正的见识甚或洞见。

不过,我们这里关注的是:方法论之所以不在场,原因是否在于太过"客观化"的追求,即对知识的求索不一定关涉人的生命问题甚至人的成长,于是,就造成了研究者与研究对象之间出现不可跨越的距离?如果其中存在这样的原因,那么,中华文化若是作为思想资源,当然是可以起到纠偏作用的。但问题是,如上所述,儒家思想的方法论究竟如何,很少有人言及。而这可能意味着,儒学典籍的译解进路与研究路向,与"为己之学"并没有联系起来,研究本身和作为学者呵护自身、滋养生命的那种实践性的学问,也被割裂了开来。传统的"以文修道"的追求③,尚且可以滋润研究者的生命,而

---

① 引自钱穆(撰),《学术与心术》,收入氏著,《学钥》,第137页,香港:香港南天印业公司,1958年版。

② 见钱穆(撰),《史学导言》,收入氏著,《中国史学发微》,第41页,台北:东大图书有限公司,1989年版。

③ 郑家栋认为,对于熊十力、牟宗三等人来说,写作本身就是一种修身的形式,甚至可说是一种审美的实践。见氏著,《孤独、疏离、悬置:牟宗三与当代新儒家的境遇》,李明辉(主编),《儒家思想的现代诠释》,第171页,台北:"中研院"文哲所,1997年版。

当今的儒学成为"客观的研究对象",因而,"工夫论"显然已经不能在研究者那里发挥它应有的效用。如此,《论语》之解经,的确需要回归正途。

1.8.2.2 以儒解儒的学问修身:为己之学的指向

方法论的缺席造成的后果可能是自说自话,而很难使个人意见变为公共思想,可供学界展开对应性的研讨,自然很不容易使结论成为可资参照的系统知识。如此,不依照儒家本身的思想进入儒家,而站在解读者自己的立场,就会因为这样的研究对"公信力",即人人都可得而信之的那种路径的偏离,而导致不能与经文原旨产生对应。因而,在解经史上,比如,西方传教士的儒学传播之中,也就出现了非常奇特的情况:儒学被不断发明再发明出来。① 那么,我们假若还是以一己之所好,而不是儒家本身的思想作为资源,是不是还会出现同样的问题? 这是非常值得注意的。

还应指出,上述诸文,其方法论的缺席,就有可能使有关论述不具有可以探究的公共性,而且,最为严重的是,有关讨论也不一定能突出地体现儒家真正的哲思。就《论语》经文的解读而论,这方面的研究尤其如此:不论是语内的解释,还是语际的传译,其根本追求难道不是要回归经文的微言大义吗? 而这样的回归,不应该"以儒解儒"吗?

这里所说的"以儒解儒",焦点理应包括:一、注重"心学"的指向,即经文本身所蕴含的"成人"的内在化的要求,以及身为读者、译解者以及批评者的我们对之必有的认同和回应;二、关注经文与作为解读者的我们本身的关系,即以经文作为身心修炼的法门,而不是与之拉开距离,期求别方面的知识的习得或收获,这样,解经的过程,也就意味着人的成长过程;三、突出儒家"生生"之动态过程,也就是对生命的认同及其价值的高扬,参与了这样的

---

① Lionel Jensen 认为,是西方传教士对中国传统进行了发明(invention)和再发明,而孔子"传达的是耶稣会士们本质上的他异性,标志着他们与其所呈现的本土文化的距离"。引自氏著,*Manufacturing Confucianism: Chinese Traditions and Universal Civilization*(《制作儒学:中国传统与普世文明》),第 85 页,Durham:Duke University Press,1997 年版。他认为,按照传教士们的炮制,孔子成了"大族长"(grand patriarch),中国一神教的先知。而这一耶稣会士的发明,为很多欧洲人热情地接受,进而为其本身的哲学思想带来灵感,并促使其不断强化。详见此著有关论述。

过程,也就等于在认同夫子及其弟子的生命历程的同时,不断深入体味生命本身的真意;四、导向动态过程的宇宙论大法,对于解释的决定性的作用。本节所要重点讨论的就是:第一,内在化对经文的译解的作用;第二,内在化所必然蕴含的中庸之道的大功大用。

正如钱穆所指出的,"中国学术传统主要在如何做人,如何做事,心学是做人大宗纲,史学则为做事大原本,我们要研究中国学术,此二者一内一外,最当注意。欲明儒家学术,则必兼备此二者","我们也可说心性学是属于修养的,史学与治平之学则是属于实践的。具备了某项心理修养,便得投入人群中求实践,亦贵能投入人群中去实践来作心性修养工夫。此两大纲,交相为用,可分而不可分"。[①] 他还强调:"中国传统文化,注重对人文社会与历史演进之实际贡献。中国人爱说通经致用,或说明体达用","做一理想人,要做一圣人,便该在实际人生社会中去做,此便是中国学术传统中之人文精神"。[②]

回到《论语》这样的经典,实际上意味着,我们可以借机回到我们自身:阅读夫子及其弟子之语,最终就是为了我们的自我理解。这样彼此维系,或能使我们摆脱主客二分,同时最大限度地将儒家的话语作为思想来源,含蕴生命之真意,而体贴圣贤生命之历程。如此,修身养性之教或可在我们这里深入下去,而不是浮在事物的表面。如果能做到这一点,则上文所说的公共性也就会应运而生,因为,那种深入最终探究到的,还是宇宙论的大法大本。

如果我们今天要纠正黑格尔以来的西方偏见和蔑视,势必就应启用中华文化自身的思想资源。我们认为,其切入口就在"为己之学"的内在化上。这是因为,如班固《汉书·艺文志》所载,"《论语》者,孔子应答弟子、时人及弟子相与言而接闻于夫子之语也。当时弟子各有所记,夫子既卒,门人相与辑而论纂,故谓之《论语》"。因而,我们对它的学习、研讨,不论语内还是语际,根本目的并不限于知识学习、语言习得或翻译技巧之掌握,在本质上是

---

① 钱穆(著),《中国历史研究法》,第76、69页,香港:孟氏教育基金会,1961年版。
② 钱穆(著),《中国学术通义》,第6页,台北:台湾学生书局,1976年版。

为了通过对夫子及其弟子的风采的领略,而对其为人处世的精神加以领悟。易言之,我们对此著的研究,目的就是要学习如何做人。如此,研究活动本身,也就是对先儒所说的"为己之学"的践履:他们所倡导的治学之道,也便是我们的修身养性、社会交际活动的一种形式。再换言之,在现代社会之中,我们可能真的有了一片精神天地,可以使我们避开西方"启蒙"①的干预,而认真领会先贤教导,探究"成人"的奥秘在我们自身生存道路之中的意义。

理学家朱熹认为,"学"即是"效",亦即,"以后觉效先觉",目的是"明善而复其初"。② 另一位宋学的代表人物陆九渊也强调:"苟学有本领,则知之所及者,及此也;仁之所守者,守此也;时习之,习此也。说者说此,乐者乐此,如高屋之上建瓴水矣。学苟知本,'六经'皆我注脚。"③

如此,在我们对《论语》的理解、解释、翻译以及研究之中,最为重要的当是,如何披文入情,了解夫子及其诸弟子的生活现实,及其含有的重大的精神价值。

理应指出,这样的价值追求,首先应是对历史的事实所带来的精神遗产的体会,也就是对传统的重新思考。因而,现代"新儒家"的理论反思,应该成为我们学思之路最具参考价值的助益。而这里所引的徐复观的历史论断,的确指向的就是人的精神的内在化:

> 先秦儒家思想,是由古代的原始宗教,逐步脱化、落实,而成为以人的道德为中心。[……]从神意性质的天命,脱化而为春秋时代的道德法则性质的天命;从外在的道德法则性质的天命,落实而为孔子的内在于生命之中,成为人生命本质的性;从作为生命本质的性,落实而为孟子的在人生命之内,为人的生命做主,并由每一

---

① 杜维明指出,"启蒙所代表的大思潮"所带来的"理性化"所形成的强大影响,使其他诸多文明遭到解构。详见氏著,《二十一世纪的儒学》,第238-239页。
② 朱熹(撰),《四书章句集注》,第3及47页。
③ 陆九渊(著),《陆九渊集》,第395页。

个人当下可以把握得到的心。心有德性与知性的两面,德性乃人的道德主体;这一方面,由荀子显发得相当清楚。所以先秦儒家的人性论,到了孟荀而已分别发展成熟;由《大学》一篇而得到了一个富有深度的综合。也可说是先秦儒家人性论的完成。[1]

历史走向人本身,更是走向人的内德的修炼。而这样的历史的维度,可将我们推向它的价值共时性的系统之中,去体贴另一种力量:"天道。"所以,徐复观在解释夫子所说的"五十知天命"(《论语·为政》)[2]时强调:

> 知天命乃是将外在的他律性的道德,生根于经验界中的道德,由不断的努力而将其内在化,自律化,以使其生根于超经验之上,借用康德的语气,这是哥白尼的大回转,由外向内的大回转。[3]

人的世界不能没有天,天的世界也不能没有人,人天相依,而天代表着超越性,人需要将之涵摄于心,使之成为内在化的力量,同时吸纳历史的精华,进而在"成人"的道途上形成"大回转"。如此,研究《论语》,不论是经文解读,还是跨文化传译,首先是要走近夫子及其弟子,体会他们榜样的力量,体味其历史和天道的传统的精神价值,也就是说,躬身于行事,亦即投身于研讨和思考。那种远离夫子及其弟子之所为,而一味贪图"义理"的倾向,不是我们所能赞同的。而要想真正趋近夫子及其高弟,唯一的办法只能是启用夫子本人所运用的思想方法。在我们看来,这种方法就是中庸之道。

杜维明认为,我们对儒家的理解,应采取对话的方式[4],而对话实质上

---

[1] 徐复观(著),《中国人性论史·先秦篇》,第263页,台北:商务印书馆,1999年版。
[2] 何晏(注),邢昺(疏),《论语注疏》(李学勤主编,《十三经注疏》之十),第15页。
[3] 徐复观(著),《中国思想史论集续编》,第387页,台北:时报文化出版公司,1982年版。
[4] 杜维明(著),《二十一世纪的儒学》,第159-217页。

趋向对生命的再现。这也正是天人关系的写照：内在性与外在化；二者互动，形成合一的力量，成就人的内德，进而使之与天道同体而达至永久。成中英也指出，"孔子虽肇其始，但儒学的根源却在生生不已之易"。而易道之求，即为"宇宙智慧转化为生命智慧，生命智慧转化为积极的道济天下与能爱，这就是儒学的精髓所在"①。如此，夫子本人所追求的，也正是我们今天所应遵循的："生生不息"的易道，就是他的思想的一种支撑，也应该成为我们研讨其学说的归结处。

而进入易道，当然是要采用中庸之道，自内在化入手。这意味着，如上所述，学术的追求，也就是自我修养的不断完善，亦即为"成人"之要求在"做事"过程中的体现。② 生命作用于生命，才会产生它的力量。

---

① 成中英、麻桑(著)，《新新儒家启思录——成中英先生的本体世界》，第1页。
② John Makeham 认为，[儒学的]"学术研究一直兴旺发达，而自我修身(self-cultivation)则几乎已经消失"。详见氏著，"Ruxue between Scholarship, Faith, and Self-Cultivation: Some Desultory Historical and Methodological Reflections"，收入刘笑敢(主编)，《儒学：学术、信仰和修养》(《中国哲学与文化》第十辑)，第1-22页，引文见第2页，桂林：漓江出版社，2012年版。我们认为，这是非常不通的言论，或为"专家"的想象甚或幻觉。因为，首先，若不依照儒家所提出的"德性"或"道德原则"生活，社会如何和谐？比如说，完全丧失了"诚信"的世界，那还能算是世界吗？ 其次，就个体而论，她/他如何避开得了对自己的祖先的追思缅怀，以及由此而来的自我反省？再次，如此的反省自悟，每日每时都在滋养着我们每一个人，如果这个人还算得上是中华文化培养出来的话。那么，什么时候，她/他离开得了滋养生命的思想之源？ 或许，正是对儒家思想最为基本的思路的不解，或者说，不予理会，才使得"专家"如此评头论足，而最终"莫衷一是"。"衷"或可解为"折衷"。自夫子降生于世间，毁和誉都在伴随着他。但是，我们不能忘记，司马迁在《史记·孔子世家》之中所说的原文是"孔子布衣，传十余世，学者宗之。自天子王侯，中国言《六艺》者，折中于夫子。可谓至圣矣"[司马迁(撰)，《史记》(中册)，第1566页]。不论是"折衷"，还是"折中"，既然都是"中"，就应是指发自人心的：是内在的力量决定了人们要将最高的判断标准交付给夫子。因而，他成了文化的尺度：只有依之来打造自己，才能"成己成人"。那么，自然的，人们修身养性，也就一定要以之为标准。如此修身，才算得上真正进入存在或曰生活。最后，如果连这一点也要否定，那么中华文化基本的判断人的尺度，是否也要弃之一旁？ 恰恰相反，这意味着，只要中华文化仍在，"斯文"仍存，国人就不可能使"自我修身"(self-cultivation)丧失它本应有的作用；而且，应该断言，每一天人们都是在以夫子的教导生存着，否则，那就不是真正的生存。

1.8.3 "小人之过也必文"与"文之以礼乐"的汉英译解的问题

1.8.3.1 "小人之过也文"的汉英译解

相反,完全的外在化,必是儒家所反对的。如,"小人之过也必文"就是一个鲜明的例子:犯了错误,不但不思悔改,反而不愿他人看到,试图加以文饰或千方百计予以掩饰。这的确是"小人"的作为,而为君子所不齿。因为,后者是"闻过则喜"(《孟子·公孙丑上》)[①]:一旦有过,而被他人告知或提出批评,可得省悟,取得进步,因而将之视为可喜之事。所以,"子曰:'丘也幸,苟有过,人必知之'"(《论语·述而》)[②],"内省不疚"(《论语·颜渊》)[③]的君子,内外如一,故而"坦荡荡"(《论语·述而》)[④]。因而,夫子之所以歌颂尧"焕乎,其有文章"(《论语·泰伯》)[⑤],我们便很容易明白其中的道理:那是因为,尧"含章内映"[⑥],在不断充实之中,焕发出特别的光彩,如此将充盈之德彰显出来。

因而,有内涵,才会促成外显;有内在的充实的精神力量,才会有它外在的显发;有内德的蕴涵和充盈,才可能彰显光彩。也就是说,在儒家看来,之所以存在外在的东西,是因为这样的外在之物是有其内在的支撑作为基础的,假若没有基础,外在如何可能?

但是,"小人"偏偏违背事物存在的基本规律,即以人的存在最具价值意义的东西,来作为加以规避和虚饰的材料。如此,似乎是聪明的做法,呈现的是一种完全外在化——为外在而外在,因而,内在里则根本没有相应的力量存在。虚饰,导致的是虚伪:所谓华而不实,只有完全浮在外貌上的东西,而不含有任何别方面的因素。甚至,连含有这样的词语用在这里,似乎也是

---

① 原文为:"子路,人告之以有过则喜。"赵岐(注),孙奭(疏),《孟子注疏》(李学勤主编,《十三经注疏》之十一),第97页。
② 何晏(注),邢昺(疏),《论语注疏》(李学勤主编,《十三经注疏》之十),第96页。
③ 同上,第159页。
④ 同上,第99页。
⑤ 同上,第106页。
⑥ 邢昺语,同上,第3页。

多余的、额外的。

这样,"小人"之"文",其作为既违背了存在的基本原则,也背离了人与人交往的道德的基本要求。易言之,在儒家看来,存在论和道德律的取向是完全一致的:都是要求内在的美德的锻造,也都青睐内在、外在的一致性。所谓诚动于内,章(彰)显乎外,是因为早已有力量成就在内。再进一步探究就会明白,那是在强调,事物的存在与人的存在,要遵循的规律是相同的。所谓"天人合一",在这里可以得到比较清楚的验证。

如此,"小人"之所以"小",不仅是违背了人与人交际的基本要求,也背离了天道求"诚"的基本原则。那么,对如此之"文"的理解和解释,也就需要关注如何从内在化入手来展开,而不是仅仅停滞于外在。

例13. 子夏曰:"小人之过也必文。"(《论语·子张》)①

译文1. 子夏说:"小人有了过失,必把它来文饰。"钱穆今译(钱穆,2002:486)

译文2. 子夏说:"小人对于错误一定加以掩饰。"杨伯峻今译(杨伯峻,1980:200)

译文3. 子夏说:"小人犯了过错,一定加以文饰。"孙钦善今译(孙钦善,2009:244)

译文4. 子夏说:"小人犯了过失,总要掩饰。"李泽厚今译(李泽厚,1998:435)

有关"文",钱穆注曰:"文,文饰义。人有过,初非立意为恶,亦一时偶然之失尔。然小人惮于改过而忍于自欺,则必文饰之以重其过矣。"②孙钦善注曰:"文:文饰,掩盖。子夏认为小人文过饰非,君子则否。"③《论语·子张》所记载的是:"子贡曰:'君子之过也,如日月之食焉。过也,人皆见之。更也,人皆仰之。'"④

---

① 何晏(注),邢昺(疏),《论语注疏》(李学勤主编,《十三经注疏》之十),第257页。
② 钱穆(著),《论语新解》,第486页。
③ 孙钦善(著),《论语本解》,第244页。
④ 何晏(注),邢昺(疏),《论语注疏》(李学勤主编,《十三经注疏》之十),第260页。

译文 5. Tsze-hsia said, 'The mean man is sure to gloss his faults.' Legge 英译(Legge, 2010：183)

译文 6. The same disciple remarked, "A fool always has an excuse ready when he does wrong" 辜鸿铭英译(辜鸿铭,1996:495)

译文 7. Tzu-hsia said, When the small man goes wrong, it is always on the side of over-elaboration. Waley 英译(Waley, 1998：253)

译文 8. Zi-xia said, "When the small man makes a mistake, he is sure to gloss over it." 刘殿爵英译(Lau, 2008：355)

译文 9. Zixia said, "The petty-minded man tries his best to cover up his errors." 林戊荪英译(林戊荪,2010:335)

译文 10. Zi Xia said："The inferior man always glosses over his errors." Muller 英译

译文 11. Zixia said, "Petty persons are sure to gloss over when they have gone astray." Ames and Rosemont 英译(Ames and Rosemont, 1998：220)

Gloss 一词既有"掩饰",也有"给……加光泽"的意思,依之来译"文"字是恰切的。依此视之,则译文 4、8、10 及 11,都比较成功。而译文 6 则对应性很差。因为,一、辜鸿铭没有给出子夏之名,只是以"门徒"(disciple)代之,或许一开始就走调了：夫子诸弟子和耶稣的门徒不同,不当以之来描述。二、子夏所说或痛斥的是"小人",而不是没有提及的"蠢人"(fool)。辜鸿铭以此词出之,分明有彻底否定"小人"(甚至是人)的意味。而这是《论语》此章所不可能含有的：尽管如上所说,"小人"因为"文过饰非"而背离了天道,当然也有违于道德的原则,但是,这并不意味着,他身为一个人,其错误是不可改正的,而且,他的本性是善良的,他能够回归到这样的本性。也就是说,对"小人""文过"的彻底否定,可能连他的存在的权利也一并被否定掉了。

再换言之,可以认为在儒家心目中,人的存在总是有其价值的,因为"性相近"(《论语·阳货》)①,人总是善良的、可资培养的。尽管人一时会有"小人"之举,也并不一定会因此决定性地影响到他的一生一世。这样,儒家不可能也没有必要,完全否定一个人。而辜鸿铭以傻瓜(fool)一词来传译"小人"的意思,原文之中所包含的那种悲悯之意、顾念之情,以及对犯错者的痛惜之心,似乎都被近乎怒骂而不见丝毫同情之感的 fool 一词淹没了。"小人"完全可能是不成熟的人,是游走在智慧边缘因而未及人生真谛的那种流浪者,还有可能是生计不能自给而社会地位低下的人。对这样的人,应该以合适的态度待之,而不是冷言冷语,更不是恶语相向。这才是儒者的态度。设若像辜鸿铭译文之中讲的那样,那么,一个必然的问题就是,在什么情况下才允许人犯了错误,再加以改正呢? 更何况,"小人"之所以要"文饰其过",或许就是因为他们不愿意自己的过失被别人看到,也就是他们仍然葆有内心之中对善的追求,因而,这次犯错不想被他人知晓,而下次说不定就"无则加勉"了。

总之,我们应该考虑到各种可能性,来为"小人"的"文饰其过"作出解释,如此才不至于求全责备,而或能做到合情合理。中庸之道要求我们,既不能"过",当然也不能"不及"。二者之间选择"中",才是最佳的选项。

相反,辜鸿铭的译文,却是以近乎侮辱性的描述译之。如此背离中庸之道,既不符合谦谦君子不扬人之恶的基本教义,也违背了儒家设身处地为人着想的做人原则。

辜鸿铭走极端的译法,与儒家的思想背道而驰:在儒家看来,人人都是善良的,此善是天的赐予。若是否定了"小人"也有此善,那么,"小人"何以为人? "小人"也是人,是和我们每一个人一样有鼻子有眼睛、会哭会叫的人,他们能不具有"好生之德"(《尚书·大禹谟》)的上天所赋予的种种优点吗? 假若答案是否定的,那不是在否定上天的"好生"吗? 而且,那不是在故意说,"小人"就是"小人",从来就不懂"积福行善",因而,永远也不会行善于世? 这,不是很荒谬的推论吗? 此外,此译所含有的最为严重的意味是:天

---

① 何晏(注),邢昺(疏),《论语注疏》(李学勤主编,《十三经注疏》之十),第233页。

下总是会有"不可救药"的"小人",那么,"文饰其过"似乎也就变成了极其不堪的事,可以之决定人的品行的取向,他的一生的道德走向,甚至是他的生命的价值和意义,如此极端的思路,《论语》之中真的存在吗?

这样分析,就会看出辜鸿铭的译文矫枉过正,其原因就在于否定了"小人"的内在之德,或者说,根本就没有关注这样的"德"的神圣性和根本作用,因而,一味偏执于此词的外在的意义和负面的价值,就会走向极端。

还应指出,"小人"之所以要"文",还能说明他不是一般的平庸之辈。因为他明白,假若"文"(掩饰、文饰)做得好,就可以遮人耳目,得其屏蔽,而避免受到指责。所以,程树德引《反身录》曰:"君子之过如日月之食,过也人皆见之。小人之过也必文,此其为小人欤?吾人果立心欲为君子,断当自知非,改过始。若甘心愿为小人,则文过饰非可也。庸鄙小人不文过,文者多是聪明有才之小人。肆无忌惮之小人不文过,文者多是慕名窃义,伪作君子之小人。盖居恒不肯检身,及有过又怕坏名,以故多方巧饰,惟务欺人。然人卒不可欺,徒自欺耳,果何益哉!"①

辜鸿铭的译文最为致命的问题在于,它不认可人可能具有向上的力量,能够纠正之前的错误。而且,fool 一词的运用突出说明了,他并不认同这种"小人"在道德和智力上趋善的可能性。而这,或是儒家所不能接受的。如唐君毅就强调:"人之自觉心,无论如何向上翻升,人仍须肯定他人亦能有相同的责任向上翻升。"②Fool 一词既有道德上的贬义,意思是行动上不理智,缺少好的意识或判断③,又可解为 idiot(白痴、呆子),指的是智力很有局限,因而不能正常思考和行动的人④。

最后,有必要再次强调,辜鸿铭的译文因在根本上否定了人的善良本性与进步的可能性,而完全与儒家思想背道而驰。夫子提出"三人行,必有我

---

① 程树德(撰),《论语集释》(第四册),第 1314-1315 页。
② 唐君毅(著),《生命存在与心灵境界》(下册),第 342 页,台北:台湾学生书局,1986年版。
③ 详见 A. S. Hornby(编),李北达(译),《牛津高阶英汉双解词典》,第 570 页,fool 的第一个义项的解释,北京:商务印书馆,1997 年版。
④ 详见上引书第 734 页,idiot 的第二个义项的解释。

师焉"(《论语·述而》)①,认为他人必有过我之处,需要我学习,因而凡有人群之处,即有"我师"。同时,他主张君子不扬人之恶,"择其善者而从之,其不善者而改之"(《论语·述而》)②,深究自身的不足而"自省",当然不至于去强行要求他人什么,而是提倡以一己之所为,去影响、感化他人,故有"修文德以来之"(《论语·季氏》)③一说。

实际上,只有认可他人那里存在着精神资源和动力,这个世界的存在才是合理的。因为,这意味着,我们安身有其所,而行之有所向。故而,"学而时习之"的"学"指的是效法先贤④,"安百姓"实则意为百姓"安"其所应安。因而,唐君毅强调:"此心灵即唯有直接遭遇另一同具此无限性之心灵,乃能得遇其真正之限制,而使其自己之心灵扩大超升,成为真实可能。此另一无限性心灵,初即为他人之心灵。"⑤辜鸿铭彻底否定或贬抑"小人"向善的可能性,也就封堵了他人之意为"心灵的无限性"的生发的条件。因而,大悖于儒家的思想倾向。

还应指出,译文9用 cover up 来译"文",此词的确含有"遮掩丑事以免公众所知"的意思,但是,和"文"的故意"文饰"或故作姿态的意义还是有一定的距离的。而译文7以 over-elaboration 出之,则未免又行之过远。因为,elaboration 本身就有"精心制作",也就是"刻意伪饰"的意味,再加以 over 似乎就有多余之嫌了。无"过与不及",这就是中庸之道所教导我们的,也应该是判断进而修改有关译文的参照。⑥

---

① 何晏(注),邢昺(疏),《论语注疏》(李学勤主编,《十三经注疏》之十),第92页。
② 同上。
③ 同上,第221页。
④ 详见朱熹(撰),《四书章句集注》,第47页。
⑤ 唐君毅(著),《生命存在与心灵境界》(上册),第610页。
⑥ "小人之过也必文",杨逢彬(著),陈云豪(校),《论语新注新译》,译为"小人对于错误必加掩饰",见该书第366页。吴国珍(今译、英译及英注),*A New Annotated English Version of the Analects of Confucius*(《〈论语〉最新英文全译全注本》),今译为"小人犯了过错一定要掩饰",相应的英文译文是 A base man is sure to gloss his faults,见此著第481-482页。

1.8.3.2 "文之以礼乐"

例 14. 子路问成人。子曰:"若臧武仲之知,公绰之不欲,卞庄子之勇,冉求之艺,文之以礼乐,亦可以为成人矣。"(《论语·宪问》)①

译文 1. 子路问道:"如何才可算一成人了?"先生说:"像臧武仲那般的智,孟公绰那般的不欲,卞庄子那般的勇,冉求那般的多艺,再增加上礼乐修养,也可算得一成人了。"钱穆今译(钱穆,2002:363)

译文 2. 子路问怎样才是全人。孔子道:"智慧像臧武仲,清心寡欲像孟公绰,勇敢像卞庄子,多才多艺像冉求,再用礼乐来成就他的文采,也可以说是全人了。"杨伯峻今译(杨伯峻,1980:149)

译文 3. 子路问什么是成熟之人。孔子说:"像臧武仲那样的睿智,孟公绰那样的不贪心,卞庄子那样的勇敢,冉求那样的多才多艺,再用礼乐来加以修饰,也可以称作成熟之人了。"孙钦善今译(孙钦善,2009:177)

译文 4. 子路问什么才是完全的人?孔子说:"聪明有如臧武仲,欲望少如孟公绰,勇敢如卞庄子,才艺如冉求。再以礼乐文采表现出来,也就可以是完全的人了。"李泽厚今译(李泽厚,1998:331)

可以注意到,在解释"文"时,不论是译文 1 的"再增加上礼乐修养",译文 2 的"再用礼乐来成就他的文采",以及译文 3 的"再用礼乐来加以修饰",其中的"再"都含有"额外"、"添加"、"加上"甚至是"附加"、"追加"的意思,也就是,"文之"之"文"只有可有可无的,近乎于无用的价值和作用? 至少,在这三个译文之中,它的作用是不大的,甚至可以说,"文"实在是一种外在的"修饰"。因为前四者,如"智"、"不欲"、"勇"以及"艺"作为"四德",已经足以"成人",相较而言,"文"仅仅具有"文饰"的作用:"妆点打扮"一下,也就算是达到了目的。所以,"文"本身并不是关键,甚至成就不了"德",因而,才会排在"四德"之后?

假若真的是这样,那么,"礼乐"仅仅流于形式,而不关乎本质? 如此,夫

---

① 何晏(注),邢昺(疏),《论语注疏》(李学勤主编,《十三经注疏》之十),第 187 - 188 页。

子所说的"礼云礼云,玉帛云乎哉?乐云乐云,钟鼓云乎哉?"(《论语·阳货》)①,又该如何解释?不关乎实质的东西,也就不能触及人的心灵,那么,礼乐不向内发挥它的作用,不在人心之中产生有益的效果,"文"又如何可能对人生之中的日常言动产生约束力?假若"文"本身不是"人文化成"意义上的"文",而是徒有其表的某种东西,那么,夫子还会要求"克己复礼"(《论语·颜渊》)②吗?

钱穆注曰:"文之以礼乐:智、廉、勇、艺四者言其材质,复文之以礼乐也。或曰:备有四者之长,又加之以礼乐之文饰。或曰:即就其中之一长而加以礼乐之文饰。就下文'亦可以'三字观之,似当从后说。然孔门之教,博文约礼,非仅就其才质所才而专以礼乐文饰之,即为尽教育之能事。就孔子本章所举,前三项似分近知、仁、勇三德、德、能必兼备,故学者必培其智,修其德,养其勇,而习于艺,而复加以礼乐之文,始可以为成人。若此四人,于智、廉、勇、艺四者,可谓优越矣。故曰如此而能'文之以礼乐,亦可以为成人'。"③很明显,对"文",他说的是"复",也就是"再加上""额外加上"或"进一步加上"。如此的"附加",他认为可以"为成人"的最后一个条件,也就是最不重要的一个条件了?

孙钦善的注也是这样:"文:文饰。即以礼乐加以修饰。孔子认为,知、不欲、勇、艺虽为可贵的品质和才能,但必须用礼乐加以规范才能臻于完美。"④

"文"先是解为"文饰",意为"加以修饰",后则解作"规范"。但"文饰"是外加的东西,而"规范"也一样是外在的力量的施与,而不是内在化的力量的参与和外显。这样,外在性依然如故,在注释和译解之中都是显而易见的。惜乎,这样的倾向并不能与原文之中的"文"产生对应。

译文 5. Tsze-lu asked what constituted a COMPLETE man. The

---

① 何晏(注),邢昺(疏),《论语注疏》(李学勤主编,《十三经注疏》之十),第238页。
② 同上,第157页。
③ 钱穆(著),《论语新解》,第361页。
④ 孙钦善(著),《论语本解》,第177页。

Master said, 'Suppose a man with the knowledge of Tsang Wu-chung, the freedom from covetousness of Kung-ch'o, the bravery of Chwang of Pien, and the varied talents of Zan Ch'iu; add to these the accomplishments of the rules of propriety and music: such a one might be reckoned a COMPLERTE man.' Legge 英译(Legge, 2010:130)

礼乐和"知"、"不欲"、"勇"以及"艺"可以如此割裂开来吗？只要这"四德"修炼到位，就只需要"文之以礼乐"相应"额外附加"，就能做到"为成人"了？那么，"礼乐"真的是外在的，而不关乎人本身的修德、修养或曰修身？

理雅各的译文奠定的基调几乎是以下所有译文的思路的依据，因而，在这个问题上，它们的处理几乎是完全一致的。如此，也就使"礼乐"之内在化，亦即"文之为德"付之阙如。这样，似乎"四德"与"礼乐"分为两个极端，而"礼乐"之"文化"或曰"深入人心"最终成为人的内在化的原则，变为不可能的事情。因此，我们认为，理雅各的偏颇，最终导致了指向上的问题。

尤其应该指出的是，添加(add to)一词的运用，可以比较充分地说明，"文之以礼乐"是辅助性的，近乎无用的，或者说，就是最后可以视为无谓的。这种思路，的确导致以后的译文在思路上的混乱：似乎礼乐真的是外在的，是可有可无的。如此，"礼乐"无足惜，"文"只是添加之物附着于实质上的什么。

译文 6. A discipline of Confucius enquired what constituted a perfect character. Confucius, referring to the different famous known men of the time, said, "A perfect character should have the intellect of such another man; the disinterestedness of such another man; the gallantry of such another man; the accomplishments of such another man. In addition to those qualities, if he would culture himself by the study of the arts and institutions of the civilized world, he would then be considered a perfect character." 辜鸿铭英译(辜鸿铭,1996:452-453)

Gallantry 一词既有"男女英雄的性格，面对困难(特别是在战斗之中)非凡的英雄般的勇气"的意思，也含有"对女性殷勤"(courtesy towards women)或"彬彬有礼关注女性"(polite attentiveness to women)的意味,因而,不宜用在这样的语境之中。

同时,最为重要的是,和理雅各的译文一样,此译特别标明的"除了这些素质之外"(In addition to those qualities),实际上是在强调"文之以礼乐"是"四德"之外、之后的东西,可以忽略不计。

译文 7. Tzu-lu asked what was meant by 'the perfect man'. The Master said, If anyone had the wisdom of Tsang Wu Chung, the uncovetousness of Mêng Kung Ch'o, the valor of Chuang Tzu of P'ien, and the dexterity of Kan Ch'iu, and had graced these virtues by the cultivation of ritual and music, then indeed I think we might call him 'a perfect man'. Waley 英译(Waley,1998:181)

动词 grace 的意思是,"使优雅","修饰"或"文饰","美化"或"使看起来很美"等。很明显,这些意思都是指向外饰,而与内美无关。如此,这里的"礼乐"的确像在其他所有的英译之中一样,"蜕化"成了完全虚浮的东西:既没有内在的力量,也不具备精神上的力度。那不是和"小人之过也必文"之中的"文"具有同样的意向吗? 如此,夫子加以倡导,为的是追求"外表的好看",抑或仅仅是"表现"?"文"不见内在化的意涵,而空余下言行的空洞,让人如何体贴"礼乐"对"内心"的效益?

译文 8. Zi-lu asked about the complete man. /The Master said, "A man as wise as Zang Wu-zhong, as free from desires as Meng Gong-chuo, as courageous as Zhuang-zi of Bian and as accomplished as Ran Qiu, who is further refined by the rites and music, may be considered a complete man." 刘殿爵英译(Lau,2008:253)

和上引译文一样,further 一词的运用说的是额外的、另外的,无关紧要,无足惜甚或无所谓。因而,在这样的情况下,人即使为"礼乐"所"雅化"(refined),也不过是表面现象,而没有实际内涵,那么,人追求这种高雅,又有什么意义呢?

译文 9. Zilu asked how to become an accomplished man. /The Master said,"If one is able to combine the wisdom of Zang Wuzhong, the self-denial of Gongchuo, the courage of Bian Zhuangzi and the skills of Ranqiu and, having done all this, he is further refined by the rituals and music, then he might be considered an accomplished man."林戊荪英译(林戊荪,2010:246)

和所有别的英译一样,不存在内在价值的设计,如何可能成就夫子对"成人"的界说?难道说,只要轻描淡写地附加(further)上经由"礼乐"而形成的所谓雅致(refined),就可以企及最为崇高的境界?那是一种表面现象,还是内在于人心的精神力量,或许已经无须解说。不过,这样的译解,最终突出的还是外化的追求,因而是夫子所不能赞同或认同的。

译文10. Zi Lu asked what constitutes a "perfected man."/Confucius said:"If you have the wisdom of Zang Wu Zhong, the desirelessness of Gong Chuo, the courage of Bian Zhuang Zi and the abilities of Zan Qiu, and are also refined through propriety and music, you might indeed be called a 'perfected man.'" Muller 英译

此译和译文8、9一样,以 refined 来译"文",意思和 graced 是一致的,可惜并不能达到基本要求,反而会走向"文"的反面。译文11和12,在这个问题上也是如此,或已无须再论。

译文11. Zilu inquired about the complete man. The Master said,"Were one as knowledgeable as Zang Wuzhong, as free from desire as Gongchuo, as courageous, as accomplished as Ran Qiu, and also as refined through rites and music, he could indeed be called a complete man." Bloom(华霭仁)英译(Bloom,2009:58)

译文12. Zilu inquired about consummate persons(*chengren* 成人). The Master replied,"Persons who are as wise as Zang Wuzhong, as free from desires as Meng Gongchuo, as bold as Bian Zhuangzi, as cultivated as Ran Qiu, and who in addition, have become refined through observing ritual propriety(*li* 礼) and playing music(*yue* 乐)—such persons can be said to be consummate." Ames and Rosemont 英译(Ames and Rosemont，1998：174)

将"文"释为外在的力量,也就是"加文",认为它是额外的、修饰性的,这种思路由来已久。何晏《集解》和刘宝楠《正义》都引孔安国注："加之以礼乐。"何晏未进一步作解,刘宝楠解释说："言加以礼乐,乃得成文,故曰文之以礼乐。"①如此,"文"当然是完全浮在表面的东西,为的是美观、好看,至少是不碍眼,不妨碍具体的视听言动。这样,就达到了要求？那么,"礼乐"作为规范,就是为了这样表面的美观进入在场,而不是或不及内在的东西,亦即,不要求人的内心出现与之相应的变化,因而,只是默认之,一味顺从之？如此,礼乐的规范作用,仅限于它的外力的施加作用,而难及于人的身心？甚至是到最后,这样施加的外力,已成为完全漂浮在外的某种东西,而无以进入人的精神世界？那么,由此出现的问题便是,"礼乐"真的就成了对夫子所说的"礼云礼云,玉帛云乎哉？乐云乐云,钟鼓云乎哉？"(《论语·阳货》)②的一种印证？可是,夫子所说的"人而不仁,如礼何？人而不仁,如乐何？"(《论语·八佾》)③,难道也要如此印证吗？

因而,撇开了内在,直接走向外在,是很难说得通的,也是有违夫子教导以及《论语》经文的原旨的。只有"合外内之道也",才可"故时措之宜也"(《礼记·中庸》)④。而这句话,不就讲的是,我们只有以中庸之道为方法论,才可企及这里所说的"礼乐之文"吗？

这里,以我们论题来看,"文"字已成关键。因而,黄式三的《论语后案》的解释,或有对应性：

[……]知廉勇艺,四人分得之,则为偏材,一人合得之,几于全德。故四人之品不及子路,而子路不及四人之专长,且不能兼有

---

① 刘宝楠(著),《论语正义》(《诸子集成》第一册),第 307-308 页。
② 何晏(注),邢昺(疏),《论语注疏》(李学勤主编,《十三经注疏》之十),第 238 页。
③ 同上,第 30 页。
④ 郑玄(注),孔颖达(疏),《礼记正义》(下)(李学勤主编,《十三经注疏》之六),第 1450 页。

之,夫子因以是勉之也。文,孔《注》训加文,有加增之义,固可通。又云:"文,成也。"此三字疑何《注》。《乐记》:"礼减而进,以进为文。乐盈而反,以反为文。"郑君《注》:"文,犹美也,善也。"善美与增成,义互相足。一曰:《说文》"文,错画也。像交文",《易传》"物相杂故曰文",义同。文以礼乐,即《文王世子》所谓"礼乐交错于中",有恭敬之心而以乐化其拘,有和易之趣而以礼酌其中也。智廉勇艺,合之既几于醇,而复交错之以敬与和,是谓古人之成人。见古成人之难也如此。[1]

这一解释,因未能脱离将"文"解为"加文"的思路,因而,在最重要的地方出现不通:"文"若仅仅是外在的"交错",那么,它如何可能以"礼乐"的特殊形式"敬与和",而"杂"于"智廉勇艺"之中？如此之"杂",由于此"四德"本身就是人的"内德",那么,行为背后的精神力量,才是最为重要的,也才是这"四德"可以"杂"的原因？如此,"杂"首先是"内向"或"于中"之"杂",而不是外在意义上的言动之"杂"？

所以,很明显,不关注、不顾及"文"之"内在化"意涵,完全是行不通的。这意味着,长期以来对"文"的解释,注经者并没有坚持"自内切入"、"内外合一"的基本要求,而这一要求明显就是中庸之道的体现。《礼记·中庸》之中所说的"合外内之道也,故时措之宜也"[2]讲的就是这个意思。实际上,朱熹所作的解释就是依此作出的;可惜,从上引诸家的译解来看,从者寥寥。

成人,犹言全人。武仲,鲁大夫,名纥。庄子,鲁卞邑大夫。言兼此四者之长,则知足以穷理,廉足以养心,勇足以力行,艺足以泛应,而又节之以礼,和之以乐,使德成于内,而文见乎外。则材全德备,浑然不见一善成名之迹;中正和乐,粹然无复偏倚驳杂之蔽,而

---

[1] 黄式三(著),《论语后案》,第 397-398 页。
[2] 郑玄(注),孔颖达(疏),《礼记正义》(下)(李学勤主编,《十三经注疏》之六),第 1450 页。

其为人也亦成矣。然亦之为言,非其至者,盖就子路之所可及而语之也。若论其至,则非圣人之尽人道,不足以语此。①

有了内外的交融和合一,"杂"之"驳杂"之迹消失,"偏倚"之象不见,一切几达和谐圆融之境。可以注意到,在朱子的解释中,最为重要的就是这种内外兼顾的取向:"而又节之以礼,和之以乐,使德成于内,而文见乎外。"突出的就是这个意思。那么,"礼乐"的作用,也就是"使德成"、"文见";换言之,礼乐的内化作用最为重要。因为有了它,"德"才能"成","文"方得以"见"。这样,一方面,"礼乐"就不再被视为空洞的、可有可无的"文饰",而是一种强大的精神力量,可以深入人的内心。而另一方面,"德"与"文"在朱子的解释之中,形成特定的内外对应、表里一致的局面,充分体现出中庸之道的原则性运用。

不过,我们不能认同的有两个地方:一是,"四德"若是"具足",已是很难,为什么又要"加文"? 朱子所用的"而又",也一样是在突出"加文"的意义。正如上文所不断强调的,我们认为这是在降低"礼乐"的作用。二是,既然"德成"和"文见"是同一的,也就是一回事,那么,"文"即为"德","德"也就是"文",便是最为合理的解释。而朱子分明是将它们一分为二,这样的割裂实际上还是在说,经文之中的"文之以礼乐"之中的"文"是外在的,那么,内在之"德"与外显之"文"就是要这样被打成两截,而不得相通吗?

所以,尽管朱子的解释符合中庸之道,但是未得圆足。很明显,因为他没有关注"文"即是"德",而此解在先秦经典之中甚为普遍。如,《国语·周语下》:"文之恭也。"韦昭注曰:"文者,德之总称也。"《诗·大雅·文王》:"比于文王。"陈启源《稽古编》:"文字乃美德之泛称。"②

朱子未解"文"之"德"意,而束手束脚,不敢越雷池一步。不过,若是依照中庸之道,同时将"文"解作"德",则是否会改变局面,可以把"礼乐"作为

---

① 朱熹(撰),《四书章句集注》,第151页。
② 宗富邦、陈世饶、萧海波(主编),《故训汇纂》,第976页。

可以内在化的"文德"或"德"并涵摄于人心之中？下文就是这样的尝试。

译文 13. 子路问，什么才算是"成人"。夫子回应："若是像臧武仲那样有智慧，像公绰那样克制物欲之求，像卞庄子那样有勇气，像冉求那样多才多艺，同时，以礼乐将内在化之德彰显于外，也就可以认为'成人'了。"

译文 14. Zilu asked what is to be done if one wants to be a complete man. The Master replied: "If one acquires the wisdom of Zang Wuzhong, the uncovetousness of Gong Zhuo, the bravery of Bian Zhuangzi, the varied talents of Zilu, and at the same time, if he is cultivated inside in terms of the rites and music（礼乐）that govern his words and deeds, he can be said to approach a complete man."①

若是单独表达，则"文之以礼乐"可解为：the self-cultivation by means of rites and music. 在这里，我们的译解注重的是：一、将礼乐的内化作用直接点明，以突出内外交合的意义。二、规避上文一直在讲的那种将"文"视为"加文"的倾向，而以"同时"来强化"文之以礼乐"，使之并发于四德形成之时，也就是可以使之起到监督和规范作用：使之成为在人的内心真正产生约束力的精神力量。三、我们同时关注，使"文"和"德"统一起来，以避免上文所论的朱子的解释之中的问题。四、经文之中的"亦可以为"，既说明"成人"之难和难能可贵，同时突出了成人是一种理想，因而只有在不断的追求的过程中或可实现。这里的译解，追求这种意义，英文将之再现为 approach（趋近、趋向）。

---

① 杨逢彬（著），陈云豪（校），《论语新注新译》，该书将此章译为"子路问怎样才算是完美的人。孔子说：'像臧武仲那样睿智，像公绰那样淡泊，像卞庄子那样勇敢，像冉求那样多才，再用礼乐来提高修养，也可以说是完美的人了'"，见该书第 269 页。吴国珍（今译、英译及英注），*A New Annotated English Version of the Analects of Confucius*（《〈论语〉最新英文全译全注本》），今译则为"子路问怎样做才是一个完美的人。孔子说：'如果具有臧武仲的智慧，孟公绰的可知，卞庄子的勇敢，冉求的才艺，再用礼乐加以修饰，也就可以算是一个完人了'"；相应的英文译文是 When Zilu asked what made a perfect man, the Master said, "So long as he possesses Zang Wuzhong's wisdom, Meng Gongchuo's unselfishness, Bianzhuangzi's courage and Ran Qiu's talents, plus the edification of pruprieties and music, he can make a perfect man."见此著第 355 页。

1.8.4 "斯文"必依中庸之道而在

"'斯文'将丧,这种忧惧一直弥漫在新儒家思想家之间。"①经过时代的洗礼之后,凡是重视儒学的延续和发展的人,自然也一样会有这样的忧惧。那么,这样的"忧惧"本身所忧惧者,就是"斯文"作为"这样的内美之德"的丧失。因而,如何确保它的保持、打造、琢磨、加工和强化,也就成了一种必然:既是人之存活于世必要的条件,也是文化传统延续的基础。而这意味着,人的存在和文化的继续,是一体两面的事情:文化外显,而人的美德的内化则是内涵其中的。如此,在确保内外如一的过程中,我们才可能葆有生命力,不论是作为人的个体,还是作为集体的文化本身的存在形态。

因此,自内在化切入《论语》的译解,的确是有重大的意义的,而如此解经的方法则是中庸之道:它给予我们的使命来自神圣的存在者,高于我们始终值得去追求的那种实在、实际或曰真实。那样的"诚体"的确也就必须在我们的译解的成果之中留下它的印记:"一阴一阳之谓道"(《周易·系辞上》)②,内外合一,而动静兼具。这样,朱子所说的"盖天地之间只有动静两极,循环不已,更无余事"③,也就成了不刊之论,而可与日月同辉。那么,有什么能比既可以求索知识,学习做人,同时还能领略宇宙奥秘的研讨,更有意义的事情呢?

就我们的论题而论,最重要的是,我们的英汉语译解,还可以跨过语言和文化障碍,抵达最为自然的流动之中:"逝者如斯夫! 不舍昼夜。"(《论语·子罕》)④我们不是一降生于世,就已经"与时偕行"(《周易·损卦·彖传》)⑤了吗? 那么,为什么还"硬要"、"额外地"去追求此身此地甚至此时之外的东西,而不能守住自己的"本分"呢?《论语》译解,作为"古之学者为己"

---

① 杜维明(著),钱文忠、盛勤(译),《道学政:论儒家知识分子》,第150页,上海:上海人民出版社,2000年版。
② 王弼(注),孔颖达(疏),《周易正义》(李学勤主编,《十三经注疏》之一),第268页。
③ 朱熹(著),郭齐、尹波(点校),《朱熹集》(第四卷),第2253-2254页。
④ 何晏(注),邢昺(疏),《论语注疏》(李学勤主编,《十三经注疏》之十),第118页。
⑤ 王弼(注),孔颖达(疏),《周易正义》(李学勤主编,《十三经注疏》之一),第172页。

(《论语·宪问》)①的有机组成部分,为什么还要"外求"呢?

如此,向生命本身的求索,向着自己学习的求知之道,才可能是夫子之教的真正指向,也就可以引出我们对《论语》跨文化、跨语言译解的真正意图——起意之心之所图。

因此,本着走向内在、内外一致的原则,我们不仅可以"重新"解释"文"在《论语》之中的特定的含义,而且,最重要的是,这样的内在化和内外一致,也正是我们的生存本身的走向的体现。易言之,我们所采取的中庸之道这种方法论,就是儒家思想解释学的方法论,因为它是宇宙论大法的体现:阴阳之道,就是要求我们打造出一个强大的内心世界,进而将之与天地走向合体。本节所举的两个例子:一个说明就是因为内在的那种力量的存在,《论语》对"人"本身始终保持着敬意,即使"人"一时犯了错误;另一个则要求我们直接面对这一内在的美德充实之后所彰显出的那种光辉,而不能将之视为可有可无的东西,否则译解必然失败。我们如此强调"以儒解儒",突出的就是这样的内外合宜之道,也就是中庸之道这种方法论。

就我们所举的两个例子来看,两处所用的"文"字:一是要求我们不可只关注外在的约束,将之解为全然独立于人自身之外的力量,而是要内外结合,重点突出内在化的文德打造;二是要求我们不能固执己见,对"小人"之"文过",仅因为那是"小人"的行为,就轻视之、贬低之、蔑视之,而应将这样的"小人"之事视为以往的过失,"小"或可有"大"的可能。因而,"小人"之"小"介于昔日之"小"和未来之"不小"之间,"之间"的"中"才是释义合理的指向。很明显,一个要求我们注意天人合一的文化追求,即个人的"礼仪之文",也就是"礼仪"的内化作用与外在要求的合一;另一个则是要求我们重视人的改过。一者向善,秉持着天道与人道之合;一者也是向善,是坚持过失与改过之间的统合。如此,二者的释义,都离不开中庸之道的指导作用。如此视之,则会发现,"文"所造就的礼乐世界就是天人共建的世界,离开哪一方,都是不适宜的,也是办不到的;这样的"人文世界"总是立足于"人之

---

① 何晏(注),邢昺(疏),《论语注疏》(李学勤主编,《十三经注疏》之十),第194页。

初,性本善"的基础,而提醒人们自省、慎独,以及不断提高对自己的要求。将二者结合起来,就会注意到,在儒家思想之中,中庸之道恰恰可以点明,这样的"人文世界"的确是无比温馨的,因为,它倡导的就是人对自己的知解和体贴;那是向着个人而发的,也是永远有益于他人的。

如果说,上文所论的两个"文"字,注重的是"执中"或曰"不偏不倚"的中庸之道,那么,下文的"子以四教"则进一步突出的是人的修身与天道一样运行的过程化和动态化。不过,那也一样是在强调,人要与天道合一的"成教"修身之道。

1.9 从中庸之道看"子以四教"的汉英译解

1.9.1 "四教"为什么不能成其为四

"子以四教"一向被解为三教或二教,甚至被视为"笑话"。若是回到中庸之道,持之以对待儒家思想之精义,同时将之转化为解释学的基本原理,依之来诠解《论语》之正义,便可纠正误解,最终将"四"还原为四。如此,对"子以四教"的解释,不仅意味着确定"四"与"循环"的关系,亦即对最为自然的力量的印证,也能突出"初心"之回归,即对"天人合一"的人生存在的理想的体现。中庸之道作为儒家思想的方法论,其本身就昭示着夫子之教之所向。

这的确是《论语》解经史上的一个奇特的现象:《论语·述而》篇"子以四教:文,行,忠,信"[①]一章中的"四"不是被解为"三",就是被说成"二"。"四"竟然被释为"三"或"二"? 难道说,夫子真是不明事理,非得把三或二看作四,这不是太荒诞了吗? 但不论皇侃还是邢昺,都如此解释:

孔子为教,恒用此四事为首,故云"子以四教"也。李充曰:"其

---

① 何晏(注),邢昺(疏),《论语注疏》(李学勤主编,《十三经注疏》之十),第93页。

典籍辞义谓之文,孝悌恭睦谓之行,为人臣则忠,与朋友交则信,此四者,教之所先也。故文发其蒙,行以积其德,忠以立其节,信以全其终也。"①

此章记孔子行教以此四事为先也。文谓先王之遗文;行谓德行,在心为德,施之为行;中心无隐,谓之忠;人言不欺,谓之信。②

二位解经者分明说的就是"四",哪里会有"三"和"二"的影子? 但是,稍稍留意一下,就会产生疑问了:不论"文"和"行"指的是什么,其中不都包含着"忠"和"信"吗?

"文行忠信"作为"四教",本有两种解释:一说指其施于所有弟子的教育内容,如上引皇、邢说都是这样;另一解释则认为,"四教"唯施于成人弟子,如刘宝楠,就是如此解释。那么,他的《正义》有没有解释清楚上述问题? 不妨看一下他的论述:

文,谓《诗》、《书》、《礼》、《乐》,凡博学、审问、慎思、明辨,皆文之教也;行,谓躬行也;忠以尽心曰忠;恒有诸己曰信。人必忠信,而后可致知力行。故曰:忠信之人,可以学礼。此四者,皆教成人之法,与教弟子先行后文不同。③

这里不仅没有把"文行"和"忠信"的关系厘清,反而将"忠信"视为一物。而蔡尚思却说,这一解释"比较可取","刘宝楠把二者[引者按,即'忠信']看作实为一'教',是有见地的"。④

那么,朱熹的注解呢,他对"四教"是如何解释的? 朱熹并未进一步说明,而是引程子曰:

---

① 转引自安作璋(主编),《论语辞典》,第 90-91 页。
② 何晏(注),邢昺(疏),《论语注疏》(李学勤主编,《十三经注疏》之十),第 93 页。
③ 刘宝楠(著),《论语正义》(《诸子集成》第一册),第 147 页。
④ 蔡尚思(著),《孔子思想体系》,第 196 及 206 页。

> 教人以学文修行而存忠信也。忠信，本也。①

"忠信"为"本"，假设此"本"只有一个或一种，那么，还不是在说，"忠信"实为二而一，因而，"四教"不过是"三教"吗？

上引解释是不是真的在说夫子糊涂至极，竟然分不清"四"和"三"或"二"？不过，"四教"中"各教"之间的关系如何，若能弄清它们的关系，同时，又可将之置于同一个系统之中，这"四教"的意涵不就清楚了吗？

可惜历来的解经者并没有关注如何在整体上下功夫，因而，出语失据，随意解说，才会导致"不二则三"的荒诞局面。更有甚者，解经者还因为并不清楚夫子"四教"的微言大义，毫无理由对之加以歪曲、抨击，甚至是直接怀疑经文本身在书写之时就出现了问题。如，程树德《论语集释》引《四书辨疑》曰：

> 行为所行诸善之总称，忠与信特行中之两事。存忠信便是修行，修行则存忠信在其中矣。既言修行，又言571存忠信，义不可解。古今诸儒解之者多矣，皆未免牵强。王滹南曰："夫文之与行固为二物，至于忠信特行中之两端耳，又何别为二教乎？读《论语》者圣人本意固须详味，疑则阙之。若夫弟子之所志，虽指称圣人，亦当慎取，不必尽信也。"此盖谓弟子不善记也，所论极当，可以决千古之疑。或曰："若作行言政文，对四科而言，似为有理，恐传写有差。"今不可考。②

《四书辨疑》和王滹南在解"忠信"时，都丢开了"文"。试想，"文"不也是一样要讲"忠信"，不论它指的是"六艺"的学习，还是先贤的一般"遗文"？但是，程氏仍称其"决千古之疑"。不过，"千古之疑"毕竟还在那里，所以，现代

---

① 朱熹(撰)，《四书章句集注》，第99页。
② 程树德(撰)，《论语集释》(第二册)，第486-487页。

的解经者几乎是对"四教"报以嘲弄。

相对而言,匡亚明还是轻描淡写地指出:"《论语·述而》所说'子以四教:文、行、忠、信'的提法不够确切。"①不过,此著正文如此点出观点之后,加注引用了《论语集释》所引的王潞南的话,并未进一步说明为什么夫子那里会出现(西方或现代意义上的)"概念"? 更没有分析,为什么要说"四教""不够确切"?

但是,宋淑萍却横加指责:"'子以四教'章,恐不是资质高明的弟子所记;后人把文、行、忠、信传合为'四科'更是牵强。"②南怀瑾更是嬉笑评论说:"这是孔子的教育的四个重点,是不能够分开的。如果说他是分科了,那就是笑话。"③

看来,问题的症结就在于,究竟"文行忠信"能不能分开,而夫子为何又偏偏要将之分开? 还需先看一下现代译解以及译解者所作的说明,以便找到办法,解决有关问题。

1.9.2 汉英译文及其问题

例15. 子以四教:文、行、忠、信。(《论语·述而》)④

译文1. 先生以四项教人。一是典籍遗文,二是道德行事,三和四是我心之忠与信。钱穆今译(钱穆,2002:187)

译文2. 孔子用四种内容教育学生:历代文献,社会生活的实践,对待别人的忠心,与人交际的信实。杨伯峻今译(杨伯峻,2002:83)

译文3. 孔子用四种内容来教育学生:文化技艺,礼义实践,待人忠诚,办事信实。孙钦善今译 (孙钦善,2009:87)

译文4. 孔子在四个方面教育学生:文献,行为,忠实,信任。李泽厚今译(李泽厚,1998:187)

---

① 匡亚明(著),《孔子评传》,第300页,南京:南京大学出版社,1990年版。
② 宋淑萍(著),《中国人的圣书》,第43页,北京:中国青年出版社,1990年版。
③ 南怀瑾(著),《论语别裁》,第290页,上海:复旦大学出版社,2014年版。
④ 何晏(注),邢昺(疏),《论语注疏》(李学勤主编,《十三经注疏》之十),第93页。

译文 1 分明将"四教"改为"三教",其余三种译文看似保留了"四",但因"文行忠信"之中的"文"与"忠信"关系并没有分清,实则已将"四教"解为"二教"。

译文 5. There are four things which the Master taught,—letters, ethics, devotion of soul, and truthfulness. Legge 英译(Legge, 2010: 62)

译文 6. Confucius through his life and teaching taught only four things: a knowledge of literature and the arts, conduct, conscientiousness and truthfulness. 辜鸿铭英译(辜鸿铭,1996:395)

译文 7. The Master took four subjects for his teaching: culture, conduct of affairs, loyalty to superiors and the keeping of promises. Waley 英译(Waley, 1998: 87)

译文 8. The Master instructs under four heads: culture, moral conduct, doing one's best and being trustworthy in what one says. 刘殿爵英译(Lau, 2008: 117)

译文 9. The Master taught four disciplines: historical documents, social conduct, loyalty to superiors and faithfulness to friends. 林戊荪英译(林戊荪,2010:127)

译文 10. The Master taught under four categories: culture(*wen* 文), proper conduct(*xing* 行), doing one's utmost(*zhong* 忠), and making good on one's word(*xin* 信). Ames and Rosemont 英译(Ames and Henry Rosemont, 1998: 116)

译文 11. The Master taught four things: Culture, correct action, loyalty and trust. Muller 译

任何"文行"之中都应包含着"忠信",而上引译文之中"文行"与"忠信"未见分离,因而,"四教"也就实际上被解为"二教"。这样,我们便只能说,所有的译文都是不对应的,亦即不成功的。只能再看一下有关注解,去寻找解决问题的方法了。

钱穆解释:"文,谓先代之遗文。行,指德行。忠信,人之心性,为立行之

本。文为前言往行所萃,非博文,亦无以约礼。然则四教以行为主。"①"四教"要"以行为主",这完全是推测之辞,对我们寻找解决问题的方法不会有什么帮助。因为,即便"四教"是"以行为主","忠信"归入"行",那也一样无法解释"文"的问题:若是真的是像钱氏所说,它指的是"先代之遗文",而且能包揽于"博我以文,约我以礼"(《论语·子罕》)②之中,"文"的意义被压缩进"行"之中,那么,为什么夫子又要提及"文",而不是加以规避呢?同样的道理,既然"四教""以行为主",夫子何以不予以明言,而偏偏仍要强调那是"四教",而且是将四者置于平等的地位,还把"文"放在首位?因而,钱氏的解说,很明显是不通的。

孙钦善则认为:"此四者包括德和才,其中行、忠、信属于德,占据其三;文属于才,仅占其一。孔子总是把德放在重要地位,把才放在次要地位。参见1·6,7·6,7·33。"③孙氏所说的有关经文是"行有余力,则以学文"。但"余力"是依照"剩余",而不是"绰绰有余"之"余"来理解的。若是依照后者,则"学文"本身也一样是"修德"的过程表现。第二个引文指的是"志于道,据于德,依于仁,游于义",比较清楚地突出了夫子对"德"的强调。第三个引文指的是"文莫,吾犹人也。躬行君子,则吾未之有得"。其中的"文莫"二者确指为何,争议很多。不过,夫子之教对"德"的突出,当是不刊之论。

尽管如此,这一解说也一样没有辨明问题,反倒使之更加沉重。这是因为,假若"文属于才",那么,"文才"之说,是不是也就无须强调"德"?如此,《论语·颜渊》"以文会友"④之中的"文",难道指的不是"文德"吗?依此视之,孙氏之解,就是不对应的了。

那么,李泽厚的又当如何?李氏肯定《四书辨惑》的疑问,同时大段引用程树德《论语集释》所引的《论语集注考证》的论述,称此"注""以为学次第解之,由内及外,由认知至情志,颇费心而贴切"。

---

① 钱穆(著),《论语新解》,第187页。
② 何晏(注),邢昺(疏),《论语注疏》(李学勤主编,《十三经注疏》之十),第116页。
③ 孙钦善(著),《论语本解》,第87页。
④ 何晏(注),邢昺(疏),《论语注疏》(李学勤主编,《十三经注疏》之十),第169页。

既然能达到"贴切",那么,"千古之疑"得到解决了吗?有必要再加征引,然后加以分析。

> 文行忠信,此夫子教人先后深浅之序也。文者,《诗》《书》六艺之文,所以考圣贤之成法,视事理之当然,盖先教以知之也。知而后能行,知之固将以行之也,故进之于行。既知之又能行之矣,然存心之未实,则知或务于夸博而行或出于矫伪,故又进之以忠信。忠发于心而信周于外,程子谓发己自尽为忠,循物无违谓信。天下固有存心忠实,而于事物未能尽循而无违者,故有以信终之。至于信,则事事皆得其实而用无不当矣。此夫子教人先后浅深之序,有此四节也。①

此注强调,"四教"乃夫子"教人先后浅深之序",也就是一种过程:它起自"文",亦即《诗》《书》六艺方面的知识,再抵及"行",亦即以践履对所学加以检验,进而至于"忠",而此为"发己自尽",最后是"信",意为"循物无违"。

但是,与上引所有解释和译文都一样,此解存在一个大的问题:假若"文"只是指向知识,而与"德"不产生联系,那么,学子没有培养出一定的道德见识,又如何可能走向下一步的"行"?

也就是说,将"文"与"行"以及"忠信"割裂开来,仍是讲不通的。更何况,既然夫子注重的是"德",那么,为什么其他"三教"都趋向它,而偏偏"文"不属于这一维度?不管"文"指的是"先贤遗文",还是"诗书礼乐"等文化制度,抑或一般的典籍,其中不都含有前人的"德"的映照,足以使学子"一隅三反"(《论语·述而》)②而别有会心?也只有如此,学子才能奠定做人的基础,既能在家庭和社会生活之中接触贤者,也可通过书籍典册来亲近先贤,在这样的基础上不断趋近理想的人格。离开了如此的"德育"的基础,夫子

---

① 程树德(撰),《论语集释》(第二册),第487页。
② 原文为:"举一隅不以三隅反。"何晏(注),邢昺(疏),《论语注疏》(李学勤主编,《十三经注疏》之十),第87页。

之"文行忠信"如何可能？那么，这不就是在说，"四教"以"文"为始，而"文"的意思就是"德"或"德之始"吗？但是，怎么证明这一点，进而完成上文所说的使之系统于其他"三教"之中，并与之形成一体呢？

1.9.3　"文"的意义与"四教"之正义

我们认为，就《论语》本身而论，"文"作为"内德"或"德"的内在化打造，例子是很多的。比如，夫子本人对孔文子这一谥号的解释：

> 子贡问曰："孔文子何以谓之'文'也？"子曰："敏而好学，不耻下问，是以谓之'文'也。"（《论语·公冶长》）①

"好学"为的是什么？当然是做人。而做人的根本就在于内德的打造。如此，尽管卫国大夫孔圉为人并不好，但是，他的"好学"本身是值得铭记的。因而，"文"之"德"的意向极其明显。

再进一步推敲，夫子对尧的赞美，其中所用的"文"字也一样首先是"德"的意思：

> 巍巍乎，其有成功也！焕乎，其有文章！（《论语·泰伯》）②

"成功"说的是政治、文化方面的贡献，也就是事功，因而，可见于外，故而"巍巍"；而"文章"突出的当是"德"，因而，自内"焕发"出来。二者或有不同，而后者才是夫子要特地强调的。

在先秦文献之中，"文"之"德"意十分清楚，不知道为什么注经者们忘掉了它。比如，《书·文侯之命》："追孝于前文人。"孔传："使追孝于前文德之人。"《国语·周语下》："夫敬，文之恭也。"韦昭注："文者，德之总名也。"③又

---

① 何晏（注），邢昺（疏），《论语注疏》（李学勤主编，《十三经注疏》之十），第 62 页。
② 同上，第 106 页。
③ 引自《汉语大字典》编委会（编），《汉语大字典》，第 909 页。

如,郑玄在《周礼注疏》之中注曰:"文,犹美也,善也。"①而《荀子·不苟篇》中"夫是之谓至文"之中的"至文"意即"最高的道德"。

《诗经·周颂·清庙》有云:"济济多士,秉文之德,对越在天。"《毛诗正义》解释:"执文德之人也","执行文王之德,谓被文王之化,执而行之,不使失坠也","文王既是有德,多士今犹行之,是与之相配也"。②

夫子已在《论语·卫灵公》之中强调:"人能弘道,非道弘人。"③人之所以能"弘道",是因为人有能力将"道"内含于中,使之形成一种超人的力量,进而再向外投射出去,用之于人际交往、立身行事乃至对万事万物的认识等一切事务之中。这样的能力一言以蔽之即为"德"。

实际上,"文"之"德"意早已深入人心,因此,罗贯中《三国演义》第六十六回以回文手段写道:"用武则先威,用文则先德;威德相济,而后王业成。"而董仲舒在《春秋繁露·服制像第十四》之中也是"文德"互用:"故文德为贵,而威武为下,此天下之所以永全也。"汉代易家荀爽发挥《象传》"君子以同为异",指出:"大归虽同,小事当异,百官殊职,四民异业,文武并用,威德相反,共归于治,故曰'君子以同为异'也。"④其中的"文德"的用法亦复如是。反过来,若是不修文德,则很可能像贾宝玉那样:"[……]纵然生得好皮囊,腹内原来草莽。潦倒不通世务,愚顽怕读文章。[……]"(《红楼梦》第三回《西江月》之一)

国人对"文德"的重视,起自一种信念,因为那意味着对自己的精神世界的维护。故而,杜维明在论及儒家的影响时指出:

[……]儒家的传统则靠百姓日用间的一种关联,这是它在开

---

① 郑玄(注),贾公彦(疏),《周礼注疏》,第209页,上海:上海古籍出版社,1990年版。
② 毛亨(传),郑玄(笺),孔颖达(疏),《毛诗正义》(下)(李学勤主编,《十三经注疏》之三),第1282页。
③ 何晏(注),邢昺(疏),《论语注疏》(李学勤主编,《十三经注疏》之十),第216页。
④ 转引自李鼎祚(著),《周易集解》,第4页,北京:中国书店,1984年版。

始的时候就有的信仰,对人的自我转化、自我超升、自我实现的信仰。①

显而易见,这样的信念是要向内伸展,进而成就其自身的。易言之,人就是要靠这样的信念,成就立身行事的根本。正是因为"文德"至关紧要,杜维明才强调,"新儒家"忘怀一切地为之不懈努力。

[……]新儒家们忧虑的是心灵的生命,这种心灵生命的缺失和价值取向的误导,表面上治疗心灵的创伤和调整价值观念的迷惑并非当务之急,即使全力以赴也未必有效,何况有此自觉的少数哲人也因为深受穷困、分裂和解构的痛苦而大有屈辱和悲愤的情绪,维持内心的平静已是非常困难,甚至要有超凡的定夺;在自家分内的日常生活都无法安顿的乱世竟然奋身而起,为民族千百年的心灵再造之大计而思考,这是需要非常大的勇气和非常大的智慧的。②

作为精神世界的基本支撑,"文德"的重要性不言而喻,因而,刘述先也如此加以突出:

毫无疑问,中国的传统有丰富的资源。特别在伦理方面,尤其是儒家的传统,是有十分丰富资源的。[……]儒家伦理绝不可以化约成为封建时代某种阶级的伦理,孔子最大的开创在于体证到"仁"在自己生命里内在的根源,故他说:"为仁由己,而由人乎哉。"(《论语·颜渊》)这是他对于所继承的传统的深化。孟子又进一步

---

① 杜维明(撰),《儒学第三期发展的前景》,收入郭沂(编),《开新:当代儒学理论创构》,第14-29页,引文见第20页,北京:北京大学出版社,2013年版。
② 引自杜维明(撰),《新儒学论域的开展》,收入郭沂(编),《开新:当代儒学理论创构》,第30-36页,引文见第33-34页。

继承孔子的思想,与告子力辩"仁义内在"的问题。如今连西方学者如狄百瑞(Wn. Theodore de Bary)也十分明白儒家精神传统的精粹在于"为己之学",每一个人都可以在自己的生命内部找到价值的泉源。①

"文德"本来就是儒家思想传统强大的精神力量,因而,不加以正视,势必造成"价值理性"的沦落。陈来如此论述:

"'东西古今'的问题其实本质上就是价值理性和工具理性的关系问题。"②"光有改革不行,还要有价值和精神的补充,需要一种人文主义的世界观来引导中国人的一般精神方向。"③"1989年我有篇文章叫《价值、权威、传统与中国哲学》是我在东西方哲学家会议的报告,现在看起来还是有意义的。就是传统价值体系的恢复或修复,最重要的是我们要对古圣先贤及其经典要有敬畏的心理,就是说要恢复圣人和经典的权威。每个社会都要依照某种形式建立价值权威,若无权威就无法规范社会和引导个体,任何价值体系一定要有个权威,中国社会有个特点,就是其文化系统里的价值权威不是依靠宗教的最高存在,不是依靠上帝,而是靠人文主义的文化传统。中国文化在世界历史上拥有最长的连续性,其价值权威既然不依靠上帝,那么就要从历史文化和历史人物中取得权威性。在中国文化中,这个权威就是圣人及其经典,包括历史本身也是权威的重要根源。但是这种权威,'五四'以来已经被破坏了。"④而"文化价值系列中,越是外在的价值越是容易随时改变,而越是内在的价值越具有超越时代的意义"⑤。"[……]人的直接的生

---

① 见刘述先(撰),《从当代新儒家观点看世界伦理》,收入刘述先(著),《儒家思想开拓的尝试》,第130-150页,引文见第133-134页;另见刘述先(撰),《从当代新儒家观点看世界伦理》,收入郭沂(编),《开新:当代儒学理论创构》,第83-95页,引文见第85页。
② 陈来(著),翟奎凤(编),《陈来儒学思想录:时代的回应和思考》,第6页,上海:华东师范大学出版社,2014年版。
③ 同上,第8页。
④ 同上,第15页。
⑤ 同上,第8页。

活秩序是地方性的。人在现代化生活之外,要求道德生活,要求精神生活,要求心灵对话,而道德秩序都是由地方文化来承担的,宗教信仰也都是由地方文化来承担的。"①

他强调:"儒家哲学强调阴阳互补和谐与永久变易的自然主义以及天人合一的宇宙观念,它的实践解释体现为士君子人格的挺立与培养,其社会功能基本上是建立和维护价值理性。这一切,也可以看做一种内在意索(ethos)的体现。"②

"文德"构筑起国人的精神世界。因而,如何培养这样的"价值理性"始终是人思想上的头等大事。更何况,如此对人自身的向内打造,也是"汉语思想最为独特的经验":

> 让生命的年岁、个体独一的身体,与时间的变化、德能的实现,内在地联系起来,此乃汉语思想最为独特的经验!③

这不禁让人联想到朱熹的诗《观书有感》:"半亩方塘一鉴开,天光云影共徘徊。问渠那得清如许?为有源头活水来。""心源"即心是源,此心即源,无此心便无此源。如何打造进而培养这一心源,永远是值得考虑的,甚至可以说,永远是必须置于思想最为优先的位置的:"为己之学"的意义,应该就在这里。

《诗经·大雅·江汉》云:"矢其文德,洽此四国。"④《毛诗正义》曰"[……]又施布其经纬天地之文德,以和洽此天下四方之国,使皆蒙德。"郑玄注、孔颖达疏曰:"驰其文德,协此四国","驰,施也","正义曰:此亦《江汉》之诗,[……]《诗》本文云:'矢其文德。'矢,陈也。[……]言大王施其文德,

---

① 陈来(著),翟奎凤(编),《陈来儒学思想录:时代的回应和思考》,第 30 页。
② 同上,第 55 页。
③ 引自夏可君(著),《〈论语〉讲习录》,第 29 页,安徽:黄山书社,2009 年版。
④ 毛亨(传),郑玄(笺),孔颖达(疏),《毛诗正义》(下)(李学勤主编,《十三经注疏》之三),第 1248 页。

和此四方之国,则大王居邠,狄人侵之,不忍斗其民,乃徙居岐山之阳,王业之起,故云'大王之德也'。"①

有了上引诸多论述,若是将"文"之"德"意引入"文行忠信","四教"的意思不就昭然若揭了吗?这就是,夫子在说,作为教育,先要关注"德"的培养,人只有先行具有一种内在承接文化精神锻造力量的那种内德,才可能走向人生的其他步骤。也就是说,德的培养始终是教化的重中之重,因而,它也一定要贯彻人生之始终。

依我们的观点,"文"本身就是两方面结合的产物:它虽然主要是指内德的打造,但这样的打造是来自父母的、社会的、祖先的乃至上天的力量所形成的那种巨大的文化渗透力和影响力。因而,它必然兼有天人合一的特点,而不仅仅是单面的"含章内映"②。

明白了这一点,就可以将"文"与"行"区分开来了:后者主要是指人的外在的行动。但是,和"文"一样,它也必然贯彻于人生之始终,因而也就贯穿于作为过程的"四教"之始终的"德"的培养,所以,如先儒所说,它指的的确就是"德行"。

那么,将"文行"区分开来,又怎么说明"忠信"可与这二者相区分,以便真正使"四教"如其所是呢?我们的回答是,只有通过中庸之道。

实际上,上文在解释"文行"二者时,已经在运用中庸之道。因而,"文"并没有被解释为单纯的"德","行"自然也不可以被解释为单纯的"行动"。二者均是内外兼具,相反而又相成,这本来就是中庸之道所突出的内外合一、人天一体的体现。

不过,若是将"文行忠信"视为一个动态的过程,那么,从"文"到"行",即是由"内"走向"外",也就是,在不断打造的"德"的基础上,人才能将"德"打造的结果付诸行动,使之接受进一步的检验。也只有这样,人才可能无限度地趋近"德"之完备。但是,这并不意味着"文行"和"忠信"已经区别开来。

---

① 郑玄(注),孔颖达(疏),《礼记正义》(下)(李学勤主编,《十三经注疏》之六),第1399页。
② 何晏(注),邢昺(疏),《论语注疏》(李学勤主编,《十三经注疏》之十),第3页。

我们还需要进一步解释。

实际上,解释已经变得十分容易:若"文行"一主于内,一行于外,构成了内外交融而促使人前进的教化力量,那么,"忠信"便也是这样。这是因为,"忠",若以朱熹的解释,意在"尽己之谓忠"[①],也就是,以认真的"反省"(《论语·学而》)[②]的态度和精神力量来检讨自己的不足,改掉毛病,维持自修的推动之力。而"信"再向外走:在与人交接之时,坚持"信实"之念,与人为善,清除自私之意,放开一步,施惠于人。这样,从"忠"到"信",也一样是由内到外,但重点已与"文行"稍有不同:在前者那里,比较单纯的"文"可能意味着"文德"之美的内化,而"行"更可能是一己之作为。因而,二者很难说用某种衡量的杠杆或手段,真正加以验证。也就是说,"文行忠信"可分为两个阶段,而且,这两个阶段本身就在不断交合和循环。第一个阶段主要突出的是个体的自修,而第二个阶段强调的则是社会性的制约或监督,以某种交接或因与人的接触,而促成它检查的效果。

不过,还应强调,非常奇妙的是,夫子说在第二个阶段,外在的解释力量也一样要化为对"德"加以滋润、强化的力量。也只有如此,人才可能"成人"。

"四教"引人回到的就是一个类如四季循环、时时更新、适时变化,同时不断自我完善的动态过程。而这正意味着,夫子之"四教"要带我们回到的就是人社会性的自然化的过程。换言之,由社会最为优秀的精神施加影响,再将人推回到他其来有自的所在。

如此,这样的"四教"首先是动态的、循环性的,也是不断在扩大范围,同时强化它的力量的。而这样的过程,造就的是人内外兼顾、表里如一,自然而又实在。这不就说明:一、中庸之道的确可视为解经的方法论;二、人的社会性需要和自然性结合起来,才能得到人之为人最为需要的那种精神力量。

---

① 朱熹(撰),《四书章句集注》,第72页。
② 原文:"曾子曰:'吾日三省吾身。'"何晏(注),邢昺(疏),《论语注疏》(李学勤主编,《十三经注疏》之十),第4页。

而这不就是朱熹在解释"学而时习之"的"学"时所说的"明善而复其初"①吗?

夫子之"四教"果然妙不可言!再来看先贤的注解,如何会形成"千古之疑",进而成为一个"笑话"呢?答案只能是:"百姓日用而不知"(《周易·系辞上》)②的"君子之道",真的是被遗忘了。至少对此章的注解,一直就是这样。

上引现代人对"子以四教:文、行、忠、信"的解释,并未遵循中庸之道,自然矛盾重重。比如,译文1的"道德行事"与后文的"我心之忠与信"相互重复,"四教"竟然被解为"三教",其他译文也出现了同样的问题。因而,即使并未如此"简化","文行"与"忠信"之间的重复也依然如故,或已无法解决。而且,这些译解者沉湎于外在化,因而,内在之德,其大用隐而不见。

若依中庸之道来作解释,则可认为:一、"文"指的是人"文—化"自身,亦即为,人以灿烂的文化典籍来进行修身的活动;二、"行"则是指依照道德要求而行于世的行动;三、"忠"总结上两项,强调不论是"文"的内在完善,还是"行"的外在倾向,都应"忠实于自身"——"忠,谓尽中心也"③;四、"信"和"忠"一样,也是对"文"之"文化自身"和"行"之"行己有耻"(《论语·子路》)④的道德要求另一方面的归纳:对待他人,理应不轻然诺、言之有信、信守承诺。因此,"四教"便可如此转译:

译文12. 夫子在四个方面教育学生:文以修身,行己有耻,忠己之心,及信实于人之心意。

译文13. The Master taught his students in the following four orientations: Cultivating their heart and guiding their behavior in light of the

---

① 朱熹(撰),《四书章句集注》,第47页。
② 王弼(注),孔颖达(疏),《周易正义》(李学勤主编,《十三经注疏》之一),第268页。
③ 何晏(注),邢昺(疏),《论语注疏》(李学勤主编,《十三经注疏》之十),第53页。
④ 同上,第178页。

moral principles, and (in turn,) being-true-to-heart and keeping-to-the-word.①

如此译解或可与中庸之道保持一致。因为，以"文以修身（心）"来说"文"，可显现"文"的内化作用和精神力量；用"行己有耻"来论"行"，能突出人生在世，每一个人都应怀抱特别使命，不忘自身的追求或曰责任，勤勉而又知耻，必以道德原则约束自己的一言一行。这两方面，一主内，一向外；二者相互对应，显现的当然都是"教化"的力量。后两个方面的解释，凸显的则为，不论是内蕴还是外化，均应表现在对己对人两个方面：对己忠，对人信。二者不可或缺，形成另一个"对子"：内外俱在，相互配合。

因此，夫子提倡"教化"的要求：张扬"文"对于后来者的"内化"力量，亦即，使之成为"后觉者"的精神蕴涵，进而，这样的充盈其中的精神，其外化便可形成一代代人的文明灿烂的成果。这样的"文"作为教育的起始的一面，即"德"，要突出的就是如何在后备力量那里发挥出先天的力量，以便接纳、体味、消化并且发扬有关传统，最终形成强大的精神力量，在"行"的过程中显现出来。如此，"文"与"行"，一重"内德"之养成，一偏"外显"之功用。不过，"行"也需坚守一定的规则，最重要的当然是"孝悌"等道德了。人生世上，当以天下为己任，志存高远。因而，行己有耻，也就成了士子的不二法则。

再进一步，"忠"说的是人自身：对己要"忠"。不论成败毁誉，都不可忘掉"诚心实意"而坚守自己的追求。最后，也是最重要的，当是待人以"信"。依上文之解，"信"不仅是指信实于人，还应信守语言本身——那是家园之所在，亦即"文"的精神传统之所寄。

而这意味着，从"文"到"行"到"忠"到"信"，"文"或"德教"的力量贯穿始

---

① 杨逢彬（著），陈云豪（校），《论语新注新译》，此章的译文是："孔子以四种内容教育学生：历代文献，社会实践，对人忠心，讲求诚信。"见该书第 140 页。吴国珍（今译、英译及英注），*A New Annotated English Version of the Analects of Confucius*（《〈论语〉最新英文全译全注本》），今译则为："孔子在四个方面教育他的学生：文化知识、行为实践、忠心诚实和讲究信用。"英文译文是 The Master taught in four aspects: cultural knowledge, conducts, faithfulness and credibility. 见此著第 197 页。

终,形成了一个特定的整体性的过程,最终突出的是"文"的"语言"的坚守的强大力量。

之所以说这样译解遵循的是中庸之道,是因为这一译解将"文行忠信"分为两个阶段,每一个阶段都是在突出内外一致、表里如一。第一阶段"文行"如此,第二阶段"忠信"更是这样。夫子强调,"内外"的交合和互动,形成不断展开的动态,引出"文教"(德教)的"修身"作用在不停延展和强化:"文"有以致之,可将内转化为外,外再引入内;在内外不断转化的过程中,人走向社会所应坚守的"信",并依之造就一个"和谐"的世界。一个过程的结束,最后的落实,是"信守语言"的力量的显现,已将"文"的阶段成果体现出来:从内在("文")走向外在("行"),然后再一次回到内在("忠"),最终回到外显的力量("信")。内外不断交合,内蕴的力量之"德"不停扩大、增强。"教化"对人的思想的促进,或者说,它所形塑的人,其力量的体现,其本身不就是要企及"生生不息",以求进入"易道"所要突出的那个理想过程吗?从"文"到"行",再到"忠"与"信",然后过程再次开始,形成新的动态:夫子要突出的,不就是这样的生意盎然的"文"的力量吗?

1.9.4　儒家与道家所分有的宇宙论

如果上文所说还有些道理的话,那么,孔子所代表的儒家就不一定像论者所说的那样,与道家距离遥遥:

> 老子基于对人的自然化的道德属性的强调和肯定,而认为正是人类礼仪生活的形式化的矫饰与造作导致和造成了人类忠信之德的败坏与世间乱象的丛生,并最终失望地走上了离弃礼仪化的现实世界的人生归隐之路;而孔子则基于对人的社会化的道德属性的强调和肯定,而认为正是礼仪规矩的规范作用再配合以人类忠信仁义的德行才能维持一种有意义的人类生活样式,故终其一生其都对自己的人生信念坚守不渝,并致力于兴复日趋衰败的周

文传统以重新构筑一个富有仁爱精神的人道化的礼仪世界。①

首先,老子和孔子在宇宙论的思想构成上是一致的,因为前者也强调"万物负阴而抱阳"。其次,在儒家那里,"礼仪"的"形式化"是否重于"仁爱"的精神化,应该是有争议的,因而,不当以如此"形式化"的"礼仪""再配合""忠信仁义"来言说孔子的归路。因为,思想上的力量有可能大于现实之中的力量。再次,若是老子取的是自然化的路径,那么,孔子所选择的必然与之同道。不过,孔子的选择,既脚踏实地,也一样在坚持宇宙大法的大义大用。所以,杜维明强调,"所谓圣人就是孔子的讲法源于道家。在道家看来,孔子的境界要高于老子"②。而这也就意味着,在古代思想家之中,孔子的创造的的确确已经成为我们打造"文德"最为重要的思想源泉。

的确,孔子感叹:"天何言哉?四时行焉,百物生焉。天何言哉?"(《论语·阳货》)③那是为了说明他要效仿的"天",如论者所说"构成了自然万物生生不息和人类世界治理之道的终极意义根源于根本价值依据"④。如此,中庸之道一定是"天道"运行的规律性的大法的运用和开显,因为不论是"四时之行",还是"百物之生",它们都要对之加以体现:所谓寒来暑往,日出日落,动态过程显现,才有"生生不息"。《论语·公冶长》之中记载:"子谓子产:'有君子之道四焉:其行己也恭,其事上也敬,其养民也惠,其使民也义。'"⑤"恭"指向自身之内在;"敬"则是诚心敬意之外化;"养民"以"惠"必然落到实处,使之有"获得感",因而再次向内运行;"使民"以"义"则是如此的"惠"的外化。如此,一内一外,内外合一,不断强化,循环不已,正是"一阴一阳之谓道"的体现,与"天何言哉"之叹之所含意义以及"子以四教"之所向

---

① 林存光(著),《孔子新论》,第 187 页,北京:人民出版社,2012 年版。
② 杜维明(撰),《儒学第三期发展的前景》,引自郭沂(编),《开新:当代儒学理论创构》,第 17 页。
③ 何晏(注),邢昺(疏),《论语注疏》(李学勤主编,《十三经注疏》之十),第 241 页。
④ 林存光(著),《孔子新论》,第 189 页。
⑤ 何晏(注),邢昺(疏),《论语注疏》(李学勤主编,《十三经注疏》之十),第 62 页。

完全一致。因而,与老子的"道法自然"(《道德经》第二十五章)①一样,孔子之教所倡导的当是如何回到最为自然的动态过程中。只有如此,人才可能像天那样生存着。既然他所倡导的就是这样的宇宙大法,那么,依中庸之道作解也便是顺理成章的了。先儒应当说在这方面的失误是明显的。因为,假如不能坚持这样的方法论,那么,有关解释便不能对准人之生存的基本规律,也就先行丢掉了真正走向孔子之教之精义的可能性,又因为随文而释,无法系统化,也会造成零散、混乱的局面。

而就本书的论题而言,可以认为,只有回到中庸之道,才可能真正触及"四教"之要义,回到"夫子之教"的伟岸和平易。

坚持中庸之道,才可突出"文德"之"教"的过程和动态。也正是由于这一原因,译解才可能导向循环:"动静兼具,循环不已。"一方面,我们的译解走向的就是这样的动态过程之中的循环;另一方面,尤其在英译中,我们关注的是如何使"静中有动"或曰"动中有静"成为可能。之所以要重视这两个方面的问题,就是因为,这样可以较为切实地体现中庸之道。

同时,值得指出的是,英译之中最后所突出的"坚守语言"的"信"字,或可印证"文"的不断内化的那种空前的力量。

以中庸之道为释义的方法论,在《论语》解经史中几乎缺席,因而,这里的讨论也只能是初步的、探索性的。但若上文所说还有些道理的话,那么,首先可以指出,由于遗忘了这一方法论,许多译解可能只是七宝楼台。王阳明《传习录》强调:

> 人一日间,古今世界都经过一番,只是人不见耳。夜气清明时,无视无听,无思无作,淡然平怀,就是羲皇世界。平旦②时,神清气朗,雍雍穆穆,就是尧、舜世界。日中以前,礼仪交会,气象秩

---

① 王弼(注),《老子注》(《诸子集成》第三册),第14页。
② "平旦"意为清晨,平明,平日,平时,太阳停留在地平线上。引者注。

然,就是三代世界。日中以后,神气渐昏,往来杂扰,就是春秋、战国世界。渐渐昏夜,万物寝息,景象寂寥,就是人消物尽世界。学者信得良知过,不为气所乱,便常做个羲皇已上人。①

羲皇即伏羲氏,是中华民族敬仰的人文始祖。伏羲因其在中华文明史上的巨大贡献,千百年来被尊称为"三皇之首"、"百王之先",受到中华儿女的称赞和共同敬仰。

阳明先生要我们做个"羲皇已上人"意为如何?这段话又是什么意思?

这里的论述,一、描述了两种时间——宇宙或自然时间,以及历史时间。依之所论,我们主要生存在宇宙时间,亦即,万古如斯的循环之中。二、需要做的是,以切实的态度和精神面貌,保持"坦然平怀"的心境,进而趋近"羲皇已上人"的境界。易言之,阳明先生要我们所做的就是,走向"成人"最为崇高的境界:"圣人。"

诗人毛泽东有句"春风杨柳万千条,六亿神州尽舜尧"(《七律·送瘟神》),此之谓也。与这里的讨论的议题相结合,就会明白:

一、阳明先生所主张的,也就是儒家的理想的做人境界。如孟子所说:"舜何人也?予何人也?有为者亦若是",故而,"孟子道性善,言必称尧舜"。(《孟子·滕文公上》)②也就是,一切的事物都是要走向一种人生理想境界,其中也应该包括翻译活动。那是一种修身的活动,也就是"修己"以与古人相往还的体现:如何将古人之心意透过一己之努力,形成"新"的精神力量,那才是"译解"所要做到的。翻译亦即为纯化意识、打造自我的过程。此亦可解为"学","明善而复其初"(朱熹语)。二、这样的铸造实质上就是走向他人,他者,异于我的伟大生命力量,总是高于我的生命力量。因而,"我"不是在翻译别的什么,而是首先在翻译"我自己":将之译入他者的思想之中,使之在他者的教导之下,尽可能趋向人格上的完美。翻译最为重要的,当是自

---

① 陆九渊(撰),王守仁(撰),杨国荣(导读),《象山语录·阳明传习录》,第288页,上海:上海古籍出版社,2000年版。
② 赵岐(注),孙奭(疏),《孟子注疏》(李学勤主编,《十三经注疏》之十一),第128页。

我翻译,是精神翻译或曰思想翻译。三、切不可忘记"简易之道"(《周易·系辞上》:"易则易知,简则易从……易简而天下之理得矣。"①)。阳明先生强调,那是人类生存的"背景"、"基础"或曰"实质"。一切都是在它的"衬托"、"承载"和"支撑"之下展开,没有它就不可能有整个宇宙,也就不可能再有别的什么。归入其中,才会有"羲皇世界";回归其中,也才可能有翻译。四、有必要诵读阳明先生《传习录》之中的另一段话,并以此作结:

  盖天地万物与人原是一体,其发窍之最精处,是人心一点灵明。风、雨、露、雷、日、月、星、辰、禽、兽、草、木、山、川、木、石,与人原只一体。故五谷禽兽之类,皆可以养人;药石之类,皆可以疗疾:只为同此一气,故能相通耳。②

"一点灵明",在我们看来,是坚持修道修身而成就的,也就是"文德"不断涵养与深化的结果。此一"文"修身之功,不可谓不大矣!如此,翻译的最高要求,就是要向着宇宙最为崇高的力量转化。修身之要旨,端在于与天道相齐,而于物则一求其是。因而,中庸之道作为人修道修身之法,必达阴阳之道之极,方可谓尽力尽心。文化和语言障碍,在这里似乎并不能扮演重要的角色,唯有一心回归,才可能企及最高理想。

1.10 本章小结:有"文"方能"章"

  依上文的论述,儒家打造出的是一个"文"的世界。首先,那是"周文"的历史化世界,即孔子"克己复礼"的对象,也就是他政治化的理想的寄托或未来社会走向的所在。其次,这一"斯文"的世界,其实质是对人自身的打造,

---

① 王弼(注),孔颖达(疏),《周易正义》(李学勤主编,《十三经注疏》之一),第259 - 260页。
② 陆九渊(撰),王守仁(撰),杨国荣(导读),《象山语录·阳明传习录》,第279页。

也就是作为"天道"之所"得"如何收摄于人而形成的精神力量,亦即"文德"的培养和修炼。再次,这样的"斯文"在《论语》之中亦有其他方面的表现,如"小人有过也必文"之中的"文"所显示的。但是,一般情况下,需要以"内德的打造"为其主导性的意向,如此才可理解孔子所说的"文章"之深意:那是天之赐予进而由人培养而成的"文德",在一定条件下的显现或曰彰显。最后,对之的跨文化译解,之所以需要以中庸之道为依据,就是因为需要将之还原为一种动态过程,而不是静态化为名词,板结化为某种思想概念,或抽象化为一种术语。实际上,也只有走向这样的动态过程,《论语》之中的"文"、"文德"以及"文章"等表达,才可能显现出它们真正的力量:对上天和先贤感恩,进一步发扬他们的美德的那种精神,在君子的身上,重新闪耀出空前的光辉。而这就意味着,译解的过程亦即为一种锤炼:译者不仅仅是传递古老的意向和消息,更重要的是,他/她始终是在依照先贤的榜样来打磨自己,包括他/她的世界观和人生观,以及他/她最为根本的价值观。

那么,跨文化活动,也就不纯粹是译解《论语》这样的典籍的意义的活动,而更重要的是营造人文氛围,最终养成受教育者甚至是普天下所有的人的人格的文教过程。这也就是孔子的思想真正起到"成人成己"的作用,或曰"成人成己"得以实现的过程。

那么,对"文"的解释,若是不依"文德"内化、内外合一的中庸之道方法论来展开,则必然不能达到要求。我们这里还有两个比较具有历史性的例子:一出自曹丕《典论·论文》,一引自《红楼梦》第五回。

例 16. 盖文章者经国之大业,不朽之盛事。(曹丕《典论·论文》)

译文 1. I would say that literary works are the supreme achievement in the business of state, a splendor that does not decay. Owen 英译(宇文所安,2003:70)

译文 2. Literature is no less noble an activity than the governing of a State; it is also a way to immortality. 黄兆杰英译(Wong, 1983:21)

译文 3. Literature is a great thing for government and is a grand undertaking that has the stamp of immortality. 佚名英译(钱厚生,2010:

105）

这里的"文章"若是不从儒家修身的角度解之,则很难与"治国"联系起来,因而,也就谈不上"经国之大业"了。而诸位译者显然已经丧失了"文化无意识",因而,在对儒家的教导近乎无知的情况下,是很难使译文形成正解的。实际上,只有将"文章"理解为一种修身的过程,或曰成人成己的内在要求,才可与经国之大业联系起来。因此,应以中庸之道的要求出新:

译文 4. Virtue, as flourishing in fine writing, is a great thing in the business of state, and a grand undertaking that has the stamp of immortality.

例 17. 世事洞明皆学问,人情练达即文章。(《红楼梦》第五回)

译文 1. True learning implies a clear insight into human activities. / Genuine culture involves the skilful manipulation of human relationships. Hawkes 英译(Hawkes,2012:107)

译文 2. A grasp of mundane affairs is genuine knowledge, / Understanding of worldly wisdom is true learning. 杨宪益与戴乃迭英译(Yang and Yang,1994:69)

译文 3. The world's affairs, well understood, are all scholarship. Human relationships, maturely experienced, are already literature. 王际真英译(钱厚生,2010:312)

译文 4. The world's affairs, well understood, are genuine knowledge. Human relations, maturely experienced, are already true learning. 尹邦彦、尹海波英译(尹邦彦、尹海波,2009:97)

"失传"的"文德",再一次在最受欢迎的中国小说《红楼梦》的英译之中,引出了本不该出现的问题。不妨以译文 1 为例:假若"文章"意即为"真正的文化"(Genuine culture),"人情练达即文章"指的是"真正的文化关乎对人际关系的操纵"(Genuine culture involves the skilful manipulation of human relationships),那么,只要懂得如何"操纵人际关系",就算得上是得到、显示或拿出了"好文章"?这不是在痛责国人太过不诚甚或狡诈吗?格言之所以变得如此世故、庸俗甚至可恶,就是因为美德的内充根本没有进入译者的视界。于是,"文章"就真的成了完全外在化的、物质性的东西。

若是依中庸之道来理解,那么,"人际关系"之中所能显示的只能是"修炼的美德",甚至可以说,显示不显示是毫不重要的。也就是说,只要能修炼出最为美好的心灵,人的内心世界就已纯粹,那么,"仁义内在"(《孟子·告子上》)[1],也就等于"人情练达"。这样,还用得着去"操纵人际关系"吗?

因此,这一颇有影响力的联语,也一样需要出新:

Wisdom implies a clear insight into the world's affairs. /And inner virtue is produced in human relationships maturely experienced.

不知能不能进行这样的推断:我们越是远离经典,就越是远离真正的内在;抑或是,我们一旦离开了正确的道路,就一定不能把握住真正的思想,因为已经不再有力量把握自我。因而,《论语》真正铺就的"文"、"斯文"和"文章"的天地,的确也只能通过最为适宜的儒家思想的方法论中庸之道,来趋向之、企及之,进而最终养成之。不如此,便不能回归自我,也就无法使事物回归自身。在事物悬搁在"现代"以及其他异途的时候,再没有比直接以"文德"的力量唤醒文化无意识更好的办法了。或许,也只有如此,才可真正找到出路。

在如此为本章做小结的同时,还有必要厘清安乐哲与郝大维所提出的两个问题:它们都关乎"文德"以及儒家思想所突出的"文"的世界。

第一个问题是,孔子的"思辨"。

两个时代,论证同一个人物,调子却是一样的:孔子不懂"思辨"。黑格尔唱之在前,安乐哲与郝大维和之在后。黑格尔完全否定了孔子是"思辨哲学家",而安乐哲与郝大维则认为,孔子不喜欢谈论"思辨"的东西:"孔子拒绝讲述思辨性的(speculative)问题。"[2]

后者的解释,是在研究《中庸》的翻译过程中,在论及荀子时提出的,而

---

[1] 赵岐(注),孙奭(疏),《孟子注疏》(李学勤主编,《十三经注疏》之十一),第 294-298 页。

[2] 参见安乐哲、郝大维(著),彭国翔(译),《切中伦常:〈中庸〉的新诠与新译》,第 8 页。

且,以加注的形式,来强化这一观点。的确,《论语》之中有不少地方看似"反思辨"。如论者所援引的:"子绝四:毋意,勿必,勿固,勿我";"子罕言利,与命与仁";"季路问事鬼神。子曰:'未能事人,焉能事鬼?''敢问死。'曰:'未知生,焉知死'?"等处,即是如此。①

但是,这并不意味着孔子是"拒绝思辨"的。就"文德世界"的打造来看,"思辨"(speculation)作为人的一种思考能力,首先要表现在对"天人"关系的认识或体悟上:没有这样的关系,既无所谓天,也无所谓人;天人相合,才会有宇宙存在。这样的思路是所有中国思想家都要认可的。那么,孔子之"论辨"立足于这样的"天人"的偶合关系,所推出的"仁"学思想,在整个中国思想史上发挥了至关重要的作用。而"仁"本身的构成——"相人偶"也就是天人关系的另一种表达:一方面,二人相遇相合,其本身就是天人相合的另一种体现;而另一方面,也可以说,这样的相合亦即为天道在人间的体现,或曰天道在人间的功用的发挥。也就是说,在孔子那里,尽管"思辨"可能是通过"微言"来传递的,但是,这样的"微言"本身就含有"思辨"的特色,原因是在将前人常用的一般词语化为儒家学术的一个至关重要的关键词的时候,形而上的哲思早已包含其中。假若没有这样的预设,则"仁学"思想的创立和发挥,便是不可想象的。

孔子的"思辨"的另一个表现是他对天的感叹:"天何言哉? 四时行焉,百物生焉。天何言哉?"(《论语·阳货》)"不言"的天却能为人树立起一个可以仿效的样板,孔子本人也要仿而效之。可想而知,天的力量是多么强大。而要"仿效"的天是"不言"的,那么,孔子不是在说,作为君子,思想家也只能是默然无语,才能触及天的力量或曰达到那种高度? 这样,这不就是在说,"玄思"就是一种默默的思考,而不是"大声以色"吗? 也就是说,这样的"冥想"本身不就体现了"思辨"的另一方面:神秘,充满着意涵,又是自然而然的。如此看来,不仅道家追求"道法自然"(《道德经》第二十

---

① 何晏(注),邢昺(疏),《论语注疏》(李学勤主编,《十三经注疏》之十),第113、111、146、241页。

五章),儒家也是一样,要"以天为法"而"不逾矩"(《论语·为政》)①。默然无言,却胜过千言万语,那么,"拒绝讲述思辨性的问题",的确并不等于是"拒绝思辨"。

实际上,在下文论及"生生"之时,我们会有更多的分析来说明,孔子之"思辨",与黑格尔所推崇的那种"沉思"走向应是一致的。但在这里要强调的则是,时至今日,若是仍要站在一种文化的立场去否定另一种文化的特色,尤其是在跨文化的语境之中,翻译研究便会在倾向上产生问题,而且带动的有关观念则更可能偏离"平和"的价值取向。

第二个问题是安乐哲与郝大维的一个假定:"《中庸》中也的确有些章节看起来不乏另类之感。例如,《中庸》第16章假定了鬼神的思想,这与早期儒家关于鬼神的观点完全不相一致。"②但是,这一段话中所说的"使天下人,齐明盛服,以承祭祀,洋洋乎如在其上,如在其左右",与《论语》之中孔子所讲的"祭神如神在"(《论语·八佾》)③并没有实质性的区别,因为二者均是在突出"鬼神"之尊贵,因而有必要充分予以尊重,且是像对待"活人"那样予以尊重;"如在"的描述,详细说来或扩展开来,应该就是"如在其上,如在其左右"。此外,孔子还说过:"吾不与祭,如不祭。"(《论语·八佾》)④这里不仅有同一个字眼"如",而且是在强调,祭祀逝者,对之的敬礼,就如同他/她生时一样。

也就是说,在孔子那里,生死的界限不能取决于"物理"或"物质"意义上的生灭,而是取决于生人对逝者的态度。所以,他特地强调:"生,事之以礼,死,葬之以礼,祭之以礼。"(《论语·为政》)⑤这本来就是儒家所倡导的孝的表现,哪里存在"早期"(若是指孔子时代)和子思时代的区别?

安乐哲与郝大维紧接着的论断更是匪夷所思:"这一段文字对于鬼神的

---

① 何晏(注),邢昺(疏),《论语注疏》(李学勤主编,《十三经注疏》之十),第15页。
② 参见安乐哲、郝大维(著),彭国翔(译),《切中伦常:〈中庸〉的新诠与新译》,第13页。
③ 何晏(注),邢昺(疏),《论语注疏》(李学勤主编,《十三经注疏》之十),第35页。
④ 同上。
⑤ 同上,第16页。

明显的推崇,没有关涉到人类社群的道德责任,这一点和《论语》中所描绘的孔子形象不相吻合。"①我们认为,相反的情况才符合事实:不仅对鬼神的"明显推崇","关涉人类社群的道德责任",而且是最为重要的"道德责任",因为"百善孝为先",这是天经地义的事情,毋庸置疑。而且,在儒家看来,不如此也就不存在任何生命形态。这一点,或亦无须论证。

应该指出的是,若依上文对《论语》之中"文德"的译解的讨论,则"鬼神"的世界,也就是人类的世界的有机组成部分。这是因为,人的"文德",既是上天的赐予,也是先贤、祖先以及父母的恩惠:有了他们,这个世界本身才是存在的;有了他们,人之"德"也才是可能的。人的存在的绝对条件,亦即上天和"鬼神"的存在。那么,对所有这些人物和生灵的敬仰,只能透过合乎礼仪的祭祀来表达。如此,才可说明,礼仪本身能够合乎"文德"的要求。也就是说,在儒家的思想之中,"鬼神"也一样是"文德世界"的一类代表人物,只不过他们已经不再具有此世的生存形态,而只具备精神上的某种形态。因而,要透过某种形式来加以敬礼,而祭祀便是必需的手段,如此,礼仪本身也就是一种"文德"打造的渠道,舍此可能就不会有更好的措施来对祖先、先人表示敬意,至少不是形式上的。那么,为什么硬要说,那不是"道德责任"呢?实际上,我们要追问的是,难道还有比这坚守孝道的祭祀活动更为重要的"道德责任"吗?

因此,孔子才会称赞说:"禹,吾无间然矣。菲饮食而致孝乎鬼神。"(《论语·泰伯》)②他说的是,大禹之所以值得称道,首先是因为他自己节俭至甚,但在祭祀鬼神、父母方面则很是大方慷慨,充分体现出他对孝道的重视。而这样的"守孝"的榜样,实际上也就是"文德"的榜样。

在儒家看来,像大禹这样的圣人已经是这样,那么,后世所有的人也都应该是这样。因为,只有如此,世界才是有"斯文"滋养的,能够体现出人的"文德"的世界。

---

① 安乐哲、郝大维(著),彭国翔(译),《切中伦常:〈中庸〉的新诠与新译》,第13页。
② 何晏(注),邢昺(疏),《论语注疏》(李学勤主编,《十三经注疏》之十),第109页。

所以,我们认为:第一,子思对"鬼神"的推崇,不仅没有越出孔子的教导,而且是对他的有关观点的进一步阐明;第二,子思的阐述,始终是在围绕着人的"文德"展开,而对鬼神的敬礼和祭祀,不过是这方面的一种表现罢了。

不过,还要承认,孔子的确说过"敬鬼神而远之"(《论语·雍也》)[①],但是,我们认为,那不一定就是偏离、远离或疏远,而完全可以说是,鬼神既然离开了,那么,对待逝去的人物,在他们入土为安之后,我们生人最好尽可能别去打扰。因而,"远"的意思是,要使之保持为"远"。[②] 但是,前提仍然是

---

① 何晏(注),邢昺(疏),《论语注疏》(李学勤主编,《十三经注疏》之十),第 79 页。

② 如果还是以"远"的字面意思,比如"疏远",来解"鬼神",则可能无法摆脱"迷信"的色彩,而将儒学有关"鬼神"的论述视为某种民俗性的表述。实际上,自《中庸》被译为英文以来,这种"迷信"的倾向并没有改变。在选词上,James Legge 用的是 spiritual beings,而安乐哲与郝大维用的则是 gods and spirits,二者传达的都是字面意义。而在"德"字的解释上,二者也不见区别:都是在沿用"鬼神"之外在性方面的表现的观念,而未能顾及其内在性的一面。兹事体大,有必要详加论述,但限于体例,只好附记于此:

经文:子曰:"鬼神之为德,其盛矣乎?视之而弗见,听之而弗闻,体物而不可遗,使天下之人齐明盛服,以承祭祀。洋洋乎如在其上,如在其左右。《诗》曰:'神之格思,不可度思!矧可射思!'夫微之显,诚之不可掩如此夫。"(《中庸》第十六章)

译文1. 孔子说:"鬼神所发挥的功德,那真是盛大恢宏啊!虽然看他看不见,听也听不着,但他的功德体现在万物上却无所遗漏。使得天下的人们,岁时斋戒,整洁地穿上庄重礼服,来奉事祭祀,鬼神的形象恍恍惚惚地如同临在人们的上方,如同处在人们左右。《诗经·大雅·抑》篇说:'神的降临,不可测度,怎能厌倦呢!'鬼神从情状隐微而至功德显著,其诚信是这样地不可遮掩呀!"王文锦今译[见王文锦(译解),《礼记译解》,第 699 页,北京:中华书局,2016 年版]

译文2. 孔子说:"鬼神产生的功效,真是盛大啊!要看它却看不见,要听它却听不着,但是它又体现在万物之中,没有任何东西可以遗漏它。它促使天下的人斋戒明洁、衣冠整齐,来举行祭祀仪式,祭祀时它好像洋溢在我们的上方,好像洋溢在我们的左右。《诗·大雅·抑》说:'神的来临,不可测度,我们又怎么能厌倦不敬呢!'隐微的会显扬起来,真诚的心意不可掩蔽,情况也是同样的啊!"傅佩荣今译[见傅佩荣(译解),《大学中庸》,第 58-59 页,北京:东方出版社,2012 年版]

译文3. 孔子说:"鬼神的功德可真是太大了啊!虽然看也看不见,听也听不到,但这种影响却体现在万物之中而无处不在。能使天下的人都斋戒净心,穿着华丽的服装去祭祀它们。多么壮观啊,鬼神好像浮在人们的上空,又仿佛流动在人们的身旁。《诗》上说:'神的降临,不可测度,怎可对其冷漠不敬呢!'鬼神由隐微到功德卓著,其真实影响已到了无可掩盖的程度。" 吴国珍今译[见吴国珍(今译、英译及英注),*A New Annotated English Version of The Great Learning & The Doctrine of the Mean*(《〈大学〉〈中庸〉最新英文全译全注本》),第 43 页,福州:福建教育出版社,2015 年版]

译文 4. The Master said, "How abundantly do spiritual beings display the powers that belong to them! /We look for them, but do not see them; we listen to, but do not hear them; yet they enter all things, and there is nothing without them. /They cause all the people in the empire to fast and purify themselves, and array themselves in their richest dresses, in order to attend at their sacrifices. Then, like overflowing water, they seem to be over the heads, and on the right and left *of their worshippers*. /It is said in the *Book of Poetry*, 'The approaches of the spirits, you cannot surmise;—and can you treat them with indifference?' Such is the manifestness of what is minute! Such is the impossibility of repressing the outgoings of sincerity!" James Legge 英译［见 James Legge（英译），*The Chinese Classics*, Vol. I, *Confucian Analects*, *The Great Learning*, *and The Doctrine of the Mean*,第 397－398 页,台北:SMC Publishing Inc.,1991 年版］

译文 5. Confucius remarked, "The power of spiritual forces in the Universe—how active it is everywhere! Invisible to the eyes, and impalpable to the senses, it is inherent in all things and nothing can escape its operations."/It is the fact that there are these forces which makes men in all countries to fast and purify themselves, and with solemnity of dress to institute services of sacrifice and religious worship. Like the rush of mighty waters the presence of unseen Powers is felt: sometimes above us, sometimes aroud us. /In the Book of Songs it is said:/"The presence of the Spirit:/It cannot be surmised,/Inspiring fear and awe."/Such is the evidence of things invisible that it is impossible to doubt the spiritual nature of man. 辜鸿铭英译［见辜鸿铭（英译），"The Universal Order, or Conduct of Life," 引自黄兴涛（编），《辜鸿铭文集》（下），第 559－560 页,海口:海南出版社,1996 年版］

译文 6. Kung said: The spirits of the energies and of the rays have their operative *virtu*. /The spirits of the energies and of the rays are efficient in their *virtu*, expert, perfect as the grain of sacrifice. /We try to see them and do not see them; we listen but nothing comes in at the ear, but they are in the bones of all things and we can not expel them, they are inseparable, we can not die and leave them behind us. /They impel the people of the empire to set in order and make bright the vesses for the sacred grain, to array themselves for the rites, to carry human affairs to the organizace of the gods with their sacrifice, they seem to move above (the heads of the officiants) as water wool-white in a torrent, and to stand on their right hand and left hand. /These verses are found in the *Odes*:/The thought of the multitude/Can not grasp the categories/Of the thoughts of the spirits/Circumvolving, but the tense mind/Can shoot arrows toward them/— *Shi King*, Ⅲ, 3, 2, 7. Intangible and abstruse the bright silk of sunlight/Pours down in manifest splendor,/You can neither stroke the precise word with your hand/Nor shut it down under a box-lid. Ezra Pound 英译［见 Ezra Pound（英译），*Confucius*: *The Unwobbling Pivot and The Great Digest*, 15］

译文 7. The Master said, "The efficacy of the gods and spirits is profound. Looking, we do not see them; listening, we do not hear them. And yet they inform events to the extent that nothing can be without them. Because of them, the people of the world fast, purify themselves, and put on their finest clothes in carrying out the sacrifices to them. It is as though the air is above our heads is suffused with them, and as though they are all around, the *Book of Sings* says:/The descent of the gods/Cannot be fathomed./How much less can it be ignored? /Such is the way that the inchoate becomes manifest and creative is irrepressible."安乐哲与郝大维英译[见安乐哲、郝大维(著),彭国翔(译),《切中伦常:〈中庸〉的新诠与新译》,第 120 页]

译文 8. Confucius said: "The overabundance of the power of spiritual beings is truly amazing! Looking for them, they cannot be seen. Listening for them, they cannot be heard. There is nothing that they do not embody. They cause the people of the world to fast for purification, and wear beautiful clothes in order to participate at the sacrifices. They are overflowing, seeming to be above, seeming to be on the left and on the right. The Book of Odes says: 'Trying to investigate the spirits, we cannot reach them. How could we possibly grasp them with our thoughts?' The manifestation of the subtle and the inconcealability of sincerity is like this.'" A. Charles Muller 英译

译文 9. Confucius said, "How great the merits of ghosts and deities are! You look, but cannot see them; you listen, but cannot hear them, yet their influence is exerted on all things in an exhaustive way. All men across the land are obliged to hold sacrifices before ghosts and dieties, on fasts and in splendid clothing. So spectacularly so they linger all around as if above you, or beside you. /The *Book of Poetry* says: "The approach of ghosts and deities is beyond conjecture. How can we show them indifference and irreverence?" Manifesting themselves from the minute to the prominent, they have true influence to such an extent as not to be covered up." 吴国珍英译[见吴国珍(今译、英译及英注)*A New Annotated English Version of The Great Learning and The Doctrine of the Mean*,第 43 页]

首先,汉语的译解是将"鬼神"视为"另类的存在",大概是因为他们没有生命,所以要以"它"(译文 2)或"它们"(译文 3)代之？我们认为,这是对之的排斥或偏见。此章本来就是在歌颂"鬼神"之"德",为什么不能正视这种"力量"的存在是具有特定形式的生命,因而不仅可与人相沟通,而且,人必然对之保持敬仰？其次,在汉语译文之中,"鬼神之德"的"德"字已经被解为"功德"(译文 1、3)和"功效"(译文 2)。这大概是承继了朱熹的观点。他对此章的注释是："程子曰：'鬼神,天地之功用,而造化之迹也。'张子曰：'鬼神者,二气之良能也。'愚谓以二气言,则鬼者阴之灵也,神者阳之灵也。以一气言,则至而伸者为神,反而归者为鬼,其实一物而已。为德,犹言性情功效。"[见朱熹(撰),《四书章句集注》,第 25 页]不过,很明显,三个译文之中已经看不到"阴阳二气"方面的表达,而这也就意味着,古人,就《中庸》而论,的确是"迷信"的。毕竟"鬼神之说"若是如此甚嚣尘上,则必能说明,如安乐哲和郝大维所假定的应该属于"另类",因而算不得儒家的思想正宗？

而在英文译文之中,与"鬼神"相对应的词语则是,spiritual beings(译文 4、8),spiritual forces(译文 5),The spirits of the energies and of the rays(译文 6),the gods and spirits(译文 7),ghosts and deities(译文 9)。除了译文 6(或可回译为"能量与光线之精灵")之外,其他诸译似都含有"子不语怪力乱神"(《论语·述而》)之中的"神"的那种意思。既然是"子不语",子思反过来如此推崇,无怪乎安乐哲与郝大维要将之视为"另类"了。但是,上引译文之中的"鬼神",能够表达《中庸》的真意吗？

实际上,如孔颖达在其疏之中所指出的,"言万物生而有形体,故云'体物而不可遗'者,言鬼神之道,生养万物,无不周遍而不有所遗,言万物无不以鬼神之气生也"[见郑玄(注),孔颖达(疏),《礼记正义》(下)(李学勤主编,《十三经注疏》之六),第 1434 页]。这段话可以说明：一、"鬼神"是以另类的形式对生命气息的体现(朱熹的集注,是对孔颖达的注之中的观点的延续和进一步的说明)。二、他们不是民间某种"迷信"的对象,而是"道"的代名词,因而才有力量"生养万物"。因此,孔颖达在其疏之中指出："此一节明鬼神之道无形,而能显著诚

信。中庸之道与鬼神之道相似,亦从微至著,不言而诚也。"三、"鬼神"离人并不遥远,恰恰相反,在祭祀之时,如孔颖达在其疏之中所说的,"'洋洋乎如在其上,如在其左右'者,言鬼神之形状,人想像之,如在人之上,如在人之左右,想见其形也"。

尽管有这样的注疏可以作为支撑,但或许是语言表达的关系,或者是跨文化的语言处理其本身存在特定的困难,因而,诸位译者才在对"鬼神"的处理上并不求趋近原文意义,而是选择了"迷信"色彩很浓的"鬼怪"之类的表达?也是由于同样的原因,安乐哲及郝大维才认为,子思此章所论属于"另类"?

另一方面,在郑玄的注和孔颖达的疏之中,我们并没有看到有对"德"字的解释,而上引朱熹的《集注》则是将之解为"功效"。于是,上引译文几乎都沿袭了这一解释。不过,我们的疑问是,一、既然"鬼神""体物而不可遗",力量那么巨大,作者特地提出其"德",但这样的"德"仅仅是一种"表现",也就是不具备自内而外的过程特色,甚至不计内在性的力量的"表现",而只是完全"外在"的"功效",那么,"鬼神"之"德"是外在于他们本身的?这,有道理吗?二、人对"鬼神"要"齐明盛服",那么崇敬,应该能说明,值得敬仰的就是"鬼神之德",那首先应该解读为内在之德。正是有了这样的"德","体物"才可能具有"不可遗"的力量:因为这代表的正是"道"本身的运作。三、之所以说这样的"德"是内在的,从此章本身就可以取证:其中所说的"视之而弗见,听之而弗闻",已经充分地表达了它的内在含蕴的特点。

那么,依我们这里的分析,"鬼神"未及其身,亦即,"鬼神"被视为迷信之物,而且,"鬼神之德"未及其道,而是被解为外在的表现性的效用。如此,一方面,"鬼神"不能归于其位;另一方面,其"德"也一样没有回还到自身。实际上,按照英文译文的处理,如此之"德"也就滑向了"德能"之"德",而那是一种能力,可能并不是生养万物的那种"德"。可以说,the powers(译文4:"力量"),The power of spiritual forces in the Universe(译文5:"宇宙间的精神力量"),operative virtu(译文6:"运作上的德能"),efficacy(译文7:"功效"),the power(译文8:"力量",与译文4相同,只是用了复数形式),the merits(译文9:"功德"或"优点"、"优长"),诸种译文都没有将之视为"天德"之内在化的过程,在"鬼神"那里的体现,而是全然认为此"德"特别"盛大",因而必然就是"功效之德",故而需要"拜祭"。但是,这样的"功德"、"功效"、"功用"或"功绩"等等,不就是因为"鬼神"特定的内在力量的化用吗?那么,为什么要将之理解为外在性的力量,而不首先突出"鬼神"类如天道之善的那种内在的"美德"?若是那样,"体物"何以可能?

因此,我们只能回到"合外内之道"(《礼记·中庸》)的中庸之道的要求上,才可能回到"鬼神"之所以成为"鬼神"的"归之鬼"和"神之伸"的路子上来,进而,将"德"拉回它的原有意味,也就是突出它的内在的一面。如此,此章的首句,便可解为:

归去之鬼和伸展之神,他们的内德是多么地盛大啊!

How abundantly displays the virtue of the returning spirits and the extending gods!

尽管不得不保留 spirits 和 gods 这样的表达,但此二字之前添加的 returning(归去)和 extending(延伸),或能再现"归"和"伸"的意味。而 virtue 一词的引入,则要突出的正是"鬼神"之内在的美德。此例亦可说明,中庸之道的理论意义和功用的确是应该得到重视的。

一"敬"字。因而,"保持距离"之"远",其本身就是"敬"的一种表现。只有如此,鬼神才可能成为真正的鬼神。而只有在特殊的条件下,才有必要"唤醒"他们,但干扰他们的平静还是要表达生者的敬意和感恩。

此外,孔子的鬼神观,还有另外一个分别。这就是:"非其鬼而祭之,谄也。"(《论语·为政》)[①]但这是另一个层面的问题,比如说,不能因为人有钱有势,为了世俗的目的,连对方的鬼神也要去拜祭,那是谄媚,因而不能看作真正的"敬"。

鬼神是"生生"的"文德世界"的组成部分,因而,既不能因为孔子讲过"敬而远之"就以为那是在加以排挤或曰排斥,也不能因为孔子"焉知死"之论,即认为那是他不论"死"。实际上,这样的生死两隔,并没有阻碍孔子对逝者的敬意的表达,相反,他极力提倡这样的情感表达,认为那是我们的世界连续性的一种形式表现。在这个意义上,我们认为,子思承继了孔子的思想,而且,把祭祀活动描述得更具诗意。因而,子思这里的确并不存在"另类"的东西,也就不复有所谓与"孔子形象不相吻合"的文字。

相反的推论是,如果是子思的描述连孔子的形象也要加以背离,"文德世界"到子思这里,不就出现了紊乱?那么,思孟一系如何可能成为后世的正统的儒学的代名词,而使荀子以及别的学派黯然失色?

在"文德世界"的打造上,开创者永远是轴心,而后来者学习先贤,始终是在围绕着这样的轴心展开。这样,作为"学"的力量的体现,如朱熹所说,就是"以后觉效先觉"[②],因而,发扬孔子儒学传统的子思,在这里竟然被分析为与孔子"形象不相吻合",这样的论点,从"文德"的打造及其传统的承继的角度来看,的确是我们不能接受的。

再反过来看,上述两个方面确实能够说明:一、孔子的"文德"之教,不论是其立身行事的榜样力量,还是其谆谆教诲,都是在为"成人成己"而努力,也都是在为国人的人格的养成而尽心;二、将"文德"确定为孔子之教的指

---

① 何晏(注),邢昺(疏),《论语注疏》(李学勤主编,《十三经注疏》之十),第26页。
② 参见朱熹(撰),《四书章句集注》,第47页。

向,能比较有对应性地说明,这样的"文德之教"上接天道、下合人事的基本规律的意义和作用;三、将如此的"合外内之道"的规律的理解,置诸过往的译解加以验证,则正可说明,回归孔子之教的重要意义。那么,跨文化的翻译也一样需要这样向着动态过程回归:板结化的、静态的意义传递和输出,已经此路不通。

2

阴阳循环、生生不已：从『生生』、『亲亲』到『茫茫』——一个特色性表达方式及其跨文化译解的中庸的运用

第一部分

2.1 "生生之意"与本章的构思

2.1.1 "生生"何为——海德格尔哲学映衬下的"生生不息"

第一章我们讨论的是"人的内德的打造",突出的是人文之内在化在跨文化翻译之中应有的形态和表现,而本章对"生生"的探究,所要聚焦的则是宇宙的生命力的连续不断在语内和语际的心意相通,因而强调的是"天"之超越性在语际译解之中的处理方法。

不论是人还是天,都要先有其自身,其"仁义内在"①的特性,要在变易不住的运动之中体现出来。如此,哪一方面都需要收摄外在的力量于其中,而强化自我;哪一方面,都需中庸之道。二者的可能联系是,一旦事物有了足够的"内德"或曰内在的力量,它就能在一定的时间段之内,充分展现和发挥生存能力。而这样在一定的时间段内"自生"的持续性,就是"生生"。易言之,"内德"与"生生"有因果关系:前者是力量内充,亦即为"自生"的体现;后者则是外在化的动态过程的持续性展示。再换言之,事物之"生生"起自其"自生"。

应该指出,这意味着我们的理论阐述,不论是哪一个步骤,都含有其他各步骤的因素。不如此,对天和人的过程性的描述就是不完整的,对其运动和存在的探索也是不能自洽的。也就是说,在每一个步骤,其他三个步骤都可能已经包含其中。之所以如此,就是因为,事物必然以对自身的回归而形成特定的循环,因而,它本身的构成之中的对偶,一旦转化为动态,抵及第三个阶段,便会形成一个新的开始。

中国哲学或者说儒家的"生生"之意,与西方哲学迥然有别。可以说,西

---

① 赵岐(注),孙奭(疏),《孟子注疏》(李学勤主编,《十三经注疏》之十一),第 294 - 298 页。

方哲学是致力于"死"的思考,而儒家思想倾向于"生"的挺立:前者取向极限,要以之为尺度或标准展开理性思考和分析,后者则是取道中庸,强调"执其两端,用其中于民"(《礼记·中庸》)①而"一贯三"②,以求对不间断运动中的事物进行情感体悟。而20世纪被称为海德格尔的世纪,达至西方思想的某种巅峰,故而,其哲学思辨与儒家可作一比。因此,本节首先要从海德格尔哲学映衬下的"生生不息"起论,进至于"生生"以及类同表达方式的语内、语际意义的理解和解释方法。

论者指出,"海德格尔对于'此在'生存论结构的揭示,只发挥了生命阐释的一端。'向死存在'构成了'此在'存在方式的根据,但是对于生命在'生生不息'的体验和领会同样非常重要,基于'生生'的生存论结构不是一种现成事物的运动,同样是生命规定自身存在方式的根据。这恰恰是西方文化传统理解生命的死角,基于'生生不息'的存在论结构也被完全遮蔽了,我们需要通过'生生'的生存论结构来敞亮存在意义的另一个积极面向"③。不过,问题在于,如论者所指出的,

> 新儒家们也曾看到中国文化传统中对于"死亡"的理解与西方是不同的,但给出的却不算是一个恰当的切入点。他们认为中国文化传统"要人兼正视生,亦正视死的。所谓杀身成仁,舍生取义,志士不忘在沟壑,勇士不忘丧其元,都是要人把死之问题放在面前,而把仁义之价值之超过个人生命之价值,凸显出来"。④

---

① 郑玄(注),孔颖达(疏),《礼记正义》(下)(李学勤主编,《十三经注疏》之六),第1425页。
② 许慎引董仲舒曰:"古之造文者,三画而连其中谓之王。三者,天、地、人也,而参通之者,王也。"他又引孔子的话说:"一贯三为王。"见许慎(著),班吉庆、王剑、王华宝(点校),《说文解字》(校订本),第4页。"参通天地",实际上并不仅仅是"王"的事情,也应该是任何人所要追求的。
③ 引自孙向晨(撰),《生生不息:一种生存论的分析》,载郑宗义(主编),《心、身与自我转化》,第1-21页,引文见第5-6页,桂林:漓江出版社,2016年版。
④ 牟宗三、徐复观、张君劢、唐君毅(撰),《为中国文化敬告世界人士宣言》,参见张君劢(著),《新儒家思想史》,第566页,北京:中国人民大学出版社,2006年版。

> 新儒家念念不忘于仁义固然没错,却没有把捉到对于生命的本真性理解,更没有揭示出中国文化传统中的生存论结构。个中问题,不在于用仁义价值来取代或克服个体生命的短暂意义,强调仁义价值超越个人生命,而是要揭示中国文化传统对于生存论结构的根本性理解。①

这段话强调的是,"生生"才是儒家所应关注的核心问题。而现代的新儒家之所以出现偏差,或是为西方的影响所左右。

不过,我们并不认为"生生"是什么"生存论结构"。恰恰相反,"生生"只能是事物在其循环不已的周而复始的运动之中,向着自身的不断回归和复原的某种动态。静态来看,那的确呈现出某种"结构",但是,一旦在思路上将之"结构化",便会陷入论者在这里所批判的西方的概念化:海德格尔之所以有新的突破,就是因为,他的"生存论分析本质上是从'存在的断裂'(break of Being)的角度得出的'此在'的个体性和有限性的本真特征,有着极为深刻的合理性"②。"存在之被遗忘",当然是因为"存在的断裂";那么,这样的"遗忘"之所以成为"遗忘",一个原因就是西方的"概念化"问题,正如论者本人所指出的,"哲学作为一种理性框架实际上带有强烈的希腊色彩,以至于海德格尔说,哲学说的是希腊语"③。

海德格尔在《时间与存在》之中所能做到的,也就是依赖于"概念化"的思考,不过是偏重点转移到"存在的存在"和"存在者的存在"的二分罢了。透过对二者的"分裂"的研判,海氏以非常强大的理性分析能力和精雕细琢的思辨力量,凸显了"存在之被遗忘"的课题的严重性。但是,形式即内容。若是一切都是这样的抽象化,则"死亡之形而上学"始终还是如在传统之中

---

① 引自孙向晨(撰),《生生不息:一种生存论的分析》,载郑宗义(主编),《心、身与自我转化》,第6页。
② 同上,第5页。
③ 同上,第1页。海德格尔的论断,见氏著,《什么是哲学?》,收入氏著,孙周兴(译),《海德格尔选集》(上卷),第591页,上海:上海三联书店,1996年版。

一样,并不能走出"西方哲学"。如此评论或许是苛刻的,甚至是不讲理的,因为,西方为什么要走出西方?

不过,也正是在海德格尔突破性的研究之后,"哲学终结",因而,也才能说明,"西方"需要"异域"或"外方"的思想支援。实际上,若是放眼世界,这样的互动只有在跨文化交流之中才能呈现出常态。易言之,只有在跨文化翻译领域,才可能存在事物之所以成为事物的那种力量:认识自身不足,互补、扩充以及自我强化。而"生生之说"作为"死亡的生存论结构"的哲学分析的反动,正可提供一种可资对比的思想资源。更何况,"生生"的确也就是儒家思想的一块基石。

从《周易》的论述来看,"生生之谓易"①,孔颖达将之解为"不绝之辞"②。那么,"生生"之意——"生而又生","生生之谓易"(《周易·系辞上》)③便与"一阴一阳之谓道"(《周易·系辞上》)④的意义和表达相互一致。而如牟宗三所说,"阴阳"二字都是动态字,而两个"一"字为副词⑤,也就是两个动词的修饰语。"生生"之所以可能,就是因为"阴阳二气"的相互推移和转化。"生生"意思即为"生而又生"、"生而复生",如此"生生不息",也就是"易道"之表现,亦即为阴阳之道的另一种表达。

实际上,也只有如此理解,才能以中庸之道为解释学方法论,而触及阴阳之道所揭示的事物存在的原理:事物是在"大化流行"之中存在的,那是一种流动的、阴阳二气来回运作和互渗的运动。因而,《周易》之中强调:"变动不居","唯变所适","一阖一辟谓之变,往来不穷谓之通","易穷则变,变则通,通则久"。⑥"变"之可解性正在于,"生生"的交替和互推:这样的互动,将两方面的宇宙力量依序呈现出来,并且使之动静兼具,事物之存在因而也

---

① 王弼(注),孔颖达(疏),《周易正义》(李学勤主编,《十三经注疏》之一),第271页。
② 同上。
③ 同上。
④ 同上,第268页。
⑤ 牟宗三(著),《周易哲学讲演录》,第55页。
⑥ 王弼(注),孔颖达(疏),《周易正义》(李学勤主编,《十三经注疏》之一),第315、288、300页。

就有了流动性的质感。

因而,一方面,我们需要承认,"生生"正是西方抽象化和概念化的以"探死"为"求生"之途的反动,也就是独具中国思想特色的观念;另一方面,则又需考虑,如何在另一种语言环境之中为之营造出一种适宜的表达方式。而这样的表达方式,应该能够保留原文的寓意。需要再次强调,只有保留了形式上的因素,也就是以重复性来表达,才可体现进而强化"生生"在另一种文化之中的生成的可行性。

有趣的是,从对海德格尔的诗学的研究著作之中,我们能够看到,他所谓的"向死而生"的意义已经被理解为:"生生又生。"

> 如果去听就是去领会,那么我们就能更好地"领会"海德格尔关于莫扎特在《根据律》(*Der Satz vom Grund*)所说的:"去听就是去看"(118)。它不是让眼睛去看看不见的东西,而是在一个瞬间(*Augenbulick*)——那瞬间是景象的及意义到来的闪耀——关心和查看那些先行对自己言说的事物。这个瞬间已经先行于自身:意义必须超过自身。在此,它作为总是超过"自身"上的重复之物,类似于"向"死而生。这就解释了大部分时间里我们只能领会那些已经"看得的"、领会了的和已出现的事物。在这样的情况下,领会只是搜集那些存在它周围的东西,好像是在我们"眼皮底下"。反之,真正的领会决不是求助于那些在场的事物,而是将自身作为已经在一个绝对的过去(past)中被(忽略)(过去 pass [over])的东西而公开宣示自身。同样的道理,除非超过自身的终结,将它理解为已经到来——只有这才能允许它本己地重复其终结——否则 *Dasein* 不能够领会自身。①

---

① 引自马克·弗罗芒-默里斯(著),冯尚(译),李峻(校),《海德格尔诗学》,第 44 - 45 页,上海:上海译文出版社,2005 年版。

在这里,"领会"被释为"超过自身"的"重复之物"。但论者所说的是"类似于'向'死而生",却不是我们所能认同的。因为,如此段末尾所指出的,既然"真正的领会"要通过"宣示自身"而得以在场,对未来也是一样:要"超过自身的终结",并且将之理解为"已经到来",亦即已经在场,才能促成"领会",那么,进入"在场"的,不就是业已"存在"的?而业已存在的,不就是已经具有了"生生"之态?虽然取得"领会"要"求助于"它自身的在场,因而与论者的"只能领会那些已经'看到的'、领会了的和已出现的事物"不无矛盾,但是,我们还是可以理解,这是要突出在场者总是自身的在场者,而不是别的什么。也就是说,在场者正因为在场,才不至于过时,才会实现"领会"。如此,"领会"持续地在场,便与本章一开始所说的自生相联系,促成的正是"生生"。

既然这样的"领会"是要"重复"自身的,也总是"在场"的,那么,"向死而生"如何可能?这,不是在强调"向生而生"亦即"生生",又能是别的什么?

也就是说,不论论者如何强调"向死而生"的极限性,或者说,在极限或死亡意义上理解"生",他都无法否认:第一,这样的理解,是站在在场的立场,而在场的当然是有生命力的,是活生生的;第二,它活生生地显现,就是其自身的不断"重复";第三,这样的"重复",是事物自身归位的力量显现,也是事物始终向着自我回归进而自我统一的一种表现。而这也就是"生生"的另一个意思:"生"重复其"生",因而可以连续不断地抵及"生生"。"领会"是如此,其他事物也都是这样。

那么,论者这里有意无意所要揭示的,并不一定就是纯粹的海德格尔哲学,或者说,这样的哲学有可能借鉴或宣解了儒家的基本思想,而将注意力导向"生",进而减弱了"死"的作用。

值得强调的是,上引论述是在讲解海氏的诗学解释学,因而,这也意味着,儒家的思想是具有解释学方法论的意义的。如此,以"生生"为例,在讨论它的英译问题之时,若是突出阐明它的哲学维度,则一定能为儒家思想与西方哲学的契合方面的研究,提供一定的参照。

2.1.2 "生生"的一般解说及本章思路

对"生生"的重视和突出,可以说是中华文化的一个极其重要的思想倾向。钱锺书指出,对"生命化"或"人化"(animism)的关注,是中国"固有的文学批评的一个特点"①。实际上也可认为,"生生"为中国哲学的本质特征;大而化之,"生生"亦即为整个中华文化的基本导向。②《周易·系辞上》强调"生生之谓易"③,充分体现了中华文化的"重生"的精神:只有生而又生、生而复生,这个世界的生命力才能得到保持和延续。因而,戴震在《孟子字义疏证·道》之中强调:"人道,人伦日用身之所行皆是也。在天地,则气化流行,生生不息,是谓道;在人物,则凡生生所有事,亦如气化之不可已,是谓道。"④

不过,应该注意到,如此重要的"生生"思想,实际上并没有在跨文化的传译之中体现出它应有的魅力,一个重要的原因可能是,我们的翻译一向唯西方之命是从,一味依赖西方的思路,将有关词语名词化、抽象化、概念化。如此,活生生的动态过程,也就被板结起来,成为一种所谓的"客观的事物",或曰"研究对象":在外在于受众、欣赏者或读者的情况下,生命的存在过程的动态,也就几乎完全被遗忘在了另一种思想形态的平板化之中。易言之,长期以来,对"生生"的意义的知解,几乎始终是被牵绊在理性主义的现代化思路之中,而没有得到适宜的跨文化处理和传达。如此,或只有回到中庸之道,以儒解儒,有关问题才能得到真正有对应性的思考和针对性的解决。

既然"生生"突出的中华文化最为根本的特点,那么,它的传译也就代表着一种导向性的力量:回到中华文化思想的原点,跨文化处理才能产生它的

---

① 参见《中国固有的文学批评的一个特点》,原载1937年8月《文学杂志》第一卷第四期;收入氏著,《钱锺书散文》,第388-408页。

② 南怀瑾甚至认为:"'生生之谓易'这一句话最重要了!中西方文化的不同点,可从《易经》文化'生生'两个字中看出来,《易经》的道理是生生,也只有《易经》文化才能够提得出来,西方没有。"引自氏著,《易经系传别讲》,第107页,北京:东方出版社,2015年版。

③ 王弼(注),孔颖达(疏),《周易正义》(李学勤主编,《十三经注疏》之一),第271页。

④ 戴震(著),何文光(整理),《孟子字义疏证》,第43页,北京:中华书局,1982年版。

有效性。而我们所应关注的,始终就应该是最具活力的精神力量。因而,只有回到那种最能凸显这样的力量的所在,才能使有关问题的处理具有真正的可解性和合理性。

本章要探究的是,第一,对《易传》之中的"生生"、《易经》之中的"井井"以及朱熹的类同表达进行审视;第二,对《论语·颜渊》之中的"君君,臣臣,父父,子子"①以及有关表达的跨文化的处理的哲学理据加以阐述;第三,对《孟子》之中的"亲亲"以及儒家典籍中的"仁"的处理重新审视;第四,对过去一般所认为的叠词"茫茫",依照毛泽东诗词对之的描述和意义揭示,而对《红楼梦》之中的有关表达提出质疑,最终力图进一步阐明,如何以中庸之道为方法论,来确定对它的意义的疏解及其跨文化处理的适宜性和可行性。

首先要指出的是,与"生生"在表达上相同的词语,可分为四类:一是动词加动词,如"生生";二是名词加动词,如"君君,臣臣";三是动词加名词,如"亲亲"(《孟子·尽心上》)②;四是区分不出或不能区分出名词和动词,但属于对动态过程的延续性或连续性的描述,因而在某种更大的表达之中整个可用为形容词或副词,如"茫茫"。

不过,若是不从语法角度来审视,则这样的表达方式,其本身都是对既定的动态过程的描述,因而也都可认为具有"生而又生"的意向。易言之,"生生"本身即为有关表达的典型方式,因而,以之能凸显易道所要突出的宇宙存在的基本原理以及事物的本质。而在对之的处理方面,则可以中庸之道的"三"(参,叁)的动态合理性来加以审视:"能尽物之性,则可以赞天地之化育。可以赞天地之化育,则可以与天地参矣。"(《礼记·中庸》)③如此,"生生"之意,其功用不可谓不大矣! 具体来说,事物来到语言,形成其自身,它们的自然性会超越文化和语言诸因素,在其"超超"性之中体现其自身。而这样的体现是否合理,需依之是否能回归其自身来衡量,即反观其是否符

---

① 何晏(注),邢昺(疏),《论语注疏》(李学勤主编,《十三经注疏》之十),第163页。
② 赵岐(注),孙奭(疏),《孟子注疏》(李学勤主编,《十三经注疏》之十一),第359页。
③ 郑玄(注),孔颖达(疏),《礼记正义》(下)(李学勤主编,《十三经注疏》之六),第1448页。

合一加一等于三的基本原理的要求,亦即是否能满足阴阳相续而又互动的事物的存在规律。就"生生"之意向而论,既然它们都是对事物的动态过程的描述,那么,上述四种表达实可归为一类,不过是偏重点不同罢了。

如上所述,它们要突出的都是生而又生、生生不已。而"君臣"那一种则强调,君之行为要像君,臣之言行应像臣,如此"君"与其本身相需而又相继,"君"才可安居其位,而保持着"君"的姿态。"亲亲"意味着对待亲人(主要是指自己的父母)要像亲人,"亲"在回到自身的同时"相向而行",因而才能使人感受到"亲而又亲"。而"乾乾"的基本意思是,如同男子汉大丈夫一般,去做男子汉大丈夫的事情,有如"天"一般在"乾乾之健"之中"生生不已"。"茫茫"也一样具有这样的连续性,表现出一种不断的状态,因而具有在广阔的空间和悠久的时间共存一体的意义上的那种永恒意味。

很明显,所有这四者拥有一个共同的意向:(使)事物回到其本身。"生"使"生"回归,才可能形成"生生"。"君"保持其位,相继相续,才能"君君"。"亲"只有将之视为"亲",使之成就"亲","亲亲"才会具有持续性。而"乾乾"更是这样:只有坚持像男子汉大丈夫那样,警惕勤奋,奋斗不息,才能克服困难,一往无前。"茫茫"也一样指向事物"不息"的连绵、延续的力量。

因而,"生生"寄寓着国人存在论的基本原理,而依之对有关表达进行译解,可确保事物来到语言的鲜活的力量,而不至于陷入板结化的抽象困境之中,使译解一开始就被同质化为另一种思路的表达。在生命力得以重新显现的语境之中,"生生"的译解才是可能的。

而本节所要做的,是对《周易》之中的"生生"、"存存"、"乾乾"、"井井"以及"至至终终"等的历时和跨文化译解的处理进行理论分析。

2.2 "生生"与中庸之道

2.2.1 "生生"的要义及以"三"(参/叁)来验证的一般说明

冯友兰指出:"照道家说,道不可道,只可暗示。言透露道,是靠言的暗示,不是靠言的固定的外延和内涵。言一旦达到了目的,就该忘掉。"①在这里,他是在讨论"道可道,非常道。名可名,非常名"的意义。

"道"既然"不可道","名"也一样"不可名",那么,按照老子的论断往前推,就可以说,所有的有关"道"的"道(说)"当然都是"非常道",所有有关"名"的"名"都不是"常名";反过来讲,真正应该做到的、合理的思想就是,应使"道"回到"道","名"回归"名"。因此,"道可道,非常道。名可名,非常名"②,也就意味着与"生生"完全一致的意向:"道道"和"名名"。

易言之,在《道德经》开篇的论断,完全与《论语·颜渊》之中的"君君,臣臣,父父,子子"表达方式相同。就《论语》的语境来说,"君君,臣臣"之类的提出,为的是要"正名"。既然道家认为,"道不可道,名不可名",那么,与之相比,在坚持对"大本"的思考的同时,强化对人本身的打造,儒家可谓功德无量。朱熹强调:"事事物物上便有大本。若只说大本,便是释老之学。"(《朱子语类》卷十五)③儒家之所以与道家的追求不相一致,和它重视人的培养和教化及其社会抱负和担当关系密切。这说明,儒家不仅仅是"独善其身"(《孟子·尽心上》)④,或"虚室生白"(《庄子·人间世》)⑤,突出自我"葆光"(《庄子·齐物论》)⑥,还自有其社会文化的理想追求。但是,在另一个方面,二者又有共同之处:在强调回归自然之道、体贴宇宙奥秘的导向上,它们都在坚持阴阳之道。而"君君,臣臣,父父,子子"和"道可道"以及《庄子》之中的"物物"(《庄子·在宥》)⑦之类的表达方式的趋同,即是对此的印证。

实际上,不仅是儒家和道家具有同样的宇宙论和存在论思想,而且,法家和名家的宇宙论和存在论一样体现着阴阳之道的生生不息的精神,只不

---

① 冯友兰(著),涂友光(译),《中国哲学简史》,第12页。
② 王弼(注),《老子注》(《诸子集成》第三册),第1页。
③ 钱穆(著),《朱子学提纲》,第35页,北京:生活·读书·新知三联书店,2002年版。
④ 原文为:"穷则独善其身,达则兼济天下。"见赵岐(注),孙奭(疏),《孟子注疏》(李学勤主编,《十三经注疏》之十一),第355页。
⑤ 王先谦(著),《庄子集解》(《诸子集成》第三册),第24页。
⑥ 同上,第14页。
⑦ 同上,第68页。

过,各种哲学流派侧重点不相一致罢了。因而,我们在诸多典籍之中,可以看到完全一致的表达方式,也就不是什么奇怪的事情了。

《礼记·大传》强调"亲亲也,尊尊也,长长也,男女有别,此其不可得与民变革者也"[1];《孟子·尽心上》之中讲"亲亲而仁民,仁民而爱物"[2];《礼记·大学》之中说"君子贤其贤而亲其亲,小人乐其乐而利其利"[3]、"上老老而民兴孝,上长长而民兴弟"[4];《礼记·中庸》突出"亲亲为大"[5];《尚书·康诰》之中有"不敢侮鳏寡,庸庸,祗祗,威威,显民"[6];《荀子·大略》之中也有"亲亲、故故、庸庸、劳劳,仁之杀也。贵贵、尊尊、贤贤、老老、长长,义之伦也"[7];《荀子·修身》之中还强调"是是非非谓之知,非是是非谓之愚"[8];《庄子·齐物论》也有相对应的"以是其所非,而非其所是"[9]。实际上,《庄子》之中的确有很多这样的表达,比如"吉祥止止"(《庄子·人间世》)[10]、"物物而不物于物"(《庄子·山木》)[11]、"缮性于俗俗学"(《庄子·缮性》)[12]以及"夫昭昭生于冥冥"(《庄子·知北游》)[13]等等。

日月交互,而天地相需,因而一来一往,循环往复成为宇宙的奥秘的真正写照。循环不已的变化和阴阳相互推移的运动,既然是大自然的变化的

---

[1] 郑玄(注)、孔颖达(疏),《礼记正义》(中)(李学勤主编,《十三经注疏》之六),第1001页。
[2] 赵岐(注)、孙奭(疏),《孟子注疏》(李学勤主编,《十三经注疏》之十一),第377页。
[3] 郑玄(注)、孔颖达(疏),《礼记正义》(下)(李学勤主编,《十三经注疏》之六),第1593页。
[4] 同上,第1600页。
[5] 同上,第1440页。
[6] 孔安国(传)、孔颖达(疏),《尚书正义》(李学勤主编,《十三经注疏》之二),第359页。
[7] 王先谦(著),《荀子集解》(《诸子集成》第二册),第324页。
[8] 同上,第14页。
[9] 王先谦(著),《庄子集解》(《诸子集成》第三册),第9页。
[10] 同上,第24页。
[11] 同上,第122页。
[12] 同上,第97页。
[13] 同上,第139页。

写照,而"民受天地之中以生"(《左传·成公十三年》)①,人当然也就要受其支配。这样,天地和人融为一体,而"一阴一阳之谓道"也就是天道、人道、地道的另一种表达:"生生"所体现的,就是这样的依照"天道"的运行,而万事万物所能体现的那种"循环不已"和"自我回归"。因而,依之来确定事物的存在本质,也就是题中应有之义。而且,也只有这样,才可做到"使事物来到语言",进而成就"其自身"。如上文所说,其验证就是,能否确定它们在表达和意涵格局上,形成了"三"(叁或参)的格局,即能否达到《礼记·中庸》之中所说的"可以赞天地之化育,则可以与天地参矣"②。

2.2.2 "生生"、"存存":"不息"要求跨语言的新的表达

表示事物存在的"生生不已"的"易理"其意义既然如此巨大,那么,"生生"本身的构造及其意义就首先应该进入解释者的视域。也就是说,在我们看来,在跨文化传译之中,"生生"的"意义"应该进入目的语,而要做到这一点,它的"形式"理应首先进入。"皮之不存,毛将安傅"(《左传·僖公十四年》)③,只有保留"形式","意义"才可有附着之处。载体尽可能保持"原来面目",事物方可真正来到语言,才能是其所是。

正因为如此的表达方式,其形式本身就体现着它的意义,因而,不从"外形"入手,也就谈不上别的什么。"生生",如上所述,若是"生而又生"的意义,那么,"重复"才是"生生不息"的意义指向。因此,如果目的语之中不存在类同的表达,也只有通过创设或"杜撰"新词予以再现"生而又生"的过程。既然是"天道"的运行的表述,假若放弃这样的表述方式,事物失去它本应有的载体,如何可能来到语言? 这一点,或是长期以来跨文化处理所未及关注的,而忽视所产生的问题往往已经将"生生"引向了另一种思想格局:将之视

---

① 左丘明(传),杜预(注)、孔颖达(正义),《春秋左传正义》(中)(李学勤主编,《十三经注疏》之七),第 755 页。

② 郑玄(注),孔颖达(疏),《礼记正义》(下)(李学勤主编,《十三经注疏》之六),第 1448 页。

③ 左丘明(传),杜预(注),孔颖达(正义),《春秋左传正义》(上)(李学勤主编,《十三经注疏》之七),第 370 页。

为"名词",进而在静态化之中,把它抽象为"概念"。而这样的处理,显然是在另一种哲学系统之中将中华文化的基本特性同化掉了。

应该强调,坚持直接移植形式,走的是"执中有权"的路子。孟子教导说:"执中无权,犹执一也。所恶执一者,为其贼道也,举一而废百也。"(《孟子·尽心上》)①赵岐注曰:"执中和,近圣人之道,然不权。圣人之重权。执中而不知权,犹执一介之人,不知时变也。"②本来是众多选择,从中选出恰如其分的一个才是正理。我们这里不以"常态"的"译意"为导向,其学理依据是,形式和内容是一体的,即一个整体的两面。因而,如果能够找到办法,保证形式的转译或移植,那么,形式所能负载的那种整体性,亦即"意义",才可见于新的语境。这样可以在两个方面显现出中庸之道的力量:一是事物达到了"三"(参或叁)的要求,因为一加一(形式、内容形成新的统一);二是"生生"的动态过程得以再现,也就等于使事物之本质倾向得到保持。

但是,因为长期以来,跨文化译解并没有关注如何从儒家思想入手来译解有关词语表达的意义,因而,纠偏的要求,就现实而论,不可谓不大:或许,只有还事物以本来面目,才能还中华文化以本来倾向,历史才有可能翻开新的一页。

例1. 生生之谓易。(《周易·系辞上》)③

译文1. 生生,生而又生,子子孙孙未有穷尽。王振复今译(王振复,2009:287)

译文2. 生生不息(变化前进不已)就是易。南怀瑾、徐芹庭今译(南怀瑾、徐芹庭,2011:410)

译文3. 万物时时处于生生不息的变化状态之中。崔波今译(崔波,2008:363)

译文4. 生生不停叫做变易。周振甫今译(周振甫,2012:308)

译文5. 阴阳转化生生不息的功能就是运转变化的《周易》。张延伟、张

---

① 赵岐(注),孙奭(疏),《孟子注疏》(李学勤主编,《十三经注疏》之十一),第367页。
② 同上。
③ 王弼(注),孔颖达(疏),《周易正义》(李学勤主编,《十三经注疏》之一),第271页。

延昭今译(张延伟、张延昭,2014:611)

译文 6. 生生:阴阳之道化育万物,新陈代谢不已之貌。易,变易也。唐明邦释义(唐明邦,2009:234)

译文 7. 阴阳转化以致生生不绝叫做变易。张善文今译(张善文,傅惠生,2008:376)

译文 8. 阴阳转化而生生不绝叫作变易。黄寿祺、张善文今译(黄寿祺、张善文,1989:538-539)

译文 9. [...] alternation between *yin* and *yang* (to) cause constant reproduction change,[...] 傅惠生英译(张善文、傅惠生,2008:377)

译文 10. Production and reproduction is what is called (the process of change). Legge 英译(Legge,1899:40;1999:297)

译文 11. Generation and regeneration are what is meant by the *Changes*. Ryden 英译(Zhang ,2002:110)

译文 12. As begetter of all begetting, it is called change. Baynes 英译(Baynes,1977:279)

译文 13. In its capacity to produce and reproduce we call it "change." (Yin and yang change from one to the other and, in doing so, bring about life as transformation.①) Lynn 英译(Lynn,1994:37)

王弼解释:"阴阳转易,以成化生。"②孔颖达"正义"曰:"生生,不绝之辞。阴阳变转,后生次于前生,是万物恒生,谓之易也。前后之生,变化改易,生必有死,易主劝戒。奖人为善,故云生不云死也。"③朱熹释义:"阴生阳,阳生阴,其变无穷,理与书皆然也。"④阴阳二气的相互推移和彼此激荡,形成"一阴一阳之谓道"的局面,生生不已、生生不息。所以,金景芳、吕绍纲解释:"生生就叫易。[……]阴阳生生,即阴生阳,阳生阴,阳又生阴,阴又生

---

① 引者按:这里译者同时译出了王弼的解释,详见下文所引。
② 王弼(注),孔颖达(疏),《周易正义》(李学勤主编,《十三经注疏》之一),第 271 页。
③ 同上。
④ 朱熹(撰),廖明春(点校),《周易本义》,第 229 页,北京:中华书局,2009 年版。

阳,生生无穷,无有止息。"①生本身已经就是生,生因而应该不断回到它自身。在这个意义上,作为一种哲学思想,"易道"最大的期望就是使事物回归自身,使之"皆得自然",亦即各个是其所是、去其所在。也只有如此,这个世界才会是有意义的:这个世界以及其中的万事万物,才都有其本体的存在。不然的话,又该如何解释:这样的世界,只有它的功用功能或作用的显现,而不能突出其本身的力量呢?因而,也只有回到事物本身,"生生"才可能是不仅"生"本身可以回到"生",而且,在此基础上,生育万物——这里的意思是说,生育本身就是事物本身所拥有的能力,而天地之道或曰易道只是揭示"物物"而已——物回到自身,成为它本身,成就它的力量和努力,进而产生功用,产生结果。

"生生之谓易,易理的根本,是'生'。生命文化、生命哲学,是《易经》反复宣说、强调的根本易理之一。"②"阴生阳,阳生阴,阴阳交迭,变化无穷,这就叫易。"③

因而,"生生"的意思,应该在这一指向上加以疏解。只可惜,现代化的理解往往会将"生生"化为"静态"的"道理"。

那么,同样的,在译为英文时,也会出现同样的问题:将"生生"板结固化为所谓的概念。而上引译文不是将之译为 production and reproduction(译文 10),就是将之处理为 generation and regeneration(译文 11);而译文 9 的处理,也只有意义的传递,而没有保持原文的形式。这的确可以说明,以另一种语言来传译原著,难度是极大的。译文 12 以 As begetter of all begetting 来再现原意,的确有保留形式的意味。但是,beget 的意思主要是"(父亲)生(儿子);为……之生父"和"产生,引起,招致"这两种意思④;而 begetter 前不加冠词,有可能让人联想到,那是外在于人或一切生命存在的

---

① 金景芳、吕绍纲(著),《周易全解》,第 411 页,吉林:吉林大学出版社,2013 年版。
② 王振复(著),《周易精读》,第 287 页,上海:复旦大学出版社,2009 年版。
③ 崔波(注译),《周易》,第 363 页,郑州:中州古籍出版社,2007 年版。
④ 参见高永伟(主编),《新英汉字典》(第四版),第 131 页,上海:上海译文出版社,2009 年版。

一种独一的力量,但"生生"本身始终是内在于人和其他生命存在的,因而,二者倾向截然相反？而译文 13 则以王弼的注释本为底本进行翻译,但似乎还是坚持对"生生"进行静态化和概念化的处理。所以,也就有了 In its capacity to produce and reproduce 这样的表达,其主导词仍是名词。

另一方面,上引所有英文译文,都是在以"生殖"或"生产"的意向来传达"生生"之意。Production[①] 如此,generation 这样[②],begetting 也还是这样。如此,则"生生"在"生育"方面的意义似乎得到了概念化的处理,但是,它在"生生不息"的"存在"导向上的意义,并没有再现。

既然是传译《周易》的极为重要（或可说是,最为重要）的表达方式,而且,这一方式本身就寄寓着这样的重要性,那么,形式的保持应该是优先考虑的。如此,首先,需要将之进行动名词化处理；其次,需要将自动的意义传达处理；最后,通过重复用词使表达产生自我回归的意味。

而能满足这三个条件的英文表达似乎是不存在的。因此,需要重新考虑创设新的表达：life living and re-living 或能作为一种选择。这是因为,一、live 的代名词形式 living 和 life 本身是同一词根的词语,再加上 re-living 一词的强化,或可凸显"生而又生"的意味；二、"生生"应回到"生"自身,living and re-living 的表达应具有这方面的意义；三、它们也具有不断延续的意向,因为重复,而且加上了重复的前缀 re。

若是考虑别的选择,或可改变 enliven 的使动词的用词倾向,将之作为一般的不及物动词来用,而且,要将之动名词化：enlivening and re-enlivening。尽管考虑到了 animating and re-animating 也可如此处理,但是,后者可能达不到 life 在日常生活之中运用的普通或平常的那种频率。也就是说,这里的选择充分考虑到了新创之词的运用,应是与一般词语,特别是像 life 以及 live 之类的日常用语的关系。而且,若是不依照语法,新创之词就较难为人所接受,因而,我们还是倾向于启用第一种选择。

---

① 见《新英汉字典》第 1224 页对此词的解释。
② 见《新英汉字典》第 627 页对之的解释。

同时,可支撑这样的选择的一个证据是,德里达的著作的英文译本之中有类似的表达。德里达在论及亚里士多德的"反思"的时候,其英文译者将对应的希腊文(拉丁化)的词语译为:thought thinking thought(*hē noēsis noēseōs noēsis*,思想思想思想)。同时,他强调,在亚氏那里,只有"神"才能过上最好的生活,而人只能在短暂的时刻体验到这种生活:"亚里士多德将这一第一原理界定为,而这一点对我们是重要的,一种生活,一种生活的生活,一种我们可以在我们的生活之中短暂地享受到的与最好的东西相比较的生活方式。"在这里,他的英文译者用的是:as a life, a living of life, a way of living①;按照他的表达方式,英文之中完全可以 life living life 来传达"神的生活"与作为"反思"的人的生活的统一:thought thinking thought。无论如何,他的跨文化表达方式都是可以借鉴的。

验之于《周易》之中的"天地之大德曰生",情况又该如何?

例2. 天地之大德曰生。(《周易·系辞下》)②

译文1. 天地的大德叫生长万物。周振甫今译(周振甫,2012:334)

译文2. 天地的最大功能是化生万物。崔波今译(崔波,2007:388)

译文3. 天地之大德,在于使万物生生不息。南怀瑾、徐芹庭今译(南怀瑾、徐芹庭,2011:428)

译文4. 天地最大的德行是生养万物而使其生生不息。张延伟、张延昭今译(张延伟、张延昭,2014:634)

译文5. 天地的最大功能是化生万物。唐明邦今译(唐明邦,2009:263)

译文6. The great attribute of heaven and earth is the giving and maintaining life. Legge 英译(Legge,1899:382)

译文7. It is the great virtue of heaven and earth to bestow life. Baynes 英译(Baynes,1977:295)

译文8. The great virtue of Heaven and Earth is called "generation."

---

① Jacques Derrida(著),Pascale-Anne Brault 与 Michael Naas(英译),*Rogues: Two Essys on Reason*,第 15 页,Stanford: Stanford University Press,2005 年版。

② 王弼(注),孔颖达(疏),《周易正义》(李学勤主编,《十三经注疏》之一),第 297 页。

(It gives life but makes no purposeful effort to do so. Thus it is able to bring about life constantly. This is why the text refers to it in terms of its "great virtue."①) Lynn 英译(Lynn,1994:50)

译文 6 之中的 giving life 可解为"赋予或给予生命",而 maintaining life 则意味着"保持生命"。很明显,此译与上引 Legge 的"生生"的英译(production and reproduction)不相一致。如此,也就导致在一个重大的关节点上译作两处彼此不相协调的情况。

"生",依《说文解字》,"生,进也。像草木生出土上";而按照词源学辞典的解释,生字"本义为草木生出、生长"②。用之于《周易》之中,"生"的这一意向并未改变。而《周易》之中的"存存"一词,也是这样。"存",依《说文解字》,"存,恤问也。从子,才声"。论者认为,这是"引申义",此词的"本义为生存"③。英语日常用语有 to sleep a sleep, to dream a dream, to smile a smile 以及 sing a song④ 等表达,与之相较,life living and re-living 也会具有"日常性"。而这也可作为对"百姓日用而不知"(《周易·系辞上》)⑤的儒家观念的说明,因而,若是保持其形式,未来可以使它获得相应的哲学意味。

译文 9. The great virtue of *Tian*(天) is to enliven life in its living.

从上文分析来看,对下一例中的"存存"的处理,也应依"生生"的方式。这是因为,从词源意义上说,"存存"本来就是"生生"的另一种表达。也就是说,它的意向的倾向性,也和"生生"如出一辙:不仅词源意义相同或相通,而且形而上的意味也是一致的。所以,论者将之解为"存而又存"⑥,也就是自

---

① 括号之中是对王弼的解释的翻译:"施生而不为,故能常生,故曰'大德'也。"引文同上。
② 谷衍奎(编),《汉字源流字典》,第 123 页,北京:华夏出版社,2003 年版。
③ 同上,第 169 页。
④ 例如,安乐哲与郝大维就运用这样的表达来翻译《荀子·非十二子》之中的"子思唱之,孟轲和之":Zisi sang this song, and Mencius chimed in with it. 引自安乐哲、郝大维(著),彭国翔(译),《切中伦常:〈中庸〉的新诠与新译》,第 7 页。
⑤ 王弼(注),孔颖达(疏),《周易正义》(李学勤主编,《十三经注疏》之一),第 269-270 页。
⑥ 崔波(注译),《周易》,第 366 页。

有其理了。

例3. 成性存存,道义之门。(《周易·系辞上》)①

译文1. 存而又存。积而扩充,以成智成礼。智者礼者,通向道义之门。道义,指用以修身的伦理规范。唐明邦今译(唐明邦,2009:236)

译文2. 成就万物的美善性德永存,就是反复蕴存的道义之门。张延伟、张延昭今译(张延伟、张延昭,2014:613)

译文3. 保存万物的存在,成为道义的门(道义就是从它这里出来的)。周振甫今译(周振甫,2012:311)

译文4. [……]不断地涵养蕴存这种德性,就是找到进入天地之道和易理真谛的门户了。崔波今译(崔波,2007:367)

译文5. 成就万物崇高广大的善性,而蕴存之、存养之,这就是道义所由产生的门径了。南怀瑾、徐芹庭今译(南怀瑾、徐芹庭,2011:412)

译文6. 不断地尊崇易理来生成崇高的人格品德,这是大张道义的门径。王振复今译(王振复,2009:289)

译文7. 能够用《易》理修身以成就美善德性而反复蕴含养存,就是找到了通向"道义"的门户。张善文今译(张善文、傅惠生,2008:380)

译文8. 反复涵养蕴存,就是找到了通向"道"和"义"的门户。黄寿祺、张善文今译(黄寿祺、张善文,1989:542)

译文9. The nature (of man) having been completed, and being continually preserved, it is the gate of all good courses and righteousness. Legge 英译(Legge,1899:361;1993:299)

译文10. If a man cultivates his virtue constantly with the principles, he can surely find the gateway to the way and righteousness. 傅惠生英译(张善文、傅惠生,2008:381)

译文11. The perfected nature of man, sustaining itself and enduring, is the gateway of tao and justice. Baynes 英译(Baynes,1977:281)

---

① 王弼(注),孔颖达(疏),《周易正义》(李学勤主编,《十三经注疏》之一),第274页。

译文 12. As it allows things to fulfill their natures and keep on existing, this means that change is the gateway through which the fitness of the Dao operates. (That things exist and fulfill themselves is due to the fitness imparted to them by the Dao.)① Lynn 英译(Lynn,1994:38)

王弼的解释强调,"物"有了"存"才可能"成",但其"成"只能遵照阴阳之道变易不住的原理,因而,"物之存成"应是原理的体现。这样,"存存"亦即为"生生"的另一种表达。因而,"存存"本身即可视为"道义之门"。依王弼,事物之"存"以至于最后的"成",是要通过或经过("由")"道义"来达到或实现的,故曰"由乎道义"。孔颖达认为:"此明易道既在天地之中,能成万物之性,使物不失物性,存其万物之存,使物得其存成也。性,谓禀其始也。存,谓保其终也。道,谓开其通也。义,谓得其宜也。既能成性存存,则物之开通,物之得宜,从此易而来,故云'道义之门'。"朱熹解释:"'成性',本成之性也。'存存',谓存而又存,不已之意。"②很明显,"存存"即为"生生"的另一种表达。金景芳、吕绍纲释义:"成性是接前句'天地设位而易行乎其中矣'而来,意谓经常用《易》以崇德广业,结果使它变成本性。'存存',存而又存,惟恐失之。如能'成性存存',就是'道义之门',也就是道义所从出。"③这个解释也认可了"存存"意为"存而又存",因而,可将之与"生生"之"生而又生"相提并论。

诚如南怀瑾所指出的:"这是孔子最精彩的一句话,在人生哲学中不仅仅是《易经》,也与修道有关。这八个字没法解释。"④但是,很明显,译文 5 (南怀瑾与徐芹庭今译)的译文,还是突出了"生生"的要义:涵存再涵存、存养再存养,如此持续不断,实际上就是"生生"的体现。

如此,译文 9 和 11 以 nature 之类的词来传译"生性",或正和"生性"的不断"变易"的"易道"原理形成反动,因而,我们认为不能接受。译文 12 之

---

① 括号之中译的是王弼的注:"物之存成,由乎道义也。"
② 朱熹(撰),廖明春(点校),《周易本义》,第 231 页。
③ 金景芳、吕绍纲(著),《周易全解》,第 415 页。
④ 南怀瑾(著),《易经系传别讲》,第 126 页。

中也出现了 nature 这样的用词,因与中国哲学的一般倾向相反,同样是我们所无法接受的。安乐哲与郝大维强调:

> 我们的西方语言是实体取向的(substance-oriented)的语言,因此,大多数词汇都相关于描述和诠释一个基本上与非连续性(discreteness)、客观性(objectivity)和恒久不变性(permanence)所界定的世界。但是,描述和诠释像中国这样一个基本上以连续性(continuity)、过程性(process)和生成性(becoming)为特征的世界,这种西方话语就不免用错了地方。①

那么,反静态和抽象而动的话,就会倾向于在保持"生生"之意的基本思路的同时,将"存存"本身的意向传译出来。也就是说,需要像对"生生"的处理一样,在英文之中对之加以形式化,或曰,再现它在原文之中原有的形式。那么,也就需要从另一方面入手,去寻找解决的方案。这就是,目的语之中具有什么意义的词语或表达,能够符合"存存"的意涵的表达要求?

《尔雅》解释:"存存,萌萌,在也。"②"注"曰:"萌萌,未见所出。""疏"云:"存存,萌萌,在也。""正义"曰:"谓存在也。"这样的"存在",当然是"生命"的存在,是"生生"的在场及其不断的延续或持存。如此,"存存"便可解为:物之为物,生机萌动,待时即发,喷薄欲出;但是,此一生机究竟何时显露,则需持续努力,因而,便只能是萌动而又萌动——如此,"萌萌"而又"存存","萌萌"即为"存存"。

"存存"的"存在"的意涵,很容易让人联想到西方"存在论"之中有关"存在"的众多表达。它们适用吗?不妨以现象学之中"类似"的表达为例,加以分析。

西方形而上学非常讲究"存在论"(ontology),因而,这方面的学说不知

---

① 安乐哲、郝大维(著),彭国翔(译),《切中伦常:〈中庸〉的新诠与新译》,第 26 页。
② 郭璞(注),邢昺(疏),《尔雅注疏》(李学勤主编,《十三经注疏》之十三),第 97 页,北京:北京大学出版社,1999 年版。

凡几。以现象学为例,在胡塞尔那里,也有与"存存"可能"相似"或"相对应"的表达。如 retention(德语,*Retention*;法语,*rétention*;日语,过去把持)一词,一般可译为:"存留"、"保持"、"保留"、"记忆"以及"滞留"等等。现象学专家将之定名为"滞留"或"持存"①,并解说道:"滞留""也被称为'第一性回忆'","是一种与刚从现前领域过渡到过去之中的被意识之物的本源的、去除当下的和滞留性的意向关系"。②

不过,胡塞尔讲的是"意识"的力量,可能与"生"、"生命"或"生生"关系并不密切,而且,即令"持存"具有"存存"某方面的含义,后者所具有的那种不断持续、全然"正面"的力量,也是前者所不具备的。因为,胡塞尔的"持存"一定要与 protention(前摄,前向,预存,前展)(德语,*Protention*;法语,*protention*;日语,未来把持)③相联系,才可得到理解。这说明,在这位现象学哲学家那里,只有以始终存在着的相互反对的东西,才可赢得对事物本身的"意识"或知解。而"存存"作为对"生生"本身的另一种表达,它只是在描述事物的自我回归和生生不已,并不含有"对立面"与之"相反动"的意味。

因而,我们或许只有通过对"存存"基本的源初意向"萌萌"的把握,来创设新词,以便在英文之中再现出它的意义:

译文 13. The natural growing tendency [of things] consists in bud budding and rebudding, and leads to the passage to *Dao* in its being properly right.

---

① 如王文圣(撰),《胡塞尔如何以"附现"的概念建立其主体际构成理论》(见道客巴巴, http://www.doc88.com/p-7962909931199.html),2017 年 4 月 15 日采集,何继业(撰),《胡塞尔和海德格尔关于时间源始性的研究》(《人文杂志》1999 年第 4 期,第 1—6 页),马新晶(撰),《语言与意义:胡塞尔〈几何学的起源〉解读》(《中共济南市委党校学报》2014 年 2 期,第 29—34 页),以及关杰(撰),《试论胡塞尔和海德格尔的时间性理论》(《求是学刊》2013 年第 4 期,第 47—50 页),都是将 retention 解为"持存"。

② 倪梁康(著),《现象学概念通释》,第 413 页,北京:生活·读书·新知三联书店,1999 年版。

③ 同上。

2.2.3 "乾乾"与"至至终终":"天道"的承载如何显现于目的语

"君子终日乾乾。"(《周易·乾卦》)①在这里,"终日"意为整天或自始至终;"乾乾"之中的第一个"乾"是动词,后一个"乾"是宾语名词。如此,这句话的意思便可解为,整天以男子汉精神做男子汉的事。也就是说,"终日乾乾"讲的是,使"乾"回归"乾",或曰使"乾"成为"乾"。假若可以将"乾"简化为具有阳刚之力的男性,那么,这句话的意思就可解为,要以男子汉的气魄,去做男子汉应该去做的事情。这是从"语法"的角度作出的解释。不过,即使不依之作解,也一样可以看出,其中突出的正是"生生"。

乾乾,一般解为:自强不息貌。《周易·乾卦》:"君子终日乾乾,夕惕若厉,无咎。"孔颖达疏曰:"言每恒终竟此日,健健自强,勉力不有止息。"②"不息"意即"生生"。

将"乾乾"释为"不息貌",是将之作为"天"的"卦象"来解的。"天"在所有的"健者"之中,"生生不息",因而,可谓"不知疲倦"的代表。易言之,"乾乾"之所以是"不息"的,就是因为其中跃动着内在的不断的生命活力。也就是,"乾乾"本身就是"天"的"不息生命"的体现。那么,"乾乾"与"生生"便可视为同义异词。《周易·象传》解释:"'终日乾乾',反复道也。"③这是因为,只有"乾乾"的动态,能说明君子是仿照天来行事,在自然的"循环"之中,也一样"反复"于"道"的体验。因而,这更可说明,"乾乾"即为"生生"的另一种表达。

例4. 君子终日乾乾,夕惕若厉,无咎。(《周易·乾卦》)④

译文1. 君子整天都奋发努力、刚健奋进,直到夜晚还时时警惕反省以防有所疏忽,这样,君子即使面临着危险的情况,也不至于遭受咎害。张善文今译(张善文等,2008:2)

---

① 王弼(注),孔颖达(疏),《周易正义》(李学勤主编,《十三经注疏》之一),第4页。
② 同上,第5页。
③ 同上,第11页。
④ 同上,第4页。

译文 2. 贵人整天自强不息,晚上警惕着。(情况)严重,没有害。周振甫今译(周振甫,2012:1)

译文 3. 君子筮遇此卦,必须一天到晚、每时每刻都小心谨慎、勤勉警惕,即使处境危殆,也可保没有错失。王振复今译(王振复,2009:53)

译文 4. 君子终日戒慎恐惧,自强不息;即使到了夜晚,还是心怀忧惕,不敢有一点的松懈。金景芳、吕绍刚今译(金景芳、吕绍刚,2013:7)

译文 5. 君子整天固守刚健中正的德性,虽然到了夜晚,还要像白天一样的警惕自励。南怀瑾、徐芹庭今译(南怀瑾、徐芹庭,2014:8)

译文 6. 君子白天勤奋不懈,到了夜晚还戒慎恐惧,如同面对危险,这样做就无灾害。崔波今译(崔波,2007:24)

译文 7. 君子白天矫健,夜晚警惕。纵有危害,无须畏惧。何新今译(何新,2002:4)

译文 8. 君子终日勤奋工作。夜晚保持机警状态,时刻砥砺、激励自己,才能没有过错。张延伟、张延昭今译(张延伟、张延昭,2014:8)

译文 9. The gentleman strives hard all day long. /He is vigilant even at nighttime. /By so doing, he will be safe in times of danger. 汪榕培英译(汪榕培,2007:3)

译文 10. [...] the superior man works tenaciously all the day and remains vigilant at night. There is danger but no harm. 傅惠生英译(张善文等,2008:3)

译文 11. [...] the superior man [is] active and vigilant all the day, and in the evening still careful and apprehensive. (The position is) dangerous, but there will be no mistake. Legge 英译(Legge, 1899:58)

译文 12. All day long the superior man is creatively active. /At nightfall his mind is still beset with cares. /Danger. No blame. Baynes 英译(Baynes, 1977:46)

译文 13. A gentleman works hard all day, /And keeps alert in the evening. /In peril, safe. Huang and Huang 英译(Huang and Huang,1987:

72)

译文 14. The gentleman throughout the day is so initiating; /at night he is ashen as if in danger; /there is no trouble①. Shaughnessy 英译 (Shaughnessy, 2014:39)

译文 15. If cultivated people work diligently all day and are serious at night, then they will not err in dangerous situations. Cleary 英译 (Cleary, 2011:13)

译文 16. The True Gentleman is vigilant. /Throughout the day; /He is/Apprehensive in the evening. /Danger. /No Harm, /*Nullum malum.* Minford 英译 (Minford, 2014:64-65)

译文 17. The noble man makes earnest efforts throughout the day, and with evening he still takes care; though in danger, he will suffer no blame. Lynn 英译 (Lynn, 1994:82)

译文 18. One worthy of power is active all day, yet still anxious at night. Danger but no blame. Pearson 英译 (Pearson, 2011:42)

译文 19. the *junzi* are creative, creative/till the end of the day/still apprehensive in the evening/hardship, no blame. Bertschinger 英译 (Bertschinger, 2012:45)

译文 20. For the noble-minded, it's heaven and heaven and heaven all day long. And at night, their awe at its transformations is like an affliction. How could they ever go astray? Hinton 英译 (Hinton, 2015:15)

译文 21. The superior person—/All day long, initiating, initiating. /At night, keeping alert. /Adversity, no fault. Huang 英译 (Huang, 2010:41)

译文 22. Leaders at the end of the day are drier than dry, very

---

① 这是对马王堆汉墓帛书《周易》的翻译。原文为:"君子终日键,夕泥若厉无咎。"见 Shaughnessy 英译,*I Ching: The Classic of Change*,第 28 页,New York: Nallantine Books,1996 年版。

cautious/respectful of evenings, their discipline/strictness is without fault/blame. Schaefer 英译(Schaefer, 2014:16)

译文 23. Shows a person walking at dusk. There is a sense of danger. Be resolute. Without harm. Trainor 英译(Trainor, 2014:31)

译文 24. The wise person is active all day long, and is even on guard in the evening. It would seem this could be harmful but is [in this case] not a mistake. Christensen 英译(Christensen, 2015:77,304)

译文 25. The noble person throughout the day is vigorous, but at night he is wary; threatening but there will be no misfortune. Smith(英译)(Smith, 2012:33)

译文 26. The nobleman to the end of the day is so vigorous; in the evening is fearful as if there is danger. There is no trouble①. Shaughnessy 英译(Shaughnessy, 2014:214)

"君子乾乾",实则已由"天行健,君子以自强不息"(《周易·乾卦·象传》)②透露出个中消息:君子之所以要仿照天来行事,是因为天是"最健"的。"天"的运行,的确由它的"生生不息"加以表现。因而,君子仿而效之,自然也就"自强不息"。如此,"乾乾","自强不息"也就是它的另一种表达。我们这里更多关注的是"乾乾"的英文处理。

孔颖达在解释时,特地强调,"惕"要讲的是"因时而惕,不失其幾"③。现代人所说的"时机"或"时"与"机",就包含在这里的君子"乾乾"的修道之态中。不过,有可能在两个方面,现代人忽视了这样的"乾乾"之意:一是已经不再关注人与"时"的关系,轻视了"幾"之自然的来临以及对之的把握和决断;二是,将"天"以"乾乾"所体现的事物的那种自然性,视为可有可无。因而,在很大限度上,也就丢掉了"天"的自然性与人相互配合的一面,进而

---

① 这是译者对阜阳汉简《周易》之中乾卦卦辞"终日乾乾夕惕若厉无咎"的翻译。原文与通行本并无不同。
② 王弼(注),孔颖达(疏),《周易正义》(李学勤主编,《十三经注疏》之一),第 10 页。
③ 同上,第 5 页。

将自身一味地压缩在"人"的社会化行动之中。到最后,译解至此,已经不存在修身修道的意味,而造成了单一"意义"的传译。

但是,实际上,有关"意义"的传译,其本身本来应该突出的正是天人关系。如此,对之不予关注,想要传译出原文的意义,那肯定是不可想象的:"意义"的意思即为"人之心意"(意之在心或起于心者)在"适宜的时机"(义之适宜或曰适宜的意向之所指者)显现出来。那么,如何显现?不就是人之内在之心意,在适当的时机,依照具体的情形,来做取舍;而这样的取舍,不也就是,把握"天赐的良机",否则,就会"机不可失,时不再来"。

这样,我们对"乾乾"的"现代"的译解,因为丢掉了"天"的一维,难免会纠缠于社会化和立身行事的世俗追求之中,要想做到古人所说的"修业"与"进业",如此的单维度,就可能形成功利主义的算计、技巧和对利害的考量,最终不及于真正的"天之乾乾"。

《周易·象传》和《周易·文言传》都对"君子终日乾乾"作出了解释。《周易·象传》曰:"'终日乾乾',反复道也。"[①]《周易·文言传》则说:"何谓也?子曰:'君子进德修业。忠信所以进德也。修辞立其诚,所以居业也。知至至之,可与几也。知终终之,可与存义也。是故居上位而不骄,在下位而不忧。顾乾乾因其时而惕,虽危无咎矣'。"[②]这分明是将"天道"之常的"乾乾",即"反复其道",化为了人事的反复其道,也就是保持着"天道"的真和诚,依之为修德进业和居德广业的基本条件,如此,"乾乾"即是人的基本品德;再换言之,"天德内化"或曰"天德化人德"的体现。因此,"乾乾"的意思也一样就是:循环不已、生生不息。而且,词语本身如此表达,也就可以体现出这样的寓意。

奇妙的是,就在对"乾乾"如此的疏解之中,《周易·文言传》的作者引用孔子所说的话,其中连用了两次同样的表达方式:"知至至之。"意思是"知道至"就应"使之回到至"或"使之真正成为至";同样的,"知终终之"的意思也

---

① 王弼(注),孔颖达(疏),《周易正义》(李学勤主编,《十三经注疏》之一),第11页。
② 同上,第15-17页。

是"知道了终,就应使之回到终",或"就要使之成为终自身"。

如此知解之后,难题依然存在:一、我们仍然无法在英文之中找到能与之对应的表达,而上引的译文几乎都是在进行释义。二、即使我们保留了"乾乾"的音译,也没有办法保证这样的处理能将它的"动态过程"的意味传译出来。三、如果我们回到译文,就会发现,的确也有译者注意到了卦辞这样表达的重复性,所以,用到了诸如 creative(译文 19)(创造的,创造的),it's heaven and heaven and heaven(译文 20)(它是天,天,还是天),initiating, initiating(译文 21)(创新的,创发的),甚至是 drier than dry(译文 22)(比干还要干,或,干而又干)这样的表达。但是,问题在于:一、即使这样的译文,也只是在传达"乾乾"某一(些)方面的意涵;二、虽然有关译文相互之间有补充作用,但是,就某一译文来说,则会将意义的传达局限在一个狭小的范围。而"乾卦"本身那种刚阳和初生法则的意味,并没有得到多少揭示。①

因此,我们认为,还是需要用音译的办法来加以处理。也就是说,需要首先为"乾卦"的卦名"杜撰"一个新词,进而为"乾乾"推出一个"新的"译文。既然在汉语之中,"乾"本身有"天"、"父亲"、"阳性"、"男人"、"龙"以及"创造"诸多指涉,而这样的指涉无法通过一个现成的英文词语来囊括,那么,创设新词也就成为不得不做的选择。《周易》既然是独一的,那么,它的所有的卦名,都不应该用"意译"的方式处理。而"乾"卦的卦名,若是这样的名词在运用上得到认可,则也一样能将之作为动词使用:

译文 27. The man of virtue is working energetically all day long, *qian*ing and *qian*ing(乾乾)[as *Tian*(天)goes on and on], and he even remains on guard into the night, thus no danger could become harmful

---

① 在此一部分即将定稿之时,我们又看到一个新的译文。此译将"君子乾乾"一句处理为:The superior man busies himself the whole day through and evening finds him thoroughly alert. Trouble threatens, but he is not at fault. 至于《周易·文言传》之中的"故乾乾因其时而惕,虽危无咎矣",相应的译文则为:That is why he labours and labours, remaining thoroughly alert when circumstances so require. Thus, though danger threatens, he is by no means at fault. 详见 John Blofeld(英译), *I Ching-The Book of Change*,第 87-88 页,New York:Penguin Compass,1991 年版。未及详述,附录于此,以备日后继续研究。

to him.

例 5. 知至至之,可与幾也。知终终之,可与存义也。(《周易·乾卦·文言传》)①

译文 1. 能够明确自己进取的目标,努力去实现它。这种人可以跟他商讨事物的微妙的征兆;能够了解事物终止的时机,即使使它了结,这种人可以跟他共同保全事物发展适宜的状态。张善文今译(张善文等,2008:8)

译文 2. 知道(进德的程度)而达到它,可以跟他讲诚伪微茫的辨别。知道(修业的)结果,终于达到它,可以保存合宜。周振甫今译(周振甫,2012:7)

译文 3. 知道要到哪里,就努力去到哪里。这样的智慧与境界,就可以和他讨论关于"几"即事物变化细微征兆的道理。懂得事物变化已到极限,则穷极危殆就及时调整自己的行为,不要妄动,就可以使人与世界保持适宜、和谐的关系。王振复今译(王振复,2009:58)

译文 4. 倘若时机到了,自己知道应该如何去做就能把握机遇。应该终结的时候,自己知道立刻终止,才能保存道义的立场而全始全终。南怀瑾、徐芹庭今译(南怀瑾、徐芹庭,2014:20)

译文 5. 知道自己处事之极,只能全力以赴,把握时机,知道什么时候当终止,就断然终止,这才能保全事物发展的分寸。崔波今译(崔波,2007:24)

对这句话,金景芳、吕绍刚释义:"'知至至之'一句的重点是'知','知'即自觉精神。人在未做之前先有一个自觉精神,就距达到目标差不远了,所以说,'可与几也'。'居业',亦即守业。内心有忠信的人方能'修辞立其诚';'修辞立其诚'的问题是如何保持不变,今日如此,明日也如此,这就叫做'知终终之'。'知终',知道终身当如此;'终之',既知终身当如此,便实际上做到终身如此。'知终终之'一句的重点是行,行即力行、行动。人能够坚持终身'修辞立其诚',便'可与存义'了。'存义'是守义不变,'知终终之'的

---

① 王弼(注),孔颖达(疏),《周易正义》(李学勤主编,《十三经注疏》之一),第 15 页。一般的版本这里作"可与言几也"。

道理经常存在心里。"①

那么,这里说的应是"做事"而不是"事物发展"的"分寸",否则,人就成了干预自然的进程的那种作用者。但是,这可能吗?若是将"乾乾"解为"自强之意",字面上或非错误。因为,汉代汉语之中的这一组合已经就是这样的意思。但是,就学理上来看,这一解释还未能触及"乾乾"之本意。实际上,"乾乾"源初的意义为天道运行,连续不断,康健有力,人仿而效之,也一样奋斗不已,故有"乾乾"这样"重复性的"的表达,其结果便是"生而又生"。如此,则"乾乾"也必有"使生者生"之根本意向,而可得"连续性"之效力。易言之,"乾乾"乃至众多此类表达,都可视为"生生"之意的体现。只不过,是在不同的事物之中得到体现罢了。如此,则"易道"之"生意",在各种事物之中都必然表露而出,成就各种事物的本质,同时也就能印证易道的遍在性和通用性,亦可说明《周易》深入人心,早已成为中华文化不可割舍的精神力量;因此,天道行健,而君子自强不息,在存在论意义上,其运作机制可得到揭示。

译文6. 知道什么时候去做什么事就努力去实施,可以与其把握最佳时机呀;知道什么时候该终止什么事就立即终止,就可以与之谨守处世的原则呀。张延伟、张延昭今译(张延伟、张延昭,2014:18)

译文7. If a man knows his aims and strives to realize them, he is a man to be discussed with about the subtle signs of development of things. If he knows the appropriate time to end things and ends them timely, then he is a man that can be cooperated with to keep things in their appropriate states of development. 傅惠生英译(张善文等,2008:3)

译文8. He knows the utmost point to be reached, and reaches it, thus showing himself in accord with the first springs (of things); he knows the end to be rested in, and rests in it, thus preserving his righteousness in accordance with that end. Legge 英译(Legge,1899:411)

---

① 金景芳、吕绍纲(著),《周易全解》,第30页。

译文 9. 知晓来到的就要来到,便可与之探讨事物之微妙迹象之初显;知晓终止的业已终止,便能体现适宜之义的保持。①

译文 10. When one knows that the coming is to come, he is to be talked with the timing(幾)of things; and when knows that the ending is to end, he is sure to have kept the proper of things.

知极而知止,适可而止;知终而终之,同样是要适可而止。这样,二者本来是互文的关系;同时,前者"知止止之",要把握住"几"(幾),后者"知终终之",不也是要在适当的时候把握这样的"时机",进而才能明白"终",最终"终之"吗? 如此,"互文"的关系,便是由表达决定的,而现代汉语的释义性译文,已经不能体现出那种干练和简洁,因而,也就不能使物走向物。于是,我们看到的仅仅是一种解释,一种复查到了使事物不知如何才能回归的局面。如此,事物成为事物的基本要求的那种特定的回还或曰循环,在表达之中被彻底丢弃,而留下的就成了不仅沉闷,而且冗长,进而庸常的疏解。

而且,本来写作"幾"的那个字眼,在现代汉语之中已经被同化为"几",几乎失去了它的"天性"的灵光,只余剩下实用的意义。于是,它本身所含有的源发的微妙以及由此而来的那种种预兆之类的迹象或"幾象",荡然无存。若像《周易·系辞下》之中所说的"君子见幾而作,不俟终日"②,那么,"幾"字面上已经辉煌不再,又如何去"见"? 见到的,能是这样的"幾"吗? 假若不是,经过现代汉语的转换之后,对应的又是什么呢?

2.2.4 "井井"的"心意"及其跨文化处理

事物的"一阴一阳之谓道",要突出的是事物本身就是"一阴一阳"互动互生的构造。在事物自身之中,"一阴一阳"始终存在其中,因而,事物的存在必然是连续性的、动态的和自我循环的。如此,"来来往往"、"有来有往"或曰"你来我往",就可以说是事物本身的存在的样态。而《周易》之中就是

---

① 译文9和10是笔者的尝试之作。
② 王弼(注),孔颖达(疏),《周易正义》(李学勤主编,《十三经注疏》之一),第309页。

以这样的方式,在"井卦"之中,以"井井"作为一"象"来描述"人心"的。因此,我们就看到了这条卦辞:

例6. 井:改邑不改井,无丧无得,往来井井。(《周易·井卦》)①

译文1. 换了邑主不换水井,既无失也无得,取水者来来往往,秩序井然。唐明邦今译(唐明邦,2009:146)

此一译文将"邑"解为"邑主",但似乎"邑"本身并没有这样的意思,而且,最后的"井井"被释为"井井有条"。但是"井井"如此解为形容词,意思仅仅限制于"有条理",那又与"井"本身有什么密切的关系?毕竟,"井"本身才是这一卦辞的重点。

译文2. 城邑可以改造、搬迁,但井田制不能改变,水井不能搬迁。汲水,水井不见干涸;不汲水,水井不会满溢。所以水井可以供来来往往的人们反复汲水为饮。王振复今译(王振复,2009:219)

此译亦将"井"理解为"井田制"之"井"。其优长之处是,避开了将"井井"释为"井井有条"的"井"的意涵。其缺点却在于,"井田制"能印证"不变"吗?反过来讲,"井"本身要体现的,"井田制"能够体现出来吗?

译文3. 井卦,象征人们虽然改换了地方,也不会改变水井的。它没有增加,也没有减少,往来不穷都有水井。南怀瑾、徐芹庭今译(南怀瑾、徐芹庭,2011:312)

往来不穷的究竟是人,还是水井?这一问题关涉表达方式背后的思维方式:它指的要么是人,要么是井本身,可能均是说不通的。很明显,人来来往往,人体现了天道之不可穷极;相应的,井之中的水,不论抽取,还是不抽取,几乎都保持一样的水平,也一样印证并体现了天道。

译文4. 可以搬迁城池的村邑但不可以搬迁水井。水井不因为饮用的人多了就枯竭,也不因为饮用的人少了就满盈,来来往往的人们享受着各处水井的供养。张延伟、张延昭今译(张延伟、张延昭,2014:441)

可以讨论的问题是,若如译者所说,"往来井井"有"三层意思",那么,是

---

① 王弼(注),孔颖达(疏),《周易正义》(李学勤主编,《十三经注疏》之一),第198页。

不是这三层都要在译文之中再现出来? 其一,来来往往有许多水井,到处都能够汲取井水;其二,前井为名词水井,后井为动词,表示用井水给养,意为来来往往的人、畜都需要井水不断的给养;其三,井字平竖成方,上下如一,古之井田仿之,井然有序,井井有条之意。① 不管是哪一种意思,若是真的有"三重",也很难将之融入译文之中。不过,可以注意到,第一层意思或与第三层意思视角不同。前者似乎突出的是井,后者讲的则是井然有序的人。但是,不论是哪一层意思,它们都没有以井为核心或焦点:第一层意思似以井为中心,但实则讲人来来往往,都能汲水,因为井水是很多的;第二层意思突出的是井的给养作用,而这也是译者所不断强调的卦辞的意义,但是,井的效能是否就是井本身的意义,仍是需要讨论的;第三层意思就更明确了,仍然是在说,人们来来往往井然有序。那么,"井"在哪里?

译文5. 村邑变迁,井却不迁移,既无失也无得。来来往往的人从井中取水。崔波今译(崔波,2007:270)

译文6. 《井》卦象征水井:城邑村庄可以改移而水井不可迁徙,每日汲水不见干涸,泉流注入也不满盈,往者来者都反复不断地依井为用。黄寿祺、张善文今译(黄寿祺、张善文,1989:396)

译文7. 《井》卦象征水井:城邑村庄可以改移而水井不可迁徙,每日汲引不至枯竭而泉流注入也不盈满,往者来者都反复不断地依井为用。张善文今译(张善文、傅惠生,2008:270)

同上述译文一样,这三个译文仍未将井作为核心来译解。

译文8. 迁移城邑却不改变饮水井。虽然无失无得,但将来往急急。何新今译(何新,2002:213)

这里也一样没有将"井"定为核心。而对"井井"的理解,如译者所注的那样,是用闻氏②的说法:"闻氏说读为营营。《广雅·释训》:'营营,未来貌。'"③而且,迁移了城邑,"却不改变饮水井",说的是什么?"急急"奔走其

---

① 张延伟、张延昭(著),《周易溯本》,第442页,郑州:河南大学出版社,2014年版。
② 或指"闻一多"。引者注。
③ 转引自何新(著),《大易新解》,第217页,北京:时事出版社,2002年版。

或出走,而本不想留下什么,但又不得已只好将井留下,而不加以"改变"?那么,如此急迫的情况,"怎么会无失无得"?不是已经丢掉了水井,也就是丢掉了故土以及那里赖以生存的水源了吗?译文后一段可以证实这一点:"渴极,却没有可汲之井。碰坏了瓦瓶。凶。"①若是这样理解,此一凶卦,说的就是因为丢掉了水源,所以人无立足之地。如此,"无失无得"似乎就说不通了。

译文9.《井》卦:改组乡镇组织,没有改变水井,没有失也没有得。来往的人井然有序。周振甫今译(周振甫,2012:222)

井仍然不在核心位置,而且,"没有失也没有得"一样说不通。

译文10. 改建其邑而不改造其井也。无造新井之劳费,亦不得新井之利益也。邑人往来井上而汲水也。高亨今译(高亨,1991:163)

这里的译文是引用注者对每一句话的注解撮合而成。可以看出,井仍然没有成为焦点。"改建其邑而不改造其井"避免了将"改邑不改井"解为"搬迁新地"而不改变旧井的矛盾。

译文11. 邑落变了,人们迁徙了,井还是依旧在那里。水井是恒久稳定的,你汲它,它也不见少;你不汲它,它也不见多。来来往往的人们都使用这个井。井是大家公用的。金景芳、吕绍刚释义(金景芳、吕绍刚,2013:296)

此处的释义也是依照注释者的解说撮合而成。仍可注意到,第一句之中的人迁移,而井不见动。是不是会有上一译文之中所避开的问题?最重要的是,"井井",既然前一字是动词,后一字为名词,那么,意思到底是"来来往往的人们都使用这个井",还是"井是大家公用的"? 井之核心作用,未见加以突出。因此,作为动词的"井"到底是指的什么,仍然隐而不彰。

或许,只有回到使"井"成为"井"的指向上,才可能将它确定为此一卦辞的核心。也就是说,确定了"井"是它本身,也就等于确定了它在卦辞之中的核心地位。而以上的译解都没有做到这一点,英文的翻译也是如此。

译文12. The *jing* hexagram (the symbol of well) predicates a well

---

① 转引自何新(著),《大易新解》,第213页。

which is never moved even when the city moves. The water in the well never decreases or increases. People coming and going draw water from the well. 汪榕培、任秀桦英译(汪榕培、任秀桦,2007:99)

译文 13. (Looking at) *jing*,(we think of) how (the site of) a town may be changed, while (the fashion of) its wells undergoes no change. (The water of a well) never disappears and never receives (any great) increase, and those who come and those who go can draw and enjoy the benefit. Legge 英译(Legge,1899:165-166;1993:217)

这两个译文仍然不是以井为中心,也就无法解释"井井"的意义究竟是什么。我们注意到,这两个译文添加了不少原文之中可能没有的东西,如英文译文 13 之中的判断性质的 can;依之复译,有关句子的意思就成了"村子会搬迁,而井则不会"。这可能是无可奈何的选择,因为译文总是要增补一些原文可能含有、同时能够疏解其意义的东西。不过,若是没有对准"井"本身加以增补,则难免会引出额外的东西。比如,"无丧无得"说的并不一定是"有源泉流入其中,但并不能使之满溢"。恰恰相反,原文的意思是说,"不论如何汲水,井都是一如既往,保持着它原来的样态或现状",故而可称为"无丧无得"。正是由于这个原因,我们可以认为,这是可用以比喻君子的。因为,正是"未发之中"才能使之得"正"。在那看似平静的地方,蕴藏的正是人生最为深奥的境界:"中庸。"而这样的"存在状态"是因为阴阳之道在"井"那里得到的印证所体现出来的。不如此,便无法解释,为什么一口井,会这么富有深意地进入"卦"中,成为美德的培养和保持的象征。亦如上述,"往来井井"也不一定能适宜地理解为:人们来来往往到这里取水,并且依之为用。

译文 14. The *Jing* hexagram symbolizes a well. A city or a village can change its place, but a well can not be moved. Every day people come to draw water, it never runs dry. Springs flow into it and never swell to brim. People come and go to fetch water and depend on it for use. 傅惠生英译(张善文、傅惠生,2008:271)

译文 15. The town may be changed,/But the well cannot be changed.

/It neither decreases nor increases. /They come and go and draw from the well. Baynes 英译(Baynes, 1977:531)

译文 16. Renewing the town, but not the well. /Nothing lost, nothing gained. /When overuse depletes the well, /And new ones are not dug, [...]. Huang and Huang 英译(Huang and Huang, 1987:166)

译文 17. When there is a well, changing a town does not change the well. There is neither loss nor gain. There are goings and comings, but the well remains a well. Cleary 英译(Cleary, 2011:50)

译文 18. Towns change, /But never the Well. /There is neither loss/Nor gain. /There is/Coming and going/At the Well. Minford 英译(Minford, 2014:396)

译文 19. One might change a city, but one does not change a Well. (Invariability is considered to be the virtue of the Well) It neither loses nor gains. (Its virtue is constant.) People may come and go, but it remains the same Well, pure and still. (That is, it undergoes no change.) Lynn 英译(Lynn, 1994:281)

译文 20. Move the city but do not move the well. No loss, no gain: going to and coming from the well. Pearson 英译(Pearson, 2011:136)

译文 21. the town changes, the well does not change/no loss, no gain, they come and go, each using the well as the well. Bertschinger 英译(Bertschinger, 2012:219)

译文 22. You can move the city, but not the well. It never loses, and it never gains. People come and go, but the well remains a well. Hinton 英译(Hinton, 2015:109)

译文 23. Replenishing. /The site of a village may be moved, /Not the well. /Neither loses nor gains. /Coming and going, drawing, drawing. Huang 英译(Huang, 2010:315)

译文 24. There's the changing towns/countryside & unchanging wells, through thus the inside/center is firm/strong! Schaefer 英译（Schaefer，2014：16）

译文 25. The Well: Changing the city, not changing the well. There is no loss, there is no gain. Going and coming in succession. Upon arrival, also not yet dipping the well, breaking its pitcher. Ominous①. Shaughnessy 英译（Shaughnessy，2014：121，269）

译文 26. The well. One can move a town, but one cannot move a well. The water neither increases nor decreases, and those who come to the well can draw from it. Christensen 英译（Christensen，2015：77，304）

我们认为，应该将焦点对准井本身。② 如此，此一判词的意思便是，井（水）像人一样"自我来往"，因而，"井"才能保持井的样态，"进而成为内德蕴含"的象征。汉语今译也是这样：为解说之便，添加了"源泉"，为"往来井井"派发了"往者来者都反复不断地依井为用"，一样是将"井"本身的核心作用放置在它为人的功用上，而不是它自身的成立上。

实际上，天人的关系的设定才是《周易》最为重要的思想导向。而前贤的解释可以充分说明这一点。也就是说，前贤的解释的指向应该是正确的。如王弼的注、孔颖达的疏，以及后来的程氏和王夫之的解释等，都可说明天人往还决定了人与井的关系，进而决定了应将井本身而不是它的功用的意义作为焦点。

王弼针对有关问题的解释是："井，以不变为德者也"；"无丧无得，德有常也"；"往来井井，不渝变也"。③ "渝"的意思是"改变、违背"。由此可以看

---

① 这是译者对马王堆汉墓帛书《周易》和阜阳汉简《周易》之中"井卦"卦辞的翻译。二文稍有不同，如后者的行文为"井改邑不改井无丧无得往来井井汔至亦未繘井羸其瓶凶"。但译者进行了统一的处理，他或许还是依照通行本来理解和翻译原文的。
② 我们看到的"最新"的，John Blofeld 是这样翻译的：A Well. A city may be moved, but not a well. A well suffers from no decrease and no increase. 这的确点出了"井"这个中心，惜乎"井井"未再现。详见 John Blofeld（英译），*I Ching: The Book of Change*，第 179 页。
③ 王弼（注），孔颖达（疏），《周易正义》（李学勤主编，《十三经注疏》之一），第 198 页。

出,王弼是将人之德与井之卦象联系起来。而且,应该指出,他所运用的正是"一阴一阳之谓道"的基本原理,卦辞之中讲得明白:"井,改邑不改井。"这难道不是在说,"变与不变"统一于同一个"井"吗?人迁移或者说人对居所加以改变,而井始终是不变的。正是在变与不变之间,井才可能成为井。"《易纬乾鑿度》云:'易一名而含三义,所谓易也,变易也,不易也。'郑玄依此义作《易赞》及《易论》云:'易一名而含三义:易简一也,变易二也,不易三也'。"①

正是因为井本身秉承或体现着易道,它才可能与人息息相关。如此,井之德便可寓意为人之德。也就是说,承载易道之变的,不仅是一口井,还有普天下所有的事物。而人作为万物之长,当然最能体现这样的微言大义。

孔颖达接续王弼的注给出的疏是:"此卦明君子修德养民,有常不变,终始不改,养物不穷,莫过乎井,故以修德之卦取譬名之'井'焉。'改邑不改井'者,以下明'井'之出常德,此明'井'体有常,邑虽迁移而'井体'无改,故云'改邑不改井'也。"至于"往来井井",孔颖达疏云:"'井井',洁静之貌也。往者来者,皆使洁静,不以人有往来,改其洗濯之性,故曰'往来井井'也。"②

与王弼的注相比,孔颖达对"往来井井"的疏并不能令人满意。因为,王弼解释的意思是"不渝变",意味着"井井"不违背变,顺应着变化。而"不改其洗濯之性"讲的正好相反,似乎井在这里成了一种古董,不论世界如何变化,它始终如一。这显然是说不通的。

那么,该如何解释这样的"变"呢?井在什么意义上变而不变,不变同时又在变呢?我们不妨看一下程氏以及朱熹的解释,然后再来解释。

程颐指出:"井之为物,常而不可改也。邑可改而之他,井不可迁也,故曰改邑不改井。汲之而不竭,存之而不盈,无丧无得也。至者皆得其用,往来井井也。无丧无得,其德也常;往来井井,其用也周。常也,周也,井之

---

① 钱锺书(著),《管锥编》(第一册),第1页。
② 王弼(注),孔颖达(疏),《周易正义》(李学勤主编,《十三经注疏》之一),第198页。

道也。"①

但是,为什么"至者"能"得其用"? 不就是因为,井就是它自身,而不是别的什么吗。而且,正是因为它具有其自身,才能变而不变,不变同时在变。设若"井"的存在表现为"德"之"常"和"周"的特性,这样的"常"和"周",又来自何处? 因而,不先行确定井之为井之决定性的导向,这一问题将无法解释。

朱熹的解释则点出了问题的实质:"改邑不改井,故'无丧无得',而往者来者,皆井其井也。"②

"井其井"意味着,凡是迁移之人,要得其住所,有其所在,则必有可以饮用的水源。而所谓"饮水思源",则这一"必"在"天"。因为,天理揭示的是,此一大源或大原是一动态的过程,而且是天地之大理大经的表现。离开了它,则无所谓天地,也无所谓人,当然也就不存在井了。如此,井与人,天与地,本是一体而同源。所谓"体用合一,显微无间",此之谓也。

但是,不仅现代的译解者没有把握住这一点,先儒的注解也一样如此。比如,黄道周的解释仅止于"观于井而知养民之勤也"③。他解释:"故谨于用人,慎于用法,君子之志也。用人而不终,用法而变更,君子之不获已也。"这是直接从"井"跳向了君子的用人之道。而井之为井的深意,也就被遮蔽了。

实际上,我们点出了"井之为井",则"井井"的意义已经包含其中。这是因为,只要"往来"存在,世界日新月异,日月代变,而春秋交互变化,有了这样的"天"的"一阳来复",就有了"天道"所昭示的"一来一往"或"有来有往",也就有了人间相应的"你来我往"。于是,在"人来人往",往者去、来者来的循环不已的动态过程中,我们就有了天地人的一体性。这样,井也一样得其自在,分有天地人的阴阳之道。

因而,易道的变化,在"井"的卦辞之中突出的不是它的效果,而是它本

---

① 程颐(撰),王孝鱼(点校),《周易程氏传》,第 275 页,北京:中华书局,2011 年版。
② 朱熹(撰),廖明春(点校),《周易本义》,第 174 页。
③ 黄道周(撰),翟奎凤(整理),《易象正》,第 355－356 页,北京:中华书局,2011 年版。

身回到自身。只有回到它自身,才谈得上它的功用。比如说,"给养"、"君子之德"以及"君子的用人之道"等等。那么,按照我们的理解,王弼所提出的"德"就是"天德"的另一种表达:人德的成就,实际上就是对天德的吸收和消化。而这究竟是如何可能的呢?我们的回答还是井和万事万物一样,需要首先回到它们自身,然后才可能赢得其他。而回到自身,也就是呈现或体现出天道的阴阳反转和循环的力量。

这样,"井井"之中的第一字是动词,意味着来来往往("往来"),如此才可使井作为"井"回归它自身。井的力量,或曰自天之所得("德")也就体现为这样的"往来"。那么,"井"能往来吗?与什么相往来?答曰:与其自身。这是"井井"的表达方式所显现的:作为井的井,只有回到井,才能成为井。天如此,地如斯,人也一样如是。这不是要玩文字游戏,而是要强调,本来在"井卦"篇里极其简单明了的意义,或只有朱熹试图将之宣解出来。但是,他说的是:"往者来者,皆井其井也。"那么,若是人作为"往者来者",才使井成为井,井将何以自处?又如何能够显现出王弼所说的"(天)德"的力量?因而,朱子的偏重点,仍然是不对应的。

庄子强调"乘物以游心"(《庄子·人间世》)①,"独与天地精神往来"(《庄子·天下》)②。而在《周易·井卦》这里,"乘物以游心"进而"独与天地精神相往来"的,并不仅仅是"井",首先应是可以与天地同化的那种力量:它先天地存在于我们这里,既成就了我们,也成就了其他。那么,任何事物既然可得此天道,它/他/她就不会容忍在外力强加的条件之下,去成就其自身。实际上,也只有"先在"地保持了天道在其自身之中的呈现,它/他/她才能说明自身的存在。

在这一前提之下,可以说井的功用正在于,它印证并且体现了那个大源或大原——"道之原在天"的意义:变又不变,不可穷极(竭)。

仍需强调,"往来井井"也完全可解为,人们来来往往,有如井水一般自

---

① 王先谦(著),《庄子集解》(《诸子集成》第三册),第 26 页。
② 同上,第 222 页。

来自往。正是这样的来往,确定了事物的生存之道:回归之中必然含有的自我循环。于是,"井井"一动一静,也就的确是在说明朱熹所说的"天地之间,只有动静两端,循环不已,更无余事,此之谓'易'"①。如此,从"井"到"井",不但保住自身,而且显现自身之为自身的理据:动静两端是阴阳之道的变化所能显示者,而动静兼具则是静态的现象的保持者。这样,从自身到自身的循环不住,正是生生不息的体现。

即使是"井井"可以解为"井井有序"或"井井有条",那也首先意味着,井,不论是井田制意义上的井,还是一般饮用水所用的井,它们都是要首先立足自身,然后才能安于其位,如此,各就其位,自然形成不紊不乱的秩序。那么,就译解的一般要求而论,首先应突出的是事物本身的意义,而这一意义就是其本身。于是,我们便要回到事物本身。回到事物本身,即是让事物成为它自身,也即是AA的表达方式:第一个A是动词,第二个A是名词;前者意味着我们对事物的认同,后者指的是事物回到事物之后所达到的那种结果的呈现。而上述所有的译解者,可能都未及明确此一意向。

这样,生之为生未得张扬,已经走向了生生不息,也就是将生推向了它的效果,生的意义不能彰显;存之为存其意义未得解释,就跳向了存而又存,也就是它的功能。这样的译解无疑是有极大问题的。这一问题的实质就是:译解者不能运用阴阳之道来对事物的存在、构成及其效果加以基本的辨析,因而,本末倒置,未能触及事物之本。这里的意思是说,只有坚持阴阳之道,事物回归自身才有可能做到。而在这一基础上,事物的作用的显发,才是可能的。假若事物本身不能显发,就已经走向了下一步,这样的解释一定是有问题的。

有必要出新:

译文27. 井,城邑迁移,井无法迁移;井无所丧失,也无所获得,而是在水来往的过程中,成就(它作为)井(的品格)。

译文28. The *Jing* hexameter symbolizes a well:A city may move to

---

① 引自朱熹(著),郭齐、尹波(点校),《朱熹集》(第四卷),第2253-2254页。

another place, but the well cannot be moved. (On the contrary,) with its water coming and going, the well wells.

2.2.5 "纯亦不已"的"生生"与"事事物物"之中的"大本"

芬格莱特在讨论孔子的修身之道时称,要想"成仁","在终极的意义上来说,只有一种决定的方法,这方法就是——决定"。而且,"类似的考虑也适合于其他的概念(我们西方人把这些概念心理化),诸如'思'(thinking)、'情'(feeling)、'志'(having an attitude)或'欲'。就每一个这样的概念来说,都没有明显的以及可以分析的过程——一个人只有有志或无志、思或不思、欲或不欲"。① 这样的看法是非常不正确的。因为,这恰恰是孔子极力反对和批判的"极端"倾向。孔子强调的是"允执其中"(《论语·尧曰》)②,"叩其两端而竭焉"(《论语·子罕》)③。而这样的"中庸之道"不仅是可以"分析"的,而且一样是有其过程的。因为,若是就存在论来看,它的来源是"阴阳之道"。因为那是宇宙的大法,是人生存在的根本依据。而中庸之道作为事物在世间存在的表现,为了平衡事物使之达到和,也就不能不采用之。依照上文所论,二者的统一,成就了"井井"、"生生"、"存存"以及"父父子子"这样的表达:特别奇妙的是,存在论意义上的自然和人,是和"井井"所昭示的东西是一致的,也就是,言语表达是统一的。因而,我们在方法论上,也就需要回到阴阳之道的存在论。这样的推论,其本身就需要分析过程,如此也才能展开论证和辨析。若是一味认为儒学是不需要方法的,那一定是没有读懂儒学典籍。

芬格莱特④进一步强调,"另一方面,要坚持不懈又没有方法可言,要做到'仁'也没有方法可言,一个人要么坚持学习,要么不坚持学习——这是坚

---

① 赫伯特·芬格莱特(著),彭国翔、张华(译),《孔子:即凡而圣》,第51页,南京:江苏人民出版社,2002年版。
② 何晏(注)、邢昺(疏),《论语注疏》(李学勤主编,《十三经注疏》之十),第265页。
③ 同上,第115页。
④ 赫伯特·芬格莱特(著),彭国翔、张华(译),《孔子:即凡而圣》,第52页。

持或不坚持的问题；要么推己及人，要么不推己及人——这是成仁不成仁"。设若孔子之教如此偏执，那么，"中庸"之"中"和"和"如何企及？实际上，正是因为孔子反对这样的极端思路，才会强调人的学习最终应该回到自然而然的状态；最终成为"超凡脱俗"的君子或曰圣人。而这样的境界"可以赞天地之化育，则可以与天地参矣"（《礼记·中庸》）[①]。而如此的崇高境界，其中含有的正是与绝对的二分的反动。非此即彼的模式，并不是孔子的思想倾向，而是论者个人读解所导致的问题。如其著作的书名所示，芬格莱特本人提出孔子是"即凡而圣"，那么，不论是"非此即彼"，还是"生而为圣"，都是孔子所不许的。因为，如上文不断强调的，前者是孔子极力反对的，而后者也是为他所不断否定的（如《论语·述而》："子曰：'若圣与仁，则吾岂敢'"，"子曰：'我非生而知之者，好古，敏以求之者也'"。[②]）。如此，既不能一步登天，又不是天生大才，那么，孔子之所述作，不能有根有据、有板有眼地阐述，针对实际加以点拨，又如何成就？难道说，那真的就是一团混乱吗？因而，如此强调孔子之学没有方法，显而易见是不正确的。实际上，通过以上的分析，我们已可看到，孔子时时在提醒人们，应该走向内心世界，因为那里寄托着生命的源泉，是来自天的力量不断充实着人的精神，使之保持着善的本性。如此，朱熹的诗《观书有感》，"半亩方塘一鉴开，天光云影共徘徊。问渠哪得清如许？为有源头活水来"，可谓深得孔子之旨。

还应强调，这里的"心源"如"井卦"卦辞所示，正是因为迎合或引自、体现了阴阳之道的自然力量，才拥有了自身不会干涸、永远自在的存在样态。如此，孔子要提醒我们的是，要打造好自己的精神世界，端赖自我努力。安于此心，也就等于安于自然，因而，安于社会也就有了充足的条件。因而，各人处于自己的位置之上，时时心安，才是一切安定的必要条件。孔子要我们修的就是这样的"心安"。

在打造这样的心安之时，我们还应关注到，只有走向动静兼具、循环往

---

① 郑玄（注），孔颖达（疏），《礼记正义》（下）（李学勤主编，《十三经注疏》之六），第1448页。

② 何晏（注），邢昺（疏），《论语注疏》（李学勤主编，《十三经注疏》之十），第97、92页。

复的那种阴阳之道的动态过程,才可能达到基本要求。而前人的工作,在这里,显然是有问题的。因而,回到"阴阳之道",也就成了历史的要求。芬格莱特所说的,也可能就是长期以来人们形成的某种偏见。因而,有必要加以改正。

如果不依照中华文化的基本精神倾向来传译,不运用中庸之道,那么,阴阳之道对事物的构成就难以显现它应有的作用。这样一来,在关键处,上引安乐哲与郝大维所意欲突出的从"存在"(being)转向"生成"(becoming)的观点,就可能是行不通的。甚至是,他们二位在处理有关问题时,自觉不自觉地仍然是在"静态的"和"抽象的"层面上活动,因而,或许也就未及关注如何真正将原文的"生生不息"的意向再现于译文之中。下一例就可说明这一点。

例7.《诗》曰:"维天之命,于穆不已。"盖曰,天之所以为天也。"于乎不显,文王之德之纯。"盖曰:文王之所以为文也,纯亦不已。(《礼记·中庸》)[①]

译文1.《诗经·周颂·维天之命》篇开始就说:"只有上天的道理,庄严肃穆地运转不已。"这是说天之所以成为天的道理。此诗接着说:"啊!这岂不显明,文王道德的精纯。"这是说周文王之所以名为文王的道理,他的纯德也像天一样地运行不已。**王文锦今译**(王文锦,2008:33)

译文2.《诗·周颂·维天之命》说:"天所降的大命啊!深远而无穷尽。"这里说的是:天是如何才成为天的。"啊!大显光明,文王的德行多么纯粹!"这里说的是:文王就是如此才称为"文"的,他的纯粹也是无穷尽的。**傅佩荣今译**(傅佩荣,2012:87)

译文3.《诗》上说:"天道的运行,庄严肃穆,永不停息!"这大概就是说天道之所以为天道的原因吧。《诗》还说:"多么显赫光明啊,文王的品德多么纯真!"这大概就是文王谥号为"文"的原因吧。他的纯真也是永远没有止

[①] 郑玄(注),孔颖达(疏),《礼记正义》(下)(李学勤主编,《十三经注疏》之六),第1453页;及朱熹(撰),《四书章句集注》,第35页。标点从《礼记正义》。

境的。吴国珍今译(吴国珍,2015:59)

译文 4. The ode says "How excellent are the ways of Heaven!" This speaks of the reasons why heaven acts like heaven. It likewise says, how brilliant are the purity and virtue of Wǎn Wang! This also speaks of the reason why Wǎn Wang was Wǎn Wang. His purity was endless. Collie 英译(Collie,1828:24)

译文 5. It is said in the *Book of Poetry*, "The ordinance of Heaven, how profound are they and unceasing!" The meaning is that it is thus that Heaven is Heaven. And again, "How illustrious was it, the singleness of the virtue of King Wen!" indicating that it was thus that King Wen was what he was. Singleness likewise is unceasing. Legge 英译(Legge,2011:59)

译文 6. The words of the poem/How deep the endless mystery/Of all the Biddings of Heaven! /tells us what makes Heaven Heaven. /How little there was that stood out/In the singlenss of mind of King Wen! /tells us that what makes King Wen *Wen*, was that his singleness too was unending. Lyall 与 King 英译(Lyall and King,1927:18)

译文 7. The *Book of Songs* has the words: "Heaven's decrees, how gloriously unceasing they are": which means that this is what makes heaven to be Heaven. And again, "How concealed from view was the purity of spiritual power (*te*) in King Wen's": which means that this was what made King Wen to be *wen* (the civilizer): for purity does not stop. Huhghes 英译(Huhghes,1943:134)

译文 8. The *Book of the Odes* says: /*The decree of heaven*/*takes the bird in its net.* /*Fair as the grain white-bearded*/*There is no end to its beauty.* /The hidden meaning of these lines is: thus heaven is heaven [or this is the heavenly nature, co-involgent]. /*As silkly light, King Wen's virtue*/*Coming down with the sunlight,* /*what purity*! /*He looks in his* heart/And does. /—Shi King, IV, I, 2, I. /Here the sense is: In this way was Wen perfect. /The unmixed functions [in time and in space] without bourne. /This unmixed is the tensile light, the Immaculate. There is no end to its action. Pound 英译(Pound, 1960:187)

译文 9. The *Book of Songs* says: /Ah! What *tian* promotes—/So profound and unceasing. /This may describe what makes *tian tian*. /The *Book of Song* says: /So magnificent! /The purity of King Wen's excellence! /This may describe what makes King Wen' "cultured (*wen* 文)." His purity too was unceasing. 安乐哲与郝大维英译(安乐哲与郝大维,2011:132-133)

译文 10. The *Book of Poetry* says: "Heaven runs its course solemnly without cease!" This must be telling what Heaven really is. /The *Book of Poetry* also says: "O how splendid and brilliant is King Wen with his purest virtues!" This must be telling why King Wen was honored with the posthumous title "WEN". His purest virtues are limitless. 吴国珍英译(吴国珍,2015:58)

傅佩荣解释:"《诗经·周颂·维天之命》为祭周文王之诗。维:语词;于:叹词;穆:深远貌;于乎:呜呼;不显:不为丕,大显光明;纯:纯一;不已:无穷尽也。"[1]

在所有上引译文之中,只有译文 9 注意到,应该摆脱 heaven 所施加的干扰:将基督教的"天"(Heaven 或 heaven)清除出儒家的思想语境。但是,这并不意味着,此译真正保持了原文的"动态"的基调,尽管译者不断强调汉语是一种突出"生命"的"动态过程"的表达。[2]

原文通过两次引用《诗经·周颂·维天之命》,来凸显文王与"天"合体所能达到的伟岸和浩气。与"天"同化的观念的预设,同时还意味着人的"超

---

[1] 傅佩荣(译解),《大学中庸》,第 88 页。
[2] 安乐哲、郝大维(著),彭国翔(译),《切中伦常:〈中庸〉的新诠与新译》,第 26 页。

越性"的一面要由"天"来体现。而安乐哲与郝大维恰恰不愿认同这一点,因而,译文就出现了与原文不能对应的情况。

"维天之命,于穆不已"的意思是:上天所赋予人的命运,幽远深邃(在冥冥中主宰人的命运),永不停歇。因而,此诗分明是在歌颂上天之所以能有成就人之性的力量,就是因为它"生生不息"的功用。而"于穆"一词当然不是对天的某种"特性"的抽象,而是对它"不已"的力量的描写。也就是说,这里并不是在以"概念化"的形式"论述""天所要弘扬的东西"(What *tian* promotes)的"深奥与不停息"(profound and unceasing),而是在抒发对"天"的"生生不息"的养育力量的赞美。

如此,则译文 10 和其他译文一样,似乎试图具象——因为也用到了 What 以及描述性的形容词 profound 和 unceasing,但是,实则用的是抽象的表达,或曰一般的用词,因而不能如实传达出"不已"的意义。

原文所引的《诗经》之中另一个诗句"于乎不显",仍是在赞美,不过这次的对象是文王。"显"的意思明显是"明"。易言之,诗句是在突出文王之"德"之所以"纯"到了巅峰,就是因为他与天同化,而与天同化的表现就在于他也一样拥有了"明"的力量,即进入阴阳之道的大化流行之中,而可以不假外力得大自然。"明"在"显"字之中的隐含存在,透露出的就是这一消息。但译文的造句,所能表达出的意思也只是:多么辉煌啊! 文王之卓越之纯粹性!(So magnificent! /The purity of King Wen's excellence!)显而易见,这也一样是在感叹文王的"德"之超绝,但并没有另一方面的设定去加以印证。易言之,由于丢掉了"天"的一维,放弃了"人"的超越性的一面,"文王之所以为文也"的意思就很难显现。而且,译文 9 在这里进一步脱离了原文的意涵,因而,只能以"文—化"或"文雅的"、"有教养的"(cultured,意为:marked by refinement in taste and manners①)来表达"文"的意义。实际上,正如译文 10 的译者在其注释之中所强调的②,尽管这里的"文"可以理解为"谥

---

① 引自爱词霸(http://www.iciba.com/cultured),2017 年 4 月 16 日采集。
② 吴国珍(今译、英译及英注),*A New Annotated English Version of The Great Learning & The Doctrine of the Mean*(《〈大学〉〈中庸〉最新英文全译全注本》),第 58 页。

号",但这正说明,死后谥号的获得者所具有的种种"最为重要的品格和美德"。因而,"文"的导向不是浮在表面的那种"纹饰"或"表现",恰恰相反,它指的应是人内在的精神力量,也就是对"天"以及人类文明传统所可能赋予的一切所有美好的东西的收摄和涵养。易言之,"文"应释为超越性的力量与人的内在性的力量结合的产物。

或许,因为安乐哲和郝大维没有关注超越性的一面,所以,文王就可能"空有""文化表现"(cultured),而难见"德之内化"的倾向?

更为严重的是,原文之中的"文王之所以为文也,纯亦不已"之中的"不已",并没有得到应有的关注。朱熹指出:这里的描述,"言天道无穷,而文王之德纯一不杂,与天无间,以赞文王之德之盛也"。[①] 因而,"不已"亦即为"生生"的另一种表达。如此,"纯亦不已"之中的"亦"可视为语助词,没有特殊的意义。那么,"纯亦不已"实质的意思就是"纯纯不已":文王之"德"与天同化,"纯而又纯",正符合"生生"的一般意向,而"不已"更是对这一意向的突出和强化。

不过,上引所有译文尽管都用到了"不尽"(译文4,endless;译文5和9,unceasing;译文6,unending)、"无限"(译文10,limitless)、"没有尽头"(译文8,There is no end)、"不停息"(译文7,purity does not stop),但是,正如上文所强调的,这只是某种描述,不一定就是对"生生之意"的"传译":后者要求事物来到语言,形成"三"(参或叁),也就是,不强加负面的因素或直接加以否定,不启用判断性的词语,而直接以"连续性"的描写,来再现原文的表达及其意义。只有如此,"生生"之"生而又生"的意义才可得到宣解。

相反,若是如上引所有译文这样,总是会出现否定性的判断,那么,有了肯定的和否定的、消极的和积极的、正面的和负面的,"生生"可能就不再是"生生"之"不已",而会变为"生死"之"彼此"。这是和"天地之大德曰生"的倾向完全相反的。实际上,"生生之谓易",本来就可以认为是"一阴一阳之谓道"的另一种说法。依后者,"道"的现成本来就是两种气不断推移和相互

[①] 朱熹(撰),廖明春(点校),《周易本义》,第362页。

激荡的结果,而这样的两种气一阴一阳,都是宇宙存在的支撑性的构成力量,其中并不而且也不能含有任何"否定性的"因素。同样的,这里的"纯亦不已"也是如此。因此,假若是仅仅突出"否定性"的"不已"甚至"不",那么,在终极意义上,"生生"就会同其自身产生分离,而不再能正常地显现出它在汉语语境之中的那种连续性、延续性的"不已"。

总之,原文的重心不在"不已"而在"纯亦(一)"或曰"纯纯"的动态连续性上。因而,仅仅关注前者,有可能传递的只是字面意义,而难及原文的真意:如上所述,只有启用中庸之道,关注"三"(或叁/参),我们才可能真正走向"纯亦不已"。因为,沿着这条路径前进,方能触及事物存在的根本:一阴一阳的交合、互动与不断循环。

或许是英文思维所特有的那种分离、分析或二分倾向,会导致译者不能不脱离原文的寓意,而在生命栽植的过程中导向目的语?

无论如何,我们应该不断回到原文,去体贴其中的微言大义,去重温"文王之所以为文也"的"得天之赐"加以涵养和温存的德性之大:"天之所以为天",是因为它"自我循环,自我回归";是因为它"运作再运作,没有止息"。而这,正是"生生"的最佳体现。世人不能不加以体会,但只有文王这样的圣者,才可能真正以天为体,与之同化。因而,《诗经》的作者加以感叹,而《中庸》也同样加以赞美。

如此,既然一切的一切,都是"寄托"在"生生"的运作之中,那么,这样的表达"关乎万有的存在"的重要性,不言而喻,是需要再现于另一种语言之中的。因而,需要出新:

译文 11.《诗经》赞叹:"上天赐予之命,肃肃穆穆,运动不息。"这是在称颂天之所以具有天的力量的所在。《诗经》还赞美说,"其明大显,文王之德纯而又纯"。这是在称道文王之所以是文王的力量所在:美德至纯,纯纯不息。

译文 12. The *Book of Poetry* claims, "Oh, how majestic and profound! *Tian* in its motion goes on and on! This is an eulogy for what makes *Tian* to be *Tian*"①. The *Book of Poetry* also sings,"The sun-mooning of King Wen shines brilliantly [as in *Tian*'s going on], but that virtue of his has never gone!" This is a song praising King Wen in what he is: having virtued his virtue as ever strong.

《礼记·中庸》三十二章还有更为直接的描写:"肫肫其仁,渊渊其渊,浩浩其天。"②傅佩荣的今译,可能有"抽象化"的倾向:"他以无比诚恳的态度努力行仁,他以无比深刻的修养保持宁静,他以无比广阔的心思体察上天。"③

朱熹提出:

例8. 事事物物上皆有个道理,元无亏欠。④

这句话若是从平常角度,或可解为:

译文1. 一切的事物,既然存在,都自有其道理,本来是没有什么亏欠的。

若是依"生生之理"言之,其意义则可解为:

译文2. 事为事,物即物,如此,才能体现出道,进而有理可依,(说明事物)在根本上没有什么差池。

那么,英文的表达则可为:

译文3. When thing things, matter matters, there is the *Dao* and its principles to follow, indicating that things are originally not self-insufficient.

这句话是从朱子的一长段话之中摘录出来的,其中还有一句表达类同:

> 凡看道理,要见得大头脑处分明。下面节节,只是此理散为万殊。如孔子教人,只是逐件逐事说个道理,未尝说出大头脑处,然

---

① 若是能清除基督教的"天"或"上帝"的意味,甚至可考虑将之处理为 Heaven heavens,因为这原本就是"天之所以为天也"的意向。
② 郑玄(注),孔颖达(疏),《礼记正义》(下)(李学勤主编,《十三经注疏》之六),第1461页。
③ 傅佩荣(译解),《大学中庸》,第98页。
④ 钱穆(著),《朱子学提纲》,第78页。

四面八方合聚凑来，也自见得个大头脑。孟子便已指出教人。周子说出太极，已是太煞分明。如恻隐之端，从此上推，仁即天德之元，元即太极之动。如此节节推上，亦自见得大头脑处。若看得太极处分明，必能见得天下许多道理条件，皆自此出。事事物物上皆有个道理，元无亏欠。①

再加抽取，其中两句有相同的表达方式：

例9. 下面节节，只是此理散为万殊。②

译文1. 下面[仍然是]节即为节，因而就此"理"散发为各自不同的事物。

译文2. 下面节即为节，这正是"理"本身的力量散化为事事物物的表现。

译文3. In the underpart, where joint joints, the principle（理）in its scattering and transforming makes thing thinging or what it is.

例10. 如此节节推上，亦自见得大头脑处。

译文1. 这样一节一节向上推理，也就能自己看出"主脑"（主旨）是在哪里。

译文2. 这样坚持将节还原为节，不断向上推论，就会明白主旨何在。

译文3. Keeping to [the principle of] jointing joints in reasoning upwards, you would know where the Big Brain is.

"节"，《说文·竹部》解释说："节，竹约也。从竹，即声。"本义为竹节。③至于相应的英文，《现代汉语词典》给出的一个义项就是bamboo joint④，恰好joint本身可以作动词，因而，上文直接将二者合起来使用。

这些例子或已可说明，即使经过了"跨文化"，在"越界"之后，"生生"的表达也一样能在英文之中创发出"新的"表达方式，与原文一致，而且能体现它的动态不断的、连续性的意向。而儒家的这一主导性思想倾向，也可在海

---

① 钱穆（著），《朱子学提纲》，第78页。
② 朱夫子强调，"到这里只见得一本万殊，不见其他"（朱熹《朱子语类》卷二十七）。
③ 参见谷衍奎（编），《汉字源流字典》，第103页。
④ 见中国社会科学院语言研究所词典编辑室（编），《现代汉语词典》（2002年增补本），第989页，北京：外语教学与研究出版社，2002年版。

德格尔对语言以及事物存在的特性的论述之中,找到契合之处。因而,他的有关思想及其表达,自然也能用来作为例证,来强化我们的跨文化译解和处理。

2.3 反思、"生生"与"正名"

2.3.1 黑格尔对孔子的"非思辨"的误解

从西方观点审视中国哲学,过去一向是依照黑格尔①的视角,将之视为"非思辨"的。但是,实际上,黑格尔对孔子的偏见,就其对"反思"而论,完全是错误的。不过,尽管钱锺书②已经在《管锥编》一开篇对此进行了有力的批判,但是,有关问题仍然没有引起学界的关注。造成的一个严重后果就是,儒家经典的翻译其基本思想倾向至今仍未通过跨文化处理得到应有的接受,尽管海德格尔和德里达与儒家思想不无类同之处的有关论断,足可为有关问题的处理找到出路。

本节试图从亚里士多德有关"反思"的论述入手,引用黑格尔、罗素以及冯友兰对此一观点的讲解和评述,以求说明那原本就是与"生生"同一的表达。进而,本节就海德格尔《荷尔德林的赞美诗〈伊斯特〉》之中的有关观点以及德里达就"哲学的通道"的论断进行分析,以求从中找到契合点,对中庸之道在跨文化英文翻译之中的作用展开论述,以求在这一节解决"君君臣臣父父子子"的译解的理论依据问题。

黑格尔强调:"孔子只是一个实际的世间智者,在他那里思辨的哲学是一点也没有的——只有一下善良的、老练的、道德的教训,从里面我们不能获得什么特殊的东西。"③这一偏见起自他对孔子的"日常表达"背后的思维方式

---

① G. W. F. 黑格尔(著),贺麟、王太庆(译),《哲学史讲演录》(第一卷),第119-120页。
② 钱锺书(著),《管锥编》(第一册),第1-2页。
③ G. W. F. 黑格尔(著),贺麟、王太庆(译),《哲学史讲演录》(第一卷),第119页。

的漠视。究其原因,是因为,他当时读到的《论语》的英文译本①,就像目前通行的很多译本一样,并不能体现出孔子之道的真正精神。而就最为重要的一点来看,其与"生生之道"并不能达到相得相通。而在另一方面,中西一方面追求"变易之道",另一方面提倡"不变的理念",二者倾向恰恰相反。西方哲学历来一味关注思想本身的建构。而在朱熹看来,"事事物物上便有大本。若只说大本,便是释老之学"(《朱子语类》卷十五)②。对社会、对他人的责任,才是儒家思想聚焦的中心。

但是,不管有什么样的异同,在"反思"所引出的表达及其背后的思维方式上,中西双方竟然出现了非常一致的地方,而且,由此可以找到处理"生生"及"君君臣臣"之类典籍之中常见的表达的方法。这可能并不是历史的偶然,因而,也就是值得讨论的。

2.3.2 "反思"与"生生"

亚里士多德《形而上学》之中有一段话,诸多哲学家都对之作过论述,因而有必要先行征引一版汉语译文,然后对之加以讨论。

> 所以,天以及自然世界都依靠这样的本源。它是一种犹如我们享有的最好的生命,但我们只是暂时地享有它(因为它永远处于这种状态,我们则不能[永远处于这种状态了],因为它的现实也就是愉悦(ἡδονή)。(因此之故,醒着、感知和思维是最愉悦的,而希望和记忆则由于这些而是最愉悦的。)思维本身是关于那本身是最好的东西,而那最高意义上的思维是关于最高意义上的最好的东西。思想(ονοῦς)思考它自身,因为它分有思维的对象;因为它由于理解和思维的活动而成为思维的对象,所以思想与思想的对象是相同的。因为那能接受思想的(亦即本质的)对象就是思想。当

---

① 详见 Young Kum Kim(撰),"Hegel's Criticism of Chinese Philosophy",载 *Philosophy East and West* 28, No. 2, April 1978,第 173 - 180 页。
② 钱穆(著),《朱子学提纲》,第 35 页。

它拥有[它的对象]时,它就实际地起作用(ἐνεργεῖ)。因此,拥有而不是接受性是思想似乎包含的神圣因素,而沉思的活动则是最愉悦的和最好的。那么,如果神永远处于善的状态(我们只是有时处于这种状态),这就足以促使我们惊异;如果神处于更好的状态,就更加令人惊异了。而神是处于一种更好的状态,并且生命也是属于神的;因为思想的现实就是生命,而神就是那种现实;神的依据是自身的现实,就是最好和永久的生命。因此,我们说神是一个活着的、永恒的、最好的存在物,以致生命和连续的寿命和永恒都属于神,因为这就是神。①

---

① 亚里士多德(著),李真(译),《形而上学》,第 372-373 页,上海:上海人民出版社,2005 年版。之所以选择这一译文,是因为此译是从希腊原文译出。同样一段话的两版汉语译文和一版英文译文也抄录于后,以资比较:

译文 2. 天界和自然界就是出于这种本源,它过着我们只能在短暂的时间中体验到的最美好的生活,这种生活对它是永恒的(对我们则是不可能),它的现实性就是快乐(因此,清醒、感觉、思维的最快乐的,希望和记忆也因此而是快乐)。就其自身的思想,是关于其自身为最善的东西而思想,最高层次的思想,是以至善为对象的思想。理智通过分享思想对象而思想自身。它由于接触和思想变成思想的对象,术语思想和被思想的东西是同一的。思想就是被思想者的接受,对实体的接受。在具有对象时思想就在实现着。这样看来,在理智所具有的东西中,思想的现实活动比对象更为神圣,思辨是最大的快乐,是至高无上的。如若我们能一刻享到神所永久享到的至福,那就令人受宠若惊了。如若享得多些,那就是更大的惊奇。事情就是如此。神是赋有生命的,生命就是思想的现实活动,神就是现实性,是就其自身的现实性,他的生命是至善和永恒。我们说,神是有生命的、永恒的至善,由于他永远不断地生活着,永恒地归于神,这就是神。引自亚里士多德(著),苗力田(译),《形而上学》,见苗力田(主编),《亚里士多德全集》(第七卷),第 278-279 页,北京:中国人民大学出版社,2015 年版。

译文 3. 于是,宇宙自然与诸天就依存于这样一个原理。而我们俯仰于这样的宇宙之间,乐此最好的生命,虽其为欢愉也甚促(宇宙长存,此乐与此理长存;而吾人不能是在此世间),然其实现者既所同然,则其为乐也亦同。吾人由此所禀受之活动与实现,以为觉醒,以为视听,以为意想,遂无往而不盎然自适,追其稍就安息,又以为希望,以为回忆,亦无不悠然自得。而以纯理为活动与实现者尤佳,思想必致想于事物之最佳最高者,由此所启之思想方为嘉想。思想与所想者相接触,相参与,而两者循合于一体。凡能受致理知对象之怎是者,才得成其为理性。于思想活动之顷间亦正思想持获其所想对象之顷间。是以思想〈理性〉所涵若云感受神明,毋宁谓禀持神明,故默想〈神思〉为惟一胜业,其为乐与为善,达到了最高境界。如云吾人所偶一领会之如此佳境,神固万古间未尝一刻而不在如此之佳境,这不能不令人惊奇;若谓神example在境宜更佳于如此者,则其为惊奇也更甚。而神确在更佳更高之处。生命固亦属于神。生命本为理性之实现,而为此实现者唯神;神之自性实现即至善而永恒之生命。因此,我们说神是一个至善而永生的实是,所以生命与无尽延续以至于永恒的时空悉属于神;这就是神。引自亚里士多德(著),吴寿彭(译),《形而上学》,第 248 页,北京:商务印书馆,1959 年版。

下文直接抄录与亚里士多德的汉语、英文之中相应的集中译文,然后展开论述。

例11. 反思

译文1. 思想(ονοῦς)思考它自身;能接受思想的(亦即本质的)对象就是思想。李真译(亚里士多德,2005:372)

译文2. 理智通过分享思想对象而思想自身;思想变成思想的对象。苗力田译(亚里士多德,2015:278)

译文3. 思想与所想者相接触,相参与,而两者偕合于一体。吴寿彭译(亚里士多德,1959:305)

译文4. thought thinks on itself because it shares the nature of the object of thought. Ross英译(Aristotle,1928)

译文5. It must be of itself that the divine thought thinks (since it is the most excellent of things), and its thinking is a thinking on thinking. 罗素英译(Russell,1945:168)

译文6. 它自身必定就是神圣的思想在思想着(因为它是万物中最优异

译文4. On such a principle, then, depend the heavens and the world of nature. And it is a life such as the best which we enjoy, and enjoy for but a short time (for it is ever in this state, which we cannot be), since its actuality is also pleasure. (And for this reason are waking, perception, and thinking most pleasant, and hopes and memories are so on account of these.) And thinking in itself deals with that which is best in itself, and that which is thinking in the fullest sense with that which is best in the fullest sense. And thought thinks on itself because it shares the nature of the object of thought; for it becomes an object of thought in coming into contact with and thinking its objects, so that thought and object of thought are the same. For that which is capable of receiving the object of thought, i. e. the essence, is thought. But it is active when it possesses this object. Therefore the possession rather than the receptivity is the divine element which thought seems to contain, and the act of contemplation is what is most pleasant and best. If, then, God is always in that good state in which we sometimes are, this compels our wonder; and if in a better this compels it yet more. And God is in a better state. And life also belongs to God; for the actuality of thought is life, and God is that actuality; and God's self-dependent actuality is life most good and eternal. We say therefore that God is a living being, eternal, most good, so that life and duration continuous and eternal belong to God; for this is God. (1072b24-29)引自Aristotle(著),W. D. Ross(英译),*Metaphysics*,Oxford:The Clarendon Press,1928年版。

的)。而它的思想就是对思想的思想。①何兆武、李约瑟译(罗素:2008: 219-220)

译文 7. To use an expression of Aristotle, it is "thinking on thinking"; and this is reflective thinking. ②冯友兰释义,Bodde 英译(Fung,1848:2)

译文 8. 用亚里士多德的话来说,它是"对思想的思想";因而,亦即为反思性的思想。③冯友兰释义,涂又光译(冯友兰,2013:15)

译文 9. He is, so to speak, desirable (*erōmenom*), the first desirable and the first intelligible (*to proton noēton*) thinking itself, as thought thinking thought (*hē noēsis noēseōs noēsis*). ④德里达释义,Brault 与 Naas 英译

可以看到,在上引这些译文或释义文字之中,有诸如 thought thinks on itself(亚里士多德的英文译者 W. D. Ross),a thinking on thinking(罗素对亚里士多德的英文翻译), thinking on thinking; think our thinking; think about thinking(冯友兰的英文译者 Derk Bodde)等表达方式,也有像 thought thinking thought(德里达的英文译者 Pascale-Anne Brault 与 Michael Naas)这样的表达方式。在汉语之中,则相应出现了"对思想的思想"、"用来思想的思想"以及"思想思想的思想是反思思想"⑤。

而这正意味着,在对宇宙论思想建构方面,中西走的是相似的路径:事物回归自身,而万物皆得自然。尽管二者之间的差异也一样是显而易见的。

---

① 此译是对罗素英文的转译,其中有亚里士多德原文的页码标示。详见伯特兰·罗素(著),何兆武、李约瑟(译),《西方哲学史》(上卷),第 219-220 页,北京:商务印书馆,2008 年版。

② 引自 Fung Yu-lan(著), Derk Bodde(英译), *A Short History of Chinese Philosophy*, 第 2 页, New York: Free Press, 1948 年版。

③ 这是涂又光对上引冯友兰英文本《中国哲学史》的译文。引自冯友兰(著),涂又光(译),《中国哲学简史》,第 2 页。

④ 此为德里达对亚里士多德的论断的译解,文中附有页码标示。引自 Jacques Derrida(著),Pascale-Anne Brault 与 Michael Naas(英译), *Rogues: Two Essys on Reason*,第 15 页。

⑤ 冯友兰(著),涂又光(译),《中国哲学简史》,第 3 页。

"反思"正是西方思想的一大特色。如论者所指出的：

哲学批判是一种在逻辑上最具彻底性的批判。这种批判的彻底性还表现为，它的批判矛头不仅仅是对外的，即针对一切外部对象和已有的概念及思想成果；同时也是对内的，即针对批判者的思想自身。这就是哲学的反思性特征。

所谓反思，即反省之思，在最直接的意义上，就是思想的主体以自身为对象来进行批判性思考，即所谓对思想的思想、对认识的认识、对批判的批判即自我批判，等等。反思代表着人的一种批判性的自我意识，它是人类思维和理性达到成熟、自觉的标志。①

黑格尔也强调："反思以思想的本身为内容，力求思想自觉其为思想。"②这和中国古人的特定的表达背后的那种思路，不是完全一致的吗？那么，黑格尔口口声声说：孔子所说的都是"常识"，而不是"思辨哲学"，在欧洲各地都可见到，甚至西塞罗的思想都要比他来得高明③，又有什么道理？正是因为黑格尔看到的是《论语》的一部英文译作，所以得出"假使他的书从来不曾翻译过，那倒是更好的事"④的结论。黑格尔因为看到了这样的译作，才得到这样的印象。而他的偏见肯定也和其中存在的问题不无关系。这或正可说明，我们需要重新对有关表达进行处理，才可能有对应性地解决有关问题。而"反思"的导向、它所牵涉到的特定表达方式及其背后的思维方式，的确是特别值得注意的。

实际上，黑格尔所崇尚的"思辨哲学"（die spekulative Philosophie），从其界定来看，与孔子所坚持的思想方法不一定有实质性的差异。比如，一部

---

① 引自李德顺、崔唯航(撰)，《哲学思维的三大特性》，载《学习与探索》2009年第5期，第82-87页，引文见第85页。
② G. W. F. 黑格尔(著)，贺麟(译)，《小逻辑》，第39页，北京：商务印书馆，1980年版。
③ 详见 G. W. F. 黑格尔(著)，贺麟、王太庆(译)，《哲学史讲演录》(第一卷)，第119-120页。
④ 同上，第120页。

字典就对之如此界定：

> 思辨哲学首先是这样一种哲学，它奠基于直观的或先天的洞见，尤其是对绝对者或神性的洞见；在更广泛的意义上，它是一种超验的或缺乏经验基础的哲学；其次，它是与论证性的哲学对立的理论哲学。①

黑格尔强调："亚里士多德哲学中的主要环节，是思维与思维的对象的同一——客观的东西和思维（能力）乃是同一个东西。'因为思想能接受思维的对象和本质。'思维乃是思维的思维。"②那么，这不是和"生生"，亦即"从生到生"的那种特有的循环性，完全一致的精神取向吗？因为，也只有如此，"生"才成其为"生"，才能"生"，进而才能"生生"。

> 生生之为易，易理的根本，是"生"。生命文化、生命哲学，是《易经》反复宣说、强调的根本义理之一。《周易正义》："生生，不绝之辞。阴阳变转，后生次于前生，是万物恒生谓之易也。"先秦儒道两家都重"生"。道家尚个体生命；儒家尚群体生命。人的生命，既是个体又是群体。"生生"，生而又生，子子孙孙未有穷尽，《易经》所重、所向，是人的群体生命，且以这种"生生"的人文理念，来阐说天地万物的运化、发展，这便是易理之本蕴。③

无论如何，中西思想在一个地方可以说是相互趋近的，或者说，就是彼此一致的，尽管其中不无区别。这就是，西方认为，"思想思想的思想，才是

---

① 详见 Webster's Third New International Dictionary，第 2189 页。Springfield, Mass. G. & C. Merriam Company，1979 年版。译文转引自俞吾金（著），《从康德到马克思——千年之交的哲学沉思》，第 130 页，桂林：广西师范大学出版社，2004 年版。
② G. W. F. 黑格尔（著），贺麟、王太庆（译），《哲学史讲演录》（第二卷），第 299 页。所文原有强调。
③ 引自王振复（著），《周易精读》，第 287 页。

真正的思想",那是"神"才能做得到,也才能过上的"生活"。而儒家认为,大千世界的主要倾向即为"生生",人作为这个世界最为优秀的代表,也一样蕴含着这样的力量。至于说"神明",那不过是"天地人相合"之后的某种精神力量的延伸。"神者,伸也"(王充《论衡·论鬼篇》),此之谓也。

这样,在亚里士多德那里及其以后的西方哲学之中,"人"与"神"是分离的,真正的"思想"并不能真正回到"生活",与之结成一体的"统一"。"反思"作为最为美好的生活,也只是人的理想罢了。而就中国哲学看来,神人相合本来就是天人合一的另一种说法,因而,"生生不息"的自然规律,天地可以体现,最重要的是,人本身就应该涵摄之、强化之。

尽管如此,还是应该强调,在西方语言之中,"思想思想"应该是大行其道的;而在汉语之中,"生生"本就是易道的最佳说明。因而,一个是亚里士多德的思想核心,一个是《周易》的哲学原理的轴心。那么,二者在思路上的趋合或曰接近,正说明中西思想的沟通,不仅有其哲理依据,而且拥有形式上的条件。这是因为,如德里达所论述的,"思想思想"作为"神"的"生活生活",(二者)都是要自我回归的。[①] 也只有在其不断循环的情况下,才可能形成真正的"第一推动者"的那种力量,而不加任何外力。而在"生生"那里,如上文不断强调的,也一样是要突出事事物物的自我回归。只不过,那样的回归,始终是自我生成的自然体现。因而,既是内在的,也一样是超越的罢了。

所以,朱熹才会作出他著名的论断:"天地之间,只有动静两端,循环不已,更无余事,此之谓'易'。"[②] 每一个存在者都可能体现出这样的力量,而人更能以其意识加以守护。如此,也就意味着,对天道之所赐予或曰"天德"加以涵摄、涵养进而强化,以求形成"人德"。这或许是和西方的"神"高高在上,不能与人相契合,不相一致之处。

---

① Jacques Derrida(著), Pascale-Anne Brault 与 Michael Naas(英译), Rogues: Two Essys on Reason, 第 15 页。
② 《朱文公文集》卷四十五《答杨子直书》,引自朱熹(著), 郭齐、尹波(点校),《朱熹集》(第四卷), 第 2253-2254 页。

尽管，一是强调人要达到"神"的"思想"与"生活"的合一，二是要求"生生"的体贴就是天人合一的精神的体现，但是，二者的趋合是，它们都强调事物要成为自身，必须实现自我回归。因此，依照德里达的论述，在亚里士多德那里，"思想思想的思想"才是真正的"思想"，而这样的"思想"是要与"生活生活的生活"形成同一的。而中国的"易道"真正从根本上说，"思想"就是"人生"的"有机组成部分"，是完全不可分离或曰不可割舍的。实际上，"思想"是要依照"天道"的"生生"来展开的，因为作为人必须像天道那样，所以，才会突出"终日乾乾"（《周易·乾卦》）[①]；在社会生活之中，也一样需要首先依照天道的运行来安顿自身，因而就有了孔子对"正名"的具体说明，即"君君，臣臣，父父，子子"（《论语·颜渊》）[②]。

2.3.3 海德格尔和德里达与儒家思想可能的契合

实际上，中西思想自有交流以来，西方始终没有认可中国哲学的地位甚至合理性。上文所论的黑格尔竟然在对中国思想一无所知的情况下作出论断，就是一个显例。但是，这并不等于说，二者之间的契合在现代就已经不复存在了。恰恰相反，我们在海德格尔和德里达那里可以看到，他们与儒家的哲学思路甚至思维方式上的一致之处。这是非常值得注意的。因为，第一，由之不仅可以说明，儒家有关思想的生命力是历史性的，也具有未来的意义。第二，以这样的儒家思想，尤其是中庸之道，来确定我们对遍布于儒家经典之中特别的表达的译解的处理所要采取的方法，不仅合乎汉语的一般规律，而且，因为有了与西方思想倾向一致的表现，也就有可能得到西语的接受。

不妨先来对德里达的论断加以分析，以求说明，在他那里，存在着和儒家思想倾向一致之处。

德里达1968年论述柏拉图的一篇文章强调："以翻译的问题，我们不过

[①] 王弼（注），孔颖达（疏），《周易正义》（李学勤主编，《十三经注疏》之一），第4页。
[②] 何晏（注），邢昺（疏），《论语注疏》（李学勤主编，《十三经注疏》之十），第163页。

是在处理哲学的通道问题。"他紧接着举例说,柏拉图的原著若是译为法文,其中的希腊文术语 pharmakon 要么会译为 remède(医治的良药),要么是 poison(致命的毒药),但不是二者同时再现。也就是说,法文之中找不到一个词语,既包含着"毒药"的意思,也含有"良药"的意思。而这意味着,同一个术语本来有两方面的含义,一旦译入法文,其中的一个方面必然丧失。进而可以说明,要想找到这样的哲学通道是很难的。那么,若是转换一下语境,变为汉语,这样的用语不是俯拾皆是吗?

比如,就文字构造来说,"化"为"像人一正一倒之形"(朱芳圃,《殷周文字释丛》),突出的是一生一死;"光阴",从词语的组合而论,其中既有"光"的流动,也包含"阴"的相续;"梦"既可能是"不明"的意思(《说文解字》),也能表达"觉之对,寐中所见事形也"(《康熙字典》)。文字创造的背后本身,当然是先民的思维方式在发挥作用。而儒家的创新首先应该是对此的系统化把握和强化。因而,阴阳之道作为世界存在的根本大法,也就成为一种文化传统的延续。小说之中的人物创造,也一样是依照如此的方式。孙悟空是从石头缝里"蹦"出来的,那是因为天地要孕育出最为精华的力量;林黛玉前生是一株仙草,那也一样是因为天地要为她赋予最为美丽的外貌和前世定下的因缘。天人都一样具有生命力,人要依赖超越的天而存在。也只有这样,才能理解如此形象的塑造的根据。因而,小说之中的人物的塑造,并不是一种"虚构",不能依照某种文艺理论将之理解为与现实的脱离,而是需要从人本身出发加以体验和欣赏。如此,才能明确,这样的天人合一观念,并不重视"死",而是对"生"的连绵延续更加突出。易言之,中国哲学并不注重外在于人的力量,而总是试图将超越的转化为内在的。这样,在中国哲学之中,我们看到的并不是否定的、批判性的东西,因为其中所要突出的总是一种关乎生命的力量。相辅相成、相向而行,而不是相互反对、彼此对立,才是中华文化的精神指向。如此,汉语以及中华文化典籍之中,大多情况下很容易看到,似乎是对立的,结果是一体的,仿佛是矛盾的,原来是统一的。

两方面都是肯定性的力量,在它们彼此互动和彼此推移的情况下,"生生不息"也就成了根本性的导向。如此,整体就能连接天地、关乎人类甚或总揽宇宙、包容一切。如此,在一切都是积极的、完整的、合一的前提下,阴阳之道的包容力是空前的,也就不是别的形态的思想系统所能比的。因而,在汉语和整个中华文化典籍之中,能够见到各种各样的"矛盾聚合"也就不是什么奇特的事情了。这样,我们理解德里达和海德格尔的努力,也就有了对应性。易言之,在汉语之中,可以找到近乎无尽的表达来容纳德里达所说的"翻译的通道"。比如,"药"本身就是如此。

那么,这种语言现实能说明的就是,汉语本身就是一种"(超)哲学"的语言。因为,它的存在本身就是一种"药"的存在。

以此为线索,我们就能在两个方面更进一步趋近海德格尔:一是他在讲演稿《荷尔德林的赞美诗〈伊斯特〉》之中的观点和思路;二是他的诸多看似奇特的德语(并且经过汉语翻译之后)的一类表达,如"世界世界化"。我们认为,一方面此一讲演稿集中体现了某种"易道"的精神,但仍与儒家思想存在区别;另一方面,他的那种特别的表达,其本身倒是与儒家易道崇尚的"生生"以及孔子的"正名"的论说,非常一致。就此而论,我们似乎已经在西语之中找到了相应的表达方式,可以印证,若是对"君君臣臣父父子子"之类的表达加以"直译"是有理有据的,因而,未来或许也是可以接受的。而学理上的依据,就是中庸之道所能帮助我们走向的阴阳之道。

我们可以审视一下海德格尔的论断:

此一河流是— Rätsel,亦即,一谜。我们不应该欲求对它加以"解决"。不过,我们又必须尝试将谜作为谜拉得离我们更近一些。为了达到这一目的,我们选择了特色性的非诗意的论断:此一河流即为旅程化的所在性。此一河流即为所在性的旅程化。①

此一河流是处所性和旅程化。这些本质性的决定物谜的统一,或可以某种公式性的方式用以下论述加以表达:此一河流是旅

---

① Martin Heidegger(著),William McNeill 与 Julia Davis(英译),*Hölderlin's Hymn "The Ister"*,第 35 页,Bloomington and Indianapolis:Indiana University Press,1996 年版。

程化的处所性;此一河流是处所性的旅程化。这些公式会引起如此印象,认为我们是在指涉完全空洞的、普世的关系。①

首先,海德格尔这里所说的是河流的本质,也是事物的本质,因而,也就是诗和解释与翻译的本质。也就是说,在海氏这里,一切都是具有相同的本质的。以此推论,他的论断背后有万物有灵论的倾向,因而,与中国哲学之中所突出的对"生命"的强调是一致的。果如此,则海氏的哲学也一样要达到《周易·系辞上》所说的"范围天地之化而不过,曲成万物而不遗"②? 其次,就他的表达方式来看,"处所性"是抽象名词,而"旅程化"则是动名词,一动一静。最后,就他对荷尔德林对"伊斯特河"的描述的解释来看,此一河流,用诗中的语言来说,"他几乎像是/向后逆行"。"他"指的就是"河流"。转换成我们的语言,"倒流"说的是,此河是在"自我回归"。

很明显,海氏所说的是"动静一致"、"不断循环",也就是"河流的本质",亦即为一切事物的本质。而中国哲学对此的论述,最为典型的表达,就是前面引用的朱子所讲的"天地之间,只有动静两端,循环不已,更无余事,此之谓'易'"。那么,二者的一致性不是昭然若揭了吗?

既然海氏和朱熹一样,将对事物之"本质"的规定性界定为事物两方面的统一,其根底也一样是事物的生命化,还对事物的自我回归加以突出,那么,阴阳之道作为对世界描述的根本性依据,不是也一样在二者的哲学之中发挥作用吗?

不过,中国哲学和海氏的哲学的异同,也一样是清楚明白的。比如,就在海德格尔论及"光明"时,他的观点就和"阴阳之道"保持着一定的距离。

海德格尔并未对荷尔德林有关"明"的诗句作出解释,但也并不是没有谈及"明"。就在论及索福克勒斯的《安提戈涅》合唱队的

---

① Martin Heidegger(著),William McNeill 与 Julia Davis(英译),*Hölderlin's Hymn "The Ister"*,第43页。
② 王弼(注)孔颖达(疏),《周易正义》(李学勤主编,《十三经注疏》之一),第267页。

入场歌"噫,太阳之章/如斯光明洋洋,/流彩纷披,耀耀兮,/底比斯七门高墙"①时,他强调指出:"入场曲以向冉冉升起的太阳的呼唤开篇,那太阳此时正以最为耀眼的光芒照射在城池上。不过,这同一首歌已经暗示,某种阴暗化向已经照亮的东西猛然冲来,[这是]一种必须对之加以清理和决断的阴暗化。升起的光芒给予未被遮蔽的东西以空间,因而,与此同时,也给予了对黑暗、阴暗化以及阴影的承认"②。

他在这里说的是,光明只有和黑暗(及其各种各样的形式)相伴相随,才可能成就自身;易言之,黑暗也只有与光明结伴而行,才能存在。但是,就《周易》对阴阳之道的论述来看,"一阴一阳之谓道"说的就是"日月相推,而明生焉"。因而,很明显,不论是"日",还是"月",只不过是特别的时间段之中出现的"明",而且,是不可能否定的。也就是,其中并不含有"暗"或"黑暗"的消极的因素。再换言之,不论是"日",还是"月",它们都是"明"在每个时间的表现,都属于"明"的一面。

因而,和"生生"一样,"明"是主导性的,"暗"或"黑暗"基本上不在"易道"之中占据什么位置。或者说,在中国哲学之中,"另一面"即使是"消极的"、"否定性的",或曰"阴暗的",也同样可以被"明"同化。那么,对"正面"的承认、认同和体贴,才是中国哲学的导向性的思想。因此,在这方面,海氏的思路与儒家自然不同。

但是,即使如此,在方向上,如上所述,海氏似乎和儒家思想不无一致之处:既认可宇宙构成的生命倾向,也强调事物的自我回归;在他看来,那是动静兼具才能体现的。如此,事物的自我回归或循环以及动静兼具,就可以作为用以体现事物存在的规律、具有契合中西哲学思想特色的一种表达方式。这,才是我们认为值得特别注意的。因为,我们下文要展开

---

① Martin Heidegger(著),William McNeill 与 Julia Davis(译),*Hölderlin's Hymn "The Ister"*,第51页。
② 同上,第52页。

的,就是海氏本人在这方面的诸多思路完全同一的表达。而这些表达之所以完全一致,用他本人的话来说,就是因为这是"让事物来到语言"的办法或途径。

2.3.4 海德格尔有关事物存在样态的例子

海德格尔的有关例子:

例12. A. *Die sprache spricht*

译文1. Language speaks

译文2. 语言说语言 孙周兴译

译文3. 语言说 孙周兴译①

译文4. 语言说话 孙周兴译②

译文5. 言自言 赖贤宗译③

例12. B. *Das Nichts selbst nichtet*

译文1. The Nothing itself noths Krell, Inwood 英译④

译文2. 无本身就不着 孙周兴译⑤

译文3. 无本身无化(不化) 孙周兴译⑥

译文4. 无自无 赖贤宗译⑦

---

① 引自马丁·海德格尔(撰),孙周兴(译),《〈今日神学中一种非客观化的思与言问题〉的神学谈话中主要观点的若干提示》,收入刘小枫(编),孙周兴等(译),《海德格尔与有限性思想》,第16－24页,引文见第19页,北京:华夏出版社,2002年版。

② 马丁·海德格尔(著),孙周兴(译),《在通向语言的途中》(修订译本),第11页,北京:商务印书馆,2004年版。

③ 赖贤宗(著),《道家诠释学》,第21页,北京:北京大学出版社,2010年版。

④ Martin Heidegger(撰),"Was ist Metaphysik?",氏著,*Wegmarken*(第2版),第113页,Fraknfurt: Klostermann,1978年版。英译本,见 Martin Heidegger(撰),"What is Metaphysics?",氏著,D. F. Krell(编),*Basic Writings*(第2版),第103页,London: Routledge,1993年版。英译另见 Michael Inwood(著),*A Heidegger Dictionary*,第5页,Oxford: Blackwell Publishers,1999年版。

⑤ 马丁·海德格尔(著),孙周兴(译),《路标》,第132页,北京:商务印书馆,2013年版。

⑥ 同上。

⑦ 赖贤宗(著),《道家诠释学》,第29、30页。

例 12. C. *Das Ding dingt*

译文 1. The thing things.

译文 2. 物物化 彭富春,孙周兴,赖贤宗译①

例 12. D. *Die Welt weltet*

译文 1. The world worlds

译文 2. 世界世界化 孙周兴译②

例 12. E. der Raum räumt

译文 1. Space spaces Hertz 英译③

译文 2. 空间空间化 孙周兴译④

例 12. F. die Zeit zeitigt

译文 1. time times Hertz 英译⑤

译文 2. 时间时间化 孙周兴译⑥

例 12. G. Das Ereiginis Ereignet

译文 1. 本成发生 赖贤宗译⑦

译文 2. 大道成道 孙周兴译⑧

译文 3. 本有居有 孙周兴译⑨

例 12. H. Es-Ereignis-eignet

---

① 马丁·海德格尔(著),彭富春(译),《诗·语言·思》,第 153 页,北京:文化艺术出版社,1991 年版;马丁·海德格尔(著),孙周兴(译),《讲演与论文》,第 185 页,北京:生活·读书·新知三联书店,2005 年版;赖贤宗(著),《道家诠释学》,第 21 页。

② 马丁·海德格尔(著),孙周兴(译),《讲演与论文》,第 186 页。

③ Martin Heidegger(著),P. D. Hertz(英译),*On the Way to Language*,第 106 页,New York:Harper & Row,1982 年版。

④ 马丁·海德格尔(著),孙周兴(译),《在通向语言的途中》(修订译本),第 208 页。

⑤ Martin Heidegger(著),P. D. Hertz(英译),*On the Way to Language*,第 106 页。

⑥ 马丁·海德格尔(著),孙周兴(译),《在通向语言的途中》(修订译本),第 208-209 页。

⑦ 赖贤宗(著),《道家诠释学》,第 21 页。

⑧ 孙周兴(著),《语言存在论——海德格尔后期思想研究》(修订版),第 327 页,北京:商务印书馆,2011 年版。

⑨ 马丁·海德格尔(著),陈小文、孙周兴(译),《面向思的事情》,第 28 页,北京:商务印书馆,2012 年版。

译文 1. 它—大道—成其本身 孙周兴译
译文 2. 它—大道—具有 孙周兴译①

海德格尔所"偏爱"的这种表达方式,或许最能体现他所说的作为"一种哲学之事情如何从自身而来自为地达乎显现并因此成为现身当前(Gegenwartt)的方式"的"思辨辩证法"②,或曰"就其自身显现自身"的现象学③。这是因为,比如,在"世界世界化"的表达之中,"世界"由静态走向动态,引发"世界"本身变化,进而使其成为一种过程,就足以打破表象思维的抽象化,也就能超越形而上学的理性的规定。同时,"世界世界化"一静一动,在一动一静、亦动亦静、静动互化之中"世界"在循环和回归之中形成自成的局面,也足以体现"现—象"显现自身的那种要求。

2.3.5 海德格尔的"世界世界化"与"君君臣臣"和"贤贤易色"的英译

2.3.5.1 海德格尔的"世界世界化"

海德格尔哲学之中出现了很多类似于"君君臣臣"的表达,即,它以名动词构成的特定结构,来显现作为现象的事物在词语之中的自我呈现。

从阴阳之道的角度,我们也可对之作出解释,或许其中的意蕴会变得更为显豁。依朱熹,"盖天地之间只有动静两极,循环不已,更无余事,此之谓易"④。如此,海氏的表达方式实际上也可体现出易道的那种普适性,即,不仅事物本身是需要自我回归的,词语也同样需要在这样的回归过程中强化它的力量。如此,内容和形式完全同一,"现象"也就得以成就。还有一点,"世界世界化"之类的表达也与阴阳之道的"亲亲"的自然性不无一致。这就是以尽可能趋近的方式,去求取事物的真相:近之,意味着亲之、敬之。海氏

---

① 马丁·海德格尔(著),孙周兴(译),《在通向语言的途中》(修订译本),第259页。
② 马丁·海德格尔(著),陈小文、孙周兴(译),《面向思的事情》,第67页。
③ 马丁·海德格尔(著),陈嘉映、王庆节(译),熊伟(校),陈嘉映(修订),《存在与时间》(修订译本),第39页,北京:生活·读书·新知三联书店,2000年版。
④ 《朱子文集》卷四十五,《答杨子直》,引自朱熹(著),郭齐、尹波(点校),《朱熹集》(第四卷),第2253 - 2254页。

的表述应该含有这样的意义。所以,他将"本真的时间"称为"第四维",将之述说为"规定着一切的到达",进而又将其命名为"切近":

> 它在将来、曾在和当前中产生出它们当下所有的在场。它使它们澄明着分开,并因此把它们相互保持在切近(Nähe)处。三维就在这切近处相互接近。因此我们把那第一的、原初的、按字面意思来说是开始的达到——在这种达到中存在着本真的时间的统一性——称为一种接近着的切近(die nähernde Nähe),用一个康德还在使用的很早就有的词来说,就是"近"(Nahheit)。①

有论者已指出:比 Dasein(此在)"更深一层"的"时间状态","总是处于一种天命(Geschick)和隐匿(Entzug)的进行途中,处在一种亲近(prosimité)与逗留的过程中"②。这里的"切近"、"近"等等,无不说明,过程之中的 Ereignis 的显现,即为真理的解蔽。或者说,这一过程就是解蔽之真。动即为静,静即为动。二者合一,则阴阳运行。不过,海氏哲学与儒家思想不相符合的地方可能在于它并没有伦理方面的因素:人与存在之道,或只是一种思想上的关系,思想之中的关系,也就是在思想过程之中建立起的关系。而儒家是"践仁知天"③(孔子)、"尽心知性知天"④(孟子),希望通过对圣人预设的"大化流行"之"诚体"的先天理想的追求,回复世界的本真,成人成己,自在而又自为。此一追求"心性"与天道合一的功夫论,作为践履或实践的日常化,深深蕴藉于国人的思想之中。因而,如此标举的"善"的天

---

① 马丁·海德格尔(撰),《时间与存在》,收入氏著,孙周兴(译),《面向思的事情》,第 1-28 页,引文见第 18 页。

② 皮埃尔·奥本科(撰),《存在的偏离与庇护》,收入让-弗朗索瓦·马特(编著),王炜(译),《海德格尔与存在之谜》,第 1-25 页,引文见第 9 页,上海:华东师范大学出版社,2011 年版。

③ 参见牟宗三(著),《中国哲学的特质》,第 33-34 页;牟宗三(著),《心体与性体》(上),第 17 页。

④ 《孟子·尽心上》:"尽其心者,知其性也,知其性则知天矣。"赵岐(注),孙奭(疏),《孟子注疏》(李学勤主编,《十三经注疏》之十一),第 350 页。

意,融会于生活的方方面面。牟宗三强调,仁道"以感通为体,以润物为用"①,可谓不刊之论。

那么,以中华文化为视角,究竟是谁"最近"呢？当然是"亲人",首先是父母。对赋予后代以生命的人,要首先予以最大程度的尊敬和爱戴。那么,"亲亲"就自然之道而论便成为不易之理,而为后世所坚持遵循。

与之相比,或许可以说,海氏哲学具有宗教的神秘主义性质的超越性和思想的实在性,但可能缺少道德的庄严性和普适性。② 但是,如果不说血缘关系,一般而论,"近"才能"亲"之。因此,在处理亚里士多德《诗学》之中 *philio*(一般译为"爱")的时候,有译者就是将之译为 the state of nearness and dearness("近而亲之的状态")的。③ 在这里,译者及其论者赫曼斯并没有注意到,在亚里士多德那里,此词用作概念。如果认为它既是静态的概念又是动态的描述,则海德格尔偏爱使用的那种连字符的表达方式,就有必要加以运用,比如,将之译为 being-nearing④。或许,也只有这样,海氏所谓的"存在之被遗忘"才不致于出现。

或许,海德格尔采取的是一种玄思,甚至是神秘主义的思考和晦涩的论述方式。要接近那个独一无二又不可捉摸的 *Ereignis*,怎么可能那么清楚而又明白地以语言表述呢？不过,依照儒家思想,则阴阳之道不仅"乾以易知,坤以简能"(《周易·系辞上》)⑤,而且,由于它特定的功夫论而能体会"天道下贯",达到"践仁知天"的目的。如此,人天合一,事事处处,都可体会到圣贤传授的这种天道的力量。

---

① 牟宗三(著),《心体与性体》(下),第 229 页。
② 庄子认为:"六合之外,圣人存而不论。"(《庄子·齐物论》)这或可说明,孔子与海德格尔有不同的思想指向。
③ 参见 Theo Hermans(撰),"Cross-cultural Translation Studies as Thick Translation",载 *Bulletin of the School of Oriental and African Studies*,Univesity of London,Vol. 66,No. 3(2003),第 383 页。
④ 详见蔡新乐(撰),《翻译如何"厚重"？——西奥·赫曼斯"厚重翻译"批判》,《外语教学》2015 年第 3 期,第 97-100 页;蔡新乐(撰),《主编絮语——philio 与"信达雅"的翻译》,《广译》2015 年第 10 期,第 1-15 页。
⑤ 王弼(注),孔颖达(疏),《周易正义》(李学勤主编,《十三经注疏》之一),第 259 页。

那么,为什么译者并没有注意到如此"简单易行"的易道的实用价值呢?这大概是跟在海德格尔那里一样,现代人遗忘了最为自然的东西的缘故?

无论如何,我们在海氏那里找到了与"君君"等一样的表达方式,以之作为模仿对象,则汉语之中类似的结构,便有了进入西语的可能性。而且,随着此一表达方式的可能的定型,那么,相信未来什么时候,便会形成一种"简易"的处理方式。

不过,因此可以展开的讨论的一个问题是,"君君,臣臣,父父,子子"一向被视为"正名"的政治化问题,而且,孔子也是在"问政"的情况下加以解说的:

> 齐景公问政于孔子。孔子对曰:君君,臣臣,父父,子子。公曰:善哉!信如君不君,臣不臣,父不父,子不子,虽有粟,吾得而食诸?(《论语·颜渊》)①

所以,一般认为,"正名"的意思即为"匡正名分":"孔子提出正名,意在纠正现实社会中的名分混乱"②。张岱年指出:"孔子明确标举'正名',却认为是'正实',显然是不恰当的。孔子确实要求改变当时的现实,希望'一道易天下'(孟子论墨家语),但那是另一个问题。'正名'还是确定正确的名称之意。"③另一部哲学著作也强调:孔子"首倡'正名'之说,认为'为政必先正名'(《论语·鲁论》)"④。但是,我们认为这是在将哲学问题伦理化。一方面,从学理上看,人的问题是要以天或自然的超越性为尺度的,因而,"正名"之"本根"应是"天"所造就的自然秩序。人仿而效之,不能出现混乱,才可保证社会秩序的自然性和统一性。这种思路的"正名",是自然之天道在先,而

---

① 何晏(注),邢昺(疏),《论语注疏》(李学勤主编,《十三经注疏》之十),第163页。
② 引自李锦全(撰),《正名》,收入中国孔子基金会(编),《中国儒学百科全书》,第362页。
③ 见张祥龙(著),《中国古典哲学概念范畴要论》,第221页。
④ 引自王月清、暴庆刚、管国兴(编著),《中国哲学关键词》,第209页。

人事方面则要依照这样的规定性来实行。因而,一旦人道出现问题,比如,"名分"紊乱,那就意味着天道赋予的秩序也出现了问题。另一方面,就孔子对此词的解释来看,也一样是这样的指向:"君君,臣臣,父父,子子"本来就是"生生"的另一种表达方式。

正如上文已指出的,只有"君"保持"君"的位置,"君"才可能成为"君"。而在此之前,还有一个前提:"君"应不断回到"君"(的那种"君"),他才可能真正成为"君"。易言之,保持也就是"君"的自我回归的那种"保持",而不是别的什么。这与"生生"所表示的事物对自身的不断回归和拥有如出一辙,思路和表达完全一致。

而上文提及"亲亲"也一样是这样的结构和组织。如此,我们在中西思想中都可找到一种哲学依据,帮助我们确认"使事物来到语言"的学理;同时,海德格尔的如此众多的表达,也可为我们提供借鉴,使我们期待,如果一样创建"新词",有可能未来为目的语所接受。而且,"君君,臣臣,父父,子子"的英文译文,的确也有过类似的尝试。

2.3.5.2 "君君,臣臣"的意义和英译

例 13. 君君,臣臣,父父,子子。(《论语·颜渊》)①

译文 1. 君要像个君,臣要像个臣,父亲要像父亲,儿子要像儿子。杨伯峻今译(杨伯峻,1980:128)

译文 2. 君要尽君道,臣要尽臣道,父要尽父道,子要尽子道。钱穆今译(钱穆,2002B:315)

译文 3. 君尽君道,臣尽臣道,父尽父道,子尽子道。孙钦善今译(孙钦善,2009:151)

译文 4. 国君是国君,臣下是臣下,父亲是父亲,儿子是儿子。李泽厚今译(李泽厚,1998:287)

译文 5. 做国君的要像国君的样子,做臣子的要像臣子的样子,做父亲的要像做父亲的样子,做儿子的要像做儿子的样子。吴国珍今译(吴国珍,

---

① 何晏(注),邢昺(疏),《论语注疏》(李学勤主编,《十三经注疏》之十),第163页。

2015:307)

译文 6. [...] When the prince is a prince, and the minister a minister; when the father a father and a son a son. Legge 英译(Legge,1991:256)

译文 7. Let the prince be a prince, and the public servant be a public servant. Let the father be a father and a son a son. 辜鸿铭英译(孔子,2011:191)

译文 8. Let the prince be a prince, the minister a minister, the father a father and a son a son. Waley 英译(Waley,1998:151)

译文 9. Let the ruler *be* a ruler, the minister *be* a minister, the father *be* a father, and the son *be* a son. 陈荣捷英译(Chan,1963:39)

译文 10. Let a sovereign be a sovereign, the subject a subject, the father a father, the son a son. 林戊荪英译(林戊荪,2010:211)

译文 11. the prince princes, the minister ministers, the father fathers, the son sons. Fingarette 英译(芬格莱特,2010:84)

译文 12. Let the ruler be a ruler, the subject a subject, the father a father, the son a son. 刘殿爵英译(Lau, 2008:213)

译文 13. The ruler must rule, the minister minister, the father father, and the son son. Ames 与 Rosemont 英译(Ames 与 Rosemont,1998:156)

译文 14. Let the ruler be a ruler; the minister, a minister; the father, a father; the son, a son. Bloom 英译(de Bary and Bloom, 1999:56)

译文 15. Let the ruler be a ruler, minister be a minister, father be a father, son be a son. Muller 英译①

译文 16. Let the prince be a prince, a minister be a minster, a father be a father, a son be a son. 吴国珍英译(吴国珍,2015:306)

上引英译之中,已有赫伯特·芬格莱特直接将"君君,臣臣,父父,子子"

---

① 见 A. Charles Muller(英译), *The Analects of Confucius*,引自 http://www.acmuller.net/con-dao/analects.html#div-13,2017 年 4 月 23 日采集。

四个组合之中各自的第二个字用为动词。如此,不仅为英文创造了新的动词,或动词用法,还完全保留了原文的表达形式。这样,译文干脆利索,真可谓单刀直入,而毫无夹缠。那么,译文11就可成为一个模板,而为此类表达的传译定调。

实际上,"君君,臣臣,父父,子子"这样的表达,在汉语经典之中是一个非常普遍的现象。上文已有所列举。值得注意的是,新进出土的郭店楚简之中的一篇《六德》的文章,其中三处用到了同一个表达:

故夫夫、妇妇、子子、君君、臣臣,六者各行其职,而谗谄无由作也。

故夫夫、妇妇、父父、子子、君君、臣臣,此六者各行其职,而谗谄蔑由作也。

其反,夫不夫,妇不妇,父不父,子不子,君不君,臣不臣,昏所由作也。①

此例或可说明,在汉朝以前,"君君,臣臣,父父,子子"是常见表达,也可见孔子之教早已深入人心。如此,将此一特色性的表达处理得当,的确可成为同类表达的范例。

在《周易》之中,也有一处类似的表达:

例14. 父父、子子、兄兄、弟弟、夫夫、妇妇而家道正。正家而天下定矣!(《周易·家人·象传》)②

译文1. 父为父,子为子;兄为兄,弟为弟;夫为夫,妇为妇;各尽其本分,则家道就正了。所有的家正,则天下就安定了。南怀瑾、徐芹庭今译(南怀瑾、徐芹庭,2011:247)

译文2. 父亲就是父亲,儿子就是儿子,兄长就是兄长,弟弟就是弟弟,

---

① 引自李零(著),《郭店楚简校读记》(增订本),第171-172页,北京:中国人民大学出版社,2009年版。李零将"六德"改为"六位",见此书第169页。
② 王弼(注),孔颖达(疏),《周易正义》(李学勤主编,《十三经注疏》之一),第158页。

丈夫就是丈夫,妻子就是妻子。家庭每个成员所遵守的伦理礼义都不错越,那么家庭秩序、家庭伦理就中正无偏、正气旺盛。家道中正,那么天下就安定了。王振复今译(王振复,2009:186)

译文 3. 父为父、子为子、兄为兄、弟为弟、夫为夫、妇为妇,这些齐家的规范端正。家道严正,则天下安定。崔波今译(崔波,2007:217)

译文 4. 父成为父,子成为子,兄成为兄,弟成为弟,夫成为夫,妇成为妇,家道正了。家道正,天下就安定了。周振甫今译(周振甫,2012,171)

译文 5. 父母尽责,子女亲仁,兄弟亲恭,丈夫主外,妻子居贞,各居本位,则家庭之道就能端正。端正了家道,则天下就安定了。张延伟、张延昭今译(张延伟、张延昭,2014:347)

译文 6. 父子、兄弟、夫妇各安其位,乃"家道正"。家道得正,则能安天下。唐明邦今译(唐明邦,2009:114)

译文 7. 父亲尽父亲的责任,儿子尽儿子的责任,兄长尽兄长的责任,幼弟尽幼弟的责任,丈夫尽丈夫的责任,妻子尽妻子的责任,这样家道就端正;端正了家道而后天下就能安定。张善文今译(张善文、傅惠生,2008:210)

译文 8. 父亲尽父亲的责任,儿子尽儿子的责任,长兄尽长兄的责任,小弟尽小弟的责任,丈夫尽丈夫的责任,妻子尽妻子的责任,这样家道就能端正;端正了家道,天下就能安定。黄寿祺、张善文今译(黄寿祺、张善文,1989:302)

译文 9. Let the father be indeed the father, and the son son; let the elder brother be indeed elder brother, and the younger brother younger; let the husband be indeed the husband and the wife wife; —then will the family be in its normal state. Bring the family to that state, and all under heaven will be established. Legge 英译(Legge,1882:143;1993:163)

译文 10. Father does the father's duty, son the son's, elder brother his own, younger brother his own. The husband does his duty and his wife hers, thus the family lives in the right way. If family lives in the right way, people all over the land then can live in peace. 傅惠生英译(张善文、傅惠

生,2008:211)

译文 11. If the father is really a father and the son a son, if the elder brother fulfills his position, and the younger fulfills his, if the husband is really a husband and the wife a wife, then the family is in order. When the family is in order, all the social relationships of mankind will be in order. Baynes 英译(Baynes,1977:159)

译文 12. When fathers play the role of fathers, sons play the role of sons, elder brothers play the role of elder brothers, younger brothers play the role of younger brother, husbands play the role of husbands, and wives play the role of wives, then the way of the family is right. Rectify the family, and the world will be settled. Cleary 英译(Cleary,2011:41)

译文 13. When fathers are/True Fathers,/And sons/True Sons;/When older brothers are/True Older Brothers,/And younger brothers/True Younger Brothers;/When husbands are/True Husbands,/And wives/True Wives—/This is the True Tao/Of the Family./When the Family is True,/Then the World is/Settled and at peace. Minford 英译(Minford,2014:323)

译文 14. When the father behaves as a father, the mother as a mother, the son as son, the elder brother as elder brother, the younger brother as younger brother, the husband as husband, and the wife as wife, then the Dao of the Family will be correctly fulfilled. When the Family is so maintained with rectitude, the entire world will be settled and at peace. Lynn 英译(Lynn,1994:233)

译文 15. When father is altogether father and child child, brother brother and sister sister, husband husband and wife wife—the Way of family moves at the hinge of things. Keep your family at the hinge of things, and all beneath heaven will be settled in its proper order. Hinton 英译(Hinton,2015:86)

译文 16. When a ruler acts as a father, a son, and a brother, he becomes a model; then the people will follow his example. Huang 英译(Huang, 1998:257)

"家道正"的基本原理,也就是易道的原理。而易道的原理也就是解释学的基本原理:"物物",既不役于物,也不役物。放开一步,使事物自然而然地生长成就,最终保证事物成为事物。此一大本,来自天道。而天道即为阴阳之道。我们的作为,也就是使之在适当时节,恰如其分地释之、解之、扬之。后者即为对中庸之道的坚持或持守。

孔颖达"正义"曰:"此叹美正家之功,可以定于天下,申成道齐邦家。既家有严君,即父不失其道,乃至妇不失妇道,尊卑有序,上下不失,而后家道之正。各正其家,无家不正,即天下之治定矣。"[1]程颐也释义说:"父子兄弟夫妇各得其道,则家道正矣。推一家之道,可以及天下,故家正则天下定矣。"[2]朱熹一样强调:"修身则家治矣。"[3]

对宇宙论存在论的理解,在传统的解释之中,一般被化约或化解为伦理学方面的意味。易言之,对天的超越性,解释者往往是站在人的内在性的立场来加以解说的。现代人似乎更是如此。因而,金景芳、吕绍纲释义说:"男女正是家人之道的根本。男女正,其余诸关系皆正。家正则天下定。"[4]天下在天之下,因而必受天道的支配。那么,天下的家道,不正需要天道来规定?

所以,家道也就是自然之道,或曰天道的一种表现或体现。二者是一体的,不可分离。因而,不论是单独强调哪一个方面,都是片面的、不可取的。假若是像过去那样处理,仅仅是作出判断:译文 7、8 以及 10,"尽责任",那只是社会性的责任,而无关自然;若是像译文 9,以 Let 出之,则近乎于命令,但落实在四种人物身上,不免仍是一种社会角色的分配。

---

[1] 王弼(注),孔颖达(疏),《周易正义》(李学勤主编,《十三经注疏》之一),第 159 页。
[2] 程颐(撰),王孝鱼(点校),《周易程氏传》,第 208 页。
[3] 朱熹(撰),《周易本义》,第 145 页。
[4] 金景芳、吕绍纲(著),《周易全解》,第 237 页。

与之相比,赫伯特·芬格莱特的直接痛快的处理,则以其形式突出了亦动亦静的格局,而这正可说明,事物(这里是人物)的存在,其本身就是自我回归所要求的一动一静。也就是说,这样的处理自然能体现天道之常,又无违于英语的一般规律。因而,我们说它可以作为一个范例,也就不是没有原因的了。形式是自然的,印证的是天道的运作,而在内涵上,由于讲的是人,因而,又是人化的。所以,两方面结合,一超越,一内在;既是外在的表示,又有涵摄的内涵。二者合一,当然充分体现出了中庸之道"合外内之道,故时措之宜"的原理了。

假若采用上引其他译文办法,可能会取得相反的效果:叠床架屋,越说越远,事物不得其身之正,反倒被可能并不相干的描述和判断遮掩。因而,不能不回到"正名"的立场,突出"三(叁/参)"的构成。

译文 17. 父之为父,子之为子,兄之为兄,弟之为弟,夫之为夫,妇之为妇,如果能够立身于正,则家道便能得正,家道得正,则天下便能安定!

译文 18. With the father fathering, the son soning, the elder and younger brothers brothering, the husband husbanding, and his wife wifing, their family can come to the right way. If the family comes to the right way, all the people under the *Tian*(天) may settle down at ease!

同样的表达,在《荀子》之中,也可得到相应的处理:

例 15. 君君、臣臣、父父、子子、兄兄、弟弟一也;农农、士士、工工、商商一也。(《荀子·王制篇》)[①]

译文 1. 君主要像个君主、臣子要像个臣子、父亲要像个父亲、儿子要像个儿子、兄长要像个兄长、弟弟要像个弟弟,其道理是一样的。农民要像个农民、读书人要像个读书人、工人要像个工人、商人要像个商人,其道理是一样的。张觉今译(Knoblock,张觉,1999:236)

译文 2. In the lord acting as lord, the minister as minister, the father

---

[①] 引自王先谦(撰),沈啸寰、王星贤(整理),《荀子集解》,第 162 页,北京:中华书局,2012 年版。

as father, son as son, the older brother as older brother, the younger brother as younger brother, there is a unitary principle. In the farmer functioning as a farmer, the knight as a knight, the artisan as an artisan, and the merchant as a merchant, there is a unitary principle. John Knoblock 英译(Knoblock,张觉,1999:237)

译文 3. There is a unitary principle in lord-ing the lord, minister-ing the minister, father-ing the father, son-ing the son, elder-brother-ing the elder brother, and younger-brother-ing the younger brother, and also one in farmer-ing the farmer, knighting the knight, artisan-ing the artisan, and merchant-ing the merchant.

《论语》之中,还有一处与"正名"有关,和"君君,臣臣,父父,子子"是完全一致的:

子曰:"觚不觚,觚哉！ 觚哉!"(《论语·雍也》)[1]

孔子以重振价值观念和文化传统为己任,以求"克己复礼",实现"郁郁乎文哉! 吾从周"的理想。如此和儒家的天道人道理念趋向一致的表达,在其他儒家经典之中所在多有,也一样值得探索,以求真正能说明,中庸之道对它们的跨文化译解的方法论作用。

---

[1] 何晏(注),邢昺(疏),《论语注疏》(李学勤主编,《十三经注疏》之十),第80页。

第二部分

2.4 孟子之乐乐

2.4.1 从中庸看孟子的"亲亲"

自称"予未得为孔子徒也,予私淑诸人也"(《孟子·离娄下》)[①]的孟子,被后世尊为"亚圣":孟子学派的形成和《孟子》的成书使儒学进入一个新的发展阶段。作为儒家的第二个阶段的代表人物,孟子在方法论上继承和发展了孔子的中庸说,把"中道而立"作为君子必受的原则。[②] 他强调:"中道而立,能者从之",认为"不得中道而与之,必也狂狷乎",提倡"权变",突出"时中",并将孔子推为"圣之时者也"。[③] 他的有关思想,正可帮助我们思考,如何用以儒解儒的思路,将中庸之道运用于对《孟子》的意义疏解和跨文化译解之中。而在这里,我们所关注的,只是与"生生"一致的一个表达方式及其含有的思想倾向。

《孟子》一书在关键处都用到了"乐乐"之类的表达,最为典型的是他数次用到的"亲亲"。那么,对之的讨论,也就有了哲学意义:这样的表达是在印证"重复"。不仅是对"生生之意"的重复,二者的表达方式是同一的,也是对事物本身的重复:事物本身因此得以自我回归。因此,在这样的重复之中,事物通过自我循环,回到自身之中,也就具有了特定的生命力。这,或许也就是为什么孟子不断运用这样的表达方式的一个重要原因:似乎只有这

[①] 赵岐(注),孙奭(疏),《孟子注疏》(李学勤主编,《十三经注疏》之十一),第226页。
[②] 周继旨(撰),《孟子》,收入中国孔子基金会(编),《中国儒学百科全书》,第367-370页。
[③] 赵岐(注),孙奭(疏),《孟子注疏》(李学勤主编,《十三经注疏》之十一),第376、405、367、269页。

样,有关事物不仅能"活起来",而且在生机勃勃之中活得那么精彩和实在。

这样的表达涉及君王欣赏自然风景和音乐时的真正快乐:"乐乐";孟子所强调的,也是儒家所提倡的"亲亲"和"长长";圣王在试图保持天人相通和文化延续时,所坚持的"知知觉觉";孔子"因时而动"的"时时"或曰"时中",形成的独一的"时之圣也"的人类典范等。在有关表达之中,有直接见诸文字的,也有隐含于其中但很容易被看出的。所有这些表达,所采用的方式,完全是"生生"的再现:不是"生而又生",便是"使生回归生"或"以生为生"。

对之的考察,主要聚焦于:一、过去的译解是否存在问题;二、若是不存在问题,有关译解之中哪一种(个)是最佳选择;三、若是见不到合宜的选择,有无方法再造或创设出一种表达。

而讨论的依据是:只有预设有关的译解是可以显现生命的,才能说明它们是成功的。而验证这些译解是否具有生命力,唯一的理论根据就是中庸之道的"合外内之道也,故时措之宜也"。最为明显的"标记"即为,它们是有"三"的结构形态,还是滞留或局限于字面的意义,或是仅仅具备其他方面单一的维度?

2.4.2 孟子之"乐乐"、"亲亲"与"生生"

儒家的宇宙论基本思想是以自然,亦即人的超越性的一面或曰"天"为主导的,因而,政治活动的导向,也就是人类生存的自然性的体现,这样的体现越是"自然而然",就越具有体现"天之为天"的"自然力量"。如此,将"天之所予"化为日常生活的方方面面,也就是政治家所追求的"正"了。

因此,在孟子那里,我们看到了"乐乐"的论断:

古之人与民偕乐,故能乐也。(《孟子·梁惠王上》)[1]

孟子提倡"与民同乐",而坚决反对"独乐",因为那会使"民欲与之皆亡"

---

[1] 赵岐(注),孙奭(疏),《孟子注疏》(李学勤主编,《十三经注疏》之十一),第7页。

(《孟子·梁惠王上》)①。

孟子以对话的形式对此加以强调:

曰:"独乐乐,与人乐乐,孰乐?"
曰:"不若与人。"
曰:"与少乐乐,与众乐乐,孰乐?"
曰:"不若与众。"②

如此,"今王与百姓同乐,则王矣"(《孟子·梁惠王下》)③。

按照一般的理解,独乐乐,与人乐乐,孰乐(dú yuè lè, yǔ rén yuè lè, shú lè),这一句话的三个片段之中的第三个乐(lè)都是形容词,意为快乐。乐(yuè)是名词作动词,意为欣赏音乐。整个句子的意思是:一个人欣赏音乐快乐,还是和别人一起欣赏音乐,哪个才是更快乐的呢?④

在孟子的论断之中,我们可以看到在两方面延续或发展了"易道"的"生生"思想。一是,只有"与民同乐",才可抵达最大的快乐。因而,"民乐"才是真正的"乐"。而这也就意味着,君主的作为只有一个目的:使"民乐"成为现实。也只有这样,君主个人才能"乐"。"乐"是"生生"的前提。而只有"民乐",才可能"天视自我民视,天听自我民听"(《尚书·泰誓中》⑤,《孟子·万章上》⑥)。也就是"天意"即为"民意","民乐"即为"天乐(悦)"。那么,如此"与民同乐",亦即为"与天携行",并且承接来自其中最为伟大的力量而张扬之、发扬之。

---

① 赵岐(注),孙奭(疏),《孟子注疏》(李学勤主编,《十三经注疏》之十一),第 7 页。
② 同上,第 31 页。
③ 同上,第 32 页。
④ 有关观点,参见 https://www.zybang.com/question/12d2821b2fb9dd7a98ab9ea5b17cd532.html 的讨论,2017 年 4 月 12 日采集。
⑤ 孔安国(传),孔颖达(疏),《尚书正义》(李学勤主编,《十三经注疏》之二),第 277 页。
⑥ 赵岐(注),孙奭(疏),《孟子注疏》(李学勤主编,《十三经注疏》之十一),第 257 页。

二是，这样的表达，其中也就含有"乐乐"，即可使"乐"回到"乐"本身。也就是说，尽管"乐乐"在《孟子·梁惠王下》之中的字面意思是喜欢音乐，但是，实际上，其中包含着"生生之谓易"的基本结构："乐乐。"《孟子·里娄上》也说："得其民，斯得天下矣。"①正含同样的意向。

因而，完全可以将"独乐乐，与人乐乐，孰乐（dú yuè lè, yǔ rén yuè lè, shú lè）"之中所有的"乐"字都理解为"乐"（lè）。这样，原文的意思就"变为"：一个人为快乐而快乐，还是和人一起以快乐为快乐，到底哪一种才是真正的快乐？

这样解释的一个"文本根据"是在《孟子·梁惠王上》之中，孟子和梁惠王对话的背景：

孟子见梁惠王。王立于沼上，顾鸿雁麋鹿，曰："贤者亦乐此乎？"（《孟子·梁惠王上》）②

这里明显不是在说"音乐"所带来的"娱乐"或"愉悦"意义上的"快乐"，而是大自然的赐予所能给予的"快乐"。

实际上，真正来自"民"的，也就是来自"天"的，虽然形式上有所不同，但有什么关系呢，只要是能够愉悦人心，不都是"快乐"吗？那么只要"以民之乐为乐"，又何必讲究甚至追问，究竟是哪一种"快乐"才是真正的快乐？

或许，正因为儒家并不介意哪一种活动形式能产生快乐，只是坚持"与民同乐"。故而，孟子强调："乐民之乐者，民亦乐其乐。忧民之忧者，民亦忧其忧。"（《孟子·梁惠王下》）③因此，深受濡染的后代儒士范仲淹才会有"先天下之忧而忧，后天下之乐而乐"的名句。

而在范仲淹的论断之中，"忧忧"和"乐乐"显然一样用的是"生生"之句式。

---

① 赵岐（注），孙奭（疏），《孟子注疏》（李学勤主编，《十三经注疏》之十一），第198页。
② 同上，第5-6页。
③ 同上，第40页。

因此,如果说,儒家的"天下心愿"或政治抱负,是由这样的句式来体现的,也就可能并不是夸大其词了。

因为,就在《孟子·梁惠王上》之中,我们看到的孟子的另一个名句,呈现的也是对"生生"句式的扩大版:

> 老吾老,以及人之老;幼吾幼,以及人之幼。(《孟子·梁惠王上》)①

不过,在这里,"生生"之意被解为:"将对我家的老人的爱,推广至对别人家的老人的爱;将对我家小孩儿的关怀,推广至对别人家的小孩儿的关爱。"若加以"简化",此句可为"老老,幼幼"②。前"老"为动词,后"老"为名词;"幼幼"亦复如此。

包含在这样的表达之中的,即是"生生"之意,而且,其表达形式本身亦采取与"生生"同一句式。因而,如何考虑将之"如实"或曰"忠实"译为英文,也就有了特定的必要。这是因为,这样关键的句式,如果处理得当,势必能体现儒家的真精神。

例16. 老吾老,以及人之老;幼吾幼,以及人之幼:天下可运于掌。(《孟子·梁惠王上》)

译文1. 尊敬我家里的长辈,从而推广到尊敬别人家的长辈;爱护我家的儿女,从而推广到爱护别人家的女儿。(一切政治措施都由这一原则出发,)要统一天下就像在手心里转动东西那么容易了。杨伯峻今译(杨伯峻,1960:20)

译文2. 尊敬自己的老人,就把这种尊敬推及到别人的老人;爱护自己的孩子,也把这种爱护推及到别人的孩子;天下就像手掌中翻转小东西一样

---

① 赵岐(注),孙奭(疏),《孟子注疏》(李学勤主编,《十三经注疏》之十一),第21页。
② 《礼记·大学》中说:"上老老而民兴孝,上长长而民兴弟。"郑玄注云:"老老、长长,谓尊老敬长也。"《吕氏春秋·先己》讲:"亲亲、长长、尊贤、使能。"《荀子·大略》之中亦有"贵贵、尊尊、贤贤、老老、长长,义之伦也"的强调,下文举例论及。

335 2 阴阳循环、生生不已:从"生生"、"亲亲"到"茫茫"
　　——一个特色性表达方式及其跨文化译解的中庸的运用

容易治理。杨广恩今译(陈才俊,2008:20)

译文 3. 敬爱自己的长辈,进而也敬爱别人的长辈;爱护自己的晚辈,进而也爱护别人的晚辈,这样天下就在您的掌握之中了。吴国珍今译(吴国珍,2015:33)

译文 4. Treat with reverence due to age the elders in your own family, so that the elders in the families of others shall be similarly treated; treat with kindness due to youth the young in your own family, so that the young in the families of others shall be similarly treated:—do this, and the kingdom may be made to go round in your palm. Legge 英译(Legge,1991:143)

译文 5. Treat the aged of your own family in a manner befitting their venerable age and extend this treatment to the aged of other families; treat your own young in a manner befitting their tender age and extend this to the young of other families, and you can roll the Empire on your palm. 刘殿爵英译(Lau,2003:11)

译文 6. By treating the elders in one's own family as elders should be treated and extending this to the elders of other families, and by treating the young of one's own family as the young ought to be treated and extending this to the young of other people's families, the empire can be turned around on the palm of one's hand. Bloom 英译(Bloom,2009:9)

译文 7. Do reverence to the elders in your own family, and extend it to those in other families; show loving care to the young in your own family and extend it to those in other families—do this and you would find it easy to rule the world as to roll something on the palm of your hand. 赵甄陶英译(赵甄陶等,1999:19)

译文 8. Respect your own elders and extend such respect to those of others; cherish your own young and extend such cherishment to those of others, and you will find the entire kingdom in your grasp. 吴国珍英译(吴

国珍,2015:28)

译文 9. Aged the aged in your own family and extend it to the aged in other families; children the children in your own family and extend it to the children in other families: —do this and you will find the things under Tian can be made to roll on your palm.

孟子的"老老,幼幼",在荀子那里能找到"简约"的表达:

例 17. 老老而壮者归焉,不穷穷而通者积焉,行乎冥冥而施乎无报,而贤、不肖一焉。人有此三行,虽有大过,天其不遂乎!(《荀子·修身篇》)①

译文 1. 尊敬老年人,那么壮年人也就来归附了;不使固陋无知的人困窘,那么通达事理的人也就汇聚来了;在暗中做好事而施舍给无力报答的人,那么贤能的人和无能的人都会聚拢来了。人有了这三种德行,即使有大的过失,老天恐怕也不会毁灭他的吧!佚名今译②

译文 2. 尊敬老年人,那么壮年人也就来归附了;不轻视侮辱处境窘困的人,那么通达事理的人也就汇聚来了;在暗中做好事并施舍给无力报答的人,那么贤能的人和无能的人都会聚拢来了。人有这三种德行,即使有大的过失,老天恐怕也不会毁灭他的吧!张觉今译(Knoblock,张觉,1999:42)

译文 3. Mature adults will flock to one who treats the elderly as they should be treated. Successful men will congregate around one who does not place hardships on those already having difficulties. If one conducts himself in obscurity and is kind when no recognition will result, then the worthy and unworthy alike will unite about him. A person who possesses these three qualities, though he be sent a greatly inauspicious omen, would Heaven have wrought his ruin? Knoblock 英译(Knoblock,张觉,1999:39)

这或可说明,我们有理由在英文之中创设一种表达,与之相匹配:Elder the elder. 在这里,第一个 elder 是作为动词来用的。

---

① 引自王先谦(撰),沈啸寰、王星贤(整理),《荀子集解》,第 34－35 页。
② 引自 http://xtldcsj.blog.163.com/blog/static/9485237820131126531558O7/,2017 年 4 月 24 日采集。

例 18. 曰:"独乐乐,与人乐乐,孰乐?"曰:"不若与人。"曰:"与少乐乐,与众乐乐,孰乐?"曰:"不若与众。"(《孟子·梁惠王下》)①

译文 1. 孟子说:"一个人单独地欣赏音乐快乐,跟别人一起欣赏音乐也快乐,究竟哪一种更快乐呢?"齐王说:"当然跟别人一起欣赏更快乐些。"孟子说:"跟少数人一起欣赏固然快乐,跟多数人一起欣赏音乐也快乐,究竟哪一种更快乐呢?"齐王说:"当然跟多数人一起欣赏更快乐。"杨伯峻今译(杨伯峻,1960:27)

追求比较大的快乐,为的是实现最大的快乐。那么,最大的快乐当然才是真正的快乐。而这样的快乐,既然是"与民同乐",也就无所谓形式上的意义,即通过什么形式、方式,"民"才可得到真正的快乐。或者也可认为,"快乐"本身才是真正的"快乐"。这并不是文字游戏,而是要强调,对儒家来说,就像在孟子这里一样,快乐本身就来自"天"的"赐予"。而"民意"也就是"天意"。依之处理,也就有了自然的用意:"生生"本就是这样的"天意"。因此,将所有的"乐"字都解为"快乐",即现代汉语之中"乐"的意义的"乐",译解是否更具合理性?

译文 2. 孟子说:"一个人独自欣赏音乐的快乐,和与大家一起欣赏音乐的快乐相比,哪一种更快乐呢?"齐宣王说:"不如与众人一起欣赏。"孟子又问:"与很少的人一起欣赏音乐的快乐,和与很多人一起欣赏音乐的快乐相比,哪一种更快乐呀?"齐宣王说:"不如与很多人一起欣赏。"杨广恩今译(陈才俊,2008:30)

译文 3. 孟子说:"独自一人欣赏音乐很快乐,跟他人一起欣赏音乐也快乐,但哪个更快乐呢?"宣王说:"不如与他人一起欣赏更快乐。"孟子说:"和少数人一起欣赏音乐很快乐,跟多数人一起欣赏音乐也快乐,但哪个更快乐呢?"宣王说:"不如与多数人一起欣赏音乐更快乐。"吴国珍今译(吴国珍,2015:37)

译文 4. Mencius said, "What is the more pleasant, —to enjoy music by

---

① 赵岐(注),孙奭(疏),《孟子注疏》(李学勤主编,《十三经注疏》之十一),第 31 页。

yourself alone, or to enjoy it with others?" "To enjoy it with others," was the reply. "And what is the more pleasant-to enjoy music with a few, or to enjoy it with many?" "To enjoy it with many." Legge 英译(Legge,1991:151)

译文 5. "Which is greater, enjoyment by yourself, or enjoyment in the company of others?"/"In the company of others." "Which is greater, the enjoyment in the company of a few, or the enjoyment in the company of many?" "In the company of many." 刘殿爵英译(Lau,2003:15)

译文 6. Mencius said, "Which is more pleasurable—enjoying music by oneself or enjoying it in the company of others?" "Enjoying it with others." "Which is more pleasurable—enjoying it in the company of a few or enjoying it in the company of many?"/"Enjoying it with many." Bloom 英译(Bloom,2009:13)

译文 7. "Which is the more delightful, enjoyment by yourself or enjoyment along with others?" "Along with others." "Which is the more delightful, enjoyment along with a few or enjoyment along with many?" "Along with many." 赵甄陶英译(赵甄陶等,1999:27)

译文 8. "Which gives you more pleasure," asked Mencius, "to enjoy music all alone, or to do it with others?" "It's better to enjoy it with others," said the king. "Which gives you more pleasure," asked Mencius again, "to enjoy music with the minority, or to do it with the majority?" "It's better to enjoy it with the majority." replied the king. 吴国珍英译(吴国珍,2015:35-36)

译文 9. "Which is a greater joy, joy the joy by yourself or joy the joy in the company of others?" "In the company of others." "Which is the greater joy, joy the joy in the company of a few or joy the joy in the company of many?" "In the company of many."

例 19. 古之人与民偕乐,故能乐也。(《孟子·梁惠王上》)[1]

译文 1. 就因为他能和老百姓一同快乐,所以他能得到真正的快乐。杨伯峻今译(杨伯峻,1960:4)

译文 2. 古代君王能与民同乐,所以能感受到这种快乐。杨广恩今译(陈才俊,2008:30)

译文 3. 像文王这样的君王能与民同乐,所以能真正享受快乐。吴国珍今译(吴国珍,2015:17)

译文 4. The ancients caused the people to have pleasure as well as themselves, and therefore they could enjoy it. Legge 英译(Legge, 1991:128)

译文 5. It was by sharing their enjoyment with the people that men of antiquity were able to enjoy themselves. 刘殿爵英译(Lau, 2003:4)

译文 6. The ancients shared their joys with the people and it was this that enabled them to feel joy. Bloom 英译(Bloom, 2009:2)

译文 7. As the ancient king enjoyed these things together with the people, he was able to enjoy them. 赵甄陶英译(赵甄陶等,1999:27)

译文 8. The ancient sage kings enjoyed happiness with the people, so that they themselves could have the enjoyment too. 吴国珍英译(吴国珍,2015:16)

我们认为,因为孟子是在强调"与民同乐"才是真正的"快乐",因而,或可直接将之解为:

译文 9. 古代贤王能与民同乐,所以,能感受到(作为)快乐的快乐。

译文 10. The ancient kings of old were able to delight their delight with their people, so they could delight the delight.

译文 11. The kings of antiquity, joyed the joy, when they joyed it together with their people.

---

[1] 赵岐(注),孙奭(疏),《孟子注疏》(李学勤主编,《十三经注疏》之十一),第 7 页。

仅仅是对眼前的自己可能面对的事物的欣赏所产生的"快乐",实质上是不能算作"快乐"的,因为,一旦时过境迁,情况出了变化,则内外在的契合不能促成,就会导致人的情绪的转化。如此,译文 2、4 和 7 显然是有问题的。而译文 1 只是点出了"真正的快乐",但译文之中似乎并没有突出那是什么样的"快乐"。译文 5 似有泛泛而论之嫌,虽然强调"与民同乐",结果却是"有能力自我欣赏"或可能是一般性的"快乐",而不是真正的终极性的快乐。译文 6 feel joy 一词的运用,或可有所突破,但是,这里的 joy 会不会成为一种抽象的东西,若是将之与上半句拉开的话? 译文 8 着眼点在"古之圣王之与民共同幸福",故而可得到"那种快乐"。

显而易见,只有坚持"与民同乐",才可欣赏到"快乐的快乐",而后者才是真正的"快乐"。故而,可以译文 9、10 以及 11 那样加以处理。

例 20. 先天下之忧而忧,后天下之乐而乐。(范仲淹《岳阳楼记》)

译文 1. 在天下人忧之前忧,在天下人乐之后才乐吧。佚名译①

译文 2. No doubt they are concerned before anyone else and enjoy themselves only after everyone else finds enjoyment. 杨宪益、戴乃迭译②

译文 3. Worry before all others have worried, rejoice after all others have rejoiced. 谢百魁译③

译文 4. They would be concerned before the world became concerned; but they would be joyous only after the world became joyous. 潘正英译④

译文 5. To be the first in the country to worry about the affairs of the state and the last to enjoy oneself. 罗经国译⑤

译文 6. Worry should be before, and joy must be after those of the

---

① 引自 http://blog.sina.com.cn/s/blog_4caa13ed0102vlk0.html,2017 年 4 月 12 日采集。
② 引自 https://www.douban.com/group/topic/21708866/,2017 年 4 月 12 日采集。
③ 同上。
④ 同上。
⑤ 同上。

people. 王士杰译①

译文 7. Grieve before all people under heaven grieve; enjoy after all people under heaven enjoy. 海外逸士

译文 8. Worry before all others have worried, rejoice after all others have rejoiced. 谢百魁译②

译文 9. Be the first to bear hardships, and the last to enjoy comforts. 醉花阴译③

《礼记·大学》之中说:"物有本末,事有终始,知所先后,则近道矣。"④ 明白事物的本末始终,知道事情的轻重缓急,就接近"明道"了。因而,"先后"是很重要的。而范仲淹所说的"先后",并不是说士大夫不能"乐";相反,是要求他们适时而动,应将"忧患意识"置于一切之前,如此未雨绸缪,防患未然,警戒慎独,然后才可能谈得上"乐"。也就是说,在真正做到了忧民之所忧之后,才可能产生真正的"乐"。"君子"的"忧乐"是"绝对"或近乎"绝对"的,因为只有首先设置了一个目标,人才能趋近;也只有以持续终身的努力去追求,也才能趋近。如此,就不能将这样的"忧乐"视为暂时的、可得而舍之的什么东西,而是一种毕生的事业。那么,我们在译解之时,也就无法将之与"生生"脱离开关系:这首先是因为,人生的要义,就在于如此寄托"忧乐"于追求之中,而如此的追求也只有在"生生"的过程中体现出来。最重要的还在于,"忧乐"之为"忧乐",首先是在不断坚持的同时所可能产生的那种"忧乐"的体验。因此,"忧乐"本身就不能不以其自身为真正的对象。如此,或可出新:

译文 10. 忧之于天下之忧之先,乐之于天下之乐以后。

译文 11. 忧忧而忧于天下之先,乐乐而乐于天下之后。

---

① 引自 https://www.douban.com/group/topic/21708866/,2017 年 4 月 12 日采集。
② 同上。
③ 引自 http://user.qzone.qq.com/16145415/blog/1194948345,2017 年 4 月 12 日采集。
④ 郑玄(注),孔颖达(疏),《礼记正义》(下)(李学勤主编,《十三经注疏》之六),第 1592 页。

译文 12. Worry the worry before all-under-*Tian* worries it; joy the joy after all-under-*Tian* joys it.

既然体现的是宇宙的生成和存在的原理,那么,"生生"之意在"人神"之间,自然也一样发挥着巨大的作用。因而,在屈原的诗之中,这样的表达具有十分重要的位置:

例 21. 悲莫悲兮生别离,乐莫乐兮新相知。(屈原《九歌·少司命》)

译文 1. Nothing is sadder than live parting. /Or gladder than dearness formed new. 孙大雨英译(孙大雨,2007:363)

译文 2. Sadly so far, nothing is sadder than live parting, /Happily so far, nothing is happier than meeting bosom friend. 佚名英译①

译文 3. None is so sad, oh! as those who part; /Nor so happy as new sweetheart. 许渊冲英译②

译文 4. For life to part, no Grief more Pain can move; /No joy excels the first Rapture of love. 杨宪益与戴乃迭英译③

译文 5. New-acquainted friends delight most the heart. /While partings constitute the saddest thing. 卓振英英译④

胡文英解释:"神人道隔,别离则有之矣。何以曰生？盖其言属司命,而神注灵修,念念不忘,不觉自然流露也";"神至未久,故曰新知。喻君之任,已犹未久也"。⑤ 张玮也强调:"人神的分离仍然不能隔断儿女的情长","他深深记取和不能忘记的,仍然是女儿私情","这是诗人最有勇气的一笔,他将其写进了祭祀之歌。对女神的爱慕,对未来的憧憬,对结合的向往,都包括其中了"。⑥

---

① 引自 http://blog.sina.com.cn/s/blog_4b201b830100fww4.html,2017 年 4 月 12 日采集。
② 同上。
③ 同上。
④ 同上。
⑤ 胡文英(注),《屈骚指掌》,第 59 页,北京:北京古籍出版社,1979 年版。
⑥ 张玮(著),《楚辞笔记》,第 78 页,北京:中国青年出版社,2012 年版。

如此,悲悲不已,而乐乐无限,正是"生生"之所为"生生"的题中应有之义。

译文 6. 悲而复悲生生别离,乐以为乐新新相识。

译文 7. In the live parting, sadness saddens, / And yet in getting a new friend, delight delights.

念念不忘,情意难断,故而生生别离,蔓延悠长;新知忽来喜不自禁,而无时或已。

道本在人自身,因而,应有充分的作为,比如,不能舍近而求诸远,也一样不惧从最难处入手。本来并不"远"的、"切身"的,为什么要到远处去寻?本来就很"容易"的,又为什么要使它那么艰难?孟子强调,最重要的是,应从一己之爱出发,而能将之推己及人,卓有成效,如此大爱充满人间,便可见"天下太平"之理想局面。因而,孟子强调:

例 22. 道在迩而求诸远,事在易而求诸难。人人亲其亲,长其长,而天下平。(《孟子·离娄上》)[①]

译文 1. 道在近处却往远处求,事情本容易却往难处做——只要各人亲爱自己的双亲,尊敬自己的长辈,天下就天平了。杨伯峻今译(杨伯峻,1960:173)

译文 2. 道就在近处,却往远处去找它;事情本来容易,却往难处去做它。其实人人爱自己的双亲,尊敬自己的长辈,天下就天平了。杨广恩今译(陈才俊,2008:182)

译文 3. 道就在近处,却偏偏要向远处寻求;本来很容易的事,却偏偏要往难处去做。其实,只要人人都爱自己的父母,尊敬自己的长辈,天下就天平了。吴国珍今译(吴国珍,2015:166)

译文 4. The path of duty lies in what is near, and men seek for it in what is remote. The work of duty lies in what is easy, and men seek for it in what is difficult. If each man would love his parents and show the due

---

① 赵岐(注),孙奭(疏),《孟子注疏》(李学勤主编,《十三经注疏》之十一),第 200 页。

respect to his elders, the whole land would enjoy tranquillity. Legge 英译(Legge,1991:302)

译文 5. The way lies at hand yet it is to be sought after. The thing lies in the easy yet it is sought in the difficult. If only everyone loved his parents and treated his elders with deference, the Empire would be at peace. 刘殿爵英译(Lau,2003:82)

译文 6. The Way lies in what is near yet is sought in what is far off. Our work lies in what is easy yet is sought in what is difficult. If all people would love their parents and be respectful to their elders, the whole world would be at peace. Bloom 英译(Bloom,2009:80)

译文 7. The right path lies at hand, but people seek it far away. Some job is easy, but people handle it as a difficult one. If everyone loved his parents and respected his elders, the world would be at peace. 赵甄陶英译(赵甄陶等,1999:163)

译文 8. People tend to seek a distant way when there is one close at hand, and make things difficult when they are in fact easy. If everyone loves his parents and respects the elderly, the world will be at peace. 吴国珍英译(吴国珍,2015:166)

孔子强调"君子笃于亲则民兴于仁"(《论语·泰伯》)[①],孟子加以继承,突出"急亲贤也"(《孟子·尽心上》)[②],但将"亲亲"放在首位。因而,或可直接将 parent 作为动词使用,因有下译:

译文 9. Things nearby are sought after far away, things easy to deal with are done as quite difficult. And yet if each of us parents his parents and elders his elders, the all-under-*Tian* would be at peace.

"贤贤"在孔子那里,"亲亲"在荀子那里,都有一致的表达。

---

① 何晏(注),邢昺(疏),《论语注疏》(李学勤主编,《十三经注疏》之十),第 101 页。
② 赵岐(注),孙奭(疏),《孟子注疏》(李学勤主编,《十三经注疏》之十一),第 378 页。

例 23. 贤贤易色。(《论语·学而》)①

译文 1. 对妻子,重品德,不重容貌。杨伯峻今译(杨伯峻,1980:5)

译文 2. 一个人能好人之贤德胜过其好色之心。钱穆今译(钱穆,2002:11)

译文 3. 崇尚实际的德行,看轻表面的容态。孙钦善今译(孙钦善,2009:5)

译文 4. 重视德行替代重视容貌。李泽厚今译(李泽厚,1998:36)

译文 5. 一个人能看重贤明的人而不以女色为重。吴国珍今译(吴国珍,2015:57)

译文 6. a man withdraws his mind from the love of beauty, and applies it as sincerely to the love of the virtuous. Legge 英译(Legge, 2010:4)

译文 7. A man who can love worthiness in man as he loves beauty in woman. 辜鸿铭英译(辜鸿铭,1996:349)

译文 8. A man who/Treats his betters as betters,/Wears an air of respect. Waley 英译(Waley, 1998:33)

译文 9. a man is, indeed, schooled who shows deference to men of excellence by putting on the right countenance. 刘殿爵英译(Lau,2008:5)

译文 10. a man values virtue more than good looks. 林戊荪英译(林戊荪,2010:28)

译文 11. men who cares for character much more than beauty. 安乐哲与罗思文英译(安乐哲与罗思文,2003:197)

译文 12. One who esteems the worthy and has little regard for sexual attractions. Bloom 英译(de Bart and Bloom, 1999:45)

译文 13. If you can treat the worthy as worthy without strain. Muller 英译②

---

① 何晏(注),邢昺(疏),《论语注疏》(李学勤主编,《十三经注疏》之十),第 8 页。
② 见 A. Charles Muller 英译, *The Analects of Confucius*, 引自 http://www.acmuller.net/con-dao/analects.html#div-2,2017 年 4 月 24 日采集。

译文 14. If a man values the virtuous beauty more than he does a beauty. 吴国珍英译(吴国珍,2015:57)

若要尊重贤者,不论是人,还是别的什么力量,都需首先使之成为"贤者"并且保持为"贤者"。同样的道理,对待"色"也是一样:在存在论意义上,无所谓轻视,更何况"色"本来就是人的"天性"。因此,孔子本人也曾两度感叹"吾未见好德如好色者也"(《论语·子罕》①及《论语·卫灵公》②)。

所以,据此处理,则可认为,此章可译为:

译文 15. 贤者贤之,而使色保持其色。

译文 16. To virtue the virtue, and to beauty the beauty.

例 24. 上治祖祢,尊尊也。下治子孙,亲亲也。旁治昆弟,合族以食,序以昭穆,别之以礼义,人道竭矣。(《礼记·大传》)③

译文 1. 往上端正先祖先父的名分地位,这是尊崇正统至尊。往下确定子孙的继承关系,这是亲爱骨肉至亲。从旁理顺兄弟的手足情谊,用聚食制度来联合全族的感情,用左昭右穆的族规排列辈分,用礼仪来区别亲疏长幼。人道伦常就都体现无遗了。王文锦今译(王文锦,2016:429)

译文 2. Thus he regulated the services to be rendered to his father and grandfather before him—giving honour to the most honourable. He regulated the places to be given to his sons and grandsons below him—showing his affection to his kindred. He regulated (also) the observances for the collateral branches of his cousins;—associating all their members in the feasting. He defined their places according to their order of descent; and his every distinction was in harmony with what was proper and right. In this

---

① 何晏(注)、邢昺(疏),《论语注疏》(李学勤主编,《十三经注疏》之十),第119页。
② 同上,第212页。
③ 郑玄(注)、孔颖达(疏),《礼记正义》(中)(李学勤主编,《十三经注疏》之六),第1000页。

way the procedure of human duty was made complete. Legge 英译①(Legge，1855：61)

例25. 其不可得变革者,则有矣。亲亲也,尊尊也,长长也,男女有别,此其不可得与民变革者也。(《礼记·大传》)②

译文1. 另有一些事情是不能够变革的,比如热爱自己的近亲,崇敬地位尊贵的人,尊重长辈,严格男女关系的界限,这些是不能够与民众一起来加以变革的。王文锦今译(王文锦,2016：430)

译文2. But no changes could be enjoined upon them in what concerned affection for kin, the honour paid to the honourable, the respect due to the aged, and the different positions and functions of male and female. James Legge 英译(Legge，1855：62)

一般认为,西周周公推行的就是"亲亲尊尊"的礼制,它对中国社会之结构大有影响,因而,有关用语亦大有深意,特别值得重视。

最新研究认为,今本《礼记》早于《孟子》,应将之定位为先秦时期的著作。因而,过去的一些中国哲学史论著和中国思想史论著,将之作为秦汉时期的作品来对待,现在看来是不对的。③ 如此,则《礼记》之中的"亲亲,尊尊"论断,也就是先秦儒家之常语,孟子、荀子等儒家新一代大思想家对之加以接续解说和阐述,秦汉时期的儒家将之发扬光大,最终对后世的人文思想和社会结构的形成产生了无可比拟的影响。

因为文化差异的缘故,英文之中不可能存在对应的表达方式。因而,理雅各根据不同的情况进行了不同的处理。"亲亲"译为：showing his

---

① 引自 James Legge（英译）, *The Sacred Books of China：The Texts of Confucianism*, Part IV, *The Li Ki*, XI-XLVI, 第 61 页, Oxford：The Clarendon Press, 1855 年版。

② 郑玄(注)、孔颖达(疏),《礼记正义》(中)(李学勤主编,《十三经注疏》之六),第1001页。

③ 详见吕友仁(著),《礼记讲读》,第14-15页,上海：华中师范大学出版社,2009年版。实际上,《中国儒学百科全书》就是这样将《礼记》置于"秦汉儒学"之下,见该书目录第6页。

affection to his kindred(例 26,译文 2)和 what concerned affection for kin(例 27,译文 2),"尊尊"则译作:giving honour to the most honourable 和 the honour paid to the honourable。至于《礼记·大传》下文"服术有六:一曰亲亲,二曰尊尊,三曰名,四曰出入,五曰长幼,六曰从服"①,他的译文是:The considerations which regulated the mourning worn were six—first, the nearness of the kinship; second, the honour due to the honourable; third, the names (as expressing the position in the relative circle); fourth, the cases of women still unmarried in the paternal home, and of those who had married and left it; fifth, age; and sixth, affinity, and external relationship.②

"亲亲"在这里被译为 the nearness of the kinship;"尊尊"则为 the honour due to the honourable。如此迎合行文需要,本来是无可厚非的。不过,汉语原典之中的那种美妙的重复,则无以再现。若是考虑到他对同一部书之中的《中庸》的处理(见例 38,译文 3),就会让人觉得,这样的情况是需要改变的:表达即内涵,形式乃内容。若"生生"不能见闻于英文或其他外语,则一个极其重要的思想观念,仍然处于静默状态。而这正意味着,儒家的基本思想不能再现。这样的局面时至今日仍未见打破。下文所举译例,亦是对此有力的证明。

例 26. 故先王案为之立文,尊尊亲亲之义至矣。(《荀子·礼论篇》)③

译文 1. 所以古代的圣王为他们制定了礼仪制度,这样,尊崇君主、亲爱父母的道义就能表达了。张觉今译(Knoblock,张觉,1999:644)

译文 2. Thus the Ancient Kings acted to establish proper forms wherein men could express the full measure of their obligation to pay honor

---

① 郑玄(注),孔颖达(疏),《礼记正义》(中)(李学勤主编,《十三经注疏》之六),第 1006 页。
② 引自 James Legge(英译),*The Sacred Books of China: The Texts of Confucianism*,Part IV,*The Li Ki*,XI-XLVI,第 63-64 页。
③ 引自王先谦(撰),沈啸寰、王星贤(整理),《荀子集解》,第 366 页。

to those deserving honor and to show affection to those whom they cherished. Knoblock 英译(Knoblock,张觉,1999:645)

按照上文的论述,"亲亲尊尊"或可译作:kin the kins and honor the honor;"尊尊亲亲"则或可译为:to honor the honor and to parents the parents?

2.4.3 孟子的"为为"、"知知觉觉"及孔子的"时时而中"

例 27. 人有不为也,而后可以有为。(《孟子·离娄下》)[①]

译文 1. 人要有所不为,才能有所为。杨伯峻今译(杨伯峻,1960:188)

译文 2. 人要有所不为,才能有所作为。杨广恩今译(陈才俊,2008:182)

译文 3. 一个人有所不为,然后才能有所作为。吴国珍今译(吴国珍,2015:184)

译文 4. Men must decide on what they will NOT do, and then they are able to act with vigour in what they ought to do. Legge 英译(Legge, 1991:321)

译文 5. Only when there are things man will not do is he capable of doing great things. 刘殿爵英译(Lau, 2003:82)

君子既不求为人所知,为什么反倒要"做大事"? 那是为了出名吗? 抑或是,有别的目的,不是为做事而做事? 假若不是为做事而做事,那不是偏离了基本要求吗? 而且,这样的偏离,会不会违背自然而然的基本道理? 因而,译文 5 将"为"之对象确定为"大事",对应性可能不正确。

因而,只有回到"为应为者"这个意义,才可能处理好"可以有为"的意义。

译文 6. Only when a person has some actions that he will not take is he able to take action. Bloom 英译(Bloom, 2009:88)

[①] 赵岐(注),孙奭(疏),《孟子注疏》(李学勤主编,《十三经注疏》之十一),第 219 页。

译文 7. Only if a man knows what is not to be done, will he succeed in doing what is to be done. 赵甄陶英译（赵甄陶等，1999：179）

译文 8. One must leave some things undone before he can accomplish something. 吴国珍英译（吴国珍，2015：184）

译文 7 焦点对准的是"做事成功"（succeed in doing），而原文则是"有所为，有所不为"。"有所不为"者，不值得作为；而"有所为"者，一定是"应为之事"。"事功"可能不是孟子这里所强调的。他的焦点在于，"可为"和"不可为"。

由于所有的译文都是依照字面处理，而未及深层意义，因而，哲学意味不能体现，读者所能读出的也只是某种常识性的道理：似乎只有舍弃或不做一些事情，才能做好另一些事情。易言之，只要能丢下一些事情，而专心致志去做另一些，后面这些就是可以做好的，或曰"有所作为"的。但是，若是自形而上着眼，认为孟子之所说别有意义，而不同于一般的常识，即超越其上，又该如何？"不为"是指"不可为"或"不能为"，因为违背天道自然或人道之全。只有行使天道赋予之力，加以裁决判断，才可能行事于自然之途，而不违逆自然。如此，当然就可以"可为有为之事"了。或许，这样的解读，不仅在意涵上，而且在行文上符合"生生之意"的基本取向：

译文 9. 人不为不可为者，才可为可为者。

译文 10. Only when they do not act the unactable, could men be able to act the actable.

例 28. 莫之为而为者，天也。莫之致而至者，命也。（《孟子·万章上》）①

孟子讨论"天意"时，他的表达一样可以让人联系上"生生"：一方面，"天意"本就是自然而然来的；另一方面，圣王加以体贴，所以能与之成为一体，如此成为"天子"也就是当然之事了。

译文 1. 没有人叫他们那么做，而竟然那样做了的，便是天意；没有人叫

---

① 赵岐（注），孙奭（疏），《孟子注疏》（李学勤主编，《十三经注疏》之十一），第259页。

他来，而竟这样来了的，便是命运。杨伯峻今译(杨伯峻，1960:223)

译文 2. 没有人教他们这样去做，而做成了，这是天意；没有人去争取，而得到了，这是命运。杨广恩今译(陈才俊，2008:257)

译文 3. 没有人能做到的(他)却做到了，这是天意；没有人招致它来它却来了，这是命运。吴国珍今译(吴国珍，2015:224)

译文 4. That which is done without man's doing is from Heaven. That which happens without man's causing is from the ordinance of Heaven. Legge 英译(Legge，1991:359)

译文 5. When something is brought about though there is nothing that brings it about, then it is Heaven that has done it. When something arrives though there is nothing that makes it arrive, then that is Destiny that does it. 刘殿爵英译(Lau，2003:107)

译文 6. What happens without anyone's causing it is owing to Heaven; what comes about without anyone's accomplishing it is the mandate. Bloom 英译(Bloom，2009:105)

译文 7. When a thing is done without a known agent, then it is Heaven does it. When a thing happens without a cause, then it is Fate makes it happen. 赵甄陶英译(赵甄陶等，1999:213)

此译有两个明显的失误：一、it is Heaven 和 it is Fate 之后都应添加 that，以满足语法需要，同时，以大写的 Heaven 和 Fate 来传译"天"和"命"，实际上是不能对应的。按照一般理解，原文看似孟子在对二者分别进行界说，实则是古文中惯用的"互文"修辞手法，故而他要说的就是"天命"[1]。但是，若以此"天"(Heaven)此"命"(Fate)传译，则分明和孔子所说的"子不语怪力乱神"(《论语·述而》)[2]相背离。试想，孔子尚且如此，到了孟子这里竟然出现了倒退，偏偏要谈的就是"天命"的原因导致了"天子"的降生？

---

[1] 侯璐、李葆华(撰)，《浅析孟子的天命观》，载《哈尔滨学院学报》2011年第4期，第1-6页。

[2] 何晏(注)，邢昺(疏)，《论语注疏》(李学勤主编，《十三经注疏》之十)，第92页。

二、如此的误读,还有首句之中的 without a known agent(没有一个已知的作用者):假设是这样,"天"不就成了亚里士多德所说的"第一推动者"(the First Mover)?那么,这不是和孟子的"自然而然"的"天意"倾向相去甚远吗?

译文 8. If no man can do it but it is done, that is the will of Heaven. If no man causes it to come but it comes, that is destiny. 吴国珍英译(吴国珍,2015:221)

"天命"的译文仍然坚持按照 Heaven 字眼来处理,则必然难及原意。这是自不待言的。因为此词充溢着基督教的意味,可能与儒家的"天"了无干系。相应的 destiny 或 Fate 之类的词语的运用,也一样会将孟子推向"迷信"之中。

如此,势必需要启用安乐哲和郝大维在其《中庸》的译本之中的办法:一是将天音译,二是将"命"(若是二者分而处之)理解为 to command(命令)或 to cause to happen(使发生)①。

莫之为而为,故而可为;莫之致而至,因而方至。人力无可干预,而事得成之。此为天命之运作,圣王出类拔萃由此可得印证。孟子强调,"莫之为而为"的那种"为",将"为"归之为"为"的"为",亦即"真正的为";同样的,"莫之致而至"的"至",是将"至"推向它自身的"至",亦可谓"真至"。而这分明告诉我们,他的论断之中清楚地包含着"生生之意"!

译文 9. Not artificial way is the way, and that way comes from *Tian*; no happening happens as man-made, and that happening is from the mandate of *Tian*.

"可为"而"为之",实则是说,"应为而行之",因而,其中"有道存焉"。验之于语境,前文之中"舜、禹、益相去久远,其子之贤不肖皆天也,非人之所能为也",讲的就是"天"的力量在发挥作用,也就是,"天行有常,不以尧存,不

---

① 安乐哲、郝大维(著),彭国翔(译),《切中伦常:〈中庸〉的新诠与新译》,第 90 页。

以桀亡"(《荀子·天论》)①。既然自然之天在发挥支配性的作用,那么,人力无以干预,也就应该顺应天道之意,而理顺世间的一切。这也就是"天命之常"在人间显现的道理了。

既然"天命"亦即为如此自然而然的显现,那么,一个显而易见的处理便是:一切向着自身的回归。因而,很明显,其中并没有世俗的那种迷信"神秘的天"的意味,而是更多带有哲学的倾向性。因此,"为"的是"道",而或许巧妙的是,这里的"为",在英文之中正好可以 way 对应,音义趋同。

这样,"为"之"可为"或"应为",实则就是"道之可道"。如此,"为所应为"(为为),和"致之当至"(至至)突出的就是"人为之无化"以及与之对应的"天为之为(有)化","人之力之不致"以及与之对应的"天之力之至";亦即,"人为之无"、"天道之有",和"人之无为"和"天之无所不为"。

简单说来,孟子要说的可能就是:"人为之不为","天命之常至"。

例29. 天之生此民也,使先知觉后知,使先觉觉后觉也。予,天民之先觉者也;予将以斯道觉斯民也,非予觉之而谁也?(《孟子·万章上》)②

译文1. 上天生育人民,就是要先知先觉者来使后知后觉者有所觉悟。我呢,是百姓中间的先觉者;我就得拿尧舜之道使现在的人有所觉悟。不是我去使他们觉悟,又有谁去呢?杨伯峻今译(杨伯峻,1960:223)

译文2. 上天生育老百姓,就是要使先知者唤醒后知者,使先觉者唤醒后觉者。我,是天下老百姓中的先觉者;我将用这种道理来使这些百姓觉悟。如果不是我来使他们觉悟,那还有谁呢?杨广恩今译(陈才俊,2008:260)

译文3. 上天生育这些百姓,就要让先知者教导后知者,让先觉者唤醒后觉者。我是上天所生百姓中的先知先觉者,我将用尧舜之道去唤醒百姓。若不是我来唤醒他们,又有谁呢?吴国珍今译(吴国珍,2015:227)

译文4. Heaven's plan in the production of mankind is this:—that they

---

① 引自王先谦(撰)、沈啸寰、王星贤(整理),《荀子集解》,第205页。
② 赵岐(注),孙奭(疏),《孟子注疏》(李学勤主编,《十三经注疏》之十一),第261页。

who are first informed should instruct those who are later in being informed, and they who first apprehended the principles should instruct those who are slower to do so. I am one of Heaven's people who have first comprehended;—I will take these principles and instruct the people in them. If I do not instruct them, who will do that? Legge 英译(Legge,1991:363)

译文 5. Heaven, in producing the people, has given to those who first attain understanding the duty of awakening those who are slow to understand; and to those who are the first to awaken the duty of awakening those who are slow to awaken. I am among the first of Heaven's people to awaken. I shall awaken people by means of this Way. If I do not awaken them, who will? 刘殿爵英译(Lau,2003:108)

译文 6. Heaven, in giving birth to this people, causes those who are first to know to awaken those who are later to know and causes those who are first awakened to awaken those who are later to be awakened. I am one of those of Heaven's people who has awakened first; I will take this Way and use it to awaken this people. If I do not awaken them, who will do so? Bloom 英译(Bloom,2009:105)

译文 7. Heaven, in creating the world people, makes men who have foresight awaken those who have not, and it makes men who have been awakened awaken those who have not. I am one of the heavenly people who have been awakened first. I will awaken the people with the principles of Yao and Shun. Who will do it but I? 赵甄陶英译(赵甄陶等,1999:215)

译文 7 用 Heaven 和 creating,或可将读者带进基督教的教义氛围之中,似乎上帝(以 Heaven 为代名词)在孟子这里也在创造世界?

译文 8. While Heaven lets there be men, it also lets those who have insight awaken those who have not, and causes those who have awakened to enlighten those who have not. Of all the people under the sun I am the first to awaken, and I shall enlighten the people with the Way of Yao and Shun.

But for me, who else is to enlighten them? 吴国珍英译(吴国珍,2015:225)

原文的"天民之先觉者也",在译文 8 中,被改写为"日光之下,万人之中,先觉者,唯我一人"(Of all the people under the sun I am the first to awaken)。如此处理,紧接着的后文"我将以尧舜之道启蒙人民"(I shall enlighten the people with the Way of Yao and Shun),则说明,"此前"仍有尧舜已为先导,那么,如此强调,是否偏离了原文的意义?实际上,其他诸译,也都或多或少夹杂着基督教的意味。

"天之生此民"之"生",译文 4 为 production,译文 5 作 producing,译文 6 是 giving birth,译文 8 则为 let there be men。若独立看来,这些或都可消除"上帝造人"的意味。但是,Heaven 一词的运用实则将孟子之"生"拉回其中。若仿照译文 5,则或可如此处理:

译文 9. Tian(天), in producing the people, has given to those who first attain understanding the duty of awakening those who are slow to understand; and to those who are the first to awaken the duty of awakening those who are slow to awaken. I am among the first of Tian's people to awaken. I shall awaken people by means of this Dao(道). If I do not awaken them, who will?

或许,也可将之简化为:天之生斯民也,使先知觉后知,使先觉觉后觉。

如果简化到极端,这句的表达就是两个字:"知觉。"若放大些,可如此重复表达:"知知觉觉。"或可将这句话解为:天生育这样的百姓,就是要使先知之人唤醒后知之辈,使先觉之人让后觉之辈觉悟。可以清楚地看到,孟子强调的是,先知和后知、先觉与后觉之间的承继关系。这就是,在他看来,"上天"给"先知"和"先觉"带来的责任,就是"知觉""后来者"或"(延)后者",就是社会的担当,也就是上天授予的职责,那是必须完成的。这种社会担当,也一样是以"生生"的表达方式为标记的。在如此重大的文化责任面前,孟子再一次突出了强烈的"天道意识":真正的天道,在后继者的培养过程中才会出现。因而,与其说是"先知先觉"在承担责任,不如说,那是"后知后觉"的文化传承,使他们的生命得到了延续和发扬。这也就是"长江后浪推前浪"的意义。

只不过,孟子突出的是,汤身为"上天"命定的"先觉者",肩负起历史的责任,因而,显得那么"独一"。所以,汤在这里所说的"非予觉之而谁也",跟他在《孟子·公孙丑下》之中所说的"如欲平治天下,当今之世,舍我其谁也"①如出一辙,都是对所要担当的重大责任加以特别突出。孟子和汤一样,不仅不回避问题,而且直面这样的问题,大气凛然。在这里,的确已经可以看到,那种承继关系其来有自。圣王之生,其"先知先觉"的精神,在孟子这里,的确有了后继的力量清晰地表现出来。

但是,孟子的自我突出,其条件若是成立,则仍在于前一句所说的"知知觉觉":先知"知"后知,先觉"觉"后觉。一连串的"知"和"觉",会让读者觉得,只有回到"生生"的流动之中,才能真正感受到"知知觉觉"的精神力量。

例30. 可以速而速,可以久而久,可以处而处,可以仕而仕,孔子也。/孔子,圣之时者也。孔子之谓集大成。(《孟子·万章下》)②

译文1. 应该马上走就走,应该马上继续干就干,应该不做官就不做官,应该做官就做官,这便是孔子。/孔子则是圣人之中识时务的人。孔子,可以叫他为集大成者。杨伯峻今译(杨伯峻,1960:234)

译文2. 可以快走就快走,可以久留就久留,可以不做官就不做官,可以做官就做官,这就是孔子。/孔子,是圣人中识时务的人。孔子,可以说是集大成的人。杨广恩今译(陈才俊,2008:269)

译文3. 该快点离开就快点离开,该慢点走就慢点走,该隐退就隐退,该做官就做官,这就是孔子。/孔子是圣人中识时务的人,孔子可以说是各人的长处的集大成者。吴国珍今译(吴国珍,2015:235)

译文4. When it was proper to go away quickly, he did so; when it was proper to delay, he did so; when it was proper to keep in retirement, he did so; when it was proper to go into office, he did so; —this was Confucius. /

---

① 赵岐(注),孙奭(疏),《孟子注疏》(李学勤主编,《十三经注疏》之十一),第125页。
② 同上,第269页。

[...]and Confucius [among the sages] was the timeous one. In Confucius we have what is called a complete concert. Legge 英译(Legge,1991:372-373)

译文 5. He was the sort of man who would hasten his departure or delay it, would remain in a state or would take office, all according to the circumstances. /Confucius was a sage whose actions were timely. Confucius was one who gathered all that was good. 刘殿爵英译(Lau,2003:112-113)

译文 6. When it was right to act quickly, he was quick; when it was right to be deliberate, he was deliberate. When it was right to retire, he retired; when it was right to serve, he served. That was Confucius. / Confucius was the sage who was timely. With Confucius there was the perfect ensemble. Bloom 英译(Bloom,2009:111)

译文 7. To leave quickly when it was meant to leave quickly, to stay on when he thought fit to do so, to retire when he saw retiring was proper, to accept office when accepting was sensible—here you have your Confucius. / [...] Confucius was the one who knew when to do what to do. Confucius may be said to have assembled all the virtues of the virtuous men mentioned above. 赵甄陶英译(赵甄陶等,1999:223)

译文 8. When he had to be quick, he hurried off; when he had to slow down, he took his time; when he had to leave his post, he retreated; when it was time to go into office, he took office. Such is the way of Confucius. / Confucius was a sage of flexibility. Confucius can be said to have epitomized all their[the sages'] merits. 吴国珍英译(吴国珍,2015:233)

"圣之时者也",不当如译文 8 那样以"灵活性的圣人"(a sage of flexibility)处置,因为"时"并不仅仅是"灵活性",最主要的意向也一样不是。"时"更重视的是"时机",即依照不同的时间点,进行适宜的活动。因此,其偏重点或在两个方面:一是把握时刻,二是适时而动。如此,"动静适时"才是"圣之时者也"的指向：只有在适宜的时刻，进行适宜的活动，才是真正的"圣人"。正因为孔子有能力做到这一点，因而"恰如其分"，孟子才会称赞他"集大成"，也就是，他将所有的美德和能力汇聚于一身。最重要的是，他不但不违于时，而且可以恰切而周到地把握"时机"的"分寸"。

适时而动，因地制宜，这正是"故时措之宜也"（《礼记·中庸》）①的教导，而孔子就是这样的教导的践履者和榜样的力量。

"速则速，久则久，处可处，不仕则不仕"，若是删掉连接词，就变为："速速，久久，处处，不仕不仕。"

如此，走应有走的理由，留也有留的原因，而处则可找到处的根据，出仕也有出仕的道理。孔子就是在这样的表达之中，依循"生生之理"说明自己，并且在行动之中充分地或曰最高规格地以身作则践行了这样的原理！

以其"时"，而使"生生"显现于日用的一切之中。这就是"生生之谓易"在儒家这里达到最高程度的表现。

董仲舒指出："义者，谓宜在我者；宜在我者，而后可以称义。"（《春秋繁露·仁义法》）②如此，真正把握"义"者，惟孔子一人？抑或是，已达顶峰的孔子，应该成为后世的榜样，因而其精神力量是无穷的？张祥龙指出：

> 中国古代敏锐的思想者，比如孔子、老庄、孙子、范蠡等等，都明白真实绝对不能对象化、观念化的"道"理，因此也都知道居间发生的终极性，不论是阴阳之间、虚实之间、奇正之间、过与不及之间，还是有无之间、言与不言之间。中国古学的精华里从没有过"范畴"、"概念"的中心地位，只有"中道"、"中庸"或"大象"的丰满机变的表现。《老子》曰："孔德之容，惟道是从。道之为物，惟恍惟惚。惚兮恍兮，其中有象；恍兮惚兮，其中有物。"（21章）以上所讲的所有要点似乎都可以在这段引文中找到端倪。然而，尽管无实

---

① 郑玄（注），孔颖达（疏），《礼记正义》（下）（李学勤主编，《十三经注疏》之六），第1450页。
② 董仲舒（著），周桂钿（译注），《春秋繁露》，第111页，北京：中华书局，2011年版。

体和定法可依,这恍惚却定要冲和成象,因而必表现为机缘,即时机的成熟开显,但又绝不熟显到可据而有之的地步。《易传》称这隐形的大象为"几"。《周易正义》讲:"几是离无入有,在有无之际。"张载《正蒙·坤化》认为:"几者,象见而未形也。"所以《易·系辞》说:"知几其神乎! 几者,动之微,吉之先见者也。""变通者,趣时者也。"这几,就意味着原发的时机或天机,整部《易》的卦、爻都充满了时机("时成"、"时乘"、"时发")的含义;知几得时则"神乎",用兵、治国、修身,无往而不利。康德虽得出纯象(图几)为时间的重要结论,但他讲的具体的时间图几实在是无多少机变可言的图式。中国古人手中的"象—几—时—中",却灵活现于人的史境、生境和语境之中。范蠡讲:"圣人随时以行"(《国语·越语下》),《庄子》讲"与时消息"(《盗跖》),这从时见象也绝不止是功利性的,它可以张大为质诸天地鬼神而不移的仁义至诚。"中庸"既意味着"执其两端而用中",意味着发而皆中节的"时中"(《中庸》1—2章;《易·蒙卦·象传》)。诚就是指在至变、不测、"无息"中的"见[现]乎隐"和"显乎微"(同上书章),所谓"致广大而尽精微"。唯天下至诚为"能化"、"前知"和"如神"(同上书23—24章),与知机同一境界。"诚者不勉而中,不思而得,从容中道,圣人也。"仁并不意味着对于某种道德律令的固执,而是指"能近取譬"的从容中道。这"时中"里也包含着"杀生以成仁"的可能。①

依照海德格尔式的现象学,或可将孟子笔下孔子的"时之圣也"的形象刻画为"时间时间化"(Time times)的形象。但是,实际上,孔子的追求或已再进了一步:如果说"时间时间化"仍然停滞在宇宙论导向上的人类存在的层面上,那么,孔子的"时"之意则是引入了社会之中人的常态的生活的维度,而且,依之作为立言行事的基本空间。

---

① 张祥龙(著),《从现象学到孔夫子》,第283-284页,北京:商务印书馆,2001年版。

如此,像在只论"本根"的佛道一样,或许现象学意义上的"时"是如海德格尔所论的"绽放"的时间之"破我者",而在孔子那里,这样的时间在"破我"者之后,其生计正在于,如何以其力量,与社会之中的人的生活联为一气,而人始终不加以违逆。如此,天人相合,而一切和谐。孔子的自然与人为相合的理想,或在现象学那样的纯粹的"哲思"之中是缺席的。

2.4.4 回到"贵贵"和"亲亲"的孟子

例31. 用下敬上谓之贵贵,用上敬下谓之尊贤,贵贵尊贤其义一也。(《孟子·万章下》)[①]

译文1. 以职位卑下的人尊敬高贵的人,叫做尊重贵人;以高贵的人尊敬职位卑下的人,叫做尊敬贤者。尊重贵人和尊敬贤者,道理是相同的。杨伯峻今译(杨伯峻,1960:238)

译文2. 以地位卑微者尊敬地位显贵者,这叫尊重贵人;以地位显贵者尊敬地位卑微者,这叫尊重贤人。尊重贵人和尊重贤人,道理是一样的。杨广恩今译(陈才俊,2008:273)

译文3. 地位低的尊敬地位高的,叫作尊敬贵人;地位高的尊敬地位低的人,叫作尊敬贤人。尊敬贵人和尊敬贤人,其道理是一样的。吴国珍今译(吴国珍,2015:240)

译文4. Respect shown by inferiors is called giving to the noble the observance due to rank. Respect shown by superiors to inferiors is called giving honour to talents and virtue. The rightness in each case is the same. Legge 英译(Legge,1991:379)

译文5. For an inferior to show deference to a superior is known as "honouring the honoured"; for a superior to show deference to an inferior is known as "honouring the good and the wise". These two derive, in fact, from the same principle. 刘殿爵英译(Lau,2003:115)

[①] 赵岐(注),孙奭(疏),《孟子注疏》(李学勤主编,《十三经注疏》之十一),第277页。

译文 6. The respect given by subordinates to superiors is called honoring the honorable. The respect given by superiors to subordinates is called esteeming the worthy. In both cases the principle is the same. Bloom 英译(Bloom,2009:114)

译文 7. For a person of inferior rank to show respect and admiration for a nobleman, it is called venerating the nobility. For a nobleman to show respect and admiration for a person of inferior rank, it is called honoring the man of virtue. Both are of similar nature. 赵甄陶英译(赵甄陶等,1999:229)

译文 8. Respecting the superior in the capacity of an inferior is called respecting the dignitaries; respecting the inferior in the capacity of a superior is called respecting the virtuous and talented people. The respecting of the dignitaries and the respecting of the virtuous are based on the same principle. 吴国珍英译(吴国珍,2015:240)

就我们的论题来说,译文 5 以 honouring the honoured 来传译"贵贵"之意是适宜的,但似乎有些说不通:为什么"已受尊敬的"(the honoured)还要加以"尊敬"? 实际上,若是通过荀子,这里的意义也可理解。后者强调:"君子治治,非治乱也。"(《荀子·不苟》)[①]他要说的是:尊重道义叫正,不尊重道义叫乱。所以君子帮治理尊重道义的国家,不帮治不尊重道义的国家。同样的,只有"已得尊敬的"才是可敬的。而译文 6 则另具一层意义:要尊敬的对象是"可敬之人"。二者相较,我们认为,后者的理解,没有前者准确。

例 32. 亲亲,仁也;敬长,义也;无他,达之天下也。(《孟子·尽心上》)[②]

译文 1. 亲爱父母是仁,尊敬兄长是义,这没有其他原因,因为这两种品德可以通行于天下。杨伯峻今译(杨伯峻,1960:307)

---

① 王先谦(撰)、沈啸寰、王星贤(整理),《荀子集解》,第 27 页。
② 赵岐(注)、孙奭(疏),《孟子注疏》(李学勤主编,《十三经注疏》之十一),第 359 页。

译文 2. 亲爱父母就是仁,尊敬兄长就是义,这没别的原因,这是由于仁义可以通行天下。杨广恩今译(陈才俊,2008:361)

译文 3. 爱父母就是仁,敬兄长就是义,这没别的原因,只因为(仁和义)这两种感情是天下通行的。吴国珍今译(吴国珍,2015:309)

译文 4. Filial affection for parents is the working of benevolence. Respect for elders is the working of righteousness. There is no other reason for these feelings; —they belong to all under heaven. Legge 英译(Legge,1991:456)

译文 5. Loving one's parents is benevolence; respecting one's elders is righteousness. What is left to be done is simply the extension of these to the whole Empire. 刘殿爵英译(Lau,2003:148)

译文 6. To be affectionate toward those close to one—this is humaneness. To have respect for elders—this is rightness. All that remains is to extend these to the entire world. Bloom 英译(Bloom,2009:147)

译文 7. It is benevolence to love one's parents and righteousness to respect one's elder brothers. This is for no reason than that these two virtues are universal in the world. 赵甄陶英译(赵甄陶等,1999:296)

译文 8. The love of parents reflects benevolence. The respect for the elders reflects righteousness. Both cases are true solely because such feelings are universal. 吴国珍英译(吴国珍,2015:308)

例 33. 君子之于物也,爱之而弗仁;于民也,仁之而弗亲。亲亲而仁民,仁民而爱物。(《孟子·尽心上》)①

译文 1. 君子对于万物,爱惜它,却不用仁德对待它;对于百姓,用仁德对待他,却并不亲爱他。君子亲爱亲人,因而仁爱百姓;仁爱百姓,因而爱惜万物。杨伯峻今译(杨伯峻,1960:322)

译文 2. 君子对于万物,爱护它,但不必以仁德之心对它;对于百姓,施

---

① 赵岐(注),孙奭(疏),《孟子注疏》(李学勤主编,《十三经注疏》之十一),第 377 页。

仁给他而不必亲爱他。君子热爱亲人,进而施仁德于百姓;施仁德于百姓,进而爱惜万物。杨广恩今译(陈才俊,2008:389-390)

译文 3. 君子对于万物,爱惜而不必施予仁爱;对于百姓,施予仁爱而不必施予亲情。君子首先爱自己的亲人,进而把这种亲情转化为对百姓的仁爱;他把仁爱施给百姓,进而把这种仁爱转化为对万物的爱惜。吴国珍今译(吴国珍,2015:327)

译文 4. In regard to inferior creatures, the superior man is kind to them, but not loving. In regard to people generally, he is loving to them, but not affectionate. He is affectionate to his parents, and lovingly disposed to people generally. He is lovingly disposed to people generally, and kind to creatures. Legge 英译(Legge, 1991:476)

译文 5. A gentleman is sparing with living creatures but shows no benevolence towards them; he shows benevolence towards the people, but is not attached to them. He is attached to his parents but is merely benevolent towards the people; he is benevolent towards the people but is merely sparing with living creatures. 刘殿爵英译(Lau, 2003:156)

译文 6. The noble person loves living things without being humane toward them and is humane toward the people without being affectionate. That he is affectionate toward his family is what allows him to be humane toward the people and loving toward creatures. Bloom 英译(Bloom, 2009:155)

译文 7. A gentleman treats all things carefully but there is no benevolence shown in his attitude towards them. To the people he is benevolent but not affectionate. A gentleman is affectionate to his parents and relatives, so he is benevolent to the people. He is benevolent to the people, so he is careful with things. 赵甄陶英译(赵甄陶等,1999:315)

译文 8. To everything on earth, a superior man shows cherishment rather than love; to his people, he shows love rather than affection. A superior man shows affection to his kinsfolk, and turns such a feeling into love for his people; he shows love to his people, and turns such a feeling into cherishment for everything on earth. 吴国珍英译(吴国珍,2015:327)

"尊尊亲亲"作为儒家礼仪的基本原则,其人文价值和精神重要性,在荀子那里也得到了特别的重视,因而,似乎他的另一处的表述,颇为"极限性"地传递出个中消息。

例34. 亲亲、故故、庸庸、劳劳,仁之杀也。贵贵、尊尊、贤贤、老老、长长,义之伦也。行之得其节,礼之序也。(《荀子·大略篇》)①

译文1. 亲近父母亲、热情对待老朋友、奖赏有功劳的人、慰劳付出劳力的人,这是仁方面的等级差别。尊崇身份贵重的人、尊敬官爵显赫的人、尊重有德才的人、敬爱年老的人、敬重年长的人,这是义方面的伦理。奉行这些仁义之道能恰如其分,就是礼的秩序。张觉今译(Knoblock,张觉,1999:860-862)

译文2. The graduated scale of humane conduct is to treat relatives in a manner befitting their relation, old friends as is appropriate to their friendship, the meritorious in terms of their accomplishment, and laborers in terms of their toil. The gradations of position in moral conduct are to treat the noble as befits their eminent position, the honorable with due honor, the worthy as accords with their worth, the old as is appropriate to their age, and those senior to oneself as is suitable to their seniority. Knoblock英译(Knoblock,张觉,1999:861-863)

"庸"的意思是功劳;"庸庸",当然是以庸为庸,亦即为,把功劳当作功劳来对待。前一字用作为意动词。"杀"(晒),意为等差。面对一连串的叠词,在这里,我们只能说,有关词语的跨文化表达和处理,其合理性还有待时日,所以,我们只是将之罗列于此。

不过,在面对儒家最为重要的观念时,还是需要提出译解建议的。

---

① 引自王先谦(著),《荀子集解》《诸子集成》第二册,第324页。

例 35. 仁也者，人也。合而言之道也。(《孟子·尽心下》)①

译文 1. "仁"的意思就是"人"，"仁"和"人"合并起来说，就是"道"。杨伯峻今译(杨伯峻，1960：399)

译文 2. "仁"的意思就是"人"，"仁"和"人"的意思合起来说，就是"道"。杨广恩今译(陈才俊，2008：406)

译文 3. 仁的意思，就是人和人的关系。把仁和人结合起来，就是为人之道。吴国珍今译(吴国珍，2015：338)

译文 4. Benevolence is the distinguishing characteristic of man. As embodied in man's conduct, it is the path of duty. Legge 英译(Legge，1991：476)

译文 5. "Benevolence" means "man". When these two are enjoined together, the result is the "Way". 刘殿爵英译(Lau，2003：160)

译文 6. Humaneness is to be human. Spoken of collectively, it is the Way. Bloom 英译(Bloom，2009：159)

译文 6 将"仁也者，人也"解为"要做人必有人性"(Humaneness is to be human)，是否近乎没有意义的重复？

译文 7. Benevolence means man. The correct way is benevolence and man combined. 赵甄陶英译(赵甄陶等，1999：323)

译文 8. Benevolence indicates the relationship between men. Benevolence and men mentioned together form the way men relate to each other. 吴国珍英译(吴国珍，2015：337)

译文 1 只有字面意思的传达，而不能突出为什么"'仁'的意思就是'人'"，以及二者"合并起来说，就是'道'"。译文 2 与之几乎完全一致，甚至表达也一样，因而，也存在同样的问题。译文 3 除了大致同样的问题之外，还不能不让人产生疑问的有：一、"人和人的关系"就能代表"人"？二、"仁和人"为什么要"结合起来"，又如何"结合起来"？三、为什么"把仁和人结合起

---

① 赵岐(注)，孙奭(疏)，《孟子注疏》(李学勤主编，《十三经注疏》之十一)，第 389 页。

来",就能形成"为人之道",而且,"道"仅仅是"为人之道"吗?

译文 4 将"仁"译为 benevolence,它一般有三个义项:1. disposition to do good;2. an inclination to do kind or charitable acts;3. an act intending or showing kindness and good will。相应的汉语表达是:仁慈;善举;捐赠等。或许是难得对应,译者只好将后半句之中的"道"译为 the path of duty(义务之道),如此也就删除了"天道",而空剩下"人道"之中的"人的责任之路"。那么,这是不是太过简化?也就是说,这实际上偏离了"天人相续"的那种关系,从而将"仁"贬抑为"人为"的力量。如此,"仁"作为"人间大爱",若仅有人与人关系之中的那种"责任"所特有的善意,它又何以承担起"天命"之"大任"?

译文 5 和 6 沿袭了译文 4 的 benevolence,来传译"仁"的意义。译文 4 译者添加注释强调:Not only are b and cognate words. But the word b is also made up of the graph man and two, and this gives it the meaning of b which c thinkers believe to subsist between man and man。但是,问题依然存在:一、既然"仁"和"人"字体同出一源,为什么不能在英文之中加以"还原"或曰予以呈现?二、"仁道"如何只是人与人之间的关系?英译 7 也一样坚持用 benevolence 来译"仁"。但是,为什么要将 benevolence(慈爱)和 man(人)结合起来,而且,结合起来才能形成"正确的道路"?

《礼记·中庸》一开篇就指出:"天命之谓性。"①孟子既然说"仁也者,人也。合而言之道也"②,那么,分明是在告诉我们,他是将"人性"界定为"天之所命"。如此,丢掉了"天"的一维,而将"天性"缩减为"人性",那一定是不完整的、片面的,也就不能产生对应性。

朱熹解释:"仁者,人之所以为人之理也。"③用我们现在的话来说,就是"仁即人之为人之理",或曰"仁亦即为人使人成为人的道理"。假若可以这

---

① 郑玄(注),孔颖达(疏),《礼记正义》(下)(李学勤主编,《十三经注疏》之六),第 1422 页。
② 赵岐(注),孙奭(疏),《孟子注疏》(李学勤主编,《十三经注疏》之十一),第 389 页。
③ 朱熹(撰),《四书章句集注》,第 367 页。

样解释,"仁也者,人也",也就可以表达为"人人":"人回归人"的那种精神原理,就叫作"仁"。实际上,"仁"字本身就是"人"的"另一种"写法。之所以如此说,"仁"即以字面视之,其意即为:"二人。"《礼记·中庸》中强调:"仁者,人也。"①郑玄注曰:"人也,读如相人偶之人,以人意相存问之言。"②说的就是这个意思。因而,"人人"若可解释为"仁",还有另外一种意思:心怀爱意与人相往还("与人相存问")的人,以爱润身的人,或曰以爱为行事原则的人。对如此具有普遍性的人性追求,就"仁"字的写法来看,已经是昭然若揭的了。而孔孟之所为,不过是进一步对它的作用和意义加以明确,形成系统的学说罢了。

理雅各也曾强调:"天地之心即为仁。天地完美之仁寓居于人。有了人之身的存在,进而也就有了仁心。因此,《孟子·尽心下》指出:'仁者人也','仁即人心'。此外,天地之心即在生命这一观念本身之中见出;因此,所有的果类之心(或核)被称为仁,而这也是人的名称。"③这可说明,在这位翻译家这里,"仁"也具有上述两方面的含义:人若要回归人本身,必以其"心",或曰必然以"仁",因而,仁即人的另一种表达或曰"本质规定"。既然如此,"人人"即是"人之为人"或"人而为人",是持续性的,因而,可以说,其意即为"人因为人而人"或"人因为做人的要求就必须人而又人"。二者一静一动,统一于"仁"之意。

不过,若是以具有如此两方面意义的"人人"来解"仁"是行得通的,将之

---

① 郑玄(注),孔颖达(疏),《礼记正义》(下)(李学勤主编,《十三经注疏》之六),第1440页。
② 同上。
③ 理雅各的原话是:The heart of Heaven and Earth is simply benevolence. The perfect benevolence of Heaven and Earth is lodged in man. Given the human body, and forthwith there is the benevolent heart. Hence it is said (*Mencius* VII, ii, 16), "Man is benevolence"; "Benevolence is the heart of man. Moreover, the heart of Heaven and Earth is seen in the very idea of life, so that the heart (or kernel) of all fruits is called *zăn* (仁) or benevolence, which is again a name for man (仁者人也)。"引自 James Legge(译), *The Sacred Books of China*: *The Texts of Confucianism*, Part IV, *The Li Ki*, XI-XLVI,第61页。

译为英文,是否仍然可依此处理,即将之处理为,比如说,man-maning(人人化)? 那么,此例便可如此解:

译文 9. 人人化,而得人。二者合言,道当自显。

译文 10. What is specified as the man-man-ing(仁) is where man is. And when they are put together, *Dao*(道,the Way)[itself] emerges.

例 36. 仁者,人也,亲亲为大。(《礼记·中庸》)[①]

译文 1. 所谓仁,就是爱人的意思,亲爱双亲就是大仁。王文锦今译(王文锦,2008:26)

译文 2. 仁就是人性之爱,而摆在首位的就是对亲人的爱。吴国珍今译(吴国珍,2015B:53)

译文 3. Benevolence is the *characteristic element of* humanity, and the great exercise of it is in loving relatives. Legge 英译(Legge,2011:37)

译文 4. This good will, *humanitas*, ethics is man. The great thing is affection for relatives, the watching them with affection. Pound 英译(Pound,1960:19)

译文 5. The moral sense is the characteristic attribute of man. To feel natural affection for those nearly related to us is the highest expression of the moral sense. 辜鸿铭英译(辜鸿铭,1996:547)

译文 6. Authoritative conduct means conducting oneself like a human being(*ren* 人), wherein devotion to one's kin is most important. 安乐哲、郝大维英译(安乐哲、郝大维,2011:127)

译文 7. Benevolence is human love, and the first important love is the love of the kinsfolk. 吴国珍英译(吴国珍,2015B:48)

译文 2 之中的"人性之爱"是否模糊不清?译文 4,这一良好的愿望(good will),人性(humanitas),伦理即为人(ethics is man),很是费解。此处到底"仁"

[①] 郑玄(注),孔颖达(疏),《礼记正义》(下)(李学勤主编,《十三经注疏》之六),第 1440 页。

被处理成了什么？它能和拉丁文之中的"人性"匹配吗？如果可以,为什么又要再加上一个 ethics 予以宣解？二者是否"等同"？译文 5 以"道德意识"(moral sense)传译"仁",是否也丢掉了"天性"的一维？译文 6 若回译为汉语,其意或为:权威性的行为意味着,要像一个人一样行为,而在这里,对自己亲人的挚爱(devotion)是最重要的。果如此,行为上"像人",那可能还会是"权威性的行为"？译文 7 又回到了将"仁"译解为 Benevolence 的老路,所以问题依然如故。

如果考虑将莎士比亚《哈姆莱特》一剧之中的一句话引入思考范围,或可为"亲亲"的解决,提供一种思路？

A little more than kin, and less than kind! (*Hamlet*, I;2)

译文 1. 超乎寻常的亲族,漠不相干的路人。朱生豪英译[①]

译文 2. 比侄子是亲些,可是还算不得儿子。梁实秋英译[②]

译文 3. 亲上加亲,越亲越不相亲！卞之琳英译[③]

译文 4. 未免亲有余而情不足。彭镜禧译[④]

海德格尔有"世界世界化"、"时间时间化",以及"物物化"等论断。而依儒家,"仁"的字义本来就是对创造此词的一种定向的表示:"人在人那里人化",或,"人因为人而得以为人"。如此,人间的大爱亦即为"人人化"的大爱。二者相较,似乎有共同之处,完全可以海德格尔的造句方式加以处理。因而,我们便有了上述的译文:"仁＝man-man-ing。"如此造词,要突出的就是人之为人最为根本的东西:人只有在他人那里,也只有凭借他人,才有生存的意义和价值。这,不也就是孔子所说的"三人行,必有我师焉"的意思

[①] 引自朱生豪(译),沈林(校),《莎士比亚全集》(增订本)第 5 卷,第 286 页,南京:译林出版社,1998 年版。

[②] 引自梁实秋(译),《哈姆莱特》(《莎士比亚全集》之 32),第 32 页,北京:中国广播电视出版社,2001 年版。

[③] 引自卞之琳(译),《莎士比亚悲剧四种》,第 16 页,北京:人民文学出版社,1988 年版。

[④] 详见彭镜禧(撰),《苦心孤译〈哈姆雷〉》,《中外文学》2005 年第 11 期,第 14-31 页,引文见第 27 页。

吗? 所以,他人是我存在的条件,也自然是我学习的榜样,如此,文化传承和自然的习性的延伸结成一体,而人就在这样的天人相合的语境之中成就自身。其中最为重要的,当然是对家人的爱:自然亲情作为天地之大本,推广开来,延伸下去,则会有一个真正的理想的社会的出现,那就是"仁爱"的世界了。若是上文讨论还有些道理,那么,或可如此处理《礼记·中庸》中的原文:

译文8. 仁者为人,人之为人者得之,亲之为亲者大之。

译文9. The man-man-ing is what man is, and kin-ing the kin is the greatest matter.

而且,还需要用《论语》之中孔子的论断的译解加以验证:

例37. 樊迟问仁。子曰:"爱人。"(《论语·颜渊》)①

译文1. 樊迟问仁。孔子道:"爱人。"杨伯峻今译(杨伯峻,1980:131)

译文2. 樊迟问:"如何是仁?"先生说:"爱人。"钱穆今译(钱穆,2002:325)

译文3. 樊迟问什么是仁。孔子说:"爱人。"孙钦善今译(孙钦善,2009:155)

译文4. 樊迟问如何是仁。孔子说:"爱人。"李泽厚今译(李泽厚,1998:296)

译文5. Fan Ch'ih asked about benevolence. The Master said, "It is to love all men." Legge英译(Legge,2010:114)

译文6. The same disciple mentioned above asked, "What does a moral life consist of?" "The moral life of a man," answered Confucius, "consists of loving man." 辜鸿铭英译(辜鸿铭,1996:439)

译文7. Fan Ch'ih asked about the Good(ruler). The Master said, He loves man. Waley英译(Waley,1998:157)

译文8. Fan Chi asked about benevolence. The Master said, "Love

---

① 何晏(注),邢昺(疏),《论语注疏》(李学勤主编,《十三经注疏》之十一),第168页。

your fellow men."刘殿爵英译(Lau,2008:221)

译文 9. Fan Chi asked about humaneness. The Master said,"Love your fellow men."林戊荪英译(林戊荪,2010:217)

译文 10. Fan Chi asked about authoritative conduct(*ren* 仁), and the Master said,"Love others". Ames and Rosemont 英译(Ames and Rosemont,1998:160)

译文 11. Fan Chi asked about the meaning of *ren*. Confucius said "love others." Muller 英译[①]

译文 12. When Fan Chi asked what benevolence was, the Master said, "It's love of men."吴国珍英译(吴国珍,2015:315)

在所有上引译文之中,一个基调是,对"仁"的解释只保持字面意思,似乎生恐出现误解。英文译文,除了译文 11 音译之外,其他诸译都试图在英文之中寻找一个与之对应或对等的词语传达其意义。但是,或许正是这样的思路,才使孔子的教导隐而不彰,而难以在英文之中再现出它的精义。"仁是儒家伦理思想的核心概念,待人律己的最高原则。"[②]试想,假若孔子的根本教导,早已在英文之中是存在的,翻译它还有价值吗? 而且,假若以这样的现成性来加以传译,那还是孔子的教导吗? 因此,不另行设计,是无法说得通的。此外,此例的译文大多用 the Master 来指代孔子。但有些情况下则用 Confucius。那么,长期以来,也可说是自儒家的经典被译入西语以来,孔子(Confucius)这位"洋人"就是以洋人的身份,带领着一班其汉语的名称只能音译的中国学生周游列国,这不是很荒唐吗? 再加上译文 6 的处理,似乎是为了避免汉语名字的音译,或者是干脆为了使孔子的众多学生其名不出现在英文译文之中,在几乎所有的地方,都可能见不到有关人物的名字! 隐身的孔子,与他近乎缺席的诸位高足:这就是《论语》的英文翻译?

---

① 引自 http://mp.weixin.qq.com/s?__biz=MzA5OTA4ODQwMA%3D%3D&idx=2&mid=2652502607&sn6,2017 年 4 月 13 日采集。
② 闫韬(撰),《仁论》,收入中国孔子基金会(编),《中国儒学百科全书》,第 107-109 页,引文见第 107 页。

因而,今天译解孔子的学说,势必走向另一个思路:通过合理的创造,才可能趋近之:

译文13. 樊迟:如何才能做到仁爱之人。夫子答曰:挚爱他人。

译文14. In answering Fan Chi's question as how to man the man, Master Kong said, "Love man".

例38. 仁者爱人,有礼者敬人。(《孟子·里娄下》)[①]

译文1. 仁人爱别人,有礼的人恭敬别人。杨伯峻今译(杨伯峻,1960:198)

译文2. 仁人爱别人,有礼的人尊敬别人。杨广恩今译(陈才俊,2008:231)

译文3. 仁人爱人,有礼的人尊敬人。吴国珍今译(吴国珍,2015:198)

译文4. The benevolent man loves others. The man of propriety shows respect to others. Legge英译(Legge, 1991:333)

译文5. The benevolent man loves others, and the courteous man respects others. 刘殿爵英译(Lau, 2003:94)

译文6. One who is humane loves other people; one who possesses courtesy respects other people. Bloom英译(Bloom, 2009:92)

译文7. A man of benevolence loves others; a man of decorum respects others. 赵甄陶英译(赵甄陶等,1999:189)

译文8. Those who keep to benevolence have love for men. Those who keep to proprieties have respect for others. 吴国珍英译(吴国珍,2015:197)

人的存在,因为"仁"的"天命"设定,其本身就是因为他人而存在的存在,也就是为了他人的存在的存在。因而,这样的"仁人"也就不能不对他人抱以仁爱。对他人的爱,形成这样一种"回还":它使人本身成为可能。在这个意义上,上引译文可能都不具有哲学的意义。

译文9. 人之为人,必爱他人;人行于世,有礼则必礼敬他人。

---

① 赵岐(注),孙奭(疏),《孟子注疏》(李学勤主编,《十三经注疏》之十一),第233页。

译文 10. The man who has been maned must love others; the man living in such a world, to observe ritual propriety, must have respect for others.

这里还有"礼"的问题值得重视。以往对之的处理，都是将之视为一个抽象名词，如 ritual, rites, customs, etiquette, propriety, morals, rules of proper behavior 以及 worship 等等。安乐哲和郝大维强调，他们之所以将之处理为 observing ritual propriety，是因为礼仪需要个体程序上的参与。实际上，我们注意到，这样的译文最重要的是一动一静。而这正是事物回还自身的表现，也就是，在阴阳之道的运作之中，能够形成二合一的"一体机制"。因此，这样的译法可以作为一种导向。

例 39. 贤者以其昭昭，使人昭昭，今以其昏昏，使人昭昭。(《孟子·尽心下》)[①]

译文 1. 贤人[教导别人，]必先使自己彻底明白了，然后才能去使别人明白；今天的人[教导别人，]自己还模模糊糊，却用这些模模糊糊的东西去使别人明白。杨伯峻今译(杨伯峻，1960:331)

译文 2. 贤明的人以自己的清楚明白，使他人清楚明白；如今的人却以自己的模模糊糊，想使他人清楚明白。杨广恩今译(陈才俊，2008:408)

译文 3. 古代的贤人(教导别人时)先使自己明白，然后才去使别人明白；如今有些人自己还是糊糊涂涂的，却想去让别人明白。吴国珍今译(吴国珍，2015:198)

译文 4. *Anciently*, men of virtue and talents by means of their own enlightenment made others enlightened. Nowadays, it is tried, *while they themselves are in darkness*, and by means of that darkness, to make others enlightened. Legge 英译(Legge，1991:333)

译文 5. A good and wise man helps others to understand clearly by his clear understanding. Nowadays, men try to help others to understand by

---

① 赵岐(注)，孙奭(疏)，《孟子注疏》(李学勤主编，《十三经注疏》之十一)，第 391 页。

their own benighted ignorance. 刘殿爵英译(Lau,2003:161)

译文 6. It once was that the worthy would, through their own enlightenment, cause others to be enlightened. Now, there are those who try through their own benightedness to enlighten others. Bloom 英译 (Bloom,2009:160)

译文 7. A man of virtue helps others understand by his own thorough understanding. Nowadays men try to help others to understand by their haze understanding. 赵甄陶英译(赵甄陶等,1999:325)

译文 8. The ancient virtuous enlightened themselves before trying to enlighten other, nowadays some people try to enlighten others while they are still in the dark. 吴国珍英译(吴国珍,2015:340)

所有译文都只表达出了"昭昭"和"昏昏"的一般意义,或曰比喻意义,因而,在技术处理上,将之转译为常识指向上的那种"理智"或曰"认识能力"。假若有一种办法,不仅能保持它的一般意义,还能保持它的哲学意味,又该如何?"混混冥冥,光耀天下,复反无名",这是《史记·太史公自序》之中记载的司马谈《论六家要旨》的论断①,可以视为道家思想的表现。而这样的论断,是不是正是孟子所要反对的?因而,假若完全局限在日常生活层面,哲学的意义如何见出?

译文 9. 贤人以日月之明为明而彻照自身,进而亦使他人进入此明之中;而时至今日有人竟然以其昏昏晦晦试图彻照他人的是日月之明之反动。

译文 10. A man of virtue sun-moons others by his own sun-mooning, while today there appear men who intend to sun-moon others by their own non-sun-mooning.

2.4.5 孟子的"乐乐"与"生生"

上文讨论的例子,"乐乐"关涉孟子或儒家的治道,"亲亲"可体现其伦理

---

① 引自司马迁(撰),裴骃(集解),司马贞(索隐),张守节(正义),《史记》(下册),第2488页。

导向,"知知觉觉"描述的是古代圣王的理想,而"时时"或曰"因时而动"的孔子,在相同表达方式的刻画之中可被确定为后世的榜样。这样,所有用语作为个案,告诉我们的都是,"天道"的运行,始终是有与之具有共同取向的"人道"来配合,而且,自古至今,总有一种精神力量在搏动着,对如此的"天人合一"的"生生之意"加以体验、思想和践行。

因而,看似一个不断重复的字眼,其中负载着的却可能是一部辉煌的历史:这就是,回到超越和内在相促进的地方,在不断回还之中,去体味千古圣人带来的宇宙消息,进而将之发扬光大,形成前赴后继的巨大思想传统。这样,"先知觉后知,先觉觉后觉"的圣人心愿才可得到实现。如此,历史似乎就是在这样的"重复"的呼声之中,在如此近乎"卿卿我我"的温柔的话语之中,见出她的多姿多彩。

就跨文化的译解而论,正因为如此重要的节点——家庭的"亲亲"扩大为社会的"长长",可推展人间的仁爱;君主对"音乐"的"独乐"化为"众人之乐乐",可造就真正的社会和谐;圣人的"自觉"时刻推动着"后觉"的"觉觉",可形成历史的发展的连续性——因此,如果能够在目的语之中找到一种适宜的方式,来复制这样完全一致或隐含着一致性的表达,那当然是求之不得的。退而求其次,则可认为,在既符合目的语的语法正确性要求,同时又能具有语言表达的自然性的前提下,当然可以寻找既定的表达。

但是,无论是什么样的表达,两方面的要求是不能不提出的:一是,始终是自我回复的"生生之意"在再现之中如何突出?二是,既然是一种重复,那么表达上的"自发"态势,也就是这样的核心词本身的"自我中心"的功用是否保留,亦即,如何将之作为关键词语,坚持对之进行另类的、可能是不同于一般的表达的处理?

我们对孟子著作之中如此众多的"乐乐"之类的表达的讨论,还有一个重要的指向:要以一己之体验,来促成儒家所坚持的工夫论,即以个人的经验,来涵摄"生生"所显示的事物的"生意",最终依照它本身的走向,再现它自己的面目,将之复现于另一种语言的构造之中。我们会问,在跨语言的"重复"之中,这样的"生生之意"的力量才可能真正得到检验?事物如此重要,或者说,最为重要的事物之中的那种本来就要加以特别体验的重要事物,它们可能进入另一种"生生之意"吗？

2.5 "茫茫"之中论"生生"：就毛泽东的诗词用语,看《红楼梦》相应表达的英文翻译

2.5.1 对诗歌之中的叠词的运用的一般说明

对"生命"的关注和突出,既是哲学家的思想倾向,也是国人日常生活的组成部分。这一点,在众多诗作的主题意蕴及其用词安排上,表现得极其充分。

白居易的《长恨歌》可谓这方面的代表。他在诗中歌颂"此恨绵绵无绝期",仿佛那样的"绵长悠远",要达及永恒,才可能表达人与人之间的真挚情感,甚或直至人死去。而秦观的《鹊桥仙》"两情若是久长时,又岂在朝朝暮暮",其中的"朝朝暮暮"当然意思是"一朝一暮",诗人分明苦恨其短,而期盼永长。所以,我们完全可以反其道而行之,将之改为"两情若是久长时,恰正在朝朝暮暮"。这方面近乎登峰造极的作品,当然是李清照的《声声慢》,其中有"寻寻觅觅,冷冷清清,凄凄惨惨戚戚"一连串七个叠词,被视为"创意出奇"[①],的确可说是"生生不息"的超强扩大版。

诗人们这方面的诗句,出名的还有杜甫《登高》的"无边落木萧萧下,不尽长江滚滚来"。这是在歌颂树叶的散落似乎在如泣如诉,而大江的奔流不息、滚滚向前,正可印证生命力不会因为树叶的季节变化而趋向消歇。诗中的"生生不息"的意味昭然若揭。

---

① 俞平伯注释指出：此诗"用许多叠字,前人多赞美之,宋人已然,见张端义《贵耳集》卷上、罗大经《鹤林玉露》卷十二,称为'公孙大娘舞剑手','创意出奇',后来亦有评为非高调者,如陈廷焯《白雨斋词话》卷二。评价太高,或不必恰当。但这叠字,看起来像白话,实'锻炼出来,非偶然拈来'。说见周济《宋四家词选·序论》"。引自氏著,《唐宋词选释》,第163页,西安：陕西师范大学出版社,2008年版。

而这一节所讨论的"茫茫",是就毛泽东诗词对之的运用入手,来辨析其辞义,进而探究《红楼梦》的两个英文译本版本的处理,并认为它们可能都走向了相反的方向。

2.5.2 毛泽东诗词之中的"茫茫"和相关的用语

诗人毛泽东偏好运用"茫茫"这一叠词以及与之类同的表达,如"苍茫"、"莽苍苍"等。这样,从他的运用来审视这类诗歌词藻的意向,便有了与我们这里的课题比较一致的条件。

例40. 菩萨蛮·黄鹤楼 毛泽东,1927

茫茫九派流中国,沉沉一线穿南北。

烟雨莽苍苍,龟蛇锁大江。

黄鹤知何去? 剩有游人处。

把酒酹滔滔,心潮逐浪高。

译文1. YELLOW CRANE TOWER——to the tune of Pu Sa Man Spring 1927

Wide, wide flow the nine streams through the land,

Dark, dark threads the line from south to north.

Blurred in the thick haze of the misty rain

Tortoise and Snake hold the great river locked.

The yellow crane is gone, who knows whither?

Only this tower remains a haunt for visitors.

I pledge my wine to the surging torrent,

The tide of my heart swells with the waves. 外文出版社英译(毛泽东,1976:3)

译文2. Yellow Crane Tower Tune:"Buddhist Dancers" 1927

Wide, wide through the land flow nine streams full to the brim;

Long, long from south to north threads one line deep and dim.

Shrouded in grizzling mist and drizzling rain,

Tortoise and Snake hold the River in chain.

Where is the yellow crane in flight,

Leaving for visitors a site?

I pledge with wine the endless flood;

With rolling waves upsurges my blood. 许渊冲英译①

译文3. Yellow Crane Tower to the Tune of Buddhist Dancers

Nine streams, mighty and misty, each ploughs the land in its course,

One railroad line so endless and dark threads from south to north.

Far and wide the smoky rain veils the scene and the town,

The Mountain Tortoise and the Mountain Snake lock the River Long.

Gone is the crane so yellow and nobody knows where,

Now only the tower remains here for visitors to stare.

I hold up wine to the waves before my eyes,

The tides of my heart, too, rise! 辜正坤英译(辜正坤,1993:17)

徐四海注释说：

> 茫茫九派流中国：清代王士禛《分甘余话》卷一引王士禛《赠樊楼》："茫茫九派多风雪,忆泊浔阳旧酒楼。"茫茫：辽阔、深远的样子。这里形容水势广大。明代林章《登黄鹤楼作》："望里山川是楚乡,美人何处水茫茫。"九派：语出汉代刘向《说苑·君道》："禹凿江以通于九派,洒五湖而定东海。"这里指长江中游的河流。东晋郭璞《江赋》："流九派乎浔阳。"南朝宋鲍照《登黄鹤矶》："三崖隐丹磴,九派引沧流。"九：言其多,非确数。派：江河的支流。毛泽东1959年12月29日在致钟学坤的信中说："九派,湘、鄂、赣三省的九条大河。究竟哪九条,其说不一,不必深究。"流：奔流。中国：国

---

① 详见许渊冲(英译),《毛泽东诗词》(英汉对照),引自道客巴巴(http://www.doc88.com/p-0038743367181.html),2017年4月21日采集。

之中部,指我国的中部地区。语出《庄子·田子方》:"吾闻中国之君子,明乎礼仪而陋于人心。"《孟子·梁惠王上》:"莅中国而抚四夷。"唐代李白《金陵望汉江》:"汉江回万里,派作九龙盘。横溃豁中国,崔嵬飞迅湍。"这句是说有着许多支流的浩瀚的长江流贯我国的中部。①

在这里,"茫茫"被解释为"水势广大"。为什么"茫茫"会是指"水势广大"呢?那是因为,无边无际,近乎没有止境。如此宏大的世界,在"九派"之水的印证下,只能说明,这样的"茫茫"是庞大的生命力的一种象征。

译者在对"茫茫"、"沉沉"和"苍茫茫"进行处理时,分别用了:Wide、wide(译文1),Wide、wide(译文2),mighty and misty(译文3);Dark、dark(译文1),Long、long(译文2),endless and dark(译文3);the thick haze of the misty rain(译文1),in grizzling mist and drizzling rain(译文2)和Far and wide the smoky rain veils(译文3)。大致上可以说,是在重复性运用原文的表达方式,即叠词,来再现原文的意涵。

例41. 望长城内外,惟余莽莽;

大河上下,顿失滔滔。(毛泽东《沁园春·雪》)

译文1. 纵目遥望长城内和长城外,

只剩下无边无际白茫茫一片,

黄河上游和下游的河水已经结冰,

顿时失掉了滚滚的波涛。徐四海今译(徐四海,2016:143)

译文2. Both sides of the Great Wall

One single white immensity.

The Yellow River's swift current

Is stilled from end to end. 外文出版社英译(毛泽东,1976:23)

译文3. Behold! Within and without the Great Wall,

---

① 徐四海(编著),《毛泽东诗词全集》,第68-69页,北京:东方出版社,2016年版。

The boundless land is clad in white,

And up and down the Yellow River, all

The endless waves are lost to sight. 许渊冲英译①

译文 4. Behold! At both sides of the Great Wall

An expanse of whiteness conquers all;

In the Yellow River, up and down,

The surging waves are gone! 辜正坤英译(毛泽东,1993:99)

译文 5. Both sides of the Great Wall

An endless white immensity,

The rushing Yellow River

Suddenly invisible. 丁祖馨、拉斐尔英译(丁祖馨、拉斐尔,1986:156)

徐四海对原文如此解释:"惟余莽莽:登高远视,看到长城内和长城外只剩下白茫茫的一片无际无边的原野。惟:只。余:剩下。莽莽:本指草木茂盛的样子,这里指空旷无际的样子。杜甫《对雨》:'莽莽天涯雨,江边独对时。'"②而另一位注者解释说:"莽莽:无边无际的样子";"作者眺望时,想是置身高处,站得高所以望得远。当时望见了长城,可是它改变了本来面目,内外相连,形成苍茫无尽的白茫茫的一片;望见了黄河,可是它上下游全结了冰,也已失去了过去的那种滔滔滚滚的气势[……]"③

"莽莽"亦可解释为"茫茫",苍苍茫茫的一片,漫无际涯,正孕育并且承载着生命。因而,在"莽莽"出现的地方,译文 1 的对应表达就是"无边无际白茫茫一片",译文 2 为 One single white immensity(唯有混一的白色的浩瀚无垠),译文 3 是 The boundless land is clad in white(无边无际的土地包裹在白色之中),译文 4 则是 An expanse of whiteness conquers all(广阔的白色的一片征服了一切),译文 5 处理为 An endless white immensity(无穷

---

① 详见许渊冲(英译),《毛泽东诗词》(英汉对照),引自道客巴巴(http://www.doc88.com/p-0038743367181.html),2017 年 4 月 21 日采集。
② 徐四海(注译),《毛泽东诗词全集》,第 139-140 页。
③ 张涤华(注释),《毛泽东诗词小笺》,第 122 页,合肥:安徽文艺出版社,1991 年版。

无尽的白色的浩瀚）。这些译解可以说都体现出了诗人的豪迈和雄心,似乎也只有如此,大好河山,在这里,在诗人的笔下,才得到升华;而那正是对富有生命力的一个所在的歌颂,是对始终孕育着生命的无限可能的祖国的赞美。因而,"白茫茫一片"并非只是一个冰天雪地的世界,恰恰相反,那是一个内在里有无数生命时刻都在冲动的世界。因而,"莽莽"即是生命力的代名词。

例42. 怅寥廓,问苍茫大地,谁主沉浮?(毛泽东《沁园春·长沙》)

译文1. 面对广阔无垠的宇宙引起我深沉的思虑,

我不禁要向苍茫的大地发问:

"究竟是谁在主宰着这一切事物盛衰消长的命运呢?"徐四海今译(徐四海,2016:65)

译文2. Brooding over this immensity,

I ask, on this boundless land

Who rules over man's destiny? 外文出版社英译(毛泽东,1976:1)

译文3. Lost in immensity, I wonder who,

Upon this boundless earth, decide

All being's fall and rise. 许渊冲英译①

译文4. With feelings and thoughts evoked to my tongue,

I cannot help asking the land so immensely wide and long:

Who can hold you up or sink you down? 辜正坤(毛泽东,1993:9-11)

有关此词之中的"苍茫",注者指出:"苍茫大地:化用北朝民歌《敕勒歌》'天苍苍,野茫茫'意境。苍茫:旷远无边的样子。唐代李白《关山月》:'明月出关山,苍茫云海间。'"②译文之中的相应表达为:"苍茫的大地"(译文1), this boundless land(译文2)(这一漫无边际的土地), this boundless earth(译文3)(这一漫无际涯的地球), the land so immensely wide and long(译文

---

① 详见许渊冲(英译),《毛泽东诗词》(英汉对照),引自道客巴巴(http://www.doc88.com/p-0038743367181.html),2017年4月21日采集。

② 徐四海(注译),《毛泽东诗词全集》,第63页。

4)(这一如此广阔、漫长的土地)。如此,"苍茫"几乎就是"茫茫"的另一种表达。因为,后者所含有的意义,尤其是生命的孕育和负载方面的意向,在这里都是存在的。

例 43. 七百里驱十五日,赣水苍茫闽山碧,横扫千军如卷席。(毛泽东《渔家傲·反第二次大"围剿"》)

译文 1. 十五天驰骋奔袭七百里,

从西打到东,赣水流域一片苍茫,福建的武夷山区遍野碧绿。

横扫敌人千军万马势如卷席。徐四海今译(徐四海,2016:103)

译文 2. In fifteen days we have marched seven hundred *li*

Crossing misty Kan waters and green Fukien hills,

Rolling back the enemy as we would a mat. 外文出版社英译(毛泽东,1976:13)

译文 3. We've marched seven hundred *li* in days fifteen,

From brimming River Gan to Wuyi mountain green.

A thousand foes are swept away as a mat clean. 许渊冲英译①

译文 4. Fifteen days see a rapid march of seven hundred *li*,

Vast are waters in Gan, and green are mountains in Min.

Like rolling back a mat we sweep off the armies we see. 辜正坤英译(毛泽东,1993:53)

例 44. 暮色苍茫看劲松,乱云飞渡仍从容。(毛泽东《七绝·为李进同志题所摄庐山仙人洞照》)

译文 1. 在暮色苍茫中,我看到一株昂然屹立的松树是那样的刚劲挺拔。

纵览不断翻腾飘飞的云涛是那样的果敢坚定,从容自若。徐四海今译(徐四海,2016:213)

译文 2. Amid the growing shades of dusk stand sturdy pines,

---

① 徐四海(注译),《毛泽东诗词全集》,第 63 页。

Riotous clouds sweep past, swift and tranquil. 外文出版社英译（毛泽东,1976:40）

译文 3. A sturdy pine, as viewed in twilight dim and low,
Remains at ease while riotous clouds come and go. 许渊冲英译

译文 4. Lo! Standing in the dusky evening these pines sturdy keep,
So calm and quiet, withstanding billowy clouds that past sweep. 辜正坤英译（毛泽东,1993:177）

例45之中的"苍茫"写的分明是：赣水的浩大无际，可以印证新的生命力在一种争斗和奋战之中即将出世；而例46里的"苍茫"则是与"劲松"相映成趣，突出的是，即使在暮色的茫茫之中，似乎人的肉眼并不能看清的所在，也有勃勃生机的生命始终屹立在那里，这似乎更能印证生命的昂奋、强劲和坚韧。

如此，在毛泽东的诗词之中的"茫茫"一类的表达，都是在歌颂生命，甚至可以说，它也就是"生命力"的代名词。因为，在形式上，它以叠词的方式，"重复"着"生生"的寓意；在内涵上，更是对"生生不息"的广阔、浩大、无穷无尽或无边无际予以说明。

那么，将之运用于《红楼梦》第五回曲子《收尾·飞鸟各投林》的译解之中，就会发现以往的英文译解是有问题的。

2.5.3 《红楼梦》之中"茫茫"的译解

例45. 好一似食尽鸟投林，落了片白茫茫大地真干净。（《收尾·飞鸟各投林》,《红楼梦》第五回）

译文 1. Like birds who, having fed, to the woods repair,
They leave the landscape desolate and bare. Hawkes 英译（Hawkes,2012:135）

译文 2. When the food is gone the birds return to the wood;
All that's left is emptiness and a great void. 杨宪益与戴乃迭英译（Yang and Yang,1994:42）

蔡义江对这首曲子如此释解：

这首曲子为四大家族的衰亡敲响了丧钟。但是,作者并不了解历史发展的客观规律和深刻根源,不能对这种家族命运的剧变作出科学的解释,同时,还由于他在思想上并没有同这个没落的封建家族隔断联系,不可避免地就有许多宿命论的说法,使整个曲子都蒙上了浓重的悲观主义色彩。

　　这首曲子在结构中,作者以食尽鸟飞、唯留白地的悲凉图景,作为贾府未来一败涂地、子孙流散的惨象的写照,从而向读者极其明确地揭示了全书情节发展必然以悲剧告终的完整布局。如果真正要追踪原著作意、续补完这部不幸残缺了的不朽小说,就不能无视如此重要的提示。鲁迅论《红楼梦》就非常重视这个结局。

　　他介绍高鹗整理的续书,只述梗概,从不引细节(这与前八十回大段引用戚序本原文情况截然不同),但在提到贾政雪夜过毗陵,见光头赤脚、披大红猩猩毡斗篷的宝玉与他拜别而去,追之无有时,却两次都引了续书中"只见白茫茫一片旷野"这句话,提醒读者注意,续作者是如何煞费苦心地利用自然的雪景来混充此曲末句所喻贾府败亡景象的。他还指出后四十回虽则看上去"大故迭起,败破死亡相继,与所谓'食尽鸟飞独存白地'者颇符",其实续作者"心志未灰",所续之文字与原作的精神"绝异",所以,"贾氏终于'兰桂齐芳,家业复起',殊不类茫茫白地,真成干净者矣"。这就深刻地指出了续书是用貌合神离的手法给读者设置了一个"小小骗局",借此在根本上篡改原作的精神。所以鲁迅说:"赫克尔(E. Haeckel)说过:人和人之差,有时比类人猿和原人之差还远。我们将《红楼梦》的续作者和原作者一比较,就会承认这话是确实的。"(《坟·论睁了眼睛看看》)[①]

---

① 引自蔡义江(著),《红楼梦诗词曲赋全解》,第57页,上海:复旦大学出版社,2011年版。

2 阴阳循环、生生不已:从"生生"、"亲亲"到"茫茫"
——一个特色性表达方式及其跨文化译解的中庸的运用

不论我们是否认可蔡义江的论断,有一点还是要肯定的:诗歌作者的"悲观主义"之中所含有的,或者说,他挥之不去的那种"感情"。

不过,他是因为家族的崩溃而产生的感情吗?那么,家族崩溃,家人离散,真的是会形成"众鸟入林",因而,"大地茫茫一片真干净"吗?抑或是,在文字表达的背后,还存在别的什么?

我们认为,诗歌作者固然是悲观主义的,因为一个庞大的家族面临着崩溃,这原本就是"命运"使然。但是,不论他如何悲观,也不论最终结局如何悲凉和不堪,"大地"依然存在。而"大地"的存在可以说明两方面的力量,并没有因为一个家族的败落和崩溃而遭遇损伤:一是,空间的可能性,亦即为时间的可能性。这也正是"茫茫"一词的主导性意向,亦即毛泽东的诸多首诗词和《敕勒歌》之中所显示的。因而,"大地"寄托着时间的流逝,亦足可证人间还有生命,在新的阶段得到孕育,只是诗人并没有看到苗头罢了。二是,正因为空间的可能性意味着时间的可能性,进而意味着生命或曰新的生命的可能性,因而,我们一般才会说,大地就是母亲。所谓"天生之,地成之"。总有一个什么机会,将生机显露出来,而诗歌的作者难得看到这样的契机。这就是为什么他要那么悲叹悲哀,这也是他悲凉的调子的原因了。

"茫茫"既然要显现的是连续不断到了"茫茫一片"、"无始无终"而又"无边无际"的境地,那就不能说,其中含有人们试图"看清"但总是有所失望的力量。

但是,无论如何,正如《红楼梦》的作者所起的名字"茫茫大士"所指向的是"宇宙开辟","白茫茫大地"也是这样的意向的某种印证。而《西游记》的开篇诗之中的"混沌未分天地乱,茫茫渺渺无人见"表达了同样的意向。因此,我们有什么理由不承认,那里真正寄托着另一种开始,因而,"茫茫"可能正是作为"母亲"的"大地"的另一说法。

因此,"落了片白茫茫大地真干净",并不真的像鲁迅先生所说的那样,可以简化为"茫茫白地",而是,不论在"茫茫"还是在"大地"之中,都有一定的亮色:那是生命气息涌动之时或之处的某种迷茫之态,当然也是人对不知所以的情形的一种困惑的表现。

但是,无论如何,"白茫茫大地"一定不会是"空无一物",否则"真干净"是否已经说明了作者的寓意?

实际上,《红楼梦》一开篇出现的两个奇异人物的名字之中,已经含有"生命孕育"或"生命的起源"模模糊糊的意味。这两个人的名字,一个是"茫茫大士",另一个是"渺渺真人"。茫茫大士,其中有情;渺渺真人,其中有意。因为,"四大名著"之中的另一部《西游记》的开篇诗就写道:"混沌未分天地乱,茫茫渺渺无人见。自从盘古破鸿蒙,开辟从兹清浊辨。覆载群生仰至仁,发明万物皆成善。欲知造化会元功,须看《西游释厄传》。"由此可见,"茫茫渺渺"正是混沌未凿、生命待机而发的那种"混混沌沌"的局面,因而,它对生命力有孕育的力量,或者说,那里就是生命即将出现的源发之地。而且,"茫茫"本来就是毛泽东诗词之中常见的一个词,因而二者具有同样的意向。

而 Hawkes 将"落了片白茫茫大地真干净"处理为 They leave the landscape desolate and bare,是说众鸟飞离,空余下风景一片,荒凉而又赤裸。杨氏将之解为 All that's left is emptiness and a great void,意为:留下的一切是空虚和一大片空寂。而这显然既不是"白茫茫"的意向所指,也不是与"大地"的寓意相对应的。

"大地"可解为"母亲":她孕育一切,生养一切。因而,她的存在正说明,即令众鸟飞尽,也不能说明这样的大地"空无一物",甚至不再具有生命的迹象。恰恰相反,"大地"本身就承载着生命,而这是不能否定的。即使众鸟飞绝,那也只是说,一个时代、一个家族的人物,走到了尽头。但是,正因为大地还在,万物仍然会像春天一般到来。所谓"无可奈何花落去,似曾相识燕归来"(晏殊《浣溪沙·一曲新词酒一杯》),正是此意。这也就是"茫茫"的意指:在周而复始、循环不已的生命存在的世界里,并无所谓"真干净",而只有"干净"之后甚至"之内"始终存在的那种生机。

这样,或许我们应该说,两个译本的处理:第一,不符合国人对"生"的基本认识;第二,没有进一步探究"茫茫"所指到底是什么;第三,两个译文更多突出的是佛家的精神倾向:似乎真的是一切皆完,世界再无意义,因而,空无所有,而一切净尽。或许可以说,"茫茫大地"与"真干净"恰成对立,正可说明"阴阳的反转"和"互动"之中,生命正在"滋生",而这是任何僵死的和昔日的一切所不能阻止和抵御的。很明显,在这里,还是事物存在的基本大法阴阳之道在支撑着此一曲子的正解。如此,也只有体会到"生生"之"三"(参或叁),才可能再现《收尾·飞鸟各投林》的意涵:

译文 3. 正恰似食物已经净尽,众鸟飞绝,进入林中,
而莽莽苍苍的大地还在,只不过此时干干净净。

译文 4. It is just like the birds who, having been fed, to the woods repair. Leaving the immensity of the land there, but desolate and bare.

2.5.4 "茫茫"、"离离"和"萋萋":《敕勒川》与《草》

有了上述例子,或许已能说明"茫茫"的"生命力"的孕育的意向。而且,这样的意向既然是支撑着这个世界的存在,那么,对之加以重视,也就是题中应有之义了。

这里仍要再举两个例子以加说明:一是最近与《西游记》外译之中牵涉到的"茫茫";二是《敕勒川》的英译所可能产生的启示。

互联网上一则《留学生17年翻译德文版〈西游记〉爆红网络》消息说:

> 瑞士译者林小发(中文名)凭借其翻译的《西游记》首个德文全译本,获得第十三届莱比锡书展奖翻译类大奖。这是德语地区图书行业重要奖项。
>
> 译林出版社的编辑王蕾,将德语版《西游记》的开头部分,回译成现代汉语,发在微博上:"有一首诗说:太初混沌不分/天地晦暗地混淆在一起/万物模糊,横无际涯/谁都没有见过那时的景象……"
>
> 中文版《西游记》的原文是"诗曰:混沌未分天地乱,茫茫渺渺

无人见。……"①

这则消息,可以说明"茫茫"的魅力:那原本就是生命兴起之处,而不能不让人"流连忘返"。因而,《西游记》开篇诗才会有如此描述,《红楼梦》也才会设计出"茫茫大士"和"渺渺真人"两个奇异的人物形象:他们携带"宝玉"下凡投世,才会有了"红楼梦"的"石头记"。

对"生生"的重视,不会是局限于这样的特例,这也是中国历史上别的民族的追求。《敕勒歌》即是这样的一个例子:

例46. 敕勒歌

敕勒川,阴山下。

天似穹庐,笼盖四野。

天苍苍,野茫茫,

风吹草低见牛羊。

译文1. The Chile

The Chile River lies

Where Gloomy Mountains rise.

The sky is like a dome

That holds the steppe, our home.

Blue, blue appear the skies;

Vast, vast the grassland lies.

Winds blow, grass bows and we see the cattle roam.　　汪榕培英译②

译文2. A SHEPHERD'S SONG

By the side of the rill,

At the foot of the hill,

---

① 引自http://news.sohu.com/20170406/n486727019.shtml,2017年4月22日采集。

② 引自Songhttp://blog.sina.com.cn/s/blog_98d21c46010100lg.html,2017年4月22日采集。

The grassland stretches'neath the firmament tranquil.

The boundless grassland lies

Beneath the boundless skies.

When the winds blow

And grass bend low,

My sheep and cattle will emerge before your eyes. 许渊冲英译(许渊冲,2009:352)

这首古代民歌,歌咏北国草原壮丽富饶的风光,抒写敕勒人热爱家乡、热爱生活的豪情。它写平川、写大山、写原野、写涵盖四野的天穹,意境极为开阔。尤其是"天苍苍,野茫茫"两句,着力渲染天空和草原的景色:天空是青苍蔚蓝的颜色,草原则无边无际,一片茫茫。二者,一个是"苍苍",一个是"茫茫",雄浑有力,而无限开阔,的确是体现出了蕴藏无尽的生命力的所在的豪迈和气势。

在原诗以叠词出现的地方,译文1 Blue, blue 和 Vast, vast,几乎是原文的形式再现,因而确保了诗意的传达:苍苍的天空,蔚蓝一片,浩瀚到了无有际涯;而草原可极人之目,难得见到界限。译文2两次运用 boundless(无边无际)一词,一以形容天空,一以描写草原,也是在突出对生命力的歌颂,原本就是要如此"重复":一吟三叹,而对生命的赞叹的情志也就吐露在这曼妙的歌吟之中。

下一首诗,看似与"茫茫"并无关系,但是,对"生命"的"绿色"的颂扬,与不可胜数的诗品和著作一样,同样寄寓着"生生":

例47. 赋得古原草送别 白居易

离离原上草,一岁一枯荣。

野火烧不尽,春风吹又生。

远芳侵古道,晴翠接荒城。

又送王孙去,萋萋满别情。

译文1. Verse Inspired by "Farewell on the Ancient Grassland"

Lush, lush grass on the plain,

Once every year it sears and grows.

Wildfire can not burn it out,

Spring breeze blows it back to life.

Distant scent invades the ancient path,

Sunny green joins the arid towns.

Another send-off to our wanderlust son,

Sad, sad leave-taking exuberant. 许渊冲英译①

译文 2. The Grass upon the Ancient Plain

   A Song of Parting

Green green the grass upon the plain,

That each year dies to flourish anew,

That's scorched by flames yet unsubdued,

Surging back when spring winds blow.

Its fresh fragrance overruns the ancient

Its sun filled greenness meets the ruined

When once again we meet to say adieu,

Deep green are those parting thoughts of you. 张廷琛、魏博思英译(张廷琛、魏博思,1991:163)

译文 3. GRASSES

Boundless grasses over the plain

Come and go with every season;

Wildfire never quite consumes them—

They are tall once more in the spring wind.

Sweet they press on the old high-road

And reach the crumbling city-gate ...

---

① 引自可可英语(http://www.kekenet.com/kouyi/201512/417960.shtml),2017 年 4 月 22 日采集。

O Prince of Friends, you are gone again …

I hear them sighing after you. Bynner 英译①

这首诗之中的叠词,有注解释:"离离:草长貌";"萋萋:草木茂盛"。"这首诗的内容虽是沿用《楚辞》中的传统意象,由春草而及别情,但它给人最深刻的印象,却是对于平凡的生物所具有的顽强生命力的歌颂。"②

的确,"离离"既意味着繁多、浓密,井然有序,旷远、明亮,又能显现出光鲜、清晰和分明,体现出草原上一望无际的生长旺盛的草儿的勃勃生机。至于"萋萋",《诗经·周南·葛覃》有句:"葛之覃兮,施于中谷,维叶萋萋。"毛传解释:"萋萋,茂盛貌。"③崔颢《黄鹤楼》诗歌道:"晴川历历汉阳树,芳草萋萋鹦鹉洲。"何景明《平夷》诗之一则有句:"滇南八月中,绿林何萋萋。"二者一样是在歌颂生命的勃发和郁郁。崔诗之中则兼有友谊如春草般浓绿而又激昂的意味,因而包含着依依不舍的情意。

译文 1 用 Lush, lush,译文 2 以 Green green,译文 3 则用 Boundless 来传译"离离"的意义。至于"萋萋",译文 1 以 Sad, sad 宣泄离别之情,译文 2 用 Deep green 来抒发思念之感,译文 3 则以 sighing after 表达别离的感叹。

在所有上述处理之中,尽管译者们并不是对每一个叠词都相应地运用了同样的手法,但是,一个可以注意的事实是:他们都关注到了重复的表达,的确能够起到突出"情意绵绵"的效果。而这样的"绵绵情意"一样还是"生生"的体现:"情意"即使"藕断"还有"丝连",更何况那原本更像是"长江大河"、"滔滔"而又"滚滚"! 比如这里的译文 2 一首译诗,green 一词重复用了 4 次,的确是"绵绵不绝"而"声声不息"。

---

① 采自 Witter Bynner 所译 *Jade Mountain*,见 http://www.iliyu.com/news/238693.html,2017 年 4 月 22 日采集。
② 程千帆、沈祖棻(注评),《古诗今选》,第 328-329 页,南京:凤凰出版社,2010 年版。
③ 毛亨(传)、郑玄(笺)、孔颖达(疏)、《毛诗正义》(上)(李学勤主编,《十三经注疏》之三),第 30 页。

2.6 本章小结:"生生"的跨文化负载或使命

由于我们的研究还处于初步阶段,而且,人文学科的研究本来就是要在思想上起到某种启迪作用,因而,它不可能囊括一切,适用于"万有"。实际上,如果能说明中华文化有关的关键词的大用,进而有可能在英文的转译之中突出这样的作用,并且产生一定的设想上的和实际的影响,或许也就可说明,我们的分析及其有关观点是有说服力的。假设能够做到这一点,或许也就足以印证"生生"不仅是中华文化的极其重要的倾向,而且,大凡重视"生命力量"的人文要求,必然要依之作为保持事物活力的见证。

如上所述,应该强调,这并不意味着存在着某种程式,可以之作结:只要以"生生之道",就能完全不顾及目的语的运作规律或语法规范,而依另一种文化思想的要求,来全新地施加别样的东西。一个典型的例子是林语堂:他的诗歌翻译就十分灵活。

比如,在处理陶渊明的《责子》一诗中的"阿舒已二八,懒惰故无匹"时,林语堂的译文是:

Ah-shu is sixteen and as lazy as lazy can be.[①]

而在翻译韦庄的《台城》一诗之中的"江雨霏霏江草齐,六朝如梦鸟空啼"时,则译为:

The rain on the river is mist-like, and the grass on the banks is high.

The Six Dynasties passes like a dream, and forlorn the birds' cry.

"懒惰故可匹"是说,"懒惰"至极,而无人可比。林语堂以 as lazy as lazy can be(尽可能懒惰,或,懒惰到家了),与原文旗鼓相当,可谓佳作。这里某

---

① 引自林语堂(译),"Reproaching My Sons",林语堂(译),《记旧历除夕》,第 115 页,天津:百花文艺出版社,2002 年版。

种意义上含有"重复"。而"江雨霏霏江草齐"之中的"霏霏"指的是,连绵的雨水纷纷洒落。而这样的纷纷的雨当然是如雾气一般迷漫空中,因此林语堂以 mist-like(如迷雾一般),也称得上与原作很是匹配。不过,这并没有保持原诗的"霏霏"的叠词用法。

而在对李清照的《声声慢》一词的翻译中,林语堂还是回到了"重复"的处理方法:

例48. 寻寻觅觅,冷冷清清,凄凄惨惨戚戚。(李清照《声声慢》)

译文 1. Search. Search. Seek. Seek. /Cold. Cold. Clear. Clear. / Sorrow. Sorrow. Pain. Pain. Rexroth 英译①

译文 2. So dim, so dark, /So dense, so dull, /So damp, so dank, /So dead! 林语堂英译②

译文 3. I pine and peak/And questless seek/Groping and moping to linger and languish/Anon to wander and wonder, glare, stare and start. Turner 英译③

译文 4. I look for what I miss; /I know not what it is. /I feel so sad, so drear. /So lonely, without cheer. 许渊冲英译④

许渊冲此著之中并未收入林语堂的译诗。他对诗歌和译文的评价是:

> 此一抒情诗写于女词人丈夫去世之后,被视为中国诗歌的一篇杰作。开篇是重复再重复(参见 Rexroth 的译文)。第一行告诉我们,新寡的词人做了什么;第二行是她感到了什么,第三行是她最为内在的感情。Rexroth 在第一行重复使用 search 和 seek,但

---

① Kenneth Rexroth(译),"A Weary Song to a Slow Sad Tune",许渊冲(著),《中诗英韵探胜》(第二版),第 347 页,北京:北京大学出版社,2010 年版。

② 引自林语堂(译),"Forlorn",林语堂(译),《扬州瘦马》,第 21-22 页,天津:百花文艺出版社,2002 年版。

③ John A. Turner(译),"Sorrow",见许渊冲(著),《中诗英韵探胜》(第二版),第 348 页。

④ 许渊冲(译),"Tune:Slow,Slow Tune",同上,第 349 页。

可解为祈使句;所以,我认为,他的译本形式上忠于原作,但内容上不忠。Turner值得称道的、精雕细琢的译文运用头韵加头韵、半谐音加半谐音;但我怕读起来不会像原作那么自然,因为原诗是将自然的现象和个人的感受融合进了令人荡气回肠的诗歌境界。①

有了这样的感受,为了凸显"自然性",许渊冲用的是一种叙事加情感的表达的方法:"我找寻失去的;/不知那是何物。/我感到如此悲哀、沉郁。/如此孤独,而不见欢喜。"这和另一位诗歌专家的观点是一致的:

> 前人评此词,多以开端三句用一连串叠字为其特色。但只注意这一层,不免失之皮相,词中写女主人公一整天的愁苦心情,却从"寻寻觅觅"开始,可见从她一起床便百无聊赖、如有所失,于是东张西望,仿佛漂流在海洋中的人要抓到点什么才能得救似的,希望能找到点什么来寄托自己的空虚寂寞。下文"冷冷清清",是"寻寻觅觅"的结果,不但无收获,反被一种孤寂清冷的气氛袭来,使自己感到凄惨忧戚。于是紧接着再写了一句"凄凄惨惨戚戚"。仅此三句,一种由愁惨而凄厉的氛围已笼罩全篇,使读者不禁为之屏息凝神,这乃是百感迸发于中,不得不吐之为快,所谓"欲罢不能"的结果。②

不过,正如同一位论者所指出的,"这首诗改押入声韵,并屡用叠字和双声词,这就变舒缓为急促,变哀婉为凄厉"③。因而,"叠字"还是发挥了它特定的作用。如此看来,林语堂的处理,也一样是有道理的。而且,一连串的

---

① 许渊冲(译),"Tune:Slow,Slow Tune",同上,第349-350页。
② 夏承焘等(撰写),《宋词鉴赏辞典》(上册),第914-916页,引文见第915页,上海:上海辞书出版社,2003年版。
③ 夏承焘等(撰写),《宋词鉴赏辞典》(上册),第915页。

词语统统带有 d 声的头韵,并且以 dead 一词收尾,的确是极佳的选择,能够比较充分地宣泄女词人凄凉而又痛苦的感受。

但是,另一方面,我们注意到,许渊冲的译文也一样自有其道理。那么,这就意味着"诗无达诂":并不存在某种特殊的规定,要制约着诗人去作诗,当然也不会有一种特殊的手段去制约人们作译诗。也就是说,诗歌的要义在于自由。就译诗的导向来说,失去了自由,也就无所谓创作了。

但是,此例不能说明,我们对"茫茫"之类的诗歌用语的理解和建议的处理方法是无用的。恰恰相反,只有回到了中庸之道这种正确的方法论路子上来,才可能在更为紧密地联系上"生生"的中国哲学的基础上,将易道之精神付诸再现。因此,即使这样做的限度是存在的,也并不意味着"天行健"的创意能够脱开"生生之意"。实际上,依照上文之所论,我们认为,恰恰是"天道"的自然循环早已决定了人道的自然性运作,因而,也只有回归其中,加以保持,才可能真正体现它实质性的力量。

因此,尽管有关反面的例子多有,但并不能说明"生生"对事物的构建的"阴阳之道"就是没有意义和作用的。恰恰相反,正是因为事物只能是"生生"的动态过程的展示,因而,作为中国哲学极其重要的思想倾向,"生生之意"始终是事物"来到语言"的基石。因为,只有以此为根据,事物才可能"生":抵达或走向"生",进而持有"生"的力量,不断在"生"的循环之中回归"生"。

如此重要的观念,一旦引入另一种文化,则必然应使之负载起一种重任:将始发语文化的价值取向一并引入。而这,或许已经成为一种历史要求:只有突出了这样的价值取向,始发语文化的精髓才可能逐渐为目标语读者所接受,最终在另一种文化之中扎下根来。

而且,值得强调的是,就始发语文化而论,"生生"的影响不可谓不深入人心,例如,中国台湾地区歌手苏芮演唱、李子恒作曲的歌曲《牵手》,其中一段为:

> 因为爱着你的爱
> 因为梦着你的梦
> 所以悲伤着你的悲伤
> 幸福着你的幸福
> 因为路过你的路
> 因为苦过你的苦
> 所以快乐着你的快乐①

其中所用的，正是以名词化动词，"爱"因而特别有了动感和质量。而在2017年2月27日20：00—20：30中央电视台四套播放的《记住乡愁Ⅲ(38)》，描述并赞扬了云南的边陲小镇娜允各民族和谐相处的世代友好感情和亲情。在记者问及"宾奴塞嗨"这个方言词语的意义时，一位当地人回应说，那就是"亲亲戚戚"的意思。此词的意思实为"亲戚"：两个甚或数个民族的人走在一起，结成"宾奴塞嗨"，最终使有关家庭不是亲人胜似亲人，而且代代相传，世世友好。如此的友爱情谊，不仅使诸多家庭互帮互助，而且保证了世世代代各民族和谐相处。

而"宾奴塞嗨"所传递出的"亲亲戚戚"，显而易见不仅是"父父，子子"表达方式的再现，还是这种家庭的情爱的历史性和地域性的扩大。如果说在表达层面，"亲亲戚戚"是对"亲戚"一词的亲切表述，那么，在思想感情上，它一定是"亲而又亲、亲上加亲"的意义的推演，也就是"生生"之意的伦理化和社会化：只有如此亲如一家、世代友好，人与人之间才可能相处永久，不生嫌隙，进而能为生活本身的安康营造出最好的条件和最佳的氛围。"生生"之意，由此奠定在"亲爱"的基础之上，不见消减，从而可以薪火相传，代代不灭。

"四海之内，皆兄弟也"（《论语·颜渊》）②，因而，"责任"是亲情的延续，

---

① 引自百度百科(http：//baike.so.com/doc/3556711-3740656.html)，2017年2月24日采集。
② 何晏(注)，邢昺(疏)，《论语注疏》(李学勤主编，《十三经注疏》之十)，第159页。

也是强化亲情的一种条件。而"父父,子子"所突出的,就是这样的仁爱基础之上的责任。这当然可谓儒家的思想之滋润人心的一个典型实例①。

---

① "生生"之类的表达,早已深入人心,成为一种无意识。惜乎,有时候这样的无意识并没有为译界所认同或关注。比如,某年的"韩素音青年翻译大奖赛"有一文题目为"The Post-everything Generation"。这里的 post-everything 一般译为"后一切",纯粹是对原文的直接照抄。为什么不可以处理为"后后的一代"呢?一方面,"后后"可以表达出原文之中那种什么都会落在后面,因而无限"退后"的"后"意识,再现出作者的那种似乎是不得已的"落后的一代"的调侃和无所谓的意味;而另一方面,原作之中的似乎百事无谓的语调,也代表着新的一代的某种追求,那一定是不会止息的。如此,是否"后后"也含有"生生"的特定意味,与原文自有适应之处?附记于此,以待日后继续研究。

3

以明为德,参赞天地:中庸之道视角下的『明』的汉英译解

第一部分

3.1 "明"所昭示的就是作为思想方法的中庸之道所要印证的

本章试图以"明"为例来说明,坚持中庸之道,才能回到中国人的宇宙论,使事物的存在成为参与世界创造的存在,最终使之承载起既定的文化价值,进而有条件输出其跨文化意义。

这里,要突出的就是,"可以赞天地之化育,则可以与天地参矣"(《礼记·中庸》)[1]。"赞"意为"赞助","参"要求"参与"进而形成"三"(叁):人要和万事万物一样,参与天地的创造,与之形成三合一的局面。而对"明"的译解,也应如此。甚至应该说,"明"本身的书写就昭示我们,理应如此而为,才可使之回归其自身。因而,"明"不仅是一个简单的例子;相反,和很多汉字一样,它本身就承载着阴阳之道的创造精神,也就是"体贴"着"参赞"天地的重任。[2] 这便是中庸之道的既定意义:欲使事物回归自然,也就是向着"最为自我"的力量

---

[1] 郑玄(注),孔颖达(疏),《礼记正义》(下)(李学勤主编,《十三经注疏》之六),第1448页。

[2] 这里需要指出,我们不能认同傅佩荣对《中庸》"参赞"的解释:"天地的造化和养育功能,为什么需要人来助成呢?这里所预设的是:自然界难免会出现一些突发的意外状况,如各种自然灾难。或者,某些状况在人看来是对万物不利的,于是人才要助成天地的化育。由此观之,本书第十二章所谓'天地之大,人犹有所憾',可以重新解释为:圣人既要担心人类是否受到良好教育,又要担心天地化育万物是否合乎理想状况。"引自傅佩荣(译解),《大学中庸》,第81页。我们认为,这是在以"现代科学"的思路来解释中国古人的哲学思想。一方面,"参赞天地之化育"是常态化的理想,而不是对偶发事件或紧急状况的应对;另一方面,在根本上,君子之所作所为,一定要向养育她/他的天地负责,也就是加以"回报"。而这样的"回报"只不过是"朝乾夕惕"(《周易·乾卦》),亦即时刻警示其自身保持"自己就是原来的那个样子",或曰"自然而然"进而"随机而动"的态势;再换言之,君子本应回归并且葆有天地之道的那种自然性。这也就是《中庸》之中(紧接本段的前文)所说的"诚"的意向。回到此"诚",体贴之、涵养之、温存之,便是"养性"。这不就是参与天地之创造,进而体现万物之"化生"的过程吗? 也就是说,这段话的"预设"并不在于"突发的意外状况",而是在于,人和事物其来有自的天性之"诚"。正是因为有了这样的"诚",事物才能有其自我,而得自我回归和自我保持的可能,进而葆有存在于此的保证。本来是要进一步诠解"诚"的重大意义,若是偏向"科学"去"求知",则一定不能与原文意义相互照应。不妨抄录原文,以资对比:"唯天下至诚,为能尽其性。能尽其性,则能尽人之性。能尽人之性,则能尽物之性。能尽物之性,则可以赞天地之化育。可以赞天地之化育,则可以与天地参矣。"(《中庸》)

回复。

荀子强调"人能群"①,而"参化"的结果必然是像曹操《度关山》一诗之中所描写的"天地间,人最贵"。因为,人不仅能在社会之中关注"群",保持进而实现与他人所结成的"人群"关系,也就是伦理关系;同时,最重要的,他必然有能力首先与天地结成最为根本意义上的"天地合一"的关系。而"明"就是这样的"天地人相合"的一种特定的标示甚或独特的标记:只有参与到"大化流行"之中加以"赞助"进而与之"相参",人才谈得上真正存在。

不过,与别的字眼相比,"明"字的特殊性首先在于,它的写法本身就告诉人们,"日月同辉":日和月二者相互推移,正是事物的自然存在的过程的生动展示。因而,"明"字可谓是事物存在的根本规律,亦即阴阳之道的最佳体现。

正是由于它所昭示的,亦即为古人的根本性的宇宙创发的思路,因而,在诸多古典著述之中,它都起着至关重要的作用。甚至可以说,假若没有它,"道"必因而不"明",而"大学之道"若是无"明",当然就是不可思议的事情。因而,它并不是简单的形容之词,而是一种能提纲挈领突出阴阳之道要义的中国哲学的"关键词之中的关键词"。正是因为起着这样重大的或曰主导性的作用,它才可能成为"突出"事物的存在本性的词语。

因而,本章首先从《大学》的"明明德"入手,加以考察,试图说明,"明"的重大意义是不能停滞在"明显"、"明示"、"显扬"或"显现"这方面的意义上的,而是应该依照中庸之道的指向,回到宇宙论的创发及其与人的关系这一意向,否则就会陷入与"君子"的"谦德"的修身要求背道而驰的困境,而使解说失去针对性。由此出发,《道德经》和《庄子》之中的"明"也只能就其阴阳

---

① 荀子指出:"水火有气而无生,草木有生而无知,禽兽有知而无义;人有气、有生、有知,亦且有义,故最为天下贵也。力不若牛,走不若马,而牛马为用,何也? 曰:人能群,彼不能群也。"(《荀子·王制篇》)引自王先谦(撰),沈啸寰、王星贤(整理),《荀子集解》,第162页。

之道的意向来加以阐述,而目前的很多译解,因为固执于"明"字的人伦或社会化意义,故完全不合理。易言之,我们认为,只有坚持天人两方面的配合或曰互动,才可能使"明"回复它三合一的精神指向,而使理解回到正道。而这也就是中庸之道的要求。本章最后还以一首佛偈来对上述观点加以强化,以求突出,只有以中庸之道为方法论,才能将对"明"的解读引回"参赞"之路。不过,由于英文之中并没有或见不到现成的表达方式,若是强硬拣选必然达不到与之产生对应的目的,而以往的译解基本上是固执于"明"字面的"明白"、"显露"、"显然"等意思,一味在目的语的现成词语之中寻找对应的表达,故而很难再现此词的中国特色和质性;因而,只有有所本地重新加以创造,才可使之在另一种语言之中展现出它的哲学魅力。而我们可以参照的范例是诗人庞德,求援的对象是海德格尔所说的"诗人的诗人"荷尔德林以及海德格尔本人,尽管他们可能并没有说明自己所用的方法论。但是,这正可说明,中庸之道的思想指导作用。

3.2 "明"在儒家著述之中的重要性

《大学》一开篇的"明明德"[①],就突出一个"明"字,可与《道德经》之中的"知常曰明"[②]等而视之。而这意味着,它毫无疑问是中国哲学之中一个十分重要的关键词,也自然是一般人特别爱用的一个字眼,因为它体现的正是阴阳之道的真精神。以此为契机,而进至《中庸》的"诚明"并且联系上《大学》所引用的《尚书》之中有关"明德"的论述,便会发现,"明"的确就是"道"的代名词,亦即为"德"之所本。对如此重要的中华文化关键词,不能不重加审视,以求在翻译之中出新。而海德格尔在他唯一一部论述翻译和解释的著作当中,引用了"诗人的诗人"荷尔德林的诗歌之中对"明"非常奇妙的"描

---

① 郑玄(注),孔颖达(疏),《礼记正义》(下)(李学勤主编,《十三经注疏》之六),第1592页。
② 王弼(注),《老子注》(《诸子集成》第三册),第9页。

写",可为我们重新译解有关的思想奠定方向,同时,庞德的《大学》的英文译文也指向了同一个方向——sun-moon。如此决断性的选择,不仅可以纠正自《四书》被译为英文以来的以"理性"和"启蒙"来同化中华文化的倾向,还可为英文之中输送一种真正的中华文化元素。

不过,要强调的是,运用中庸之道,首先应回到对"时中"的关注。而孔子本人的所作所为,就是这样的"时中"的最佳典范。所以,孟子将之称为"圣之时者也":

伯夷,圣之清者也;伊尹,圣之任者也;柳下惠,圣之和者也;孔子,圣之时者也。孔子之谓集大成。(《孟子·万章下》)①

善于把握"时机",而不是一成不变。这与阴阳之道的宇宙论导向有关:中国古人坚信时间的意义,而"天地之大德曰生"(《周易·系辞下》)②之意涵,也就包含在如此的"生生不息"(戴震《孟子字义疏证·道》)③之中。那么,在合宜的时间,做合宜的事情,抓住时机,便可形成最为恰切的选择。而人的生存,也就是由一个个这样的时机构成的。孔子之所以被称为"圣之时者也",就是因为,他"上通天道",才能"下为人杰",最终成为"万世师表"。

因此,"中庸"是一种"抉择",是在关键时刻最为重要的决定或决断。而这样的决定或决断,最能体现人之为人的力量。于是,它也就不能不呈现出"最佳"的特色。

孟子强调:"子莫执中。执中为近之。执中无权,犹执一也。"(《孟子·尽心上》)④他的意思是说,尽管子莫也主张中道,但若是只知中道而不论权变,那也就和执着一点或曰固执己见没有什么两样了。可以认为,他所说的,也就是"最佳"或"最为重要的""抉择"的意思。

---

① 赵岐(注),孙奭(疏),《孟子注疏》(李学勤主编,《十三经注疏》之十一),第269页。
② 王弼(注),孔颖达(疏),《周易正义》(李学勤主编,《十三经注疏》之一),第297页。
③ 戴震(著),何文光(整理),《孟子字义疏证》,第43页。
④ 赵岐(注),孙奭(疏),《孟子注疏》(李学勤主编,《十三经注疏》之十一),第367页。

就跨文化翻译而论，一方面，我们不能不有所选择，但这样的选择一定是"合宜的"，亦即为随势而动的或因时制宜的，即首先能保证使所译之物体现出生命力量(bring to life that which is to be translated)。这便要求我们，应坚持"天地之大德曰生"①，仿效"天"之作为，然后才能有所为。另一方面，我们在坚持"自然而然"的追求的同时，应力求"最好"，也就是尽可能达到理想要求。

如何来判定"最好"？答曰：通过各种类型的对比和比较，尽可能回到文本的"源初"和历史的"现场"。二者结合，那种"特色性"的力量，或可通过翻译真正展现在另一种语言之中。

易言之，第三条道路，才是我们的选择：就动态的一面来看，那是以"三"为导向的。原因是，"三生万物"(《道德经》第四十二章)②；而从静态视之，所谓"参分天下，鼎足而居"(《史记·淮阴侯列传》)③：结构上不如此，事物便无以自立。

进一步来说，就要强调，汉语本身的"画面优势"："生(之)动"是依赖"活生生的"图画来显示的，而这样的"动之态"就体现在一个个至今因为洋溢着阴阳之道而"鲜活"精神的字眼之中。如上所述，"明"就是一个这样的关键词。

就跨文化翻译而论，尽管"理性主义"的抽象"取向"与之相异，但前人也不是没有对这样的"画面优势"加以关注甚或有所"发挥"。如影响一时的"意象派"运动之中的 Amy Lowell 与 Florence Wheelock Ayscough 所译的

---

① 王弼(注)，孔颖达(疏)，《周易正义》(李学勤主编，《十三经注疏》之一)，第297页。
② 王弼(注)，《老子注》(《诸子集成》第三册)，第26页。
③ 司马迁(撰)，裴骃(集解)，司马贞(索隐)，张守节(正义)，《史记》(下册)，第2034页。

Fir-Flower Tablets: *Poems Translated from the Chinese*(《松花笺》,1921年)[1],在这方面就有不少范例可以学习借鉴。最为重要的,当是 Ezra Pound 的 *Cathay*(《华夏集》,1915)和 *Confucius*: *The Great Digest*, *The Unwobbling Pivot*, *The Analects*。因为牵涉到两种文化的碰撞和交融,触及异乎西方的另一种思想的历史可解性和合理性的跨文化处理和定位,因而,难度可想而知。但是,中华文化的"画面动态"似乎至今未能作为一个课题,真正进入跨文化翻译的研究。这是十分遗憾的事情。因为,这一课题分明有它特别的学术意义和文化价值。

实际上,中华文化的对外传播,作为一个历史性的事件以及一种未来的追求,是需要关注昔日创获的得与失的。职是之故,需要梳理,自英译汉语典籍开始以来,亦即,自英华书院[2]的传教士开始译介中华文化经典以来,以求找到"最佳"资源,以"最为适宜"的方法,"最大限度"地"传译"进而在跨文化领域"传扬"中华文化的优秀思想。

自《大学》到《道德经》,再到《周易》和《中庸》,最后是《庄子》和《尚书》,诸多先秦著述之中都有"明"字,而且,正如上文所说,它都在其中发挥着至关重要的作用。但是,至今学界似乎还没有找到一种方式,能在跨文化翻译

---

① Amy Lowell(1874—1925),美国意象诗派诗人。Wiki 网(https://en.wikipedia.org/wiki/Amy_Lowell)有其小传,研究方面似已较为深入,有关成果似有普及之势? 但对 Florence Wheelock Ayscough 则不甚了了。在郝稷所撰的一篇《艾斯珂的中国情缘》的文章(http://www.dooland.com/magazine/article_29833.html)之中,我们还能看到她对杜甫诗歌的译解的介绍。那么,二人的《松花笺》的贡献的确是值得研究的,不论是从"意象派"这一诗歌运动,还是从中华文化基本精神的外传的角度。不过,也还是能见到有关研究的,比如周彦所写的《〈松花笺〉忠实与创新的结合》(《中国翻译》1996 年第 4 期)。但是,视角与我们这里所要强调的,并不一致。我们读到的文章,如任增强所作的《〈松花笺〉"拆字法"的生成与审美诉求——以"三犬之风"为中心》(《中南大学学报》2015 年第 3 期),尽管也将"拆字"作为中心,但所关注的似也不是哲学问题。同样的,王辉所撰的《拆字法与庞德的〈大学〉译本》(载《翻译季刊》2005 年第 38 期),虽对有关议题有较为深入的讨论,但似亦未触及哲学问题。

② Ying Wa College,格兰传教士马礼逊于 1818 年创立于马六甲,1843 年迁至香港;学校现由中华基督教会香港区会管理,2008 年成为直接资助计划中学,为香港补助学校议会 22 所补助学校之一。有关介绍,参见 360 百科(http://baike.so.com/doc/7892947-8167042.html),2017 年 4 月 25 日采集。

之中将这些"明"字"统一"起来。或许,正是因为没有从中庸之道的角度加以把握,所以,聚讼纷纭,而难得正解。同样的,杜诗之中的"明"字,若是不依中庸之道解之,也一样不能"明"之。因而,本章试图加以梳理,以求说明,从中庸之道的角度才能回归阴阳之道,进而把握"明"之真意,将之再现于英文。

如此,不仅在跨文化翻译之中需要辨析有关文本的"源初",而且,最重要的是,首先需要在语内的译解方面,强化研究的"哲学"取向。

3.3 从"明明德"看"明"的意义和作用,及汉译译解之中"天"的缺席

《大学》一开篇就对"明"字有特别突出的论述,因而,显然不能将之限制在儒家的"伦理学"的范围之内。实际上,此文数次论及"明",甚至对之有精雕细刻的描述,的确应该加以注意,才可把握它的意义。不论如何,"明"在此著之中都绝不是一个一般性的用语,更不能仅仅将之局限在"修齐治平"的伦理范围加以理解。相反,有必要将之引入"天人合一"的维度加以思考。因为,这意味着,人的存在本身才是最重要的:那是既关乎天,又涉及人的。易言之,人的伦理学要求的"修身",应是天人互动的关系之下的那种"修身",意思是,它实际上要指向这样的互动之中人自身的回归。也就是说,在对"明"的理解上,理应从中庸之道入手,把握它的两方面——天人二维——的互动和相需,才可触及其真意,如此才可期许在汉语以及跨文化传译之中对之加以"复原"和再现。

显而易见,"明"具有"自然"的原初或始发意义:这就是,自己有如自己,自己就是那个样子。也就是说,它不是单纯的"明亮"或"明显"之自然之"明",也不纯粹是"明了"或"明白"之"明",而首先应该是宇宙论指向上的那种"(启)明"或曰"原初之明",亦即"日月同辉"意义上的"明",或曰"日月相

推而明生焉"①意向上的"明",而这样的"明"昭示的正是阴阳之道。

那么,人究竟如何才能使自己成为并且就是进而葆有这样的自己呢?"明"昭示我们的,就是它作为一个词的书写方式:有如日出月息、阴阳互调、周而复始的那种运动。不仅《大学》这一部著作,始终是在运用这一书写方式的根本意义,来宣解儒家的微言大义,在《道德经》和《庄子》等著作之中,同样可看到,它所昭示的阴阳之道的宇宙生成和事物存在规律,发挥着至关重要的作用。在某种意义上,离开了"明"字这样的形而上意向,几乎一切"道理"在很多情况下都可能是"道不'明'"或说不通的。

人将"明"所昭示的"自然性"加以内在化,形成特定的"德",或曰将"天之德"内化为"人之德",此一过程就是将"人原本已经进入'明'之动态过程的'德'"不断充实、提高和强化——这一永不停息的行动,就是"明明德"的过程。因而,"德明"首先指的是"德的自我回归",而且是"依照天之所赐的那种回归";它也一样需要人力的赞助和参与。只有天人同时发力,共同作用,才可真正呈现"明明德"。所以,陈柱在解释《中庸》所引《诗经·大雅·烝民》之中的"既明且哲,以保其身"时,引马其昶曰:"此言圣人有至德要道,所以能尽其性。能尽其性乃能时措之宜,而保其身。"②圣人之所以能把握"时措之宜",就是因为他们有力量始终处于阴阳之道的自然而然的动态过程之中,可以随机而动、随意而发,进而可使天道流行的基本趋势得以保持和延续。圣人如此体现天道,当然也就可以说,在他们那里天德业已内化成就了美德,因而,得而显示,也就能"明"。如此,"明"的基本意思也就不单是显现、显示或显露,而首先是天道运行对人的锻造和磨炼。易言之,显示、显露之类,只不过是天道体现的结果,因而是次要的第二层面上的意义。

这样,如果停滞在对如此浮在表面上的意思的把握上,理解和解释便会产生误导。而英文的有关译解也一样是这样,似乎其中充斥着"试验品"的意味。而如此不能形成"确解",便会使翻译作为人文成就不仅无法走上正

---

① 王弼(注),孔颖达(疏),《周易正义》(李学勤主编,《十三经注疏》之一),第304页。
② 陈柱(著),《中庸注参》,第48页,桂林:广西师范大学出版社,2010年版。

确的道路,而且就会无缘在跨文化领域促成对中华文化思想传统进一步的继承和发扬光大。而这在很大程度上也就意味着,先民的典籍并没有真正进入另一种语言,因为最为基本的东西都是存在争议的,至少也是不确定的或待定的。依上文,这样的格局,只有回到词语的源初,才可找到解决方法。而在这里,我们应该能找到一条途径——方法论,帮助我们铸就一种途径,去寻找解决之道。一方面,发挥汉语本身的表达力量;另一方面,走向更为凝练的表达,可以保证话语的简洁明快和直指事物本身。而这两方面要求的达成,都有赖于中庸之道和阴阳之道的指引。

下文首先举例论证,看一下,若是离开儒家的哲学智慧,以往的译解如何偏离了主题,然后在分析和批判过程中论证说明,作为方法论的中庸之道的意义和作用。

例1. A. 大学之道,在明明德,在亲民,在止于至善。(《礼记·大学》)[①]

例1. B. 大学之道,在明明德,在新民,在止于至善。(《四书章句集注》)[②]

例1. B. 译文1. 大学的宗旨,在于弘扬光明正大的品德,在于使人弃旧向新,在于使人的道德达到最完善的境界。王国轩等今译(王国轩等,2007:107)

例1. B. 译文2. 大学的宗旨,在于弘扬(人的身上所具有的)美好品德,在于使人弃旧图新,在于使人达到至善的境界。吴国珍今译(吴国珍,2015:13)

例1. A. 译文3. 大学的宗旨,在于彰显人们光明的德性,在于教育人们亲爱人民,在于使人们达到至善的目标。王文锦今译(王文锦,2015:2)

例1. B. 译文4. The path or course of Learning proper for Men, consists in restoring reason to its pristine luster; in renovating others; and

---

① 郑玄(注),孔颖达(疏),《礼记正义》(下)(李学勤主编,《十三经注疏》之六),第1592页。

② 朱熹(撰),《四书章句集注》,第3页。

in making the summit of all virtue the only point of rest. Marshman 英译（Marshman，1814：3）

例1. B. 译文5. Superior learning consists in clearly illuminating brilliant virtue, renovating the people, and resting only in the summit of excellence. Collie 英译（Collie，1828：1）

例1. B. 译文6. What the Great Learning teaches, is-to illustrate illustrious virtue; to renovate the people; and to rest in the highest excellence. Legge 英译（Legge，1992：3）

例1. B. 译文7. The object of a Higher Education is to bring out（明）the intelligent（明）moral power（德）of our nature; to make a new and better society（lit. people）; and to enable us to abide in the highest excellence. 辜鸿铭英译①

例1. B. 译文8. The Way of learning to be great consists in shining with the illustrious power of moral personality, in making a new people, in abiding in the highest goodness. Hughes 英译（Hughes，1943：146）

例1. A. 译文9. The Way of learning to be great（or adult education）consists in manifesting the clear character, loving the people, and abiding（*chih*）in the highest good. 陈荣捷英译（Chan，1963：86）

例1. B. 译文10. The Way of self-cultivation, at its highest level, is a three-fold path: it lies in causing the light of one's inner moral force to shine forth, in bringing the people to a state of renewal, and in coming to rest in the fullest attainment of the good. Plasks 英译（Plasks，2003：34）

例1. B. 译文11. The aim of the great learning is to help carry forward the moral excellence in men, to push the people to remould themselves, and

---

① 引自 Ku Hungming（英译），*Higher Education：A New Translation*，见豆丁网（http：//www.docin.com/p-390442889.html），2017年4月27日采集。另，论者指出，辜鸿铭的英译《大学》的出版问题至今还是一个谜。详见吴思远（撰），《辜鸿铭与英译大学出版之谜》，载《中华读书报》，2015年09月16日，第18版。

to help the learners to attain to perfection.　　吴国珍英译(吴国珍,2015:11)

上引译例由于两个方面的原因,偏离甚或远离了"大学之道":其一是,"天"的缺席;其二为,"理性"的侵入。因此,由于"天"的缺席,译解者在现代汉语之中突出的是人(的"宗旨");因为"理性"的侵入,英译一般重视的是"理性"以及不变的"本质",而这与《大学》的价值取向恰相反动。

第一,现代汉语译解之中的"宗旨"。按照字典的解释,"宗旨"一般有两个义项:一是"主要的意指",或(一个学派的)主要教义、思想,如"标其宗旨,辨其短长",也作宗致[①];二是"主要的目的和意图",如"本学会以弘扬祖国文化为宗旨"。英文与之对应的词语是:aim 或 purpose[②]。显而易见,"宗旨"之中只含有"人"的"主要的意指"或"意图",或许因为"天"无所谓"意图"?丢开了"天",如译文1、2和3所呈现的,原发的思想的确也就成了"现代化的"汉语。但是,这不分明是要脱离开"天人二维"的那个特定的语境吗?而一旦脱离了那样的语境,"道"的所指何在?

第二,同样的,在英文之中,因为几乎完全忽视了"天"对事物的构成作用,也就是阴阳之道的基本思路,所以,我们在所有的译文之中,是看不到"明"的真正意向的。相反,倒是出现了难免让人觉得奇怪的东西。

比如,译文4启用的 reason(理性),让人联想到"启蒙"及"理性主义"。因而,是不是可以说,最早的《大学》英文译文如此而为,也就为后世定下了基调?一方面,"理性"可谓当时的"时代精神",因而,凡是要引入的,都需依之加以衡量和检验;而另一方面,即使对此不予突出,说不定无意识之中,仍是将之作为某种尺度,来界定引入的一切。更有甚者,依之为标准,对所要引入的首先加以批判,然后有所选择地予以同化,比如,在关键词上。而"明"即为一个焦点。或可说明,这样的同化已经行之甚远,而难得中华文化原典之真意。通过本节下文的举例分析,最后或能看到一段真实的历史教

---

① 详见广东、广西、湖南、河南辞源修订组,商务印书馆编辑部(编),《辞源》(修订本)(第二册),第813页,北京:商务印书馆,1980年版。
② 见中国社会科学院语言研究所词典编辑部(编),《现代汉语词典》(2002年增补本),第2554页。

训的意义。

如此,"大学之道",也就在这样的"背景"之下,一开始就被"西方化"和"现代化",而儒家的真正面貌反倒湮没无闻,而且,至今是否依然如故?

译文 5 以 illuminating brilliant virtue,译文 6 用 illustrate illustrious virtue,来传译"明明德"的意义,若回译为汉语,可为"显明显明的美德"。但是,这与上文所说的"明"的形而上意义恰恰相反,也就是,译者以"明"的次一级的意义——效果为焦点,恰恰违背了儒家最为基本的教义——谦谦君子,是不能如此"显扬"自身的。①

译文 7 之中出现了 nature,但 nature 之中如何会有"道德力量"? 而且,这样的 nature 是不变的,完全与中国哲学的"变易不住"的精神倾向相反。更何况,bring out(明)the intelligent(明)moral power(德)of our nature,所关注的是 the intelligent,而那等于将人的"智力"方面的能力,"显示"出来(bring out)。而在我们看来,"显示"并不是"明"的主导性意向,而"智力"更不是"明"所欲"明"的对象。

译文 8 将"明明德"一句译解为:大学之道以道德的个体性的闪耀的力量来闪光。那么,究竟是"大学之道"本身要闪光,还是它要使"明德"闪光? 如上所述,"闪光"(shining)只是"明"的字面意思,而不能触及"大学之道"之"明"的根本。

除了和其他译文具有同样的问题之外,译文 9 的另一难解之处是,the clear character 指的是什么(清楚的性格,清白的品格?),能传达出"明德"的意义吗?

在所有上引英文译文之中,趋近原文意义的,可能只有译文 10,译者以 causing the light of one's inner moral force to shine forth 来传译"明明德"的意思,回译为汉语,其意或为:"导致人内在的道德力量大放光明。"尽管如上

---

① 比如,《周易·谦卦》之中指出:"谦尊而光,卑而不可逾,君子之终也。"见王弼(注)、孔颖达(疏),《周易正义》(李学勤主编,《十三经注疏》之一),第 80 页。《礼记·中庸》强调:"《诗》曰'衣锦尚絅',恶其文之著也。"见郑玄(注)、孔颖达(疏),《礼记正义》(下)(李学勤主编,《十三经注疏》之六),第 1461 页。

文所说,"明明德"之第一个"明"字不能以"显现"来解,因而,译文在译解的导向上仍然存在严重缺陷。但是,毕竟,译者注意到了一个问题:内外合一,而人的美德只能是由内到外来表现。在这一点上,译文坚持了中庸之道。但是,如上所述,和其他译文一样,最为关键的问题依然如故:"明"到底是什么意思,又如何加以处理?

译文 11 用 help,意为"有助于"、"有利于"。我们却觉得,那实际上是在讲,"大学之道""游离于""明明德"、"新民"和"止于至善"。这是因为,若是像译文所译解的,此"道"仅仅"有助于""推动"(carry forward)人内中的道德优美(the moral excellence)或能"推之向前","有助于""推进"(push)"重塑自身"(remould themselves)(新民?),有助于"学习者"达至完美(attain to perfection),那么,在三个方面(尽管第二个 help 似省而未用),我们都可感觉到,"明明德"、"新民"以及"止于至善",若是达成,也不过是"借助"或"假借"此"道"。易言之,此"道"是手段、临时的措施、途径和方法,一旦事情做过,或任务完成,就可以弃之不顾。因而,两方面是相互分离的,而不是合一的。只不过是,"大学之道"是"辅助性的"促动力量,而后三个方面则是被动性的被促动者?

而在原文之中,"大学之道"与"明明德"等三者,应是一体两面:所谓修道,就是要"明明德"、"新民"、"止于至善"。原文连用三个"在"字,要强化的就是这个意思。只不过,既然是求修此道,那一定是一种始终都要坚持下去的过程,永远也不可停顿,故有"止于至善"之说。正是因为"至善"是理想之中的追求,所以,才要不断努力。因而,不论如何,"大学之道"与"明明德"的一体化意向都是显而易见的。而且,此"道"同时在"明"所昭示的意向上,得到了非同寻常的强调。

一方面,人必依其"明"来修道;另一方面,"道"的意义导向即为"明"。这是一般的常识。而且,这样的常识原本就"宣泄"于"明"字的书写之中:日月同辉说的是,光阴轮转,而阴阳相互推移。如此,"日月相推而明生焉"

(《周易·系辞下》)①,易道也就确然体现其中。

可以清楚地看到,不论是"明明德"本身,还是"亲民"、"新民"和"止于至善",它们都是在突出这个"明=道"的意涵。或者也可以说,三者都是对"明道"(这里的"明"既是动词,也可以作名词)的具体化或曰具体阐"明"。

这也就是为什么,"明明德"要连用两个"明"字的原因。第一个"明"具有至关重要的意义:一切都应回到"明"的动态过程之中,并且保持于阴阳的相互反转和彼此推移;不如此,便无所谓存在。"明明德"的意思就是要使"明德"归乎于"明",或曰使之更具"明"的力量和光辉。"亲民"是对遵循"大学之道"者的基本要求:亲而有别,亲之中亦有它反面的东西存在,亲与不亲相反而相成。这意味着,执法者既有亲人之举和可亲之事,同时也必有不亲之情、难亲(近)之动。肯定的和否定的,都已包含在这样的"亲民"的要求之中。即使是"亲",也要"亲而近之",同时"等而别之"。《大学》本身教导我们,"君子贤其贤而亲其亲,小人乐其乐而利其利"②。"贤"要求贤人更"贤","亲"而欲使"亲上加亲"。只有"小人"一成不变,固守其"乐"不移,执着于一己之私而不思他求。至于朱熹改动的"新民",则更是突出了"日新月异"的意涵,将"苟日新、日日新、又日新"(《大学》)③的意向囊括其中。而"止于至善"无非是说,"上天所赐之善"必达最高境界,因而需要"天行健,君子以自强不息"(《周易·乾卦》)④。还应指出,"止"本来就有二意:一是"停止"之"止",二是"脚趾"之"趾"⑤,因而又具有"行进"的意涵。二者共处一体之中,本来也就是"阴阳之道"的体现。只不过没有"明"来得那么明显罢了。

"明明德"、"亲民"或"新民"以及"止于至善"三者之中都含有"明"。也

---

① 王弼(注)、孔颖达(疏),《周易正义》(李学勤主编,《十三经注疏》之一),第304页。
② 郑玄(注)、孔颖达(疏),《礼记正义》(下)(李学勤主编,《十三经注疏》之六),第1593页。
③ 同上,第1594页。
④ 王弼(注)、孔颖达(疏),《周易正义》(李学勤主编,《十三经注疏》之一),第10页。
⑤ 据词源学字典解释,"止"字是象形字,"甲骨文像一只脚的轮廓形。金文和篆文整齐化"。详见谷衍奎(编),《汉字源流字典》,第57页。

就是说,只有回到阴阳之道,《大学》一开篇所要讲的,才可得到解释。如上所述,对之的理解,是要依中庸之道来展开的。

如此,若"大学之道"与"明明德"三者相互分离,则"道"之"在"便不会"在其位"? 相反,"道"之"在"若是如此不"明"于"明明德"、"亲民"、"新民"以及"止于至善"的活动之中,它自身又何以"立"? 而这正意味着,"道"本身必然是"明"于事事物物的运作之中:没有相应的事物,它存在还是不存在,又会有什么意义? 更何况,它必然是在事物的运作之中,才"见"出自身的。也就是,事物之存在,是在"道"之"明"处。易言之,道之存在,正在于事物之"明"之"在":因而,不妨再加强调,"道"即为"明"。译文11对此可能没有多少深入认识,因而,才会丢开真正的"道"的"明"处。

那么,下文的处理又当如何?

例2. 古之欲明明德于天下者。(《礼记·大学》)①

译文1. 古代那些想要在天下弘扬光明正大品德的人。王国轩等今译(王国轩等,2007:107)

译文2. 古代那些想要把美德彰显于天下的人。吴国珍今译(吴国珍,2015:13)

译文3. 古代有想要彰显光明德性于天下的人。王文锦今译(王文锦,2015:2)

译文4. The ancients who wished to restore reason to its due lustre throughout the empire. Marshman 英译(Marshman, 1814:4)

译文5. The ancient (Princes) who felt desirous that the brilliancy of resplendent virtue might shine through the whole Empire. Collie 英译(Collie, 1828:2)

译文6. The ancients who wished to illustrate illustrious virtue throughout the empire. Legge 英译(Legge, 1992:3)

---

① 郑玄(注),孔颖达(疏),《礼记正义》(下)(李学勤主编,《十三经注疏》之六),第1592页;及朱熹(撰),《四书章句集注》,第3页。

译文 7. The men of old who wished to shine with the illustrious power of personality throughout the Great Society. Hughes 英译（Hughes，1943：146）

译文 8. When a man has a standard of excellence before him. 辜鸿铭英译

译文 9. Those men of old who wished to cause the light of their inner moral force to shine forth before the entire world. Plasks 英译（Plasks，2003：34）

译文 10. The ancients who wished to manifest their clear character to the world. 陈荣捷英译（Chan，1963：86）

译文 11. Those in ancient times who wished to extend their moral excellence all over the land. 吴国珍今译（吴国珍，2015：11）

在上引译文之中，"明明德"的意义疏解仍然是与原文呈现相反的意向。除此之外，还可看到，译文 4 告诉我们的是，一定要使"理性的光辉"在整个帝国"复原"。这是否在说，古人没有理性？既然如此，他们如何知道"如何"加以恢复，使之复原如"初"？这样的"初"存在吗？"理性"的运用，是否也一样是在突出"西方"才有的那种"启蒙精神"？

而译文 5 的确有意提示，古时的人没有"美德"（resplendent virtue），所以"圣王"[The ancient (Princes)]才会渴望（felt desirous）要使之在整个帝国"闪耀"？那不是说，生活在中国这片古老的大地上的人，(一开始)属于"野蛮人"吗？

以下的译文或已避开了"理性主义"的侵入，以及"族裔中心主义"的倾向。但是，问题依然如故。因为，我们并没有看到，"明明德"的意义的真正传译。

同样的思路依然在支配着所有的译者，比如，若像这样将"古之欲明明德者"解为"古代意欲在整个的'大社会'以个体性的闪耀的力量来闪光的人"（译文 11），那么，他们还可能是儒家的"有德之士"吗？后者不是尽其一生都在追求"谦德"①,而且,《大学》后文紧接着不就是在突出"自谦",进而强调"慎独"的作用吗②?因此,不但不知"止",反而如此夸大"一己之德",势必会形成对儒家思想的反动,直至在《大学》的意义疏解过程中造成本不应有的矛盾和严重问题。

"明"到底出自何方?易言之,究竟是起自"(大学之)道",还是来自"人(个体之修养)"?这是不能不加追问的,因为这牵涉到"明明德"本身的"德"之"体用"。而下例之中的译文似乎也并没有透露给我们什么消息。

例3.《康诰》曰:"克明德。"《大甲》曰:"顾諟天之明命。"《帝典》曰:"克明峻德。"皆自明也。(《礼记·大学》)③

译文1.《尚书·康诰》说:"能够弘扬光明的品德。"《尚书·大甲》说:"顾念上天赋予的光明德性。"《尚书·尧典》说:"能够弘扬崇高的品德。"这些话都是说要自己弘扬光明的品德。王国轩等今译(王国轩等,2007:107)

译文2.《康诰》上说:"能够弘扬光明(美好)的品德。"《太甲》上说:"念念不忘上天赋予的光明德性。"《尧典》上说:"能够弘扬崇高的品德。"这些都是说要弘扬自己的品德。吴国珍今译(吴国珍,2015:15)

译文3.《尚书·康诰》篇中说:"能够彰明美德。"《尚书·太甲》篇中说:"要顾念熟思上天赋予的光明使命。"《尚书·帝典》篇中说:"能够彰明伟大的品德。"王文锦今译(王文锦,2015:2)

译文4. The Khang-kao says, "Wun-wang was capable of restoring reason to its full luster."—The T'hai-kya says, "(T'hang) was ever intent

---

① 比如,《诗经·卫风·淇奥》"有匪君子,如切如磋,如琢如磨"之句。《诗经·秦风·小戎》里有"言念君子,温其如玉",后世化之为"谦谦君子,其温如玉"(金庸小说《书剑恩仇录》第八回中有"情深不寿,强极则辱。谦谦君子,温润如玉"之语);《周易·谦卦·象传》中有"谦谦君子,卑以自牧也";《韩诗外传》卷三也强调"夫此六者(恭、俭、卑、畏、愚、浅),皆谦德也。若是这样的"谦德"不和"明明德"相结合,则"大学之道"何以成立?

② 《礼记·大学》后文强调:"自天子以至于庶人,壹是皆以修身为本","所谓诚其意者,毋自欺也,如恶恶臭,如好好色,此之谓自谦。故君子必慎其独也。"见郑玄(注)孔颖达(疏),《礼记正义》(下)(李学勤主编,《十三经注疏》之六),第1592页。

③ 郑玄(注),孔颖达(疏),《礼记正义》(下)(李学勤主编,《十三经注疏》之六),第1593页;及朱熹(撰),《四书章句集注》,第4页。

on improving the intellectual gift of heaven." The Tee-tyen adds, "(Yao) restored to its due luster that sublime faculty (reason.") These all then enlightened themselves. Marshman 英译(Marshman, 1814:7)

译文 5. The Kang Kaou says, that Wăn Wang was able to illustrate brilliant virtue. The Tae Keă (speaking of Tang) says, he constantly kept his eye on the resplendent gift of heaven (original virtue) and the Te Teĕ speaking of Yaou, says, he was capable of clearly exhibiting illustrious virtue. All these brightened their own original virtue. Collie 英译(Collie, 1828:3)

译文 6. In the Announcement to Kang, it is said, "He was able to make his virtue illustrious." In the Tai Jia it is said, "He contemplated and studied the illustrious decrees of Heaven." In the Canon of the Emperor Yao, it is said, "He was able to make illustrious his lofty virtue." These *passages* all *show how those sovereigns* made themselves illustrious. Legge 英译(Legge, 1992:5)

译文 7. The Commission of Investiture to Prince K'ang says: "He (the Emperor Wen) succeeded in making manifest the power of his moral nature."/In the Address of the Minister I-Yin to the Emperor T'ai Chia, it is said: "He (the great Emperor T'ang) kept constantly before him the clear Ordinance of God."/In the Memorial Record of the Emperor Yao, it is said: "He succeeded in making manifest the lofty sublimity of his moral nature."/ Thus all these men made manifest the intelligent moral power of their nature. 辜鸿铭英译

译文 8. In the *K'ang Kao* it is said: "He has the gift of illustrious power of personality." In the *T'ai Chia* it is said: "He guards this illustrious charge from Heaven." In the *Ti Tien* it is said: "He has the gift for shedding lustre on his outstanding power of personality." These three are cases of the self giving lustre. Hughes 英译(Hughes, 1943:149)

译文 9. It is said in the 'Announcement to the Lord of K'ang': '[King Wen] succeeded in causing the light of his moral force to shine forth'. /It is said in the 'Admonition to T'ai-chia': '[King T'ang] set his eyes upon affirming the shining decree of Heaven.' /It is said in the 'Canon of the Great Ancestor': '[Yao] succeeded in causing the light of his towering moral force to shine forth.' /Each of these canonic sources bespeaks one whose capacity to shine forth comes from within his own self. Plasks 英译 (Plasks，2003：36)

译文 10. In the "Announcement of K'ang" it is said, "He was able to manifest his clear character." In the "T'ai-chia" it is said, "He contemplated the clear Mandates of Heaven." In the "Canon of Yao" it is said, "He was able to manifest his lofty character." These all show that the ancient kings manifested their own character. 陈荣捷英译(Chan，1963：87)

译文 11. The Mandate to Kang says: "(He was able to) carry forward his excellent virues." /Taijia says: "He never forgot the virtuous mature bestowed by Heaven." /The Decree of Yao says: "(He was able to) carry forward his lofty virtues." /All the above show how those people tried to carry forward their excellent virtues. 吴国珍英译(吴国珍，2015：14)

译文 4 在这里用了 enlighten：不是"理性"，就是"启蒙"，近乎于强调，国人需要站在西方"启蒙运动"的立场上，才能达到"现代"？而后世的译文也都不同程度上并没有完全避开这样的意向？译文 10 还在强调，古代君王"展现自己的品格"(manifested their own character)，这是"自明"的意思吗？如上所说，这样的"展现"难道不与儒家思想相背离吗？

译文 8，"明德"仍被处理为 illustrious power of personality，但被视为一种"礼物"或"天赋"(the gift)。这样，又一次出现了上文所说的问题：到底在什么所在，"明明德"在"明"？是人，还是天？此译因先将"顾諟天之明命"译为"他守护着来自这一来自天(Heaven)的光明的指示(charge)"，会让读者以为，那是"明德"来自天，是它的赐予。可是，就在此译的最后部分，译者又以 These three are cases of the self giving lustre(此三例都是在说明,自我给予光辉)来传译"自明",那么,"明"是来自人自身?

那么,即使在同一个段落相互联系的几个句子之中,也会出现如此的混乱。我们是否应想些办法,来加以解决呢?

上引英译采用的是意义疏解之法,即依照译者所理解的原文的意义,通过在目的语英文之中选择适应的词语,来再现原文的意义。其长处是,读者读起来可感觉相当自然,似乎汉语之中的原本就是英文之中原有的;但其缺点则在于,不一定能找到一种尺度来衡量进而确定这样的疏解的合理性和正当性。

总结的话,我们就会说,这里的译文前后不相一致,不能达成"系统"。更为严重的可能是,"明明德于天下",是不能依照现代的"进步主义(Progressivism)"观念来处理这里的词语的。原因是,在后者那里,事物是要"进步"、"提高"或"前进"的。但这样的进步之类,和"明明德"并无多少共同之处。比如,吴国珍的译文选用朱熹的《四书章句集注》作为原本,而且,特地在"美德"前加上行内注称"人的身上所具有的",这说明,译者的确是接受了朱熹的教导,关注的是"人之初,性本善"的导向。但是,这一表达若是能改写为"人自身原有的",可能更合适一些。朱熹在解释《论语》的"学"时强调,人之"为学",其目的就在于"明善而复其初也"[①]。如此,"明明德"亦可释为:"使复之初善或曰原善重新复明或展现出更大的光明。"实际上,早有论者如此作解。比如,宋时的吕祖谦就说:"明明德"的意思即为"以明继明"[②]。有学者解释,"'明明'之中有一种超越人的力量在。古语有谓,'明明在上'。上天本自有明,而人在'明明德'也不过是'以明继明'"[③]。不过,应该强调的是,所"继明"之"明",既可以是"上天所赐"之"明",更应该理解

---

① 朱熹(撰),《四书章句集注》,第 47 页。
② 见吕祖谦(撰),吕祖俭(搜录),吕乔年(编),《丽泽论说集录》(卷一):"明明在上,赫赫在下,此亦以明继明。大抵天下道理,本自相续,以明继明,自是常事。"见《文渊阁四库全书》(第七〇三册),第 304 页,上海:上海古籍出版社,2003 年版。又见纳兰性德(编),《合订删补大易集义粹言》(卷三十四),《文渊阁四库全书》(第四五册),第 676 页。
③ 参见李贽(著),《中庸的思想》,第 261 页。

为"人本性之中的明",在不断打造和涵养之后对之的回还和不断复原。

因而,"明"既不主要是"显现"的意向,也就不能从"知解"的角度加以疏解和处理,比如,"明白""明了"等。但是,历来的译解,却偏偏有一种倾向,要朝着后一个方向展开。如此,就可能距离古训越来越远。

不论如何,在这里,译者可能没有注意到,"明明德"之"明"以及《大学》所引的《尚书》之中的诸多"明",其中都含有这样的"回归"或曰"作为回归"的意指,因而,例3文末才会有"自明"的阐明,就是要对之加以突出。不能归入自身的,假若一味"求进",会不会因为"求大"(或如英译之中之所向,"求扩展"),进而使行为和思想成为"无本之木、无源之水"而最终"无功而返"甚或"无法归位"? 因而,没有立足点的力量,是不能持久的,当然也就是不可取的。儒家之所以坚持"修己之教",主张"成人成己",其意义就正在于"明明德"。在这里,其意义不是昭然若揭的吗? 如此,背离了它"回归"的意向的疏解,我们认为,是起不到对应作用的。

无论如何,保持"人"的一维,而丢弃"天"的一维,译解便很难与原文产生对应。比如,若将"明"仅仅释为"彰明"或"彰显",那是否意味着,古之贤者甚至圣王竟然有意甚或特意要将自己所具有的内在的美德"彰明"开来? 不仅这里的诸多汉语译文是这样理解,Legge所作的英文译文更是如此处理。这难道不和儒家的"谦德"产生冲突吗? 易言之,假若认定"明明德"之"明"仅仅止于伦理意义上的、社会甚至政治所需用的那种"明"(上引译文之中的所用的"扩展"之类,就是如此),那么,由于丢掉或忽略了另一个同等重要的维度,有关译解就会偏离原文,甚至是如这里所说的,和《大学》本身所要突出的形成反动。

也就是说,执其一端,而丢掉了另一端,这正是问题所在。易言之,若是从中庸之道入手,方可趋向"明"的意蕴。此外,我们认为,有必要别道另行。因为,那种试图以一对一的或一一对应的方式,来传译原文题旨的做法,显而易见是行不通的。依此观之,庞德的译文可以引出一个新的视角。

实际上,别处对"明明德"的理解,也一样早已陷入"理性主义"的现代化和西化思路之中而难以自拔,中华文化的真精神当然也是隐而不彰。

例4. 传曰："恶之者众则危。"书曰："克明明德。"诗曰："明明在下。"故先王明之，岂特玄之耳哉！（《荀子·正论篇》）①

译文1. 古书上说："憎恨他的人众多，他就危险了。"《尚书》说："能够彰明贤明的德行。"《诗》云："彰明美德在天下。"古代的圣王也彰明自己，难道只是使自己幽深难知就算了吗？ 张觉今译（Knoblock，张觉，1999：556-558）

译文2. A tradition says：/When those who hate him are a multitude, he is in danger. /One of the Documents says：/He was able to make bright his illustrious inner power. /An Ode says：/Open and forthright are those below. /Thus，the Ancient Kings made themselves plain. Surely this was the result of their openness and nothing else. Knoblock 英译（Knoblock，张觉，1999：557-559）

3.4 庞德对"明"的处理及海德格尔对荷尔德林的疏解的启示

例1. 译文12. The great learning [adult study, grinding the corn in the head's mortar to fit it for use] takes root in clarifying the way wherein the intelligence increases through the process of looking straight into one's own heart and acting on the results; it is rooted in watching with affection the people grow; it is rooted in coming to rest, being at ease in perfect equity. Pound 英译（Pound，1960：27-29）

例2. 译文12. The men of old wanting to clarify and diffuse throughout the empire that light which comes from looking straight into the

---

① 引自王先谦（撰），沈啸寰、王星贤（整理），《荀子集解》，第 314 页。王先谦注曰："《书·多方》曰：'成汤至于帝乙，罔不明德慎罚'"；"《诗·大雅·大明》之篇。言文王之德明明在下，故赫赫著见于天地"；"特，犹直也"。

heart and the acting, [...] Pound 英译(Pound，1960：29)

例3. 译文12. It is said in the K'ang Proclamation: He showed his intelligence by acting straight from his heart. /It is said in the Great Announcement: He contemplated the luminous decree of heaven, and found the precise word wherewith to define it. /It is said in the Canon of the Emperor (Yao): His intelligence shone vital over the hill-crest, he clarified the high-reaching virtue, *id est*, that action which is due to direct self-knowledge. /All these statements proceed from the ideogram of the sun and moon standing together [that is, from the ideogram which expresses the total light process]. Pound 英译(Pound，1960：35-36)

乍一看来，庞德的译文很是"费词"。因为他简直是在作长篇大论的释义，而不是在进行翻译，或者至少说也不是在作真正的翻译——一对一的或对应性很强的那种翻译。但是，我们还是需要耐心解读，因而，不妨先将上引译文回译为汉语，看看其中到底包含着什么，然后才能判断，这样的"翻译"对我们来说，可能有什么意义。

例1. 译文12. 回译：大学（成人之学，即在头脑的研钵之中碾碎谷物以使之适于使用）植于对此一道路的阐明：才智以之通过直视人自己的内心进而依照结果加以行动的过程而得提升；它植根于以慈爱观察着人的成长；它植根于逐渐趋向停止，亦即，安心于完美的公正。

例2. 译文12. 回译：古时有人希望在整个帝国阐明并且传扬来自直视内心进而行动的那种光明。

例3. 译文12. 回译：《康诰》云，他直接自其内心行动，依之显现才智。《太甲》称，他对来自上天的光明的圣命加以沉思，依之找到确切的词语加以界定。《帝典》（《尧典》）曰：他的才智生机勃勃，在山顶闪耀，他阐明了高高延伸的美德，亦即，归之于自我知识的行动。所有这些评述都起自日月站立一起的表意符号（汉字）（也就是，起自表达整个光明过程的表意文字）。

之所以说庞德与众不同，首先是因为，他澄清了"看"和"明"的关系，亦即，凸显了"明"的"起源"，也就解决了上文之中诸多矛盾。比如，能不能避开君子的自我显示或曰炫耀？君子在什么意义上可以自我显现？君子的自我显示是自然的吗？虽然朱熹在注释时,已经指出"天之明命,即天之所以与我,而我之所以为德者也。常目在之,则无时不明矣"[1],但是,之后的注译者似乎并未留意,因而,译文大半是不通的。实际上,只有回到"天人合一"的维度,找到一种办法,才可能真正达到对原文的意义的疏解。不然的话,"天之明命"和"自明"还是会出现矛盾。庞德的解释,在这一点上是有突破的。

在与原文"明"相对应之处,庞德,一用的是"明道"(clarifying the way)和"通过直视人自己的内心进而依照结果加以行动来加强才智"(the intelligence increases through the process of looking straight into one's own heart and acting on the results);再用的是"来自直视内心进而行动的那种光明"(that light which comes from looking straight into the heart and the acting);三用的是"直接自其内心行动,依之显现才智"(showed his intelligence by acting straight from his heart),"对来自上天的光明的圣命加以沉思,依之找到确切的词语加以界定"(contemplated the luminous decree of heaven, and found the precise word wherewith to define it),"他的才智生机勃勃,在山顶闪耀,他阐明了高高的美德,亦即,归之于自我知识的行动"(His intelligence shone vital over the hill-crest, he clarified the high-reaching virtue, id est, that action which is due to direct self-knowledge),以及"日月站立一起的表意符号"(the ideogram of the sun and moon standing together)。

尽管庞德似乎有以"才智"来取"明"而代之的意向,但是,"通过直视人自己的内心进而依照结果加以行动的过程而得提升"的"才智",实际上突出了人的"才智"的内外在的一致。而"来自直视内心进而行动的那种光明",也强化了这一点。在第三个版本之中,第一个"明"的英文处理,仍是在强调"凭着直视人心来行动"。这样的译解,都是在强化"人心"的力量,颇有些孔

---

[1] 朱熹(撰),《四书章句集注》,第4页。

子"为仁由己,而由人乎哉"(《论语·颜渊》)①的意味,当然也体现了孟子"仁义内在"(《孟子·告子上》)②的思想倾向。孟子曰:"仁,人心也。义,人路也。"(《孟子·告子上》)③又曰:"学问之道无他,求其放心而已矣。"(《孟子·告子上》)④庞德以"人心"为焦点,来转译"明"的意义,至少是注意到了如何突出"天德的内化在于人心"这一主题,因而,应该是符合"合外内之道"⑤的中庸之道的精神。

因此,我们认为,尽管他也一样是在说"才智",也是将关注点放在了人这一方面,但是,由于他是将两个方面的意向合二为一,依之来疏解"明"的意义,因而,也就突破了单方面、单维度的译法,使其译文形成了"一加一等于三"的格局。就此而论,他以"才智"(intelligence)来译"明"的做法,在其结构比较复杂的译文之中,似乎变得不太重要了。而后文对 intelligence 的说明和解释,越发具有了意义。这样,就可以弥补这方面的不足。因为读者关注的毕竟是他所用的 intelligence 到底是什么,其来源或曰本质表现又是什么?而庞德在其译文之中给我们提供的解释或说明,恰恰起到了某种作用,可以将我们拉向:一、人的内在之德具有最为突出的力量;二、这种内德是两个方面的合一或合体;三、最终的"明"是"二合一"。

如此,看似是人在"直视内心",实则是"天"在进行这样的审视。也就是说,"明"实际上既来自"人",也来自"天"。而这意味着,天作为人的超越性的一面的存在,的确已经内聚于人,成为自我构成的打造力量,也就是内炼之德。

若可如此理解,那么,依庞德之译解(例2译文12),古人(the men of old)希望能在整个帝国(throughout the empire,原文为"天下")阐明进而传

---

① 何晏(注),邢昺(疏),《论语注疏》(李学勤主编,《十三经注疏》之十),第157页。
② 赵岐(注),孙奭(疏),《孟子注疏》(李学勤主编,《十三经注疏》之十一),第294-298页。
③ 同上,第310页。
④ 同上,第310-311页。
⑤ 郑玄(注),孔颖达(疏),《礼记正义》(下)(李学勤主编,《十三经注疏》之六),第1450页。

播(wanting to clarify and diffuse)"来自直视内心进而行动的那种光明"（that light which comes from looking straight into the heart and then acting）的意思，便可释为人之"视听言动"①都是依"上天"之"明"自我审视或曰对自己的内心加以审视所产生的结果。所谓"内省不疚"（《论语·颜渊》）②，此之谓也。之所以能如此，是因为那是来自上天的力量的赐予，足以使人回归最为基本的常态。因而，只要"上天"之"明"的昭示和照射能够触及人的内心（庞德所说的"直视"），人就不致于出错。

如此，"上天"以其"明"作为人的"尺度"，或者说，"上天"是在以其"明"昭示人应该向内观省，如此，才可发现那种"尺度"。

而庞德的另一译文（例1译文12），"才智以之通过直视人自己的内心进而依照结果加以行动的过程而得提升"来传译"明明德"，虽然言词累赘，毕竟突出了"天人合一"的要义。"以之"，庞德英文译文之中原作 wherein，意为 with that 或 with which，指的是前文之中的 the way（道）。因而，人之"才智"，端赖"（天之）道"。两方面合力，才可能形成人的"明德"，这样"明德"才能得以"明"。因而，这一译文同样是在突出"上天"赐予的那种"明"的力量。这也正是"性之德也，合外内之道也，故时措之宜也"（《礼记·中庸》）的意向。

由此可见，单方面的所谓行动，亦即，将"明明德"之中的第一个"明"视为来自人，不论是当下，还是古时，都不足以准确地释解原文意涵：只有两个方面的互动、互助，才可能促成这样的"明"。因而，与其说，第一个"明"作为动词，是起自人，毋宁说那是来自外在于人的超越的力量。与此同时，因为

---

① 《论语》之中有云："颜渊问仁。子曰：'克己复礼为仁。一日克己复礼，天下归仁焉。为仁由己，而由人乎哉？'颜渊曰：'请问其目。'子曰：'非礼勿视，非礼勿听，非礼勿言，非礼勿动。'颜渊曰：'回虽不敏，请事斯语矣。'"（《论语·颜渊》）这里的"礼"应首先理解为"天经地义"之"礼"，亦即为戴圣《礼记·曲礼上》之中所说的"礼尚往来，往而不来，非礼也，来而不往，非礼也"之"礼"。因为，那是天道或曰易道或曰阴阳之道的体现，如《周易·系辞上》说："是故阖户谓之坤；辟户谓之乾；一阖一辟谓之变；往来不穷谓之通。""往来"才能"不穷"，"不穷"才有"天地之道"。"礼"应首先是对之的仿效。即使从这里也可看出，若是丢掉了"天"的一维，是没有办法进入中国哲学的天地的。

② 何晏（注），邢昺（疏），《论语注疏》（李学勤主编，《十三经注疏》之十），第159页。

这样的超越的力量必然收摄于人的内心,也就是转化为人内在的力量,它才可能是超越的。"明"即为人的这种超越又内在的动态的显示,而不是其"内在的美德"的"单方面"的显示:试想,假若那仅仅是"内在的",又如何可能显示? 因此,强行或强硬地显示,必然会造成虚伪的或至少是人为的东西,但那并不是儒家所描述的人的存在,或者说,不是儒家所追求的理想之中的君子的存在的基本样态。

反过来看,假若上引译文都是在突出单方面的人的作为意义上的"明",那么,那就很可能首先是此世之中的、牵涉到人际关系或曰伦理因素,而不涉及存在论的东西;也就是说,不涉及人之为人最为根本的东西。这样,既然不是描述人的本质性的存在,译文又有什么意义呢?

因此,单维度的人的描述,不是儒家的思路之所向,因而是无所谓的;而"单独"的人的作为,不是儒家之所指,因而也是无所谓的。只有同时启动天和人两方面的力量,对人及其"德性"加以描述,才可趋向儒家的基本思路。

这种思路就是:"可以赞天地之化育,则可以与天地参矣。"(《礼记·中庸》)[1]具体而论,就是,第一,人对自己的"明德"的建造或曰回归,是要重新或不断使之立足于人在宇宙之中的位置。此即,"民受天地之中以生,所谓命也"(《左传·成公十二年》)[2]。确立人本身的存在,就是不断回到这样的"原点":居中而在,居中而思,进而居中而为。第二,这样的存在格局,既然确定我们在行动之中,就不能只顾及一个方面或单一方面,而是应该将所牵涉的所有的方面纳入思考,翻译也一样如此。在这里,至少有三个方面的元素进入视野,实现它们的合成,才可能将事物统一在一个系统之中,并且促成与原文一致的意涵指向。第三,我们确定地说,"天人合一"先于一切。易言之,宇宙论意义上的事物存在,先于社会以及自然等指向上的事物的存在,当然也要比之重要得多:在那里,才会有事物的本质性的导向。

---

[1] 郑玄(注),孔颖达(疏),《礼记正义》(下)(李学勤主编,《十三经注疏》之六),第1448页。

[2] 左丘明(传),杜预(注),孔颖达(正义),《春秋左传正义》(中)(李学勤主编,《十三经注疏》之七),第755页。

易言之,身为译者要做到的,首先,要回到宇宙论中人的真正存在样态:居中。其次,"二"的偶对,才是对事物存在的描述,是宇宙论的存在样态。最后,这样的样态,其表述就是"天人相合"。

那么,这样的"二合一格局",分明就是中庸之道的写照。易言之,作为一种方法论,中庸之道才是我们身为译者要坚持的理论。原因(不妨重新申论)正在于,首先,那是人的宇宙论存在的本质体现;其次,那意味着我们可以达到事物本身;最后,它可以不断将我们带回儒家的中庸之道。

上文之所以说庞德是有突破的,就是因为在他的译文之中,我们才可找到这样的倾向或思路。

不仅仅是他的译文如此,他在译作中间对译文所作的解说,也一样充溢着中庸之道精神。以"明"为例,他在译文正文之前的 Terminology(术语)之中,特地对"明"作出如下的解释:

The sun and moon, the total light process, the radiation, reception and reflection of light; hence, the intelligence. Bright, brightness, shining. Refer to Scotus Erigena, Grosseteste and the note on light in my *Cavalcanti*.①

太阳与月亮,整个的光明过程,光明的辐射、接受和反射;因此,才智。光明的,光明性,闪耀。可参照斯格特·埃里金纳、格罗斯泰斯特以及我所作的《卡瓦坎蒂》中对明的注释。②

---

① 这里涉及的人名和著作名称需要解释:Scotus Erigena 指中世纪经院哲学家 John Scotus Eriugena, or Johannes Scotus Erigena(约翰·斯格特·埃里金纳,约公元 815—约公元 877),意大利神学家、新柏拉图主义哲学家。Grosseteste 指的是中世纪经院哲学家 Robert Grosseteste(罗伯特·格罗斯泰斯特,约公元 1175—公元 1253),英国政治家、神学家和科学家。庞德最后提及的 Cavalcanti 是指他用英文翻译的意大利诗人 Guido Cavalcanti (圭多·卡瓦坎蒂,约公元 1255—公元 1300)的作品集《圭多·卡瓦坎蒂十四行诗歌谣集》(*The Sonnets and Ballate of Guido Cavalcanti*, 1912)。这是他最早的一部译作。

② Ezra Pound(译), *Confucius: The Great Digest, The Unwobbling Pivot, The Analects*, 第 20 页, New York: A New Directions Book, 1960 年版。

这里的术语解释，一开始就突出了"明"的写法：日月并列，相互映照，可谓日月同辉。他还对"整个光明的过程"加以突出。尽管庞德在译文之中并没有直接这样来译，但是，可以清楚地看到，他在译文之中是以"明"本身所昭示的事物存在的基本原理来进行翻译的：有了日月共在，才会出现同辉，也就是"明"。这不就是与典型的中庸之道的"二合一"完全一致的思路吗？正是有了这样的基本原理的支撑，才会有接下去的论断性解释"整个光明的过程"。如此解释，不仅彻底打破了将中华文化之中的"描述"视为"名词"、"术语"，进而将之"静态化"和"概念化"的做法，而且，从根本上，庞德突出的就是"明"本身应被视为"整体性的光明的过程"，也就是"明"印证的是"上天"的光明之"源"。

尽管他也用到了"才智"（the intelligence）一词，但是从整体上看，他的"日月并置"和"过程"的思路，突出了动态过程和事物之源，因而与阴阳之道和中庸之道相契合。因此，他的解释当然要高于他人一筹。自然地，他的译文也就有了可资借鉴之处。

而在另一处，在他对朱熹的注解的译文之中，仍可清楚地看到其思路的"奇异"之处，也就是与充溢于原文之中的阴阳之道和中庸之道精神的那种对应性。

原文：右传之首章。释明明德。（《四书章句集注》）①

庞德译文：This is the first chapter of the comment giving the gist (sorting out the grist) of the expressions: Make clear the intelligence by looking straight into the heart and then acting. Clarify the intelligence on straight action.②

这是评论（引者按：应为"曾传"）的第一章，给出有关表达的大旨[分出有益之物（谷物）]：直视内心进而有所行动，凭之阐明才智。

Joshua Marshman（马士曼或曰马殊曼）相应的译文是 Thus far the

---

① 朱熹（撰），《四书章句集注》，第 4 页。
② Ezra Pound（译），*Confucius*：*The Great Digest*，*The Unwobbling Pivot*，*The Analects*，第 36 页。

First Section, on duly enlightening the mind①；而 David Collie(高大卫)的译文则为 The first section shews [shows] what is meant by "Clearly illustrating brilliant virtue"②。

看上去，和在别的地方一样，庞德并没有严格按照原文进行逐字逐句对应性的直接翻译。相反，他在坚持对其中隐含的力量加以转化。这样，他的译文就给我们带来了一种新奇的解释："明明德"就成了上天赐予之光明，直击人心之后，促使人依之行动的那种才智展示的活动。如此，一、谦谦君子之德，就没有像上引诸多译文之中的那种"显耀"或"炫耀"的意味；二、展露的才智固然是人所发出，也一样是上天的赐予；三、这样的展示并不完全是人所自主的，而是天人互动的结果。如果可以说，"寄托"在人的名下的"直视"就是天人互动的结果，那么，"有所行动"当然也是这样。

因此，庞德的译文体现出的，便正是上文要说的"偶对相合"：一方是天，一方为人，二者相对而立，但并不是互为反动，而是相辅相成，连接为一体。正是在这样的前提条件之下，人的存在才是可能的，人的"明德"的"明"也才是可能的。

那么，"曾传"首章的第四部分之中所说的"皆自明也"，庞德译解为"所有这些评述都起自太阳和月亮站立一起的表意符号[汉字](也就是，起自表达整个光明过程的表意文字)"③。这样，依照庞德所述的"曾传"，既然上述所有这些评论文字都是产生于(proceed from 有"源自"的意思)表示"明"的这个汉字("日月站立一起")，那么，毫无疑问不是人在"自明"，而是"字"本身所表示的那种"明"在发挥作用。如此处理，的确可以避开"人为"的因素，

---

① Joshua Marshman(著译), *Elements of Chinese Grammar： with a Preliminary Dissertation on the Characters, and the Colloquial Medium of the Chinese, and an Appendix Containing the Tahyoh of Confucius with a Translation*, 第 3 页, Malacca： The Mission Press, 1814 年版。

② David Collie(译), *The Chinese Classical Work Commonly Called The Four Books*, 第 3 页, Malacca：The Mission Press, 1828 年版。

③ 庞德的英文译文为：All these statements proceed from the ideogram of the sun and moon standing together [that is, from the ideogram which expresses the total light process].

尽管它可能有与原文不相吻合之处：所有的字眼，都会在"字面上"具有特定的意义，何以上文的评述，要起自"明"而不是别的什么呢？这不是和原文的"意义"不搭界吗？

如果我们要为之辩护的话，或许可以说，虽然所有的文字都自有其意义，但是，曾子在其注解之中毕竟是在突出唯一重要的"明"字，而且，朱熹也一样如此。实际上，看《大学》的开篇，"大学之道，在明明德"①，就可以断定，那是首先在强调，人的"明德"之"明"。两个"明"字的运用，充分体现了孔子所代表的儒家的思想趋向：走向"明"所体现的宇宙原理，人之"德"才能闪耀在天地之间。那么，如此至关重要的字眼，当然是应该关注的。因此，庞德特地加以突出，应该是有一定的道理的。

不过，还应指出，一般而言，理雅各以 illustrate the illustrious virtue 来译"明明德"，不可谓不妙。因为，"明明德"原文二字重复运用。而理雅各所用的 illustrate 其本身和 illustrious 属于同根词，如此，可以揭示出原文用字的巧妙。但是，illustrate 是"举例说明"或"示范"的意思[explain or make (sth.) clear by examples, diagrams, pictures, etc.]②，"光明"或"使本性善良的德进一步彰显出来"的意味并不明显。因而，若是仿照他的处理，或可以 illuminate the illuminous virtue 来传译"明明德"，是否更能突出"明"的意味？理由是，illuminate(provide sth. with light)此词本身就含有"启明"之意③。如瓦尔特·本雅明的一部论文集转译为英文，题目即为 *Illumination*，译为汉语，名称就确定为"启迪"④。"启迪"即"启明"，意为"开启智慧之门，而进入'明'之进程"。

不过，不论如何在目的语之中寻找适宜的词语，试图尽可能靠近原文的意思，问题依然都是存在的：那不是目的语之中"原有"的词语吗，怎么可能

---

① 郑玄(注)，孔颖达(疏)，《礼记正义》(下)(李学勤主编，《十三经注疏》之六)，第1592页；及朱熹，《四书章句集注》，第3页。
② 参见 A. S. Hornby(编)，李北达(译)，《牛津高阶英汉双解词典》，第738页。
③ 李北达将此词译为："照明、照亮、照射(某物)。"同上，第737页。
④ 汉娜·阿伦特(编)，张旭东(译)，《启迪：本雅明文选》(修订译本)，北京：生活·读书·新知三联书店，2012年版。

取"明明(德)"而代之？相反,若是能转换思路,寻觅新的途径,同时参照现有的成果,比如庞德富有创意的译解,那么,就有可能找到一条出路,来传译"明明德"的意思。我们认为,直接从此字的构造入手,将之破解开来,似乎就能够解释清楚"明"本身的意义。

显而易见,"明"字本身的意义就是"日月同辉",也就是,在阴阳互化的进程之中,太阳和月亮不断交替的出现形成了中国人特定的"光明观",进而将任何可以"照明"的或能够显示、显现的存在之物,都统统纳入阴阳之道的进程,使之沐浴于"日月同辉"的灿烂。在这个意义上,"明"可以说就是阴阳之道的特定的体现。《周易·系辞下》之中所说的"日月相推而明生焉"[①],其中的"明"就是这样的意思。

因而,若是能在目的语之中以如此的"拆字"作解之法,来传递"日月之明"如此特定的文化意义甚至是国人的思维方式,那么,"明明德"的含义不就昭然若揭了吗？那不就是在说,"明明德"就是要求人(儒家所说的"君子"、"君子人"或曰"正人君子"),要将"本来就在日月同辉的易道之自然的动态过程之中所显明的那种人的本性之德,进一步或重新加以显现,或使之显露或大白于易道之中":如此重新复原人的"内德",使之更加清楚明了的意味,不就能在"明"被化解"日月之易"的指向上加以疏了解吗？

如此,从理论上来说,这样解释"明"是可行的。

不过,有没有同样的做法可以印证？庞德当然是一个鲜明的例子。

但是,我们认为如此还不足以达到"最佳"。后者是需要通过对字本身进行"拆解"或"合成"两个步骤的尝试而进一步做出选择的。在英文之中,我们的确也可以找到这方面的一个佐证,来说明如此选择是有根有据的,也就是可以采纳的。

在海德格尔论述解释和翻译的著作《荷尔德林的赞美诗〈伊斯特河〉》中,海氏通过对"诗人的诗人"荷尔德林的诗歌《伊斯特河》的意义的疏解,告

---

① 王弼(注),孔颖达(疏),《周易正义》(李学勤主编,《十三经注疏》之一),第304页。

诉我们,河流、人、诗歌以及解释和翻译的本质,都可以"处所性的旅程化"和"旅程化的所处性"来表达。二者一静一动;荷尔德林此诗之中还描写河流似乎是在"回流"。如此,二者符合朱熹对阴阳之道的描述,朱熹强调:"盖天地之间,只有动静两端,循环不已,更无余事,此之谓易。"①

1. 原文及其逐字翻译

Ein Zeichen braucht es,

一个标志需要它(中性代词 es,也可以理解为形式主语 it)

Nichts anderes, schlecht und recht, damit es Sonn

不是其他的,坏的和好的,以使它(中性代词)太阳

Und Mond trag im Gemüt, untrennbar,

而且月亮带着在心情,不可分离(形容词),

Und fortgeh, Tag und Nacht auch, und

而且继续走,白天和黑夜也,而且

Die Himmlischen warm sich fühlen aneinander.

天上(名词)温暖感觉从互相。②

2. 译文一

[...] A sign is needed.

Nothing else, plain and simple, so that sun

And moon may be born in mind, inseparable,

And pass on, day and night too, and

The heavenly feel themselves warm by one another. ③

3. 译文二

有个寄托,

不为别的,总得让

---

① 朱熹(著),郭齐、尹波(点校),《朱熹集》(第四卷),第 2253-2254 页。
② Martin Heidegger(著),William McNeill and Julia Davis(英译),*Hölderlin's Hymn "The Ister"*,第 5 页。逐字翻译的汉语为我们所添加。
③ 同上。

日月在它心头交辉,

昼夜在它心头更替,

让天国的神灵彼此感到温暖。

顾正祥译(荷尔德林,1994:118)

4. 译文三

[……]它需要一个征兆,

舍此无他,不论好歹,以使它

在心灵里承担得日月,拆不散,

并走去,昼夜不舍,而

那些天上的在彼此身上感到温暖。

刘皓明译(荷尔德林,2009:453)

5. 译文四

[……]需要的是一个符号。

而不是别的;明了而又简单,以至于太阳

和月亮可以抱持心中,无可分离,

进而传承下去,白天,还有夜晚;而且

天上的彼此依赖感到温暖。①

德文原诗之中的 damit es Sonn/Und Mond trag im Gemüt, untrennbar,英文译文将之处理为 so that sun/And moon may be born in mind, inseparable,汉语的意思分明就是"太阳和月亮不可分离",也就是"明"的意思。易言之,在我们看来,海德格尔以"动静兼具"和"循环不已"的方式来描述存在者的"本质",正是阴阳之道的典型应用。②

这说明,尽管没有历史文献证明,海德格尔是从儒家那里获得了启示,来如此解说事物的本质,但是,若是他是无意识的,那或许更能显现出阴阳

---

① 这是我们尝试做的译文。

② 参见蔡新乐(撰),《翻译哲学的阴阳之道:从"明"看儒家思想之于翻译的意义》,载罗选民(主编),《亚太跨学科翻译研究》(第一辑),第 29–45 页,北京:清华大学出版社,2015年版。

之道作为思想资源的力量。

不过,海德格尔的这部著作引发我们注意的另外一个方面就是,在荷尔德林的诗作之中所出现的一个表达:将日月置放一处,且强调二者"不可分离"。这显而易见是在"写"一个"明"字。

在用法上,另一个先例是安乐哲:在他与郝大维合译的《中庸》之中,"心"被译为 heart-and-mind①。狄百瑞也有类似的表达方式:mind-and-heart;他的一部著作的书名的一部分就是这样用的。② 我们认为,既然用了连字符,似已可说明 and 的"与"的意义,因而,完全可以将之删除,而以 heart-mind 来表示。至于将名词作为动词运用,二者置于一处,以使之回归自我,则是海德格尔惯用之"长技"。比如,The world worlds 即是如此③。不过,还应说明,我们仿照此类用法,也只是限制于这样的"复式表达"。

3.5 回到"易道"之"日月之明"与《大学》之中所引的《尚书》之例

由此我们也可联系上海德格尔所引的诗句"词语破碎处,无物存在",及其"语言存在的家园"和"人守护在家园的近旁"等论断。因为,从"明"的构

---

① 安乐哲、郝大维(著),彭国翔(译),《切中伦常:〈中庸〉的新诠与新译》,第 100 - 101 页。

② Wm Theodore de Bary(著), *Neo-Confucian Orthodoxy and the Learning of the Mind-And-Heart*, New York: Columbia University Press, 1981 年版。另,杜维明指出:"尽管把'心'译成'思想与心'很别扭,但这一点很重要,因为中文的心既是感觉和感受性中心,又是意志力和认识的中心。在讨论中国文化的时候用起 mind(思想)这个词来,总是涉及 heart(心)的层次。意志、认识和感情,作为它不可分割的各个部分,汇合到一起履行它们的功能。"详见氏著,《新加坡的挑战:新儒家伦理与企业精神》,第 67 页,北京:生活・读书・新知三联书店,2013 年版。不过,大概可以说,Heart-and-Mind 之类的表达,已经作为"心"的译文进入英文。另一个例子是,John Minford 在其《易经》译文之中就如此使用。见 John Minford(英译), *I Ching: The Essential Translation of the Ancient Chinese Oracle and Book of Wisdom*,第 310 页, New York: Viking, 2014 年版。

③ 可参见本书第二章的有关论述。

词来看,的确存在着"家园"的构造:那里寄托着天人合一的基本观念,而且,早已将儒家的追求体现在一个看似微不足道的字眼之中。所以,《周易·系辞》之中强调:

例5. 日往则月来,月往则日来,日月相推而明生焉。(《周易·系辞下》)①

译文1. 恰如太阳西往于是月亮东来,月亮西往于是太阳东来。太阳月亮互相推移而光明常生。张善文今译(张善文等,2008:420)

译文2. 太阳落去月亮就升起,月亮落去太阳就升起,太阳月亮互相推移产生光明。周振甫今译(周振甫,2012:340)

译文3. 太阳西下,月亮就会东升;月亮西落,太阳就会升起。太阳、月亮相推相移,而光明常驻人间。王振复今译(王振复,2009:327)

译文4. 日月往来相推而必归于生明。日月相须相感产生光明。金景芳、吕绍刚今译(金景芳、吕绍刚,2013:444)

译文5. (宇宙自然的运行,循环不息)日落则月升起,月落则日升起,日月往来交替而有光明的出现。南怀瑾、徐芹庭今译(南怀瑾、徐芹庭,2014:438)

译文6. The sun goes and the moon comes; the moon goes and the sun comes; —the sun and moon thus take the place each of the other, and their shining is the result. Legge 英译(Legge, 1882:390)

译文7. It is just as the sun goes west and the moon goes east, the moon goes west and the sun comes east, the sun and the moon cycle in turn and light shines off in constancy. 傅惠生英译(张善文等,2008:421)

译文8. When the sun goes, the moon comes; when the moon goes, the sun comes. Sun and moon alternate; thus light comes into existence. Baynes 英译(Baynes, 1977:643)

译文9. When the sun goes, then the moon comes, and when the moon

---

① 王弼(注),孔颖达(疏),《周易正义》(李学勤主编,《十三经注疏》之一),第304页。

goes, then the sun comes. The sun and the moon drive each other on, and brightness is generated in this process. Lynn 英译(Lynn,1994:52)

在这里,一般来说,并没有所谓的"译误",如果说字面意义上的翻译就是主导倾向的话。不过,若是仔细辨来,则会发现,正是文字本身由于力量未能得到发挥,因而,不一定能够圆满实现"意义的转译"。比如说,原文所说的"明",是"日月相推相移"的结果,若依庞德的解释,这样生成的"明",静态地看,当然是"日月站立一起",若是动态地说,则是"整个光明过程"的体现。如此,落实到文字的处理上,我们难道不需要让"明"本身动起来吗?"原文"之中本来就是在说,"明"是太阳和月亮的合力互动"生成"的,而且,"明"这一文字其本身的书写,体现的也是"日月相推"的阴阳之道精神,为什么不能换一个方式,在英文之中加以再现,而是要执着于"意义的转译"呢? 假若转向文字的转化,那不是更为形象、生动,也更能体现"明"之为"明"的自我回归吗?

我们不妨继续看一下《大学》之中所引文字的出处的几处"明"的译解以及《周易》之中与其中一例近似的表达,或许,就可以明白:若是不改弦更张,即文字本身所传达的"日月消息"不能再现,仅仅止步于"意义的传布",会造成什么样的结果。

例 6. 惟乃丕显考文王,克明德慎罚。(《尚书·康诰》)[①]

译文 1. 只有你那伟大显赫英明的父亲文王,能够崇尚德教而谨慎地使用刑罚。李民等今译(李民等,2012:205)

译文 2. 你的伟大光明的父亲文王,能够崇尚德教,慎用刑罚。周秉钧今译(罗志野等,1997:142)

译文 3. It was your greatly distinguished father, the King Wăn, who was able to illustrate his virtue and be careful in the use of punishments. Legge 英译(Legge,2011:383)

---

① 孔安国(传),孔颖达(疏),《尚书正义》(李学勤主编,《十三经注疏》之二),第 359 页。

译文 4. Your great father King Wen, advocated moral education, cautiously employed punishments [...] 罗志野英译(罗志野等,1997:143)

例 7. 先王顾諟天之明命。(《尚书·太甲上》)①

译文 1. 先王成汤重视上帝赐予的天命。李民等今译(李民等,2012:100)

译文 2. 先王成汤顺念天的明命是正确的。周秉钧今译(罗志野等,1997:342)

译文 3. The former king kept his eye continually on the bright requirements of Heaven, [...] Legge 英译(Legge, 2011:199)

译文 4. Our former king Chengtang cherished memory of the wise and correct arrangements of heaven [...] 罗志野英译(罗志野等,1997:343)

这里有必要对"諟"加一注释,以回应本章例 3 之中同一个问题。孔安国传曰:"顾谓常目在之,諟,是也。言敬奉天命以承顺天地。"孔颖达疏云:"《说文》云:顾,还视也。'諟'与'是',古今之字异,故变文为'是'也。言先王每有所行,必还回视是天之明命。"②后以"顾諟"指敬奉、禀顺天命。

例 8. 克明俊德,以亲九族。(《尚书·尧典》)③

译文 1. 他能够明扬才智美德,使自己的氏族亲善。李民等今译(李民等,2012:2)

译文 2. 他能发扬大德,使家族亲密和谐。周秉钧今译(罗志野等,1997:2)

译文 3. He was able to make the able and virtuous distinguished, and thence proceeded to the love of the nine classes of his kindred, [...] Legge 英译(Legge, 2011:17)

译文 4. He was able to make both clans and families live in harmony by

---

① 孔安国(传),孔颖达(疏),《尚书正义》(李学勤主编,《十三经注疏》之二),第 208 页。
② 同上,第 208 页。
③ 同上,第 27 页。

using his own personality and morality；[...] 罗志野英译(罗志野等,1997:3)

《尚书·太甲中》之中有"予小子不明于德"①的表达,James Legge 将之处理为 I, the little child, was without understanding of what was virtuous②。似乎是,自称"小子"者,真的是年龄尚小,因而才会"没有属于美德的东西的知识"。若仅仅是这样,又能说明什么呢?"知识面"太窄,还是所知浅薄,抑或是读书较少、识见不到位?即便如此,那和人的真正的"美德"又有什么关系?

假若我们将"不明于德"理解为,"不明白德之源初之善",是不是才是合理的?也就是说,自称年幼无知的人,对人本性之善所知甚少,因而,没有识见,处理不好人与人之间的关系,深感愧疚,如此,只能归之于年未长而眼界需要打开。也就是说,即使相对于"社会之知",也有必要启动"源初之善"来调节和滋养。易言之,这样的"德"实际上也是"智慧"之源。既然如此,仅仅将之译解为"知识"是不够的。只有回到"德"之自身,才能理解它。而这意味着,应该回到"明"所昭示的那种力量:在那里,才能体会到真正的"德"。再换言之,"明"比"德"要"源初",也就更为重要。"明"要将"德"引向并且保持于阴阳之道的自然转化和阴阳二气的相互推移,而那意味着人在历史之中的演进,正是天道在他身上的体现:天人的力量合力,在他那里起作用,于是,就有了"德"。

如果这样理解是正确的,那么,将"天之明命"解为来自"天"的那种"(德)命"(如例7),而将"克明俊德"(例8)之中的"明"与"德"相分离——将后者视为名词,但把"明"作为动词——这样,便会使人产生这样的印象:似乎是某种外在的力量推动着"德"的运作,不仅圣明的君主,以其德之于百姓如此,甚至是圣明的君主自身所得的德,亦复如是。那么,这里的"德"如此"被动"或消极",又如何让人"喜欢",进而"修而行之"?"克明德"和"克明

---

① 孔安国(传),孔颖达(疏),《尚书正义》(李学勤主编,《十三经注疏》之二),第211页。
② James Legge(英译),*The Shoo King*(*The Chinese Classics*,Vol. Ⅲ),第206-207页,上海:华东师范大学出版社,2011年版。

俊德",与"顾諟天之明命",若仅看字面意义,是很容易产生别的解释,因而忽视掉源初之善的支配作用,而将字面意义复制于译文之中,这样势必以"德"来割裂天人之间的关系,最终将二者完全分离开来。这,难道不和《尚书》的导向完全相反吗？难道不是和《大学》之中对"明德"的弘扬的题旨和用意背道而驰吗？

而这只能再一次意味着,只有以新的方法创造出新的译解,"明德"之意向才可彰显,否则,我们便只能退避于上引"疏解"的倾向之中,而难见古籍之真意。

例9. 君子以自昭明德。(《周易·晋卦·象传》)[①]

译文1. 君子因此自我昭著光辉的美德。张善文今译(张善文等,2008：198)

译文2. 君子用来照耀自己的光明之德。周振甫今译(周振甫,2012：162)

译文3. 君子观悟晋卦,因而昭显自我光辉灿烂的品操德行。王振复今译(王振复,2009：181)

译文4. 晋卦大象说"自昭明德",意谓我用我之明。金景芳、吕绍刚今译(金景芳、吕绍刚,2013：228)

译文5. 君子即自己昭显其清静光明的德性。南怀瑾、徐芹庭今译(南怀瑾、徐芹庭,2014：236)

译文6. 君子观此象,当自珍自爱,使自己原本的美德,更加鲜明光大。崔波今译(崔波,2007：208)

译文7. 君子参悟晋卦的垂示,应效法晋卦的精神,用自己的光辉和德行昭示天下。张延伟、张延昭今译(张延伟、张延昭,2014：331)

译文8. 君子观此象,如日东升,显扬自己的美德。唐明邦今译(唐明邦,2009：217)

译文9. The superior man, according to this, gives himself to make

---

① 王弼(注),孔颖达(疏),《周易正义》(李学勤主编,《十三经注疏》之一),第152页。

more brilliant his bright virtue. Legge 英译（Legge，1882：311）

译文 10. Likewise, the superior man displays his brilliant virtue. 傅惠生英译（张善文等，2008：199）

译文 11. The sun rises over the earth：/The image of PROGRESS. / Thus the superior man himself/Brightens his bright virtue. Baynes 英译（Baynes，1977：153）

译文 12. In the same way, the noble man illuminates himself with bright virtue. (It is through obedience that he adheres to brightness and in so doing realizes the Dao of self-illumination.)① Lynn 英译（Lynn，1994：225）

在这里，就字面意义来说，"明德"可释为"光明"、"光辉"或曰"光明灿烂"的德性。但"以自昭"呢？解释明显是不一致的：有的认为，应该说的是自己昭显自己的德性（译文 1、3、5、6 及 7），有的则说是以别物来"照耀自己的德性"（译文 2），还有一个译文处理为"我用我之明"。

王弼注曰："以顺著明，自显之道。"孔颖达正义云："准此二注，明王之《注》意以此为自显明德。"②若依此注疏为准，则疑问便是：为什么君子要炫耀自己的"德性"，不论那指的是"明德"还是别的什么？更何况，既然已经是"明"，何必又要"昭"呢？同样的，联系上"明明德"，既然"明德"，为什么还要"加以""明"呢？难道说就是要"过于""明德"，这是谦谦君子所要做的？金景芳、吕绍刚注意到了这个问题，所以他们的解释是："我用我之明。"但是，我们的疑问是，"昭"的意思不是"昭示"、"昭显"吗，这样的"显示"或者说"（自我）表现"又怎么可能是"用"的意思呢（译文 4）？的确，"昭"的意思不就是"显扬"吗？可是，一旦认为它是强调要彰显君子的"美德"，而且，君子是在自我彰显，这就不一定是真正的"君子"了（译文 6）。更有问题的是，这

---

① 这里译者在括号之中所加的是对王弼注的翻译。王弼的原文是："以顺著明，自显之道。"引自王弼（注），孔颖达（疏），《周易正义》（李学勤主编，《十三经注疏》之一），第152页。

② 同上。

样的"君子"真的是要将自己的"德性""昭示天下",那还是"美德"吗(译文7)？旭日东升,固然是原文"明出地上"的意义,但是,"日"出地上,显现的那种光彩和光明,却不一定是人所能显现的,假若美德一定是"内在"的话。因而,若是不就"天人相合"或曰"偶对合一"的角度来审视,只是一味关注"明"的鲜明、显示等字面意义,明显是说不通的：就阴阳之道观之,事物是偶合的结果,在天人相应的前提下,事物相待而成。

如此,对事物的认识,也就需要从三出发。那么,超越的一面,如"天之德",它与"人之德"的确首先是合一的,是为三。但是,一旦我们需要有所偏重,就必须在体贴到三的基础上,倾向于一个方面：或是超越,或是内在。而在这里,"君子自显之道"(德),分明更多的是"天之德"。也就是说,应该从它的"反面"来确定它,否则就是说不通的。如此,相辅相成,才能使事物真正出现于我们的认识。因而,我们认为,尽管原文的字面意思是：君子显扬自己的美德,有如旭日东升。但是,它真正的意味则是,君子效法天地之大美(太阳之作为),而不断强化阴阳之道的天地不断生成的过程,君子对此的体现,时时刻刻都在运作,因而,才有了日出东山,人效而仿之的表现。但是,这也仅仅是表面上的意思,因为真正的东西是内在的,也就是,超越的一定是要收摄于人之中的。不这样理解,也就无法明白下一例之中的"内文明"该如何解释。

也就是说,执着于一个方面,坚持简单化的思路,或者是,秉持偏向的解释,都是说不通的。

即使是王弼和孔颖达的疏解也不一定就准确无误,因为,如上所述,"自昭明德"只有字面意思才是"自显"？否则就会意味着,君子的确是不那么"自谦"的？这也就意味着,假若只是关注人的"明德",而不关注此一"明德"的来源或源头,可能就是说不通的。易言之,只有兼顾两个方面,才可能促成"明德"之为"明德"的"昭"或"明"。

例10. 内文明而外柔顺,以蒙大难,文王以之。(《周易·明夷卦·象

传》)①

译文 1. [……]内含文明美德而外显柔顺情态,以此蒙受巨大的灾难,周文王就是用这种方法渡过难关。张善文今译(张善文等,2008:204)

译文 2. [……]是内文明而外柔顺,因而遭受大难,周文王像这样。周振甫今译(周振甫,2012:167)

译文 3. 内卦象征文明光华,外卦象征柔顺美德,可以蒙受大灾大难,周文王以此度过忧患之时。王振复今译(王振复,2009:184)

译文 4. [……]一个人内有文明之德而外能柔顺。昔日文王就是这样。金景芳、吕绍刚今译(金景芳、吕绍刚,2013:228)

译文 5. 内守着文明,而外表现出柔顺,以蒙受大难,这是文王被囚禁时所采用的态度。南怀瑾、徐芹庭今译(南怀瑾、徐芹庭,2014:242)

译文 6. 内怀文明而外行柔顺,要蒙受大的艰难。周文王是其例。崔波今译(崔波,2007:208)

译文 7. 以内心明智外表柔顺的处事方针,承受大难而免于祸患,周文王就是如此。张延伟、张延昭今译(张延伟、张延昭,2014:339)

译文 8. 文王无辜被囚羑里,因其内藏文明之德,终能承受大难而迎来新生。唐明邦今译(唐明邦,2009:111)

译文 9. The superior man, in accordance with this, conducts his management of men; —he shows his intelligence by keeping it obscured. Legge 英译(Legge,1882:312)

译文 10. It means a man should obscure his own brilliance. Even if he is trapped in a disaster he can stick to the correct thought. 傅惠生英译(张善文等,2008:205)

译文 11. Beautiful and clear within, gentle and devoted without, hence exposed to great adversity—thus was King Wên. Baynes 英译(Baynes, 1977:1018)

---

① 王弼(注),孔颖达(疏),《周易正义》(李学勤主编,《十三经注疏》之一),第 155 页。

译文 12. Inside all cultivation and light and outside all yielding and obedience, so should one be when beset with great adversity, as was King Wen. Lynn 英译(Lynn, 1994:229)

译文 1、2 因为执着于表面意义,很可能是不通的:前者将"内文明"转换为"内含文明美德"。不论后者哪一个是修饰语,哪一个是首要的名词,"文"在内中如何"明"? 甚至我们会追问说,"德"在内为何又是"美"的,怎么作出判断? 后者干脆不做处理,"内文明"难道真的是无解? 译文 3 似乎注意到了,"内文明"若是指"人之内",则由于解释上不能稳便,因而,又改为"内外卦"。译文 4 将之处理为"内有文明之德",多加了"之德"二字。但是,"内德"何以要"文明",而且,怎么才算是"文明"——"文"或"明",或者是"文"并且"明"呢? 若是没有进一步的解释,显而易见是有问题的。至少,缺少了形而上的维度,就很难说解释的对应性是正确的。译文 5、6 和 8 对"内文明"的解释,与上引译文相比,并没有什么实质性的变化。但译文 5 将解释的重心放在落难的文王的具体事件上,似乎"内文明而外柔顺",就会失去更大的普遍意义? 译文 7 将"内心文明"解为"内心明智",那么,一、"文"指"智",或是"明"指"智"? 二、原文之中既无提示,此"智"来自何处? 三、"处事方针",是说"内文明而外柔顺"指的是文王应对人事的办法,而不是更高层面的力量吗? 译文 9 以一种矛盾的方式,将"内文明"而"外柔顺"解为:君子"使之昏而不明的方式,显示其才智"。看似巧妙,实则问题很多,比如,难道说这是在强调文王是一个讲究"心机"的人吗? 译文 10 将之处理为"人应模糊他自己的才华",似是对译文 9 的模仿,因而,也存在一样的问题:没有走向形而上的维度,似乎就总是会让人觉得,连神圣的先王也要沦落到发挥极不正常的聪明才智,才可渡过险关灾难。那么,一般人,又该如何,难道也需要这样的智慧? 抑或是,常人需要的是另一种智慧? 而圣王在危难之际依然如故,安心于大道,因而,可以无所畏惧,渡过难关。危难之时如此,平顺之日更是这样,而这,不就是这句话的意义所在吗? 而且,只有如此心安,文王才会是真正拥有并且持有"明德"的人。这样的榜样的力量就在于,他所昭示的,其本身就在这里,而且总是在这里,有所显现的那种特定的来自"宇宙"的力量,或曰起自天地之间的消息:阴阳之道。

避开这一点,来试图传达原文的意义,显而易见不一定能在哲学意义上成功。比如,译文 11 也一样启用字面意义和比喻的手法,来传译"内文明":"内在里美丽而又清楚。"而在对卦辞的解释之中,则有"内在的光明"(inner light)①这一用语。这毕竟还是字面意义或曰比喻,而不是此词的根本意向。译文 12 以 Inside all cultivation and light[内在整个(是)文雅和光明],来传译"内文明",其指向与其他译文一致,因而,或已可不予置评。

3.6 《中庸》之中的"诚明"

下文转向对道家的著作的讨论:其中的"明"字对有关思想一样至关重要。上文诸多例子或已能说明,"明"对《易经》的解释和翻译就是发挥着重要的作用。而对它的理解的不正确,始终也是一个"翻译"问题。因为,即使"天"的一维不失落,译者也已经找到在英文之中加以传译的办法。因而,有必要再看一下,它在儒家经典最具哲学意味的《中庸》的译解之中是否也是如此,以进一步对我们的观点加以证实。首先要探究的是"诚明"的例子。

例 11. 自诚明谓之性,自明诚谓之教。诚则明矣,明则诚矣。(《礼记·中庸》)②

译文 1. 基于天赋诚实而明达事理,这称作本性;由于明达事理从而导致诚实,这称作教化。秉性诚实就能明达事理,而明达事理也能导致诚实。王文锦今译(王文锦,2015:30)

---

① 译者的解释:He can avoid this by maintaining his inner light, while remaining outwardly yielding and tractable. With this attitude he can overcome even the greatest adversities(坚持内在的光明,同时始终是外在柔顺和驯良,他就能避开这一点)。引自 Cary F. Baynes(英译),*The I Ching or Book of Changes*,第 331-332 页,Princeton:Princeton University Press,1977 年版。

② 郑玄(注)孔颖达(疏),《礼记正义》(下)(李学勤主编,《十三经注疏》之六),第 1447 页;及朱熹(撰),《四书章句集注》,第 32 页。

译文 2. 由真诚而自然明白道理,这叫做天性;由明白道理后做到真诚,这叫做人为的教育。真诚也就会自然明白道理,明白道理后,也就会做到真诚。王国轩等今译(王国轩等,2007:129)

译文 3. 由真诚而自然明白道理,这叫作天性;由明白道理后做到真诚,这叫作人为的教育,真诚也就会自然明白道理,明白道理后也就会真诚。吴国珍今译(吴国珍,2015:54)

译文 4. From inherent sincerity, to have perfect intelligence, is to be a Sage by nature, to attain sincerity by means of intelligence is to be such by study. Where there is sincerity, there must be intelligence; where intelligence is, it must lead to sincerity. Collie 英译(Collie, 1828:20)

译文 5. Intelligence that comes from sincerity is called nature or inborn talent; sincerity produced by reason is called education, but sincerity [this activity which defines words with precision] will create intelligence as if carved with a knife-blade, and the light of reason will produce sincerity as if cut clean with a scalpel. Pound 英译(Pound, 1960:171-173)

译文 6. Being true begets light, we call that nature. Light leads to being true, we call teaching. What is true grows light; what is light grows true. Lyall 与 King 英译(Lyall 与 King, 1927:16)

译文 7. To (be able to) proceed from (the capacity of) realness to understanding is to be ascribed to the nature of man. To proceed from understanding to realness is to be ascribed to instruction in truth. Logically, realness involves understanding and understanding involves realness. Hughes 英译(Hughes, 1943:127)

译文 8. When we have intelligence resulting from sincerity, this condition is to be ascribed to nature; when we have sincerity resulting from intelligence, this condition is to be ascribed from instruction. But given the sincerity, and there shall be the intelligence; given the intelligence, there shall be the sincerity. Legge 英译(Legge, 1992:471)

译文 9. It is due to our nature that enlightenment results from sincerity. It is due to education that sincerity results from enlightenment. Given sincerity, there will be enlightenment, and given enlightenment, there will be sincerity. 陈荣捷英译(Chan,1963:107)

译文 10. Perception that results from sincerity can be ascribed to human nature. Sincerity that results from perception can be ascribed to education. When one is sincere, he will be perceptive; when one is perceptive, he will be sincere. 吴国珍英译(吴国珍,2015:54)

译文 11. Understanding born of creativity(*cheng* 诚) is a gift of our natural tendencies(*xing* 性); creativity born of understanding is a gift of education(*jiao* 教). When there is creativity, there is understanding; where understanding, creativity. 安乐哲与郝大维英译(安乐哲与郝大维,2011:130)

依译文 1,为什么有"天赋"才有"诚实"? 由此推断,"诚实"不是后天的? 只有这样的"天赋诚实",才可能"明达事理"吗? 但"事理"毕竟是人为的、文化的,这样,二者之间是否存在距离? 如此才成为"性"? 若依译文 2 和 3,则"真诚"与"明白道理"二者之间的关系,是否仍需解释? 两个译文没有注意此点,该如何将《中庸》一开篇"天命之谓性,率性之谓道,修道之谓教"①之中所说的"性、道、教"三者同时纳入解释,而"道"本身的缺席,是否会使这样的译解产生极大的不对应? 译文 5 引入"手术刀"或"解剖刀"(scalpel)来说明"理性"(reason)对"诚实"(sincerity)的重要性:它可以干净利索地切割(cut clean)。如此,"诚实"本身似乎是有问题的? 这与儒家"人之初"的善性观倾向恰成反动。而且,以一对一的方式来传译"诚"以及"明"(intelligence,才智),说明庞德不再像对《大学》处理时那样,而是有所倒退?

译文 6 倒是有庞德传译《大学》时的那种精神,尤其是在关注汉语词语

---

① 郑玄(注),孔颖达(疏),《礼记正义》(下)(李学勤主编,《十三经注疏》之六),第1422 页;及朱熹(撰),《四书章句集注》,第 17 页。

的动态方面,比如,此译就将"诚则明,明则诚"处理为"真实之物使光明成长;光明之物使真实成长"。译文 7 由于采取一对一的翻译方法,因而,让人觉得,那是在转述一种现代的著作的大意。译文特地添加了 logically 一语,更加重了这种印象。将 sincerity 归之于 nature,若是后者可视为"本性",那么,译文 8 就是有一定道理的。但是,和别的译文一样,这里也是在做一对一的对应。

北宋赞宁所说的"译之言易也,谓以所有易所无也",以及长期以来那种一对一的替代性的翻译,在某种程度上形成了一种不良习惯或成规,使人在翻译过程中"无可选择"地"前行"。结果便是,中华文化的基本思想和精神并没有真正传译出去。比如,译文 9 是否就是这样,以"本质"(nature)来取代"性",以"启蒙"(enlightenment)来代替"明",取"诚"以"诚实"(sincerity)而代之。最终的结果必然是一种"取代",而不是传译"原文"。

若依译文 10,则 perception(ability to see, hear or understand 感知能力,认识能力; quality of understanding; insight 悟性,洞察力; way of seeing or understanding 看法,理解[①])可代"诚",那么,突出的是否是"理性"的能力,而将"感性"弃之不顾? 若是真的将对"诚"的理解止于或限制于"知解之力",那么,人与天地的亲切感情和亲近之态是否已经荡然无存?"明"所昭示的"日月同辉"其中的"同",又何以显现它对"天地大同"以及"天人趋同"的"一体化"的特性?

译文 11 一改以往的做法,直接在关键词后添加汉语拼音和对应的词。如此或可说明,译文之中所呈现的就是汉语之中含有的。同时,译文也突出了动态过程的要素,比如,"性"就不再译为 nature 之类的"不变的本质"之类的东西,而是译为"自然的倾向"(natural tendencies)。不过,惜乎译者并没有坚持这一原则,比如说,在对"诚"的处理上,将之解为 creativity(创造性)。

这显然是来自牟宗三的论断。他认为,诚即"创造性自己":

[①] 引自 A. S. Hornby(著),李北达(译),《牛津高阶英汉双解词典》,第 1089 页。

天命、天道(《诗》、《书》等古籍)＝仁(《论语》)＝诚(《中庸》)＝创造性自己(Creativity itself)＝一个创造原理(Principle of creativity)＝一个生化原理(创造性原理的旧名词,就是生化原理)。①

牟宗三的论断是追溯儒家的思想变化,但他这里的观点明显是名词化的、静态的和抽象的。那么,这便与安乐哲和郝大维的总体导向产生了不相一致的地方。而就我们的论题来看,上述译者并没有改变"明"字的译文的动态取向?

如此,是不是可以说,中国古代注经者的解说,还没有能体现在现代人的解释和翻译之中?

郑玄注曰:"自,由也。由至诚而有明德,是圣人之性者也。由明德而有至诚,是贤人学以知之也。有至诚则必有明德,有明德则必有至诚。"孔颖达"正义"曰:"言由天性至诚,而身有明德,此乃自然天性如此,故'谓之性'";"学而至诚,由身聪明,勉力学习,而致至诚,非由天性教习使然,故云'谓之教'";"是诚则能明,明则能诚,优劣虽异,二者皆通有至诚也"。② 朱熹解释:"德无不实而明无不照者,圣人之德。所性而有者也,天道也。先明乎善,而后能实其善者,贤人之学。由教而入者也,人道也。诚则无不明矣,明则可以至于诚矣。"③ 出现时间最早的译文4所推崇的,或是郑玄和朱熹所说的"圣人"和"贤人"之"学"? 但是,和别的译文一样,一对一的对应会在一开始就将原文意义同化为英文之中既定的东西。比如,"诚"在被译为 inherent sincerity(天生的或内在的诚实)之后,就带上了原文之中并没有的那种本质主义的特色,进而使译文与原文无法产生对应。而这样的本质主义的取向,无意识之中已经成为某种历史的力量,致使众多的译文都依之为

---

① 牟宗三(著),《中国哲学的特质》,第39页。
② 郑玄(注),孔颖达(疏),《礼记正义》(下)(李学勤主编,《十三经注疏》之六),第1448页。
③ 朱熹(撰),《四书章句集注》,第32页。

导向。

也就是说,最早的译文如此,后世的跨文化处理也是这样。比如,译文9竟然以enlightenment来译"明",似乎只有"启蒙"才可能促发"明诚"("明"和"诚","明"见"诚",或曰"诚"之"明"等等)。那么,这不是将中华文化的精神引向"理性主义",对之进一步西化吗?历史并没有翻开新的一页?

3.7 老子的"知常曰明"与庄子的"不若以明"

例12. 复命曰常,知常曰明。①(《道德经》第十六章)②

译文1. 复命叫做"常",了解"常"叫做"明"。陈鼓应今译(陈鼓应,1984:128)

译文2. "复命"叫做"常",认识"常"[的道理]叫做"明"。任继愈今译(任继愈等,2009:116)

译文3. "Fu Ming [returning to its original self]" is called "chang" (unchanged and eternal). /To understand [the principle] of "chang" is called "ming" (enlightenment). 任远英译(任继愈等,2009:117)

译文4. [...] they regain an everlasting life. /Knowing the eternal is illuminating. 陈乃扬英译(陈乃扬,2012:33)

译文5. What has submitted to Fate has become part of the always-so. /To know the always-so is to be Illuminated. Waley英译(Waley,1994:35)

译文6. The report of that fulfillment is the regular, unchanging rule. To know that unchanging rule is to be intelligent. Legge英译(Legge,1891:59)

译文7. And returning to the propensity of things is common sense. /

---

① 《帛书老子》这里作"复命曰常,知常明也"。引自高明(撰),《帛书老子校注》,第301页,北京:中华书局,1996年版。
② 王弼(注),《老子注》(《诸子集成》第三册),第9页。

Using common sense is acuity. 安乐哲与郝大维英译（安乐哲等，2004：120）

译文 3 方括号之中所加的，是此译对上文"复命"的翻译。《礼记·中庸》一开篇就强调："天命之谓性，率性之谓道，修道之谓教。"①依之作解，"天之所命"正是"人之所性"，以此来解"复命"，可谓正得老子之大意。

这里值得讨论的是，译文 4 其意或为："它们重新获得一种永恒的生命。求知永恒即为启明。"这是在表示主动，即"知常"者已/正对人产生启迪作用？

最可注意的当是译文 7，因为其中可能仍然牵涉到"理性主义"的侵入。在这里，译文中所用的 acuity 意为：（eps of thought or the senses）sharpness；acuteness（尤指思想或感官），敏锐，尖锐。②

这是不是说明，理性主义的思路在安乐哲这里依然如故，因而，才会将本来包含"两个方面互动"的"明"平板化为只有"理性"的一面？"启蒙"和"理性"的阴影挥之不去？

回到众多事物之倾向性，即为常识；而[能]运用常识，就是敏感性。如此向着事物的"常态"的回归，固然能够在某种程度上起到将事物"归入"此世的作用，同时突出它们的生存的活的过程，但是，这样太过"常态化"的倾向，毕竟会因为平添上"常识"的维度，使事物的展开止步于此世的"自然"之中，而见不到或难以见到事物可能的"超然"，因而，也就不能如实地再现其"所以然"。比如，假若说，事物的"倾向性"就意味着它们存在于世的那种"常识"，而对这样的"常识"的"运用"为什么一定是"敏感性"的？或者说，那需要特别的"敏感"吗？长此以往，那会不会只是造成一种"复沓"，进而将人带向"沉闷"甚至"疲惫"，最终将"敏感性"丢在一边，而不知顾惜？更何况，一般情况下，对"常识"的"运用"，若是已经"娴熟"甚至"得心应手"，那会促进"敏感性"吗？假若不能做到，将"常"解为"常识"、"明"释为"敏感性"，就不一定是有什么特别的道理的。

---

① 郑玄（注），孔颖达（疏），《礼记正义》（下）（李学勤主编，《十三经注疏》之六），第 1422 页；及朱熹（撰），《四书章句集注》，第 17 页。
② 见 A.S. Hornby（著），李北达（译），《牛津高阶英汉双解词典》，第 15 页。

很明显,安乐哲与郝大维的译文,也是一种对原文的疏解,而这样的疏解因为仍然在寻找对应的表达方式,而不能突出"常"的形而上意味,更谈不上凸显"明"的哲学维度了。

而这意味着,尽管他们倡导中国哲学文本翻译的动态和常态化(如这里所显示的),但是,毕竟没有体现出来新的创造。

例 13. 知和曰常,知常曰明。①(《道德经》第五十五章)②

译文 1. 认识淳和的道理叫做"常",认识"常"叫做"明"。陈鼓应今译(陈鼓应,1984:279)

译文 2. 认识平和叫做"常",认识"常"叫做"明"。任继愈今译(任继愈等,2009:304)

译文 3. To know harmony means to be with the "eternal"./To know "eternal" means to be with "wisdom". 任远英译(任继愈等,2009:117)

译文 4. To understand harmony is to touch the eternal./To understand the eternal is to be enlightened. 陈乃扬英译(陈乃扬,2012:111)

译文 5. To understand such harmony is to understand the always-so./To understand the always-so is to be illuminated. Waley 英译(Waley,1994:127)

译文 6. To him by whom this harmony is known,/(The secret of) the unchanging (Tao) is shown,/And in the knowledge wisdom finds its throne. Legge 英译(Legge,1891:99)

译文 7. Understanding harmony is common sense,/And using common sense is acuity(明). 安乐哲与郝大维英译(安乐哲等,2004:216)

译文 3 与例 12 译文 3 不相一致:那里是在音译,这里则是一种解释。译文 4 与例 12 译文 4 也不相一致,此译强调被动:"知常"者在这样的情况下,似乎只是"受到启蒙"(启迪)? 而译文 7 的译者这里加注说:同样的表达

---

① 《帛书老子甲本》这里作"和曰常,知和(常)曰明";《乙本》则为"[知和曰]常,知常曰明"。详见高明(撰),《帛书老子校注》,第 95 页。

② 王弼(注),《老子注》(《诸子集成》第三册),第 34 页。

出现在第十六章,但并没有解释为什么要用 acuity(敏锐性)来译"明"。① 而且,"常"为什么仅仅是"常识"之"常"、"公众见识之常",或曰"共识"之"常"(common sense)? 这样的人为的"常"是崇尚自然的老子所关注的吗?

因而,我们认为,在这里,"理性主义"的入侵仍在发挥作用。那么,《庄子》的跨文化英译又是什么情况?

《庄子·齐物论》三次出现"以明"字眼,注家意见纷纭,莫衷一是。可以认为,问题大半是出在没有能让词语自身发挥作用,因而,其译解未及庄子之真意。下文先引例,然后再加评论。

例 14. 故有儒墨之是非,以是其所非,而非其所是。欲是其所非,而非其所是,则莫若以明。(《庄子·齐物论》)②

译文 1. 所以产生了像儒家墨家之类的是非争辩,他们各以对方所否定的为是,各以对方所肯定的为非。如果肯定对方所否定的而否定对方所肯定的,则不如以空明的心境去观照事物的本源。孙海通今译(孙海通,2007:32)

译文 2. 所以才有儒家墨家的是非争辩,他们各自肯定对方所非的而非议对方所肯定的,如要肯定对方所非的而非议对方所肯定的,则不如以空明的心境去观照事物的本然的情形。陈鼓应今译(陈鼓应,1983:53-54)

译文 3. 所以有儒家墨家的是非争辩,他们各自肯定对方所否定的而否定对方所肯定的。如果想要肯定对方所否定的而否定对方所肯定的,那就不如用虚静的心态去观察万物的本然情况。秦旭卿、孙雍长今译(汪榕培等,1999:20)

译文 4. 因此才有儒家、墨家的是非之争,他们互相肯定对方所否定的,并否定对方所肯定的。如果要肯定对方所否定的,并否定对方所肯定的,那还不如以清明的心去观照一切。傅佩荣今译(傅佩荣,2012:23)

译文 5. 所以才会有儒家墨家的是非争辩,肯定对方所否定的东西而否

---

① 安乐哲、郝大维(著),何金俐(译),《道不远人:比较哲学视域中的〈老子〉》,第 216 页,北京:学苑出版社,2004 年版。
② 王先谦(著),《庄子集解》《诸子集成》第三册,第 9 页。

定对方所肯定的东西。真的想要肯定对方否定的东西,否定对方所肯定的东西,那就不如用镜子一般的明鉴去进行观照。马恒君今译(马恒君,2014:18)

译文6. Hence the dissension between Confucianism and Mohism—each approves what the other disapproves and disapproves what the other approves. In that case, however, the best thing to do is to observe with a tranquil mind. 汪榕培英译(汪榕培等,1999:21)

译文7. Hence the affirmatives and negatives of the Confucian and Mohist schools, who propounded various theories which were vigorously attacked by the Confucianists under Mencius. We shall hear more of him by-and-by, each denying what the other affirmed and affirming what the other denied. But he who would reconcile affirmative with negative and negative with affirmative, must do so by the light of nature. i. e. Have no established mental criteria, and thus see all things as ONE. Giles 英译(Giles, 1889:17)

译文8. And so we have the "That's it, that's not" of Confucians and Mohists, by which what is it for one of them for the other is not, what is not for one of them for the other is. If you wish to affirm what they deny and deny what they affirm, the best means is illumination. Graham 英译(Graham, 1981:52)

译文9. [...] then we have the rights and wrongs of the Confucians and the Mohists. What one calls right the other calls wrong; what one calls wrong the other calls right. But if we want to right their wrongs and wrong their rights, then the best thing to use is clarity. Watson 英译(Watson, 2003:21)

译文10. So it is that we have the contentions between the Literati and the Mohists①, the one side affirming what the other denies, and vice versa. If we would decide on their several affirmations and denials, no plan is like bringing the (proper) light (of the mind) ② to bear on them. Legge 英译(Legge,1891:182)

译文 11. Hence the affirmations and denials of the Confucian and Motsean schools, each denying what the other affirms and affirming what the other denies. Each denying what the other affirms and affirming what the other denies brings us only into confusion. ③? 林语堂英译(Lin,1942:636)

译文 12. The result is the affirmations and denials of the Confucianists and Mohists; the one regarding as right what the other regards as wrong; and regarding as wrong what the other regards as right. If we are to affirm what these two schools both deny, and to deny what they affirm, there is nothing better than to use the light of reason. 冯友兰英译(冯友兰,2012:24)

例 15. 是亦一无穷,非亦一无穷,故曰莫若以明。(《庄子·齐物论》)④

译文 1. 用是非的观点分别事物,是的变化无穷尽,非的变化也是无穷尽。所以说,不如以空明的心境去观照事物的本源。孙海通今译(孙海通,2007:33)

---

① 这里原文加注曰:The disciples of Mih-jze, or Mih Tt, the heresiarch, whom Mencius attacked so fiercely; see Mencius, V, i, 5, et al. His era must be assigned between Confucius and Mencius(墨子或墨翟的信徒,而对此异教首领,孟子猛烈予以抨击,参见《孟子·万章上》等处。其生存时代被确定在孔子和孟子之间)。见 James Legge(英译),*The Texts of Taoism*(*Sacred Books of the East*, Volume 39),第 182 页,Oxford: Clarendon Press, 1891 年版。
② 此处译者加注谓:That is, the perfect mind, the principle of the Tao(亦即,完美的思想,道的原则)。见 James Legge(英译),*The Texts of Taoism*(*Sacred Books of the East*, Volume 39),第 182 页。
③ 译者此处分明没有将"莫若以明"译出,详见 Lin Yutang(编译),*The Wisdom of India and China*,第 636 页,New York:Random House,1942 年版。
④ 王先谦(著),《庄子集解》(《诸子集成》第三册),第 10 页。

译文 2. "是"的变化是没有穷尽的,"非"的变化也是没有穷尽的。所以说不如用明静的心境去观照事物的实况。陈鼓应今译(陈鼓应,1983:59)

译文 3. 是的变化是无穷的,非的变化也是无穷的。所以说,不如用虚静的心态去观察万物的本然情况。秦旭卿、孙雍长今译(汪榕培等,1999:22)

译文 4. "是"也是一个无穷的系列,"非"也是一个无穷的系列。所以说,不如以清明的心去观照一切。傅佩荣今译(傅佩荣,2012:24)

译文 5. 是的变化是一个无穷的过程,非的变化也是一个无穷的过程。所以说,不如用镜子一般的明鉴去观照。马恒君今译(马恒君,2014:19)

译文 6. Right is infinite and wrong is infinite, too. Therefore, it is said that the best thing to do is to observe with a tranquil mind. 汪榕培英译(汪榕培等,1999:23)

译文 7. And [...] all Infinities converge, positive and negative alike blend into an infinite One. Hence it has been said that there is nothing like the light of nature. Giles 英译(Giles,1889:18-19)

译文 8. [...] there is no limit ro responding with other, on the one hand no limit to what is it, on the other hand no limit to what is not. Therefore I say: "The best means is illumination." Graham 英译(Graham,1981:53)

译文 9. Its right then is a single endlessness and its wrong too is a single endlessness. So, I say, the best thing to use is clarity. Watson 英译(Watson,2003:22)

译文 10. (The disputants) now affirm and now deny; now deny and now affirm. Therefore the sagely man does not pursue this method, but views things in the light of (his) Heaven[①](-ly nature), and hence forms his

---

① 此处译者加注称:Equivalent to the Tâo(等同于道)。见 James Legge(英译),*The Texts of Taoism*(*Sacred Books of the East*,Volume 39),第 182 页。

judgment of what is right. Legge 英译(Legge,1891:182)

译文 11. And [...] affirmations and denials alike blend into the infinite One. Hence it is said that there is nothing like using the Light. 林语堂英译(Lin,1942:636)

译文 12. The right is an endless change. The wrong is also an endless change. Therefore it is said that there is nothing better than to use the light of reason. 冯友兰译(冯友兰,2012:25)

例 16. 是故滑疑之耀,圣人之所图也。为是不用而寓诸庸,此之谓以明。(《庄子·齐物论》)①

译文 1. 所以对于迷乱世人的炫耀,圣人总是要摒弃的。所以圣人不用个人的一孔之见、一技之长夸示于人,而寄托在事物自身的功用上,这就叫做"以明"。孙海通今译(孙海通,2007:38)

译文 2. 所以迷乱世人的炫耀,乃是圣人所要摒弃的。所以圣人不用[知见辩说]夸示于人而寄寓在各物自身的功分上,这就叫做"以明"。陈鼓应今译(陈鼓应,1983:59)

译文 3. 因此迷乱人心的炫耀,是圣人所要想法革除的。圣人不用那些迷乱人心的花言巧语去蛊惑人心,而把大道理寄寓在平常的事物身上。这就叫做以虚静的心态去观察事物的本然。秦旭卿、孙雍长今译(汪榕培等,1999:26)

译文 4. 所以,迷乱世人的炫耀行为,是圣人所鄙视的。因此,不再争论而寄托于平庸的道理上,这就叫作:以清明的心去观照一切。傅佩荣今译(傅佩荣,2012:27)

译文 5. 所以迷乱世人,对自己的特长的炫耀,圣人总是要抛弃的。正因为如此才要把无用寄寓在有用之中,这就叫做用镜子一般的明鉴去观照真知。马恒君今译(马恒君,2014:24)

译文 6. Therefore, the true sage despises the bewildering arguments

---

① 王先谦(著),《庄子集解》(《诸子集成》第三册),第 12 页。

and, instead of dwelling on the distinction between things, follows their natural course. That is called "observing with a tranquil mind". 汪榕培英译(汪榕培等,1999:27)

译文 7. Therefore what the true Sage aims at is the light which comes out of darkness. He does not view things as apprehended by himself, subjectively, but transfers himself into the position of the things viewed. This is called using the light. Giles 英译(Giles, 1889:22)

译文 8. Therefore the glitter of the glib implausibilities is despised by the sage. The "That's it" which deems he does not use, but finds for things lodging places in the usual. It is this that is meant by "using illumination". Graham 英译(Graham, 1981:55)

译文 9. The torch of chaos and doubt—this is what the sage steers by. So he does not use things but relegates all to the constant. This is what it means to use clarity. Watson 英译(Watson, 2003:23)

译文 10. Therefore the scintillations of light from the midst of confusion and perplexity are indeed valued by the sagely man; but not to use one's own views and to take his position on the ordinary views is what is called using the (proper) light. Legge 英译(Legge, 1891:187)

译文 11. Therefore the true Sage discards the light that dazzles and takes refuge in the common and ordinary. Through this comes understanding. 林语堂英译(Lin, 1942:638)

译文 12. Therefore what the sages aim at is the light out of darkness. Therefore they do not make distinctions and stop at the ordinary. This is called using the light of reason. 冯友兰英译(冯友兰,2012:29)

对上引《庄子》三处出现的"莫若以明"的英文译文,我们不妨罗列如下:

例 14 译文 6,a tranquil mind;例 15 译文 6,a tranquil mind;例 16 译文 6,a tranquil mind;汪榕培译。

例 14 译文 7,the light of nature;例 15 译文 7,the light of nature;例 16

译文 7,the light；Herbert A. Giles 译。

例 14 译文 8,illumination；例 15 译文 8,illumination；例 16 译文 8,illumination；A. C. Graham 译。

例 14 译文 9,clarity；例 15 译文 9,clarity；例 16 译文 9,clarity；Burton Watson 译。

例 14 译文 10,the(proper)light(of the mind)；例 15 译文 10,the light of (his) Heaven (-ly nature)；例 16 译文 10,the (proper) light；James Legge 译。

例 14 译文 11,漏译"莫若以明"；例 15 译文 11,the Light；例 16 译文 11,understanding；林语堂译。

例 14 译文 12,the light of reason；例 15 译文 12,the light of reason；例 16 译文 12,the light of reason；冯友兰译。

上引这些译文,可以告诉我们：一、在"明"字出现的地方,诸多译文是以英文既定表达来取而代之,最为典型的是林语堂使用的 the Light(光明)；二、它们几乎都是在试图表达字面意义,特别是汪榕培、Giles、Watson、林语堂以及冯友兰；三、另外两个倾向是,要么是以"心"取代"明",如汪榕培将之译为 a tranquil mind(一颗平静的心),要么是将之处理为英文之中亦具有"明亮"意义的词语,如 Graham 所用的 illumination(启明)；四、对中华文化扭曲最为严重的当是两个方面的倾向,一是,如冯友兰所做,直接将"明"译为 the light of reason(理性的光明),理雅各所用的 the(proper)light(of the mind)[思想(适宜的)光明],the light of (his) Heaven (-ly nature)[天(之自然)的光明]及 the (proper) light[(适宜的)光明],二是,如林语堂所做,将之解为 understanding(理解),看似是一般的用语,实则其中包含着"理性主义"的知解力量；五、Watson 独特的处理则是意欲以 clarity(明晰性)取代"明",但完全没有注意到,庄子一直是在批判"思辨"或"辩论"的"无条理",或曰"无明",因而,以之来代"明"实质上已偏离了庄子论断的重心。

如上所述,最为严重的当然是"理性主义"的侵入,比如,在冯友兰所作的例 15 译文 12 之中,"明"若是和 reason 挂上钩,那会不会等同于将之解为"理性",也就是说,会不会和西方人的"启蒙"拉上关系?如此,则"葆光"在冯友兰[①]笔下,也就成了 the preservation of enlightenment——启蒙的保存或保留?他的另一个译文,例 16 译文 12,也是如此。依此译,"圣人不分别而是止于庸常"(they do not make distinctions and stop at the ordinary),但前文说他们"对准的是出自黑暗的光明"。在这里,"分别"一开始就存在,还是到最后或曰"根本上"、"在源初意义上"就一直在那里?圣人如此,那是他们的虚伪,而"伪"或"人为"不是对"机心"(《庄子·天地》)[②]极力批判的庄子所不能接受的吗?

由此看来,究竟"莫若以明"含义是什么,的确是值得讨论的。因为它牵涉到了庄子的一个重要观点。实际上,我们认为,庄子强调的就是:说是论非,没完没了,全无意义;不如回到常态之明——阴阳之道。但是,上引的现代汉语译文,并没有这样解释。我们不妨将例 15 的今译罗列如下。[③]

译文 1. 不如以空明的心境去观照事物的本源。(孙海通)

译文 2. 不如用明静的心境去观照事物的实况。(陈鼓应)

译文 3. 不如用虚静的心态去观察万物的本然情况。(秦旭卿、孙雍长)

译文 4. 不如以清明的心去观照一切。(傅佩荣)

译文 5. 不如用镜子一般的明鉴去观照。(马恒君)

依之推论,则译文 1 之中的"观照事物的本源"才是重心,那么,为什么不直接将此"本源"解为"明",以突出"空明的心"是因之而"空明"?同样的,译文 2 既然"事物的实况"是要以"明静的心"去"观照"的,那么,何以不直接将"事物的实况"解为"明"?因为,"事物的实况",只有在"阴阳之道"过程之中,才能出现进而获得"如实之是"。译文 3 也是这样:"本然情况"与"实况"几乎可以等同,这里不妨存而不论。译文 4"清明的心"既然可以"观照一

[①] 详见庄子(著),冯友兰(英译),*Chuang-tzu: A New Selected Translation with An Exposition of the Philosophy of Kuo Hsiang*,第 32 页,北京:外语教学与研究出版社,2012 年版。

[②] 王先谦(著),《庄子集解》(《诸子集成》第三册),第 75 页。

[③] 因为诸译在上引译例之中基本上保持一致,有的则后文直接抄录原文词语,而不再重复,因而,这里仅罗列出例 15 之中的译例。

切",那么,"观照"成功之时,一定可以捕捉到"一切的本质",因而必定会指向"阴阳之道"过程中的那种"本质",比如说,变而不变的"本质"。译文5将"明"也解为"观照",但前面有"镜子一般的心"之喻。"观照"是有条件的,而在中国哲学的语境之中,不论是儒家,还是道家,其对象必然是在天人互动之中进行的,如此,"观照"的终极就应该是"阴阳之道"过程之中的对象。而这也一样意味着,只有在"阴阳之道"指引下,"观照"才有可能。

如此,"明"不就是指"阴阳之道"吗?

但是,上述并不复杂的推论,在研究者那里似乎成了一团谜一样的东西。比如,下文摘录的两个观点。第一,是楼宇烈的解释;第二,为赵又春的思路。

依楼宇烈的总结[1],《庄子·齐物论》这三处的"以明"共有四种解释:一是将之释为"反覆相明"或"反覆相喻"的思想方法,如郭象倡之在前,成玄英和之于后[2];二是依照《道德经》第五十五章的"知常曰明",将之解为"照之以本然之明",如宋吕惠卿(《庄子义》)、明焦竑(《焦氏笔乘》)、清宣颖(《南华经解》)以及清王先谦(《庄子集解》);三是认为,"明"即儒墨二家的各自一偏之见的意义上的"明",如清王夫之(《庄子解》);四是把"莫若以明"解释为"搞不清楚",如任继愈[3]。

但是,楼氏认为,若"以《齐物论》整篇的中心思想来检查一下,[上述观点]则都显得不够确切、妥帖"。他指出:

> "可不可,然不然","物无非彼,物无非是","无物不然,无物不可",万物之间无所谓彼此、是非之分,而"道通为一"。因此,如果斤斤计较于彼此、是非的分别,必将陷于"彼亦一是非,此亦一是非"的无穷无尽的是非之"环",白白浪费精神、智虑,而一无结果。

---

[1] 详见氏著,《"莫若以明"释——读〈齐物论〉杂记一则》(http://www.gongfa.com/moruoyiminglouyl.htm),2017年2月28日采集。
[2] 参见郭庆藩(著),《庄子集释》(《诸子集成》第三册),第31页。
[3] 参见氏著,《释〈庄子·齐物论〉篇的"以明"》,载《文汇报》,1962年9月6日。

《齐物论》认为,是非是越分别越混乱,它是永远辨别不清楚的。他说:"自我观之,仁义之端,是非之涂,樊然淆乱,吾恶能知其辩?"因此,他认为,圣人对这种情况是采取"怀之"的态度,即"存而不论"。照他看来,是非弄清了反而会使"道"遭到损害。所以说:"是非之彰也,道之所以亏。"如何解决呢?《齐物论》主张应当不分是非,无是无非,以至根本取消认识活动。

因此,他提出,应将"以明"解为:"不用智慧。"进而,他给出了上引诸例的相应译文:

一、儒墨各有它的是非,他们各自肯定他所认为的是,而否定他所认为的非。现在想要判定他们究竟谁是谁非,那是永远也不可能的,(如下文所谓:"然则我与若与人俱不能相知也,而待彼也邪?")所以"不如不用智慧(认识活动)"。

二、是与非都是一个无穷无尽的"环",想要摆脱那无穷无尽的是非之"环"的困境,那"不如不用智慧(认识活动)"。

三、用华丽的言辞来显耀自己,这是被圣人所鄙弃的,所以不用这些言辞,不作是非之分,而回返到混一不分的"常"("庸"。按,在《齐物论》看来,世界混一不分原是最平常的道理,所以他称此为"庸",即"常"的意思),这就是所谓"不用智慧(认识活动)"。

楼宇烈的观点,并非一家之言。因为,另一位研究者赵又春强烈批评将"明"释为"明静之心"的流行观点:

> 我只先指出这一点:这样地"以明"真是太好了,谁会有意地拒绝实行?又,这样的"明静之心"或"明鉴"究竟如何获得?说得清吗?庄子说到过吗?如果容易做得到,就人人得而有之,哪会还出

现大家都不使用它的情况?①

像楼宇烈一样,他也提出:"'以'通'已',或者说借作'已',完成、停止义,故'以明'就是'止明',即停止那目的似乎是也仅仅是'让人家明白过来'的争辩活动。"②

这样,上引译文和楼宇烈归纳出的四种解释,便与楼和赵二人的观点形成鲜明的对照。一方认为,"以明"是"以心灵之明来判断是非",或"拿可以判定是非的明道"来断定是非。这一方的特色是,不论所指为何,一般都承认"明"是一种肯定性的、积极的力量。而楼宇烈和赵又春这一方则主张,"明"是偏见之明,即争辩牵涉的双方运用的是世俗的东西:"智慧。"而这是庄子奉老子"绝圣弃智"之教义,在《齐物论》一文之中必然要摒弃的。

不过,或许也就是在这里,后一种释义不适宜于对"以明"的意蕴的揭示。这是因为,既然庄子要"物物",使任何存在者回归其自身,那么,假若是持否定态度,即将"以"释为"止"的话,"物"能够抵达"物物"、"以物为物"而必"不役于物"的境地吗? 也就是说,如此解释,其实质和上述译解是同一的:只要是判断,不论是肯定或否定,它所造成的疏解就是不对应的。试想,即使是要求放弃"智慧"、"思考",那也不一样是在说,要人首先要有这样的"智慧"和"思考"吗?

而这意味着,要想让"物"还原自身,就无法沿着过去的老路前进。否则,就是说不通的。那么,"不持立场"才是解释的导向。违背了这一导向,解释一定是错误的。比如说,楼宇烈和赵又春二位强调,别人的解释不正确,那是因为庄子要摒弃或否定"是是非非"的争执,因而,他们的思路才是正确的。但是,问题正在于,二位在提出新的解释时,也一样是在以否定性的判断来诠解庄子的意向。这样,某种意义上便会形成一种"恶性循环"。因为,如此的"否定",导致的必然是新的"是非"之争:依照二位的思路,"是

---

① 见赵又春(著),《我读庄子》,第71页,长沙:岳麓出版社,2010年版。
② 同上。

是非非"不还是存在吗?

所以,这里或已无必要对上引译解进行详细的辨析,而只希望点出:只有摆脱在庄子看来可能是"无谓"的辩论,事物之自我回归才是可能的。那么,究竟如何去做呢?看来只有一种可行性:充分发挥"明"字本身的意义,让"词语本身"讲话,便是解释"以明"之真意的唯一途径。

不持立场,要求的是既不站在"肯定"的一方,作同意、认可、支持、赞成的疏解,也不站在"否定"的立场,作批评、否认、消极的解释。易言之,我们要消解、摒弃的就是"非此即彼"的解释模式。如此,才可走向对庄子真正的疏解。

那么,如何才可能实现这样的模式转换?也就是,如何寻找新的解释模式?答案很是明确:就在"明"字之中。让"词语本身"说话,讲的就是"明"字所含有的那种解释模式。如其所示,"明"体现的是日月相代、阴阳二气彼此推移的易道运作的动态过程。因而,将之引入对"以明"的解释,便会形成确定的描写:可以使介入、评说甚至个人的疏解真正预先消解于无形之中。

这并不表示,如此的解释模式,还要像往日解释者那样,一定要将"明"字置于某种特定的语句之中,以推出合乎所谓语境要求的解释。恰恰相反,在这里,"以明"这一词组本身就早已昭示了新的解释模式的可能性和可行性:说它具有可能性,是因为"明"(日月相推、流动之明)体现的就是阴阳之道,因而,完全有理由直接将之引入解释之中;说它具有可行性,是因为"明"本身就能推动新的解释成为动态的、过程性的,而不是抽象的、概念性的。如"明"所示,它本身就是阴阳之道的体现,而解释的结果也一样需要如此的动态。假若这样的解释可以使事物在动态过程中回到其自身,如其所是,那不就是在说此一解释模式是有效的吗?更何况,这里根本就用不着"肯定"和"否定"的"两偏",而可以真正实现无所谓人为的"大化流行"在解释之中的融入。

如此的解释,就是将"明"直接"拆解"为"日月(流动、相推)之明"。那么,"以"就超乎了否定和肯定,又同时预先包含了上述两种"人为"的意见分歧。但要点在于,如此的解释,正因为它是一种"新的模式",所以,可以近乎百分之百地还原"明"之意义。果如此,则"以明"的意义也就可得以回归其身:那就不是"心灵之明",因为这种解释偏执于人这一方;它当然也不会是取向否定人为的智慧之伪,因为,那是在隐含"天"或"自然"本身才是"明道"之所在。正是由于"天人"的互动,原本就是"明"之阴阳互动的基本因素,因而,这里完全可以下结论说,如此这般的"择其一端"的做法,是不会达到正解的。

那么,如此经过"新的解释模式"得到的结果,验之于英文的译文,会发现什么呢?又该如何提出相应的对策?这是下文要讨论的。

上文已经指出,将注意力放在"心灵之明"上如何不能成立,所以,这里不再赘言。有必要再加强调,Burton Watson将"明"译为"明晰性"(clarity),很可能会被误解为逻辑或推理方面的那种"明晰"、"明确"和"明白"。依上文分析,其中仍然难免庄子所说的"是非"。而林语堂将之解为"理解",也一样是站不住脚的。因为,那样的话,只能指涉人非常"主观"的力量,而难及其他层面。而就"以明"这一词组的组合而论,庄子显而易见并没有将"人的理解"或"领悟"作为要点。

在众多的译文之中,"以明"的"以"字,都被理解为"用"。我们认为,这一选择是正确的:入得其内,用于其中,才抵自然。

"以明"合而观之,我们认为,将之解为"运用明"(如 James Legge, Herbert A. Giles, A. C. Graham 以及林语堂),从理论上讲,是行得通的。或许,有关译者的确如 James Legge 在一个注释之中所强调的,"以明"之中的"明"字指的是"道的原理"(the principle of the Tao)[1]。

如此,一个问题依然如故:假设"明"仍然是以现成的 light、illumination 等出之,充其量在英文之中能起到的是某种隐喻性的作用,而不一定能传达"道"的变易特质。而且,即使人们接受 James Legge 的解释,"道的原理"不

---

[1] 详见 James Legge(英译),*The Texts of Taoism*(*Sacred Books of the East*,Volume 39),第 182 页,注释 3。不过,他先说的是 the perfect mind(完美的心灵),然后才提及"道的原理"(原文为:That is, the perfect mind, the principle of the *Tao*)。我们认为,若是将这一注释的前半部删除,才是正确的解释。但这只是就疏解性的译文而论。

还是"人为"的:人的创造,也是为人而设,那么,它与"自然"有何干系?这样,我们是不是又发现和汉语的译解之中所存在的一样的问题:只有一方,而不见第二方;只有一个选择,而没有第二个选项。如此,译解所要求的那种"合"当然也一样是缺席的。也就是说,这样的译文不符合庄子最为基本的导向:在自然而然的物之为物的回归之中,才可见出事物之为事物的那种"明"或"明道"。同时,在英文译文之中,始终还存在另一个语言本身所具有的而且也成为思维方式的巨大区别的因素:抽象化。不论是 light,还是 illumination,它们都是抽象名词,其中看不到汉语的动态过程,也看不到事物在自我循环之中的那种复归。

这样,问题便真的是依然如故了:在汉语之中,我们可以"拆解"的方法,将"明"的意义凸显出来。那么,英文呢?

所以,或许只有另寻他途,才可能满足"以明"翻译的一般需要。在这里,参照上文对庞德的译文的论述以及荷尔德林的诗歌用语和海德格尔的分析,我们认为,to use sun-mooning 可能是一个比较适宜的选择。

如此处理当然需要一定的解释,那么,我们不妨以《庄子·齐物论》之中另一处多次论及"明"的语段为例,进一步来作出说明。

例 17. 其好之也,欲以明之,彼非所明而明之,故以坚白之昧终。(《庄子·齐物论》)①

译文 1. 惠子并非真正明道,而却用自以为的明理去明示他人,所以陷于"坚白同异"的偏僻昏昧中,不可自拔。孙海通今译(孙海通,2007:38)

译文 2. 正因为他们各有所好,以炫异于别人;他们各以所好,而想彰显于他人,不是别人所非了解不可的而勉强要人了解,因此终身迷于"坚白论"的偏蔽。陈鼓应今译(陈鼓应,1983:70)

译文 3. 正因为他们以各自所好而标新立异于别人,也企图以各自所好而炫耀于别人;并非别人必须了解的东西而硬要塞给别人,所有终身陷入了"坚白论"的蒙蔽之中。秦旭卿、孙雍长今译(汪榕培等,1999:26)

---

① 王先谦(著),《庄子集解》(《诸子集成》第三册),第 12 页。

译文 4. 正因为他们所爱好的异于众人，又想把自己所爱好的让别人明白，别人不可能明白而勉强他们明白，结果就会像惠子一样，一辈子抱着无人能懂的坚白论。傅佩荣今译(傅佩荣,2012:23)

译文 5. 正因为他们在某一方面的特长远远超出了常人，就想把这种特长向别人显现出来。常人并不彻底了解他们的技艺而勉强要人们了解,因此惠施终身迷昧于"坚白论"的论辩里。马恒君今译(马恒君,2014:18)

译文 6. Only in their preference for their own art were they distinguished from others; as they preferred their own art, they would like to enlighten others with their art. They tried to teach others what could not be taught; as a result, one of them was entrapped in the obscure discussion about the hardness and whiteness of the stone. 汪榕培英译(汪榕培等,1999:27)

译文 7. Hui Tzu's particular views being very different from those of the world in general, he was correspondingly anxious to enlighten people. But he did not enlighten them as he should have done,[①] and consequently ended in the obscurity of the 'hard and white.' Giles 英译(Giles,1889:22)

译文 8. It was only in being preferred by them that what they knew about differed from an Other; because they preferred it they wished to illuminate it, but they illuminated it without the Other being illuminated, and so the end of it all was the darkness of chop logic [...] Graham 英译(Graham,1981:54-55)

译文 9. Only in their likes they were different from him [the true sage]. What they liked, they tried to make clear. What he is not clear about, they tried to make clear, and so they ended in the foolishness of

---

[①] 此处译者另行添加小字行内注 By the cultivation and passive manifestation of his own inward light(凭借对本人的内在光明的培养和被动呈现),或是对原文意义作出进一步疏解。详见 Herbert A. Giles(英译),*Chuang Tzŭ, Mystic, Moralist, and Social Reformer*, 第 22 页, London: Bernard Quaritch, 1889 年版。

"hard" and "white." Watson 英译(Watson,2003:22)

译文 10. They loved them because they were different from those of others. They loved them and wished to make them known to others. But as they could not be made clear, though they tried to make them so, they ended with the obscure (discussions) about 'the hard' and 'the white.' [their several arts] Legge 英译(Legge,1891:186)

译文 11. They each loved his art, and wanted to excel in his own line. And because they loved their arts, they wanted to make them known to others. But they were trying to teach what (in its nature) could not be known. Consequently (Hueitse) ended in the obscure discussions of the "hard" and "white"; [……] 林语堂英译(Lin,1942:638)

译文 12. Because they were fond of it, they wished to enlighten people in it. But people were not enlightened by their art. So Hui Tzu ended with the obscure discussions of hardness and whiteness. 冯友兰英译(冯友兰,2012:29)

冯译一直在用 enlightenment,似乎只有"启蒙"才可能达到"明"的效果,而如此的"明"也只能牵涉到"理性"的作用;或许,正是后者才是庄子要突出的?译文之中出现这样的问题,还能保证它的合理性吗,假若庄子本身已被彻底西化或曰"启蒙"的话?这大概是放弃了"天人"一维之后,向西方求援,来诠释中华文化典籍的必然结果?但是,这样的"现代化",毕竟难及庄子的卓越洞见?其他译文也一样在"明"字上坚持字面意思的诠解,或者也一样求援西化,上文已有论列,此处不赘。

相反,若欲使"明"回归本位,以阴阳之道的观点视之,则"彼非所明而明之"之中的"所明"指的应是"天地之所以明"之"明"。因此,这句话的意思是:

译文 13. 他[惠子]所喜好的,就要加以宣明;但是,他并不是以真正的日月之明来宣明的,所以,最终只好以让人晦晦茫茫的"坚白之论"了事。

3.8 新的译文和杜诗译解的检测

有必要在这里先行给出新的译文,然后再以老杜的诗来对如此而为的有效性加以验证:

例1. A. 大学之道,在明明德,在亲民,在止于至善。(《礼记·大学》)①

例1. B. 大学之道,在明明德,在新民,在止于至善。(《四书章句集注》)②

译文 12. The Great Learning consists in sun-mooning the sun-moon virtue, in endearing the people, and in striving for a dwelling place in the highest place in Good.

译文 13. The Great Learning comes from sun-mooning the sun-moon virtue, from renovating the people, and from attaining the highest Good.

例2. 古之欲明明德于天下者。(《礼记·大学》)③

译文 12. The ancients who tried to sun-moon the sun-moon virtue throughout all under the *Tian*(天).

例3.《康诰》曰:"克明德。"《大甲》曰:"顾諟天之明命。"《帝典》曰:"克明峻德。"皆自明也。(《礼记·大学》)④

译文 12. As told in *Kanghao*, "King Wen was able to sun-moon the virtue." As said in *Dajia*, "King Tang was capable of observing the sun-

---

① 郑玄(注),孔颖达(疏),《礼记正义》(下)(李学勤主编,《十三经注疏》之六),第1592页。
② 朱熹(撰),《四书章句集注》,第3页。
③ 郑玄(注),孔颖达(疏),《礼记正义》(下)(李学勤主编,《十三经注疏》之六),第1592页;及朱熹(撰),《四书章句集注》,第3页。
④ 郑玄(注),孔颖达(疏),《礼记正义》(下)(李学勤主编,《十三经注疏》之六),第1593页;及朱熹(撰),《四书章句集注》,第4页。

moon order coming from the *Tian*(天)(the original virtue)." And as described in *Didian*, "King Yao enables himself to sun-moon the lofty virtue of his." All these are examples that can illustrate how to sun-moon oneself.

附：右传之首章。释明明德。(《四书章句集注》)①

译文：The words on the right are the first chapter where how to sun-moon the sun-moon virtue is expounded.

例4. 传曰："恶之者众则危。"书曰："克明明德。"诗曰："明明在下。"故先王明之，岂特玄之耳哉！(《荀子·正论篇》)②

译文3. A tradition says: "When those who hate him are a multitude, he is in danger." One of the *Documents* says: "He was able to sun-moon the sun-moon-ing virtue." An Ode says: "To sun-moon the sun-mooning below is those below." Thus, the ancient kings made themselves sun-moon-ed. Surely this is the result of their openness and nothing else.

例5. 日往则月来，月往则日来，日月相推而明生焉。(《周易·系辞下》)③

译文10. With the sun going away the moon comes, and with the moon going away the sun comes; in the extending of each to the other there is the sun-moon.

例6. 惟乃丕显考文王，克明德慎罚。(《尚书·康诰》)④

译文5. It was your greatly distinguished father, King Wen, who was able to sun-moon his virtue and be careful in the use of punishments.

例7. 先王顾諟天之明命。(《尚书·太甲上》)⑤

译文5. King Tang in ancient times kept his eye continually on the sun-

---

① 朱熹(撰)，《四书章句集注》，第4页。
② 王先谦(撰)，沈啸寰、王星贤(整理)，《荀子集解》，第314页。
③ 王弼(注)，孔颖达(疏)，《周易正义》(李学勤主编，《十三经注疏》之一)，第304页。
④ 孔安国(传)，孔颖达(疏)，《尚书正义》(李学勤主编，《十三经注疏》之二)，第359页。
⑤ 同上，第208页。

moon requirements coming out of the *Tian*(天).

例8. 克明俊德，以亲九族。(《尚书·尧典》)①

译文5. He was able of sun-mooning the lofty virtue and thus endearing all the nine clans of his people.

附：予小子不明于德。(《尚书·太甲中》)②

译文：I, a little child, was without sun-mooning what was virtuous.

例9. 君子以自昭明德。(《周易·晋卦·象传》)③

译文13. The man of quality, in accordance with this, sun-moons the sun-moon virtue, by his own power.

例10. 内文明而外柔顺，以蒙大难，文王以之。(《周易·明夷卦·彖传》)④

译文13. King Wen, a model with the sun-moon virtue within and the pliant abilities without, was able to endure the biggest hardship.

例11. 自诚明谓之性，自明诚谓之教。诚则明矣，明则诚矣。(《礼记·中庸》)⑤

译文12. From the word-becoming⑥, there comes the sun-moon, and this is called natural tendencies of human beings; from the sun-moon, there

---

① 孔安国(传)，孔颖达(疏)，《尚书正义》(李学勤主编，《十三经注疏》之二)，第208页。
② 同上，第211页。
③ 王弼(注)，孔颖达(疏)，《周易正义》(李学勤主编，《十三经注疏》之一)，第152页。
④ 同上，第155页。
⑤ 郑玄(注)，孔颖达(疏)，《礼记正义》(下)(李学勤主编，《十三经注疏》之六)，第1447页；及朱熹(撰)，《四书章句集注》，第32页。
⑥ 此处的处理起自对"信"和"诚"的汉字书写形式以及二者之间的意义联系。尽管"诚"的哲学意味较为浓厚，但是，如上文所述，我们极不赞成以抽象的概念来诠释其意，倒是认为，字形本身的书写是一条线索，可以之找到疏解的渠道："信"的意义是"人以言立"，而"诚"的意思则是"事以言成"。如此，二者相较，"信"可谓"人之存在"来到语言，而"诚"则相当于"人和物的存在""成于语言"。这样，"信"便可以 standing-by-the-word 出之，而"诚"则以 word-becoming 出之，似更进一步：前者意为立于语言之近旁，正是海德格尔守护语言家园的意向；而后者则有"以语言为生成"或曰"语言生成事物"的存在论意向。在中华文化的缔造者们创造汉字"信"和"诚"之初，二字之中就已经包含或体现出海德格尔所说的"语言是存在的家园"的精神倾向。

comes the word-becoming, and this is called education. Thus, the word-becoming begets the sun-moon, and the sun-moon gives birth to the word-becoming.

例12. 复命曰常,知常曰明。(《道德经》第十六章)①

译文 8. Returning to where one is from is called the always-so. And getting into the always-so is called the sun-moon.

例13. 知和曰常,知常曰明。(《道德经》第五十五章)②

译文 8. Getting into the her-harmony(和)is called the always-so, and getting into the always-so is called the sun-moon.

例14. 故有儒墨之是非,以是其所非,而非其所是。欲是其所非,而非其所是,则莫若以明。(《庄子·齐物论》)③

译文 13. Therefore there is the yes-or-no debate between the *Ruists* (儒) and *Moists*(墨): They "yes" the "noes" with their "yeses," and "no" the "yeses" with their "noes". But compared with their doings of to "yes" their "noes" and "no" their "yeses", it is better to make use of the sun-moon④.

例15. 是亦一无穷,非亦一无穷,故曰莫若以明。(《庄子·齐物论》)⑤

译文 13. Yes is infinite and no is also infinite. Therefore, it is said that the best thing to do is to observe (the *Dao* of) the sun-moon.

例16. 是故滑疑之耀,圣人之所图也。为是不用而寓诸庸,此之谓以明。(《庄子·齐物论》)⑥

译文 13. Therefore the glitter of the glib implausibilities is despised by

---

① 王弼(注),《老子注》(《诸子集成》第三册),第 9 页。
② 同上,第 34 页。
③ 王先谦(著),《庄子集解》(《诸子集成》第三册),第 9 页。
④ 本句的翻译,将 yes 和 no 用为动词,或比用 admit 和 deny 等更能再现庄子对"知性"的无谓态度。
⑤ 王先谦(著),《庄子集解》(《诸子集成》第三册),第 10 页。
⑥ 同上,第 12 页。

the sage. The "That's it" which deems he does not use, but finds for things lodging places in the usual. It is this that is meant by "using the sun-moon".

例17. 其好之也,欲以明之,彼非所明而明之,故以坚白之昧终。(《庄子·齐物论》)①

译文13. As for the things they like, they wished to make them sun-moon to others. But as they could not sun-moon what should be made sun-moon-ing, they ended with the obscure (discussions) about "the hard" and "the white."

以上译文都将具有哲学意义的"明"处理为 sun-moon,其目的是明确的:要在英文之中,让"日月之明"闪烁出它本应有的光明。上文已经解释了为什么要如是而为,这里可以略而不论。不过,仍可加以检测,看一下,若是不从"明"之天人合一的视角解读,杜甫诗之中的两处与"明"有关的诗句,是不是就无以知解?

例18. 故人入我梦,明我长相忆。(杜甫《梦李白二首》之一)

译文1. 老朋友,你来到我梦中,因为/你知道我对你思念不已。屠岸译(吴钧陶,1997:322)

译文2. But he came to me in a dream, /indicating how much I have been missing him. 潘智丹译(莫砺锋等,2010:120)

译文3. Knowing how much I think of you always, /Into my dreams, so you did make your ways. 吴钧陶译(吴钧陶,1997:323;许渊冲等,1988:158)

"明"在译文1之中被解为"知道",主语是李白;在译文2之中被解为"故人入我梦"这件事"表明"(Indicating),主语是"入梦";而在译文3之中,则被解为"思念不已",主语也是"你"。

诗无达诂,这似乎是"天经地义"的事情,那么,为什么不可以从根本上

---

① 王先谦(著),《庄子集解》(《诸子集成》第三册),第12页。

营造出一个让如此众多意义得以呈现的那种时空交合、内外合一、人我一体的空间呢？为什么不可直接以词语本身的力量，去建造出诗歌的基质呢？诗人、翻译家弗洛伦丝·艾斯珂（Florence Ascough，1878—?）指出："汉字本身在诗歌创作中所发挥的巨大作用，再怎么强调都不过分"，"要充分把握诗人的意图，就必须具备分析字符的知识"。① 因此，我们有必要再回到引发所有这一切的那个"明"，以便出新。

"明我长相忆"之中的"明"字，若是不从存在论的角度解之，则必流于表面，而难得正义。易言之，只有将之视为阴阳之道深意之再传达，否则很难解释得通。

不过，一般对杜诗的注解，都是从文字出发或以文辞的字面意义为据来展开的。如一部通俗的《唐诗三百首》对这两行的注释是："太白明瞭我在时常想念他，所以来入梦。"② 但是，我们的疑问是，为什么不能是诗中之"我""明瞭"自己是在"长相忆"呢？诗歌本来就不太重视字词的顺序，那么，为什么一定是"太白明瞭"？那不是诗人在说，他的"梦李白"是"身不由己"、"言不由衷"甚或"迫不得已"？另一部《唐诗三百首》的注解则与此不同，认为"明我句，说明这是因我常想念的缘故。明，表明。长相忆，即'常恻恻'。"③。

这两个注释：一是将"明"视为"明瞭"，说是李白明白诗人对他的想念，因而欣然"入梦"；二是将"明"解为"表明"，认为那是说诗人自己对"故人""长相忆"，因而，太白才得入梦。那么，二者立场相反，解释便相去千里。显而易见，仅仅关注文辞的意义，尤其是字面意义，解释是很难说明问题的，即令是人们耳熟能详的诗句。那么，有没有什么方法，可以使解释统一起来，或者说至少是将解释之为解释的合理性置于某种能够检测的所在？

我们认为，要想达到这一目的，只有通过阴阳之道加以"会通"。这是因

---

① 引自 Florence Ascough 与 Amy Lowell（英译），*Fir-Flower Tablets*，*Poems Translated from the Chinese*，p. xxxviii，Boston and New York：Houghton Mifflin Company，1921 年版。
② 详见喻守真（编注），《唐诗三百首详析》，第 34 页，北京：中华书局，1957 年版。
③ 详见金性尧（注），《唐诗三百首新注》，第 14 页，上海：上海古籍出版社，1980 年版。

为,若是依阴阳之道来进行解释,则首先必然能将相反的立场消解于无形:阴阳之道本身突出反转,也就是事物的相互转化,因而,对立往往是站不住脚的。实际上,只有将两个对立面包容进一个统一体之中,解释才是成功的。而阴阳之道显而易见有能力做到这一点。

有论者指出:"'故人入我梦,明我长相忆。'不说梦见故人入梦;而故人所以入梦,又是有感于诗人长久思念,写出李白幻影在梦中倏忽而现的情景,也表现了诗人乍见故人的喜悦和欣慰。"[①]不过,这或许只是表面的意思。因为,故人入梦,本是思念友人的一般表现,而依之作形象性的表达,正说明诗人思念之真之深。但是,若解释仅仅停留于此,则明显是不足以说明问题的:假若这只是一种司空见惯的现象,流出于诗人笔端,又能有什么新意?

因而,或许从诗本身的用词出发,让字本身说话,方可凸显诗人所要歌颂的友谊的微言大义。正是在这里,我们所说的"微言大义"的确因为"微言"而能成为"大义"。这是因为,诗人就用了一个"明"字,来宣泄他对友人的思念的不可遏制的激情。因而,"明"并不一定就是论者所说的"现身"之意。诗中写的是:"明我长相忆。"即使在字面上,诗人也是在说,对友人的"相忆""明"了起来,或者说,变得"清晰可见"甚或"触手可及"。而如此的"明"便一下子将诗人带向一个似梦非梦的、"明"如白日的所在:仿佛深夜早已变为白昼,梦幻也已化为现实。此梦既已非梦,那么,它是常态的,也就是动态的,进而就是永恒的。

为什么如此推论? 就是因为,"明"本身所昭示的"日月同辉",写的不就是,不论是在白日,还是暗夜,那种人的存在本身的永恒之在吗?

这样,"明"就不仅仅是空间意义上的引人入梦,也不是这样的意义上的引我入梦,恰恰相反,这样的空间在"明之为明"的存在论意义上已被时间化,易言之,早已被化为长此以往的那种动态,也就是近乎恒久的精神力量。

---

① 引自赵庆培(撰),《杜甫〈梦李白二首〉[解]》,收入萧涤非等(撰写),《唐诗鉴赏辞典》,第497-500页,引文见第496页,上海:上海古籍出版社,1983年版。

这样,诗人要歌颂的就是,随着故人入梦,而我之相忆得此日月之明,二人的友谊已可与日月同辉,甚或万古如斯而不易。

只有这样,杜甫对友人的怀念和相望,才能落到"实处",也就是,由"梦"由"幻"而进入一种真正的"实在"。

清时的蒲起龙倒是指出,此诗的独特之处在于老杜用了"翻法":

> 首章处处翻写。起四,反势也。说梦先说离,此是定法。中八,正面也。却纯用疑阵。句句喜其见,句句疑其非。末四,后觉也。梦中人杳然矣,偏说其魂犹在,偏叮咛嘱咐,皆意外出奇。从来说别离者,或以死别宽生别,或以死别况生别。此反云"死"则"已"矣,"生常恻恻",亦是翻法。"入梦",我忆彼也。此竟云彼"魂来",亦是翻法。[①]

这一论断点出了,诗人与"故人"互为主体的那种友谊,是不分彼此的。如此的写法,正因为"翻来覆去"而使人不无新奇之感。

不过,若是就哲学视角视之,则"反"或"翻"本身不就是"明"所昭示的阴阳之道的反转和变易吗?不就是《周易》之中所说的"日往则月来,月往则日来,日月相推而明生焉"(《周易·系辞下》)[②]吗?诗人与"故人"的友谊不正是在这样的日月相推和"反转"或"翻转"之中,达到与日月同辉,因而可以万古如斯而不灭的吗?"明我长相忆",意思就是:将"我"及其"长相忆"的人物统统引入"明"之中(而不仅仅使之得到"显现之明"),也就是,使之融入"日月相推"的那种"易道"的"反转"或"翻转"。而这一意义上的"反转"或"翻转",怕才是诗人的寓意所在:进入那种层次的"长相忆",才可能真正使诗人及其"故人"以及二者之间的真情万古不朽。

果如此,则文辞上的探究,的确不如哲学原理倾向上的追索更具形而上

---

① 引自蒲起龙(著),《读杜心解》,第64页,北京:中华书局,1961年版。
② 王弼(注),孔颖达(疏),《周易正义》(李学勤主编,《十三经注疏》之一),第304页。

的意义,也充分说明"诗圣"之为"诗圣"的形而上特性。因此,与其说从修辞层面讨论杜诗如何令人有"出奇"之感,倒不如直接就易道的基本原理加以印证,或可突出真情难得故而可以不朽的永恒主题,而不一定要以修辞手段为中心,来展开讨论。

加以总结,还需强调,阴阳之道可以将对立消除:通过它所刻画的事物的变动不已及其彼此相互推移或曰反转、翻转,便可将"明"之"太白明瞭"和"诗人之梦表明"二者的对立消解。而这意味着,文辞意义的解释不能是欣赏诗意的唯一标准,甚至可以说那还不是真正的标准。诗意必依哲学本身的力量来印证。假若没有哲学思想作支撑,或许诗意就是不存在的。而深深沐浴于儒家思想、倡导"致君尧舜上,再使风俗淳"(《奉赠韦丞丈二十二韵》)的诗人,对人与天的关系有着深刻的体验,因而,若是完全依照词语的字面意义来疏解他的微言大义,则不一定就是合适的。实际上,我们可以清楚地看到,若是将阴阳之道作为释义的支撑,那么,诗圣此二行意义便昭然若揭:"明"既不是太白"明瞭"诗人之心意,故而"入梦",也不是诗人之梦"表明"他对"故人"思念一往情深。因为,这样的解释,不是以"故人"("客人")为主体,就是以"诗人"("主人")为主体,也就是非此即彼。而阴阳之道推出的解释,一定是二者兼具,而不能止于"极端"之中的某一端。所谓"执其两端,用其中于民"(《礼记·中庸》)当是解释的不二法门。

因此,来"入梦"的太白,"梦中"与"故人"相会的诗人,二人只有如此不分主动被动、不计孰先孰后、不论是主是客,才能显现出友谊之树常青,诗人与诗人的感情长/常如日月,而万古如斯。还应指出,甚至是诗人之"梦"也只是他歌颂友谊的手段或途径,而他所要称道的,一定是现世之中的那种真情实意。易言之,只有在理解之中超于"梦",解释作为理解的结果才是到位的、具有对应性的。再换言之,只有视梦为非梦,即梦亦梦又非梦,我们的解释才可能在诗意的蕴涵之中触及诗人的心意之真。

但是,我们看到的,还是就事论事的评论:

> 开头即说生死离别,直言无隐,只有对真正的知己才会这样

说。突然,日思夜想、杳无音讯的老朋友竟来做客了,好像是专门来慰藉杜甫对他的思念。但这反而引起了杜甫的不安,他不知道是在梦里,担心站在面前的是老友的亡灵——也只是对真正挂念的人才会产生这样的心理。如果说"魂来"两句,意象奇警,给人以深刻印象的话,"落月"两句,则平实隽永,将大梦初醒、似真似假、惊疑不定的心情,逼真地表达了出来。最后两句,已经醒来的诗人却依然沉浸在梦境的气氛中,记挂着老友路途中的险恶,叮嘱他要注意安全,这是何等深切的挂念,又是何等深挚的友谊。①

从"慰藉"一词来推,论者这里是将"明"解为"明瞭",即"故人"深知诗人之情之意,因而,欣然"入梦"。上文已经对之进行了分析和批评。

不管是"故人"的"明瞭",还是诗人的"明白",也就是不论是以故人一方还是诗人一方为中心,抑或是以"友人入梦"这一事件为主体,来解释这两行诗的意义,都会因为没有关注词语本身的力量而丢掉最为根本的意义构成元素。

那么,依照一般的解释,这两行诗分明是诗中叙事的组成部分,起着承上启下的作用,若是在这里,二位诗人的友谊就已经如此"定格",那么,又该如何使线索展开,将诗意延展下去呢?

我们认为,之所以有这样的疑问,还是没有能对准诗意的发散所要求的那种时间和空间的交合作用,亦即阴阳之道的动态过程中两种力量的相互反转和转化所达到的那种效果。正是有了这样的"明",也就是,人的存在与宇宙本身的存在的一致性得到定位,所有的事事物物便都有了进入这种存在天地的条件。因此,诗歌也就有了极其罕见的包容力和宇宙意识。所以,"明我长相忆"不仅可解为"我"的"易道化",即"我"进入了"明道"之中,还意味着"长相忆"本身的"易道化",即成为"明道"的组成部分——趋向永恒。

正是在这一过程中,"故人入我梦",成为融入"大化流行"的易道之中值

---

① 莫砺锋、武国权(著),潘智丹(译),*Du Fu*(《杜甫》英汉对照),第123页,南京:南京大学出版社,2010年版。

得回忆的情感因素。而这里的"回忆",是在回往的途中的纪念,是一心向往的那种不可割舍的精神的体现:它反反复复、无休无止,不断重复、交合和错落。而这,不就是阴阳之道在人心之中的那种体现吗?

对"故人"如此的怀念,因为"记忆"的"回归",即人向着"可记之物"的"归入",而彰显出它空前的力量。于是,"故事"开始,一次次、一遍遍地在脑海之中上演,不论是白日黑夜,可能都会是这样,甚至不论是梦里梦外,也都会是这样反反复复、复复反反,了无停息。这样的回忆和思念,诗人以艺术手段将之付诸笔端,才有了"梦李白"的特定画面和"故事"。而作为"故事",就是"回忆"之中的"过去",也是"过而未去的事"。

或许不需要进一步解释此诗的其他部分,而只以"明"为中心,就能够疏解老杜的诗意和用心了。如此,也就能够从阴阳之道的角度,来审视以下译文:

例18. 故人入我梦,明我长相忆。(杜甫《梦李白二首》之一)

译文4. 久别的故人翩然入我梦中,/一直思念苦苦相忆的我也随之进入日月之明。

译文5. My long-separated friend entered my dream/and I in a cherished memory along with him came into the light of sun-moon.

这样来审视,杜甫另一首诗《成都府》之中的名句"大江东流去,游子日月长",其中的"日月"也一样可以合而观之。如此才可说明,那是在说,身为游子,浪迹天涯,有如人生本身,即使是"安宅",也可能成为"逆旅"。如此,要追求的,当不是个人寿命的短长,不是个人身在何处,而是如何融入时间的流动之中,而得天地之纯之真。

因此,"游子:离家远游的人。日月:时间。一作'去日'"[1],这样的注解,可能是有问题的,尤其是将"日月"改为"去日"。另一处将二行诗译为"大江浩荡东流去,客居异乡的岁月会更长"[2],可能也不足以表达诗人与宇

---

[1] 引自习古堂国学网(http://www.xigutang.com/tangshi/dufu/_cdf_dftsjs_2113.html),2017年2月26日采集。

[2] 引自360度百科(http://baike.so.com/doc/4529921-4740074.html),2017年2月26日采集。

宙同化的心绪。而有注释者将之解为"但见大江东去，自己只能做常年漂泊的游子"①以及"无奈之下，诗人面对着的大江东去，也只能做长年漂泊的游子了"②，或只能突出"游子的情怀"，而难见诗人心胸大如天的气魄，甚至不及诗人并不止于一时一地的思乡之念而放开心思对本地风光尽情地歌颂和礼赞。实际上，尽管诗人写的是"游子"，但是，就他的宇宙意识而论，"四海为家"应是诗歌的基调甚或主题。

故而，清人仇兆鳌《杜诗详注》有如下评断：

> 杨德周曰：此诗寄意含情，悲壮激烈，正复有俯仰六合之想。朱鹤龄曰：此诗语意，多本阮公《咏怀》。……公云"熟精《文选》理"，于此益信。李长祥曰：前后《出塞》、《石壕》、《新安》、《新婚》、《垂老》、《无家》等作，与山水诸作，少陵五言古诗之大者。《出塞》等作，犹有《三百篇》、汉魏之在其前；山水诸作，则前后当无复作者矣。又曰：少陵诗，得蜀山水吐气；蜀山水，得少陵诗吐气。③

"有俯仰六合之想"，才可能达到"得蜀山水吐气"，进而，使"蜀山水""得少陵诗吐气"的高度。依这样的语境，来解释"日月长"的意义，才会产生对应性。

明人高棅《批点唐诗正声》也强调，杜诗"萧散沉降备至。'层城'以下句雄丽。'鸟雀夜各归，中原杳茫茫'，羁旅之思可悲。'初月'二句比喻。末复自解，可谓神于变化者矣"④。"神于变化"，说的正是宇宙意识的发散和深入，也就是"明"之内涵的扩充。

---

① 引自作文网（http://www.zuowen.com/e/20080527/4b8bc9589530c.shtml），2017年2月26日采集。
② 引自古代诗歌与教学研究博客（http://blog.sina.com.cn/s/blog_613a36c40102v19v.html），2017年2月26日采集。
③ 引自360度百科（http://baike.so.com/doc/4529921-4740074.html），2017年2月26日采集。
④ 引自360度百科（http://baike.so.com/doc/4529921-4740074.html），2017年2月26日采集。

这样,有一注释者解释为"日月长,岁月长"①,就可能会因指向人的夭寿问题,而难及存在本身所要求的那种精神追求,因而,是不可取的。而另一解释则从文辞入手:"下面写'大江东流去,游子日月长','鸟雀夜各归,中原杳茫茫',都是赋中兼兴。"②如此,"赋"是铺陈其事,不无张大其词的感受,而"兴"的作用主要是托物起兴,先言他物,然后借以联想,引出诗人所要表达的事物、思想、感情。那么,"日月"之"长"便成为一个"引子"、一种"铺垫"或"前序",根本不是诗的重点和中心,如此,"长"之为"长"不就因为"日月"之被忽视,而难得"长久"了吗?而不在"日月之长"的语境之中解之,诗还能产生什么真正的对应性?而清时的蒲起龙③则对此不置一词,似乎"日月长"只有字面意思,甚至无关乎修辞,因而可以存而不论?

事实上,"明"首先能够营造出一片精神天地,而足以使人有所追求,不止于生老病死,不会沉湎于物欲不可自拔,甚或无思无求、麻木不仁。对"与天地同一悠长"的追求,显而易见要求有超越的世界观和近乎绵绵无期的那种思念。易言之,杜甫之所以被称为"诗圣",原因之一当然是儒家的那种"生生不息"的哲理,在他严谨的诗风之中得到了充分的体现,如此,才可"因诗而圣"而得"天地之大义"。

这样,上引诗句的译解,也就有了重新思考的必要。

例 19. 大江东流去,游子日月长。(杜甫《成都府》)

译文 1. 大江滚滚东流而去,/游子悠悠浪迹天涯,正和日月之明同一短长。

译文 2. The Great River flows eastward forward on and on, /And the travelor, wandering as ever, likewise remains in the sun-mooning long and long.

---

① 李谊(注释),《杜甫草堂诗注》,第 2 页,成都:四川人民出版社,1982 年版。
② 黄宝华(撰),《杜甫〈成都府〉[解]》,收入萧涤非等(撰写),《唐诗鉴赏辞典》,第 505-506 页,引文见第 506 页。
③ 蒲起龙(著),《读杜心解》,第 89 页。

第二部分

3.9 "明"、"生生"与上帝之"圣名"

3.9.1 "明"的"生生之意"及其在字典之中的解释

如本节标题所示,这一部分要讨论的是"明"、"生生"和《圣经》之中的上帝之"圣名"。

首先是"明"。如前文所述,"明"字本身所体现的正是生生不息的"易道"或曰"阴阳之道":

> 日往则月来,月往则日来,日月相推而明生焉。(《周易·系辞下》)①

这种不断翻转循环、激荡不住的动态过程,其中的两方并不是相互对立反动的,相反,它们相辅相成,因而,如上文所强调的,这种思想倾向与西方思想可能并不相合。如海德格尔对"明"和"暗"的解释:

> [《安提戈涅》之中的]入场曲以向冉冉升起的太阳的呼唤开篇,那太阳此时正以最为耀眼的光芒照射在城池上。不过,这同一首歌也已经暗示,某种阴暗化向已经照亮的东西猛然冲来。升起的光芒给予未被遮蔽的东西以空间,因而,与此同时,也就是,对黑暗、阴暗化以及阴影的承认。②

---

① 王弼(注),孔颖达(疏),《周易正义》(李学勤主编,《十三经注疏》之一),第304页。
② Martin Heidegger(著),William McNeill 与 Julia Davis(英译),*Hölderlin's Hymn "The Ister"*,第52页。

这是海德格尔在解释索福克勒斯的《安提戈涅》时所提出的。很明显，依照他的观点，"明"总是与"暗"相伴相随的，二者互为一体，不可分割。

但是，"易道"之所以"生生不息"，"死"似乎并不占有重要的位置。毋宁说，"生而又生"或"生而复生"才是"天地之大德曰生"(《周易·系辞下》)①的基本意向。

一方面，从"明"字本身的结构就可看出，二者都是"明"；另一方面，"日月相推而明生焉"②，说的也是一日一月，日而复月，月而再日，或曰，阴而复阳，阳而又阴，阴阳推移，形成了"一阴一阳之谓道"③。

此外，按照一般的解释，之所以重视"生生"，是因为：

> 生生，生而又生，子子孙孙未有穷尽，《易经》所重、所向，是人的群体生命，且以这种"生生"的人文理念，来阐说天地万物的运化、发展，这便是易理之本蕴。④

论者还强调：

> 生生之谓易，易理的根本，是"生"。生命文化、生命哲学，是《易经》反复宣说、强调的根本义理之一。《周易正义》："生生，不绝之辞。阴阳变转，后生次于前生，是万物恒生谓之易也。"先秦儒道两家都重视"生"。道家尚个体生命，儒家尚群体生命。⑤

尽管如此，现代人似乎对这样重要的哲学倾向已经不再重视，因而，在张岱年的《中国古典哲学概念要论》⑥之中，并没有见到"生生"(或"明")的

---

① 王弼(注)，孔颖达(疏)，《周易正义》(李学勤主编，《十三经注疏》之一)，第297页。
② 同上，第304页。
③ 同上，第268页。
④ 引自王振复(著)，《周易精读》，第287页。
⑤ 同上。
⑥ 张岱年(著)，《中国古典哲学概念要论》，北京：中国社会科学出版社，1989年版。

"范畴",在王月清、暴庆刚和管国兴编著的《中国哲学关键词》①之中,也一样没有将"生生"(或"明")作为"中国哲学的关键词"。尽管二者之中都收有"阴阳"②,前书收有"生、生命"③。

而在一部《老庄辞典》之中,我们所看到的,不过是对"明"的字词意义的解释和介绍:

明(8次)

(1) 光明;明亮。明道若昧《四一》

(2) 明智;明察。知常曰明《一六》《五五》 自知者明《三三》见小曰明《五二》

(3) 显明;显现。不自见故明《二二》

(4) 清明;洁净。复归其明《五二》

(5) 精巧。非以明民《六五》④

这是《道德经》之中的"明"。其中,并没有提及与"阴阳之道"或曰"易道"相关的意义。

以下是《庄子》之中的"明"。在给出的九个义项之中,似乎也没有专门提及"易道"方面的意涵:

明(79次)

(1) 光明;明亮。故上悖日月之明《胠箧》 水静则明烛须眉 水静犹明 日月固有明矣《道》 烛之以上悖日月之明《运》 日月之明 一晦一明 日月之自明《方》 明见不值《游》 目如明星

---

① 王月清、暴庆刚、管国兴(编著),《中国哲学关键词》。
② 分别见张岱年(著),《中国古典哲学概念要论》,第83—88页;王月清、暴庆刚、管国兴(编著),《中国哲学关键词》,第135—141页。
③ 见张岱年(著),《中国古典哲学概念要论》,第145—150页。
④ 王世舜、韩慕君(编著),《老庄词典》,第43页,济南:山东教育出版社,1993年版。

《盗》

(2) 严明。指心地行为光明正大。明乎人 明乎鬼者《庚》

(3) 贤明;圣明。闻夫子明圣《说》 明君不臣《渔》 明何由出《天》

(4) 洁净。鉴明则尘垢不止 止则不明也《德》

(5) 眼睛亮;视力好。是故骈于明者 非吾所谓明也 吾所谓明者《骈》 彼人含其明《胠》 而且说明邪《在》 目澈为明《外》

(6) 明瞭;通晓;明彻。非所以明天下也《胠》 明乎物物者非物也 不明于天者《在》 君子明于此十者 立德明道《地》 明于天 明此以南乡 明此以北面 是故古之明大道者 道德以明而仁义次之 仁义已明而分守次之 分守已明而形名次之 形名已明而因任次之 因任已明而原省次之 原省已明而是非次之 是非已明而赏罚次之 赏罚已明而愚知处益《道》 思以求致其明《性》 明乎坦涂 自大视细者不明 是未明天地之理 达于理者必明于权 明与权者不以物害己 长而明仁义之行《水》 明乎礼仪而陋于知人心 明乎礼仪而陋乎知人心《方》 静则明 明则虚《庚》 故目之明也殆《徐》 明于本数 其明而在数度者 邹鲁之士缙绅先生多能明之 皆有所明《天》

(7) 辨明;阐明。欲以明之 彼非所明而明之 此之谓以明《齐》 汝必躬服仁义而明言是非《大》 先明天而道德次之《道》 论先王之道而明周召之迹 道之难明邪《运》 明之不如己也《天》

(8) 显明;彰明;明确。以道观分而君臣之义明 显则明 生非德不明《地》 义明而物亲《性》 其不可行明矣《水》 修身以明汗《生》《木》 道流而不明居《木》 四时有明法而不议《游》 去小知而大知明 然则无用之为用也亦明矣《外》

(9) 聪明。劳神明为一而不知其同也《齐》 而天下始人含其

明矣《胠》 夫明之不胜神也久矣《列》①

罗列一下，就会发现，老庄之中的"明"只有以下这些意义：

光明；明亮
严明
贤明；圣明
洁净
眼睛亮；视力好
明瞭；通晓；明彻
辨明；阐明
显明；彰明；明确
聪明

但是，上述所有的义项，几乎都是在运用现代汉语之中的既定的表达来取代"明"字，类如我们目前在很多情况下在翻译之中所做的。而所有这些义项之中，除了"洁净"之外，没有一个不含有"明"字，说明那是一个非常重要的"词根"。但是，至于"明"到底是什么意思，则似乎真的是未置一词？

但是，我们的疑问是，解老而不及其"明"，老子何有？论庄而不论其"明"，庄子何在？

至于词源学辞典，也一样并未提及"明"的哲学意向：

【构造】会意字。从月照窗棂，或从日月朗照，皆会光明、明亮之意。古文大同。篆文整齐化。隶变后楷书写作朙。如今规范写作明。

【本义】《说文·朙部》："朙，照也。从月，从囧。明，古文朙，从

---

① 引自王世舜、韩慕君（编著），《老庄词典》，第 372–373 页。

日。"本义为光明。①

这里的解释,仍然是以一个字来置换另一个:"明"即"照",古时则写为"煦"。根据"会意字"的构造,"明"字的"词源意义"也就得到了某种解释。但是,为什么《说文》之中说此字既"从月",又"从日"? 而这是不是意味着,"明"字的根本意义就是"阴阳之道"?

很明显,字典之中的解释,和上文所引的众多译文所作的解释,是一致的。失落的是哲学,随之丢失的是否就是"明"的"形而上传统"的"大义"?

不过,若是可以与《圣经》之中的上帝之"圣名"相互比较,则可发现,字典对之的解释以及上引诸多译解,的确是背离了一种本来可以走向哲学之思的传统。

3.9.2 上帝之"圣名"与"明"之"生生"

《圣经》专家和翻译家冯象如此摘引并论述"上帝"之"圣名":

例20. 上帝之"圣名"

'ehyyeh | 'asher | 'ehyeh(《出埃及记》3:14)

I am that I am

我是/在/有(动) | (关系助词) | 我是/在/有(动)

马殊曼本(1822):我也即吾乃矣。

委办本(1854):我自有而恒有。

高德本(1868):我自有而自有也。

和合本(1919):我是自有永有的。

思高本(1968):我是自有者。

吕振中本(1970):我是永恒主耶和华。

现代本(1979):我是创造成终的主宰。

---

① 引自谷衍奎(编),《汉字源流字典》,第353页,条目"明"。

新译本(1993)：我是自有永有者。①

冯象的新译《摩西五经》行内注曰："'我乃我是者'，暗示圣名含义：是（hyh)，即在、生；我是('ehyeh)，即我在、我生，或我生万物。"②此译下文为：

上帝喻示摩西：你就告诉以色列子民：是耶和华，你们祖先的上帝，就是亚伯拉罕的上帝、以撒的上帝、雅各的上帝，是他派我来的——

此乃我永远的名，

我受万世祈福的号。③

如此，"圣名"的意思便是：我是即我是，我生为我生，我在乃我在——其中正含"生生"之意，即使物成为物的唯一途径，乃是使之自我回归，如此"生万物"或"万物生"才有条件。之所以这样解释，是因为这样的表达本身是在说："我即在我，因而/或曰，我乃是我。"因此，"圣名"的基本意向就是，"将生本身变为生"、"使生成就生"、"生复为生"或"生而又生"。

也就是说，在两个方面，"我是我是者"之"圣名"，与"生生不息"之"生生"具有同样的意向：一、事物之自我回归才是事物的存在本质；二、事物之存在必然是"生生不已"或曰"生而又生"的动态。

冯象强调："上帝耶和华造天地之初，圣名在经文中第一次出现：

---

① 冯象(著)，《宽宽信箱与出埃及记》，第185页，北京：生活・读书・新知三联书店，2007年版。这是上帝"自我介绍"时所讲的话。King James Version 的译文有关内容是：And God said unto Moses, I AM THAT I AM: and he said, Thus shalt thou say unto the children of Israel, I AM hath sent me unto you. And God said moreover unto Moses, Thus shalt thou say unto the children of Israel, the LORD God of your fathers, the God of Abraham, the God of Isaac, and the God of Jacob, hath sent me unto you: this is my name for ever, and this is my memorial unto all generations. 引自 King James Bible: The Preserved and Living Word of God 网站(https://www.kingjamesbibleonline.org/)，2017年4月26日采集。

② 冯象(译)，《摩西五经》，第107页，香港：牛津大学出版社(中国)有限公司，2006年版。

③ 同上。

YHWH,读作 hahweh①。通说此名源于古希伯来语词根 hwh,本义在、是、生。"②祂特地叮嘱摩西:

译文 1."你要对以色列人这样说:'那自有的打发我到你们这里来。'"③

译文 2."你可对子民这样说,我是由'我是'派来的。"④

上帝如此"自称",可能会在现实世界让人产生"不合理"或曰"不合逻辑"的印象,因为祂的"圣名"两部分完全是重复的。

若以"和合本"为例来加以分析,就会明白,"自有"才可能"永有",也就是,只有来自"自有之足",才可达"永有"之实。那么,"自有"是充足的条件,而"永有"为未来的理想。若转入中国哲学,则"生"之为"生",不论是什么,也都要以"自有"为具足之条件,然后才能达到"生"之"化境",亦即为"生生"。也就是说,在中华文化的语境之中,形而上的"生生"本来就是所有事物的本性之向,而不假外求,因为"天"之超越性早已融入存在物,而儒家要求的,就是强化保持和护养的意识。因而,"永有"之理想,也一样存在于"生生"的"易道"之中,只不过那是一种现实的思想写照,而不是"未来天国"的追求罢了。

与之相比,"自有而永有"不就是在说,在《圣经》的信徒那里,只有上帝才可能拥有那样高度的品格,而一般人永远也难以企及？ 易言之,就上帝之"圣名"而论,那是和亚里士多德所说的"思想"与"生活"之"一体化"只能在"神"那里实现,异曲而同工。⑤

---

① 引者按:这里的语境,可由以下译文见出,*King James Version* 译文(出处同上),In the day that the LORD God made the earth and the heavens, / And every plant of the field before it was in the earth, and every herb of the field before it grew; *The Modern Reader's Bible* 译文(第 55 页,London:The Macmillan Company,1924 年版),Thus shalt thou say unto the children of Israel, and shall say unto them, "I Am hath sent me unto Israel."

② 冯象(译),《摩西五经》,第 3 页。

③ 见《圣经·旧约·出埃及记》,引自中国基督教三自爱国运动委员会、中国基督教协会(印发),《新旧约全书》(和合本),第 69 页,上海,1982 年版。

④ 引自冯象(著),《宽宽信箱与出埃及记》,第 224 页。

⑤ 详见本书上章之所论。

这一点，可能正是中国哲学在关键点上与之产生的巨大分歧：在中国古代哲人看来，只有生活在此世，便能掌握"生生之机"，因而，可得领略宇宙间的奥秘，进而与天地同化，而这，也是一种"永有"或"永生"。或者可以说，人的"生生"即是对"天地"之"化"的体验，因为人与天地一样，始终是处于"生生"之动态的。舍此，也就无以为生。而这一种意义，同样意味着某种程度上的"永恒"。总之，就中国哲学来说，在"生生"问题上，独得此"宜"的，可能是任何"有道者"、"得道者"甚或"行道者"。因为，他们都在把握天地赋予的良机，而有所准备地将"天德"化为"我有"，进而涵养之、保持之、发扬之。

而且，国人所说的自然，它的一个基本表现即为，日复一日不断地、持续地循环的那种自然性：周而复始，而无穷无尽。这一样可以解释，"我"可以回还到"我本身"，因而可得天地之孕育和滋养，进而与之同化。

但是，在《圣经》之中，如此的"循环"就是上帝的"创世"的力量的原初显现：

上帝说："要有光。"于是，就有了光。(《创世纪》1:3)①

冯象指出：《创世纪》1:3之中上帝"以言造世"，用的就是"圣名"：

... yehi'or wayehi-'or

俄罗斯语言学家雅各[布]森(Roman Jakobson)分析过这"上帝之言"(因)及其实现(果)的完全对称的句法结构，两个相同的动宾短语，以一连词(wa)相接。字对字地用汉语表达，这一因果间的完整重合——以上帝"十言创世"的传统观之，应该说是"言语物"的完美吻合——便是(括号中为词性)：

---

① 见《圣经·旧约·出埃及记》，引自中国基督教三自爱国运动委员会、中国基督教协会(印发)，《新旧约全书》(和合本)，第1页。

yehi'or，/wa /yehi'or

是/在/有（动）/光（名）/wa（连）/是/在/有（动）光（名）

这一对称结构的再现，在印欧语不是难事。我在《〈创世纪〉前言》提及的西文经典译本均做到了这点，通过变化动词"是/在/有"，或其使役形式（causative）即"生"或同义动词的形态，风格庄严而生动有力，如下：

希腊语七十士本：genetheto phos；kai egeneto phos
拉丁语通行本：fiat lux, et faxta est lux.
德语通行本：Ex werds Licht. Und es Ward Licht.
英语钦定本：Let there be light; and there was light.
法语圣城本：Oue la lumiere soit. Et la lumiere fut.

希伯来语动词"是/在/有"对于解经释法，还有一层重要的象征含义或启示，那就是它和上帝圣名的渊源。圣名"四音"（tetragrammaton），用四个希伯来字母表示：YHWH。因为圣名至圣，不可言说，犹太传统以"我主"adonay 代之，即以"我主"的三个元音标音，读作 yehowah，重音落在尾音节而首音节弱读（受首字母半元音[j]影响，a＜e），即耶和华。然而，语言学家根据古希伯来语构词规则，后缀即缩略形式（如"哈利路亚"，halelu-yah：赞美耶[和华]）以及古代文献中的标音记载（如希伯来文音译），推断应读作：yahweh。一般认为，yahweh 为一动词第三人称阳性单数的使役形式，源于古希伯来语词根（hwh），即古典希伯来语词根 hyh：动词"是/在/有"（hayah）。有鉴于此，上帝创世，一言生光，其实就是他的圣名的一词具体展现："生"乃是动词"是/在/有"的使役形式（"使光出现"）。①

---

① 引自冯象（著），《宽宽信箱与出埃及记》，第 17-18 页。

冯象所说的"对称结构",其意或可解为:

有光再有光/生光复生光/是光还是光:(有)明(再有)明。

如此,不论是以"生生"解之,还是以"明"来取代"创世之光(明)",或许,我们都可以像在亚里士多德那里一样,看到某种奇妙的一致性:在中国哲学之中,那是一种自然而然的连续性和循环性;而在《圣经》之中,它则表现为最为伟大的创造:创世纪!

在这里,言与物的完美结合,"以言创世",而使事物来到了语言,上帝之"光"带来了"光明",大地为之生辉。"泰初有道"(《圣经·新约·约翰福音》),而此"道"的表达方式,几乎完全与"生生"相吻合,或可说明,初民的思想对"存在"、"生命"的"有"的认识,是要求连续不断的、生而复生的,而且,人的语言和世界,就在这样的连续性之中显现它们空前的力量。

对生命的热爱,其表达本身,就包含着那种希望她能持续下去的"连续性",这样的"连续性"同时寄寓着"永恒性":上帝之"圣名"如此,汉语之中很多一般的用词亦复如是。如"悠悠"(陈子昂《登幽州台歌》"念天地之悠悠")、"夭夭"(《诗经·周南·桃夭》"桃之夭夭,灼灼其华"),甚至是一般用词,都会含有这样的"生生不息"、"无可穷尽"、"周而复始"等意涵,诸如"淅淅沥沥"、"结结巴巴"、"分分合合"、"风风火火"、"绵绵不断"、"潇潇雨雪"等等,真可谓"不胜枚举"、"无可穷竭"。而后两种表达方式,也一样含有"生生之意"。

这样,《圣经》之中"最为"源初的起点的那种庄严,的确是在汉语之中完全日常化了。不过,这样的日常化并不意味着,我们身为解释者或者说这一文化的"现代"传承者,就要将至关重要的自然性弃之一旁,恰恰相反,只有不断回到那个起点,才可能凸显其伟岸、悠远和超越。

和合本:神说,要有光,就有了光。

思高本:天主说:"有光!"就有了光。

现代本:上帝命令:"要有光。"光就出现。①
冯象译本:上帝说:光! 就有了光。②

3.10 《淮南子》之中的"神明":再回《周易》看"明"的英文处理

3.10.1 《淮南子》之中的"神明"与《荀子》之中的"文"和"神"

"明"所昭示的阴阳之道如此重要,如何能置之不理? 或许是因为我们在"现代"的路子上走得太久,因而,距离"易道"之"易"越来越远? 看过下面译例,这种印象或更为沉重:中国古人是那么迷信吗?

因为,《淮南子》之中至少有两处的表达,若是不趋向易道的思想,就很难说译文已得正解。

例 21. 通与神明者,得其内者也。(《淮南子·原道训》)③

译文 1. 和"神明"相通者,是有内性修养的人。佚名今译④

译文 2. 跟神明相通的,是内心修养得当的人。翟江月今译(翟江月、牟爱鹏,2010:44)

译文 3. [...] whoever can communicate with supernatural beings has cultivated his mind properly. 翟江月、牟爱鹏英译(翟江月、牟爱鹏,2010:45)

例 22. 天地四时,非生万物也,神明接,阴阳和,而万物生之。(《淮南子·泰族训》)⑤

译文 1. 天地四时,并非化生万物,神明相接,阴阳合和,万物就产生了。

---

① 冯象(著),《宽宽信箱与出埃及记》,第 16 页。
② 冯象(译),《摩西五经》,第 1 页。
③ 高诱(注),《淮南子》(《诸子集成》第七册),第 12 页,北京:中华书局,1954 年版。
④ 古诗文网(http://www.gushiwen.org/GuShiWen_1c6d9224d6.aspx),2017 年 4 月 25 日采集。
⑤ 高诱(注),《淮南子》(《诸子集成》第七册),第 350 页。

翟江月今译(翟江月、牟爱鹏,2010:1468)

译文 2. It is not the Heaven, nor Earth and the Four Seasons that give birth to the myriad things. As long as spirits communicate with each other and Yin and Yang are in harmony, the myriad things can be generated. 翟江月、牟爱鹏英译(翟江月、牟爱鹏,2010:1469)

例 21 将"神明"译为 supernatural beings(超自然的存在者们);例 22 将之处理为 spirits(精灵,神灵)。前者是"超"自然的,意为:cannot not be explained by natural or physical laws; of the world of spirits, magic, etc 超自然的(自然或物理规律无法解释的);神灵、幻术等。[1] 后者的意思则是:soul thought of as separate from the body; soul without body; ghost 魂;灵魂;灵魂;鬼魂;鬼;(dated 旧) supernatural creature; elf, fairy, etc 超自然的生物(精灵、仙子等); consciousness not associated with a body 神灵。[2]《淮南子》之中或有"鬼神"的一般"迷信"的内容,但是,《淮南子·原道训》之中亦有"是故圣人内修其本,而不外饰其末。保其精神,偃其智故"[3]的论断,说明贤者的追求是"精神"上的,也就是超越的。

两相对照,就会发现:一、坚持"天人合一"追求的中国古人,他们本来"生命化"或"人化"的世界,已被撕裂开来,被改作人与"超越自然的存在物"相互敌对的一个所在;二、一旦最为重要的精神导向已被西化,最终呈现的结果又会是什么呢?

第一,若依例 21 英译,则汉时的中国人的确是"迷信至极"的,因为,在他们心目中,只有和"超自然的存在者们"能够交流,才能"以适宜的方式修炼自己的思想"(his mind properly)。这是否意味着,只有"相信神灵",人才能保证自己人世间的存在是"精神性的",因而才是正常的或适宜的?那么,如此的正常和适宜,就是"超自然的存在者"的赐予,毕竟人要依赖它们来"修行"、"修炼自己的思想"? 第二,若按例 22 英译,"只要精灵们(spirits

---

[1] 引自 A.S. Hornby(编),李北达(译),《牛津高阶英汉双解词典》,第 1534 页。
[2] 同上,第 1465 页。
[3] 高诱(注),《淮南子》(《诸子集成》第七册),第 8 页。

相互交流,阴阳处于和谐之中,各种类型的事物便可产生",但是,这样的 spirits 并不一定是"人",依上引字典的解释,甚至可能是"没有形体或身体"的,又如何立足于这个世界? 如果不能立足于世界,"交流"何以可能? 此外,最重要的是,假若真的是在如此这般的"精灵们"相互"交流"的条件下,"事物才可产生",那么,这些"超自然的存在者",是否早已被"神化"成了"外在于"人的什么力量,因而,是他们或某一个他造就了这个世界? 也就是说,不是自然而然的力量,而是外在于自然的力量,创造了世界?"超自然"不就是这样的意义吗? 那么,如此传译"神明",和原文的那种"自然而然"的精神追求,可能有关系吗?

在"神明"变成了外在于人的、高高在上的力量之后,人是因为他们的特别的作用,就需要向之叩拜吗? 依原文之意,答案应该是否定的。如杜维明所指出的,

> 人作为欣赏者,不是把天看成研究对象来分析它,而是从艺术的角度将之在个体的生命中重新发现。这是一个对话关系,没有工具理性的含义,也没利益、实用的考量,就把它当作自己的伙伴。①

依杜维明,"神明"绝不是外在于人的,而是与人平等而立的;他们可能成为超越者,但更多的情况下,是可以涵摄于人的,因而,人也的确始终将之作为可以欣赏的对象,而不可能像译文之中所导向的那样,要加以顶礼膜拜,进而听命之、恭顺之、敬畏之。

因而,很明显,未能进入"明道"之要义者,才会如此"附会""神明"的意义。比如,荀子就如此说:

例23. 雩而雨,何也? 曰:无何也,犹不雩而雨也。日月食而救之,天旱而雩,卜筮然后决大事,非以为得求也,以文之也。故君子以为文,而百姓以

---

① 引自杜维明(著),《二十一世纪的儒学》,第48-49页。

为神。以为文则吉,以为神则凶也。(《荀子·天论篇》)①

译文1. 祭神求雨就下雨了,为什么呢?回答说:这没有什么,它就像不去祭神求雨而下雨一样。太阳、月亮发生了日食、月食就营救它们,天气干旱了就祭神求雨,占卜算卦然后决定大事,古人并不是认为这些做法能得到所祈求的东西,而只是用它们来文饰政事罢了。所以君子把这些活动看作为一种文饰,但老百姓却把它们看得神乎其神。把它们看作为一种文饰就吉利,把它们看得神乎其神就不吉利了。张觉今译(Knoblock,张觉,1999:546)

译文2. If you pray for rain and there is rain, what of that? I say there is no special relationship—as when you do not pray for rain and there is rain. When the sun and moon are eclipsed, we attempt to save them; when Heaven sends drought, we pray for rain; and before we decide any important undertaking, we divine with bone and milfoil. We do these things not because we believe such ceremonies will produce the results we seek, but because we want to embellish such occasions with ceremony. Thus, the gentleman considers such ceremonies as embellishments, but the Hundred Clans consider them supernatural. To consider them embellishments is fortunate; to consider them supernatural is unfortunate. Knoblock 英译(Knoblock,张觉,1999:543)

之所以如此,是因为中华文化之中的事物的本质性的构成原本就是"三"的结构,因而,人早就将"天"和"神"收纳于自身,否则既无所谓"天"和"神",也无所谓"人"。对此,庞朴在解释八卦为何为"三画"时强调指出:

想来,人们在想像宇宙开始的状态时,当然首先会想到"一"。但是这个开始的"一",为能开始下去,创生出或变化出"多"来,就必须具备一种动力。如果这个动力是从外面获得的,那末此"一"

---

① 引自王先谦(撰),沈啸寰、王星贤(整理),《荀子集解》,第309页。

便不成其为开始的一,因为另一个外力先它而在或与它同在。如果这个动力是从内部获得的,那末此"一"便不是一个单纯的一,它的内部应是复杂的。在这种情况下,它又不会因其复杂而是"二",因为二不可能谓之开始,开始者只能是一。这样,纯一不可能开其始,"二"不可能是开始,那末只有具备"二"于其自身中的"一",方有可能实现其开始并且真正成为开始,而这已是函三的一,或三位的一体了。八卦以三画为一卦,应该就是这个意思的图形化,是以图形表现出来的这种与宇宙生成哲学。①

因此,《礼记·中庸》才会强调:"可以赞天地之化育,则可以与天地参矣。"②这是宇宙论的存在模式:既然万事万物都是如此的存在,那么,人也必然如此存在。因此,这又可视为人的存在论模态。这样,只有置身"之间",存在才是可能的,"化育"也才可能。

郑玄注、孔颖达疏曰:"此明天性至诚,圣人之道也。"③朱熹解释:"此自诚而明者之事也。"④

实际上,我们如果联想上"一生二,二生三,三生万物"(《道德经》第四十二章),那么,国人的宇宙存在论的导向昭然若揭:事物不可能以纯粹的姿态"自我生成",也就是,只有包纳着另外的异己的因素,事物才可能成就它自身。这就是杜维明所说的"欣赏者"的姿态的意义。实际上,阴阳之道的阴阳二气的相推相易和变易不住,已经突出了事物存在的基本导向,如此,或也无须说明,一切都在这样的自然而然的变易过程之中,而不能超乎其外。

那么,"神明"既然是这样的"自然"的过程中的"神明",它们如何可能是"超自然的",且依之来"陶冶人的心灵"(cultivated his mind)? 为的也是"超

---

① 引自庞朴(著),《浅说一分为三》,第12-13页,北京:新华出版社,2004年版.
② 郑玄(注),孔颖达(疏),《礼记正义》(下)(李学勤主编,《十三经注疏》之六),第1448页.
③ 同上.
④ 朱熹(撰),《四书或问》,朱杰人等(编),《朱子全书》(第6册),第3页,上海:上海古籍出版社;合肥:安徽文艺出版社,2002年版.

自然"吗? 如此典型的西方的那种"绝对的超越",在中国哲学之中何曾有其地位? 也就是说,一旦"神明"(这里是作为"超自然存在者")"超于自然",也就是,置身于人和事物之外,它们就非但不能达到展示中华文化之中的"神明"的存在要求,而且,最终会导致这样的"神明"完全失去昭示世人与"天"相合的基本诉求。

"通与神明者,得其内者也"(例21),讲的实际上就是"神明内在":只有与"神明相通",人才可能"得其内在"。亦即,无"神明",无所谓"内在"。再易言之,"神明"是人"内在"(内心世界、灵魂、内蕴)存在的先决条件,只有有了它,后者才会存在。而这恰恰意味着,超越的要化为内在的。用哲学家刘述先的话来说,这是地地道道的中国哲学"超越内在""两行说"的基本体现①,何来的"超自然"(的"迷信")?

这样,便有必要回到《周易》之中,看一看"不语怪力乱神"(《论语·述而》)②的孔子是如何论及"神明"及其在英汉语译解之中是被如何理解的。

3.10.2 《周易》之中的"神明"

我们这里所要列举的《周易》之中的第一个例子,可以充分说明,在编纂《周易》的孔子弟子们看来,"神明"恰恰不能外在于人,因而,根本不是"超自然的",而是要"存乎人"的。那么,这样的"存乎人"如何解之,才能突出"明"的作用和意义?

例24. 化而裁之存乎变,推而行之存乎通,神而明之存乎其人。(《周易·系辞上》)③

译文1. [……]足以促使万物交相感化而互为裁节的在于各爻的变动;足以促使万物顺沿变化规律推广旁行的在于各卦的汇通;足以使《周易》的道理显得神奇而又明畅的,在于运用《周易》的人。张善文今译(张善文等,2008:404)

---

① 详见刘述先(著),《儒家思想开拓的尝试》,第59-102页。
② 何晏(注),邢昺(疏),《论语注疏》(李学勤主编,《十三经注疏》之十),第92页。
③ 王弼(注),孔颖达(疏),《周易正义》(李学勤主编,《十三经注疏》之一),第293页。

译文 2. 变化而加以制裁的在于变,推行它的在于通,神妙而明白运用它的在于人。周振甫今译(周振甫,2012:162)

译文 3. 万物的运化、裁之,其本身就是运变、交感、化育;阴阳推荡、刚柔互应互化,这本身就是会通;将易理的神奇、神妙而深邃的德性揭示、光大的,在于创构《周易》的人。王振复今译(王振复,2009:315)

译文 4. 变化而裁制之在于"变",发挥而推行之在于"通",明其神奇奥秘之道,在于其人的运用。南怀瑾、徐芹庭今译(南怀瑾、徐芹庭,2014:425)

译文 5. 阴阳运化而裁成万物的,都存在于变化中,阴阳鼓动而发挥作用,都存在于贯通中。曲尽其妙,以光照万物的,就在于人的运用了。崔波今译(崔波,2007:385)

译文 6. 促成化育并相互仰扶的,都存在于六十四卦的不息变动之中;能够将这些归纳后推广施行的,都存在于灵活会通之中;明察其中的精微神妙,都存在于你根本有效地发挥其作用的人。张延伟、张延昭今译(张延伟、张延昭,2014:631)

译文 7. The transformations and shaping that take place are obtained from the changes (of the lines); the carrying this out and operating with it is obtained from the general method (that has been established). The seeing their spirit-like intimations and understanding them depended on their being the proper men. Legge 英译(Legge,1882:379)

译文 8. It is changes of all the lines that symbolize mutual transformation and dissolution of things; it is comprehensiveness that demands extensive change of all things of creation under heaven; it is users of the book that make its principles wise and miraculous. 傅惠生英译(张善文等,2008:405)

译文 9. The transformation of things and the fitting together of them depend upon the changes. Stimulation of them and setting them in motion depend upon continuity. The spirituality and clarity depend upon the right man. Baynes 英译(Baynes,1977:624)

译文 10. [...] to transform things and regulate them is dependent on change; to start things going and carry them out is dependent on the free flow of change; to be aware of the numinous and bring it to light is dependent on the men involved; [...]① Lynn 英译(Lynn,1994:45)

解者指出:"上文说'化而裁之谓之变','推而行之谓之通',是针对作《易》者言,此言'化而裁之存乎变,推而行之存乎通',是针对用《易》者言。'存乎变'和'存乎通',是说用《易》时要注意变注意通,不是说《易》本身有变有通。'神而明之存乎其人',人们在用《易》时对《易》的分析不一,见仁见智,怎样才能做到'神而明之',这就在人而不在《易》了。"②"此句意谓:人之所以能'化而裁之',原因在于客观上已经具备了变的契机。人之所以能'推而行之',原因在于事物已具备了正向发展的趋势。能否体悟《易》之神,并使之显明昭著,在于其人之心而已。"③"化裁"即是变化的结果,变易不住的结局;"推动"是因为事物都具有相同的性质,可以互通,一旦发动,就会出现这样的结果;而"神明"的表现则是因为,人能与天道沟通,既可"化裁",又能"推行",当然也就能将之"神而广之"、"明而显之",甚至是"运用之妙,存乎一心"。很明显,这是在强调,人对"天道",能收摄进而蕴含之,最终化为自己的精神力量:使自己的内心世界也一样"神而明之"。所以,朱熹注释说:"卦爻所以变通者在人,人之所以能'神而明之'者在德。"④

还应指出,论者之所以强调"客观上",是因为有了"变的契机",也就能"通与大道"。而此一大道就是"明"所昭示者。如此,对"神明"的组合,我们应该将之理解为"某种力量在不断伸展",进而"逐渐融入日月之道":二者都是动态词,因而,代表的是一种过程。而这样的动态,是每一种存在物都会拥有的"能力",因为,它们都一样要进入如此的过程,才可能存在下去。而

---

① 下文有王弼注的译文:To embody the numinous and bring it to light is not something that relies on the images. Therefore it depends on the men involved. ("体神而明之,不假于象,故存乎其人。")见王弼(注),孔颖达(疏),《周易正义》(李学勤主编,《十三经注疏》之一),第293页。
② 引自金景芳、吕绍纲(著),《周易全解》,第436页。
③ 唐明邦(主编),《周易评注》(修订本),第261页,北京:中华书局,2009年版。
④ 朱熹(撰),廖明春(点校),《周易本义》,第242页。

就形而上的哲理而论,则"明"更重要一些,原因就在于,它所具有的"日月之道"亦即"易道"的昭示作用。

译文1、3、6和7都将焦点定在《周易》之卦辞词义的变动,而不是易道的规律上。而且,"神而明之存乎其人",说明的当然是"人能弘道,非道弘人"(《论语·卫灵公》)①。但是,前提一定是人有能力涵摄"天道"。而且,最后的结果便是,人和它一样"神而明之"。

就英译而论,对应于"神明"的分别是:their spirit-like intimations and understanding(译文7)(或为"精灵一般的提示和理解"),principles wise and miraculous(译文8)(可解为"聪智的和奇迹一般的原理"),spirituality and clarity(译文9)(意为"精神性和明晰性")及to be aware of the numinous and bring it to light(译文10)(可译为"要意识到神秘之物,进而将之揭示出来")。译文7的"精灵一般的"、译文8的"奇迹一般的"、译文9的"精神性"以及译文10的"神秘之物",所有这些都在指向一个所在:"超自然。"因而,与上引《淮南子》的译文的处理如出一辙,说明在有关译者看来,原文之中的"神"一定是"外在于人的"、或曰"超乎人的",因而,不仅高高在上,而且,完全不是人所能及的,故而,才会有如"精灵",而引发"奇迹",具有超乎寻常的"精神性",并且始终是"神秘之物",而与人难以相通。那么,"神"究竟是什么意思?

《说文》解释:"神,天神,引出万物者也。从示、申。"但,《汉语大词典》强调:"甲骨文、金文'神'或作'申',不从'示'。"②许慎将之解为"天神",就将之与人拉远了距离。因为,所谓的"天神",指的是"天地万物的创造者和主宰者"③。就其原意而论,"申",依照词源学字典的解释,是象形字,"甲骨文、金文皆像闪电舒展形",引申为"伸展、伸直。"④章太炎也指出:"申或即

---

① 何晏(注),邢昺(疏),《论语注疏》(李学勤主编,《十三经注疏》之十),第216页。
② 《汉语大词典》编委会(编),《汉语大词典》,第1000页。
③ 同上。
④ 谷衍奎(编),《汉字源流字典》,第116页。

神祇之申。又云申即身，[……]引申为挺直。"①依一般的中国哲学的宇宙存在论，天人一体，因而，天的力量可以伸展至人，人的力量也一样能够伸展到天。如此的交互运动，才可能促成"神"或"申"。因而，将"神"解为超越人的甚或"超自然的"力量，思路必然是错误的。

孔子对外在于人的"神"的否定，也能说明这一点。"子不语怪力乱神"（《论语·述而》）②，他强调"务民之义，敬鬼神而远之，可谓知矣"（《论语·雍也》）③，批评"未能事人，焉能事鬼"（《论语·先进》）④。这些都可解释为，孔子注重的是"人生"，而不是外在于人的那种"鬼道"和"鬼神"。另一方面，他还强调"非其鬼而祭之，谄也"（《论语·为政》）⑤，强调应尊重自己的祖先，而这也是在说，"鬼"是人之"鬼"，而"神"为人之"神"。但是，只有"鬼"属于"近者"，才是"可亲"的。一旦完全将之外在化，推向看不见摸不着的所在，正确的态度就一定是"敬而远之"。而对真正的"鬼神"，则必以肃然的恭敬待之，所以，"吾不与祭，如不祭"（《论语·八佾》）⑥。这样，一旦进入与"鬼神"相沟通的境界，便会产生"祭如在，祭神如神在"（《论语·八佾》）⑦的效果。于是，也就不能不要求"使天下之人，齐明盛服，以承祭祀。洋洋乎，如在其上，如在其左右"（《礼记·中庸》）⑧，以突出"鬼神之为德，其盛矣乎"（《礼记·中庸》）⑨。

因而，或只能依声训之法，可接近"鬼神"之意。钱锺书强调，古人喜以此法作解，因而，"鬼"之意义即为"归"："They tried to explain death by

---

① 章太炎（讲授），朱希祖、钱玄同、周树人（记录），王宁（主持整理），《章太炎说文解字授课笔记》，第615页，北京：中华书局，2010年版。
② 何晏（注），邢昺（疏），《论语注疏》（李学勤主编，《十三经注疏》之十），第92页。
③ 同上，第79页。
④ 同上，第146页。
⑤ 同上，第26页。
⑥ 同上，第35页。
⑦ 同上。
⑧ 郑玄（注），孔颖达（疏），《礼记正义》（下）（李学勤主编，《十三经注疏》之六），第1434页；及朱熹（撰），《四书章句集注》，第25页。
⑨ 同上。

explaining it away. It was called a deliverance, a rest, and more often, a return to one's real home. In one of the canonical books of Confucianism, it is written: 'All living creatures will die. When dead, they return(*kuei*)to earth and mud; that is why they are called spirits or ghosts (*kuei*)。'"①[他们(引者按:依钱锺书上文所述,指的是中国古代哲学家)因而对死亡的解释,是把它解释走。它被称为解脱、休息,但更常见的是,向着人真正的家园的回归。一部正典儒家著作写道:"众生必死,死必归土,此之谓鬼。"(《礼记·祭义》)②]如此,所谓的"鬼",和人一样,既可能是超越的,又必然是内在的。因而,他们的回归,体现的也一样是人的归宿和回还。如此,假若能将"鬼"译为 the returning spirit,或可与其意有庶几近之的功效。

至于"神",则同一种原理,也一样适用。因而,或可将之译作:the extending of the holy [in man](人之神圣之物的延伸)。如此,我们也就有了一种处理"神明"的办法:

译文11. 事物的转化和裁剪,在于变易;能否加以推动使之有所进,在于(应有一定的)感通之力;而能不能伸展力量,进入日月之明之境,则在于(适宜的)人。

To transform things and prun③ them is dependent on change; to start things going and carry them out is dependent on the power of communication

---

① 详见 Qian Zhongshu(撰),"The Return of the Naive",收入氏著,*A Collection of Qian Zhongshu's English Essays*,第 350-367 页,引文见第 352 页,北京:外语教学与研究出版社,2005 年版。

② 郑玄(注),孔颖达(疏),《礼记正义》(下)(李学勤主编,《十三经注疏》之六),第 1325 页。

③ Fracis Bacon 的名篇"Of Studies"之中有句 they need proyning by study,王佐良译为:"读书然后知如何修剪移接。"见王佐良(著),《翻译:思考与试笔》。另,章太炎解释:"纔、财、才当为裁意,处亦然。经典相承前后(时间)之前即古剪字,于初始作裁同。"他还指出,裁,"制衣也。初,始裁衣也。二者引申均可训才。才,草初生也"。详见章太炎(讲授),《章太炎说文解字授课笔记》,第 350 页。这样,汉语之中的"裁",与英文之中的 pruning,在两方面意向具有共同之处:一是都是指"裁"(汉语的"裁"是"制衣"之"裁",英文则是"剪裁"枝叶之"裁");二是都含有和草木相关的意义(汉字"裁"是之草木初生之貌,英文的"裁"则指修剪多余的枝叶)。故而,这二者的确可成为对应的表达方式。

with others by one's sincere emotions; and to be able to acquire the extending capacity and enter the sun-mooning state is dependent on the right persons involved.

《周易》还有一个名句,其中用到的也是"神明":

例 25. 以通神明之德,以类万物之情。(《周易·系辞下》)①

译文 1. 用来贯通大自然神奇光明的德性,用来类比天下万物的情状。张善文今译(张善文等,2008:410)

译文 2. 来会通神妙明显的(天地万物的)德性,(用八卦来)分类区别天地万物的情状。周振甫今译(周振甫,2012:336)

译文 3. 以融会贯通神明的德性(参赞天地的化育),以比类万物的情状。南怀瑾、徐芹庭今译(南怀瑾、徐芹庭,2014:429)

译文 4. 上可融会贯通明智造化的德行,下可以分类比拟万物的情状。崔波今译(崔波,2007:391)

译文 5. 以融会贯通神明的德行,以分类通晓万物的情状。张延伟、张延昭今译(张延伟、张延昭,2014:631)

译文 6. [...] to show fully the attributes of the spirit-like and intelligent (operations working secretly), and to classify the qualities of the myriads of things. Legge 英译(Legge,1882:383-384)

译文 7. [... then for the first time he invented the eight trigrams] as symbols of the brilliant and miraculous virtue of nature and as analogous to states of all things of creation under heaven. 傅惠生英译(张善文等,2008:411)

译文 8. Thus he invented the eight trigrams②in order to enter into connection with the virtues of the light of the gods and to regulate the conditions of all beings. Baynes 英译(Baynes,1977:630)

---

① 王弼(注),孔颖达(疏),《周易正义》(李学勤主编,《十三经注疏》之一),第 298 页。
② 这是对"于是始作八卦"的翻译。

译文 9. [...] he thereupon made the eight trigrams①in order to become thoroughly conversant with the virtues inherent in the numinous and the bright and to classify the myriad things in terms of their true, innate natures. Lynn 英译(Lynn,1994:50)

"类"在原文之中有区别指向上的"分类"以及"统合以比类"二义,相反而又相成。上引译文由于并没有关注"一阴一阳之谓道"("类"字所含有以及"明"字所昭示)的哲学导向,因而,基本上未能做到体现易道的思想倾向。

对比来看,不论是"分类比拟"(译文 4),还是"分类通晓"(译文 5),都是指向"与事物同类、类同"或曰"归于一类"。因而,"类比"(译文 1)或"类比"(译文 3)可能是一个比较好的选择,而译文 2 的解释"分类区别"则可能因与事物形成隔离,而不能传递"类"的意向?

孔颖达疏曰:"'于是始作八卦,以通神明之德',言万事云为,皆是神明之德也。若不作八卦,此神明之德,闭塞幽隐,既作八卦,则而象之,是通达神明之德也。'以类万物之情'者,若不作《易》,物情难知。"②

通,会合也。德,性能也。类,类同,情,情状也。来知德《易经注》:"通者,理之相会合也。类者,象之相肖似也。神明之德,不外健顺动止八者之德;万物之情,不外天地雷风八者之情。德者,阴阳之理;情者,阴阳之迹。德,精而难见,故曰通,情,粗而易见,故曰类。"③

"达",孔颖达解作"通达","是通达神明之德也","类",他解为"类象","今作八卦以类象征万物之情,皆可见也"。④ 很明显,他也并没有将"明"之阴阳之道的"体现"这一意向付诸解释。实际上,与"神"相比,"明"的阴阳之道的体现更为明显,尽管前者也含有明显的意味:"神者,伸也,申复无已,终而复始。"(王充,《论衡·论死篇》)惜乎诸多译者并没有关注,其中用到"明"者的哲学意味。牟宗三指出,"神"在《易传》之中有二义:"阴阳不测之谓神"

---

① 这也是对"于是始作八卦"的翻译。
② 郑玄(注),孔颖达(疏),《周易正义》(李学勤主编,《十三经注疏》之一),第298页。
③ 参见自唐明邦(主编),《周易评注》(修订本),第265页。
④ 郑玄(注),孔颖达(疏),《周易正义》(李学勤主编,《十三经注疏》之一),第298页。

和"知变化之道者,其知神之所为乎"为一类,其意为"妙"的意思,属于"赞叹语";至于"神也者,妙万物而为言者也"之中的"神","则显出超越的意义,这个本体的意义就在这个地方"。① "本体"未能再现于译文,"超越的意义"当然也就默而无闻了。

另有注者指出,"神明,古人心目中神秘、神妙的自然力。类,类比,此用作动词,推类、比类。《易传》中'类'字出现多次,从思维方式看,推类、类比,是《周易》文化思维的基本方式,值得注意。情,此非'情感'之情,可释为'情况'、'实际'。《周易本义》:'神明之德,如健顺动止之性;万物之情,如雷风山泽之象'。可参"②。

有关"神明",上文已有说明,此处不赘。"类"也已进行了解释。至于"情"字,我们则认为,即使如朱熹以及上引诸家所解释的,这里特指的是"情况"之"情",那也并不意味着,这样解释是正确的。因为,若是"物"可"类",那么,所有的"可类"的"物"便都可视为"同类";这也就意味着,平天下所有的"物"都是"可类的""同类"之"物"。这样,他们之间便具有某种既定的能力,"彼此动情"。也就是说,在古人那里,这样的"类万物之情",其预设是,这个世界本身就是一个"万物同类"的世界。因而,物与物之间,必然会有天然而又自然的"感情"存在。

职是之故,钱锺书才会依此为据提出,"中国固有的文学批评的一个特点":

这个特点就是:把文章通盘的人化或生命化(animism)③。《易系辞》云:"近取诸身……以通神明之德,以类万物之情",可以移作解释:我们把文章看成我们自己同类的活人。④

---

① 牟宗三(著),《周易哲学演讲录》,第73页。
② 王振复(著),《周易精读》,第321页。
③ 引者按:此处作者有注"依照 G. F. Stout 用此字的意义,参观 Mind and Matter, hk、I, chap, ii - iv"。
④ 参见钱锺书(撰),《中国固有的文学批评的一个特点》,原载《文学杂志》(第一卷第四期,一九三七年八月),引自钱锺书(著),《钱锺书散文》,第 388 - 408 页,引文见第391 页。

按照钱锺书的理解,这一世界原本是一"活生生"的生命世界;在这样一个世界,万物息息相关,而彼此"感通",故可有互相通达的可能。因而,"情"并不止于"情况",而是会因"物情"而引发"状况",即因为"物"与"物"之间的"因彼此可以感知"的"情"而引起的那种"相遇相通相知"之"态"。这样,总结上文,我们认为,此句之译解似可出新:

译文 10. 以通达神圣之伸展之德和日月之明,以类比于万物情状。

译文 11. To reach the virtue of the extending and sun-mooning power of the holy, and approach the states of all the things in the various kinds of the latter.

但是,在古人看来,只有圣人才可抵达这一境界。因而,也只有这样的境界的人,才能"作易":

例 26. 古之聪明睿知神武而不杀者夫!是以明于天之道,而察于民之故,是兴神物以前民用。圣人以此齐戒,以神明其德夫。(《周易·系辞上》)[①]

译文 1. 只有像古代那些聪明睿智、神武而不用刑杀的(伏羲、文王这样的)君主才能如此啊!因此创作《周易》的圣人能够明确天的道理,察知天下百姓的事状,于是兴起神妙的著占之物引导百姓使用(以避凶趋吉)。圣人用《周易》修斋持戒,正是为了神奇地阐明其道德吧!张善文今译(张善文等,2008:396-398)

译文 2. [谁能达到这样啊!]古代的聪明智慧神武而不残暴的人吧!因此明白天道,细察人民的事,用著占神物来作为人民动作的先导。圣人用它时极为虔敬,来表示它具有神妙明智的好处。周振甫今译(周振甫,2012:323)

译文 3. 唯有古之聪明深智、神武而不嗜杀者如此而已。所有明白天的道理,而复能观察百姓的事故,以兴起著草占筮的神妙之物来使为民趋吉避凶于未做事之前。圣人以此斋戒其心,以神明他德业的幽深吧!南怀瑾、徐

---

① 王弼(注),孔颖达(疏),《周易正义》(李学勤主编,《十三经注疏》之一),第288页。

芹庭今译(南怀瑾、徐芹庭,2014:420)

译文 4. 大概只有那具有聪明睿智,不必以刑杀服人而人自服的古代圣王才能如此吧! 因此,深明天道的阴阳变化,细察人民的生活事故,圣人创制神妙的卜筮方法以引导百姓使用,避凶趋吉。圣人用《易》肃敬并反省自己,使其德性神奇英明。崔波今译(崔波,2007:381)

译文 5. 古代的聪明又睿智、神武又不嗜杀的君子能够做到吗? 所以,能够明白天的运转之道,又察知民众的思想及行为,于是制作了神奇的占筮并在民众行动之前就作好指导和疏引用之于趋吉避凶。圣人据此而修斋警戒,以发扬《周易》的神明之德啊! 张延伟、张延昭今译(张延伟、张延昭,2014:624-625)

译文 6. Who could be able to accomplish all this? (Only our) ancient sages, quick in apprehension and clear in discernment, of far-reaching intelligence, and all-embracing knowledge, and with a majesty, going spirit-like to its objects;—it was only they who could do so. Therefore (those sages), fully understanding the way of Heaven, and having clearly ascertained the experience of the people, instituted (the employment of) these spirit-like things, as a provision for the use of the people. The sages went about the employment of them (moreover) by purifying their hearts and with reverent caution, thereby giving (more) spirituality and intelligence to their virtue. Legge 英译(Legge,1882:373)

译文 7. Only the kings of the old, who were extremely wise and far-sighted could do so, had mighty power but did not kill people! Therefore the sages who wrote the book understand well the way of heaven, knew through observation of life of common people and invented the method of divination with miraculous yarrow for people in daily use. The sages cultivated themselves and kept fast with *The Zhou Book of Change* possibly in order to expound its virtue in a miraculous way! 傅惠生英译(张善文等,2008:399)

译文 8. They could do this thanks to their reason and clear-mindedness (penetration of wills), their knowledge and wisdom (determination of the field of action), and their divine power (settlement of doubts). This divine power to battle (shên wu) acts without weakening itself (this is a better reading than "without killing"). Therefore they fathomed the tao of heaven and understood the situations of men. Thus they invented these divine things in order to meet the need of men. The holy sages fasted for this reason, in order to make their natures divinely clear. Baynes 英译(Baynes, 1977:614-615)

译文 9. Who could ever possibly be up to this! Were these not the intelligent and perspicacious ones of antiquity who had divine martial power and who yet did not indulge in killing!① They used the Changes to cast light on the Dao of Heaven and to probe into the conditions of the common folk. This is the numinous thing that they inaugurated in order to provide beforehand for the needs of the common folk. ②The sages did their fasting with the Changes and got their precautions from it. ③They used it to make their virtue numinous and bright, did they not? Lynn 英译(Lynn,1994:43)

这里,我们比较关心的是"聪明睿知"、"明于天之道"以及"神明其德"三个用语。

首先,"聪明睿智",几个汉语译文基本上是保留原来的表达方式。不过,仔细辨来,则会认为,"聪明"如现在的人说的"耳聪目明",指的是"耳朵

---

① 此处有王弼注的译文:They made the myriad creatures submit, yet they did not use military force or punishments. ("服万物而不以威形也。")见王弼(注),孔颖达(疏),《周易正义》(李学勤主编,《十三经注疏》之一),第 288 页。

② 此处有王弼注的译文:It determines good fortune and misfortune at the start of things. ("定吉凶于始也。")见王弼(注),孔颖达(疏),《周易正义》(李学勤主编,《十三经注疏》之一),第 288 页。

③ 此处有王弼注的译文:"To purify the heart and mind" is what is meant here by fasting, and "to guard against calamity" is what is meant here by precautions. ("洗心曰齐,防患曰戒。")见王弼(注),孔颖达(疏),《周易正义》(李学勤主编,《十三经注疏》之一),第 288 页。

敏锐"而"眼睛很亮",或曰"洞察能力很强"。而"睿智"也一样是现代汉语的日常用语,意思是"见识多,卓越,富有远见,聪慧"。但若是细察,则可发现,"睿"字本身的意思是"看得深远";"睿智"连用,意思就是"英明有远见"[①]。那么,四字连用,突出的当是"明"字。而这意味着,即使我们距离《周易》那种既定的语境越来越远,即使"易道"之为"明"已不再具有那种大道原初之彰明卓著的思想力量,但是,它在转化为日常语言表达之后,仍然沉淀在我们的无意识深处,随时都可能通过现代汉语的一般表达,向我们展现古人遣词造句背后的那种特定思维方式。因而,在这里,如何使之回到那种"明通之境",也就成为此次译解的一个重点。易言之,只有回到"明"这一特别的符号所承载的易道,我们才可能真正回到《周易》在这里要透露给我们的上天的消息。

其次,"明于天之道"进一步向我们"提出"了这方面的要求:昭示"日月之明"的"明",在这里是作用动词来使用的。若是不回到"明"字的源初意涵,则依字面意义,此一表达的意思完全可以解为:对天道非常明了。但是,这样的解释不是很奇怪吗?因为,人如何"明了天道",若是已经脱开了"天"及其与"人"的关系的那种宇宙构想?因而,只能回到"天人一体"的思想构架,执着于"日月之明"的"易道"意义,才可明白"明"与"天道"具有同样的意义:人能"明",即意味着他已经"入于天道"。这样,"明于天之道"的意思便是:"因入于日月之明而得天道之真"。

最后,"神明其德"也有必要依上文所述的原理作解。那么,它的意思就是:"伸展其德,进而使'明'(或曰,它所昭示的日月之明或曰天道)与人自天而得的那种德合一。"

这样,若是认为,"神明之德"只是作为一般比喻来用,译解之中或仅可能解释字面意义,也就谈不上"翻译"或"转译"。因为,不论是"神"之"德"、"神而明之德",还是"又神又明之德",其结果都是,这样的"德"不是哲学意

[①] 中国社会科学院语言研究所词典编辑室(编),《现代汉语词典》(2002年增补本),第1644页。

义上的那种"德",即"天德内在"之"德"。而这里的"圣人"之所以"以此斋戒",就是要将之收摄于内,进而"神而明之",也就是,使他个人成为与"明"同化,亦即与"天道"归一的精神力量。

如此,此例的译解,似乎就应该顺应这样的思路:

译文 10. 古代敏锐地把握到日月之明者,不就是具有伸展之力而不启用刑杀之人吗?因为,他们顺应了日月之明,而接合于天道,同时,对民众的生活加以细察,故而能兴发事物之伸张之力,而供民众运用。圣人不是在斋心洁己,而以既能伸展而又入于日月之明的力量来推动德性的吗?

译文 11. Were those of the old not the ones who had grasped the sun-moon-ing light and possesed their particular extending power of virture, without giving themselves in to punishments and killing? For, following the course of the sun-moon-ing light, they approached the *Dao* of *Tian*(天道), and made a close examination of the life of their people at the same time, and thus evoked the extending power of the things concerned, to the use of the masses. Did the sages, by observing his fasts according to the rules made in *The Zhou Book of Change*, not intend to extend and sun-moon his virtue?

3.10.3 《周易》之中"明"的另一些译例

上文讨论的主要是"神明",但焦点仍然是"明"以及为之创设的词 sun-moon 的运用。以下也一样是自《易经》之中选出的例子,以继续验证此词的性能。

例 27. 日月之道,贞明者也。(《周易·系辞下》)①

译文 1. 日月的道理,说明守正就焕发光明。张善文今译(张善文等,2008:406)

译文 2. 日月之道,是以正的光明照耀的。周振甫今译(周振甫,2012:

---

① 王弼(注),孔颖达(疏),《周易正义》(李学勤主编,《十三经注疏》之一),第296页。

334)

译文3. 日月的道理,以正而光明万物(都公正无私,使万物各遂其生,各得其所)。南怀瑾、徐芹庭今译(南怀瑾、徐芹庭,2014:427)

译文4. 日月之道,是以光明普照天下,日月之正在于其照无私,要人们认清正常之理。崔波今译(崔波,2007:388)

译文5. 日月之道,是坚持光明普照呀。张延伟、张延昭今译(张延伟、张延昭,2014:631)

贞者,正也。"贞明:日月以明普照天下,日月之正者,以其所照无私也。"[1]为什么"正"是"无私"的意思?这是因为,"大道无私",照彻万有,因而,"易道光明"。这还是在强调"明"字本身所昭示的宇宙力量和/或精神力量。

日月之道,之所以能"贞明",就是因为日月相依而又相推,不断循环,体现的就是阴阳之道。所以,与所谓的"无私"似无大的关系?紧接着下文讲,"天下之动,贞夫一者也",意思就是:世间的一切运动,都只能是依照阴阳之道的规律才能做到。

但是,若依汉语今译,什么是"守正"(译文1),什么叫作"正的光明"(译文2)?什么又叫"以正"(译文3)?固执于字面意义,不敢越雷池一步,也就不能得出原文的真正意义。那不是在说,太阳和月亮的轮转和推移,正印证阴阳之道的力量或"光明"吗?而"贞"之"正"意,不就在于,太阳和月亮之出现和降落,正逢其时或恰在其时,因而,正得其"正"?也就是说,这一"贞"或"正"实即为,太阳和月亮适时而动"之正之贞"。此外,很明显,若是将"明"解为"照耀",如"日月普照"之类,也只能将之视为一种比喻,也就是以"人化"的意向加以解释,而不能突出其中的宇宙论的导向,最终就会影响到对原文的正确理解。那也一样是需要"贞明者也"。

"天地之道,贞观者也。日月之道,贞明者也。天下之动,贞夫一者

---

[1] 引自唐明邦(主编),《周易评注》(修订本),第263页。

也。"①这是整章的文字。金景芳、吕绍刚解释:"此三贞字亦宜训常。观,示。天地之道常久自若地展示给人们看。天常示人以它的'易',地常示人以它的'简',纵然偶有变异,也改变不了天地之道常久自若地展示给人看的这个总特点。日月之道常久自若地以光明照耀人间。日明在白昼,月明在夜晚,纵然偶有昃缺,也改变不了日月之道常久自若地以光明照耀人间的这个总特点。天下之动,纷纷籍籍,万千不齐,然而常有一个规律在里面,顺应规律则吉,拂逆规律则凶,故曰'贞夫一'。"②"贞观",与现代汉语之中所说的"以正视听"有同样的意味,不过,其中可能不含有后者之中过多的道德意向:"保证事实被正确理解。""贞观"应还是以"阴阳之道"为焦点,来解释它对人的影响:贞正人之所视,使之归向"大明"。"日月之道,贞明者也"意义趋向如此。经文最后强调,"天下之动,贞夫一者也",天下动静有度,不失其时,"贞正"于"阴阳之道"的成规是"一定"的,因而是"唯一"的。

译文 6. [...] the sun and moon continually emit their light; [...] Legge 英译(Legge,1882:380)

此译为一般的描写,因为译文也只是在说,太阳和月亮不断地放射出光芒。但是,这和"大易"又有什么关系呢? 理雅各将全章译为:By the same rule, heaven and earth, in their course, continually give forth (their lessons); the sun and moon continually emit their light; all the movements under the sky are constantly subject to this one and the same rule. 但是,"贞"字之意并不在译文之中,"阴阳之道"的哲学意味也一样是缺席的。

译文 7. [...] the ways of sun and the moon [proves] the more brilliance of perseverance in the right way [...] 傅惠生英译(张善文等,2008:407)

"日月之道"的"道",在此译的英文之中化为复数,但是,太阳和月亮可以分别为两个"道"吗? 一个是"阴",一个是"阳",不是二者"相互推移"才被

---

① 王弼(注),孔颖达(疏),《周易正义》(李学勤主编,《十三经注疏》之一),第 296 页。
② 引自金景芳、吕绍刚(著),《周易全解》,第 439 页。

称为"道"的吗？而且，这样的复数的"道"只是为了"以正确的方式"(in the right way)，来"证明"(prove)"坚韧"(perseverance，"毅力"或"不屈不挠"?)之"更多的辉煌"(the more brilliance of perseverance)？为什么要"更多"？而且，"更多"来自何处？

译文 8. The tao of sun and moon becomes bright through perseverance. Baynes 英译(Baynes,1977:626)

此译之中的 perseverance 充其量只有"坚持不懈"的意思，而这样的意思融入译文，整个或可回译为："太阳和月亮之道通过坚持不懈变得光明。"那么，这不是只有比喻的意义，而且很是不通吗？为什么"通过坚持"或"坚持不懈"或"耐力"等，"太阳"和"月亮"才可能"变得光明"？难道说，它们自身不是"发光体"，其自身不能发光吗？即使《周易》写作时期古人并不了解天体的运行，那也并不意味着他们没有在哲学或曰形而上维度上把握天体运动的能力。恰恰相反，中国哲学的基本构想，早已描述出这样的宇宙论的结构，因而，同世间的万事万物一样，"日月"也一样会有自己的光明。问题在于，译者有可能是没有注意到"日月之道"本身就意味着"明道"或"易道"或曰"阴阳之道"，因而，才会将之与"日月"割裂开来？而"贞"字的意义，按照一般理解作"正"解，也无碍于它的时间导向：在既定的时间，进行既定的活动，直至达到既定的要求。这也是"贞"的意义。因而，此译和译文 6 所用的 continually(持续地)一样，是说不通的。译文 7 运用比喻的办法，将"贞明者也"处理为 the more brilliance of perseverance in the right way[以适宜的方式(证实)更多的坚持不懈的光辉]。"坚持不懈"仍在那里，但未必能起到与原文对应的作用。

译文 9. Thanks to constancy, the Dao of the sun and the moon makes them bright. Lynn 英译(Lynn,1994:49)

此译启用了 constancy,此词在汉语之中可与"不屈不挠，坚定不移，恒久不变的状态或性质；持续性；稳定性；持久性"等对应，因而，很明显，和前引译例的选词取向一致。故而，大有讨论的余地。

我们认为，所有上引译文都没有注意到：一、"贞"应解为时间意义上的、适时而动的"贞",即在适当的时间,事物适当运行,达至适当的位置;二、"明"应该还原为形而上意义上的"日月之明",而不是别的什么。基于这两点考虑,我们给出的译文是:

译文 10. 日月之道,可正明之为明(之要)。

译文 11. The *Dao* of the sun and the moon is to right(the principle of) the sun-moon.

例 28. 县象著明莫大乎日月。(《周易·系辞上》)①

"县"即"悬"。"著"亦即为"明"。日和月同样具"明",因而昭示着"日月之明"。而"象"无"明"则无所谓"象"。因此,这一句经文充满了"明",体现出阴阳之道的非凡作用。实际上,在现实生活之中,我们又哪里能离开得了这样的"明"?所以,只能是反反复复,如此才可使之"经常":既是"经",方可为"常"。但是,下引译文并不是从这一角度来解的:

译文 1. 高悬表象呈现光明没有比太阳和月亮更显著的。张善文今译(张善文等,2008:410)

译文 2. 把象悬挂在空中极为著明,没有比日月更大的。周振甫今译(周振甫,2012:325)

译文 3. 悬挂物象,显著光明,照耀天下的,没有比日月更伟大的了。南怀瑾、徐芹庭今译(南怀瑾、徐芹庭,2014:422)

译文 4. 能够悬象著明没有比日月更辉光了。崔波今译(崔波,2007:391)

译文 5. 把象悬挂在空中昭明的没有比日月更伟大的了。张延伟、张延昭今译(张延伟、张延昭,2014:626)

译文 6. [...] of things suspended (in the sky) with their figures displayed clear and bright, there are none greater than the sun and moon [...] Legge 英译(Legge,1882:374)

译文 7. [...] as for bright objects hanging in the sky, nothing is

---

① 王弼(注),孔颖达(疏),《周易正义》(李学勤主编,《十三经注疏》之一),第 289 页。

brighter than the sun and the moon. 傅惠生英译(张善文等,2008:411)

译文 8. Of the images suspended in the heavens, there is none more light-giving than the sun and the moon. Baynes 英译(Baynes,1977:617)

译文 9. Of images that are suspended above and emit brightness, none are greater than the sun and the moon. Lynn 英译(Lynn,1994:44)

译文1中的"表象"很容易被理解为"表面现象",而原文之中的"象",分明就是"大象"的意思,意为真理之写照或象征。译文2重新抄录"著明",并没有加以译解。译文3中的"物象",可以理解为与"日月"相等同吗？译文5为什么要"把象悬挂在空中","昭明"的又是什么？译文6也只是在描写太阳和月亮最为"明亮",但并不一定能突出原文形而上的内涵。译文7更甚,因为几乎是对自然之"发光体"的描写:在天上闪耀的,再没有比日月更光明的了。

还应指出,金景芳、吕绍刚的解释"'县象著名莫大乎日月',世界上能表现天地四时的东西非一,但日月最大"①,可能也是不对应的。因为,若以"道"之为"道"观之,则"日月"就不一定是"最大"者,也不应该作为"最大"者。比如,"日月运行,一寒一暑"(《周易·系辞上》)就是在说明,日月相互推移的"道"。形而上的缺席,或使解释偏离了"最大"？

此外,"县"一词,似乎完全可以按照音训之法,将之解为"显"、"见"或"现"。但是,无论如何,若是释为"悬挂",则很费解:太阳和月亮也要"悬挂"在天上,具体怎么"挂"呢？

译文 10. 大象在天,体现明之为明者,没有比日月更为显著。

译文 11. If the Great Image appears in *Tian*, nothing is brighter than the sun and the moon in their sun-mooning (brightness).

"著明"之中的"著",其本身就是"明"的意思。于是,二"明"合一,意思便是说："明明。"突出的是,"使明回归明"或"使明成为明"的就是它自身。而它自身正是通过"阴阳之道"的力量来实现的。

---

① 引自金景芳、吕绍刚(著),《周易全解》,第431页。

例29. 圣人设卦观象,系辞焉而明吉凶,刚柔相推而生变化。(《周易·系辞上》)①

译文1. 圣人观察大自然的物象而创设六十四卦,各卦各爻都撰系出文辞借以表明吉凶的征兆,卦中阳刚阴柔互相推移而产生无穷的变化。张善文今译(张善文等,2008:368)

译文2. 圣人创立八卦及六十四卦,观察卦象爻象,把卦爻辞系在卦爻后而说明吉凶。(分阳爻阴爻为刚柔,)由刚柔的激荡而产生变化。周振甫今译(周振甫,2012:305)

译文3. 圣人观察宇宙间万事万物的现象而设置六十四卦三百八十四爻以规范之,复于六十四卦三百八十四爻下各系以辨明吉凶悔吝及有关卦爻象之文辞,而使人明白吉凶的趋向。南怀瑾、徐芹庭今译(南怀瑾、徐芹庭,2014:422)

译文4. 圣人模拟自然界的物象而设立卦象,根据卦象写下文字,来说明吉凶悔吝的道理。一卦六爻以刚阳阴柔两类爻画的进退、升降、推移等现象,产生出种种变化。崔波今译(崔波,2007:357)

译文5. 圣人观察天地万物之象而设定卦爻,并撰写文辞于卦爻之后以说明吉凶征兆,又把刚柔相互推移作用而产生的变化表示出来。张延伟、张延昭今译(张延伟、张延昭,2014:606)

译文6. The sages set forth the diagrams, inspected the emblems contained in them, and appended their explanations; —in this way the good fortune and bad (indicated by them) were made clear. The strong and the weak (lines) displace each other, and produce the changes and transformations (in the figures). Legge英译(Legge,1882:351)

译文7. The sages designed hexagrams through observation of natural phenomenon, attached judgments to indicate clearly good fortune and disaster, and alternation of firm yang and yielding yin gives rise to endless

---

① 王弼(注),孔颖达(疏),《周易正义》(李学勤主编,《十三经注疏》之一),第261页。

changes. 傅惠生英译(张善文等,2008:369)

译文 8. The holy sages instituted the hexagrams, so that phenomena might be perceived therein. They appended the judgments, in order to indicate good fortune and misfortune. As the firm and the yielding lines displace one another, change and transformation arise. Baynes 英译 (Baynes, 1977: 573 - 574)

译文 9. The sages set down the hexagrams and observed the images.① They appended phrases to the lines in order to clarify whether they signify good fortune or misfortune and let the hard and the soft lines displace each other so that change and transformation could appear.② Lynn 英译(Lynn, 1994:34)

上引译文的问题都可归结为,对"明"字所昭示的"日月之明"没有感受,因而将之作为一般用语来解释。如此,这段话的哲学意味便隐而不彰。所以,有必要加以还原。

译文 10. 圣人观察到天地之大象,创设出六十四卦,进而撰写文辞系于其后,以使吉凶之化顺应明之为明者,并且对刚柔相推产生变易的道理加以推演。

译文 11. The sages, having observed the Great Image of the world, designed the 64 hexagrams accordingly, appended their interpretation for the latter's working, to sun-moon the good and bad fortunes into the right course, and tried to work out the rules for the strong and the weak in their

---

① 此处下文紧接着有王弼注的译文:This is the general summary [of what follows]. ("此总言也。")

② 此处下文是王弼注的译文:It is by appending phrases that they clarified the good fortune and the misfortune involved, and it is by allowing the strong and the weak lines to displace each other that this good fortune and misfortune were brought to light. Good fortune and misfortune are inherent in the affairs of men, and change and transformation are inherent in how things go through their natural cycles. ("系辞所以明吉凶,刚柔相推所以明变化也。吉凶者,存乎人事也。变化者,存乎运行也。")

endless and mutual changes.

下一例,或更能说明,一方面"明"需要还原到它的哲学意向,另一方面有必要在英文之中创设新词以表达它这方面的意向。

例 30. 是故知幽明之故。(《周易·系辞上》)[①]

译文 1. 就能知晓死和生的规律。张善文今译(张善文等,2008:372)

译文 2. 所以知道地下幽隐、天上光明的缘故。周振甫今译(周振甫,2012:307)

译文 3. 所以知道昼夜光明幽晦的道理。南怀瑾、徐芹庭今译(南怀瑾、徐芹庭,2014:408)

译文 4. 所以知道宇宙间幽隐无形和显明有形相继相成的道理。崔波今译(崔波,2007:361)

译文 5. 所以知道幽微与明显的原因和道理。张延伟、张延昭今译(张延伟、张延昭,2014:609)

译文 6. [...] he penetrates to a knowledge of the course of day and night (and all other connected phenomena). Legge 英译(Legge,1882:355)

译文 7. [...] we can understand cycles of life and death. 傅惠生英译(张善文等,2008:373)

译文 8. Thus we come to know the circumstances of the dark and the light. Baynes 英译(Baynes,1977:582)

译文 9. Thus we understand the axiom of life and death. Lynn 英译(Lynn,1994:35)

到底"幽"指的是"死"(译文 1、7 及 9)、"地下幽隐"(译文 2)、"夜"的"幽晦"(译文 3)、"幽隐无形"(译文 4),还是"幽微"的"原因"(译文 5)以及"夜晚"(night,译文 6),抑或"黑暗"(the dark,译文 8)?"明"说的是"生"(译文 1、7 及 9)、"天上光明"(译文 2)、"昼"的"光明"(译文 3)、"显明有形"(译文 4)、还是"明显"的"道理"(5)以及"白天"(day,译文 6),抑或"光明"(the

---

[①] 王弼(注),孔颖达(疏),《周易正义》(李学勤主编,《十三经注疏》之一),第 266 页。

light,译文 8)? 在这里,的确是莫衷一是,不能指向正解,那么,为什么不能将焦点对准"明",而直接出之?

我们认为,若欲使"明"回归其本身,还是需要从易道的视角加以理解;而且,还应以它所昭示的易道,来为之作出译解。

译文 10. 因此可知明之为明而与明之反动者之理。

译文 11. Therefore, the rules of the non-sun-moon and of the sun-moon are made known.

例 31. "见龙在田",天下文明。(《周易·乾卦·文言》)①

译文 1. 巨龙已在原野上出现,初露头角,"跃跃欲试",说明九二之时天下文明而文采灿烂。张善文今译(张善文等,2008:10)

译文 2. (九二)"见龙在田",指天下富文采而光明。周振甫今译(周振甫,2012:9)

译文 3. 九二爻见龙在田的现象,犹如阳气已经上升到地面来,天下的人,都能看到它的文明了。南怀瑾、徐芹庭今译(南怀瑾、徐芹庭,2014:24)

译文 4. "见龙在田",指阳气已上升到地面,天下也见到欣欣向荣的文明气象。崔波今译(崔波,2007:33)

译文 5. "见龙在田",是阳气上升而天下文明。张延伟、张延昭今译(张延伟、张延昭,2014:21)

译文 6. 'The dragon appears in the field:'—all under heaven (begins to be) adorned and brightened. Legge 英译(Legge,1882:373)

译文 7. "The dragon appears in the field," it means that all the land becomes bright and colorful. 傅惠生英译(张善文等,2008:11-13)

译文 8. "Dragon appearing in the field." Through him the whole world attains beauty and clarity. Baynes 英译(Baynes,1977:701)

译文 9. "There appears a dragon in the fields": all under Heaven enjoy the blessings of civilization. Lynn 英译(Lynn,1994:82)

---

① 王弼(注),孔颖达(疏),《周易正义》(李学勤主编,《十三经注疏》之一),第 20 页。

注者解释:天下文明,指阳气上升到地面,所以说"见龙在田"。此时草木萌发,大地文采焕发。① 如此,"见龙在田"只是对"阳气",也就是生命力的适时而动的体现? 那么,草木萌动,与初春的情形相一致,造就的是一种生机待发的气象? 如此,则"见龙在田"不当以"文明"重用于译文之中,而应加以分解:"文"为"物"之"德"。有此"德",物才可能适时而动,待机而发,产生"明"的效果,也就是达到顺应"阴阳之道"的规律。易言之,这句话讲的是,"合外内之道,故时措之宜"(《礼记·中庸》)。

译文10. "飞龙在田",意为天下之内德外显而展现生机于"日月之明"。

译文11. "A dragon appears in the field"—all under the *Tian*(天)has their inner virtue sun-mooned in their active becoming.

例32. 夫"大人"者,与天地合其德,与日月合其明,与四时合其序,与鬼神合其吉凶。(《周易·乾卦·文言传》)②

译文1. 九五爻辞中所说的"大人",他的品德与覆载万物的天地一样博大深广,他的圣明与光辉晶莹的日月一样璀璨耀眼,他的行事与交相更替的四季一样井然有序,他显示给人们的凶吉像鬼神一样奥妙莫测。张善文今译(张善文等,2008:14)

译文2. (九五)"大人"的德与天地好生之德相合,他的明察于日月的普照相合,他的恩威与四时的顺序相合,他的赏罚与鬼神福善祸恶相合。周振甫今译(周振甫,2012:3)

译文3. 这是说大人的德性,要与天地的功德相契合,要与日月的光明相契合,要与春、夏、秋、冬四时的时序相契合,要与鬼神的吉凶相契合。南怀瑾、徐芹庭今译(南怀瑾、徐芹庭,2014:28-29)

译文4. "九五"所说的"大人"应有天地的德行,无私地化育万物,大人的功德应当同日月一样光明普照,大人的行为像四时运转一样井然有序,大人的言行应如阴阳二气有规律地变化,影响万物的生灭。崔波今译(崔波,

---

① 详见崔波(注译),《周易》,第33页。
② 王弼(注),孔颖达(疏),《周易正义》(李学勤主编,《十三经注疏》之一),第23页。

2007:36)

译文 5. 九五说的"大人",其德行与天地一样,光明与日月一样,行动的次序与四时一样,伴随的凶吉与鬼神一样。张延伟、张延昭今译(张延伟、张延昭,2014:23-24)

译文 6. The great man is he who is in harmony, in his attributes, with heaven and earth; in his brightness, with the sun and moon; in his orderly procedure, with the four seasons; and in his relation to what is fortunate and what is calamitous, in harmony with the spirit-like operations (of Providence). Legge 英译(Legge,1882:214)

译文 7. The great man has the virtue vast as heaven and earth and the wisdom brilliant as the sun and the moon. He works in the good order as alteration of seasons and reveals good fortune and disaster in his divination miraculous as ghosts and spirits do. 傅惠生英译(张善文等,2008:15)

译文 8. The great man accords in his character with heaven and earth; in his light, with the sun and moon; in his consistency, with the four seasons; in the good and evil fortune that he creates, with gods and spirits. Baynes 英译(Baynes,1977:704)

译文 9. The great man is someone whose virtue is consonant with Heaven and Earth, his brightness with the sun and the moon, his consistency with the four seasons, and his prognostications of the auspicious and inauspicious with the workings of gods and spirits. Lynn 英译(Lynn,1994:85)

因为"明"字无法落实,它在现代汉语之中便被解为"日月的普照"(译文2),"日月的光明"(译文3)以及"光明普照"(译文4)等;而在英译之中,则被释为 brightness(光明,抽象名词)(译文 6 和 9),the wisdom brilliant(光辉灿烂的智慧)(译文 7)以及 light(光明)(译文 8)。如此,出新肯定是有必要的:一是要还原"明"之"明"的要义,二是要在回归之中确定阴阳之道导向性的解释学决定作用。

译文 10. 大人可与天地同德，因而能与之相互配合；与日和月同体，因此可融入易道之明；与四时同一，故而具依序而动之力；与鬼神合一，因而可与之具有同一的凶吉。

译文 11. The great man is someone who, having been identified with *Tian* and *Di*（天地）, is consonant with *Tian* and *Di*（天地）in his virtue; who, in his sun-mooning light corresponding to that of the sun and the moon, is consonant with the *Dao of Yi*（易道）; who, in his identification with the four seasons, is consonant with their flowing in sequence and order; and who, in his identification with the returning-ghosts and extending-spirits, is seen as the token of the the auspicious and the inauspicious.

以上所举的例子来看，很容易就能明白，"明"字本身能在彰显易道方面起着什么样的作用。因此，一、我们通过创设出一个新字 sun-moon，试图使之承载"明"字在汉语之中的意义；二、通过反观汉语的今译的有关译解，我们更进一步认识到，只有回到阴阳之道的立场，建构事物才有法可据、有理可依。而这样的回归，其方法就是中庸之道。因为只有以之作为实现阴阳之道的事物构成大法的途径，事物才可真正有效地达至其"三"（参/叁）的"耦合"之性和运作倾向。

"明"字对儒家和道家的著作，其要义已如上述，而它对佛家的作品也一样能显现出它应有的作用。下文即是一个比较鲜明的例子，或能予以说明。

3.11 若以"明"字解禅诗——论安德鲁·怀特海《无月之月与美女:翻译一休宗纯》[①]

3.11.1 一休宗纯其人其诗

例33. 中秋无月(甲子十七) 一休宗纯

是无月只有名明,

独坐闲吟对铁檠。

天下诗人断肠夕,

雨声一夜千年情。[②]

这是日本著名僧人一休宗纯(1394—1481)的诗。他是日本室町时代(1333—1603)禅宗临济宗的著名奇僧,也是著名的诗人、书法家和画家。"一休"是他的号,"宗纯"是讳,通常被称作一休。乳名千菊丸,后来又名周建,别号狂云子、瞎驴、梦闺等。一休宗纯是日本佛教史上最有名的禅僧,也是佛教史上少见的疯狂的禅僧。他超越了戒法表象,直契天真本性,曾声称"疯狂狂客起狂风,来往淫坊酒肆中",甚至公然讴歌自己与一盲女的爱情,"盲森夜夜伴吟身,被底鸳鸯私语新。新约慈尊三会晓,本居古佛万般春"。于其开悟以后的后半生,加上圆熟的理性,以民众为友,避开权门与荣誉,专为一个爱、洒脱、理智的名僧,受到万民的仰慕。现在为"顿智的一休",盛传于儿童之间。可是那并不是单为顿智而成,是为他人格所发出的魅力而造成的。一休禅师超越了世出世间的物欲与法执,以彻底的佛教大乘修行方式而过着高荣的人生,终其一生以无我的大智大爱济世度人。他那才华横

[①] Andrew Whitehead(撰),"Moonless Moons and a Pretty Girl:Translating Ikkyū Sōjun",收入 Lisa Foran(编),*Translation and Philosophy*,第53-64页,Bern:Peter Lang AG,2012年版。

[②] 见一休宗纯(撰),殷旭民(点校),《一休和尚诗集》,第194页,上海:华东师范大学出版社,2008年版;及一休宗纯(著),《心如狂云,遍地虚空:一休和尚诗集》,第236页,北京:九州出版社,2013年版。

溢、冷嘲热讽的形象,至今仍留在日本人的记忆中。动画片《一休》中机智过人的"一休哥"就是以他为原型的。

一休宗纯,不仅是一位得道高僧,也是一名擅长用汉语创作汉诗的诗人。据《东海一休和尚年谱》记载,一休13岁时跟随幕哲龙樊学习用汉语作汉诗,一日作诗一首。这期间所作《长门春草》一诗为一休宗纯现存最早的作品,15岁时以一首《春衣宿花》而知名,并著有汉诗集《狂云集》、《续狂云集》等,其中仅《狂云集》便收录其诗作多达500多首。他在日本汉诗文学史上占有举足轻重的地位,可谓日本汉诗一大家。①

下文主要是通过对安德鲁·怀特海对以往的诗歌的批评及本人推出的新译的解读,来展开讨论。

3.11.2 安德鲁·怀特海对《中秋无月》诸译文的批评

译文 1. Mi-automne Sans Lune

Gette nuite je ne vois lune. 〔This night I do not see the moon.〕

Je ne verrai donc pas une belle fille. 〔I will therefore not see a pretty girl.〕

Assis tout seul, caime, 〔Sitting all alone, calm.〕

Face au chandelier de fer, je recite une poésie. 〔Facing the iron lamp, I recite a poem.〕

Tours les poètes du monde 〔All the poets of the world〕

Deviennent mélancoliques au crépulscule. 〔Become melancholic at the dusk.〕

J'écoute les dix années. 〔I listen to the rain this night.〕

Er je revois les dix années précedentes. 〔And I review the preceding ten years.〕 Maryse and Masumi Shibata 法译

---

① 引自腾讯文化(http://cul.qq.com/a/20141204/024671.htm),2017 年 2 月 3 日采集。

此译为法文翻译。所以,安德鲁·怀特海加方括号在每行的文末添加了英文的意义疏解。若回译为汉语,此译意义或为:

中秋无月

此夜不见月。/故亦不见美人。/独坐惟静默。/铁檠前吟诗。/遍天下诗人/黄昏尽忧郁。/聆听今夜雨,/我回恋前十年。

今夕不见月,美人亦不见。独坐惟静默,吟诗铁檠前。诗人此世在,忧郁尽幽暗。一夜听雨声,十年已不堪。

论者认为,此译是对原诗的再创造,摒弃了与原文语境,甚至是当代禅的语境的任何联系。他特地指出,"我可以向您保证,原诗之中根本就没有写女孩,更不会有一个美女"。[1] 的确,原诗之中根本没有对女性的形象的描写,也根本没有一个美女。很难理解,译者为什么会如此别出心裁,在一首禅诗之中竟然会添加这样一种形象。

译文 2. A Moonless Midautumn

No moon on the best night for moon viewing;
I sit alone near the iron candle stand and
    quietly chant old tunes-
The best poets have loved these evenings
But I just listen to the sound of the rain and
    Recall the emotions of the past years.

John Stevens 英译[2]

回译为汉语,此译意义或为:

中秋无月

良夜无月无可观,独坐灯前吟旧篇。

诗中豪杰爱今夕,一人听雨恋往年。

论者认为,自哲学观之,文本之中最为重要的一行应为首行。惜乎译者

---

[1] 见 Andrew Whitehead(撰),"Moonless Moons and a Pretty Girl: Translating Ikkyū Sōjun", 收入 Lisa Foran(编),*Translation and Philosophy*,第 56 – 57 页。
[2] 同上。

斯蒂芬斯在这里并未传达出原意。实际上,要想保留原意,唯一的办法就是,原文是什么就按照原文恰如其分将之译出。而在这里,意义的多元性被弃之不顾,取而代之的是译者所推出的某种具体的和个人的意义。①

译文 3. Moonless night in Mid-Autumn

No moon, and brilliance is juts a name.

I sit in solitude, singing before an iron lampstand.

This night leaves no heart unwounded:

In the sound of rain a dozen years' passions. James H. Sanford 英译②

回译此译,意义或为:

中秋无月夜

无月,辉光只是名。/独坐孤寂中,吟诗对灯檠。/今夜无心不创痛:/雨声十二年激情。

中秋无月夜

无月惟明名。/独坐吟灯檠。/今夜伤人心:/雨声十二年情。

论者认为,尽管是一个小问题,但是值得提出的是,原文之中表示"十"的字,不知为什么译者要将之译为"十二"。③ 的确,若是原文为"十"这一整数,则很容易合辙押韵,因为字数与其他世行相等。若是字数不一,则很难达到一般作诗的要求。不知此译的译者为什么会有这样的改写。④

译文 4. Poems to an Autumn Evening with No Moon

Tonight, no moon, yet it's cloudlessly bright.

Solitary zazen, quietly humming, only the iron lamp (for company).

From a poetic viewpoint, 'tis sorrowful evening.

Rain's sound seems decade-long this lonesome night. Jon Carter Covell

---

① 见 Andrew Whitehead(撰),"Moonless Moons and a Pretty Girl: Translating Ikkyū Sōjun",收入 Lisa Foran(编),*Translation and Philosophy*,第 57 页。

② 同上。

③ 同上。

④ 同上。

英译①

此译回译，意义可为，

致无月中秋夜

今夕无月，但只见万里无云，一片光明。/一人静思/禅坐，静静低吟，作伴惟有铁檠。/诗人审度，悲情难抑。/似已十载孤夜雨声不停。

怀特海强调，译者在译文之中添加了时间指涉"今夕"，如此就营造出了原文之中可能并不存在的叙事。②

3.11.3 论者的新译及其所作的说明

译文 5. The Middle of Autumn and No Moon

There is no moon, only the name moon.

Sitting alone, reciting towards [facing; before] an iron lamp.

Under heaven a poet, a heart-broken evening.

The rain sounds for one night, ten years of emotion. Andrew Whitehead 英译③

这是论者自己推出的新译。依其意，或可如此回译为汉语：

中秋无月

无有月，惟月名。

独坐，吟诵对铁灯。

天下一诗人，心碎一夕。

一夜雨声，十年情。

论者强调，这是一首禅诗，因而，只能依据佛理来加以解会和翻译。他认为：

一休运用龙树关乎"月"的四命题（有月，无月，有月无月，无月

---

① 见 Andrew Whitehead（撰），"Moonless Moons and a Pretty Girl: Translating Ikkyū Sōjun"，收入 Lisa Foran（编），*Translation and Philosophy*，第 57–58 页。
② 同上，第 58 页。
③ 同上，第 60 页。

无无月),来开示"月"之指涉之空,因为它(在绝对的意义上)根本就没有指涉物。无月的观念依赖的是因缘和合(keti 加以信奉)。月亮并无自性,因为它根本没有独立的存在,而是要依赖构成它的在场所有的条件。以临济的四料简视之,就可以说,此行夺的是境(object/environment:[客体,对象]法/境)。它将法示为空。相反,首行的第二部分,要夺的是人(subject/person:主体/人)。法[对象]即空——因为这一事实,指涉-指涉物关系的主观构成也就崩溃了。就其应用龙树四句教来描述临济的前两个料简来看,这一首行说明,事物之空,空之为空。主客二者皆被显示为空。

第二行夺的是主体/人以及客体/境。它写的是坐禅的实践,目的是要同时看穿主客之空。相互依存的缘起这一理论发挥作用,使得坐禅者可以意识到,他们及其所面对的现象[法]二者都是虚幻的(坐禅时,两眼敞开),进而以此方式将万物变空。因此,这可以解释临济的第三步。

第三行特别关注主体/人以及客体/境的相互关系,进而为二者重新定位。这二者都是在相互依存之中出现,因而空无自性,而且,每一个都只是某种约定俗成的名称。这样,不论是主体还是客体,便都不可夺。究竟因为伤心夜的缘故,因而充满了情意,主体是诗人,还是因为诗人的缘故是夜晚伤心,其中一个对另一个的依赖,就通过这样的模糊性显现出来。一个不能离开另一个而独立存在。

这一主题进一步在最后一行展开:在这里,主体和客体被显现为非偶对的(non-dual)。就夜雨和情感始终是同一的东西而言,意象就是对主客体的映射。主客体不再被截然区分开来,而是相互容纳、彼此指涉。二者都是无。

译文之中此诗的风格和在原文中一样始终是平衡的:以相同的比例不断在主客体之间运动,每一行都是如此。而上文讨论的其他诸篇译文则都没有适宜地再现这一平衡,尽管这对此诗个节奏和形式极端重要。①

那么，在他看来，一休的这首诗完全是按照"四料简"的佛教哲理来写作的。那么，我们首先要辨别，什么是"四料简"？然后，才能回应，禅诗为什么一定要依照如此的教义来写这一问题。

3.11.4 四句教与四料简

的确，论者强调，要想译出原文意指，就必须熟悉禅宗历史和哲学发展。② 不过，有关"四料简"的材料，我们查到的应该不少，只是仍然有佛学专家认为，它到底有什么意涵，实则不甚了了。

首先，论者本人所用的"四句教"，约略可解为：

> 万物皆有：肯定存在，否定不存在；
> 万物皆无：肯定不存在，肯定存在；
> 万物皆有皆无：肯定而又否定；
> 万物非有非无：既不肯定又不否定。③

其次，在我们查到的资料之中，"四料简"有以下这些介绍：

其一，临济的禅学思想还体现在"四料简"、"四宾主"、"四照用"等认识原则和教学方法上。所谓"四料简"是根据学者的不同根器和对法我的不同态度而采取的不同教学方法，其内容为：(1)"夺人不夺境"，即针对"我执"重的人，破除对"我"的执着；(2)"夺境不夺人"，即针对"法执"重的人，破除

---

① 见 Andrew Whitehead(撰), "Moonless Moons and a Pretty Girl: Translating Ikkyū Sōjun", 收入 Lisa Foran(编), *Translation and Philosophy*, 第 61 页。
② 同上，第 59 页。
③ 原文为：All things exist: affirmation of being, negation of nonbeing / All things do not exist: affirmation of nonbeing, negation of being / All things both exist and do not exist: both affirmation and negation / All things neither exist and nor do not exist: neither affirmation nor negation(同上，第 59 页)。

对"法"的执着;(3)"人境俱夺",即针对"法执"和"我执"都很严重的人,就要法、我双破了;(4)"人境俱不夺",这是对那些法、我均不执着的人,二者皆无须破。①

其二,亦作"四料捡"。临济宗所立根据学禅者不同根器而随机施教的基本法则。料谓度量,简谓间别,料简谓分别根机而施教,有四种情况:(1)"夺人不夺境",谓对人我执重的人,要先剥除他的人我见;(2)"夺境不夺人",对已悟我空而未悟法空者,要剥除其法执;(3)"人境两俱夺",对人、法二执都重的人,要双除其人法二执;(4)"人境俱不夺",对以开悟者,不必破执,予以印可。四料简为临济宗开创者义玄禅师所提出。②

其三,据《人天眼目》,"四料捡"是"我有时夺人不夺境,有时夺境不夺人,有时人境俱夺,有时人境俱不夺"。

与"四料拣"相应,类似的施设为"四照用",两者通常同时运用,互为补充。"四照用"是:"我有时先照后用,有时先用后照,有时照用同时,有时照用不同时。"

"夺人",指摒弃、剥夺"我执"。"我执",即对"我"的执着。佛教认为,"我"只是因缘和合的假象,并无真性实体;世人执着于"我",以为是由主宰的、实在的自体,便产生种种谬误和烦恼。"夺境",指摒弃、剥夺"法执"。"法执"即对"法"的执着。"法"指一切事物和现象。佛教认为,一切"法"都无自性,客观外界没有独立自存的实体,处于刹那生灭变化之中;世人执着于"法",予以虚妄分别,必然妨碍真如的悟解和体验……在"四照用"中借用为否定(排斥)主观自体(人我)。"夺人不夺境"是对"我执"严重的人说的,即先破"我执",暂时保留"外境",也就是"先用后照"即先否定"我执",再否定"法执"。"夺境不夺人"与"夺人不夺境"正好相反,是

---

① 引自洪修平(著),《中国禅学思想史纲》,第207页,南京:南京大学出版社,1994年版。
② 陈兵(编著),《新编佛教辞典》,第178页,北京:中国世界语出版社,1994年版。

对"法执"严重的人说的,即先破其"法执",暂时保留"我执",也就是"先照后用"。"人境俱夺"是对"我执"和"法执"都很严重的人说的,即要"人我"、"外境"同时破除,也就是"照用同时"。"人境俱不夺",是对既无"我执"又无"法执"的人说的,也就是"照用不同时"。

"四料拣"(以及"四照用")是为严格训练禅僧坚定唯心主义世界观而施设的。大乘佛教认为,世界的一切都是颠倒虚妄的,任何对自我和外境的执着都于佛教的基本原理和最终目的相违背。禅宗的宗教哲学不仅否认客观外部世界以及禅僧自我个体的存在,而且还否认自我的主观认识能力。临济宗正是采取这样的极端态度,并在此基础上建立起它的认识论。这种认识论的实质是否认认识本身,排斥认识的可能性,所以最终剩下的只是直观,神秘的宗教体悟。①

其四,四料简,义玄又说接学人之法云:

如诸方学人来,山僧此间作三种根器断。如中下根器来,我便夺其境,而不除其法。或中上根器来,我便境法俱夺。如上上根器来,我便境法俱不夺。如有出格见解人了,山僧此间便全体作用不历根器。

此略说四料简者。

示众云:有时夺人不夺境,有时夺境不夺人,有时人境俱夺,有时人境俱不夺。

此所云四料简。

有僧问:"如何是夺人不夺境?"师云:"煦日发生铺地锦,婴孩垂发白如丝。"僧云:"如何是夺境不夺人?"师云:"王令已行天下遍,将军塞外绝烟尘。"僧云:"如何是人境俱夺?"师云:"并汾绝信

---

① 潘桂明(著),《佛教禅宗百问》,第 77-78 页,北京:今日中国出版社,1989 年版。

独处一方。"僧云:"如何是人境俱不夺?"师云:"王登宝殿,野老讴歌。"

比较审检以上诸文,所谓四料简之人与境的意义,极缺明晰,而最初文中有境法人三者,后文只举人境二者,若强为穿凿则失古人之真意,如《人天眼目》卷二以私意解之,断不可凭。①

如佛学专家在最后一个引文所指出的,"四料简之人与境的意义,极缺明晰",那么,如何将之运用于诗作之中?进而,我们身为解释者,又该如何将之引入解释?

当然,对中华文化三大思想流派的佛家,我们绝对不能持有偏见,认为它作为"出世之学",就没有对人和人生的启迪和作用。相反,它一定是以另一种形式的思想,来说明并且探讨人生的价值,尽管在很多情况下可能是负面的和消极的。

因而,论者就强调,在佛家看来,"真理是有的,但是这个世界以内找不到,必须到另外的世界去找"②。比如,天台宗的第二代祖师慧思就是这样:

> [他]采用了佛教一贯的手法,从否认一切客观世界的存在开始,他说人生痛苦的根源是过去行为的结果。慧思教人把个人的存在看做虚幻不实的假想(身如云影)。他们就是用这种掩耳盗铃的办法教人忘记痛苦,他们所谓"消灭""颠倒想",在每一个正常人看来,恰恰是颠倒观念的建立。③

华严宗也坚持认为:"尘是心缘,心为尘因。因缘和合,幻相方生。"④而

---

① 引自忽滑谷快天(著),朱谦之(译),《中国禅学思想史》,第251页,上海:上海古籍出版社,1991年版。
② 详见任继愈(著),《汉唐佛教思想论集》,第36页,北京:人民出版社,1973年版。
③ 引自任继愈(著),《汉唐佛教思想论集》,第65页。
④ 同上,第95页。

佛教的核心思想是:

> 它也接触到世界事物都在相互制约的关系之中,把事物的关系(众缘)孤立起来,使它脱离具体客观事物,而把它仅仅看做观念的相互制约关系。它也提出了人类认识的局限性和产生错误的可能性,从而宣称认识为不可能。①

如此,"言语道断,思维路绝"。那么,试图走出甚或摆脱"诗歌语言"的"禅"还会存在吗?"静故了群动,空故纳万境"(苏轼《送参寥师》):这是完全的禅语吗?

一、若是依照论者所说,禅语一定是像这样在四行的"绝句"之中一步步体现出来,甚至是亦步亦趋地体现了"四料简",那么,为什么一休不能以别的方式,更为巧妙地加以论述论证?抑或是诗语本身就是禅语的最佳证明?

二、论者强调,首行最为重要,但是,为什么他要把"只有名明"处理为"只有月名"?后者之中的"月名"显而易见并不是或不能与"名明"相提并论,因为"名明"之中的"名"完全可能是其他发光体的"名词",而且,它("名")与"明"搭配,完全可以解释出别的意思,也就是,不应将它限制于"徒有虚名"这一层意思。论者不是不断强调,此行含义丰富吗?

三、最后一行或许也一样重要,如果禅诗还是诗的话。原因是,诗运行到最后,由隐至显,思想或情感力量逐渐强化,抵及最后一行,往往会达到极端状态。也就是在这里,我们看到的"原文"和论者的有所不同。依论者,数字便并不重要,但是,"千年"分明是表示永久或永远,有万古永在的意味,而"十年"则可能是有某种意味时间段,显现生死之变而已。如苏轼词"十年生死两茫茫"(《江城子》)。那么,此一禅诗,在诗歌作者特重禅意的同时,有没有可能因为诗歌形式上的设计以及汉字本身,而形成另一种格局,因而促成另一种意义或意涵呢?

---

① 引自任继愈(著),《汉唐佛教思想论集》,第133页。

这样,如果赞同论者的观点,承认首行便是最为重要的;而最后一行,依照上文所述,也一样重要。不过,与之相反,我们认为,诗歌的特色形式以及汉字本身的特点,就决定了这首禅诗也可以从"入世"的角度加以解释和欣赏。

首先,诗歌本身:

> 是无月只有名明,
> 独坐闲吟对铁檠。
> 天下诗人断肠夕,
> 雨声一夜千年情。

四行分为两段,一段写月夜独吟,一段写歌吟内容;一段说内,一段写外。二者一内一外,一静一动。这是说形式或结构。

若是再看内容,则会发现,一段写的是诗人在无月夜的活动,另一段则将之与"天下"和"千年"联系起来,将视域一下子扩展到空间上的无限以及时间上的极限。也就是说,此一禅诗歌咏的可能是,诗人作为一个人,他的存在原本就是与空间和时间"同流"的。一是个体的微小,一为时空的伟岸,二者一体两面,同样都是生机勃勃。

如此,我们的分析倾向便与论者之说完全相反:在此一禅诗之中,我们感受到的是那种生命的永存,以及人对时空的依赖,但是,那并不是"因缘会合"意义上的那种关系,而是一种相互同化的关系,即彼此"感通"的关系。

不论是人,还是物,只要生存在这个世界上,她/它/他都是具有生命的,也都是与诗人可以沟通的。

正如我们在对诗歌的讨论之中所提出的,诗歌的两段划分,正好体现出的是内外一致、动静兼具的阴阳之道原理。也只有如此,诗歌作为一种存在物,才可因为具有和世上万事万物一样的存在方式,因而具有与之相同的生命形式。

再细一些,我们也一样可以说明,此一禅诗,是以特定的阴阳之道的原理建构而成的:不仅每一行都是在描述诗人与其所面对或歌吟的对象,那正是要说明主客不分、天地为一的道理,而且,汉字的构造本身也是对阴阳之道的体现。

如论者所说,第一行("是无月只有名明")是最为重要的,因为它定下了全诗的基调:所有的诗行,都是主客的相辅相成(而不是如论者所说的相离相分),以及相通相感(而不是论者所说的相斥相非)。其中的最后一字"明",更能体现阴阳之道:一阴一阳,而阳中有阴,阴中有阳;日月同辉(首行之"明"),而万代如斯(末行"千年情")。关键词如此,诗行如此,全诗整体亦复如是。既然离开了阴阳之道,诗歌无从创作,既然一阴一阳之谓道,原本就是诗歌生命的表现;那么,诗中所吟,又如何不是对此一人间最有意义的"诗意"的颂扬? 也就是,此一禅诗是否可以解释为,它歌咏的就是阴阳之道?

若认可一般对语言的力量的讨论,尤其是海德格尔对"命名"即创造的洞见,"名明"便可找到"新的"解释:"明"被"命名","名"发"明",即令"无月之中秋",因为"明"早被"命名",而"天道畅行"不至于"无明",因而,"物理意义上的无明"并不妨碍"精神意义上的有明",甚至可以说,只要有了"精神上的明",则"无明"即为"有明"。(一休的"禅诗"意思或是,"有"不存在,而只有"无"存在;或,存在的只是一个"无自性的、空洞的名",而此"名"也一样"徒有其明"或"空有其是"。)"月"并未现身,但其"名"为何会"明"? 若无"明",何来此"名"?

"明"之"名",不论是在儒家还是在道家那里,都有非常重要的形而上意义。在《中庸》中,"诚则明矣,明则诚矣":"明诚"同一。诚之意乃为:言以成物,或物以言成。换言之,无言便无物;反过来说,无物无言。如此,再来看"诚"的同义词"信",就会明白,"人以言立"的确可为它的确解。

那么,"诚"便是"实在"(the real)的代名词。"自诚明,谓之性。"因而,与禅诗解释者相反,我们认为,"名明"之"名"讲的是,让"明"来到语言,因而,它要比"无月"以及"有月"更具意义。这是因为,实在的来到,是在它在语言之中的在场成为现实之后。而这只能说明,只有语言才具备如此的创造力,可以将之带向存在,并且赋予它以本质。

不是"明"建造了世界,而是建构它的那种原理形成了世界的特定运动或阴阳变化。因而,"明"即"诚",亦即实在、真实。在儒家这里如此,在道家著作《道德经》之中,亦复如此。

通行本《道德经》第十六章之中有"知常曰明"[1]。陈鼓应解释:"万物的运动和变化都依循着循环往复的律则,对于这种律则的认识和了解,叫做'明'。"[2]

"循环往复"的规律,就是阴阳之道。而"知常"之"明"在此诗之中,既然出现在最为重要的首行的最后,那么,其中的意义也就显得十分重要了。

依阴阳之道作解,就可认为,事物来到语言,以其不断的变化作为自身存在的条件,由此形成了它们在特定的语境之中的作用。阴阳变易之道,方显事物的本质。

如上所述,事物并不是相互排斥或彼此分离的,而是相互依存而且彼此呵护。论者为解释事物的"无自性",将之解为相互依存的缘起(co-dependent origination)。但是,那是为了在"根本上"说明,事物并没有自身的本质,而是因缘和合而成的暂时存在的东西。既然是暂时的存在,那么,它们彼此之间就不是真正的相互依存,而是相互排斥。因而,不论对事物的本质解释,对一休原文的释义,还是对译文的结构的设计,论者都是采取这样的态度:在他看来,由于事物彼此排斥,因而,在分崩离析的状态下,世界是无可留恋的,尽管这样的观点充满悖论。

又比如,如论者所释,"伤心"的既可能是"夜",也可能是"诗人"?不论是二者之中的哪一个,读者不禁要问几个为什么:一、为什么"夜"或"诗人",要如此"伤心"?是其感情,要寄托在什么地方,但"无处"寄托吗?可是,这样的感情难道不是"真"的"实"的,而是"空"的"虚"的吗?否则,诗人提及它

---

[1] 马王堆汉墓帛书《老子》释文,《甲本》和《乙本》,此章均作"知常,明也"。参见任继愈(著),《老子绎读》,第454、465页,北京:商务印书馆,2009年版;陈鼓应(著),《老子注释及译评》,第421、437页。

[2] 引自陈鼓应(著),《老子注释及译评》,第127页。

们,又有什么意义呢?难道说,提及此情此感,就是为了强调,本来是虚幻的东西,再还它一个虚幻?那样的话,这样的感情不就是虚伪之设了吗?二、"诗人"抒发其情感,自有原因:身为人,或曰人的代表,她/他要表达人间最为精粹的东西,最为真挚的精神力量。可"夜"呢?她/他/它要代表"谁"来表达情感?若是仅仅表达自己的情感,那是在说明,作为一种比喻,"夜"在被激活的状态下,具有了人类或别的形式的生命活力,而能显出生命之为生命的意义和实在?二者情感相通,"千年情"才可显出意义?

因而,"夜"和"诗人"同样可能成为"情感"的"主体"的观点,正好印证了事物本身相互关联,彼此一致,甚至是相互趋同,最终成为一体。因而,在抒发情感的过程之中,她/他/它们是不可割舍的。而就其在诗中如此的表现而论,在形式上将她/他/它们的活动片段化,进而全然将所谓主客二分摆在那里,以示二者根本上不可趋近的思路,是不可取的:心心相印相合,才能激发诗思。

3.11.5　另一种新译

因此,重译此诗也就有了必要。

应该纠正的是,结构上,每行的"主客"的分设分离——两方面应该相互交融,因而,不可分置;词语方面,"名明"及"千年情"的在场。

译文 6. Mid-autumn, No Moon

Only with the sun-moon named thus but without the moon,
I sat at leisure chanting before the iron lamp my company boon.
The broken-heart evening clouds all the poets under the sky,
One night rain has shaped a thousand-year emotion since and soon.

既已有"明",便无须"月"再来;既有"铁擎"立于面前,便无须"人"之相伴。因为,整个宇宙息息相通,而"情绪"可以无限伸展,以至"千年"。

悠悠然独坐,并无愁绪,因有"铁擎"陪伴,孤独即成惬意。"伤心夜"其奈"我"何?那一刻可塑造千年之情,或可将普天下的诗人之忧郁化为乌有。

因而,与论者所解相反,我们认为,人世间的一切的确是"关系"之中的产物,但这样的关系是"斩不断、剪还乱"(李煜《相见欢》)的。也正是因为这个原因,生活之中的、活生生的一切需要某种力量,去将之结合起来。这便是诗人的"感通之力"①。也就是说,诗人既然要面对这个世界,既然是在描写这个世界,因而,要想完全摆脱便是不可能的。恰恰相反,只有站立在坚实的大地上,以同样活生生的言语来加以描述,诗歌才能真正传达出诗意。更何况,这样的诗意,仍然是人间的、社会化的和交际性的,否则便无可知解。正因为诗人的"感通"之力,作者似已得"神明"之助,故而逍遥于夜吟之中,可得"大自在"②。

《一休和尚诗集》的点校者殷旭民指出:"一部东海狂云子的诗集,不啻禅师上堂语录也","所谓风狂诗风者,意在讽世氛、醒俗人,非冬郎、次回之伦,不可作寻常香奁脂粉诗观也"。③ 另一位研究者也指出:"我们今天来读一休的诗,虽是汉诗,但由于日语独特的韵调,不能完全以汉语的诗词格律来看。一休的诗歌平实地一如酒坊小曲,随性而来,洗练的文字和平白的意向里蕴发着大禅机。"④

写诗为的不是诗本身,而是要唤醒"俗人"。而得道的僧人的这种醒世情怀值得赞美,尤其是在乱世。不过,既然诗歌的意向是多重的,意义是多元的,意指是多向的,那么,我们不妨作另类解读,以期另有所获。

既然和一休的专家们一样,我们也一样承认他所作的就是诗,那么,即便是不合格律,诗味仍在,诗意依然,如此,何妨换个角度,以诗情去体贴之,以诗韵去领会之?

情在先,韵随之,如此,那里敞开的便是语言最为精炼精纯的世界,也就

---

① 《周易·系辞上》:"《易》无思也,无为也,寂然不动,感而遂通天下之故。"见王弼(注),孔颖达(疏),《周易正义》(李学勤主编,《十三经注疏》之一),第284页。
② "大自在"是佛教语,谓进退无碍,心离烦恼。《法华经·五百弟子受记品》:"复闻诸佛有大自在神通之力。"后多用指自由自在、无挂无碍的境界。引自360百科(http://baike.so.com/doc/6314953-6528546.html),2017年2月2日采集。
③ 引自殷旭民(撰),《出版说明》,见一休宗纯(撰),殷旭民(点校),《一休和尚诗集》。此处无页码标示。
④ 引自草木生(撰),《谁说一休是正太》,一休宗纯(著)《心如狂云,遍地虚空:一休和尚诗集》。这里亦无页码标示。

是诗的世界。在这里,"明"以它最"诚"的形式,揭示出"一夜风雨"之中的"千年之情",以及诗人的孤寂里酝酿的那种遥遥的异动。

只有先行使"存在"进入"在场",才能在其中显示"空无"之力?或可说,只有先行呈现"有",才可从中发现"无"?

但依我们的理解,"无"和"空"似乎并不是"一无所有"甚至连"一无所有"也要化为"无有"的那种"东西",而是"自有"其生机活力的存在本身的一种体现。

禅诗要述说或勾画的是世界的一种"道理",而我们则试图描摹这一世界的生命存在样态。

而一休禅诗的诗歌之首行之中所用的"明"字所昭示的"日月之明"以及他的"汉诗"比较工整的形式,都向我们透露出生活是首先要建立于能体现"大化流行"的阴阳之道的。而中庸之道的"三(参或叁)",可使我们进入这样的"流行"之中,去把握进而体贴生活本身的力量所在。

3.12 本章小结:"明"之"参天地之化育"

本章集中讨论了,一、从"明"字的哲学意向出发去探究,如何以中庸之道为方法论,在英文之中为这一关键的词语创设出一个合乎阴阳之道原理要求的词语。二、在探究的过程中,我们发现,要想回到中国哲学的宇宙存在论,就要首先回复"天"的作用。因为,这意味着,以中国哲学视之,"偶对"性才是事物存在的根本。舍此,无所谓事物的存在。而"偶对"最终呈现的是"三(叁/参)"的格局:静态意义上的"三足鼎立",动态则指向"三生万物"(《道德经》第四十二章)。三、创建出的 sun-moon,置之于诸如《大学》、《中庸》以及《荀子》等儒家经典,以及《道德经》和《庄子》等道家的著述,可以清楚地看到,直接以这一字的书写构成传译其意,正可体现出"日月之明"亦即为"易道"的内涵,可以说是有很强的对应性和说服力的。而读者或只需根据语境,就可明了它的意蕴。四、我们还以杜甫的诗来检验它的合理性,发现只有以"易道"精神来加以疏解,"明"字所昭示的"大化流行"之意向,才可能体现出杜甫诗歌的真意。五、我们也以这种思路,将"日月之明"的意向引入《淮南子》和《荀子》以及《周易》的解释和翻译,发现也只有如此,牵涉到的表达才是真正具有哲学内涵的。六、我们最后对日本禅师一休的诗作进行了解读,认为应依诗中的"明"的意向来重新解之,使之首先回归生活的基本原理。而在这样的生活世界成就之后,才可能谈得上打破生活世界之中的各种关系,使事物"空虚"起来。

在论述过程中,我们始终在坚持"三(叁或参)"的"天人合体"之意,而不放弃对始发语的内涵的精神的坚持。因为,在我们看来,只有充分再现出这样的"大化流行"的精神,事物才能以其本来面目来到语言,成就自身,进而促成他者。

应该指出,任何事物的普遍性都是会受到限制的,我们从中庸之道角度对"明"的可用性的辨析也是如此,不过,还是要强调,就哲学而论,对于儒家哲学典籍之中的某些用语,创设的词 sun-moon 还是有益或适用的。因为,一方面,此词能够说明,事物的存在必然进入阴阳之道,才有其可能性;而在另一方面,即使是描述性的语言,要遵循的原理,也一样在本质上不能越出易道的要求。

我们不妨再举两个例子,以说明这两点作用:一是孟子所说的"明道",这也是后世哲学的常语;二是《孝经》之中的"明王"以及有关表达。

例34. 诚身有道,不明乎善,不诚其身矣。(《孟子·离娄上》)[①]

译文1. 要使自己诚心诚意也有办法,[首先要明白什么是善,]若是不明白什么是善,也就不能使自己诚心诚意了。杨伯峻今译(杨伯峻,1960:174)

译文2. 使自己诚心诚意有办法,首先要明白什么是善,不明白善的道理,就不能使自己诚心诚意。杨广恩今译(陈才俊,2008:183)

译文3. 有一个原则可以使自己真诚:不明白什么是善,就不能使自己

---

① 赵岐(注),孙奭(疏),《孟子注疏》(李学勤主编,《十三经注疏》之十一),第200页。

真诚。吴国珍今译(吴国珍,2015:167)

译文 4. There is a way to the attainment of sincerity in one's self:—if a man does not understand what is good, he will not attain sincerity in himself. Legge 英译(Legge,1991:303)

译文 5. There is a way for him to become true to himself. If he does not understand goodness he cannot be true to himself. 刘殿爵英译(Lau,2003:82)

译文 6. There is a way to be sincere within oneself: if one is not clear about what is good, one will not be sincere within oneself. Bloom 英译(Bloom,2009:80)

译文 7. There is a way for him to be sincere, that is, he should understand what is good. 赵甄陶英译(赵甄陶等,1999:163)

译文 8. Here is a way to form sincerity in oneself: if one does not know what is good, he will not have sincerity in him. 吴国珍英译(吴国珍,2015:167)

不消说,若依上引译文,则"诚"和"明"便只含有人文或人为的一面,只可呈现出伦理指向上的意义,而完全丧失了超越的意涵,也就是丢掉了天的作用。如此,天道既然是缺席的,人道又如何形成? 那么,"诚"的"真实不妄"之意和"明"之"日月之明"全然被丢在一边,只余下"诚心诚意"的人心之向往和"明白"的良好意愿。但是,这样的向往和意愿,若是没有终极意义上的另一维,又如何得以见出? 因而,取其一面,而置另一面于不顾,正是坚持中庸之道的儒家所不能认同的。所以,儒家要强调:"执其两端,用其中于民。"(《礼记·中庸》)[①]

朱熹特地指出:"此章述中庸孔子之言,见思诚为修身之本,而明善又为思诚之本。乃子思所闻于曾子,而孟子所受乎子思者,亦与《大学》相表里,

---

[①] 郑玄(注),孔颖达(疏),《礼记正义》(下)(李学勤主编,《十三经注疏》之六),第1425 页。

学者宜潜心焉。"①如此说来,此章即为儒家思想传承自曾子到子思再到孟子,旁及《大学》的"简史",而且,它本身讲的就是"中庸"的基本原理。因而,若是连其中的哲学基本意向都已经失落,或者说,译解都已经不再关注,那么,又何谈其他?最重要的是,解释是要遵照最为基本的方法的,这样的方法的缺席,如何可能使有关译解产生对应性?

总之,若是丢掉"天"的一维,则原文本章下文之中的"诚者,天之道也;思诚者,人之道也",无可落实,甚至可以说,"道"本身就不能成立。原因很明显:这样做违背了儒家的阴阳之道的解释学原理,即不能只顾及两端之中的某一端,而对最为重要的"中"视而不见。

同样的,按照上引英译的思路,则"有一种办法"可使自己"真诚"(sincere)也一样不能成立。因为,这一办法就对"善"(good, goodness 或 what is good)是"清楚的"。那么,如何才算是"清楚的"? 这是很难说清的。既然如此,孟子为什么又要言之? 而且,"清楚"了,就能入于"道",这不是太过简单,因而,更无可"言"的吗?

那么,依照中庸之道的基本原理,似就应如是而为:

译文9. 己身达成"守言以成"有道可循:若能使善进入日月之明,则必能使己身达成"守言以成"。

译文10. There is a *Dao*(道) for one to get at the word-becoming: When he is able to sun-moon what is good, he is there in the word-becoming.

例35. 昔者明王之以孝治天下也。(《孝经·效治章》)②

译文1. 从前圣明的君王用孝道来治理天下。傅根清今译(傅根清等,1993:13)

译文2. Anciently, when the intelligent kings by means of filial piety ruled all under heaven, [...] Legge 英译(Legge, 1899:474)

---

① 引自朱熹(撰),《四书章句集注》,第282页。
② 李隆基(注),邢昺(疏),《孝经注疏》(李学勤主编,《十三经注疏》之十二),第23页。

译文 3. In ancient times, the illustrious kings governed the empire on the principles of filial duty. Bridgman(裨治文)英译(Bridgman,1836:348)

译文 4. THE good Emperors of old ruled the Empire by means of filial duty, [...] Chên 英译(Chên,1908:22)

译文 5. Of old when the enlightened (*ming*) kings used family reverence to bring proper order to the empire, [...] Rosemont and Ames 英译(Rosemont and Ames,2009:109)

译文 6. Back when the Enlightened Kings use *xiao* to govern the world, [...] 冯欣明英译[1]

译文 7. When formerly the illustrious kings used filial piety to govern all under heaven, [...] Wolfe 英译[2]

译文 8. In the past, the illustrious kings administered the country by means of filial piety. 刘瑞祥、林之鹤英译(傅根清等,1993:13)

对这句话,李隆基的解释是:"言明王以孝为理,则诸侯以下化而行之,故致如此福应。"[3]

《孝经》之中的"明王"当然可排除佛教之中的"明王"的意义[4]。那么,此一称号便另需解释。按照字典释义,它有二义,一是"圣贤之君"。如《尚书·说命》:"明王若奉天道,建邦设都。"二是"旧时社神封号"。如《魏

---

[1] 引自冯欣明(英译), *XIAO JING - THE CLASSIC OF XIAO: With English Translation & Commentary*(http://www.tsoidug.org/Xiao/Xiao_Jing_Comment_Comp.pdf),第 13 页,2017 年 5 月 7 日采集。

[2] 引自 Kenneth B. Wolfe(英译), *The Classic of Filial Piety*,第 3 页。引自 https://www.amazon.com/Classic-Filial-Piety-tranlated-Kenneth-ebook/dp/B017PO3I1G/ref,2017 年 5 月 15 采集。

[3] 引自李隆基(注),邢昺(疏),《孝经注疏》(李学勤主编,《十三经注疏》之十二),第 23 页。

[4] 按照字典解释,佛教之中的"明王"指的是密乘所奉的一种本尊。详见陈兵(编著),《新编佛教辞典》,第 249 页。另据 360 百科(http://baike.so.com/doc/351091-371904.html,2017 年 5 月 7 日采集),相应的梵语是 Vidyā-rāja。又作持明王、忿怒尊、威怒王。明,即破愚暗之智慧光明,即指真言陀罗尼。明王有二义:(一)指真言陀罗尼之王,如佛顶一字真言为佛部之明王;(二)指一般所习称之明王,如降三世明王为密教诸尊之一。降三世明王等为教化难调之众生,而显现忿怒相。

书·地形志》称,渤海县有东海明王神①。

查阅字典,能找到"明王"的译文 an enlightened ruler②,似乎还是会让人联想到"启蒙";而类同的表达"明主"也是如此——enlightened ruler③。这是我们现在所不能接受的译解。

在字典中,还可以查到"明人"的释义和译文:眼睛能看见的人(区别于"盲人"),seeing person, good-sighted person;指心地光明的人,honest person;forthright person;sensible person。④ 不过,《孝经》之类的典籍之中的"明王"显而易见不是现代汉语之中的一般的"明人",而是属于最高阶层的"明眼"、特具洞察力的人物——"君王",因而,与"圣王"、"明君"或为同类。而《礼记·大学》一开篇就强调的"明明德",其主体也是这样的人物。正因为他们"有能力将初善之天德重新引入日月之明",或曰他们"能够重现易道之明",因而,在历史上具有非同寻常的道德典范的作用。

尽管如此,"明"在这里由于已经化为一种普通的修饰语,而且,作为一个固定的搭配,因而,似已无必要另行创设一词,替换原有的修饰语。只不过,还是应该强调,"明王"之为"明王",其作用正在于,他们与天合一,因而得以重现"易道之明",故而得此尊号。这一重要的信息,正是业已板结的修饰语所不能传递的。

但是,这并不意味着,我们的努力就是无意义的。如上所述,我们的目的就是要打开早已板结化了的词语的意义,使其如其所是回归自我。而中庸之道就是这样的回归的导航,可以起到它特有的引导作用。因此,即使应用性是有其限度的,毕竟,让"明"所昭示的阴阳之道重现其明,始终是必要

---

① 广东、广西、湖南、河南辞源修订组、商务印书馆编辑部(编),《辞源》(修订本)(第二册),第1409页。
② 引自梁实秋(主编),《最新实用汉英辞典》,第469页,香港:远东图书公司,1971年版。
③ 引自吴景荣(主编),《新时代汉英大词典》,第1085页,北京:商务印书馆,2000年版。
④ 详见吴景荣(主编),《新时代汉英大词典》,第1084页;及中国社会科学院语言研究所词典编辑室(编),《现代汉语词典》(2002年增补本),第1356页。

的和有益的,甚至是历史性的。

不然,在很多情况下,"明"字若是不能以阴阳之道解之,则意义必然不通。比如,《孝经》之中有这样的表达:

例36. 昔者明王事父孝,故事天明;事母孝,故事地察。(《孝经·应感章》)①

译文1. 从前圣明的帝王,侍奉父亲孝顺,所侍奉上天能够明察天理,谨按四时;侍奉母亲孝顺,所以侍奉后土能够明察地利,因地制宜。傅根清今译(傅根清等,1993:28)

译文2. Anciently, the intelligent kings served their fathers with filial piety, and therefore they served Heaven with intelligence; they served their mothers with filial piety, and therefore they served Earth with discrimination. Legge 英译(Legge,1899:485)

译文3. The ancient kings served their parents with true filial respect; hence they could serve heaven intelligently. In the same way they honored their mothers and hence could honor the earth with an understanding mind. Bridgman(裨治文)英译(Bridgman,1836:351)

译文4. THE good Emperors of old were not only filial to their parents, but also to the Supreme Father and Mother—that is, Heaven and the Earth. Chên 英译(Chên,1908:31)

译文5. Of old the enlightened kings (*mingwang*) served their fathers with family reverence, and in so doing, served the heavens (*tian*) with acuity (*ming*); they served their mothers with family reverence, and in so doing, served the earth judiciously. Rosemont and Ames 英译(Rosemont and Ames,2009:109)

译文6. Formerly the Enlightened Kings serve their fathers with *xiao*,

---

① 引自李隆基(注),邢昺(疏),《孝经注疏》(李学勤主编,《十三经注疏》之十二),第51页。

and therefore serve Heaven with clarity. The Kings serve their mothers with $xiao$, and therefore serve Earth with perceptiveness. 冯欣明英译①

译文 7. In former times, the intelligent kings in serving their fathers were filial. Thus in serving heaven they were intelligent. They were filial in serving their mothers. Thus they served the earth with discrimination. Wolfe 英译②

译文 8. In ancient times, the illustrious kings served their fathers with filial piety, and accordingly they served Heaven with intelligence and according to the climatic change of seasons; they served their mothers with filial piety, and accordingly they served Earth discreetly. 刘瑞祥、林之鹤英译(傅根清等,1993:29)

若依这里的今译,什么叫"明察天理"(译文 1)?"理"不就是阴阳之道?"明"不就是"阴阳之道之理",又能是别的什么?如果将"明"之宇宙存在论意义引入,若以英文观之,则译文 8 之中所用的 the climatic change of seasons(季节的其后变化),还有必要吗?因为,"明"本身不就指的是"日月相推而明生焉"(《周易·系辞下》)③? 因而,若是以"明"本身所昭示的意义出之,则似乎不必要将译解复杂化?

"守孝"是"天经地义"④的大事,无此则天地难存。那么,显扬父母之德,亦即为张扬天地之德,二者本是二而一的事情。而在此例之中,"明"和"察"是互文。如此,不管是对父亲的孝顺,还是对母亲的孝顺,都是"明",亦即,都是合乎宇宙存在论的原则阴阳之道的事情。那么,很明显,若说坚持孝道可与日月同辉,也就不是什么比喻了。因此,在这里,"明"和"察"都以

---

① 引自冯欣明(英译),*XIAO JING – THE CLASSIC OF XIAO:With English Translation & Commentary*(http://www.tsoidug.org/Xiao/Xiao_Jing_Comment_Comp.pdf),第 31 页,2017 年 5 月 7 日采集。
② 引自 Kenneth B. Wolfe(英译),*The Classic of Filial Piety*,第 7 页。
③ 王弼(注)孔颖达(疏),《周易正义》(李学勤主编,《十三经注疏》之一),第 304 页。
④ 《左传·昭公二十五年》:"夫礼,天之经也;地之义也;民之行也。"引自左丘明(传),杜预(注),孔颖达(疏),《春秋左传正义》(下)(李学勤主编,《十三经注疏》之七),第 1447 页。

"明"字出之,就有了理论根据和可行性。

译文9. 昔日里,体与阴阳之道同辉的君王,侍奉父亲以孝,如同侍奉上天一般,要重归并保持阴阳之道的原理;同样的,侍奉母亲也是如同侍奉大地一般,要重归并保持阴阳之道。

译文10. The kings in ancient times served their fathers as serving the $Tian$(天) so as to return to and keep the principles of the sun-moon-ing, and likewise they served their mothers as serving the Di(地).

4

自然而然，适时而作

4.1 自然而然与中庸

本章试图从中庸之道所倡导的自然而然入手,以散文"Altogether Autumn"和小说 *Jane Eyre* 的跨文化翻译为例来说明有关问题。因为中庸之道提倡的是,如何适宜地归入"生生"的运动之中,而使诸物得其自在。因而,作为观察者,人是不能站在自己的立场上来审视事物的。相反,人需要协助事物形成其自身。《礼记·中庸》之中所谓:"故天之生物,必因材而笃焉。故栽者培之,倾者覆之。"①此之谓也。而跨文化翻译和儒家对事物的认识的取径相一致,也是要使之自我回归,因而,坚持"恕道"就是中庸之道最终使事物实现自身的检验手段:不如此,则事物不可回归,那么,一切努力都是无益的。此章在最后主要探讨的是,如何从"恕道"的角度来认识"恕",进而对之进行跨文化的处理,并举例说明,违离此道,如何会难以成事。

这里所说的"自然而然",实质上是指天地人的生命节奏之适宜,亦即为,能够在适宜的时间、依照适宜的方式体现物之为物的生命力的那种节拍和动能力量。我们认为,那是一种呈现为"三"的节奏:从开始,走向运动,然后再行回归,共有三个步骤,可以体现物之为物的"气息生动"。这样的"节奏"实际上显现的是事物的自我回归。因而,诸多经典对它都有深入的描述和论述。如《周易》之中讲:"原始反终,故知死生之说"(《周易·系辞上》)②,"天下同归而殊途"(《周易·系辞下》)③。如此所形成的"循环",也就是对事物存在的基本原理——阴阳之道的印证和反映:"日往则月来,月往则日来,日月相推而明生焉。寒往则暑来,暑往则寒来,寒暑相推而岁成

---

① 郑玄(注),孔颖达(疏),《礼记正义》(下)(李学勤主编,《十三经注疏》之六),第1435页。
② 王弼(注),孔颖达(疏),《周易正义》(李学勤主编,《十三经注疏》之一),第266页。
③ 同上,第304页。

焉。往者屈也,来者信也,屈信相感而利生焉。"(《周易·系辞下》)①《道德经》中强调:"万物并作,吾以观其复。夫物芸芸,各复归于其根"(第十六章)②;因为,"反者道之动"(第四十章)③。《庄子》之中则讲述:"肩吾问于连叔曰:'吾闻言于接舆,大而无当,往而不返。吾惊怖其言。犹河汉而无极也;大有迳庭,不近人情焉。'"(《逍遥游》)④突出"往而有返",才可能"近人情"。这样的节奏,自《诗经》起就有充分的展现,因而,可称为"诗经节奏"。

不过,与道家相比,在儒家那里,"时"或"时中"才是最为重要的。因为,"极则必反"(《吕氏春秋·博志》)⑤,事物必是"适时而动"的。《礼记·中庸》之中讲:"君子而时中。"⑥注者解曰:"此时中,孟子所称孔子圣之时者也。"⑦戴震强调:"君子何以中庸?乃随时审处其中;小人何以反中庸?乃肆焉以行。"⑧康有为也指出:"故君子当因其所处之时,观其会通,以行其典礼,上下无常,惟变所适。别寒暑而易裘褐,因水陆而资舟车。道极相反,行亦相反。然适当其时则为此时之中庸,故谓之时中。若守旧泥古,而以悍狂行之,反乎时宜,逆乎天运,虽自谓中庸,而非应时之中庸,则为无忌惮之小人而已。"⑨

只有"应时",才可"顺时",进而"适时"。如此去把握"时动之机",则可"惟变所适",而不至于出现"反乎时宜"之举,是谓"时中"。

将"时中"的思想运用于跨文化的译解,就会发现,其呈现应为"三"的生命节奏。

---

① 王弼(注),孔颖达(疏),《周易正义》(李学勤主编,《十三经注疏》之一),第 304 页。
② 王弼(注),《老子注》(《诸子集成》第三册),第 9 页。
③ 同上,第 25 页。
④ 王先谦(著),《庄子集解》(《诸子集成》第三册),第 4 页。
⑤ 高诱(注),《吕氏春秋》(《诸子集成》第六册),第 314 页。
⑥ 郑玄(注),孔颖达(疏),《礼记正义》(下)(李学勤主编,《十三经注疏》之六),第 1424 页。
⑦ 参见陈柱(著),《中庸注参》,第 6 页。
⑧ 同上,第 6 页。
⑨ 同上,第 7 页。

4.2 "诗经节奏"与"凤姐登场"

"诗经节奏"在《关雎》一诗首段有充分的体现:

关关雎鸠,在河之洲。窈窕淑女,君子好逑。(《诗经·国风·周南》)①

抒情主人公在这里对"窈窕淑女"的描写和称颂,可分为三个步骤:

一、"关关"的声音。一般认为,"关关"是象声词,是在模拟雌雄二鸟相互应和的叫声,在这首诗之中起的是"起兴"的作用。不过,联系后文来看,"关关"则可解为某种"神秘"的声音,自远而近传来,引发了抒情主人公的感兴,由此他得以进入一个美好的境界。所以,这第一个步骤是"雎鸠之声"。

二、景色和人物的描写。在对"关关"的声音(及其引发的注意所造成的起兴)加以描写过之后,是人物本身的环境和样态的描述。首先是"在河之洲",说明"其位"何在;其次是"窈窕淑女",可爱之人"贤良美好"。

三、最后是对抒情主人公的结论或要求的说明,也就是点明"君子好逑"的用心和最终意指。因为"偶对"原本就是事物存在的根本,"逑"作为"仇"的假借字,意为"匹配",正说明这首情歌在印证人的存在的根本倾向。因此,最后一行就是最为重要的"点题",或曰"结语"。

如此,"雎鸠"之"关关"为起始语,引发注意,是为第一步;"在河之洲"和"窈窕淑女"是景色和人物相貌描写,则为第二步;最后一行"君子好逑"是最终归纳,点明主题,是为最后焦点(end focus),形成第三步。

"诗经节奏"显而易见是普遍性的生命力在中华文化的创造物之中的再

---

① 毛亨(传),郑玄(笺),孔颖达(疏),《毛诗正义》(李学勤主编,《十三经注疏》之三)(上),第22页。

现,因而,具有极大的普遍性:既然它印证的是一来一往的那种回还、反复和循环,因而,如上所述,这样的运动其本身就是事物之自我回归的表现。如此,有两个方面值得注意:一是事物的存在是循环性的存在,亦即为自我回归的存在;二是这种存在的节奏感是既定的,适时而动的。

将"诗经节奏"置于诸多文学作品之中,就会看到,其在很多地方都有呈现。这说明,这种节奏的确就是生命之为生命的表现。易言之,生命的存在就在于这样的节奏。

因而,刘邦的《大风歌》写道:

大风起兮云飞扬,
威加海内兮归故乡,
安得勇士兮守四方。

这首诗复现的也是"诗经节奏":一、大风起,而云雾翻腾,声震四野。此为以声音起兴;二、作者继而描写海内一统,衣锦还乡,志气昂扬,以此来宣泄心态的昂扬或曰意气风发;三、到了第三行,诗者笔锋一转,强调忧患仍在,安定的秩序需要勇士守护。如此,以转折结束全诗。一诗三行,正是"诗经节奏"的体现。

而《朱子家训》的首句,也一样体现了这样的节奏:

黎明即起,洒扫庭除,要内外整洁。①

在这里,的确是在描写自然节奏之"三":一、清晨应早起;二、整理内务,包括打扫"庭院";三、最后是要点或要求归纳:"内外整洁。"

《道德经》第四十二章强调:"道生一,一生二,二生三,三生万物。万物

---

① 张香桐的英译是:Rise up by dawn's early light; / Clean up, put everything right; / Keep the home tidy and clean. 引自 Hsiang-Tung Chang(英译),*Master Chu's Homilies for Families*,第13页,上海:上海人民出版社,1993年版。

负阴而抱阳,冲气以为和。"①为什么"三生万物"？因为到了"三",岁月流转,一阳开泰,事物将重新开始；或者说,事物的自我回归,是在自然节拍出现回还之后才可能再行启动的。那么,这一新的开端,也就反过来成了事物规定性的本质倾向,而不可逆违。因而,"返璞归真","返"和"归"是事物之为事物的存在"胎记",而无可遗失。

依之解读《论语·阳货》之中孔子所说的"天何言哉",则一样能发现,其中不能没有"诗经节奏"：

天何言哉？四时行焉,百物生焉。天何言哉？②

"天何言哉"第二次出现乃是重复。可以认为,孔子所讲,依照的就是"诗经结构"或曰"生命节奏"。因而,可以说,"三步骤"乃是诗人创发的自然过程的表现：先是有某种声音响起,引人注意,接着便是景色或人物的描写,启人思绪,最后是某种总结、归结、结论或评论,但依旧让人回味,因而,可能意味着重新开始。也就是,邀约人回到那种诗意之言。大自然如此,万事万物莫不如是。

如此,孔子之"天何言哉"之"言",或"天之不言",实质上是在说,"天"在创立人力难以企及的那种"言","不言之大言",或"无之沉默"。孔子以"天"为榜样或样板,欲加以效仿。所谓"不言之教"(《道德经》第二章③及第四十三章④)以及"以身作则",大有深意。

如果我们转向《红楼梦》第三回,"凤姐出场"一节也一样可以印证"诗经节奏"的大用：

一语未了,只听得后院中有人笑声说："我来迟了,不曾迎接远

---

① 王弼(注),《老子注》(《诸子集成》第三册),第26页。
② 何晏(注),邢昺(疏),《论语注疏》(李学勤主编,《十三经注疏》之十),第241页。
③ 王弼(注),《老子注》(《诸子集成》第三册),第2页。
④ 同上,第27页。

客。"黛玉纳罕道:"这里人个个皆敛声屏气,恭肃严整如此,这来者系谁,这样放诞无礼?"心下正想时,只见一群媳妇丫头围拥着一个人从后房门进来.这个人打扮与众姊妹不同,彩绣辉煌,恍如神妃仙子:头上戴着金丝八宝攒珠髻,绾着朝阳五凤挂珠钗,项上戴着赤金盘螭璎珞圈,裙边系着豆绿宫绦双衡比目玫瑰佩,身上穿着缕金百蝶穿花大红洋缎窄裉袄,外罩五彩刻丝石青银鼠褂,下着翡翠撒花洋绉裙。一双丹凤三角眼,两湾柳叶吊梢眉,身材窈窕,体格风骚,粉面含春威不露,丹唇未启笑先开。黛玉连忙起身接见。贾母笑道:"你不认得他,他是我们这里有名的一个泼皮破落户儿,南省俗谓作辣子,你只叫他凤辣子就是。"①

加以分段,"诗经节奏"就会一目了然。

第一段:一语未了,只听后院中有人笑声,说:"我来迟了,不曾迎接远客!"

第二段:(黛玉)心下想时,只见一群媳妇丫头围拥着一个人从后房门进来。这个人打扮与众姊妹不同,彩绣辉煌,恍如神妃仙子[……]一双丹凤三角眼,两弯柳叶吊梢眉,身量苗条,体格风骚,粉面含春威不露,丹唇未起笑先开。黛玉连忙起身接见。

第三段:贾母笑道:"你不认得他,他是我们这里有名的一个泼皮破落户儿,南省俗谓作辣子,你只叫他凤辣子就是。"

第一段的确是"丹唇未起笑先开(闻)",起始之时的"声音"先自发出;第二段浓墨重彩描写了"恍若神妃仙子"的凤姐的长相打扮;第三段是贾母对之的介绍,既是近乎嬉戏的评价,又可视为对王熙凤这一人物的描写的一个

---

① 引自曹雪芹(著),周汝昌(汇校),《红楼梦》(八十回《石头记》),第26页,北京:人民文学出版社,2006年版。

结语或总结,亦即为上文所说的文末焦点。

那么,在汉语之中具有如此普遍性的"诗经节奏",英文之中可有表现?也就是说,它是否在英文之中也有普遍性的表现?假若答案是肯定的,那就能够说明,这样的"循环"正是事物的本质表现,对事物之"来到语言"是根本性的和决定性的。

4.3 "诗经节奏"与英文的一般表达

"诗经节奏"在英文之中也有着非常广泛的表现。如钱歌川在其所著的《翻译的基本知识》①之中就有很多例子,能说明这样的"节奏":

例1. (a) How much easier, how much more satisfying it is (b) for you who can see to grasp quickly the essential qualities of another person (c) by watching the subtleties of expression, the quiver of a muscle, the flutter of a hand! (钱歌川,2011:84)

译文1. (c) 借着观察表情的微妙变化,肌肉的颤动,手的挥摆,(b) 你们有眼能看的人要了解别人的特性,(a) 该是多么容易,多么满意啊!(钱歌川,2011:85)

标号是著者所加,这里是将原文之中的阿拉伯数字变为(a)等序列标记。这句话非常典型地说明,汉英两种语言的表达很是不同:一是英文将重点放在句首,而汉语放在句尾;二是汉语注重的是自然节奏,以事件的先后顺序来决定对事件的叙事以及对其起始和终结的描述,而英文则对此几乎不加突出,完全以论述的形式决定词语的排列组合。

例2. (a) Will you kindly express through your column (b) my keen appreciation of (c) the action of the British Government in effecting my release from the Chinese Legation? (钱歌川,2011:85)

---

① 钱歌川(著),《翻译的基本知识》。

译文 1. (c)本人承蒙贵国政府之援助,得自中国公使馆获释,(a)2 拟借贵报一角,(b)敬伸感激之情,(a)1 不知可邀约俞允否?(钱歌川,2011:85)

译文 2. (c)予此次被幽于中国公使馆,赖英政府之力,得蒙省释。[……](a)爰驰短笺,(b)敬鸣谢忱。① (孙中山,1981:85-86)

这是孙中山《伦敦披难记》收录的他在蒙难获释之后给报界所写感谢信中的一句话。译文1出自钱歌川手笔,译文2则是录自《孙中山全集》。钱歌川的译文之中并没有添加序号标记,甘作霖的译文也是如此。从我们所添加的标记来看,则更能清楚地印证"诗经节奏"的意义,尽管这里的译文不能完全照应汉语的"文末焦点"要求,而且,译文2是重新造句,因而,将"结语"部分放置另一句之后。但是,无论如何,都可看出,这里一直在强调的"诗经节奏"所起的作用是显而易见的。也就是,即使在英文之中,话语的重心虽与汉语不同,但是,一样能从时间的自然序列入手,去对其中的论述进行理解和释义。如果考虑到《伦敦蒙难记》英文原文是由其友人和老师康德黎(James Cantilie)"誊正"②,也可认为,此著是二人合作的结果,那么,此例就可进一步说明"诗经节奏"在英文之中的普遍性是经由理性化重新规定的那种普遍性,即按照论述而不是描述的方式,对有关事件展开的叙述的自然性和有序性进行的再调整。

这一点,在钱歌川所举的下一例子之中,仍可看到:

例 3. (a)"What does Mr. Darcy mean," (b) said she to Charlotte, (c)"by listening to my conversation with Colonel Forster?"(钱歌川,2011:85)

译文 1. (c)"戴锡先生听我跟福斯塔上校谈话,"(b)她对查乐蒂说,(a)"这究竟是什么意思?"(钱歌川,2011:85)

---

① 孙中山(著),甘作霖(译),《伦敦被难记》(《孙中山全集》第一卷),第85—86页,北京:中华书局,1981年版。

② 详见蔡新乐(著),《历史文献翻译的原则性追求:孙中山著〈伦敦绑架案〉的翻译》,第47页,南京:南京大学出版社,2015年版。

这是小说《傲慢与偏见》之中的一句话。文中的(a)等标号为我们所加。依之可以看出,两种语言的确在表达上,一重论述,一重叙述,而且,重心的位置是不同的。下例亦复如是:

例4. (a) The ladies encouraged the combatants (b) not only by clapping their hands and waving their veils and kerchiefs, but even by exclaiming, "Brave lance! Good sword!" (c) when any successful thrust or blow took place under their observation.(钱歌川,2011:85)

译文1. (c)贵妇们看见刺中或打中时,(b)不只是鼓掌,挥动头纱和手巾,甚至高声喊叫:"好枪法!好刀法!"(a)这样地来鼓舞比武的英雄。(钱歌川,2011:85)

实际上,英文和中文的差异,若是以对《哈姆莱特》剧中人物的描写造句,则或可最具典型性。

例5. He (a) ingloriously (b) usurped the throne (c) by murdering his elder brother.

译文1. (c)他谋杀胞兄,(b)篡夺了王位,(a)人所不齿。

两种语言,词序完全相反:汉语注重的是事件的自然序列,亦即,以事件的起始先后为表达的先后,因而十分"自然";而英语则是根据论述的需要而对这样的序列加以重新铺排,因此,其重心或不在事件发生的时间上的先后,而是在事件的评论上。

不过,尽管二者一偏论述,一重叙述,一倾向理性表达,一趋向自然描写,但是,它们都同样包含着特定的节奏。而且,"三"的取向是极其明显和清晰的。因而,有理由认为,上文所说的"诗经节奏"在一定程度上也应适宜于跨文化的译解:自然性既然是英文表达的一种基础或背景,那么,在依之来分辨两种语言的不同时,就可以二者各自的语言的特性,来以其特定的规律展开转化。如此,就可满足一般的要求。

因而,"诗经节奏"始终应该是汉英互译的一种重要的导向。而这,如上文所强调的,应该是经由中庸之道揭示出来的事物存在的基本法则。

那么,这是不是说,其他文学作品之中也会有这样的"诗经节奏"呢?答

案是肯定的。比如,小说《飘》对女主人公的描述就是如此。我们不妨也从中找出一些例子,以作说明:

例6. Scarlet O'hara was not beautiful, but men seldom realized it when caught by her charm as the Tarleton twins were.

译文1. 那郝思嘉小姐长得并不美,可是极富魅力,男人见了她,往往要着迷,就像汤家那一对双胞胎似的。傅东华译①(李明,2010:43)

这是这部小说开篇的描述。这句话应分为三部分,才可得到自然的理解:一、女主人公并不美;二、但是,男人很少意识到这一点;三、比如Tarleton家孪生兄弟就是如此。

例7. Seated with Stuart and Brent Tarleton in the cool shade of the porch of Tara, her father's plantation, that bright April afternoon of 1861, she made a picture.

译文1. 1861年4月一个晴朗的下午,思嘉小姐在陶乐垦殖场的住宅,陪着汤家那一对双胞胎兄弟——一个叫汤司徒,一个叫汤伯伦的——坐在一个阴凉的走廊里。这时春意正浓,景物如绣,她也显得特别的标致。傅东华译(李明,2010:44)

同样的,这句话尽管很长,但也可以"诗经节奏"来解释:一、女主人公和两兄弟一起席坐;二、在陶乐农场荫凉的走廊;三、她宛若画中人。

例8. Her manners had been imposed upon her by her mother's gentle admonition and the sterner discipline of her mammy; her eyes were her own.

译文1. 原来她平日受了母亲的温和的训诲和嬷嬷的严厉管教,这才把这幅姿态勉强造成,至于那一双眼睛,那是天生给她的,绝不是人工改造得了的。傅东华译(李明,2010:44-45)

依照"诗经节奏",我们也一样可以说,这一句描写她的性情的话,可以分"三步"来解读:一、她自有其行为方式;二、那是她母亲的"温和的训诫"以

---

① 引自李明(编),《翻译批评与赏析》,第43页,武汉:武汉大学出版社,2010年版。

及她的黑人嬷嬷"严厉管教"的结果;三、毕竟她的眼睛仍然能够体现出她的真性情。

4.4 "诗经节奏"和海德格尔的"将作为语言的语言带给语言"

上文所讨论的"诗经节奏"不仅隐含在众多表达方式之中,而且,海德格尔的著名论断"将作为语言的语言带给语言",其本身就是这样的"节奏"的另一种表达。

在《在通向语言的途中》一文①之中,海德格尔多次强调:

Die Sprache als die Sprache zur Sprache bringen.

to speak about speech qua speech. Hertz 英译(Heidegger,1982:111 - 136)

译文 1. 将作为语言的语言带给语言。② 冯尚译(马克·弗罗芒-默里斯,2005:52)

译文 2. 把作为语言的语言带给语言。孙周兴译(海德格尔,2004:239 - 263)

海德格尔对此的解释是,put language (the essence of language) as language (Saying) into language③,相应的汉语译文是"把作为语言(即道说)的语言(即语言的本质)带给语言(即有声表达的词语)"(海德格尔,2004:262)。

---

① 此文的英文译文"The Way to Language",收入 Martin Heidegger(著),Peter D. Hertz(英译),On the Way to Language,第 111 - 136 页,New York:Harper and Row Publishers,1982 年版;汉语译文《通向语言的途中》,收入马丁·海德格尔(著),孙周兴(译),《在通向语言的途中》(修订译本),第 237 - 241 页。
② 马克·弗罗芒-默里斯(著),冯尚(译),李峻(校),《海德格尔诗学》,第 52 页。
③ Martin Heidegger(著),Peter D. Hertz(英译),On the Way to Language,第 130 页。

我们认为,若是将之解为"将作为事物之本质的事物带给事物",才可能是比较合适的。因为,第一个"语言",以及"作为语言的语言"的前一个,身为"道说"之"语言",是要为事物开辟出道路的,而这样的道路就在于事物本身的本质性的力量的展现。因而,事物之来到语言,就表示那是"作为事物之本质"的那种在场。第二个语言,亦即"作为语言的语言"之中的第二个,则可释为"事物本身"。如此,二者合起来,讲的就是,作为事物之本质,它与其本身合一,才可能成为真正的事物。而这样的事物"带给语言",也就意味着事物的自我回还,在语言之中实现了在场,亦即为成为现实之物。

那么,海德格尔所解释的第三个"语言"——"有声表达的词语",或只有事物之在场被说出的意义,也只是通过声音被讲出,而不一定具有实质性的内涵。说出,即是要命名,而命名的关键就在于事物之本质与其本身合一的实现于在场。

从这句重要的论断之中,我们还可发现,其中正含有上文所说的"诗经节奏"。"将作为语言的语言带给语言"讲的是,"语言"的三重表现,是其身为事物的真正面目的展示过程。也就是说,从它的本质,到它的本身,再回到它的本质,如此不断翻转,语言成就自身,就像事物本身要在不断的自我循环之中成就自身一样。这是典型的二合一,或者说,从一再到一的过程。而这样的过程,节奏分明,可充分体现事物之为事物的真正面目:语言既然就是这样在场,那么,所有的事物来到语言,也必然依此"道说"而得到命名,也就是随语言而同化。这样,"语言"无所谓人的规定,正如万事万物一样。

因为,只有在其自生之中,某种内在的力量始终在那里推动着它的运动:它从其本质,到它的本身的转化,最终落实到它的真正的自己。如此自然而然的循环过程,用中华文化的语言来说,当然就是阴阳之道了。

即使如海德格尔所解释的,第一个"语言"意为"道说",第二个意指"语言的本质",第三个则意味着"有声表达的词语",那也一样不影响我们上文的论述。因为,第一,作为"道说"的语言,它就是语言本身的"本质"。而这意味着,事物之来到语言,是事物之"道"通行于此的结果,因而,必以某种方式表现出来,比如"有声表达的词语"。这样,语言之为语言,它是事物来到自身之中,正如它本身向着自身之回归,都一样要经过三个阶段:在第一个阶段,"道说"作为抽象的、静态的力量,起步于语言之初;第二阶段,它因为有能力来到语言,而成为自足又充足地体现出语言之为语言的"本质";第三阶段,这样的"道说"的"本质",以"有声"吐露出来,成就了语言向着自身的回还。很明显,在海德格尔这里,语言之为语言,其实质就在于它的"道说"落实为"有声",也就是"表达"的在场:这样的"道之有道",十足表达的是,语言经由三个阶段来到它自身。语言如此,来到语言的事物当然也是这样。因而,可以说,上文所论的"诗经节奏"是可以得到哲学的印证和说明的。

而我们上文所做的论述,一直是在坚持中庸之道的方法论原理,而展开解说。而这意味着,真正的事物的存在,第一,离不开阴阳之道的那种循环往复。也只有这样,事物才可能进入在场。第二,这样的循环往复,是"时中"的体现,即在每一个时刻,事物正好迎合了时机的需要,而不断再现其身。第三,在事物的自我回归过程之中,我们才能真正感受到事物本身的力量。因而,那是不以人的意志为转移的。而用海德格尔的话来说,"语言"的"道说",其中道出的,也就是事物的根本倾向:事物,始终是处于运动之中,也就始终是在自我回归之中。

因此,似乎是文字游戏一般的重复,却恰如其分地再现了"生生不息"的意向,而将宇宙之间事事物物的存在样态描写得栩栩如生。如此,我们又何必斤斤计较于概念的准确和明晰,而丢掉动态的重复和连续呢?

既然事物是在如此自然的节奏之中存在的或曰生成的,那么,有关时间点是极其重要的因素。因为,它们决定着事物的走向和本质倾向。如此,对自然的描述的作品,也就有了以中庸之道对时机化的强调为标尺,来加以衡量和品评的必要了。我们先来看一篇散文,进而以辜鸿铭的著作的标题为例,来加以说明。

4.5 春秋必还原为"春秋":一篇散文看分明

此文题目既为 Altogether Autumn,那么,其中一定含有它特定的意涵。但目前所能见到的译文,是不能传递这样的含义的。

例9. Altogether Autumn

译文1. 人间尽秋 陆谷孙译(李明,2010:133)

译文2. 挡不住的秋天 周仁华译(李明,2010:136)

译文3. 秋天感怀 李明译(李明,2010:137)

第一个译文之中,用有"尽"字。但此字并没有原文的意义:在自然的大循环之中,才可见出生命。而人不忍将长得旺盛的花朵清除,分明在表达对美好事物的热爱、对生命的珍惜;而且,女儿的长大以及文中隐含的叙事人本身的不断老去,都是大自然规律的印证。而"尽"或不能负载这方面的意向。

因为,作为一个会意字,"尽"并不负载"循环"的意义,而只能突出"完毕"、"结束"的意味,如"穷尽"、"尽兴"等词语所表达的。这样,就需要寻找一个能够表现循环往复的字眼,来再现之。

而译文2只是在强调,"秋天"的来临是"挡不住"的,也没有传递出秋日来临,但大自然循环往复而新的生命有望继续到来的含义。译文只有主人公面对秋日来临的"感兴"之情,而不见另一方面的意涵,即秋日之来临,同样也意味着一个新的开始。

Altogether 的意思虽是"完全地"、"全部地",但不能以字面意义来传译整个标题。因而,"尽"起不到再现寓意的作用。而另外两个译文也一样不能对应。所以,有必要再寻新词。

"满"字或能表达出时日轮转,而新的生命即将来临之意。而且,它是一个比较"诗意"的用词。比如,名句"溪云初起日沉阁,山雨欲来风满楼"(许浑《咸阳城东楼》)。叶剑英也有诗句描写:"老夫喜作黄昏颂,满目青山夕照明。"(《八十抒怀》)水满而溢,因而,古书之中有"满招损,谦受益"(《尚书·

大禹谟》)①的名言,提示人应遵"谦德"而不违。月满则亏,新的时光也就在亏满之间到来,正可说明,一来一往的时日就是那样在循环之中走失,生命也就是在如此的自然的流转之中见出它的新意和新的姿态。

如此,可将题目改为:

译文 4. 满目秋色

译文 5. 满院秋色

或可得传原文寓意。

事物若"满",其意必为已达极致,因而,也就随之会出现变化。亦即,到了极端,必然反转,所以,"满招损,谦受益"(《尚书·大禹谟》),难免令人"愤懑";这样,我们也就会走向另一种秩序、另一个进程:由大阳走向大阴,从完满走向亏损,如此等等,当然就是变易之道的显现。

因而,一、只有找到了那种(个)可以活起来的词语,翻译才能达到基本要求。二、而活起来的词语,一定是富有诗意的词语,也就是诗的词藻(poetic diction,诗歌语言)。三、此一追求意味着,阴阳之道始终就在那里,引导着我们的"诗的翻译":有诗味的、诗意的、诗情的翻译,也就是,有生命力的翻译。

值得指出的是,只有在"适宜"的时间,筹划出适宜的字眼,并且依此适宜的字眼来体现适宜的变化,才可能突出"秋日"所可能打造的时光的意味。也就是说,只有以中庸之道的基本思想营造出一种时光流转的氛围,才可能使事物在时光的循环之中自我回归,形成同样的循环或回还。

题目如此,而文中的诸多词语,也一样如此:只有依照中庸之道来铺排设计词语,在跨文化的传译之中,才可能体现出事物的"来到语言"。

例 10. [...] and so I wait until the first night frost anaesthetizes all the flowers with a cold, creaky crust that causes them to wither; a very gentle death.

译文 1. 所以我要等待第一个霜降之夜,等待花瓣全部沾上一层冷峭的

---

① 孔安国(传),孔颖达(疏),《尚书正义》(李学勤主编,《十三经注疏》之二),第98页。

霜晶,蒙无知觉中自行凋零,和婉地寿终正寝。陆谷孙译(李明,2010:130)

译文 2. 因此我得等待,等到夜晚的第一次寒霜用清冷的嚓嚓作响的冰衣将所有的花朵麻醉,使它们慢慢凋零,温柔地死去。周仁华译(李明,2010:133-134)

译文 3. 连根将它们拔掉无异于谋杀。所以我要等到第一个霜降之夜,那时,所有的花儿将被寒霜麻醉,那冰冷的、嘎吱作响的霜层会让它们慢慢凋零,会让它们温柔地逝去。李明译(李明,2010:134)

这是在描写叙事者迫不得已的心情:为了种植新花,不得不将正在开放花朵拔掉,但心有不舍,因而,在迟疑不决之中,只好等待秋霜降临。那样,花儿既经霜冻,而生命趋于终结,便可乘势取之。但是,译文 1、2 和 3 都选用了"第一个霜降之夜",似有"急不可耐"之意,而可能与叙事者的"恋恋不舍"的心绪恰成对立。而"和婉"(译文 1)的意思是"温和委婉","温柔"(译文 2、3)意思则是"温和柔顺",一般都是在写人(尤其是女性)待人的态度。而在原文之中,gently 是说,众花蒙上了严霜,"徐缓"而不是骤然地逝去,其中并不含有待人的态度。而且,此文主要是在突出,人对物的爱惜和不舍,而不是物要对人表现出什么情义。

在这里,要突出的是,人对似乎并没有感受之力,因而并不一定会有痛苦感觉的花儿的悲悯。如此,才更见出叙事者的深情厚谊。但上引三译文的处理,重心调整,一下子便会转向一种具有知觉的生命,叙事者的那种悲天悯人的情怀也就随之大打折扣。因而,有必要重新考虑行文:

译文 4. 所以,我要等到初霜夜降,大地为之麻醉,蒙上一层冷峭的晶膜,枝冷花寒,万艳同枯;那时节,花气便会轻轻止息。

例 11. The trees are plump with leafy splendour. The birch is softly rustling gold, which is now fluttering down like an unending stream of confetti.

译文 1. 树叶犹盛,光鲜可人。白桦婆娑轻摇,一片片金色的叶子飘飘落地,有如一溜不绝如缕的庆典彩纸。陆谷孙译(李明,2010:130)

译文 2. 树儿郁郁葱葱的,丰满而气派。白桦树轻轻摇落着金黄色的叶

子。落叶飘啊飘,像不停飞舞的彩纸屑。周仁华译(李明,2010:134)

译文3. 周围的树木枝繁叶茂,茁壮成长。白桦树在婆娑地摇曳着一片片金黄色,这一片片金色飘然而下,犹如源源不断的五彩纸屑。李明译(李明,2010:134)

秋日的树叶不可能如译文1那样"光鲜可人",因为"光鲜"的意思是"光亮",如庾信《齐王进白兔表》所写的"光鲜越雉,色丽秦狐",玄奘的《大唐西域记·羯若鞠阇国》"城隍坚峻,台阁相望。花林池沼,光鲜澄镜",《金瓶梅词话》第三十七回之中的"妇人洗手剔甲,又烙了一筋面饼,明间内揩抹桌椅光鲜",以及《醒世姻缘传》第十九回之中的"梳得那头比常日更是光鲜,扎缚得双脚比往日更加窄小"。现代汉语之中的"光鲜"并没有改变"明亮鲜艳"的意义,如"衣着光鲜"就是如此。而这样的"光亮明艳"的色彩,是春天而不是秋天所特有的。因而,另一个季节的颜色词的错用,会将语境置换到另一个时令,不免使原文之中叙事者所面对的那种肃杀之秋,完全失去照应。

至于译文2所用的"郁郁葱葱",毛泽东所作的词《清平乐·会昌》之中有诗句"战士指看南粤,更加郁郁葱葱",其中正含有"郁郁葱葱"这一表达。注者解释:"郁郁:草木茂盛的样子;葱葱:草木青翠欲滴、十分茂盛"。"更加郁郁葱葱"整句的含义是,"形容草木苍翠茂盛,也形容气势美好蓬勃"。而这两句诗的译文则为:"红军战士指着逶迤磅礴的山岭,眺望广东那边,草木茂盛郁郁葱葱,一片美好壮丽的气象。"[①]树木茂盛,气象甚盛,正是生机勃勃的表现,时令是在春天,而不是生命即将转向湮灭进而生机萧然的秋天。如此生命"复转来"的可能,因为时节的错置而不能形成既定的条件。因此,有必要出新:

译文4. 树木圆实挺立,枝叶仍是一派辉煌。白桦婆娑着金叶,但只见纷纷然而下,有如婚庆彩纸不绝如缕。

例12. She wandered around so happily carefree with her little bucket and spade, covering the bulbs with earth and calling out "Night nigh" or

---

[①] 详见徐四海(编著),《毛泽东诗词全集》,第109页。

"Sleep tight", her little voice chattering constantly on.

译文 1. 她带着自己的小桶和铲子,兴高采烈又无忧无虑地满园子跑,给球茎培掩泥土的同时,用尖细的嗓子一遍又一遍聒噪着"晚安,晚安"或"睡个好觉"。陆谷孙译(李明,2010:131)

译文 2. 她兴高采烈、无忧无虑地四处转悠着,提着小桶、拿着小铲,在给球茎花埋土;嘴里还念念有词"宝宝,宝宝,睡个好觉",稚嫩的声音不停地传过来。周仁华译(李明,2010:135)

译文 3. 她提着小桶,拿着铲子,兴高采烈、无忧无虑满园子里跑,一会儿给球茎掩土,一会儿喊着"夜晚要来了"或"睡个好觉吧"。李明译(李明,2010:135)

女童的可爱,其声音应以可爱的词语出之;而身为母亲的人,不可能以"聒噪"来形容她的自言自语。因为,此词的意思是"说话琐碎,声音喧闹,令人烦躁"。

译文 4. 她手拿小桶、小铲优哉游哉满园子走来走去,时而为球茎植物培土,一边嘴里还叫着:"晚上好,就要到",或者是,"晚上到,睡好觉"。唧唧嘎嘎,没完没了。

例 13. She discovered "baby bulbs" and "kiddie bulbs" and "mummy and daddy bulbs"—the latter snuggling cozily together.

译文 1. 她还分别发现了"贝贝种"和"娃娃种",还有"爸爸妈妈种",后者指的是那些亲密依偎的球茎种。陆谷孙译(李明,2010:131-132)

译文 2. 她发现了"球茎花宝宝"、"球茎花娃娃"和"球茎花爸爸妈妈"——那温情地拥抱在一块儿的就是"球茎花爸爸妈妈"。周仁华译(李明,2010:135)

译文 3. 她还会区分"茎宝宝"、"茎娃娃"、"茎爸妈"。"茎爸妈"是指那些亲密相依的球茎。李明译(李明,2010:135)

译文 4. 她慧眼大开,对"宝宝花儿"、"崽子花儿",还有什么"妈咪爹爹花儿"有大发现——后一种安然相依。

秋日种花,而女儿在不断长大,做母亲的叙事者以回忆的口吻,讲述着过去的故事。因而,在秋日肃杀的季节,女儿的生动活泼与之相映成趣,而她的不断成长不可能不是"时光"塑造的结果。如此,岁月的流逝,本与生命的流转一样,承载起的是一种欣喜,同时也包含着一丝别样的惆怅。因为,流失的毕竟不仅仅是时光,还有记忆之中生命的那份温热和美好。所以,在不能以"温柔"的词语表达小小的女儿的可爱的情况下,译文一定是需要修订的。

例 14. Every autumn, throughout her childhood, we repeated the ritual of planting the bulbs together.

译文 1. 在女儿童年期的每个秋季,我们履行仪式似地种下球茎植物。陆谷孙译(李明,2010:132)

译文 2. 小女儿的整个童年时期,每年秋天,我们都要重复在一块儿栽种球茎花的仪式。周仁华译(李明,2010:135)

译文 3. 在她童年时代的每个秋季,我们都要一起种球茎,那仿佛是在重复某种仪式。李明译(李明,2010:135)

译文 4. 在孩子的整个孩提时代,每到秋天,我们都要这样一块儿种植球茎植物,俨然已经成了一种庆典。

这是身为母亲的叙事者,提及女儿孩提时期和她一起在秋日来临之时种花的欢乐情景。而对培植生命所产生的欣喜以及由此而来的那种庄严,原作以 ritual 加以描述,突出的当不是"仪式"这样可能带有贬义的"形式化"的东西,而更像是一种典礼。

实际上,即使在英文之中,ritual 一词若以"仪式"解之,也含有贬义。诚如安乐哲与郝大维所指出的,"Ritual 常常是贬损性的,意味着要服从于空洞而又无意义的社会陈规"①。

---

① 汉语译本的相应译文为:"在英文中,'礼'常常是贬义的和带有轻蔑意味的,它意味着服从于空洞而无意义的社会习俗。"引自安乐哲、郝大维(著),彭国翔(译),《切中伦常:〈中庸〉的新诠与新译》,第 89 页。这个译文的问题有:一、原文之中只有 pejorative 一个词,不当以"贬义的和带有轻蔑意味的"来处理;二、前后两个"意味"重复,应适当调整;三、social conventions 若仅限于"社会习俗",则"习惯和风俗"并不一定具有思想上的强大约束力,因而,还是解为"习规"或"成规"、"陈规"比较有对应性;四、原文之中所用的 ritual 一词,可能与汉语的"礼"有对应之处,所以,过去一般将之作为对等词来使用,但是,安乐哲与郝大维分明是不赞成这样对中国的"礼仪"的处理,因为,那是以现成的词语取而代之,会形成对"礼"之所以成为"礼"的一种抽象,因而,他们以 doing what is appropriate,而不是 what is appropriate 来在英文之中再现儒家的"礼",而这也可说明,ritual 不宜译为"礼"。

三位译者不清楚"仪式"的死板、客套和成规的贬抑,而将之直接运用于一场营造生命的欢庆的活动,因而,也就可能破坏了"典礼"的庄严和肃穆,进而产生误导作用,好像种花的母女二人,只是在"履行仪式",而不是真心为之。如此的词语误用,在后文之中还有更进一步的表现:

例15. The ritual became rather silent, we no longer chattered away from one subject to another.

译文1. 下种成了相对无言的程式,不再有天南海北的闲聊。**陆谷孙译**(李明,2010:132)

译文2. 种球茎花的仪式变得很沉默,我们不再是一个话题接一个话题地聊个没完。周仁华译(李明,2010:136)

译文3. 栽种球茎的仪式变得沉寂了,我们不再是一个话题接着一个话题地聊个没完。李明译(李明,2010:136)

译文4. 庆典依旧,但二人相对无语;即使讲话,也不再一个话题接着一个话题没完没了。

这里原文讲的是,母亲和女儿尽管还是会在每一年的秋天种植球茎植物,但是,因为女儿不断长大,性格也在产生变化,因而,她不再像过去那样欢天喜地地说话,而总是保持沉默。这种情形,若是再加上"程式"(译文1),则很容易让读者误以为,二人本来就无心种花,既然不得已而为之,所以,也只是"履行程序"罢了,因而,满心不欢喜,也就沉默寡言。

例16. And every autumn I saw her changing; the toddler became a schoolgirl, a straightforward realist, full of drive.

译文1. 而每个秋季我都注意到女儿身上发生的变化。学步小儿长成了女学生,成为充满进取心而又坦率直面现实的人。**陆谷孙译**(李明,2010:132)

译文2. 每年秋天我都发现小女儿身上在发生着变化。学步童成了学龄童,变成了一个直率干脆的现实主义者,浑身干劲十足。周仁华译(李明,2010:135)

译文3. 而每个秋季,我都注意到了她的变化。蹒跚学步的幼儿渐渐长

成一个女学生,长成一个勇敢地直面现实的人,浑身充满活力。李明译(李明,2010:135)

女儿逐渐长大,学步童变成学龄童。做母亲的,对她的关爱,也就表现在对她的生命活力的直面上。因而,作为叙事者,其笔下的这位女儿,只有生命体征方面的特色描写,但并不含政治上的因素。因而,译文1添加这方面的因素——"充满进取心",难免偏离原文对生命的关爱的主题,而引发别方面的思想倾向。而译文2"浑身干劲十足",若是改为"浑身都是劲",是否更合乎汉语的习惯?

译文4. 每到秋天,我都会注意到,女儿在不断变化:学步童已经变成了学龄童,一个好较真的直面现实的人物,满是冲劲。

上引诸例出自一篇仅有8段的散文,而此文写的是一个做母亲的人的大爱及其对自然和人生意义的深刻体会:她要在深秋里种植球茎植物,而必清除掉花坛之中别的花朵。即使不需这样把花拔掉,此时也是百花肃杀的时刻。与此同时,与做母亲的一道种花的女儿一天天长大,先是上学,最后毕业之后离开母亲身边,在遥远的城市定居,只剩下做母亲的一人种植花朵。淡淡的哀愁,漂流在字里行间,仿佛也随着时间在游走,但就是挥之不去,成为一种与大自然的交流。

在对有关词语的处理上,只有依照中庸之道,才可再现原作意蕴。因为,物归于物,因而"危者使平,易者使倾"(《周易·系辞下》)[①]。《中庸》之中也强调:"故栽者培之,倾者覆之。"[②]让物回还为物、保持为物,才是人的大爱的表现。

天与人、人与物这样的互动和交流,正如诗人所写,只能是顺其意而行之,随其意而为之:"无可奈何花落去,似曾相识燕归来。"(晏殊《浣溪沙》)花开复有花落,春去仍见春归。但是,生命的在与不在,不是很难挽留得住的吗?

---

① 王弼(注),孔颖达(疏),《周易正义》(李学勤主编,《十三经注疏》之一),第319页。
② 郑玄(注),孔颖达(疏),《礼记正义》(下)(李学勤主编,《十三经注疏》之六),第1435页。

因此,一方面,我们可以认为,《满目秋色》此文以一个做母亲的身份写出了自然与人生的矛盾以及由此产生的种种情绪,可谓含而不露,但真情自在。另一方面,也有理由说,这样的感情实际上是"感天悯人"的表现,因而,若转换语境,则可认为,具有儒家所说的圣人的气魄,尽管作者可能全无这方面的意识。

朱熹指出,"圣人"要"继天地之志,述天地之事"[①];这就是在说:回到自为自然的状态,而随着天地的运作,安排自己的事务。如此,便必然要内外合一,而天人相系。因此,朱熹强调,"外极规模之大,内推至于事事物物处,莫不尽其工夫,此所以为圣人之学"[②]。人积极回应自然的运行规律,而时时处处与之相合。这种极为朴素的理想追求,就我们的跨文化翻译研究来说,从两个方面来看,仍是非常有益和重要的。

一、不如此,无时令的意识,就会张冠李戴甚或阴差阳错,而损及时间的秩序意义上事物的存在和成长。也就是说,假若不对"天人相合"具有基本的认识,那么,人不仅会因为远离自然而走向昏蒙,甚至是无以被承载于大自然的正常运作之中。没有时节感受的人,一定是会远离自然,因而也便与人的本性之自然失去密切的联系。二、因为事物也要经由语言开始存在,而且,特定表达标示着既定的时序,那么,对之失去有关的语感,则一样会背离大自然的依序而动的运作,而有可能将"误置"(displacement)作为常态,甚至会误将有关错谬视为美的,甚或结构上的美的东西。这是因为,语言不可能背离自然的顺序,尽管有可能改变之或对之加以调整和修订。而就汉语而论,显而易见,一般的表达还是那么尊崇自然的铺排,几乎完全是依照时间的顺序来设计语序的。对此上文已有所述。

崇尚自然,如朱熹以及众多儒家思想家所强调的,本来就是天人相合的表现。因而,那不单单是人单方面的表现,也是人所顺应大自然的规律性的体现。这样理解,似乎《满目秋色》一文也就有了"跨文化"的另一种意味:它

---

① 引自钱穆(著),《朱子学提纲》,第67页。
② 同上。

说明,任何关注自然和人生的篇章,必然都会同时关注人与自然的关系。舍此,既无所谓自然,也无所谓人生。也就是说,此文的题旨,正合儒家的基本思想倾向:天人的相合,关乎的就是人的生命。而圣人对之思考、打磨,为的就是使世人更能明白,自己的自然性以及由此而来的对天负起的责任。

在汉语语境之中,这样的责任是由"春秋"二字来体现的。易言之,由于夫子的广泛影响,本来只是表达季节的词语,早已成为一种符号,笼罩着人的思想。

夫子所作的或以之为名出现的《春秋》,"贬天子,退诸侯,讨大夫",为后世对历史的认识形成了辉煌的样板。因而,孟子指出:"孔子成《春秋》,而乱臣贼子惧。"(《孟子·滕文公下》)① 如今,"《春秋》三传"《左传》、《公羊传》、《谷梁传》也早已进入"十三经",成为其中不可分割的组成部分。

为什么"春秋"会有这样大的影响力呢? 我们认为,那不仅仅是因为,如上引孟子所说的,夫子的"微言大义"之笔法,还有另外一种原因,那就是人对生命的热爱和敬畏。用孟子的话来说,就是人的"恻隐之心"。人假若真的就能在时光的自然流转之中,生存下去,不违时,而且也不会违时,那当然是可得大自在,可逍遥于日用之常。但问题在于,人生并不总是那么"自然",也不能不有"违逆"之事。面对这样的事情,如何使人生回归其自身? 也一样需要依赖起自上天赐予的那种力量,此即,人心源初之善。因此,朱熹强调:

> 人只是这一个心,就里面分为四者。且以恻隐论之,本只是这恻隐,遇当辞逊则为辞逊,不安处便为羞恶,分别处便为是非。若无一个动底醒底在里面,便也不知羞恶,不知辞逊,不知是非。譬如天地,只是一个春气。发生之初为春气,发生得过便为夏,收敛便为秋,消缩尽便为冬。明年又从春起,浑然只是一个发生之气。②

---

① 赵岐(注),孙奭(疏),《孟子注疏》(李学勤主编,《十三经注疏》之十一),第303页。
② 引自钱穆(著),《朱子学提纲》,第70页。

人的源初之心，一定是善的，因而，也才是具有生意的。如此，它和天和地和万事万物也都一样，最终必然在自然的循环之中存在着。因此，天人只能是相合的，而不是彼此分离的。《礼记》之中也强调：

> 是故君子合诸天道，春禘秋尝。霜露既降，君子履之，必有凄怆之心，非其寒之谓也。春，雨露既濡，君子履之，必有怵惕之心，如将见之。(《礼记·祭义第二十四》)①

这里尽管主要说的是祭礼问题。但是，作者论述的一个重心，或者说，祭礼的基础，也就是人与天的感通的力量：春天将至，万物复苏，人也一样蠢蠢欲动，酝酿着新的生机。若是秋霜降临，则万物肃杀，清冷袭人，人也就会起"凄怆之心"。如此，天人相互感通，而人不违其时，才可能说明他的生活是自然的和有序的：自然的进程，也就是秩序的代名词。悲天悯人，不仅是个人的事情，更重要的是人随着天的运行而表现出的那种"悲欢离合"。

而《礼记》之中也记载夫子的话说：

> 天有四时，春秋冬夏，风雨雷霜，无非教也。地载神气，神气风霆，风霆流形，庶物露生，无非教也。(《礼记·孔子闲居》)②

孔颖达"正义"曰："言天春生夏长，秋杀冬藏，以风以雨，以霜以露，化养于物。圣人则之，事事效法以为教。"③这不仅是在强调，按照自然来生活应为当然之事，而且，那还是圣人"则之"以"化养"万物的模板。人与自然相感通，而得其精髓，进而顺从之、依附之，最终与之合一。在这一过程中，包含

---

① 引自郑玄(注)，孔颖达(疏)，《礼记正义》(下)(李学勤主编，《十三经注疏》之六)，第1310页。
② 引自郑玄(注)，孔颖达(疏)，《礼记正义》(下)(李学勤主编，《十三经注疏》之六)，第1397页。
③ 同上，第1398页。

着人对自然的万千情感，而在此基础上此一情感升华为最高人格的化育和养成。

因此，儒家(乃至整个中国哲学)倾向于将自然与人与一切统合起来，而使之产生共同的生命感受和情怀。因而，语言、人生与自然，息息相关，不可分离。但上引译例，是否让我们看到，时令的倒错，已经严重影响到了时光的流转的"色彩"，进而使事物在一个不适宜的季节无从现身？那么，事物既然难能入于自然的动态过程，当然也就不可能回归自身。如此，我们也就不能不服膺中国哲人的教诲：在天那里，也就是在大自然之中，才可见出人的生命力量的存在。

那么，如上所述，这样的力量的存在，在儒家那里，是由经孔夫子打造的"春秋"来体现的，甚至可以说，"春秋"作为"微言大义"的特有表达，其本身就是中华文化的历史观的导向：在这里，"历"指"历法"，也就是人与上天沟通之法；而"史"则意味着，人在述天之志之后，如何把握祖先或先人的教诲的那种书写。也就是与天的感叹以及对先人的"孝道"的体现：既有上天的超越性的收摄与涵养，同时又有自古至今的贯通精神内化于人进而使之在此世继续得到血脉承继和发扬。

但是，今天的跨文化外译问题，可能就在于，若是仍可将"春秋"视为文化符号的话，"春秋不能回归春秋"本身，或者说，时间的感受荡然无存，而时令再无自然的流程的顺畅和轻快，因而，语言表达也随之负载起的是累赘、板结和外在化。

首先，如上引译例所见证的，在既定的时间，我们见不到既定的时节特色呈现；在本来应是相互对应的时刻，我们或已丧失了与之呼应的表达能力；在本该体现生命之为生命的地方，我们看到的却是政治的侵入和无谓的声音。一方面，时光的流逝的自然似乎已被转化为一种认识或曰一个概念、一个名词，而不再是生命的过程，不再是有血有肉因而始终是处于动态之中的力量；另一方面，人在时光之中的游走，仿佛也不再能显示出生命(悲剧般)的庄严和悲欢，而只有某种"时过境迁"的意味：只要走过去，也就是存在过。

实际上,如此处理与自然的流程是完全背离的,其表现也一样见于"春秋"一名的传译上。比如,辜鸿铭的名著 The Spirit of the Chinese People 就是明例。我们现在可以看到,在权威版本之中,汉语至少有两个书名,但都可能不再是辜鸿铭心仪的标题。

例 17. The Spirit of the Chinese People　辜鸿铭书名

译文 1. 中国人的精神　辜鸿铭译①(辜鸿铭,1998)

译文 2. 中国人的精神(春秋大义)　黄兴涛译②(黄兴涛,1996)

据后一种著作介绍,《中国人的精神》,又名"春秋大义"或"原华",是辜鸿铭一生最有影响力的代表作,以英文写成。1915 年北京每日新闻社首版;1922 年上海商务印书馆再版。曾被译为德、法、日等多国文字。"春秋大义"系该书英文方面上原题的中文书名;"原华"则是 1922 年英文版内扉梁敦彦所题写的中文书名③。

若依一般理解,则"原华"之"原"有追根溯源的意思,因而,此一书名和"中国人的精神"一样,旨在突出对中国人的真正的精神的传播和弘扬。不过,这两个名称的确不具备"春秋"二字的深奥而又囊括广泛的意味。

首先,"原华"尚有动态之感,因为"原"字突出的就是"寻根"的那种"原始要终"之"原"。但是,"中国人的精神"已经不再对这方面的追求有充分的关注,而只能显现出对一种完全抽象的"精神"的诉求,而不及其他?因为,若是依汉语的表达,即使"精神"也一样是一种动态过程的体现,但是,一旦板结为名词,它就可能不复有"精气为神"或"精气伸延"的传统意味,而只是某种死板的"概念"?《周易·系辞上》说:"精气为物,游魂为变,是故知鬼神之情状。"④意思是说,精致的气凝聚而成物形,气魂游散而造成变化;考察物形的变化,就能知晓"鬼神"的真实状态。如此,人的精神在本质上应是

---

① 辜鸿铭(著),The Spirit of the Chinese People,北京:外语教学与研究出版社,1998 年版。此书为全英文,但封面上印出了汉语的译名"中国人的精神"。
② 见黄兴涛(编),《辜鸿铭文集》(下),海口:海南出版社,1996 年版。
③ 同上,第 2 页。
④ 王弼(注),孔颖达(疏),《周易正义》(李学勤主编,《十三经注疏》之一),第 266 - 267 页。

"物之精气"的"精神"的体现,因而可与天地相通,亦能见知于"鬼神之情状"①。天的一维赫然在目,而不可须臾脱离。而在现代人的视界之中,这样的"精神"还保持有这样的情怀吗?在《周易·系辞上》另一处,也有对"神"的描述:

> 是故阖户谓之坤,辟户谓之乾,一阖一辟谓之变,往来不穷谓之通,见乃谓之象,形乃谓之器,制而用之谓之法,利用出入,民咸用之谓之神。②

这也同样是在说,阴阳之道所表征的自然的规律,形成一种特定的作用,依照这样的作用来"立法",若是人们都加以运用,那一定可称为"神"。因而,如上文所说,天是不可或离的,原因就在于它正是道的体现。

那么,若是这样的情怀不见保持,"精神"有可能指的是什么?

就辜鸿铭的英文表达来看,这样的"精神"也完全是一个西方化的概念。因为,他在本书的"绪言"的一开篇就点出,他著此书,目的是要"尝试对中华文明的精神加以解释并对其价值观念加以揭示"③。他这里用的就是 spirit,而这意味着,他并没有努力在英文之中寻找或创造一种表达方式来突显"春秋",而是直接用现成的词语 spirit 加以概念化。如此,本来意在宣扬儒家的"春秋大义"的作者,在介绍的开始,便已经走向了西方的思路,而不忌这样做能不能突出甚或会不会背离儒家的"微言大义"。

这样,依照他的行文,不论是他所用的 spirit 还是 value,二者均可能是"客观"的,而不是"主观"的;是人为的和历史的,而不是天赐的或常动的。而这是否意味着,依辜鸿铭的介绍的思路,那么,他所心仪的儒家的精神倾向,在他的英文介绍之中,在概念出现之时,就因为人和自然、天和历史的二

---

① 王振复解释:"精气是生命的原始物质,精气充沛,生命存在。人死则魂飞魄散,变为游魂,由此,就能懂得鬼神的实际情况。"引自氏著,《周易精读》,第 283 页。
② 王弼(注),孔颖达(疏),《周易正义》(李学勤主编,《十三经注疏》之一),第 288 页。
③ 辜鸿铭(著),*The Spirit of the Chinese People*,第 5 页。

分,而被割裂为另一种思想,不再能见天人合一?

也就是说,在启用西方思路,进而坚持概念化思维的路子上,辜鸿铭一开始就可能因为无意识当中丢弃了天之为天、人之为人的基本精神,而背弃了儒家的教导。因为,那种教导,如上引朱熹的断言所指明的,是首先要人养育出和天一致的自然倾向,而不可违逆。所谓"君子终日乾乾"(《周易·乾卦》)①,其中就含有不可须臾脱离的力量。丢开一面,而执着于另一面,或者是,坚持一面,而放弃了另一面,都是与儒家思想相背离的。因而,也都是无法传扬其"精神"及其"价值观念"的。在思维方式上,辜鸿铭或已脱离了"原文",而字里行间涌动的,可能真的是另一种"精神"?

不过,我们也可以为之辩护说,那是不得已的事情。因为,既然运用英文写作,也就不能不启用读者可能最为熟悉的字眼,以更为便利地宣传有关思想。而且,也只有化陌生为熟知,才可能起到宣传的作用。否则,一味求新持异,如何可能使人在两种文化接触之初,相互沟通和交流呢?

对此,我们的回应是,假若一开始就以另一种形态来加以介绍,尤其是在关键词方面,那么,是不是就有可能起到另一种效果:既然是介绍来自异域的思想,那么,其中的差异之处,正是西方文化之中可能缺少或不足的,那么,依之进行创造,是不是就有可能引出新的甚或崭新的思想力量,而可与西方形成真正的对话和互动?假若一直坚持归化之法,而不思改变,诸如"春秋"等诸多特别的表达,什么时候能以其所具有的思想内涵进入目的语之中呢?

如果我们肯作一比较,就会发现,的确,"中国人的精神"是无法与"春秋大义"相提并论的。这是因为,首先,"春秋"作为季节流转的代名词,其中洋溢着动态的精神,而这是"中国人的精神"的那种"精神"不可能具备的。其次,之所以说"中国人的精神"不可能具备"春秋"的意味,还因为,既然后者可以指从春到秋的回转和循环,会导向延续、久远甚或永恒,因而,能身处"春秋"之中,不仅意味着生存,而且,其本身就是生存的持续和强化。而这

---

① 王弼(注),孔颖达(疏),《周易正义》(李学勤主编,《十三经注疏》之一),第4页。

样的强化,当然是不断的变易的结果。而"解释"之概念化,空有它的概念化的客观性,因而远离于人,而难见到人与之的一体。而这又会和春秋呈现出完全相反的倾向。最后,孔子以"春秋"为名,撰写里程碑式的著作,显然是接受了"一阴一阳之谓道"的动态及其与人的互动观,同时也深切地体会到了这样的互动观导向的那种自然性和永恒性。因而,"春秋"一词因之在文化历史层面又多出了一种意涵:夫子之道对天道的呼应,在一部辉煌的著作之中见出真意或曰天意。易言之,夫子的教导,通过此著之中的"微言大义"的确在根本上规定了一个庞大的社会群体今后的历史认识的走向。因而,"春秋"的第三层寓意便是,作为儒家的思想符号,其本身就是儒家思想的代名词。故而,辜鸿铭的汉语书名即为"春秋大义",而"原华"之类远远达不到基本的名字的要求。也就是说,"对中华文化的渊源的回溯",实际上只有让"春秋"回到"春秋"所能体现的力量,才会有真正的"原":"还原"、"复原",或者是"原始反终"(《周易·系辞上》)[①]。

4.6 中庸之道启动的"回家"之旅:以《简·爱》前三段为例

事物之还原是时间形态上的、动态的还原。来到语言的事物,不可能是西方人观念之中的那种客观化,一定是动静兼具而体现出一阴一阳之变化的。就此而论,中庸之道的方法论才能使事物的自我回归表现出自然性的倾向,因而可以推动这方面的跨文化翻译的理论建构。

本节试图以英文小说《简·爱》的汉语译文为例,来对有关观点加以论证。

在这里,我们要以"回家"为切入点,对有关问题进行观照。这里有一个预设的前提:人和万事万物一样,总要寻求最为美好的自己。而这样的自己

---

① 王弼(注),孔颖达(疏),《周易正义》(李学勤主编,《十三经注疏》之一),第266页。

并不在这里,甚至不在尘世之间。因而,不断的寻觅也就成了一生的追溯,如果人有意识如此确定自己的真正自我的话。如此,便也可将"不在场的证明"这一观念引入,以便审视有关观点的可解性和适用性。

我们总是生活在别处,而不是在这里,甚至永远都不是在这里。这不仅是因为,我们都是柏拉图主义意义上的那种追求"不变"或"永恒"或"真理"的人,而且,还因为,我们永远不会满足于现状,不安分于一切与这里有关的东西。精神的"远不餍足",促使我们走向焦虑、不安与不定,心不能安,人不在家。这就是所谓的 alibi,"不在场证明"。

因之,alibi 便可解为,不在场的证据。不消说,这样的证据非常之多,甚至不用列举。但有一点是清楚的:在否定甚或离弃现在、现实、现世的同时,我们甚至又一次是在以近乎基督徒的心态甚至狂妄,将自身也视为、界定为罪犯,从诞生到如今,都是需要改造、清理、纯化的某种存在者。

简·爱在她的英文书写之中,也并没有家(不在场的证明?),最后的那种家只是一种安慰,一个不敢奢望的奢望。在她进入中文的异域之旅的坎坷之中,我们仍然也看不到她所追求的那个家。这就是为什么,我们应该用钱锺书对"回家"的有关论述,来对之加以描绘。

有两位从 alibi 的角度论述翻译,一是 Derrida,另一位是袁筱一。有趣的是,二人均以序言的方式,在宣解 alibi 至于翻译的意义。我们首先要做的,是对之加以介绍。

首先是德里达的观点。他指出:

[……]我便将早已就是承受着不在场证明地生活着:大都会的法兰西对于我这样一个来自殖民地的年轻犹太人来说,是第一个不在场证明。接下来,阿尔及利亚转而成为我这样的法兰西知识分子的那种不在场证明,至今如此。我曾经试图在《他者的独语主义》一书之中就这一点对自己作出解释:在那里,语言本身完全彻底地,结构性地,成为不在场证明本身——无所归属,无可挪用。再接下来,自从 1956 年,尤其是 1966 年以后,美国和法国,甚或欧

洲,对于"我"(不仅是对我的生活,而且也是对我的写作和教学),已经成了多元的不在场证明:我无始无终地穿行于其中,总是要宣称,要想找到我,就要到别处去,也总是启灵于别样的评价,求助于(我不禁记起,向人求助即是挑衅)别样的视角、别样的等级制度。如此等等,不一而足?此书若以别样方式存在可能吗?不可能,如佩吉·卡姆夫所威严显示的。有人有时候会利用这样的情况(尤其是在法国,因为其中始终存在着反美的力量),宣称我是"在别处",最好也在别处接受招待,尤其是在美国。这就是那些真的愿意假装,所有这一切只是发生在美国,而不是法国或世界其他"别处"的人,所操纵的不在场证明。这样的法国指控,同时也是喜剧性的否定(而且,每一种不在场证明都具有一种否认或不承认,或者说一种否定性的指控的形式,不消说,一种全部的否认alledenegation)。与此一国内花招总是相互呼应的,以方向相反但绝对相称的方式,是来自国外的姿态:喜剧性和国内性毫不逊色。比如说,来自美国。它以各种各样的方式:"解构,算了吧!它在别处早已过时了,即使是在法国。据说,那里是它入侵的起源地!"[1]

出于此书之中所要解释的原因,alibi 这个词就这样将被选为书名。起自佩吉·卡姆夫。它始终像谜一般,类如它前面的"没有"。针对这一主题——"不在场证明"与"没有不在场证明"——我倒是愿意冒险再做几个"括号"。我说起"冒险"的时候,应该承认,在面对太多冒险的情况下,我要再一次准备在别处避难,在我所说的括号这样更为安全的地方。斜体和问号之后,[即是]括号。我的规矩是,所有这三个括号指的都是,将不会被说到的东西,甚至不会被明晰地在此书之中被标记出来,关乎不在场证明的可怕的逻辑。除非它们仍然需要在此书之中加以破解,作为它的不可

---

[1] 引自 Jacques Derrida(撰),"Provocation: Forewords",见氏著,Peggy Kamuf(英译),*Without Alibi*,第 xxviii - xxix 页,California: Stanford University Press,2002 年版。

见的别处。①

德里达是在说,他自己不知自己身在何处,因而,他的存在是不在场的存在,而且,似乎进入在场的恰恰就是他不在场的证明。比如,他出生于阿里及利亚,却是地地道道的犹太人;他是犹太人,却只懂得法语,并且以之为母语;他成长于阿拉伯人的世界,却要在法国生活;他的解构本是在法国创发,却在美国首先产生影响……足可见存在的荒诞和不公:似乎人总是无法把握自己,而且,不论是在哪里,自我总是远离自身。

德里达如此的自我呈现,并不是个案。恰恰相反,身处世界之中的,可能都会遇到这样那样的"不在场"。而且,后文或会提及的列维纳斯,也是如此。不过,另一位讨论"不在场证明"的,倒是另一种情况:

这本身就是翻译当中逢到的词:砖头一样厚的《多米尼克·奥利传》里,曾经声名显赫的女权主义者、历史学家埃迪特·托马斯在怀疑自己作为小说家的天赋时,埋首于对历史人物波利娜·罗兰的研究。她说,这项研究是她的"不在场证明"——alibi,这个法律上的名词所包含的意思就在于,躲在另一个人的背后,说自己想说的话,爱自己相爱的人,唾弃自己想唾弃的世界,以不在场的形式宣告在场,或者说,用另一种身份主宰灵魂,而先前的一个自己可以安然抽身,举证说:"瞧,当时在场的不是我。"②

那么,两种论述合并一起来看,人生的也就是艺术的,我们不禁会问:简·爱不也是这样吗?

一、简·爱何曾"在场"? 假若"真正的她""在场","她"又何苦寻觅她的

---

① 引自 Jacques Derrida(撰),"Provocation: Forewords",见氏著,Peggy Kamuf(英译),*Without Alibi*,第 xxvi 页,California:Stanford University Press,2002 年版。

② 引自袁筱一(撰),《不在场证明——代序》,袁筱一、邹东来(著),《文学翻译基本问题》,第 1-12 页,引文见第 1 页,上海:上海人民出版社,2011 年版。

"自己的家"或者说"她自己"？她的不在，家的缺失，始终是她的痛。因为，那意味着，她的"真身"并没有出现；也就是，她始终是不在场的。如此，小说之中的文字，也就是她的"不在场的证明"——她的 alibi。而小说之中的叙事，也就是对这一人间灾难的宣泄：即使能找到回家的路，那最终也只是一种委曲求全或迫不得已。理想最终还是不在那里。

二、悖谬的是，这样的 alibi 并没有真正证明她的清白无辜，恰恰相反，那只能说明，她的苦难总是与之形影相随；或者更准确地说，她本人的不在场，是由她的苦难的在场的证明来印证的。这就是人间社会：要到的，没有来过；不愿它出现的，频频现身。

三、简·爱与他人一样只能是生活在别处：不在人间，甚至也不在天堂，而是在半间不界的地方，在那个价值无由显现而空虚渗透灵魂的所在。或许，她与我们常人的区别在于：她的一切的 alibi 生成于文字，而我们的则是飘洒在转瞬即逝、叶落花开的季节的痕迹里；我们不知道如何捡拾那些痕迹，而她却知道向前走。

如此，依照德里达的方法，我们或许可以"不在场"方式，来解读她的故事？

一、斜体

那总是表示强调的斜体，隐隐然，似乎可以覆盖小说的全部叙事，所有的文字。这是因为，在任何一个地方，从任何一个角度审视，女主人公都在想方设法突出自己，强调自己，以求最终达到她所追求的目的。但是，所有这一切，不论最后的结果如何，又都是隐性的，在表现上隐而不彰，甚至是一片模糊。斜体，同她一样，也是她的 alibi。

二、引号

小说之中的对话，有时候也没有启用引号。但我们会感觉到，不仅简·爱所说的要用引号，她所引用的也应该用引号，而且，所有的文字也可改用引号：那是要表示，只有这样的标点，能够传递一个失却存在的根基却又不停地追逐的强人的信号——凡是不属于我的，都在以引言的形式支持我！而且，强烈的反对，就是另一种支持：我自己以此为反动力所形成的支持！

但是，这样的引号，因为总是引用他人的，代表他人的，因而，也只能是她的 alibi 的另一种说明。

三、括号

不过，括号仍旧会将人推回到现实之中。在这里，女主人公的一切，是被"圈"起来的，可以说，那似乎又是对之的强调或突出。但在一般情况下，如现象学哲学家们所说的那样，那还是"将无关紧要的东西悬搁起来"的一种方法：无足轻重的简·爱！近乎传记的描写的所有文字，同时也是对她的悬搁或悬隔，她不在那里。她能够因此进入某一个"这里"吗？

在《简·爱》这部小说里，正因为她不在场，所以，她才要踏出一条路来，去寻找自己的家。而这里的家，有双重的意义：一是指物理意义上的家，那是她赖以为生的归宿；二是指她的自我的回归意义上的家，也就是，她真实的真正的自己。

实际上，回家并不仅仅限于文学作品，而且，始终是哲学的一大主题。比如，钱锺书就先后写有二文，加以论述。① 他强调：

> 中国古代的思想家，尤其是道家和禅宗，每逢思辨得到结论，心灵的追求达到目的，就把"回家"作为比喻，例如"归根返本"，"自家田地"，"穷子认家门"等等。像"客慧"、"客尘"这些名词，也从"回家"这个比喻生发而出；作客就是有家不回或者无家可归，换句话说，思想还未彻底，还没有真知灼见。②

> 这个比喻在西洋神秘主义里也是基本概念。新柏拉图主义派大师波洛克勒斯（Proclus）把探讨真理的历程分为三个阶段：家居，外出，回家（epistrophe）（见英译本 *Elements of Theology* 第十

---

① 钱锺书写过两篇题旨相同、长短不一的论回家的文章，一中一英：《说"回家"》，原载《观察》周刊第四卷第二期，1948年3月6日，收入氏著，《钱锺书散文》，第541–549页；及氏著，《写在人生边上·人生边上的边上·石语》，第82–85页；另一篇 "The Return of the Native"，收入氏著，*A Collection of Qian Zhongshu's English Essays*，第350–367页。

② 引自钱锺书（著），《钱锺书散文》，第541页。

五章,参观 W. Wallace: *The Logic of Hegel* 第三八六页;又 W. R. Inge: *Philosophy of Plotinus* 第二册第一四五页)。黑格尔受新柏拉图主义的影响,所以他说思想历程是圆形的,首尾回环。近来文学史家又发现德国早期浪漫主义者也受新柏拉图主义的影响,我以为诺梵立斯(Novalis)下面一句话就是好例证:"哲学其实是思家病,一种要归居本宅的冲动。"(Die Philosophie ist eigentlich Heimweh, ein Trieb, ueberall zu Hause zu sein)(见 *Fragmente* 第二四节)英国文评家裴德(Pater)也有类似的话,他看过诺梵立斯,未必是无意的暗合。①

而在其英文文章"The Return of the Native"中,他也一样强调,道家和禅家神秘主义的著作之中不乏"回家"的思辨,同时突出了探索真理的历程与家居、外出和回家三阶段的联系。② 在中国的神秘主义之中,对最终现实或终极真理的直觉,总是被比喻为向着家的回归。③ 而且,古时的思想家们也总是喜欢将"故土"作为人性的源初或本质的状态的一个比喻来使用。④ 钱锺书强调,在唐朝诗歌中,这一比喻超越了哲学术语,而转为成为诗歌词藻。白居易特别喜欢以之入诗,故而有诸如"身心安处为吾土,岂限长安与洛阳"(《吾土》);"我生本无乡,心安是归处"(《出城留别》);"神态心宁是归处,故乡可独在长安"(《重题》)以及"无论天涯与海角,大抵心安即是家"(《种桃杏》)等歌咏的诗句。⑤

钱锺书指出,如此的"回家",有如"浪子回头","游子归故里",因而,旧者可新,但新者本旧:

---

① 引自钱锺书(著),《钱锺书散文》,第542页。
② 详见氏著,*A Collection of Qian Zhongshu's English Essays*,第351-352页。
③ 同上,第354页。
④ 同上,第354页。
⑤ 同上,第356及365页注。

> 新发现的熟悉的感受似乎是——
> 犹如遗忘的梦境的闪现——
> 是可感可知的某物,是某种东西就在这里①

他认为丁尼生的诗句把回家之喻描绘得更为恰切。

不论是依照西方哲学家的三段论论述,还是《淮南子》之中哲人的教诲,这样的回家之旅都是循环性的:

> 用普罗提诺的话来说,灵魂的自然运动,并不是一条直线。[……]恰恰相反,它要围绕着某种内在的东西,围着一个中心运转。这一中心就是中心从自而起的那种中心,亦即,"灵魂"。普罗克洛斯②也将思想运动模式为循环性的。而这也正是中国神秘主义者的观点:"始终若环,莫得其伦,此精神之所以能假于道也。"(《淮南子·精神训》)③

那么,在这里德里达和钱锺书之所论,以及《简·爱》小说之中所写,向我们揭示出的,也就是一种事物的两个方面:德里达和《简·爱》突出的是,自我寻觅的"负面",即"不在场的证明"的作用;而钱锺书则是在强调,"回家"作为一个人文主题,不仅是哲学的,而且是诗性的。而他有关"自我回家"作为一种对旧日事物的重新"认识",是有所本的:这是源自柏拉图笔下的苏格拉底。

> [……]然而,如果事先不知道其来历,人们就不能看懂一幅漫画;如果不是先已认识其模本,人们也根本不可能认识一副画像。因此,我们必须先已经认识了这种可知之物的永恒性,这些理念的

---

① 详见氏著,*A Collection of Qian Zhongshu's English Essays*,第 362 页。
② 钱锺书将 Proclus 译为"波洛克勒斯",见此书第 542 页。
③ 同上,第 363 及 367 页注。

存在。通过勾勒出它们的图像,可感之物帮我们唤起它们。通过唤起它们,可感之物使我们会想它们。它们的名字重又回到我们这里。我们的语言就是追忆(róminiscence)。但是,如果我们从来不曾遇到过它们,看到过它们,如果我们从来不曾有机会观察它们,面对它们,区分它们,那么我们如何能够回忆起它们? 因此,这种回忆是关于我们先前的存在的实证和不可怀疑的证据,先前我们生活在永恒之中。在那里,只有秩序、静止、完美、真理。这就是为什么,从此之后,我们生活在失望与乡愁之中,在这个流变的世界之中再也找不到我们曾经知道的实在的浓度和强度,回忆对我们来说就是遗失了永恒性的图章,并且也证实了我们丧失权利的境况,在形而上学意义上,我们是一些侨居者。①

在这里,"不在家"、"不在自己"以"侨居者"的身份加以重现,而且,依照论者,在苏格拉底那里,凡是可以"辨识"的,能够使我们"回到家"的,也就是前世前生的某些印迹的提示。因此,无怪乎,这样的人物,不仅在古代,在现代社会也一样比比皆是。列维纳斯就是一个代表:

> 列维纳斯在立陶宛的科夫诺并没有"在家里"(at home)的感觉。他发觉自己是"一个身处基督教时代的犹太人,一个犹太人世界中的立陶宛犹太人(litvak),一个置身于说意第绪语人群中的说俄语的人,受到启蒙同时又得遵守习俗律法,理性的又是富于同情心的,一个泛人类主义者和一个背井离乡的人"了。②

---

① 引自居古拉·格里马尔迪(著),邓刚(译):《巫师苏格拉底》,第 52—53 页,上海:华东师范大学出版社,2007 年版。
② 详见 Marie-Anne Lescourret(著),*Emmanuel Levinas*,第 50 页,Paris:Flammarion,1994 年版;转引自伊森克莱因·伯格(著),陈颖(译):《存在的一代:海德格尔哲学在法国 1927—1961》,第 27 页,北京:新星出版社,2010 年版。

既然人生存在如此,那么,若是放开眼光,人文的事物可能也是一样,需要"回家"。海德格尔对此作出过重要得多的论断:

> 一个人类其历史的历史性精神必须首先使异域之物走向处于其不在家者之中的那个人类,以便在与异域之物遭遇时去发现,适宜于向着壁炉的回归的东西,不论是什么。因为,历史不过是向着壁炉的那种回归。①

壁炉即家园,向着异域的旅程决定着这一家园是在何处,走向何方,因此,海氏所强调的那种旅程化(journeying)永远是有意义的。换言之,跨出自身(立场甚或文化)的那种翻译因为有了浓厚的存在论的积淀而显现出特别的作用。而这,却是前人未及突出的。

如此,不仅人回归自身是"回家",而且,人类历史的进程就是同样的"回家":沿着这样的曲线,我们是否就能找到世界的真谛?那么,运用中庸之道,进而遵循阴阳之道的原理,是否就能更为充分地显现回家之旅的自然而然?

若是"旅行化"就意味着"阴阳之道"之"动静兼具"和"循环往复",那么,我们便已经进入一个"全新"的传统领域。如此,海德格尔的分析,很有些儒家的意味,在对关键词的分析上尤其如此。

依海氏,《伊斯特河》可与索福克勒斯的《安提戈涅》相联系。在这一语境之中,后者之中的《人之颂》就成为重新认识人的诗歌。而这首诗最具决定性的词语出现在诗的开首:*deinon*。他将之译为 *das Unheimliche*(英文译为 the uncanny,意思是神秘的、怪异的、可怕的、出奇的),进而大加强调此一词语的"来回翻转"性格。他指出,*Deinon* 意思是 the fearful(可怕者)、

---

① 我们看到的英文译文为: The historical spirit of the history of a humankind must first let what is foreign come toward that humankind in its being unhomely so as to find, in an encounter with the foreign, whatever is fitting for the return to the hearth. For history is nothing other than such return to the hearth. 引自 Martin Heidegger(著),William McNeill 与 Julia Davis(英译),*Hölderlin's Hymn The Ister*,第 125 页。

the powerful(有力者)以及 the inhabitual(非常者);不过,这三个界定性的因素,其中的任何一个都不是单维度的。作为"可怕者",deinon 同时指能引发敬畏的东西,因而值得崇敬。作为"有力者",它可能是指支配着我们的东西,或者仅仅是暴力性的东西。而作为"非常者"、"异常者"或"技巧的异常性",它要超越平常之物,但也只能作为能够制约平常和经常之物的东西。作为 das Unheimliche,deinon 命名的是所有这些意义的统一。①

此一赞歌命名的是以各种各样形式出现的人类存在者,的确也就是最为奇特的、不可思议的存在者,亦即 das Unheimlichste。海氏将这一点和他前文的论点联系起来:被荷尔德林诗化的人类存在者是"不在家的"(unheimisch,unhomely),也就是,走在朝着变易在家(becoming homely)的路上。人类存在者的奇异性就是这样的"存在不在家"(being un-homely),但后者同时又是一种"变易在家"。他阐明,这一存在不在家并不意味着仅仅是家园失落(homelessness)、四处游荡(wandering around)、爱冒险(adventurousness),或者是缺少根基(lack of rootedness)。相反,这意味着,海洋和大地就是人类通过娴熟的技巧和运用而要加以转化的地域。而在家者(the homely)即为在经过"非常者"的暴力性的活动之中要寻求的东西。不过,即便如此,"在家者"也并没有在这样的活动之中获致,如赞歌之中所说的,人类"一事无成"(comes to nothing)。②

应该指出,在几个地方,海德格尔的论述与儒家思想如出一辙:第一,他以 das Unheimlichste 来解 deinon,进而将之三分。这正是"易有三义"的惯常释义方法。在儒家那里,这样的释义方法,实则是要突出事物本身的生命力。因为,它的核心目的就是,事物本身是"三"的构造,而可得益于"天地"的共同打造。第二,他强调事物的"反转"变化。这也一样包含在"易有三义"的释义倾向之中:"易有三义"说的就是,"易"既有"变易"的内涵,同时又

---

① 引自 Martin Heidegger(著),William McNeill 与 Julia Davis(英译),*Hölderlin's Hymn The Ister*,第 61-64 页。
② 同上,第 68-73 页。

具"不变"的倾向,二者合一造就"简易"的格局。① 如此"二合一"的局面,其中的两面一定是对立的,从动态上看也就是来回反转或曰相互转化。第三,"在家"与"不在家"之论,海氏主要强调的是,将"存在在家"视为"变易在家"。不仅他用的表达方式 becoming homely 是对动态过程的描述,而且,如此的过程以 becoming 出之,突出的正是"在路上"、"变易不住"的阴阳之道的意蕴。

这正意味着,阴阳之道是建构事物的大法,而中庸之道则是我们可以依之回归事物本身或曰可使事物归入自身的那种方法论。因而,可以认为,我们完全有理由以中庸之道为指导,来行之有效地对《简•爱》这样的小说的译解加以分析和欣赏。

不过,还应指出,海德格尔当然是在解释索福克勒斯的教诲,因而,他的论点最后的结论却是悲观的,不是积极的:"一事无成。"虽可说明人应继续追求,但毕竟含有对昔日人类之所获坚持一种极具否定性的态度。

而下引的论者承继海德格尔的论点,同样运用"回家"的"比喻",来说明如何使事物跨过文化和语言的重重壁垒,回归自身。论者指出,

[……]我将把海德格尔思想在法国的接受史描述为 heimisch(熟悉的 familiar,家里的 of one's home)的东西与 unheimlich(陌生的 strange,外来的 foreign)的东西的一次交会。*Unheimlich* 这个术语通常被译成"异乎寻常的","奇特的"(curious)或"陌生的"(strange)(所有这些翻译也都适用于这里),但它可以更字面地译为"不在家"(not at home)。对讨论海德格尔的思想在法国的接受史来说,这是一个需要牢记在心的特别贴切模式,因为是一批外国流亡者将海德格尔思想带入法国,由此给"1933 年的一代"所展现的本土化的海德格尔哲学提供了基础。所有我所指的不仅是引入的外在性(*unheimlisch* nature),即将一位德国哲学家的著作从其

---

① 参见钱锺书(著),《管锥编》(第一册),第 1 页。

"家"(home)中引入到法国这一"外国的"土壤之中,也指涉那些引入过程中的主将,比如伊曼努尔·列维纳斯、亚历山大·科瓦雷、乔治·古尔维奇和贝尔纳德·格罗特许森。所有这些都是外国知识分子,并且都使自己在一战后的法国的生活犹如"在家"(at home)一样。那些于1917年经由德国逃亡的俄国流亡者的到来给法国的思想生活带来了一批学者,这些学者在俄国文学的熏陶中长大,经受过马克思主义学说的洗礼,又在现代德国中哲学中受过教育。逃离德国大学的反犹太主义的德裔犹太知识分子则代表了后一批来到法国的学者。列维纳斯带来了新的阅读哲学的方式;亚历山大·科瓦雷和科耶夫则引入了对黑格尔的解释。①

的确,事物若是熟悉的,何必又要加以传译或转译?正是因为,它们不是目的语读者所熟知的,才需要在后者熟知的所在,为之建立一个新的家园。也就是说,事物的跨文化回归,本来就像人生存在一样,是在"侨居"的"异乡",才可见出其新意和新思的。而这样的意和思,当不是一开始就是熟知的,只有经过了跨文化的接受过程,才有可能被加以传扬和稳定,进而成为人们所熟悉的。而从陌生到熟悉的过程,也就是事物新的家园形成的过程。

另一方面,对西方现代小说进行思考,还不能忘记它们与人文思想的密切联系,尤其是认识方式上的联系。实际上,像《简·爱》这样的现实主义小说,自有其确立的规范,而这样的规范为我们深入了解西方找到了一条途径。

> 我们会承认,正如在文学中一样,现实主义小说文体所取得的成就建立了一种规范,在西方最终成为整个叙事的综合和象征;在同一时期,哲学也从一种模式当中产生了(康德的作品从好的方面来说,可以成为这种模式的范本),这种模式成了研究哲学的规范

---

① 引自伊森克莱因·伯格(著),陈颖(译),《存在的一代:海德格尔哲学在法国1927—1961》,第8-9页。

"方式",并成为评判是不是哲学,在多大程度上是哲学的一种标准,我们还没有从这个时代和这种模式中走出来,或者刚刚走出来(还在很大程度上受着影响)。①

那么,具体说来,这样的规范到底是什么呢?我们认为,那是对自然的节奏的回归。易言之,女主人公简·爱的自我回归或曰回家的过程,作为这部成长小说(Bildungsroman)的主题,亦即为自然节奏的另一种体现;或者也可认为,这二者,都是在向着最为基本的存在方式回归。因为,二者都是要最终确定:什么才是根本性的、本质的,或曰自然性的力量。在那里,才可能出现真正的"自然"以及由之而来的人的本性。套用白居易的诗句来说,在本性可以确定之处,也就是在"心安之处","家"才会真正再现并且在场。

因而,这部小说的"艺术架构"是一条线索,正如简·爱本身的"回家"之旅是一条线索一样。而二者都呈现出了"三步骤"这种结构性的节奏特点。上文已引钱锺书对"回家"的三步骤进行了描述。在这里,或需利用资料,来说明小说本身的"艺术架构"。

《简·爱》在结构上有以下特点:

一、《简·爱》的结构是一种《神曲》式的艺术构架。简·爱经历了地狱(盖茨赫德和罗沃德)的烤炙,炼狱(桑菲尔德和沼泽地)的净化,最后到达可大彻大悟的天国这一理想境界(与罗切斯特结合并诞生了象征新生的下一代)。

二、作者运用渲染气氛、噩梦、幻觉、预感来营造地狱的气氛,构筑寓言式的环境。在盖茨赫德,简·爱从生活中感觉到了"阴森森的祭奠气氛",看到时隐时现的"幽灵",而压抑恐怖,令人毛骨悚然的"红房子"则几乎成了地狱的化身。在罗沃德,"死亡成了这里的常

---

① 详见菲利普·茹塞(撰),《思想冒险的图谱》,收入皮埃尔·夏蒂埃、梯叶里·马尔歇兹(编),《中欧思想的碰撞——从弗朗索瓦·于连的研究说开去》,第2-28页,引文见第10页,北京:中国人民大学出版社,2011年版。

客","围墙之内笼罩着阴郁和恐怖",散发着"死亡的恶臭",对简·爱来说,无疑是刚跳出火坑,却又被投进了一个更为可怕的地狱。在桑菲尔德,疯女人像鬼魂一样频频出现,暴风骤雨不断袭击桑宅。

三、为了赋予一部普通的爱情小说以经典意义和神话的内涵,作者反复引用《圣经》、神话、史诗、古典名著、历史典故、莎士比亚的著作。

四、这部小说的一个很大特点是富有激情和诗意。小说的男主人罗切斯特和女主人公简·爱男女双方都用诗的话语来表达各自的激情。[①]

从这里所提出的第一点来看,地狱、炼狱到天堂的设计,正是女主人公自我回归或曰本性最终实现旅程的体现。而在整个过程中,饱经苦难的人物一步步走来,才发现家园不在别处,真正的家园就是她的另一个自我。一旦二者合一,则理想实现,她的旅途终止,而小说的叙事也就会宣告结束。

在这一过程中,最为令人震撼的,还是"阁楼上的疯女人"。因为,身为简·爱被淹没或遭到压榨的那种自我,她只能以完全"非理性"的态度对待这个世界,进而也就只能被囚禁在一个没有人知道去处的地方,任岁月流逝。而这意味着,就儒家的人格构成来看,"天"所赐予的本性,那种"偶对"长期得不到正常的待遇,因而,双方不能契合:身在世间的简·爱以卑微的家庭教师的身份过活,而一直在遭受压抑的人性也长期被抑制在社交的可能性之外,得不到抒发甚或基本的表现。如此,被贬抑的,就是疯狂的;遭排斥,亦即最可怖的。

人格的二分,没有"偶对","天性"滞留在另一个所在,而社会之中的那个人物,则被夺去了与之"偶对"或契合的机会。在沿循三步骤的自然节奏寻找自我的过程中,并没有形成"一一相合"的"三的格局"的女主人公,其人

[①] 引自好搜百科(http://baike.haosou.com/doc/6370120-6583763.html),2016年3月2日采集。

格总是被抑制在"三"不能"合一"的局面之中。因而,向着象征本性的自然之"三"的回归,也才会那么艰难,甚至鲜血淋漓。

叙事者在小说一开篇就以段落的设计,向我们揭示出了这一点,从开首三段的意蕴来看,这一点是昭然若揭的。

开首三段,正是对"三阶段"的"回家"的意蕴的揭示:形式上,那本身就是体现出这样的阶段性的对"家"的寻觅,而在内涵上突出的也是如此。

第一段景色描写,身在"外边"的人的令人"阴郁"的处境;

第二段转折,将焦点引向不是"家"的那种"家";

第三段最终突出此一"家"为何永远不能成为"家"。

因而,本来是寻找"家"的言语,最终在一片隐喻和沉闷的愁苦之中,化作了另外一种东西,将女主人公推向了无可如何的境地。设计意图和最后的结果的矛盾,导致的是特有的对"回家"的反讽:"三步骤"并不能保证事物的回归,因而,人对之的经验也并不能说明,自然的一定就是可以信赖的甚或依之为基本条件的。但是,无论如何,"回家"的旅程的确还是在进行着,因而,上文所说的"节奏"或"步骤"仍然是有效的。

如此,便可小结说,简·爱的"无家可归"最终突出的是,她没有自我。寻找家的坎坷,也就意味着寻觅自我的艰辛。

那么,如何来检测有关论点呢?如果我们认可,这部作品作为"传记体"的"成长小说",写的就是女主人公寻求自我的经历,那么,隐含于字里行间的那个忧郁的灵魂、刚毅的自尊,可能就是一种尺度,有助于我们确定:到底游走在"尘世边际"挣扎着追求自我的那个女子,是不是还在译文之中"漂浮"在苦难的追求之中?"家"始终是一条清晰的线索,可以引导作出相应的判断。

《简·爱》第一段译文的讨论:"周天寒彻。"

例18. A. There was no possibility of taking a walk that day. We had been wandering, indeed, in the leafless shrubbery an hour in the morning; but since dinner (Mrs. Reed, when there was no company, dined early), the cold winter wind had brought with it clouds so somber, and a rain so penetrating, that further outdoor exercise was now out of the question.

第一段的意境：

可以注意到,在这一段,表面上,叙事人是在说,没有可能散步,进一步的户外锻炼已无可能。但实际上,任何一部小说都不可能从字面来理解隐含于字里行间的东西。而且,首尾两句所用的词语,可以进一步证实这一点。

There was no possibility of taking a walk that day.

[...] further outdoor exercise was now out of the question.

作者对严酷到了非人性的环境的描写,使人深感压抑；但是,叙事者所用的 no possibility 和 out of the question 却告诉我们：一方面,实际上,女主人公等的确已经到了林子,而且 wander 于其中；另一方面,叙事者要说的是,即使是大自然无路可走,女主人公决计也要踏出一条路来,以实现她的人生价值和追求的目标。

因而,首尾两句语义的重复,在表达方式上则有变化,正可说明,作者有意深化其主题意蕴。

若是与"回家"主题相联系,作者通过叙事人要说的则可能是："地狱"十分可怕,可怕到根本逃不出的地步。而且,大自然有可能是在与之共谋,因而,寒冬苦雨,连气息也是沉闷的、阴郁的。若是从积极一面讲,连大自然也要为名为简·爱的小女孩子痛哭流泪,所以,天色阴沉(clouds so somber)、暴雨如注(rain so penetrating)。

第一段意境或可与雪莱(Percy Bysshe Shelley)的诗相互比较：

A Widow Bird Sate Mourning for Her Love

A widow bird sate mourning for her love,

Upon a wintry bough；

The frozen wind crept on above,

The freezing stream below.

There was no leaf upon the forest bare,

No flower upon the ground,

And little motion in the air,

Except the mill-wheel's sound.

译文 1. 译师梨冬日

孤鸟栖寒枝,悲鸣为其曹。

池水初结冰,冷风何萧萧。

荒林无宿叶,瘠土无卉苗。

万籁尽寥寂,惟闻喧挈皋。苏曼殊译(苏曼殊,1985:89)

译文 2. 偶成

有鸟仳离枯树颠,

哭丧其雄剧可怜;

上有冰天风入冻,

下有积雪之河川。

森林无叶徒杈枒,

地上更无一朵花,

空中群动皆息灭,

只闻呜唈有水车。郭沫若译(郭沫若,1981:63)

译文 3. 失伴鸟伤其偶

失伴鸟伤其偶,

愁栖寒冬枝头;

头上夹雪风吹,

脚下带冰溪流。

空林黄叶飘尽,

大地百花都休;

周天寂静一片,

唯有水车啁啾。黄杲炘译(黄杲炘,1986:149)

冰天雪地,一片苦寒,除了孤鸟的呜咽和水车的呜咽之声,似乎毫无生命的迹象。而且,孤鸟是"丧其偶",也可与简·爱作对比,只不过,前者是失去配偶,而后者则意在寻其真我罢了。

如此对比的另一个效果是,我们会较为深沉地感到,这样的作品,其气氛是抑郁的,调子是悲戚的,心情是沉重的。因而,不当以轻松的词语,来迻译其中的文意。实际上,简·爱本身的人生追求,与原作高超的艺术手法,也都会拒绝那种不严肃的笔墨的渗入。更何况,真正的艺术作品,若是就其悲剧的一面观之,必然是以深沉甚或庄严的格调来营造的。因而,从过往的艺术作品之中寻求表达范例,也就是必需的。也就是说,只有以适用的艺术表达,来传译原文的意蕴,才可能达到基本要求。若是要做到这一点,则仍然要求在深刻体会原作的基础上,去尽可能参照以往的艺术作品,如此庶几才可能满足需要。

但是,在我们所收集到的众多译文之中,基本上没有关注原作所特有的"悲剧庄严"的倾向,而总是有意无意以另一种风格的词语出之。如此,也就可能远离了原作的意境。

译文1. 那一天是没有散步的可能了。不错,早晨我们已经在无叶的丛林中漫游过一点钟了;但是午饭后——在没有客人的时候,立德太太是早早吃午饭的——寒冷的风刮来的云这样阴阴沉沉,吹来的雨这样寒透内心,再做户外运动是不可能的了。李霁野译(李明,2010:55)

译文2. 那一天不可能去散步了。不错,我们已经在片叶无存的灌木丛中逛了一个钟头;但是,自从午饭的时候起(如果没有客人,里德太太是很早吃午饭的),冬日的凛冽寒风就送来了那样阴沉的云和那样刺骨的风,这就不可能再在户外活动了。祝庆英译(李明,2010:56)

译文3. 那一天是没法再出去散步了。不错,那天上午我们还在光秃秃的灌木林间漫步了一个钟头,但是从吃午饭的时候起(只要没有客人,里德太太总是很早吃午饭的),就刮起冬日凛冽的寒风,一时天空阴霾密布,风雨交加,寒风透骨,这样一来,自然谈不上再到外面去活动了。凌雯译(李明,2010:56)

译文 4. 那一天是没有散步的可能了。的确早晨我们已经在无叶的丛林中漫游过一点钟了,但是午饭后(在没有客人的时候,里德太太是很早吃饭的)寒冷的冬风刮来阴沉的云和侵人的雨,再做户外运动是不可能的了。**陈介源译**(李明,2010:57)

译文 5. 那天是不可能散步了。早上我们倒是在仅剩枯枝的灌木丛里漫游了一个小时,但打从午餐时间开始(没有客人,里德夫人早早就用餐),冷峭的冬风夹带阴郁乌云和滂沱的大雨而来,于是额外的户外运动就免谈了。**李文琦译**(李明,2010:58)

译文 6. 那天外出散步是不可能的了。那天上午我们在光秃秃的灌木丛中漫步已经整整一个小时了。但是从午饭(如果没有陪伴,里德太太就早早地吃完午饭)后开始,冬日里那凛冽的寒风就刮起来了,带来的云阴阴沉沉,带来的雨刺骨寒心,此时要做户外运动也是不可能的事情了。**李明译**(李明,2010:58)

译文 7. 那天,再出去散步是不可能了。没错,早上我们还在光秃秃的灌木林中漫步了一个小时,可是打从吃午饭起(只要没有客人,里德太太总是很早吃午饭),就刮起了冬日凛冽的寒风,随之而来的是阴沉的乌云和透骨的冷雨,这一来,自然也就没法再到户外去活动了。**宋兆霖译**[①](百度贴吧)

译文 8. 那天,出去散步是不可能了。实际上,上午我们已经在光秃秃的灌木丛中闲逛了一个小时。但是午饭以后(在家里没有客人时,里德太太总是开饭很早),冬日凛冽的寒风刮来密布的阴云,接着就是大雨倾盆,在这样糟糕的天气下不可能再有什么户外活动了。**马亚静译**(百度贴吧)

译文 9. 那天不可能再去散步了。事实上,早晨我们曾在叶子落尽的灌木林中漫游过一个小时;但从午饭后(在没有客人的时候,里德太太的午饭总是很早)冬季的寒风就吹来那样阴沉沉的乌云,洒下那样砭人肌骨的冻雨,再要到户外去活动是办不到了。**伍厚恺译**(百度贴吧)

---

① 引自百度贴吧(http://tieba.baidu.com/p/2249419179),2017 年 5 月 4 日采集。

译文 10. 去散步是不可能了。其实,早上我们还在光秃秃的灌木林中溜达了一个小时,但从午饭时起(无客造访时,里德太太很早就用午饭)便刮起了冬日凛冽的寒风,随后阴云密布,大雨滂沱,室外的活动也就只能作罢了。**贾文渊译**(百度贴吧)

译文 11. 那一天是没法再出去散步了。不错,那天上午我们还在光秃秃的灌木林间漫步了一个钟头,但是从吃午饭的时候起(只要没有客人,里德太太总是很早吃午饭),就刮起了冬日凛冽的寒风,一时天空阴霾密布,风雨交加,寒气透骨,这样一来,自然谈不上再到外面去活动了。**史津海、刘微亮译**(百度贴吧)

译文 12. 那一天是不可能出去散步了。其实早晨我们已经在光秃秃的灌木丛中闲逛了一个小时;而吃过午饭之后(里德太太只要没有客人总是早早地吃午饭)冬天的冷风便带来了这样暗淡的层层乌云和如此迅猛的一场大雨,现在再去户外活动是根本不可能了。**戴侃译**(百度贴吧)

译文 13. 那天,再出去散步是不可能了。没错,早上我们还在光秃秃的灌木林中漫步了一个小时,但从吃午饭起(只要没有客人,里德太太总是很早吃午饭),就刮起了冬日凛冽的寒风,随之而来的是阴沉的乌云和透骨的冷雨,这一来,室外的活动也就只能作罢了。**张成武译**(百度贴吧)

译文 14. 那天,出去散步是不可能了。其实上午我们还在光秃秃的矮树丛中转了个把钟头,但午饭后(里德太太没客时午饭吃得早),冬日的寒风卷来厚厚的乌云,冷雨铺天盖地,再去户外活动压根儿办不到。**黄健人译**(百度贴吧)

译文 15. 那天,出去散步是不可能了。其实,早上我们还在光秃秃的灌木林中溜达了一个小时,但从午饭时起(无客造访时,里德太太很早就用午饭)便刮起了冬日凛冽的寒风,随后阴云密布,大雨滂沱,室外的活动也就只能作罢了。**黄源深译**(百度贴吧)

译文 16. 那天是没法出去散步了。尽管早上我们还在光秃秃的灌木林间闲逛了一个小时,可是从吃午饭起(没客人来,里德太太午饭总吃得很早),就刮起冬天凛冽的寒风还夹着绵绵苦雨,这就谈不上再到外面去活动

了。吴均燮译①(博库网)

在上引译文之中,首先,我们注意到的是音调上的不合。原作在 wander 一词出现的地方,译文以"漫游"(译文 1,4,5,8)、"逛"、"闲逛"(译文 12)、"漫步"(译文 3,6,7,11,13)、"转"(译文 14)、"溜达"(译文 9,15)、"闲逛"(译文 7,16)出之。在这些用词之中,"漫游"的意思是,漫无目的地走路,很有些闲适的意味;"逛"和"闲逛"更是"闲人"作为,而且,口语化突出;"转"除了口语化突出,也一样只有漫无目的的意味;而"漫步"除了无所事事的意味之外,似乎很是轻松随意;"溜达"和"闲逛"、"逛"以及"转"等用语一样,表达的是悠闲的意思,完全是口语化的,见不出文雅之意。

其次,隐性的表达,被转换成了显性的描写。诚如王国维所强调的,"昔人论诗词,有景语、情语之别,不知一切景语皆情语也"②。但是,在这里,作者突出的是外在的、自然的环境的险恶和非人性,因而,才会有 no possibility 和 out of the question 等用语。而 penetrating 在这一段的出现,实足考验人的鉴赏能力,不妨以此为例,来看看诸位译者是如何处理的:"寒透内心"(译文 1)、"刺骨(的风)"(译文 2)、"寒风透骨"(译文 3)、"侵人的"(译文 4)、"滂沱的"(译文 5)、"刺骨寒心"(译文 6)、"透骨的"(译文 7,13)、"倾盆"(译文 8)、"砭人肌骨的"(译文 9)、"滂沱"(译文 10,15)、"(寒气)透骨"(译文 11)、"迅猛的"(译文 12)、"铺天盖地"(译文 14)、"绵绵苦雨"(译文 15)。因为此词本是雨水的修饰语,因而,译文 2 和 11,并没有完全照应原文,或可略而不论。译文 8 用"倾盆",译文 5 用"滂沱的",译文 10 和 15 用"滂沱",或是"客观"的表达,但明显是在现代汉语之中选取了一个现成的词语。译文 14 启用的也是一个现成的表达,但"铺天盖地"突出的是能遮住天、盖住地的意思。也就是说,上述这些词语很难企及客观背后的那种悲凉或曰悲愤之情。相反,其他译文选用的都是感情色彩极浓的表达。正是因

---

① 博库网(http://detail.bookuu.com/2248846.html),2017 年 5 月 6 日采集。
② 引自王国维(著),佛雏(校辑),《新订〈人间词话〉广〈人间词话〉》,第 88 页,上海:华东师范大学出版社,1990 年版;及彭玉平(撰),《人间词话疏证》,第 230 页,北京:中华书局,2011 年版。

为这样的词语带有感情色彩,因而,也就背离了"景语"之为"景语"的保持的要求。易言之,叙事者似乎既是在不动声色地描述自然的严寒情景,也是在宣泄自己对严酷的环境以及人的自然性(本性)的不满。所以,penetrating一词,又含有天地也在为一个遭受人生折磨的小女孩鸣不平的意味;因而,才会大雨如注,好似在为之痛哭。那么,一方面是负面的、否定性的,指向叙事者对此间的一切愤懑;另一方面,则又可能是正面的、肯定性的,突出的是大自然对女主人公的怜悯之情和悲惜之意。如此,偏重于哪一个方面,都是有问题的。

再换言之,只能保持原文 penetrating 的"自然性"的样态,才可能将上述两方面的意向都纳入其中。而这,不就是中庸之道的"赞天地之化育,而与天地参"吗?因此,我们认为,只有坚持"偶对"的双取,而不是非此即彼的极端处理,坚持这一正确的路线,才可能选取到合宜的词语。

落实在语言表达上,在处理此词的时候,倾向上是应保持客观的描写,但其中毕竟仍需包含着某种暗示,使读者能感受到,在这样的阴霾寒冷的时节,一场大雨更是给人带来更多的不堪。如此,两方面兼顾,才会使译文产生真正的对应性。

再次,译文的第三方面的问题是,没有注意到叙事者/女主人公的刚毅和勇猛之心。这段话的设计,突出的题旨主要是,人间有如地狱,因而,无可逃脱,或走出这样的"家",也不可能回到大自然以及人的自然。因为,大自然已变了脸色,乌云密布,而且,大雨如注。同时,人也早已因为在这地狱一般的人间磨炼,再找不到回归"本源"、"本性"、"本根"的路径,因而,选择只有两个:一是遗恨死去,二是迈步向前。从 walk 以及 outdoor exercise 这样的用语可以看出,简·爱的选择是后者。因而,一开篇在低沉的调子之中,唯一的"亮色"似乎就是"反其道而动之"的 no possibility 和 out of the question,因为其中含有更多的是一种坚毅和勇猛。

而诸如"没有散步的可能"和"不可能的了"(译文 1)、"不可能去散步"和"不可能再在户外活动了"(译文 2)、"没法再出去散步"和"谈不上再到外面去活动了"(译文 3)、"没有散步的可能了"和"再做户外运动是不可能的了"(译文4)、"是不可能散步了"和"于是额外的户外运动就免谈了"(译文5)、"外出散步是不可能的了"和"要做户外活动也是不可能的事情了"(译文6)、"再出去散步是不可能了"和"自然也就没法再到户外去活动了"(译文7)、"再出去散步是不可能了"和"自然也就没法再到户外去活动了"(译文8)、"不可能再去散步了"和"再要到户外去活动是办不到了"(译文9)、"出去散步是不可能了"和"室外的活动也就只能作罢了"(译文10)、"那一天是没法再出去散步了"和"自然谈不上再到外面去活动了"(译文11)、"是不可能出去散步了"和"现在再去户外活动是根本不可能了"(译文12)、"再出去散步是不可能了"和"室外的活动也就只能作罢了"(译文13)、"出去散步是不可能了"和"再去户外活动压根儿办不到"(译文14)、"出去散步是不可能了"和"室外的活动也就只能作罢了"(译文15)以及"是没法出去散步了"和"这就谈不上再到外面去活动了"(译文16),在口语化的表达的偏重之中,轻描淡写,完全不能满足原文的意蕴所要传达的要求。

一方面,我们需要继续在前人的作品之中,寻找可能为我们提供借鉴的资源;另一方面,还需要突出口语化的重围,在更为广阔的范围为原作创造出新的适宜性更强的词语。

首先,为第一段的格调定位。上文业已指出,对之的理解,可以雪莱的诗《孤鸟》为例,来确定它的意境。而若用一个词语来表示,这一意境或可以毛泽东的词《念奴娇·昆仑》"飞起玉龙三百万,搅得周天寒彻"中的"周天寒彻"来形容,因为那的确是一个"周天寒彻、万物萧条"的场景。

其次,我们还需时刻牢记,铸造新词,为所要译介"新的"作品创设出真正具有对应性的词汇。这样的"炼字"本来就是优秀的作家们的伟大传统,如杜甫"为人性僻耽佳句,语不惊人死不休"(《江上值水如海势聊短述》),卢延让"吟安一个字,捻断数茎须"(《苦吟》),贾岛"两句三年得,一吟双泪流"(《题诗后》)都是显例。而贾岛的"推敲"故事,齐己初写"前村深雪里,昨夜数枝开"(《早梅》),后为郑谷改为"昨夜一枝开"的"一字师"的典故,都是教导人们对创作要慎重从事并且常怀敬畏之心的范例。

这样,我们便需要重回原文的现场。

No possibility：推断，散步不可能。

Out of the question：经过说明和解释，判定或断定不可行，比之第一句又进一层，而且，有强化作用。

the cold winter wind had brought with it clouds so somber, and a rain so penetrating[...]

寒冷的冬风与乌云骤雨而俱来，如此昏沉，而又如此透彻。

但是，这里用"透彻"，是否太过模糊？

凄凉的冬风裹挟着乌云与骤雨而俱来，天地为之而昏暗，万物因其而冷到彻骨。

"彻骨"固然是自戴望舒名诗《我用残损的手掌》之"这长白山的雪峰冷到彻骨"中提取的用词，但是，正如上文所说，"彻骨"一下子便将客观变成了主观，因而，会背离原作第一段的基本倾向。那么，下一译文又该如何？

萧萧的冬风与乌云而俱来，在一片昏暗之中，骤雨浇透了天地。这样，再想外出运动，断无可行之处。

We had been wandering, indeed, in the leafless shrubbery an hour in the morning.

的确，上午的时候，我们已经在树叶落尽的灌木丛之中游荡了一个小时。

在这里，修饰灌木丛的词语，或可改为"宿叶落尽"、"枯株丛丛"？而"游荡"一词，则有些讲究。因为那是借用《共产党宣言》之中的名句："一个幽灵，共产主义的幽灵在欧洲游荡。"[1]如此，则原文的另一层意思可得传达：叙事者/女主人公是在说，他们活着有如人间鬼魂，而她尚且明白这一点，但周围的诸色人等，毫无意识！如此，那不才真称得上是人间活鬼吗？

经过反复思考和推敲，或可将第一段试译如下：

译文15. 那天出去散步绝无可能。的确，上午的时候，我们还在枯叶凋

---

[1] 此语的德语原文是：Ein Gespenst geht um in Europa-das Gespenst des Kommunismus；英语译文则为：A spectre is haunting Europe—the spectre of communism.

尽的灌木丛中游荡过一个小时。但是,正餐(若是没有客人在身边,立德夫人一般就会早早用正餐)过后,萧萧的冬风与乌云和骤雨而俱来,天地为之而昏暗,万物因其而寒彻。这样,再想外出运动,断不可行。

那么,第一段的检测如何进行?我们可以这样思考:尽管"景语即为情语",但因第一段文字显现的主要是"自然"(或者说,人与"自然"的关系),因而,需要尽可能地使景物的描写"客观化"或"外在化",即,使本来内在的东西显示出"间接性",不那么直接地"宣泄"寒冷萧瑟对人的冲击,而是要以迂回的手段加以容纳。

景语因此还是情语,但人的种种思绪已在其中。至少是,人之为人的那种刚毅,已经在残酷的自然的外在性面前得到展现,这样也就能为下文对女主人公性格的进一步描写奠定基础。

例18. B. I am glad of it: I never liked long walks, especially on chilly afternoons; dreadful to me was the coming home in the raw twilight, with nipped fingers and toes, and a heart saddened by the chidings of Bessie, the nurse, and humbled by the consciousness of my physical inferiority to Eliza, John, and Georgiana Reed.

译文1. 我觉得高兴:我从来不喜欢路远时长的散步,尤其在寒冷的下午;手指和足趾都冻坏,怀着被保姆贝西骂得忧伤的心,觉得身体不及伊莱扎、约翰和乔治亚娜·里德而感到自卑,在寒冷的黄昏回家,在我看来是可怕的。李霁野译(李明,2010:55)

译文2. 我倒是很高兴,我素来不爱远距离的散步,特别是在寒冷的下午。对我来说,在阴冷的黄昏回家实在可怕,手指和脚趾都冻僵了,还得听保姆白茜的责骂,弄得心里很不痛快,而且自己觉得体质不如伊莉莎、约翰和乔奇安娜·里德,又感到低人一等。祝庆英译(李明,2010:56-57)

译文3. 这倒正合我的心意,我一向不喜欢漫长的散步,尤其是在午后寒冷的天气里。在我看来,在阴冷的黄昏时分回家实在可怕,手脚都冻僵了不说,还得挨保姆贝茜的训斥,弄得心里挺不痛快。再说我自觉身体不及伊丽莎、约翰和乔治亚娜·里德健壮,因此不免感到自卑。凌雯译(李明,

2010:56-57)

译文 4. 这是我所高兴的:我从来不喜欢远长的散步,尤其在寒冷的下午,在湿冷的黄昏回家,手指和足趾都冻坏,怀着被保姆柏茜骂得忧伤的心,觉得身体不及伊丽莎,约翰和乔治安娜·里德而受着委屈,在我看来是可怕的。陈介源译(李明,2010:58)

译文 5. 我很高兴;因为我从来都不喜欢长途散步,尤其是在寒风刺骨的午后。湿冷的黄昏,到家时已经手脚冻僵,心情在保姆贝丝的斥责之下变得怏怏不乐,另外还由于自觉体例不及伊丽莎、约翰和乔治安娜·里德,而感到挫折沮丧。李文琦译(李明,2010:58)

译文 6. 我倒是挺高兴的。我向来不喜欢长时间的散步,尤其在寒冷的下午。对我来说,在阴冷的黄昏时分回家实在可怕:手指头和脚趾头全都冻得发麻,还要受保姆贝西责骂一番,令我伤心不已;再说,知道自己的身体不如伊丽莎、约翰,还有乔治亚娜·里德,自觉低人一等。李明译(李明,2010:59)

译文 7. 这倒让我高兴,我一向不喜欢远出散步,尤其是在寒冷的下午。我觉得,在阴冷的黄昏时分回家实在可怕,手指脚趾冻僵了不说,还要挨保姆贝茜的责骂,弄得心里挺不痛快的。再说,自己觉得身体又比里德家的伊丽莎、约翰和乔治安娜都纤弱,也感到低人一等。宋兆霖译(百度贴吧)

译文 8. 我却很高兴,因为我向来不喜欢长距离的散步,尤其是在阴冷的午后。在冰冷的黄昏回到家中,手脚都冻僵了,还会因为保姆贝茜的训斥而心情忧郁,因为自己身体没有伊丽莎、约翰和乔治亚娜好而羞愧。那种感觉真可怕。马亚静译(百度贴吧)

译文 9. 这样我倒挺高兴:我从来不喜欢做长时间的散步,尤其是在冷飕飕的下午;在阴湿的黄昏,走回家去,冻僵了手指和脚趾,被保姆贝茜骂得伤透了心,又因为觉得身体比里德家的伊莱莎、约翰和乔治亚娜差劲而感到自卑,这真是让我害怕的事。伍厚恺译(百度贴吧)

译文 10. 我倒是求之不得。我向来不喜欢远距离散步,尤其在冷飕飕的下午。试想,阴冷的薄暮时分回得家来,手脚都冻僵了,还要受到保姆贝

茜的数落,又自觉体格不如伊丽莎、约翰和乔治亚娜,心里既难过又惭愧,那情形委实可怕。贾文渊译(百度贴吧)

译文11. 这倒正合我的心意,我一向不喜欢漫长的散步,尤其是在午后寒冷的天气里。在我看来,在阴冷的黄昏时分回家实在可怕,手脚都冻僵了不说,还得挨保姆贝茜的训斥,弄得心里挺不痛快。再说我自觉身体不及伊丽莎、约翰和乔治亚娜·里德健壮,因此不免感到自卑。史津海、刘微亮译(百度贴吧)

译文12. 我倒是挺高兴。我从来就不喜欢作长时间的散步,尤其在寒冷的下午。我怕在湿冷的黄昏回家,手脚冻坏了,挨保姆贝茜的责骂心里不好受;我还意识到自己的体质不如里德家的伊莱扎、约翰和乔治亚娜,常常感到自卑。戴侃译(百度贴吧)

译文13. 我倒是求之不得,我向来不喜欢远出散步,尤其是在寒冷的下午。我觉得,在阴冷的黄昏时分回家实在可怕,手指脚趾冻僵了不说,还要挨保姆贝茜的责骂,弄得心里挺不痛快的。再说,自己觉得身体又比里德家的伊丽莎、约翰和乔治安娜还纤弱,也感到低人一等。张成武译(百度贴吧)

译文14. 这倒更好。从不喜欢长长的散步,尤其在冷冰冰的下午。阴湿的暮色中归来,手指脚趾冻得生疼,保姆贝茜的数落令人灰心,而自觉身体不如伊丽莎、约翰和乔治亚娜又令人丧气,那情那景,委实可怕。黄健人译(百度贴吧)

译文15. 我倒是求之不得。我向来不喜欢远距离散步,尤其在冷飕飕的下午。试想,阴冷的薄暮时分回得家来,手脚都冻僵了,还要受到保姆贝茜的数落,又自觉体格不如伊丽莎、约翰和乔治亚娜,心里既难过又惭愧,那情形委实可怕。黄源深译(百度贴吧)

译文16. 这倒正合我心意,本来我一向就不喜欢远出散步,尤其是在午后的冷天气里,因为我最怕直到阴冷的傍晚才回到家里,手脚冻僵,还被保姆蓓茜数落得挺不痛快,又因为自觉身体不如里德家的伊丽莎、约翰和乔治娜强壮而感到丢脸。吴均燮译(博库网)

不知为什么,译文10和15是完全一样的。除了这一问题之外,我们还注意到,各个译文炼字不够①,因而,表达方面的问题应和前论第一段一样,故而,这里直接提出我们的思考方案,而不再详细分析。

1. I am glad of it.

如此,岂不痛快

如此,不亦快哉

若是能认同我们上文提出的观点:叙事者/女主人公是一位性格刚强的人物,那么,这里的表述当然也应视为反讽。因此,似乎就不该拖泥带水,而是要痛快淋漓。因此,我们可以联想到金圣叹的奇文《三十三不亦快哉》,尽管此文写的几乎全是"峰回路转"之后人所获得的大痛快。那么,相比之下,诸如"我觉得高兴"、"我倒是很高兴"、"这倒正合我的心意"、"我倒是求之不得"以及"这倒更好"等表达,似乎就显得力道不足了?

2. I never liked long walks, especially on chilly afternoons.

我从来不喜欢路远时长的散步,尤其在寒冷的下午。

此句之中有 chilly 一词,前引译文用"寒冷的"、"阴冷的"、"冷飕飕的"以及"冷冰冰的",不能突出原文意指。我们认为,可以"凄厉的"出之,庶几可传其意蕴。故而,译文可作:

散步走得太远,我一向都不喜欢,尤其是在凄厉的午后。

"凄厉"意为"(声音)凄凉而尖锐"②,又作"凄戾",意为"悲凉惨淡"。如陶潜《咏贫士》之二:"凄厉岁云暮,拥褐曝前轩。"③它既含有声音方面的肆

---

① 不仅正文如此,有一个译文的绪言也是这样。所以,论者特地提出:"吴均燮先生为他自己翻译的《简·爱》写的'译者前言'的第一句话是:'《简·爱》问世以来已一百多年,始终是英国小说中拥有广大读者的一部作品。'黄智按:这句话读起来很别扭,(一)'来'本身就表示从过去某个时间直到现在的意思;(二)'一部'这个词的位置放得不好。这句话最好这样写:'《简·爱》问世一百多年以来,始终是一部拥有广大读者的英国小说。'在'小说'之前之所以有'英国',是因为后文有强调外国的文学爱好者多是在阅读了《简·爱》后才开始进入英国文学的殿堂的话。"引自黄智,《致吴均燮先生书》(http://cz.huangzhi.blog.163.com/blog/static/76516334201182534650468/),2017 年 5 月 6 日采集。

② 见中国社会科学院语言研究所词典编辑室(编),《现代汉语词典》(2002 年增补本),第 1505 页。

③ 详见广东、广西、湖南、河南辞源修订组,商务印书馆编辑部(编),《辞源》(修订本)(第三册),第 1823 页。

虐寒意,又带着人或观看者的悲切心绪;而且,此译在读音上与 chilly 近似,或可获音义兼具之效。

3. [...] dreadful to me was the coming home in the raw twilight, with nipped fingers and toes, and a heart saddened by the chidings of Bessie, the nurse, and humbled by the consciousness of my physical inferiority to Eliza, John, and Georgiana Reed.

之所以感到恐怖/可怖/令人恐惧/让人惊恐,有两方面原因:一是 nipped fingers and toes;二是 a heart saddened by the chidings of Bessie。

第二方面原因,也就是 heart saddened,又因为两方面原因:一是遭人斥责/责骂/呵斥/责备/痛斥;二是意识到自己身体不如人家强壮,所以不免自惭形秽/自轻自贱/自暴自弃/妄自菲薄/自愧不如。

如此,这段话的译文可为:

译文 17. 如此,岂不快哉!散步走得太远,我本来就不喜欢,尤其是在凄厉的午后。而在薄暮时分穿过阴冷回到家中,手脚早已冻僵,保姆贝西还要痛斥一番,同时又意识到身体不如伊莉莎、约翰以及乔治安娜,难免自轻自贱,衷心悲哀。此情此景,又着实让人恐惧。

例 18. C. The said Eliza, John, and Georgiana were now clustered round their mama in the drawing-room: she lay reclined on a sofa by the fireside, and with her darlings about her (for the time neither quarrelling nor crying) looked perfectly happy. Me, she had dispensed from joining the group; saying, 'She regretted to be under the necessity of keeping me at a distance; but that until she heard from Bessie, and could discover by her own observation, that I was endeavouring in good earnest to acquire a more sociable and childlike disposition, a more attractive and sprightly manner - something lighter, franker, more natural, as it were—she really must exclude me from privileges intended only for contented, happy, little children.'

译文 1. 说到的伊莱扎、约翰和乔治安娜,这时正在会客室里围绕着他们的妈妈:她偃卧在炉旁的沙发上,她宠爱的爱儿爱女在她周围(暂时既没有争吵,也没有哭嚷)。看来是十分快乐。她没有让我加入这个团体:她说她抱歉不得不疏远我;又说要不等到贝西告诉她,并且凭她自己的观察看出,我在认真努力使自己有更合群和跟小孩子一般的脾气,有更可爱和活泼的态度(大概就是一种更轻松,更坦率,更自然的态度吧),那么,只让满意快乐的小孩享受的好处,她就不得不把我排除在外了。李霁野译(李明,2010:56)

译文2. 上面提到的伊丽莎、约翰和乔奇安娜·里德,这时候都在休憩室里,正簇拥在他们的母亲周围,她斜靠在炉边的沙发上,心爱的儿女都在身边(这会儿既不争吵,又不哭闹),看上去很是快活。她没让我和他们在一起;她说她很遗憾,不得不叫我离他们远一点;她真的不能把只给满足快乐的小孩的那些特权给我,除非是白茜告诉她,而且还要她自己亲眼看到,我确实是在认认真真地努力培养着一种更加天真随和的性情,一种更加活泼可爱的态度——大概是更轻快、更坦率、更自然的一种什么吧。祝庆英译(李明,2010:57)

译文3. 我刚才提到的伊丽莎、约翰和乔治亚娜这时候都在客厅里,正团团围在他们的妈妈身边。她斜靠在炉旁的沙发上,被几个宝贝儿女簇拥着(这会儿既不争吵,也不哭闹),看上去非常快活。她从来不让我加入他们的圈子,她为自己不得不让我离他们远一点感到遗憾。她说,除非她从贝茜那里听到并且亲眼目睹,发现我确实在努力养成一种更加天真随和和更加活泼可爱的举止,也就是说,一种更优雅、更坦率、更自然的品性,否则她真的没法让我享受到只有那些知足快乐的孩子才配享受的待遇。凌雯译(李明,2010:57)

译文4. 说到伊莉莎、约翰和乔治安娜,这时正在会客室里围绕着他们的妈妈:她偃卧在炉旁的沙发上,她的爱儿爱女在她周围(暂时既没有争吵,也没有哭嚷),看来是非常快活。她没有让我加入这个团体,她说她抱歉不得不使我离开;又说要不等到柏茜告诉她,并且凭她自己的观察发现,我认真努力使自己有更合群和跟小孩子一样的脾气,有更可爱和活泼的态度——大概是一种更轻松、更坦率、更自然的东西——,那么,仅仅为了想使满意快乐的小孩享受的好处,她就不得不把我除外了。陈介源译(李明,2010:58)

译文5. 前面说的伊丽莎、约翰和乔治安娜,现在在客厅里,簇拥在他们妈妈身边;她正斜卧在壁炉旁的沙发上,有宝贝儿女围着(此时倒是不吵不闹),显得很幸福快乐。我呢,则被她排除在外,只说她很遗憾必须禁止我靠近她,直到她听见贝丝说,或自己亲眼看见我确实竭尽心力在学习培养更加随和童真的脾气,与更明朗可爱的态度——更加愉悦、坦率,更加自然——否则她真的必须禁止我享受一些特权,因为那只属于那些快乐知足的小孩子。李文琦译(李明,2010:58)

译文6. 说到伊丽莎、约翰和乔治亚娜,现在他们正在客厅里围着他们的妈妈里德太太。她斜靠在壁炉旁边的沙发上,身边围着自己心爱的儿女,他们此时既不争吵,也不哭闹,她真是快乐无比。我呢,她就是不让同他们在一起。她说她很遗憾,不得不让我同他们保持距离。但她又说,她一定要等到保姆贝西告诉她,并且通过自己的观察真正了解到,我是真心实意地在努力培养起一种更加随和而天真的性情,更加可爱而活泼的行为方式——也就是一种更加轻松、更加直率、更加自然的一种处世方式——她才真正让我去享受那些原本只让那些富足而快乐的小孩子们才享受的特权。李明译(李明,2010:59)

因为段落太长,这里我们没有引用其他译文。而且,下文的讨论也没有直接对各个译文进行评述,而是在对原文意涵把握的基础上,直接提出对有关问题的解决办法。

这里是一个段落,两个句子,一短一长。第二个长句,较难处理。

第一句,"现实主义地"(平心静气、似乎是不动声色地)刻画里德夫人的形象。

第二句,复以"客观"的手法,试图表现她的捏腔拿调,也就是,做作和虚伪。

这一段之中,正像第一句和第二句的开头一样,反讽的意味极其强烈,以下是其表现：

一、沙发本来是要"坐"的，但做妈妈的却斜躺在上面，至少是很不雅观。

二、有自己的孩子在身边，一般是要以他们为中心，但从（第一句的）描述之中分明可以看出，中心是在这位母亲这里。（第二句）她阴阳怪气的话，进一步突出了这种"中心转移"。如此，这位母亲很不像是一位真正的母亲；因而，像"壁炉"这样的"家的元素"虽在描述中也有提及，但在整体上，"此家非家"或"此家非真家"的印象还是十分强烈：简·爱不可能加以认同。

三、本来是自己要把简·爱排斥出去，但里德夫人喋喋不休，强词夺理地要大讲一番。这样，造成的结果就是，小孩子天性上理应展现的，却遭到了空前的压抑。人在被扭曲的情况下，遭受着双重的折磨：本性无以发挥；"家"无处安身。

四、本来是个人的主张和安排（或曰"胡为"），里德夫人却煞有介事地强调那是"必然之事"。

五、本来是小孩子天性上都会趋向的东西，也被她说成是要"努力进取、持之以恒"，才能形成或达到的。

六、本来是天真可爱的儿童，她却要用描述老人的词语来加以描述（文中用的是 sprightly），似乎是为了突出"天性的培养"是持续终生的"修炼"，尽管天性培养本身就是十分悖谬的。

七、本来是小孩子都理应享受到的，在她那里，却成了个别人的"特权"或"优待"（privileges）。这样，剥夺（dispossession）本身为剥夺者提供了借口；更可怕的是，儿童的世界，在这里，在简·爱的故事的开端，在她未谙人世或尚未真正迈步人间之时，在她尚且在家而又永不在家的那个阶段，已经开始成人化。

八、叙事本身就是这样，在儿童与成人之间，在家与世界之间，在个体与群体的相互作用之中，在种种的矛盾对立的无可解决而又不能不有所解决的过程当中展开。

九、叙事人为强化这样的复杂性，在插叙的话语之中，进一步突出了"义有两歧"。

十、所有的事物在故事之中,都因为似是而非,取真而实假,或曰,似正而实错,而显现出"超常"的力量,进而营造出一个真正的艺术的世界。

那么,进一步来看,反讽能在这段描写之中发挥什么样的作用呢?也可作如下总结:

一、本应是"爱"、"感情"或"激情"化身的"母亲"在这里竟然成了"理性"、"讲道理"的某种力量的体现,无奈她的"讲道理"其本身就是反讽的/悖理的。而这意味着,一方面,她本人是一个没有"母亲"特质的"母亲";另一方面,她所体现或代表的那个"家"根本就不是一个"家"。

二、对这位"母亲"负面的、消极的(一面的)描绘,突出的是成人世界对儿童世界的侵袭甚或占有:在这里,一切都已发生畸变——畸形的、不健康的、人工造成的变异。进而,文化与自然、人工与天性、nurture 与 nature 形成了不可逆转的冲突(正错翻转、人工重于自然)。简·爱需要在这样一个世界,在一个已经无法保持"天真"或"童真"的所在,闯出一条道路。小说的第三段,引出了一种"成人化"的氛围。

三、小说的描写最终让人体会到,叙事本身的 irony:成年的简·爱以她的眼光审视着未成年的简·爱,未成年的简·爱口中所说的正是成年的简·爱要道出的。简·爱究竟是否还是一个小孩子,还需要成长?小说是否还是一部 bildungsroman?

或许,读者始终是在一个悖理的、不讲理的世界,在一个永远也不给童年和家甚至其中人物安稳的所在的地方,去体会它的种种不协、矛盾、对立与冲突。没有这些,小说又能写些什么?而这一切,都可以从 irony 的角度加以审视。

进而言之,第一句话的特色是:以大白话反讽地描绘场景,进而突出有关人物的形象。诸如 mama,darlings 等即为明证。

另一个关键是,长长的"书面语"之中忽然出现这样的口语化表达,也明显是一种反讽。依此,或可在关注原作意向的基础上,有所保留地使反讽稍微外显。

在上引六个译文之中,令人惊奇地出现了"偃卧"(译文 1)一词,让人觉得,《简·爱》汉译终于有了可以让人评述的地方。因为,其中的"偃"字,意思是"仰面倒下,放倒"的意思,如"偃旗息鼓"[①];《说文解字·人部》:"偃,僵也。"[②]如此,依之来描绘这一"母亲"形象,的确可得反讽之效。因为,一个做母亲的,身体僵硬地斜倚在本来是要席坐的沙发上,不见活力和爱意,周围可能是她吵吵嚷嚷的孩子。这一既不雅观,也不协调的形象,只能反过来说明,她身为母亲是不合格的,尤其是对简·爱。

第二句,话中有话,反讽意味显豁:Me, she had dispensed from joining the group; saying, [...]但是,在关键点上,所有的译文都没有见到得当的处理。

译文1,"她没有让我加入这个团体,她说"。"团体"有如"协会"甚至是正式的"组织",抑或是,如此的用词本身就是"翻译腔"的某种表现?此一译文果真正确,倒不如将之改为"加入本集团"。

译文2,"我呢,她就是不让同他们在一起。她说"。这一译文口语化走得太远,未及传译 dispense 的意义。

译文3,"她从来不让我加入他们的圈子。她说"。除了和译文2口语化过度一样之外,"加入圈子",汉语之中可有如此的词语搭配?

译文4,"我呢,她就是不让同他们在一起。她说"。Dispense 一词的意义,也一样只有口语化的解释。

译文5,"我呢,则被她排除在外,只说"。

译文6,"我呢,她就是不让同他们在一起。她说"。译文5和译文6的问题依然如故。

作者没有用 keep 或 prevent 之类的词,而是用了 dispensed。因而,或可认为,这是在口语的表达之中猛然掺入书面语,以求产生突兀的反讽效果?

若是像上述译文这样去处理,口语化是不能获得与原作同样的效果的。

---

① 见中国社会科学院语言研究所词典编辑室(编),《现代汉语词典》(2002年增补本),第2212页。
② 见《汉语大字典》编委会(编),《汉语大字典》,第79页。

因为,原文之中用的就不是一个口语化的词语。因而,只能是在文言文之中寻找支持。但是,不知为什么,上引译文都没有这样做。不过,即令稍微留意,也就有可能联想到《楚辞·离骚》之中的"鸷鸟之不群兮,自前世而固然",以及杜甫的诗句"白也诗无敌,飘然思不群"(《春日忆李白》)。其中的"不群",若是用这里,可谓画龙点睛。这样,我们可以如此炼句炼字:

1. 至于说我,她恩准我/特许不入群;同时,还关心地解释说:
2. 我呢,由她豁免,没有入群。她还关怀说:
3. 我呢,经她恩准,可以不入伙。依她讲,
4. 我呢,蒙她恩赐,可得置身其外。据她解释,
5. 我呢,蒙她施恩,被另类处置。她说:
6. 我呢,经她特许,被析为不群。她说:
7. 我呢,蒙她析为不群。她说:

炼句炼字到了第七个,"蒙她析为不群"或能比较真切地传达出叙事者/女主人公的意向:高傲而不向强力屈服,刚强而无畏于种种压力。这里有必要对"群"字的意义加以解释,以便说明文化传承的缺席对译文的恶劣影响。

首先,孔子强调:"小子何莫学夫《诗》。《诗》,可以兴,可以观,可以群,可以怨。迩之事父,远之事君。多识于鸟兽草木之名。"(《论语·阳货》)[①] "群"在这里指的是"社交能力"或曰"团结的力量"。如孔子所说,"学诗"本身就是锻炼人的"入群"、"合群"、"组群"或"立于群"的能力。因此,文化修养也就寄托在"诗学"之中。易言之,"学诗"的导向就是为了"群"的建立和强化。

那么,将之置于我们目前面对的语境,一方面,假若"群"字尚且不识,何谈"入群"? 而"群"字所意味的"诗教"之重大意义,又何以体现? 断裂的,仅仅是在一个字上的失误吗?

其次,荀子也大力强调"群"的作用。他最为有名的论断之一是:

---

① 何晏(注),邢昺(疏),《论语注疏》(李学勤主编,《十三经注疏》之十),第237页。

> 水火有气而无生,草木有生而无知,禽兽有知而无义;人有气、有生、有知,亦且有义,故最为天下贵也。力不若牛,走不若马,而牛马为用,何也? 曰:人能群,彼不能群也。(《荀子·王制篇》)①

人只有结合成为群体,才可能存在。易言之,人的存在就是社会性的存在。因而,离开社会这样的"群",也就无所谓"人"。荀子认为,这就是人与其他存在者的根本区别。

还有诸如"古之所谓士仕者,厚敦者也,合群者也"(《荀子·非十二子篇》)②,"君者,善群也。群道当,则万物皆得其宜,六畜皆得其长,群生皆得其命"(《荀子·王制篇》)③以及"人之生不能无群,群而无分则争,争则乱,乱则穷矣"(《荀子·王制篇》)④等论断,在在揭示了"群"的主要作用和意义。

如此,"群"的不在场,是否可以说明,一、中华文化优秀传统的丧失,体现为对自我经典的表达及其背后思想的释义的失败,结果就是,一旦有了需要(包括跨文化的),要想找到适宜的表达,也就诉求无门。这样,是否只能徘徊在"现代汉语"的"口语化"之中,在完全不论高雅为何物的情形下,随意铺排言语? 二、对最为精华的思想的远离,已经使人忘记,只有这样的思想支撑的表达,才是合宜的和有生命力的,因而,我们才会认为,需要重新"回家"。易言之,只有在最为精华的思想之中,事物才可见到真容,也就是才具有回还到它自身的可能性。

最后,优秀的作家,也并没有弃却"群"这样的表达。相反,它的优美依然闪耀在伟大作家的作品的字里行间。如沈从文在著述之中,就抒写出对"群"字的深刻体会:

---

① 王先谦(著),《荀子集解》(《诸子集成》第二册),第105页。
② 同上,第63页。
③ 同上,第105页。
④ 同上。

阳光依然那么美好,温暖而多情,对一切有生无不同样给以温暖和欣欣向荣的焕发情感。我却行将被拒绝于群外,阳光不再属于我了。唉,多么美好的阳光!为什么一个人那么热爱生命,恰恰就不能使生命用到一个与世谐同各遂其生的愿望下,将生命重作合理安排?为什么就恰好到这时节在限制中毁灭?

　　············

　　……我心中很平静慈柔。记起《你往何处去》一书中待殉难于斗兽场的一些人在地下室等待情形,我心中很柔和。

　　谈到隔院笑语和哭泣,哭泣声似从一留声机上放出,所以反复相同,而在旁边放送者笑语即由此而起。人生如此不相通,使人悲悯。①

　　这是在感叹,自己生不逢时,因而很是痛苦。值得注意的是,他是在强调"群"的要义:只有在"群"之中,作家才会找到他的存在的价值。而沈从文在这时,如他本人所说,已经与之脱开了距离,这也是为什么他如此痛不欲生。人不在"群"中,无以苟活。这就是沈从文所要说的。同样是在1949年写下的一段文字,基本上是同样思路的情绪表露:"有种空洞游离感起于心中深处,我似乎完全孤立于人间,我似乎和一个群完全隔绝了。"②后来遭遇事故之后,他在给人的信中,如此检讨自己:"一个于群游离二十年的人,于这个时代中毁废是必然的。"③另一封信,也是一样的语气和用词:"二十年用笔离群,实多错误处。我深深觉得人不宜离群,须合作,且得随事合作,莫超越。因为社会需要是一个平。"④第二年,他仍在这样反省:"学明白人在群体生活方能健康。"⑤后来,在诗作之中,他仍然坚持对"群"字的偏爱,所

---

①　转引自张新颖(著),《沈从文的后半生:1948—1988》,第28-29页,太原:北岳文艺出版社,2002年版。
②　转引自张新颖(著),《沈从文的后半生:1948—1988》,第27-28。
③　同上,第30页。
④　同上,第31页。
⑤　同上,第45页。

以有了这样的诗句:"只因骨格异,俗谓喜离群。真堪托死生,杜氏寄意深。"(《老马》)①到了1975年,他还在思考"群"的意义。这一次吐露出的,却可能是负面的:"更主要的原因,可能还是我自己感觉到人的衰退,也许和习惯多少有些关系,我于是另看了一些旧书,总觉得人在近万年内,大致因为群的生活,一切聪明才智多使用在对付人的得失竞争上,用心顾此失彼,所以把原始人的嗅觉、视觉、听觉,甚至于综合分析能力全失去了,理解到这方面时,将可设法恢复已失去的一切。因此试从一般人事得失上学习忘我,居然在意想以外把似乎早已失去多少年的某种潜伏能力慢慢恢复过来了,特别是脑子里的记忆力和分析力,简直近于奇迹!试搞了二十多大小不一的文物专题,有的只四五天就搞出来了。"②

如此,在沈从文这里,我们能看到,孔子和荀子这样的儒家思想传统的精彩延续。可以认为,"群"并不是一个普通的字眼,而是具有哲学重要内涵的观念;也正由于这个原因,深受儒家思想滋润的作家,才会以感人至深的笔墨,刻画出他对"群"的深切认识和体会。

但是,时过境迁,有可能是人与人精神不能趋同,因而,在汉语最为经典的著述之中,在中国现代文学领域最有代表性的人物之一那里,本来非常有活力的一个观念,到了跨文化的语境之中,竟然不能出场,空余下口语化的力量在支配着完全浮在字面意义上的所谓"意义传达",而见不到要走向再深一层的那种精神。

还应注意,第二句的一个焦点:如何站在里德夫人立场,突出她是站在简·爱的立场讲话的。即,她嘴里所说的,她所做的,是为了简·爱好;但是,她所讲的一切都有悖常理,甚至文理不通,近乎胡说八道。

译文对比:Me, she had dispensed from joining the group; saying,

1. 她没有让我加入这个团体:她说(译文1)

2. 她说她没让我和他们在一起。(译文2)

---

① 转引自张新颖(著),《沈从文的后半生:1948—1988》,第231页。
② 同上,第269页。

3. 她从来不让我加入他们的圈子,[……](译文 3)

4. 她没有让我加入这个团体。她说(译文 4)

5. 我呢,则被她排除在外,只说(译文 5)

6. 我呢,她就是不让同他们在一起。她说(译文 6)

7. 我呢,蒙她析为不群。她说:

"不群"有两个含义:一是"不平凡,高出于同辈",如《楚辞·九章·惜诵》之"行不群以颠越兮,又众兆之所咍也";二为"孤高,不合群",如《楚辞·离骚》之"鸷鸟之不群兮,自前世而固然"①。依之来理解,则简·爱的"不群",完全可以囊括这两方面的意味:一方面,她的确是"不入群",孤独而寂寞,孤立而高傲;另一方面,她一定是别具一格,甚或鹤立鸡群。如此,正反两面包含在同一个表达方式之中,这不就是德里达所说的理想的翻译吗?而我们这里要突出的则是 irony。

长句的下一部分 She regretted to be under the necessity of keeping me at a distance;[…] 似需以更形象的表达出之。首先,regret 若以"扼腕"来译,更能突显讲话者里德夫人的矫揉造作和虚伪,而且,这样的用词,可能并不是一个小孩子所能明白的,因此,比之"抱歉"、"遗憾"以及"惋惜"之类更有意味。"扼腕",意为"手握其腕,表示愤怒、振奋或惋惜"。如《战国策·燕三》:"樊於期偏袒扼腕而进曰:'此臣日夜切齿拊心也。'"《文选》晋左太冲(思)《蜀都赋》:"剧谈戏论,扼腕抵掌。"《聊斋志异·王成》:"经宿往窥,则一鹑仅存。因告主人,不觉涕堕。主人亦为扼腕!"②

其中的词组 under the necessity of doing sth. 字典之中解释为,"不得已而做某事,不得不做某事"③;"Circumstances that force someone to do something; state of being necessary; 迫使某人做某事的情况;必要性;需

---

① 见广东、广西、湖南、河南辞源修订组,商务印书馆编辑部(编):《辞源》(修订本)(第一册),第 71 页。

② 见广东、广西、湖南、河南辞源修订组,商务印书馆编辑部(编):《辞源》(修订本)(第二册),第 1217 页。

③ 参见高永伟(主编):《新英汉词典》(第四版),第 1013 页。

要"①。Keep sb. at a distance 意思是"Refuse to let sb become familiar or friendly,与某人保持一定距离,不愿与某人亲近"②,此语可以直接让人联系上"敬鬼神而远之"(《论语·雍也》)③。这样,或可将之处理为:

她声言:"对我敬而远之,是不得不然之事,不免令人扼腕。"

"不得不然",意为"必然",甚或更进一步。但是,幼小的简·爱是否懂得此词的意思?假若她不能明白,此词的选用,正如"令人扼腕"一样,也可达到反讽的要求,因为,那正好反映出里德夫人及其所代表的成人世界的矫揉造作,甚至是虚伪和荒诞。

而另一方面,叙事者是成年的简·爱,而她"必然"是"站在反面"来审视里德夫人以及当时的简·爱的:里德夫人固然是矫揉造作,因而,才有这样的胡说八道;而幼小的简·爱面对这样的胡说八道,(假如因为不明就里)不能有所反应,那也是自然的事。而这里所说的"自然"也就是"必然"了。

如此,幼小心灵所代表的"自然",与成人社会所体现的那种"必然",便构成了书中故事的反讽的主线。

译文对比:

She regretted to be under the necessity of keeping me at a distance;

[她说]她抱歉不得不疏远我;(译文1)

[她说]她很遗憾,不得不叫我离他们远一点;(译文2)

她为自己不得不让我离他们远一点感到遗憾。(译文3)

[她说]她抱歉不得不使我离开;(译文4)

[只说]她很遗憾必须禁止我靠近她,(译文5)

[她说]她很遗憾,不得不让我同他们保持距离。(译文6)

[她声言]对我敬而远之,是不得不然之事,不免令人扼腕。

下面这一部分 that I was endeavouring in good earnest to acquire a more sociable and childlike disposition, a more attractive and sprightly

---

① 参见 A. S. Hornby(编),李北达(译),《牛津高阶英汉双解词典》,第983页。
② 同上,第418页。
③ 何晏(注),邢昺(疏),《论语注疏》(李学勤主编,《十三经注疏》之十),第79页。

manner,其中的 in good earnest,字典解释:

> in(dead/deadly/real) earnest:(a) with determination and energy,有决心和精力;(b) serious(ly), not joking(ly),认真(地),并非开玩笑(地)。①

与之相应的汉语当为:严肃认真,诚心诚意,努力奋斗,郑重其事,勤奋精进或锐意进取等。而儿童天性本来是具足的,里德夫人却硬说,要"加以习得"(acquire),所以,用了荒诞的 sociable(爱交际的)、孩子般的或天真的(childlike)天性或自然倾向(disposition),甚至用 sprightly 这样形容老年人的字眼,来极为别扭地表达意义。按照字典解释,此词的意思是:"lively and full of energy,活泼的,精力充沛的,如,He's surprisingly sprightly for an old man. 他这把年纪了,还这么精神,真了不起。"②

that I was endeavouring in good earnest to acquire a more sociable and childlike disposition, a more attractive and sprightly manner

我满怀赤诚,努力进取,坚持不懈,直到习得更为友善而且更加童真的倾向,更为可爱同时也是精力更为充沛的行为方式。

译文对比:

that I was endeavouring in good earnest to acquire a more sociable and childlike disposition, a more attractive and sprightly manner

我在认真努力使自己有更合群和跟小孩子一般的脾气,有更可爱和活泼的态度(译文1)

我确实是在认认真真地努力培养着一种更加天真随和的性情,一种更加活泼可爱的态度(译文2)

我确实在努力养成一种更加天真随和更加活泼可爱的举止(译文3)

---

① 参见 A. S. Hornby(编),李北达(译),《牛津高阶英汉双解词典》,第456页。
② 参见 A. S. Hornby(编),李北达(译),《牛津高阶英汉双解词典》,第1473页。

我认真努力使自己有更合群和跟小孩子一样的脾气,有更可爱和活泼的态度(译文4)

我确实竭尽心力在学习培养更加随和童真的脾气,与更明朗可爱的态度(译文5)

我是真心实意地在努力培养起一种更加随和而天真的性情,更加可爱而活泼的行为方式(译文6)

我赤诚以待,奋斗不息,直到在天性上养成更多友善,也更为天真;在举止上习得更富可爱,也更为精力充沛

下一部分则更是不知所云,something lighter, franker, more natural, as it were。

因为,something 说明模糊不清,而 as it were 又突出了作者/叙事人的果决或肯定。诸多译文因只偏重一面,而遗漏了另一面。两面的树立,才能形成反讽。

译文对比:

大概就是一种更轻松,更坦率,更自然的态度吧。(译文1)

大概是更轻快、更坦率、更自然的一种什么吧。(译文2)

也就是说,一种更优雅、更坦率、更自然的品性。(译文3)

大概是一种更轻松、更坦率、更自然的东西。(译文4)

更加愉悦、坦率,更加自然。(译文5)

也就是一种更加轻松、更加直率、更加自然的一种处世方式。(译文6)

可以说,大概就是,什么更阳光、更直率,也更自然的东西吧。

下一部分是她的"结论":

she really must exclude me from privileges intended only for contented, happy, little children.

有意为自足自乐的小孩子专设的特殊待遇,她真的只能为我免除了。

第三段试译:

说到伊丽莎、约翰,还有乔奇安娜·里德,这当儿都在客厅里围着妈妈打转转。而她仰面朝天斜倚沙发之上:有宝贝疙瘩在身边(这会儿,既不哭

4 自然而然,适时而作

又不闹），满脸皱纹里都闪现出无比的幸福。我呢，蒙她析为不群。她声言："与我保持距离，(是)[诚属]不得不然(之事)，不免令人扼腕。若我赤诚以待，奋斗不息，直到在天性上养成更多友善，也更为天真；在举止上[习得]更富[加]可爱，也更为精力充沛——可以说，大概就是，什么更阳光、更直率，也更自然的东西吧——（有意）为自足自乐的小孩子专设的特殊待遇，她真的只能为我免除了。/她才能取消禁令，允我享受为自足自乐的小孩子专设的特殊待遇。"

一般来说，走向"自然"，才会实现自我。或者说，自然就是自我之所在，因为，自然意味着本性、天性以及最为根本的力量所在，那是所有一切的源头。但是，我们可以清楚地看到，在《简·爱》之中，大自然是一片萧瑟，不见生命的可居之处，而在以里德夫人为核心的那个"家"中，情况更甚："天性"竟然被她视为必须"努力进取"才可"习得"的什么东西。这样，小小少年，自小就沐浴在如此的"教诲"之中，而见不到使人健康成长的脉脉情意。如此，"回家之旅"在这样的文字之中，是否真的只是一种遥不可及的梦想，要等待时日才能慢慢实现？

但是，无论反讽在这里起着什么样的作用，我们还是可以看到，它都不可能破坏"回家"的节奏，那种自然的、不可逆转的进程。正是因为简·爱无家可归，她才必须发动起一切力量，培养好一切能力，做出最大的努力，来启动这一旅程。

因此，刘小枫如是说：

> 施特劳斯指出，施莱尔马赫已经不能理解，对于柏拉图来说，成为哲人"以一种真实的转变为先决条件"(《显白的教诲》，第68页)[①]。这种转变有如沐浴了自然的阳光，不再能适应习俗和律法

---

① 此处所引，应为 Leo Strauss(撰)，"Exoteric Teaching"，收入 Thomas L. Pangle(编选)，*The Rebirth of Classical Political Rationalism*，第 63–71 页，Chicago：University of Chicago Press，1989 年版。

的政治道德的昏暗。①

自然的,也就是一切的先决条件。而这样的自然,我们看到,按照上文的分析,就是在中庸之道的引领之下,帮助我们进入的:按照那种节奏,沿着那样的进程,才能找到进入"家园"的通道。

4.7 坚持"恕道"的决定性作用

4.7.1 鲁迅的"小"与曹丕的"审己"

在对中庸之道的论述之中,一个至关重要的要求是,不能丢掉儒家的基本立场:这便是"恕道"。一般认为,"恕"是夫子"一以贯之"的两个方面之一。因为它被视为"仁之方",因而,对它的把握是十分重要的。这牵涉到,我们应该以什么样的态度对待人我的关系;大而化之,当然涉及跨文化交流之中的人与人之间的关系。

我们这里选取三个例子来说明,"恕"的理解的可能及其困难。一个是关于鲁迅的小说《一件小事》,几个英文译文之中对"小"的处理;另一个是曹丕《典论·论文》之中的"审己以度人"的英文处理;第三个是"恕"本身的英文翻译问题。如此举例是为了说明,即令是在面对儒家待人接物最为基本的立场的时候,现代人也会是茫然不顾,因而距离雅教之要求遥遥,而跨文化的翻译研究偏偏需要我们从这样的基本立场入手,去启动有关问题的思考。

中庸之道要求事物回到其"生生"的动态之中,事物才可成为事物,并且葆有其作为事物的特质。而如上所述,这也正是海德格尔所说的"将作为语言的语言带给语言"的导向。如此,两种哲学走向同一个所在。因而,"恕道"本身也一样要求,将"恕"还给"恕",亦即为,使之回到它自身。

---

① 引自刘小枫(著),《施特劳斯的路标》,第64页,北京:华夏出版社,2011年版。

例 19. 我这时突然感到一种异样的感觉,觉得他满身灰尘的后影,刹时高大了,而且愈走愈大,须仰视才见。而且他对于我,渐渐的又几乎变成一种威压,甚而至于要榨出皮袍下面藏着的"小"来。(鲁迅《一件小事》)

译文 1. Suddenly I had the strange sensation that his dusty retreating figure had in that instant grown larger. Indeed, the further he walked the larger he loomed, until I had to look up to him. At the same time he seemed gradually to be exerting a pressure on me which threatened to overpower the small self hidden under my fur-lined gown. 杨宪益与戴乃迭英译(李明,2010:88)

译文 2. Suddenly I had the strange feeling. His dusty, retreating figure seemed larger at that instant. Indeed, the further he walked the larger he loomed, until I had to look up to him. At the same time he seemed gradually to be exerting a pressure on me, which threatened to overpower the small self under my fur-lined gown. 杨宪益与戴乃迭英译(李明,2010:93)

译文 3. As they passed in I experienced a curious sensation. I do not know why, but at that moment it suddenly seemed to me that his dust-covered figure loomed enormous, and as he walked farther he continued to grow, until finally I had to lift my head to follow him. At the same time I felt a bodily pressure all over me, which came from his direction. It seemed almost to push out from me all the littleness that hid under my fur-lined gown. Snow 英译(李明,2010:93)

译文 4. A strange feeling suddenly occurred to me that his dusty retreating figure seemed at that moment to have grown larger and larger to such an extent that I had to look up at him. And at the same time, he gradually because such a pressure on me as to threaten to overpower the "small self" hidden under my fur-lined gown. 李明英译(李明,2010:95)

鲁迅的《一件小事》写的是,"我"为生计奔走,清晨即起,不想洋车夫撞到了一位老妇人。尽管那并不是车夫的责任,他却不惜冒风险将之带到警局。此时,"我"便有了上述特异的感受。人本来是越走越远,越远越小,而他的感受正好相反。强烈的自责之心,逼使着他,他身上的那种"小"于是要被"榨出"。

这是典型的儒家思想的表现。如《格言联璧》之中所说的那样,"施不望报者,圣贤之盛心,君子存之以济世"。如此,鲁迅笔下的洋车夫的确是一个"圣人"形象。而"我"在他的义举的感召下,才最终意识到,自己的渺小。

上引译文都以 self 或以它为组成部分的词语,来传达"小"的意义。但是,我们认为,这样做是不妥的。原因有二:一是,从语文学的角度来看,self 的意思是,one's own nature, special qualities, etc., one's personality,汉语对应的表达是"本性,本质,自我,自己"①,而这显然是说不通的;二是,从哲学角度来看,这样选词也一样是有问题的。刘述先强调:

> 毫无疑问,中国的传统有丰富的伦理资源。特别在伦理方面,尤其是儒家的传统,是有十分丰富资源的。[……]儒家伦理绝不可以化约成为封建时代某种阶级的伦理,孔子最大的开创在于体证到"仁"在自己生命里内在的根源,故他说:"为仁由己,而由人乎哉?"(《论语·颜渊》)这是他对于所继承的传统的深化。孟子又进一步继承孔子的思想,与告子力辩"仁义内在"的问题。如今连西方学者如狄百瑞(Wn. Theodore de Bary)也十分明白儒家精神传统的精粹在于"为己之学",每一个人都可以在自己的生命内部找到价值的泉源。但儒家讲为己,却不会造成个体与群体的分离。孔子讲一贯之道(《论语·里仁第四》),肯定"己欲立而立人,己欲达而达人"(《论语·雍也第六》)。孟子由四端开始,扩而充之,建立了"仁"、"义"、"礼"、"智"的德性;他一方面排拒扬朱的极端个人(特殊)主义,另一方面又排拒墨翟的极端群体(普遍)主义。用今天的术语来说,孟子是要去"私"(ego),而不是要灭"己"(self)。宋

---

① A. S. Horby(编),李北达(译),《牛津高阶英汉双解词典》,第1362页。

儒所谓"存天理,去人欲"也并不是要灭绝所有的欲望,仅只是要破除不正当的"私欲",因为只有这才是"天理"的对立面。同时伊川秉承孟子的遗意,斥墨者夷之"爱无差等,施由亲始"的错误为"二本而无分",而赞扬张载《西铭》之民胞物与,体现了"理一而分殊"的精神。这为后世订立了一个良好的义理规模,到今天如能给予创造性的阐释,仍可以有极丰富的现代意义。①

人应该"除私",而无以"灭己"。而 self 作为"自我",意味着人的本质、本性以及人格等等,这样的"己",是无法"榨出"的。一个好的选择,刘述先已经给出: ego。此词的意思是: individual perception or experience of himself, esp in relation to other people or to the outside world; part of the mind that can think, feel and act; self-esteem。前者对应的是"自我",后者则为"自尊,自负"②。而《爱词霸在线词典》所给出的 ego 的第一个意思就是: an inflated feeling of pride in your superiority to others(人正因为高人一等而产生的傲慢的膨胀感觉)③。这不就是《一件小事》一开始所说的"我的脾气越来越坏"以及"教我越来越瞧不起人"等的反动,可以充分说明"我"心理上出现了翻天覆地的变化。因为他发现,现实世界还有大好人存在,而且,尽管大人物"文治武力",杀人如麻,但传统的美德仍在。这个社会仍然大有希望!

因此,一个小小的"小"字,在转换为英文之中,只用 ego 就完全可以传达出原文意义,甚至似乎没有必要再添加一个 small 来做修饰。

转换角度,站在他人立场,使"我"在精神上出现了巨大的转变。同样,我们对译文的讨论,也是沿着这条线索,进而认识到了"让物回归于物"的倾

---

① 见刘述先(撰),《从当代新儒家观点看世界伦理》,收入刘述先(著):《儒家思想开拓的尝试》,第 130 - 150 页,引文见第 133 - 134 页;另见刘述先(撰),《从当代新儒家观点看世界伦理》,收入郭沂(编),《开新:当代儒学理论创构》,第 83 - 95 页,引文见第 85 页。
② A. S. Horby(编),李北达(译),《牛津高阶英汉双解词典》,第 463 页。
③ http://www.iciba.com/ego,2017 年 6 月 7 日采集。

向是多么重要。也只有如此,鲁迅的"一件小事"的确是不"小"的。因为,在确保人之为人的条件下,"小"之意义才可得跨文化的传达。而且,这样的"小"也并不是本我之丧失,恰恰相反,那是人一时出了问题,"良心发现"使之忽然有机会回到自我的内在世界,在良知被唤醒之后,摆正了对人待事的态度,最终重新树立起了一个"大写的人"字。如此重要的儒家做人的思想,在这里,就像在别处一样,的确是只能通过中庸之道所要求的自我回归来实现。下一例也可印证这一点。

例20. 盖君子审己以度人,故能免于斯累,而作论文。(曹丕《典论·论文》)

译文1. A superior person(君子)examines himself to measure others; and thus he is able to avoid such entanglements [e. g. , envy and blindness to the worth of others]. Thus I have written a discourse on literature. 宇文所安英译(宇文所安,2003:63)

译文2. It takes men of the finest qualities to judge themselves before they judge others and escape the dangers [I mentioned] in the discussion of literature. 黄兆杰英译(Wong,1983:20)

本来是要求人去做君子,怎么可能自己变成了"高高在上的人"(A superior person)和"具有最为崇高品格的人"(men of the finest qualities)？这样的人还能"审己以度人"吗？曹丕并非以"君子"自居,却可以其为荣,因而,英文处理上理应有所变化:

Expected to be a man of virtue, I can avoid the entanglements as mentioned above and begin to write an essay on writing. (在成为一位有德之士的期待下,我便可避开上文所说的种种牵累,而开始撰写一篇讨论书写的论文)

4.7.2 从"恕"看"恕"的英译

"恕"是孔子的"一以贯之"之"道"两个维度之中的一个。所以,《论语·里仁》之中说:"曾子曰:'夫子之道,忠恕而已矣。'"①不过,尽管中西交流目前已经达到相当的水平,但是,跟别的主要观念一样,这个十分重要的词语的英译问题,至今还未解决。所以,郝大维与安乐哲在讨论过"忠"之后,强调指出:

> 而理解"恕"这一概念问题则更大。看看该概念流行译法之多,意义差别之大就明白了:altruism(陈荣捷)、reciprocity(杜维明)、consideration(韦利)、do not do to others what you do not want them to do to you(芬格莱特)、using oneself as a measure in gauging the wishes of others(刘殿爵)。但不管"恕"是什么意思,有一点是毋庸置疑的,即孔子把"恕"视为自己的方法论——他"一以贯之"的"道"。孔子实际恰是这样来描述"恕"的:"子贡问曰:'有一言而可以终身行之者乎?'子曰:'其恕乎!己所不欲,勿施于人。'"(《论语·卫灵公》)"己所不欲,勿施于人"这一原则在《论语》中反复出现,《中庸》和《大学》也都有新表达。尤其是《中庸》将"恕"专门描述为"人""己"建构的关系域中彼此的譬比,而且,似乎更恰合孔子的意思:
>
> 子曰:"道不远人。人之为道而远人,不可以为道。诗云:'伐柯伐柯,其则不远。'执柯以伐柯,睨而视之,犹以为远。故君子以人治人,改而止。忠恕违道不远。施诸己而不愿,亦勿施于人。"

The Master said, "The *tao* is not far from man, where someone takes as *tao* something distant from man, it cannot be the *tao*. The *Book of Song* states: 'In hewing an axe-handle, in hewing an axe-handle, the pattern is not far off.' We grasp an axe-handle to hew an axe-handle, but when we look from one to the other with a critical eye, they still seem far apart.

---

① 何晏(注),邢昺(疏),《论语注疏》(李学勤主编,《十三经注疏》之十),第51页。

Thus, the exemplary person brings proper order to man with man, and having effected the change, stops. *Chung* and *shu* are not far from the *tao*: what you do not want done to yourself, do not do to others."①郝大维与安乐哲英译(郝大维、安乐哲,2005:352－353)

这个探讨非常有益,毕竟是孔子的核心观念的翻译。但是,论者最终并没有给出解决方案,只是以音译的形式,将之转译为英文:

The Master said,"Ts'an, my Tao is bound together with one unifying thread." / Tsing Tzu replied, "Indeed." / After the Master had left, the disciples asked, "What was he referring to?" / Tsung Tzu said, "The tao of the Master is *chung* and *shu*, nothing more."郝大维与安乐哲英译(郝大维、安乐哲,2005:351)②

这样,问题依然存在:第一,如何理解"恕",才可能趋近孔子的思想? 第二,怎么将之转换成英文,才能体现出这样的思想?

"恕",如两位论者所指出的,已有不少译文。而所有这些都值得加以释义,以便澄清,是否适宜于对"恕"的英文转换。不妨逐个予以分析:

一、altruism,意思是 consideration of the happiness and good of others before one's own; unselfishness(《朗文当代英语大辞典》,条目 altruism)③,亦即"将他人的幸福和好处置于自身的考虑之前",一般译为"利他主义",其近义词是 selflessness(无私),反义词有 egoism(自私自利),egocentrism(自我中心主义), self-interest(自私自利), self-concern(关心自己), self-centeredness(自我中心)等。

二、reciprocity,意思是 the exchange of advantages between two groups (《朗文当代英语大辞典》,条目 reciprocity)④,意为"两个团体之间彼此优势

---

① 郝大维、安乐哲(著),何金俐(译),《通过孔子而思》,第 352－353 页,北京:北京大学出版社,2005 年版。
② 同上,第 351 页。
③ 萨默斯(著),朱原等(译),《朗文当代英语大辞典(英英·英汉双解)》,第 44 页,北京:商务印书馆,2005 年版。
④ 同上,第 1451 页。

条件的交换",一般可转换为"互惠,互换"。

三、consideration 的一个意思与"恕"接近：thoughtful attention to or care for the wishes, needs, or feelings of others。大意是："对他人的意愿、需要或感情的关心和关注。"相当于汉语的"体谅,体贴,照顾,关心"(《朗文当代英语大辞典》,条目 consideration)①。

四、芬格莱特直接用 do not do to others what you do not want them to do to you 来转译"恕",而这句话的意思就是"己所不欲,勿施于人"。这可能意味着,译者并没有考虑如何将表示重大原则的一句话还原为一个观念,进而依之如实加以翻译。

五、刘殿爵的译文 using oneself as a measure in gauging the wishes of others,似乎也是在进行释义(paraphrase),而不太像是真正的翻译。后文还会进一步讨论,但这里要指出的是,他似乎并不关注译文是否形式上忠实于原文。

除了上述译文,我们注意到,还有三位译者是另行行文:

六、林戊荪将之译为 forbearance②。此词两方面的意思都与"恕"的意思"近似"。一是 patience; forgiveness,汉语意思是"忍耐,克制,宽容"(《朗文当代英语大辞典》,条目 forbearance)③,近义词有 patience(耐心,容忍)、longanimity(忍耐)。

七、辜鸿铭的译文则是 charity④。这个词的一个意思是(money or help given because of) kindness and generosity towards people who are poor, sick, in difficulties etc,直译为汉语,意思是："(因)对穷苦、生病的以及有难处的人的好心和大方(好心或大方而施与的金钱或帮助)。"汉语翻译是"仁爱,仁

---

① 萨默斯(著),朱原等(译),《朗文当代英语大辞典(英英·英汉双解)》,第 365 页。
② 林戊荪(译),*Getting to Know Confucius—A New Translation of The Analects*(《〈论语〉新译》英汉对照),第 73 页,北京:外文出版社,2010 年版。
③ 萨默斯(著),朱原等(译),《朗文当代英语大辞典(英英·英汉双解)》,第 668 页。
④ 辜鸿铭(译),*The Discourse and Saying of Confucius*,第 370 及 466 页,黄兴涛(编),《辜鸿铭文集》(下)。

慈,慈悲心;救济金;施舍物;捐助"(《朗文当代英语大辞典》,条目 charity)①。其近义词是 brotherly love(兄弟之爱)。这个词另外有一个意思,与"恕"有一点共通之处:an activity or gift that benefits the public at large。其意为:"一种对于广大民众有益的活动或礼物。"

八、郝大维与安乐哲在其所译的 Focusing the Familiar 一书之中,将"恕"译为 putting oneself in the place of others②。

八个版本,八个译文,可见"恕"到底如何译,是存在问题的。安乐哲的音译或可不论,七种译文可分为以下几个类型:

一是,零翻译,即以某种诠解之所指试图取代原文意思,实际上等于没有译出,如芬格莱特的翻译。二是,解释性的翻译,如刘殿爵的译文。三是,"格义"式的翻译,以西方观念,来比附孔子的话,如辜鸿铭的 charity,陈荣捷的 altruism,杜维明的 reciprocity 以及林戊荪的 forbearance。四是,以日常生活之中的词汇将之译出,如 Arthur Waley③ 及郝大维与安乐哲的译文。

第一、第二类或无须讨论,因为算不上真正的翻译;第三类无助于传播中华文化,甚或有违于跨文化交流的根本指向,因此,我们认为,理应批判性地对待。第四类,将原文思想同化为一般的日常的表达方式,如果能够将之提升为真正的思想,应当是一种比较可取的方法。一方面,孔子的思想,如"中庸"所突出的,本身是注重"实用"的;另一方面,在不将有关观念引入目的语文化既定的思想的前提下,将英文中的日常表达引入重新创造出的儒学思想的语境之中,还有可能赋予有关表达新的意义。如安乐哲将"中庸"译为 focusing the familiar 就是一个显例。

还应指出,刘殿爵"还原""恕"之真意的努力,是值得肯定的。但是,他所采取的方式,即释义的解决方案,我们不能认同。而且,还有必要强调,如果真的是像他的译文所显示的,"恕"指的就是 using oneself as a measure to

---

① 萨默斯(著),朱原等(译),《朗文当代英语大辞典(英英·英汉双解)》,第 277 页。
② 安乐哲、郝大维(著),彭国翔(译),《切中伦常:〈中庸〉的新诠与新译》,第 117 页。
③ Arthur Waley(译),The Analects,第 45 及 207 页,Beijing: Foreign Language Teaching and Research Press,2010 年版。

gauge the likes and dislikes of others[①](以自我为尺度,来衡量他人的喜好)或 using oneself as a measure in gauging the wishes of others[②](以自我为尺度,来衡量他人的意愿),那么,这是否意味着,儒家的"谦德"可以不予考虑,进而需要走向"自我中心"？那样,会不会就走向了"恕"在某种意义上的反面？假若从正面来理解刘殿爵的译文的意义,或许可以为之辩解,那是在说,正如"己所不欲,勿施于人"所显现的,孔子说的是,"我"所不愿做的,就不要施加给他人。因而,"我"自然是某种"中心"。不过,这个解释,并不能消除一个质疑:"我"的意愿,并不一定是他人的意愿,因而,"我"只能通过自己的感受和理解来确定一点:凡是"我"所不喜欢或不愿做的,都不能施加于人。自我的这种克制或"克己",或许才可能是孔子的意思。因而,其中并没有含有自我中心的意味。在这个意义上,将"恕"界定为"以自我为尺度",很可能是个体主义(individualism)的题中应有之义,因而,也很可能是与"恕"完全背道而驰的。

上述分析告诉我们,生活化的翻译方法是可取的,这样,可以摆脱英文之中给定的哲学术语甚至有关词语所含有的特定的思路。对"恕"的处理,也需如此。因而,有必要重新审视它的含义,然后再来分析如何翻译。

有关"恕"的注解,非常丰富。下文是程树德所撰的《论语集释》的部分释义的摘录：

[唐以前古注]皇侃《论语义疏》引王弼云:忠者,情之尽也。恕者,反情以同物者也。未有反诸身而不得物之情,未有能全其恕而不尽理之极也。能尽理之极,则无物不统。极不可二,故谓之一也。推身统物,穷类适尽,一言可以终身行者,其唯恕也。

《韩、李论语笔解》:韩愈、李翱曰:"说者谓忠与恕一贯无偏执也。"李曰:"参也鲁,是其忠也。参至孝,是其恕也。仲尼尝言忠必

---

① D. C. Lau(译),*Confucius*：*The Analects*(《论语》英汉对照),第 59 页,北京:中华书局,2008 年版。

② 同上,第 289 页。

恕,恕必忠,阙一不可,故曾子闻道一以贯之,便晓忠恕而已。"

[朱熹《集注》]尽己之谓忠,推己之谓恕。而已矣者,竭尽而无余之辞也。夫子之一理浑然而泛应曲当,譬则天地之至诚无息而万物各得其所也。自此之外固无余法,而亦无待于推矣。曾子有见于此而难言之,故借学者尽己之目以著明之,欲人之易晓也。盖至诚无息者,道之体也,万殊之所以一本也。万物各得其所者,道之用也,一本之所以万殊也。以此观之,一以贯之之实可见矣。(或曰:"中心为中,如心曰恕。"于义亦通。)

按:《十驾斋养信录》云:"中心曰忠,如心曰恕。见《周礼·大司徒疏》。欧阳守道谓二语本之王安石《字说》,非六书本义。宋儒不读注疏,其陋如此。"[①]

这里的引文补全了人名,其他地方一仍其旧。依这里的引文,在王弼的注释之中,"忠"的意思是"情之尽","恕"指的则是"反情以同物者"。其意为:"忠"突出的是"人尽一己之情";而"恕"则强调人之"反",即"返回"人自身。只有如此,才可能从中找到与事物共通的东西。这样,"忠"偏向于自我,而"恕"倾向于与他人以及万物的相互关系。韩愈、李翱的解释注重的是,为什么偏偏是曾参道出"一以贯之"之"道"就是"忠恕"。而朱熹的解释,可视为王弼的推进:"情之尽"或曰"尽情",被进一步推向"尽己",可谓全面提升。更有甚者,朱子将"忠恕"与"天地之至诚无息"紧密联系起来,最终将孔子之"道"定位为适用于普天之下的"大道"。

不过,不管朱子如何推演,他的解释与王弼并无根本的不同。王弼那里的"尽情"与他的"尽己"都是强调要"尽",亦即,人必努力使自身与其内心完全相合。此外,尽管程树德在"按语"之中对他有所批评,但其诠解本身实际上仍然与他保持着一致的取向:要想做到"中心"之"忠",必然保持自我的统一,也就是身心之"合";要想促成"如心"之"恕",也一样需要"反身而诚",同

---

① 程树德(撰),《论语集释》,第265页。

时放眼天下。

我们不妨再来看一下钱穆的注解：

> 尽己之心以待人谓之忠，推己之心以及人谓之恕。人心有相同，己心所欲所恶，与他人之心所欲所恶，无大悬殊。故尽己之心以待人，不以己所恶施于人。忠恕之道即仁道，其道实一本之于我心，而可贯通之于万人之心，乃至万世以下人之心者。而言忠恕，则较言仁更使人易晓。因仁者至高之德，而忠恕则是学者当下工夫，人人可以尽力。①

钱穆的疏解，有两点值得注意：一是，他仍与王弼和朱熹保持一致；二是他认为，"忠恕"是人人都可做得到的"工夫"。

通过上述引文，可以明显看出，对于"忠恕"的意义，诸多疏解在根本上并没有争论。也就是说，可以认为，其意义指向是明晰的："恕"的基本意思实质上并没有离开先人造字之初所赋予它的意涵——"如心"，也就是我们现在一般所说的"将心比心"。这其中，自然包含着对他人最为"诚实"的"爱"，所以，许慎将"恕"直接界定为"仁"②，十分贴切。

那么，我们能不能依照这样的"字面意思"来翻译这个词呢？如果这样翻译，第一，理论依据是什么？第二，能不能在英文之中找到与之匹配的表达方式，抑或是，需要重新造词？

在汉英翻译史上，关注汉字构成，进而以之为依据，来进行意义转换的，时见其例，而20世纪初的英美"意象派"可谓这方面的代表。比如，Amy Lowell 就是如此翻译李白的《访戴天山道士不遇》之中的"犬吠水声中，桃花带雨浓"的。

---

① 钱穆（著），《论语新解》，第98页。
② 许慎（撰），段玉裁（注），《说文解字注》，第879页。

A dog,

A dog barking,

And the sound of rushing water.

How dark and rich the peach-flowers after the rain. ①

第二行实际上是将"吠"字,按照汉字本身的书写方式,来转译并传达出意义。于是,出现了第一行与第二行重复出现 A dog 的情况。

如此处理,通过文字的构造,来传达意义,同时保留了原作之中的形象,也就是,突出了中华文化的一个特色:弘扬生命的精神,并将之以生动的画面形式呈现出来。如此处理,形式上的设计,使日常中非常普普通通的情景生发出诗意和哲理。

应该指出的是,尽管《论语》是经典著作,但其中所突出的日常日用的智慧,可以帮助我们在翻译时确定、采纳一种相同的指向。这便是,回到"生活世界",以尽可能贴近生活常态的表达方式,来传达原文的意义。其理论依据就在于"恕"之"夫子之道"的那种"道"的普世化意味。这就是,如郝大维与安乐哲所引的《诗经》之中的诗句以及《中庸》对之的疏解之中所显示的,"恕"不仅展现为"人心趋同"这一伦理维度,而且,它作为"仁之方",还"能近取譬"(《论语·雍也》)。也就是说,依照人的内心,世上的万物都是或都应视为我的同类。这样,我所不喜好的,自然也可以推论说,万物同样不会喜欢。因此,约束自己,等于对事物的存在的正当性的认可,也是在承认,事物与我可以成就"譬",即"类推"之中的那种"类同"。如此,认识事物,也就是首先对事物存在权利的认同。舍此别无他途。另一方面,既然是如此认识事物的,对之的勾画和再现,自然需要运用同样的方法。

所以,钱锺书撰写的《中国固有的文学批评的一个特点》一文之中强调:

---

① Amy Lowell 与 Florence Ayscough(译),*Fir-flower Tablets:Poems from the Chinese*,第 68 页,Westport Connecticut:Hyperion Press,1971 年版。

这个特点就是：把文章通盘的人化或生命化（animism）。《易·系辞》："近取诸身……以通神明之德，以类万物之情"，可以移作解释为：我们把文章看成我们自己同类的活人。①（1997：391）

"近取诸身"是"能近取譬"的另一种表达方式。"恕"在这里再一次与"生命化"联系起来，进一步突出了儒家悲天悯人的宇宙情怀。而如此对生命的重视，或为其他文化形态所无。也就是说，它能为我们将译文引向生活乃至生命本身奠定坚实而又特别的理论基础。因此，"恕"既是安乐哲所说的儒家哲学的方法论，也能成为我们跨文化交流翻译的方法论：它所体现的"仁道"可见"中庸"之"动静兼具"的力量。

不过，"恕"以其汉字的书写方式所呈现的"字面意思"，真的是可以再现于英文之中吗？回答是肯定的。人之"情"涵盖一切，"有情"弥漫于字里行间。但是，哪一种英文表达方式，才能趋近或贴合"恕"呢？

在2008年8月8日北京"奥运会"上，刘欢与Sarah Brightman合唱的开幕式主题曲《我和你》（"You and Me"），歌词是：

you and me / from one world / heart to heart / we are one family / you and me / from one world / heart to heart / we are one family / for dreams we travel / thousands of miles / we meet in Beijing / come together / the joy we share / you and me / from one world / forever we are one family

你和我/同一个世界下/心连心/我们是一家/为了共同的梦想/我们跋山涉水/来到北京相聚/一起来吧/让我一起分享奥运的喜悦/你和我/同在一个世界/我们永远是一家②

---

① 钱锺书（撰），《中国固有的文学批评的一个特点》，氏著，《钱锺书散文》，第391页。
② http://wenda.tianya.cn/question/1181144a5b7df362，2014年4月21日采集。

歌词之中的 heart to heart 是英文成语，对应的汉语是"心连心"。的确，"心与心相对"、"心与心相应"、"心心相印"、"肝胆相照"，这不就能表现出"恕"的基本意向"将心比心"吗？

《朗文当代英语大辞典》对之的解释是：[a talk] that is open and sincere, especially between two people, mentioning personal details, without hiding anything(条目 heart-to-heart)。[①] 意思是："开诚布公而又真诚的（谈话），尤其是在二人之间，提及个人私事的细节，无所遗漏。"可作名词和形容词。《新英汉词典》对 heart-to-heart 释义是。"贴心的；坦率的；诚恳的"（条目 heart-to-heart)[②]。由此看来，若用这个词来作为"恕"的英文对应词，就是非常适合的了。第一，它的字义与"恕"相当，都在突出"真诚"之意。第二，二者都以"人心"为中心，因而，heart-to-heart 可以突出"恕"的形象化和生命化的内涵。

不过，即便如此，还有一个疑问是，它能够成为一个"独立"的"字"或"词"，来表达"忠恕而已"之中的"恕"的意思吗？回答也一样是肯定的。一个先例是，安乐哲在论及汉语之中的"自然"时，常常是将之译为 self-so-ing[③]，以强调汉语语境之中的"自然"——事物以其自身的存在为然，自身的存在如此，因而，回归其中，才算得上"自然"；而且，这样的回归是动态的，因此，要加上-ing。也就是说，汉语的词语往往并不是西方意义上的那种静态的概念。因此，趋向抽象化的译文，会导致生命的板结。同样的，"恕"的翻译也是如此：若以看似切合或对应的 reciprocity 等词来传译，最终仍是将儒家思想引入西方思想系统，而生命化的译文，旨在保持它的陌生化的同时，试图传达出异域始终是异样的声音：透过连字符，透过似乎在拉长的音调等等，在在可以显现在另一种文化系统之中，在一个与之交流时日已久，但似

[①] 萨默斯（著），朱原等（译），《朗文当代英语大辞典（英英·英汉双解）》，第 811 页。
[②] 参见高永伟（主编），《新英汉字典》（第四版），第 131 页。
[③] 比如，在讨论中国哲学的翻译时，他用到了这个词：self-so-ing，参见 Roger T. Ames（撰），"Translating Chinese Philosophy"，收入 Chan Sin-wai 与 David E. Pollard（编），*An Encyclopedia of Translation:Chinese-English · English-Chinese*，第 731－746 页，香港：香港中文大学出版社，2001 年版。

乎又非常陌生的精神世界,传送出了可以在日常日用之中见得到的,凭借直觉就可以明白的一种话语。

4.7.3 依"恕"而行的翻译批评:一个讨论

"恕"上升为"道",其中的基本指向就是"以物观物"。只有如此,"设身处地"才是可能的。依此来审视有关翻译,我们会发现,由于与"恕道"的基本精神相脱离,因此,一旦触及有关问题,便很难说是传达了原文的意义。以下是沈复的《浮生六记·童趣》和鲁迅的《一件小事》之中的例子,请以几个译文的对比加以讨论。

例 21. 神游其中,怡然自得。(沈复《浮生六记》)

译文 1. [...] my spirit wandered in that world at leisure. 林语堂英译(1999:81)

译文 2. [...] I let my spirit wander there in happiness and contentment. Leonard Pratt 与 Chiang Su-hui 英译(李明,2010:83)

既然是"怡然自得",那么就可说明,那个小小少年一味沉浸于与大自然相亲的游戏之中,快乐无比。如此,他的确是在"以物观物",所以,忘怀一切,才能与之同在。而译文之中羼杂进一个 let 字,意义大变:"我"确切地意识到,只有通过某种方式,采取某种措施,"我的精神"(my spirit)才能"漫游""物"中。如此,可以推测,译者并没有做到"以物观物",而是以我为中心度之审之,因此,译文之中的那个少年也就与所观之"物"分而难合,所谓的"怡然自得"之中所含有的"天人合一"的精神意涵便近乎狂言虚话。无怪乎,这一译本在上文之中,特地用 I pretend 来再现原文的"心之所向"!"心之所向"之中的"向"是起自衷心的"向",不仅毫无"假装"或"伪饰"可言,而且,本来物我一体,万象同类,在童稚未除的儿童那里显得最为真切,因而可谓成人甚至所有人的理想生存状态,这样,以此为题写成的"童趣"才会有引人入胜的魅力。设若此时的顽童的确是认为自己在"假装",那么,他难道不会同时马上转念:"蚊子"叮人,敬而远之吗? 如此,蚊子的"仙鹤"意象如何出现? 顽童又如何与之嬉戏?

"恕"要求的放弃自身,或将之转移到他者的立场,在这一译文的有关处理之中未见体现。译者对它舍弃,实则是丢掉最为根本的思想,因而,原文之中所描述的"物外之趣"不仅变成"人为嬉戏",而且,"威胁"到或至少是扭曲了事物存在的原本:只有依其自身面目,它们才能回归自身进而在保持这样的存在的前提条件下成为自己。译者之"我"的介入,首先使事物出现自我背弃的那种"分离",继而破坏了原作的"合一"倾向,最终将"物外之趣"彻底异化。由此可见,"恕"之用大矣!

例22. 我这时突然感到一种异样的感觉,[……](鲁迅《一件小事》)

译文1. Suddenly I had the strange sensation that [...] 杨宪益与戴乃迭英译(李明,2010:88)

译文2. Suddenly I had a strange feeling. 杨宪益与戴乃迭英译(李明,2010:90)

译文3. As they passed in I experienced a curious sensation. Snow 英译(李明,2010:92)

译文4. A strange feeling suddenly occurred to me that [...] 李明英译(李明,2010:95)

这里是在写,"我"在看到三轮车夫一心帮助他人的时候,良心发现,所以,车夫的形象一下子高大起来,相比之下,他自惭形秽,感到自己是极其渺小的。也就是说,我们认为,是车夫的所作所为,唤醒了"我"的良知。但是,正是因为那是人的"良知",所以,这种"唤醒"力量实则来自人的内心。如此理解,对比一下,就会注意到,杨宪益夫妇的第一个译文之中所用的 sensation,若是表示 direct feeling, such as of heat or pain, coming from one of the five senses, especially the sense of touch(《朗文当代英语大辞典》,条目 sensation)[①](直接的感受,比如因为热或疼痛,起自五种感官之一,尤其是触觉),与"良心发现"相提并论的话,"分量"的确是不够的。即使它的意思是 a general feeling in the mind on body that one cannot describe exactly

---

[①] 萨默斯(著)、朱原等(译),《朗文当代英语大词典(英英·英汉双解)》,第1588页。

《朗文当代英语大辞典》，条目 sensation)①(思想或身体上的无法描述的一般感受)，同样也不能说明那是"良心发现"。他们的第二个译文改用 feeling,也只是表示出"感觉"，似乎没有多少"异样"的痕迹。斯诺的译文，用 I felt a bodily pressure all over me,意思或许只是：我感到整个身体都在承受着压力，意义与"心"不能配合。而最后一个译文又改回到常态的用词，说明"我"的"心"里，出现了一种"感觉"，就类如发生了(occurred)一件事一样。

我们如此解释 occur,是有用意的。如果说像 A thing occurred to me (我出了一件事)，跟最后一个译文用的是同一个句式，表达的意思其指向也是一致的，那么，这很可能意味着，"良知"出自外在，也就是完全由车夫乐于助人的精神的感召引发的。我们认为，车夫的作为，自然是诱因，或者说，是"我"之"奇特的感觉"产生的必要条件，但这并非"根本"条件。也就是说，就《一件小事》的主旨来看，人的"良知"当是来自"我"之"内"。如此，才可解释，"我"为什么会在车夫愈行愈远时，觉得其形象高大到要他"仰视"，这种情况完全违背了物理规律。因此，或可说，A strange feeling suddenly came from within 才是鲁迅这里要表达的意思。实际上，鲁迅的这篇小说写的就是，"我"和"车夫"一样，都是"好人"。而"我"一时糊涂，但根子上仍然是一个善良的人，所以，他才会"良心发现"，在"车夫"助人为乐的精神感召下，不断深入内心，才将自身的良知重新唤起。因而，从外在的角度入手，很可能将这样的形象推向反面。与后文的译文相联系，就会发现这方面的问题。因为，杨宪益与戴乃迭的译文将"要榨出皮袍下面藏着的'小'来"之中的"小"译为 the small self,斯诺将之译为 all the littleness,李明的译文是 the "small self"。而 self 有 a particular or typical part of one's nature,亦即"本性,本质"(《朗文当代英语大辞典》，条目 self)②,那么，给人的印象只能是，"我"自以为是"恶人"，因为在本性上就是"渺小的"？因而，我们认为，有必

---

① 萨默斯(著)、朱原等(译),《朗文当代英语大词典(英英·英汉双解)》,第 1588 页。
② 同上,第 1583 页。

要将之改为 ego（私我，个人主义意义上的我）一类的表达，这样才能突出"我"对自己自私的反省和痛恨。①

进一步说来，我们认为，诸如 happen 和 occur 之类的表达，如与人的观念、思想、感受相联系，在表达上是将之"客观化"，而《一件小事》之中所描写的"异样的感觉"则指的是"起自内在"的震惊，其源头在于人的"内心"。换言之，由车夫助人的义举所引发的"恕"（"己所不欲，勿施于人"），最终表现为人向"中心为忠"的回归，即"自我的忠诚"或对人自身的那种"至诚"。非如此，人难以"为人"。再换言之，鲁迅的这部作品，恰如其分地以一个"小小的故事"诠释了"忠恕"的基本走向：在社会活动之中，人是由"恕"走向"忠"的，亦即，在终极意义上，"恕"表现为人对其自身的"忠"。

而以"客观化"的表达方式，不仅无助于表现这样的心理活动的"向内"求索，即向"忠"的回复或返回，而且，由于一开始便阻断了这样的回归，下笔便将译文推向了"外在"的空间，一个与人的内德意识的牵连或强化无关的所在。这样，同上述《浮生六记·童趣》的第二个译文一样，站在"局外"并没有看清是非曲直，恰恰相反，置身于外反倒使译文意向设定与原作背道而驰。究其原因，依上文分析，很明显可以看出，就是由于"恕"的精神没有在译者那里扎下根来，因而，不明白该如何"与物同化"或"物我同在"，才能做到"以己推人"。

上文讨论的主要是"恕"，但实际上已经将"忠"包含其中。如果可行，则"恕"便可用 heart-to-heart 来传达其儒家的精义。

而另一方面，我们认为，还可以 coming-from-within 来传达"忠"的意思。因为，如康德在其《实践理性批判》之中所说的，"有两种东西，我们愈经常、反复地加以思维，它们就使人心充满了翻新不辍、有增无已的赞叹和敬畏：头上的星空和心中的道德法则。"②这里的"心中的道德法则"，英文译文就是 the moral law within。上文提及，"忠"可解为"中心为忠"，那么，起自

---

① 参见本章 4.7.1 的讨论。
② 转引自韩水法（著），《康德传》，第 233 页，石家庄：河北人民出版社，1997 年版。

中于内的力量,自然是"忠"的意向。那么,能不能找到一种保留形象的方式? 如果模仿安乐哲的做法,或可以 heart-centralizing 来表现"中心之忠"。Heart-thrilling 有情绪激动的意涵,而 heart-centralizing 突出的则是"以人心为中心",亦即使世界情感化的意思。也可以 true-heart 表示"真诚之心"、"真正的新"、"赤子之心"或是"心之赤诚"。用这两种表达方式,似乎都能有一定对应性地再现"忠"的意味。或许,真正有意义的译文在于语境的检测以及接受。但前者本节并未论及,而后者更需进一步研究。因而,我们提出的解决方案,可能还是需要讨论的,尽管从中庸之道入手,以"恕"解"恕"在原理上是一条正确的道路。

4.8 本章小结:"回家"与古典回归

首先,"不在场证明"(Alibi)和"回家"。

德里达试图说明,他身为犹太人,却生在阿尔及利亚;本应是阿尔及利亚人,却归属于法国;本应讲(阿尔及利亚人应讲的)阿拉伯语,但他的"母语"却是法语;本应在法国生活立身,却在美国形成影响;本应在美国推广他的"解构",但有的美国人则认为,"解构"源自法国,应该在那里才有其"市场";"解构"似乎起自法国,有学者却认为,那里并没有这样的思想(运动)。此一境况,与列维纳斯类同:本是犹太人,却生在立陶宛;本应讲意第绪语,但生活在讲俄语的人中间;本应在立陶宛生活,却最后定居在法国;本应遵守犹太人的教规,但基督教时代可能并不允许他如是而为。

在本应出现的地方,他们二人是不在场的,正如我们一样。不过,我们与之的区别可能在于,我们连这样的区别也没有注意到,因而也就不会明白,究竟为什么我们是不在场的。

钱锺书的"回家":思想有所收获时,到达某种极限,中国的"神秘主义"认为那是"回归本源"。苏格拉底的"回家"与之有共通之处,但主要突出的是"灵魂不死"意义上的回家——人最终要回归的是,其来有自的"永恒"。

但是，不管怎样，钱锺书先生所引的"回家"的"三部曲"还是有意义的：无论我们"在不在这里"，"最终的回家之旅"都一定呈现为三个步骤，三个阶段，也就是"诗经节奏"。因为，那是生命本身的运动规律性的表现。

如此，《简·爱》这部小说也就具有了这样一种普遍性：它恰如其分地写出了我们任何一个人，甚至生命本身所要经历的那种过程。任何东西，是否寻找到自身的时候，一切便会消歇？

其次，翻译的"回家"。

以海德格尔为例，那是在说，翻译本身需要使外来的思想"安顿"下来，即为之设置一个"新家"，换言之，使之适应新的语境，并与之相融合。翻译即为将"不在家"或曰"本不在这里"的事物引入"回家之旅"的一种过程。

那么，不论是从《简·爱》的总体结构，还是小说前三段的精心布局，都可显现出"回家"的倾向，或者说，都是以"家"为中心。

设若此一作品是自"地狱"走向"炼狱"最终达至"天堂"的"苦旅"或"逆旅"，那么，"家"必然是小说构思的关键或曰中心。小说开篇三段，第一段描写"从'家'走出"，但"自然"/"本性"（nature）无可回复，因而，只能在"不可能"和"不可行"之中闯出一条通向真正的生命的道路。如此，在一片"冰冻的世界"之中，女主人公的刚毅和勇气跃然纸上。第二段是一转折，比较直接地宣泄叙事人/女主人公的情感，同时为引向对目前的"家"的描写做出铺垫。第三段直接描述在"人间地狱"一般的"家"中，那个本应成为"母亲"的人的丑态及其"装腔作势"或"拿腔拿调"的虚伪与不堪。这意味着，这里的"家"永远也不能成为主人公的归属；因而，"人只能是生活在别处"。

但是，我们看到的译文则没有触及根本性的意味。目前能见到的所有译文的最大特色是：以口语为主要的手法，试图直接地、不加修饰地转译（更准确地说，是"转移"）原文。诸多译者或许是认为，只要在日常口语的表达之中找到与原作对应的表达方式，就算是达到了翻译的目的。

如此，一个明显的缺陷便暴露无遗："文"的痕迹几乎荡然无存。也就是，文言文的特色，几乎在所有的译文之中，根本见不到发挥。

这样，只有白话文，而缺失了文言文的所谓"文学翻译"，便失去了悠久的传统的支持。

突出一方同时舍弃另一方的作为,正是西方思想(逻各斯中心主义)最为严重的问题。

这意味着,所有的译者,都在以西方的思维方式"转移"一部伟大的作品,却丝毫没有顾及如何发挥译入语的优势。因此,我们再一次注意到,以一方为中心,贬低另一方的倾向。这,就是翻译?

历史的原因或许在于,我们学得的只是西方的,但这样的西方是极其肤浅甚至不值一提的东西。从对小说前两段的众多译文的分析来看,正因为这样的"非此即彼"的思路,原作的"意境"根本没有进入译者的思考范围,因而,译文之"苍白无力"便是自然的结果。

因此,或许,回到"阴阳之道",才可能确保译文的生命力的呈现。这是因为,只有同时重视两个方面,才能形成"三",也就是使所要译出的保持它"统一性"的"结构":三足鼎立这种人人都能明白的道理,在译者这里,由于"文化的遗忘",由于"数典忘祖",由于"没有文化",由于根本不理会"翻译本身所形成的传统",而被丢在了一边。

没有"文化"作为"根基"的翻译,谈不上"译",更不可能触及"文学":那是生命之学,"生生不息"需要"生而动之"。

近代以来,我们翻译的西方小说不知凡几,但是,重新检视,这样的翻译可曾真正触及"艺术之魂"?

假若我们欣赏的"艺术"仅仅是我们日常表达之中早已存在的,而且并不十分需要"艺术加工",那么,这样的"艺术"有必要形成文字吗? 也就是,"文学翻译"因为承继"白话"的"传统"/(保守?)倾向,是否就不忌表达手段的苍白无力甚或见不到生命力而肆意浸淫其中,甚至丝毫不理会是否在所谓"通俗化"的同时会使之"庸俗化"? 而且,"艺术"一定要与"思想"相脱离吗? 比如,文学的就一定不是哲学的? 我们不需要思想,是因为"艺术"已经为我们思想了吗?

"没有修养"的荒唐,造就了多少代中国人? 现在,我们以及子孙后代要继续解读欣赏的,就是已经被奉为经典的如此这般的《简·爱》或类似的"文学作品"？本来应该与哲学或曰西学一起思考的翻译研究,是否已经错过了最好的时机？因而,总是在技术性地思考,也就是,不思考？

因此,有必要关注刘小枫的观点：

> [……]"五四"以来的历史歧途在于：从西方的现代性新传统（及其新学科知识）来重释中国的古典传统（即便某些抵制西方、高扬中国传统的人士亦然）。①

> 古学经典需要解释,解释是涵养精神的活动,也是思想取向的抉择：Errare, mehecule, malo cum Platone, qaum cum istis vera sentire(宁可跟随柏拉图犯错,也不与那伙人一起正确——西塞罗语)。②

> 90年代以来,西学翻译又蔚然成风,丛书迭出,名目繁多。不过,正如科学不等于技术,思想也不等于科学。无论学界迻译了多少新兴学科,仍似乎与清末以来汉学思想致力认识西方思想大传统这一未竟前业不大相干。晚近十余年来,欧美学界重新翻译和解释古典思想经典成就斐然,若仅仅务竞新奇,紧跟时下"主义"流变以求适时,西学研究终不免以支庶续大统。③

> 如何重新获得已然丢失的古典传统,关系到中国学术未来的基本取向和大学教育的基本品质。现代中国学术的视域基于现代西学,由于对古典西学缺乏深入细致的理解,数代中国学人虽不乏开创华夏学术新气象的心愿和意气,却缺乏现代之后的学术底气和见识根底。因此,积极开拓对西学古典传统的深入理解,当是未来学术的基本方略——只有在此基础上,我们重读自家的历代经

---

① 引自刘小枫(撰),《出版说明》(2000年),见吴雅凌(编译),《俄耳甫斯教祷歌》,第2—3页,北京：华夏出版社,2006年版。
② 引自《经典与解释》缘起》(引者按：原文此处无页码标示),见刘小枫、陈少明(主编),《古典传统与自由教育》,北京：华夏出版社,2005年版。
③ 刘小枫(主编),《西方传统经典与解释·缘起》(引者按：原文此处无页码标示),上海：华东师范大学出版社,2007年版。

典时才会有心胸坦荡、心底踏实的学术底气,从而展开广阔、深邃的学术新气象。①

再次,有必要注意,"回家"乃文学"永恒"的主题。

比如,刘小枫就曾强调:"人们很早就开始关注荷马两部作品之间的关系,何况,两部作品的主题——出征与还乡——正好构成一个整体。"②他指出:"[……]经学家伯纳尔德数过,《奥德赛》全篇共十次奥德修斯对自己内心说话,卷五中就有六次;十次中最重要的六次,其中有五次都出现在卷五,这是为什么呢?//对自己言说,意味着对自己的灵魂言说,从而,自我言说首先意味着灵魂的显现。其次,自己对自己的灵魂言说,意味着身心分离,从而成为'这人'对灵魂的观照[……]。"③

若依此观之,简·爱也始终是不在场的,因为,她是在以叙事人的"成人"的眼光,讲述"过往的"自己,但是,悖谬的是,已经过去的,却的的确确是不在场的。叙事人的"身心分离",古已有之。而在这部小说之中则别有情调,因为那是一首女性独立的颂歌。

刘小枫还指出:

[……]诗人在卷五的第四次对自己言说的最后一句是:
我已经知道,大名鼎鼎的震地神一直怀恨我。[5.423]
这里的"知道"与"认识"就是一回事,"怀恨"这个动词与奥德修斯的名字同词干,而这里的"我"是实语:奥德修斯就是如此发现自己的。④

---

① 刘小枫、陈少明(主编),《中国传统经典与解释·缘起》(引者按:原文此处无页码标示),上海:华东师范大学出版社,2005年版。
② 刘小枫(著),《昭告幽微:古希腊诗品读》,第70-94页,引文见第84页,Hong Kong:Oxford University Press,2009年版。
③ 同上,第90-91页。
④ 同上,第92-93页。

"回家"不仅是文学的永恒主题,也是哲学、神话以及人性的归宿。如尼采所指出的:"我的家在哪里?我在追问,在寻求,一如往常。我没找到它。"(《查拉图斯特拉如是说》,第4卷)保罗·蒂利希认为:"任何神话都是关于本源(origin)的神话。"海德格尔也强调:"我知道,任何本质性的和伟大的事物都源自于如下事实:人有一片故土,并扎根于传统之中。"①荀子也曾说过:

> 礼有三本:天地者,生之本也;先祖者,类之本也;君师者,治之本也。无天地恶生?无先祖恶出?无君师恶治?三者偏亡焉,无安人。故礼,上事天,下事地,尊先祖隆君师,是礼之三本也。(《荀子·礼论》)

那么,《简·爱》以及一切需要经过跨文化传递意义的作品,它们是否也应像人一样,"归去来兮",如陶渊明之所叹:

> 归去来兮!田园将芜,胡不归!既自以心为形役,奚惆怅而独悲!(《归去来辞》)

---

① 详见马丁·海德格尔(著),《海德格尔全集》,第16卷,第670页,转引自查尔斯·巴姆巴赫(著),张志和(译),《海德格尔的根——尼采、国家社会主义和希腊人》,第23页,上海:上海书店出版社,2007年版。

5

结论：跨文化之中需要创造出『阴阳互动和感通的语言』

5.1 一个归纳：中庸之道主张内德的打造和自然回归

我们的研究主要集中在儒家以及相关经典的跨文化翻译的探索上。在全书之中，第一章探究儒家，尤其是《论语》因"文"而牵涉到的语境该如何处理。其中触及的最为重要的思想当是，如何以中庸之道为指导，来确定"合外内之道也"的思路，进而确保天人相合成为可能。只有如此，长期以来几被遗忘的作为"内德打造"的"文"，作为需要不断直面的精神力量，才能为人再次所涵养。而通过一次次回到《论语》的语境之中，充分体会孔子之教的意义，不仅是跨文化译解的基本要求，也是事物走向其自身的途径。第二章探究走向"日月之明"的"明"所昭示的"日月之易"，如何在英文之中保持它的"光明"。诸如《大学》、《中庸》都是将"明"字作为至关重要的关键词来运用，以期阐发原创性的思想观念，而《道德经》和《庄子》也突出了它的要义。既然儒道二家将之置于非常的哲学高度，那么，传达其意，也就意味着为其哲学倾向定位。那么，沿循"日月相推而明生焉"的易道，只有保持"日"和"月"的"同时"在场，才可突出"一阴一阳"的原理的运用。易言之，只有采取中庸之道的"三"（叁或参）的取向，"一加一等于三"才能成为可能。而事物之存在，就在于这样的三足鼎立。鉴于如此重大的字眼的重要作用，文中还引用了《周易》、《淮南子》、《荀子》等著作，以求进一步对我们"杜撰"的词语的意义和作用，加以验证和强调。第三章主要研究的是"生生"之动态过程如何保持于跨文化的翻译之中。我们认为，只有尽可能以新的形式的创造，采用"重复"的方法，才可能使之保持运动之态，或曰使之"动起来"，尽管全新的创造的确是非常艰难的，有时甚至是不可能的。我们将"生生"分为四类，其中就包含着"茫茫"这样的表达。由于不解其意，《红楼梦》的两个译本将之误解为空无一片，完全丢掉了正确的传统意涵。此外，通过对毛泽东诗词的用词的解读和意义生发，便可加以重新认识。与此同时，我们还论证了其他类似的表达，就其诗意的散发而论，也一样需要回到"生生之意"之中。

同样的,跨文化的英文译解,要求它们的意义还原,即以中庸之道所坚持的事物之间的互动,而选取适宜的方法和手段,以求在适宜的语境之中有所突破,尽管作为一种创新的要求依然是步履维艰。第四章则试图扩大范围,并且转向英译中,引用诸如《简·爱》、《飘》以及散文作品《满园秋色》等译例来说明,如何才能达到中庸之道所坚持的"故时措之宜也"。此章关注最主要的是,如何在时光的流转之中,通过大自然的色彩的变幻的印证,以颜色词的选用为契机,来突出"因时制宜"的要义。而这本是像辜鸿铭的英文著作 *The Spirit of the Chinese People* 的汉语译名"春秋大义"最为基本的含义:只有使"春"回到"春"并且保持为"春",只有使"秋"来到"秋"并且保持为"秋",才能真正做到不失其时,恰如其分。因而,春秋代序,而日月增华,我们才会有万事万物存在。而本章所讨论的英文的文学作品,其汉语翻译,之所以存在不少问题,都和"春秋"的不在其时有关。因而,有关译例,对之的分析,可进一步见出中庸之道的跨文化指导作用。

5.2 中庸之道突出诗的真正的内在性及其生生之德

尽管我们的研究对象大多是关键词语,但是,牵连其中的当是诸多先贤精心创造的美妙文字。对有关著作的性质应该以"诗"视之,而这样的"诗"实质上就是人之心灵的情感生发。如宇文所安所指出的:

> 我们将"诗"译成 poem,仅仅是由于这样译起来比较方便。"诗"并不是 poem,"诗"不是像我们做一张床、刷油漆、做鞋子那样"做出来的东西"(thing made)。当然,一首"诗"要经由构思、揣摸①,独具匠心的表达,但这些都与一首"诗"在本质上"是什么"毫不相关。"诗"不是其作者的"对象",它就是作者本人,是内在性的

---

① 引者按:或应为"摩"?

外在化。①

可以看到,一方面,宇文所安强调"诗"并不是英文之中的 poem 那种文类,不能取而代之;另一方面,"诗即人",或曰"诗"是人"内在性的外在化"。这一论断,与我们在第一章所讨论的人之"文德"的"文而章之"的生成过程恰相吻合。

就牟宗三对"学问或成就"的论述来看,也同样离不开"文章"由"文"而"章"而内外合一的道理:

> 心力之向外膨胀耗散,是在一定的矢向和途径中使用,在此使用中,照察了外物,贞定了外物,此就是普通所谓学问或成就。②

而这意味着,汉语之中的"诗情画意",其根本的精神导向就是孔子所提倡的"焕乎,其有文章"(《论语·泰伯》)③:将人的内在美德打造好,它才可能出现诗意的焕发、彰显和发挥。而且,人之学问或成就,要走的一样就是中庸之道。

因此,依照中庸之道,跨文化翻译其本质首先应奠基在与人的一体化构成上:它是人之德的表现,亦即,作为活生生的存在者,它并不是一种物质性的或曰物理意义上的东西,而是可与人互动的精神力量。只不过,我们需要唤起它的意向,而以情感启动它的所指罢了。

在国人看来,诗是人与万物相通的感情体验。《周易·系辞上》之中强

---

① 详见 Steven Owen(著),《中国文学思想资料选读》(*Reading in Chinese Literary Thought*. Cambridge, Mass: Council on East Asian Studies, Harvard University, 1992 年版),第 27 页;转引自安乐哲、郝大维(著),彭国翔(译),《切中伦常:〈中庸〉的新诠与新译》,第 34 页。
② 牟宗三(著),《五十自述》(《牟宗三全集》之 32),第 131 页,台北:联经出版事业股份有限公司,2003 年版。
③ 何晏(注),邢昺(疏),《论语注疏》(李学勤主编,《十三经注疏》之十),第 106 页。

调"易无思也,无为也,寂然不动,感而遂通天下之故"①。因此,论者指出:

> 诗歌是怎样发生的呢? 人类是最富于想象和情感的高等动物。当在太古时代,他们刚从原人进化为纯粹的人类,对付环境,渐由用手而趋于用脑,于是渐渐有了灵敏的感觉。他们受到大自然的种种赐予,不免欢喜而感激,便不期然而然的发出一阵赞叹歌慕的声音,自然而和谐,流丽而清亮,不但倾泻自己的快感,还可以感动他人,促成同样的快乐,这样诗歌便发生了。②

在"感通"背后,当然是"生命化"或曰"人化"的力量在起作用,也就是说,国人将整个宇宙视为"生者"生生不息的存在过程。因而,"生生"对中国哲学的建构也就有了极其重大的意义和作用。而在英文之中,这样的"生生之意"是很难见到的,所以,要在这另一种语言之中营造出相应的表达方式,也就成了不得不然的事情:传达中华文化消息之要,端在于如何打造出适宜的手段或工具。

应该强调,只有充分关注了"生生之意",有关事物才可得正解。比如说,下引《淮南子》之中对"天地之初"的描述。

例1. 天坠未形,冯冯翼翼,洞洞灟灟,故曰太昭。道始于虚霩,虚霩生宇宙,宇宙生气。(《淮南子·天文训》)③

译文1. 天地还没有形成的时候,饱满充盈而又空濛无边,所以叫做大昭。道从清虚空旷中开始,清虚空旷的状态产生了时间和空间,时间和空间中又逐渐生出气来。陈静今译(刘安,2010:54)

译文2. 天地尚未成形的时候,一片混沌,朦朦胧胧,所以叫太昭。道发端于虚廓,虚廓产生宇宙,宇宙产生生气。翟江月今译(翟江月等,2010:126)

---

① 王弼(注),孔颖达(疏),《周易正义》(李学勤主编,《十三经注疏》之一),第284页。
② 引自谭正璧(著),《国学概论讲话》,第178页,香港:香港中和出版有限公司,2015年版。
③ 引自高诱(注),《淮南子》(《诸子集成》第七册),第35页。

译文 3. Before Heaven and Earth take shape, it is in a state of Chaos, so it is addressed as Da Zhao. Tao derives from Xu Kuo (referring to the state of not-being), Xu Kuo produces the universe, and the universe generates Qi. 翟江月与牟爱鹏英译(翟江月等,2010:127)

译文 4. When the heavens and the earth had yet to take shape,
There was soaring, gliding, plunging, sinking.
It is thus known as the great fetal beginning.
Dao was born out of the blank and transparent,
The blank and transparent gave rise to space-time,
And space-time gave rise to *qi*. 安乐哲与郝大维英译(安乐哲与郝大维,2011:43)

译文 5. Before heaven and earth took shape, there was only undifferentiated formlessness. Therefore it was called the great beginning. Tao originated from vacuity and vacuity produced the universe (of space and time). The universe produced the material force. 陈荣捷英译(Chan,1963:307)

译文 6. Before Heaven and Earth had taken form all was vague and amorphous. Therefore it was called the Great Beginning. The Great Beginning produced emptiness and emptiness produced the universe. The universe produced material force. Watson 英译(de Bary,1999:346-347)

高诱注曰:"冯、翼、洞、灟,无形之貌。"[①]另一个注解本倒是有较为详细的注释,冯(píng)冯:众盛貌。翼翼:繁盛貌。指天地未形成之时饱满充盈、混沌不分的样子。洞:无底为洞。"灟",同"属",连绵不尽。洞洞灟灟:指天地未形成之时无边无际的样子。昭,明亮。太昭:宇宙生成前的混沌阶段。以太昭命名这个阶段,或许是想表明,混沌从暗到明,即将生成为宇宙的

[①] 引自高诱(注),《淮南子》(《诸子集成》第七册),第 35 页。

意思。①

那么,这段话说的就是,天地未形成时的状态。上引译解也都认为,这里是在描写天地在未成形之时,只是混混沌沌、无物无象的样子,而这也就是"太昭"作为"太始"的意向。但是,我们认为,这样的解释并没有关注此处特别的用词及其意义倾向。因此,我们不能认同上引注解之中所说的"混沌从暗到明,即将生成"等论点。

首先,作者一连串用了"冯冯翼翼,洞洞灟灟"两组叠字来描写"混混沌沌"。这和《西游记》一开篇的题诗之中的描写恰相一致:

> 混沌未分天地乱,茫茫渺渺无人见。
> 自从盘古破鸿蒙,开辟从兹清浊辨。
> 覆载群生仰至仁,发明万物皆成善。
> 预知造化会元功,须看西游释厄传。

很明显,"茫茫渺渺"既是天地未分的状态,也是天地诞生之源泉。而《红楼梦》之中所写的携带"顽石"下世的"茫茫大士"和"渺渺真人",也是在突出生命或事物"源头"的意义。

应该指出,这意味着"冯冯翼翼,洞洞灟灟"在构词上和"茫茫渺渺"完全一致:同样都是叠词,也同样传递的是宇宙之诞生的由来和源头之意。

不过,《西游记》的"茫茫渺渺无人见",是说人尚未登场,但《淮南子》的"故曰太昭"则突出的是"大明之意",亦即"阴阳之道"。

之所以说,"太昭"突出的是"阴阳之道",是因为"昭"字的意思本来就是"明"。因而,"太昭"亦即"大明",不过是在强调"明之初始"罢了。有了这样的"明",世界之中的一切展现出某种秩序,宇宙展示出它应有的力量,于是,"气"的存在也就有了根据。因而,这段话类似于《圣经》之中所讲的:"上帝

---

① 详见刘安(撰),陈静(注译),《淮南子》,第 54－55 页,郑州:中州古籍出版社,2010年版。

说,要有光。就有了光。"只不过,在《圣经》之中,那是上帝之"命令"的结果,因而,"创造"作为"造物主"独一力量的体现,即为世界的诞生。而在汉语语境之中,这样的独一力量是不存在的。相应的,如《淮南子》之中所描述的,那种使宇宙滋生的力量实际上是来自事物本身。

也就是说,"冯冯翼翼,洞洞灟灟"意义即为,事物之诞生来自其自生之力。这样的表达方式已经揭示出这一点:事物之"生",是连续不断的、没有间隔的过程,一旦滋生,则一定"生而又生"、"生而复生",而不见穷竭。这样的过程,作为宇宙存在的基本样态,就其"原初"来说,根本上并无所谓的"起始"。正因为那是"无人见"的,悠远而又神秘,故而有"茫茫渺渺"之说。而"冯冯翼翼,洞洞灟灟"则试图描写出这样的"不可见"的状态,但实际上只能依照"生生之意"来传写它的深奥、神秘和圣洁。

"生生"的一个表现,就是《淮南子》描述的"太昭":"大明"即是"无可确定"的"原初之明"。但是,同日常的、人们习见的事物的存在一样,这样的"明"尽管是"原初之明",毕竟还是"明";因而,就其意义来看,它早已进入了生成的过程:它的书写,其本身就告诉我们,那是"日月相推而明生焉"(《周易·系辞下》)[①]之"明"。

因此,我们可以确定地说,所谓的"冯冯翼翼,洞洞灟灟"是"生生"的另一种说法,而"太昭"则一样是"易道"所强调的"日月相推"的另一种表达。如果再继续追溯,就会发现,"宇宙"本身也一样是"一阴一阳",因为前者说的是"空间",后者指的是"时间"[②],而"气"本来就是指"阴阳二气",否则便无从说起。"一加一等于三"之所以可能,就是因为在动态过程中,事物始终是在"阴阳二气互动之中"不断地自我回归。因而,"阴阳之易"其本身才可确定为"初始"、"起源"或曰"创世之初"。但那是"一开始"就在运动的生命

[①] 王弼(注),孔颖达(疏),《周易正义》(李学勤主编,《十三经注疏》之一),第304页。
[②] 《文子·自然》:"往古来今谓之宙,四方上下谓之宇。"《尸子》:"上下四方曰宇,往古来今曰宙。"《淮南子》:"往古来今谓之宙,四方上下谓之宇。"《庄子·庚桑楚》:"出无本,入无窍。有实而无乎处,有长而无乎本剽。有所出而无窍者有实。有实而无乎处者,宇也;有长而无本剽者,宙也。"

力本身的力量体现，因而，也就无所谓"起源"之类的东西存在了。

易言之，在这样一个"未分"但实际上已经"有所分"的宇宙，其"原初"的现身，本身就是"一阴一阳之谓道"的设计。再换言之，在所谓的宇宙诞生之时，"阴阳之道"早已被引入这样的"宇宙论"或曰"宇宙创生论"之中。就在《天文训》之中，另一处的表述也可以印证这一观点："道曰规始于一。一而不生，故分而为阴阳，阴阳合和而万物生。故曰：一生二，二生三，三生万物。"①因而，不依阴阳之道来解释《淮南子》之中的论断的意义，则其中的文字便真的是像"冯冯翼翼，洞洞灟灟"字面所呈现的那样，成了一片"混沌"。"混沌"如何成为"太昭"呢？语义矛盾，为的是突出无可解释？宇宙进入存在，其本身就是一种不以人的意志为转移的现象，因而，人类对之不可理解吗？

实际上，我们认为，第一，古代中国的宇宙生成论，如这里所论述的，并不追求宇宙的起源，至少不是西方意义上的那种起源。因而，狄百瑞以 The Creation of the Universe 为题②，来归纳包括《淮南子》在内的古代中国的宇宙生成论，很容易使人将之与《圣经》之中的"创世纪"联系起来；此外，beginning 一词的使用，尤其是它的大写形式，更会使人联想到 In the beginning was the Word（泰初有道）（《圣经·新约·约翰福音》）之类的论断，进而以为，如此的"创世论"足可与《圣经》之中的相媲美，甚或就是同一种性质的事件。

实际上，这样两种宇宙生成论，是完全不同的两个系统。《圣经》的"创世纪"，完全交由独一者担当；而中国古人的宇宙生成论则是一种无所谓起源的生成论。或者也可以说，这样的生存论基本上是取向于《周易·系辞》之中的观点："生生之谓易。"③无所谓"始发"，无所谓"起点"，更无所谓"创

---

① 高诱（注），《淮南子》（《诸子集成》第七册），第 46 页。
② 详见 WM Theodore de Bary（编），*Sources of Chinese Tradition*, Vol. I(Second Edition)，第 346 页。
③ 见王弼（注），孔颖达（疏），《周易正义》（李学勤主编，《十三经注疏》之一），第 271 页。

世",而只是存在着的变易不住的动态过程。易言之,这一变易不住的过程是事物本身的"自生"的表现:那是完全自由、自主的。因此,我们认为,若是不能理解事物本身的这种自然而然的动态,则一定不能把握这段话之中所说的那种"太昭"到底意味着什么。

实际上,不管是"冯冯翼翼",还是"洞洞灟灟",它们都是"生生"的另一种表达;而"太昭"则指的分明是"明",而如上文所析,它的意思就是"日月相推而明生焉"[①]。因而可以说,二者,一是对"生生之谓易"的再一次印证,二是直接运用了与"明"同义的字眼,来表达宇宙滋生之"原初"的情形,实则不是任何意义上的开端。而且,这段话后文中所说的"道"向"宇宙"的转化,一是时间上的"宇",一是空间上的"宙",然后"宇宙"再向"气"转化,那也肯定是指"阴阳二气"。因此,在宇宙之"开辟"的"原初",依《淮南子》这里的论述,实际上只能作为原著之作者有意推究"宇宙之原初",但也只能回到"阴阳之道"的"常态"的表现上来。也就是说,因为阴阳之道是事物之"常道",所以,它就必然规定着事物之"原初"只能是如此的"生生不息"。

安乐哲与郝大维的译文注意到了这一动态过程才是"原初"之貌的真相,因而,以 There was soaring, gliding, plunging, sinking(那里有飞升、滑动、跃入与下降)来译"冯冯翼翼,洞洞灟灟"。动态的词语的运用,或可再现原文的意义。不过,"太昭"还是被他们迻译为 the great fetal beginning(伟大的胎儿期的开端),实则无法体现"大明"之意涵。

不过,还要指出,译解者大都是像安乐哲与郝大维那样理解"太昭"的,这是因为,他们所参照的权威解释,如陈荣捷在一个注释之中所指出的[②],当都来源于王念孙:

> 书传无言天地未形,名曰太昭者。冯翼洞灟,亦非昭明之貌。太昭当作太始,字之误也。《易坤凿度》曰:"太始者,形之始也。"

---

① 见王弼(注),孔颖达(疏),《周易正义》(李学勤主编,《十三经注疏》之一),第304页。
② 见 Wing-Tsit Chan(编),*A Source Book in Chinese Philosophy*,第97页,注11。

《太平御览·天部一》引张衡《元图》曰:"元者,无形之类,自然之根,作于太始,莫之与先。"故天地未形,谓之太始也。[1]

王念孙的这一解释,第一,避开了"冯冯翼翼,洞洞灟灟"一连串叠词,这样的叠用究竟是什么意思?第二,这里所叠用的词,既然和"太昭"无关,为什么用的是"太昭",而不是王念孙所说的"太始"?之所以如此追问,是因为王本人讲得明白:"书传无言天地未形。"而《淮南子》言之,那么,他之所言,其依据何在?肯定要参照的是更为权威的哲学思想的著作,而不是一般的典籍。而依我们上文的分析,"冯冯翼翼,洞洞灟灟"是对《周易》特有的表达方式"生生"的袭用,因而也就是对《周易》最为重要的思想的一种强化表达。同时,《淮南子》的编著者,还以高超的技巧,恰切地运用了与"明"字的意义完全一致的"昭"字,突出的还是"生生之谓易"的宇宙原理,只不过是用的另一个词罢了。

如此,不论"冯冯翼翼,洞洞灟灟"是不是"昭明之貌",其意义或含义,仍然和"昭明"的意向是一致的,因为其背后的哲学依据是统一的。因而,完全不必以"字之误也"作解,而丢掉它们本应有的哲学内涵。更何况,我们如此理解,正可说明"生生"的"自生"的意向。

而这,也是如安乐哲与郝大维所指出的"无法理解的":

《中庸》的"焦点与场域的语言"允许一个由各种交互过程所构成的世界,在那样一个世界中,自发性和自我实现是最为根本的可能性。至少是那些坚定地投身于自我实现行为的个体来说是如此。如此一来,在其最充分的意义上,创造性就是各种自我实现行为的目标。因此,对《中庸》来说,创造性的核心不是可以被浪漫化,以至于成为所谓"毫无约束的原创性"(unfettered originality)或者是"毫无边际的自发性"(unbounded spontaneity)。一个过程

---

[1] 王念孙(著),《读书杂志》(下册),第89—90页,北京:中国书店,1985年版。

性、交互性的世界就是一个彼此息息相关的世界。作为自我实现的创造性寻求的是一个共同创造的世界,这个世界的特征是表现为一个所有个体自我都得以实现(所谓"各正性命"——译者注)的场域,而每一个体自我同时又都是这个交互关系现实化的场域中的一个焦点。用"创造性"这一交互性的概念来置换"力量"这一因果关系的概念,并不是追求某种脱离常规或者特异的新奇,而是要承认,在一个以交互性过程为特征的世界里,线性的因果关系或者单一的决定性并不多见。常见的是一种无法分析的自发性,这种自发性最终是无法理解的。①

二位论者未及探明"中国的宇宙生成论"或"世界观",就已经预先设定好了,他们的"焦点与场域的语言"是一种指导性甚至指针性的理论,因而足以"允许"一个"中国人"的世界依照这一套"理论构想"行事。如此的预设,实际上是在以"人为"的某种思想,来支配事物以及人的自然而又天然的活动。果如此,人不是会为之牵制在"焦点化"的那种"定点"之中,而无法达到"行云流水一般"的"生生"的那种自然情调? 而且,若是如其所论,"创造性"这一概念到了1971年才进入英文字典中,②如此,中国古人为什么在久远的时代,就要趋向如此现代的西方哲学概念呢? 难道说,古代中国的观念那么贫乏,而不得不求援于西方现代?

这里最重要的是"自发性":那不是自然而然,也就是海德格尔所说的"如其所是",也即为安乐哲将之译为 selfsoing 的那种对等物的力量③显现

---

① 引自安乐哲、郝大维(著),彭国翔(译),《切中伦常:〈中庸〉的新诠与新译》,第35页。
② 在一个注释之中,安乐哲与郝大维指出:"事实上,作为自然形成的新生事物,创造性在西方哲学思考中是晚近发展而成的。直到1971年《牛津英语词典》这部西方文明的神圣记录的'补遗',才将这一新的词条包括在内。其解释则包括怀特海对于创造性这一概念的三条说明中的两条,以便指导好奇的读者更为明确地了解怀特海《形成中的宗教》(1962年)一书。"同上,第55页,注释1。
③ 详见安乐哲(著),彭国翔(译),《终极性的转化:古典道家的死亡观》,载《中国哲学史》2004年第3期,第33-40页。

吗?那么,这样的"自发性",为什么会是"无法理解的",而且是"最终"无法"理解的"?能不能理解,是要参照某种具有终极追求的精神力量,还是说,要将那样的力量作为一种衡量的杠杆?若是那样,古代中国的"中庸"何曾如此现代地以"(新的)创造性/力(之态)"出现,在那个"无法理解"的"自发性"之中?二者不是相去千里,甚至毫不相干吗?

实际上,"自发性"若是指人和事物的创造,依照中国哲学的宇宙生成论,那一定是向着最为"根本"的成长过程的回归。儒家将之体认为"民鲜久矣"(《论语·雍也》)[1],道家认为那是"道法自然"(《道德经》第二十五章)[2]。

《淮南子》之中另有一段,也写到了宇宙的诞生,或可与上引文字加以对比,以强化我们的观点:

例2. 古未有天地之时,惟象无形。窈窈冥冥,芒芠漠闵。澒蒙鸿洞,莫知其门。有二神混生,经天营地,孔乎莫知其所终极,滔乎莫知其所止息。于是乃别为阴阳,离为八极。刚柔相成,万物乃形。(《淮南子·精神训》)[3]

译文1. 上古天地还没有形成的时候,只有影像,没有形体,昏昏暗暗,迷迷茫茫,混混沌沌,空空漠漠,不知道为什么是这样。有两种神力一同产生了,运造天地,深远啊,不知尽头在哪里;广阔啊,不知止歇在何方。于是分别为阴阳二气,离析为四方八极,刚柔相互作用,万物渐渐成形。陈静今译(刘安,2010:107)

译文2. 在太古天地还没有形成的时候,只有一种无形的姿态,幽深昏暗,广大无际,混混沌沌,没有人能摸清它的门道。有两个神一起产生出来,主宰着天和地,极其深邃没有人知道它们的终点,极其广阔有没有人知道它们在哪里止息。于是,把它们区别开来就是阴与阳,阴阳离散生成八卦,刚柔相济,才形成万物。翟江月今译(翟江月等,2010:390)

译文3. In primitive times, even before Heaven and Earth took shape, there was only a shapeless substance in existence. It was unfathomable,

---

[1] 何晏(注),邢昺(疏),《论语注疏》(李学勤主编,《十三经注疏》之十),第82页。
[2] 王弼(注),《老子注》(《诸子集成》第三册),第14页。
[3] 高诱(注),《淮南子》(《诸子集成》第七册),第99页。

dark, and in a chaotic of Heaven and Earth. They are so fathomless that no one knows where they stop, and they are so huger that no one knows where they rest. Then these two gods are differentiated as Yin and Yang, and they also dissect themselves thus form the remotest areas in all eight directions. By coupling the hardness of Yang and the softness of Yin, tens of thousands of things come into being. 翟江月与牟爱鹏英译(翟江月等,2010:391)

此例的译文1一连串用了"昏昏暗暗,迷迷茫茫,混混沌沌,空空漠漠"来表达"生生之意",如此实可揭示,"原初"即为事物处于"生生"动态过程中的"自生"进而"滋生"的样态。而原文之中特地两次强调"终极"和"止息"的"莫知",更能说明,所谓的"原初"或"开端",当不是古代中国宇宙生成论所关注或偏重的。

因而,"太昭"正是原文所要强调的"'开端'之大明"。那么,依照此字的书写形式来正义,也就有了特定的必要性。正如我们在第三章所作的那样,也只有以其原字来传译,才可能避免执其一端,而对另一端弃之不顾:

例1. 译文7. 天地未能成形之时,事物混混沌沌,它们不断沉降、跃升。这就是所谓的"大明"。

例1. 译文8. When the heavens and the earth had yet to take shape, things remained in the dim, in the dark, soaring and sinking. And yet it is thus known as the Great Sun-moon-ing.

5.3 中庸之道引向跨文化之中的"阴阳互动和感通的语言"的创造,兼评安乐哲与郝大维的"焦点与场域的语言"

既然是事关紧要的表达,而且是中国哲学特色性的关键表达,那么,就有必要在英文之中找到新的对应的形式,才可使之再现其中。我们认为,那并不是安乐哲与郝大维所说的"焦点与场域的语言",而应该是一种"阴阳互动的语言"。下文即以对他们的观点及有关例子的批判展开论述,同时以之为本书的结论。

安乐哲与郝大维在其对《中庸》的研究之中,对"焦点与场域的语言"很是推崇：

> 我们对于"焦点与场域的语言"的使用,是最佳的媒介。以这种语言为媒介,这些中国哲学的文本可以获得翻译。我们曾经论证：对于说明中国人的世界来说,这种语言要远胜于西方实体取向的语言(substance-oriented)。在中国人的世界之中,对象被视为各种过程和事件;因果关系(causality)和强力(power)的各种线性关系(linear relations)被视为共同创造性(co-creativity)的交互关系(transactional relations);并且,追求清晰(clarity)和单义性(univocity)的欲望必须让位给对语言的暗喻性(allusiveness)和互文性(intertextuality)的欣赏。①

我们虽然同意他们在汉语的特质的认识上作出的论断："词语并不命名'本质'(essences),相反,他们描述不断转换的过程和事件。因此,强调一下中文语言的'动名词特性'(the gerundative character)是很重要的。"②但是,对他们所说的"焦点"则无法认同,因为那分明不是"动名词特性"的体现,甚至倾向完全与之相反,几与汉语无关。

他们指出："中国人的世界是一个关于连续性、生成和瞬息万变的现象世界。在这样一个世界中,没有最终的断裂。事物(things)不能够被理解为客体(objects)。没有这种客观性(objectivity)的观念,只有外在变化之中的各种境况的流动。在那种境况的流动之中,万物融于流动,融化于其周遭的变化之中。因此,事物不是客体(objects),而是处于一个关于变化着的过程和事件的连续场域(continuous field)内部的各种焦点(foci)。一种非客

---

① 引自安乐哲、郝大维(著),彭国翔(译),《切中伦常：〈中庸〉的新诠与新译》,第40页。
② 同上,第37页。

观的、非事实化的话语就是过程语言(process language),并且,言说和聆听这种语言就是去经验事物的流动。"① 二位本来是在强调,汉语是一种变易不住的语言,因为中国人的世界观就是变易不住的世界观,用我们的话来说,就是阴阳之道的世界观。比如,他们特地指出:在中国人那里,"并没有我们可以称之为'宇宙'(Cosmos)或'世界'(World)的最终整体。世界就是一个彼此互动的场域。世界就是万物"②。但是,他们并没有沿用"阴阳之道"之名,而是别道另行,选择了西方特有的"焦点"。而正是这样的"焦点",将之带离了汉语及其哲学。

如此,他们的解释对于汉语的适用性,就会让人怀疑。

> 以下,我们就要运用一种过程性的语言,为的是说明《中庸》的思想脉络和各种论证。这种语言我们称之为"焦点与场域的语言"(the language of focus and field)。这种语言假定了一个由有关各种过程和事件彼此相互作用的场域所构成的世界。在那样的场域之中,并不存在一个最终的因素,只有在现象场域之中不断变化的焦点,并且,每一个焦点都从各自有限的角度出发来聚焦整个场域。③

这里的"焦点"尽管也被纳入变易不住的过程之中,但是,作为"场域"的对立面和互补性的力量,毕竟是二分法性质的东西,看不到像"一阴一阳之谓道"那样对"三"(参或叁)的突出。而且,二位研究者分明有意提升"焦点"本身的作用,所以,他们特地指出:"现象世界由于'气'这一渗透性的概念而被语境化(contextualized),当现象世界与人类相遇时,它就被理解为事物存在的方式。它是一个过程性和生成(becoming)的世界。在这样的一个世界里,人类经验是一种场域(field),这一场域既为无数作为其组成部分的各种

---

① 引自安乐哲、郝大维(著),彭国翔(译),《切中伦常:〈中庸〉的新诠与新译》,第31页。
② 同上,第32页。
③ 同上,第27页。

要素所聚焦(focused by),同时又聚焦着(focusing)那无数作为其组成部分的各种要素。"①按照这样的论述,变易不住的过程,似乎应该被改写成"焦点化"的或曰"聚焦"的过程,但是,"焦点"又如何可能成为"变易"的代名词呢?

若是再看一下二人的进一步申论,就会明白,他们的确是要以"焦点"或"焦点化"来取代"变易",因而,才会强调:"从一种部分——整体到一种焦点——场域模式的转换,其诸多含义之一涉及我们对无数过程和事件间的互为原动力这一特征的描述方式。"②不过,"原动力"是和"焦点"有关吗?若是有关,那就是"焦点"本身,抑或是由之牵动"场域",也就是决定后者的"生成"?这是很值得辨析的。

我们之所以不认同"焦点与场域的语言"这一论点,是因为这种语言仍是以特定的要求规定着人观看事物的方式,进而掌控着事物的存在和运行。但这样的视角在古代中国并不是典型性的观看方式,甚至不是主要的方式。因而,它不仅不能突出中国人的观看方式,还与之相背离。

实际上,古代中国的观看或思维方式,一向有"散点透视"的说法。那是指根据需要而不断改变人的视角的方法:不固定于一点,而允许观点随意移动,进而在观察过程中凸显事物本身的面貌。也就是说,这样的观看方式是以事物本身为转移的,而不是以人为主宰的。如此,事物才可如其所是,而达至自然而然的境地,不受制于人。

而且,事物之所以在场,是因为它们本身的生命力量。因而,假若将观看焦点化,或以人规定或固定下来的某一个观点为据,则事物之成立,必以观看者的观看为认识框架,而将之揽入其中,进而固化于某一特定的观点。而这意味着,事物之所以成为事物,已经先在地受制于观看的焦点;随着这样的焦点化,事物大小比例便与观看者的观看相配合,而被纳入某种数学性的比率之中。如此,事物就有可能脱离其先在于观看者的形态,而随着观看

---

① 引自安乐哲、郝大维(著),彭国翔(译),《切中伦常:〈中庸〉的新诠与新译》,第49页。
② 同上。

者的观看显现出另一种面目。显而易见,这并不是作为事物的事物,而是作为观看者观看过程之中的事物,而且是焦点化过了的、与自然而然的存在动态并不相同的事物。

与之相反,我们之所以提出应以中庸之道为方法论,就是因为,只有坚持这一方法论,事物的自然存在之态,才是可及的,也是可以被真正观看和认识的。这就要求身为观看者,只能依照事物本身的面貌,来对之加以观看,而不是强加它们以任何外在的东西,其中就包括我们对之的牵引,也就是对之的焦点化。

如此还原事物的本来面目,之所以可行,是因为我们和万事万物一样,都是"二气"化合的产物,也都具有同质的生命力的原始形态,当然可以相互感通。如此,将之还原到它们自身,就应像是对待我们自己一样,原本并不需要加以额外的助力。也就是,如《道德经》第二十五章之所论"道法自然"。

安乐哲与郝大维似乎并不是故意规避"阴阳之道"与事物的构成联系,进而再将之与事物来到语言的关系丢在一边,而可能是未及关注中国古代的这一存在论大法。因为,在一处注释之中,他们提及:"在一个以质的转换为标志的世界里,像'白天'和'黑夜'这样假定出的对立面是作为质的连续统一体被感知的,即白天生成黑夜,反之亦然。因此,即便一个词可能包含于它首要公认的含义截然相反的含义,也是无须惊讶的。"[1]有关白天和黑夜的互动互生关系的论述,明显参照了《周易·系辞下》之中的"日月相推而明生焉"[2]的论断。但是,这样的"质的连续"变化,既然是常态,那么,表现在语言之中,也一样应该是常态。因而,"惊讶"一词就不是一个正常的表达,至少不是一种符合汉语实际的表达:在众多词语之中,相反相成始终是其含义的主要起因。而这正意味着,阴阳之道的"二气反转和互动"在发挥关键的作用。无此认识,则首先,如二位所论,一定会将事物存在的常态性的过程,视为会引发"惊讶"的东西,即非常态的、非常的情况,进而,在语言构造

---

[1] 引自安乐哲、郝大维(著),彭国翔(译),《切中伦常:〈中庸〉的新诠与新译》,第37页,注1。

[2] 王弼(注),孔颖达(疏),《周易正义》(李学勤主编,《十三经注疏》之一),第304页。

上不去加以关注事物是如何真正构成的。那么,事物之存在的动态过程之中最为重要的东西,也就被弃之不顾。其次,既然事物来到语言的基本原理未及关注,那么,如上所论,事物背后那种活动的、活生生的力量,也就是"生生之谓易"(《周易·系辞上》)①的基本内涵倾向就同时被丢在了一边。

安乐哲与郝大维似乎并没有重视上述两点,而是认为"世界分为关联性的阴阳范畴,则是经过了形式化、系统化的时间进程,并且在汉代复杂的宇宙图式以及'五行'学说之中逐步清晰的"②。即令二位讲的符合历史事实,这种观点也不能否认未经或未能达到完全"系统化"或"形式化"的《周易》之中所论的阴阳之道,在说明宇宙构成之中所起的历史性的作用。而偏离了有关作用,很难说事物能够真正来到语言。

因此,我们认为,传译古代中国文化适宜的表达方式,应是"阴阳互动和感通的语言",而不是"焦点与场域的语言"。这是因为,事物的存在是"阴阳二气"相互推移所形成的变化不住的存在。事物息息相关而又互感互通。因而,只有首先确定了宇宙论的存在形态,事物本质上的样态才可得到认可;而且,事物与事物的关系,也应成为一个关注的中心,也就需要以"感通"为导向,以突出它们的"情感"指向上的趋同和归一。前者是要说明,那是一个生生不息的宇宙,后者则是强调那个世界之中的一切都是以其生命力的情感沟通方式相联系的,因而,需要还之以"感通"。

既然在哲学倾向上要关注的是阴阳之道的复原,而阴阳之道要以中庸之道为方法论,如此的设想也就应该能为古代中国的哲学思想的外译发挥作用。

我们不妨仍以安乐哲与郝大维的译文为例,来对上述论点进行有针对性的说明:

例 3. 中庸 (《礼记·中庸》)③

---

① 王弼(注),孔颖达(疏),《周易正义》(李学勤主编,《十三经注疏》之一),第 271 页。
② 引自安乐哲、郝大维(著),彭国翔(译),《切中伦常:〈中庸〉的新诠与新译》,第 44 页。
③ 郑玄(注),孔颖达(疏),《礼记正义》(下)(李学勤主编,《十三经注疏》之六),第 1422 页。

译文 1. the golden medium Collie 英译(Collie,1828:3)①

译文 2. the doctrine of the mean Legge 英译(Legge,2011)

译文 3. the state of equilibrium and harmony Legge 英译(Legge:1885,300)②

译文 4. the unwobbling pivot Pound 英译(Pound,1960:93)③

译文 5. the mean-in-action Hughes 英译(Hughes,1943)

译文 6. the centre, the common Lyall 与 King 英译(Lyall 与 King,1927)

译文 7. the universal order, or conduct of life 辜鸿铭英译(辜鸿铭,1996:507-574)

译文 8. the doctrine of the mean 陈荣捷英译(Chan,1963:97)

译文 9. the mean Bloom 英译(de Bary,1999:333)

译文 10. the practice of the mean 浦安迪英译(Plaks,2003)

译文 11. centrality and harmony 杜维明英译(杜维明,2008:4)

译文 12. focusing the familiar 安乐哲与郝大维英译(安乐哲与郝大维,2011)

译文 13. the doctrine of the mean 吴国珍英译(吴国珍,2015)

安乐哲与郝大维在论述之中,虽然特地辟出一节"为什么'中庸'不是 Doctrine of the Mean",对"中庸"的译名问题加以讨论,但是,他们所提及的只有理雅各两次翻译处理的不同,最后翻译《礼记》时,已经弃之不用原来的 Doctrine of the Mean 的译名;此外,他们还提到了杜维明的译文。材料收

---

① David D. Collie 在译此书书名时,用的是拼音 Chung Yung,见 David D. Collie(译),*The Chinese Classical Work Commonly Called the Four Books*,第 1 页,Malacca:The Mission Press,1828 年版。

② 在翻译《礼记》此章的标题时,James Legge 在意译之前给出了音译 Kung Yung,见 James Legge(英译),*Li Ki* XI-XLVI(*Sacred Books of China:The Texts of Confucianism*,Part IV),第 300 页,Oxford:The Clarendon Press,1885 年版。

③ Ezra Pound 也在意译之前将"中庸"音译为 Chung Yung,见 Ezra Pound(英译),*Confucius:The Great Digest*,*The Unwobbling Pivot*,*The Analects*,第 93 页。

集和分析之所以如此不周详，原因或是他们的论述重心是，为什么"中庸"不是 Doctrine of the Mean?

可以注意到：一、庞德用的并不是"中道之德"，Leonard A. Lyall 与 King Chien-Kün 的英译"the centre, the common"意为"中，常"，辜鸿铭的英文"the universal order, or conduct of life"意思是"宇宙秩序或曰生活行为"；二、在 James Legge 之后，不但陈荣捷、Irene Bloom、浦安迪用的译名之中有 the mean，甚至就是 the doctrine of the mean，而且最新的译本选用的还是这一名词。那么，要想将"中庸"和亚里士多德的 the mean 拉开距离，似乎不是那么容易？但是，作为一种追求，二位的努力方向是应该得到认可的。不过，即便他们的 focusing the familiar 脱开了亚里士多德，他们也并没有脱开特定的"西方焦点"。因而，这一译名问题确实值得再加讨论。

安乐哲与郝大维是依照他们所提出的"焦点与场域的语言"来设计"中庸"的译文的。但是，正如上文所说，我们认为，这样做在将观点拉向西方人特有的审视事物的方式的同时，也就偏离了古代中国对事物的认识：这就是，事物之合宜，入于常道，必加以保持。

"中庸"二者相配，有很多意思，但既然已成词组，有必要从完整的观念入手，加以解释。我们对之的理解是，中者，行为之时中，即在合宜之时行合宜之事。那么，与什么相合宜呢？只能是常道。后者也就是"庸"的意思。二者结合起来，意思就是，以人力顺应天道，而无为而不自然。

汉语之中如此解释，而在英文之中，则要求它的动态过程的再现。这方面，我们赞成安乐哲与郝大维所说的汉语的"动名词特性"的论断，认为有必要仿照他们的做法，使用动名词形式来译"中庸"。如此，一方面可以保证它的过程意味，另一方面则能突出那是一个观念性的术语，亦可从静态观之。

因此，则"中庸"之新译可为：

译文 14. centering the familiar

这样排列组合，除了代名词的要求之外，是为了能突出"常道"之"常"，既有常见之常的意味，也拥有它特定的伦理意义，因为此词还与 family 同一词根。故而，这里保留了安乐哲与郝大维的用法。至于 centering，突出的则是对"常道"之"中心化",亦即日常行事有必要依照日常之用和伦常之意,来决定它们的走向和价值,进而有所选择地趋近自然。

那么,在这里,我们的期盼是,运用一个新的表达,能够突出自发性,亦即,人在立身行事的过程中,所应具有的以发自自身的力量来规定自己的作为,进而营造自己的生活。如此的自然要求,是与宇宙存在相一致的:只有不断回到其中,才可能成就人本身之最为重要的力量。

在这个意义上,我们之所以不能认同安乐哲和郝大维所说的"创造性",除了它十分鲜明的现代特性之外,还有一个原因,这就是,假定"焦点(化)"背后还存在着一种异于人的力量,那么,所谓人的"创造"其起源是否另有来路,而不是起自事物本身?

因此,不就阴阳之道来述说,将注意力拉向别的方面,是很难满足达意的要求。不妨就以"诚"字的译解为例,来加以说明。二位一直在强调,"诚"就是"创造性"的意思。

例 4. 诚者自成也,而道自道也。(《礼记·中庸》)[①]

译文 1. 诚是自我完成的,而道是自己履行的。王文锦今译(王文锦,2008:31)

译文 2. 保持真诚,就会自己成就潜能的要求;然后,道也会自己展示出来。傅佩荣今译(傅佩荣,2012:84)

译文 3. 有诚心的人成就自我,而道路是自己找到的。吴国珍今译(吴国珍,2015:57)

译文 4. Realness is self-completing, and the way of it is to be self-directing. Hughes 英译(Hughes,1943:131)

译文 5. Sincerity is that whereby self-completion is effected, and its way is that by which man must direct himself. Legge 英译(Legge,2011:53)

[①] 郑玄(注),孔颖达(疏),《礼记正义》(下)(李学勤主编,《十三经注疏》之六),第1450页。

译文 6. Perfection is seen in (its possessor's) self-completion; and the path (which is its embodiment) in its self-direction. Legge 英译（Legge,1885:321）

译文 7. Truth is the realisation of our being; and moral law means the law of our being. 辜鸿铭英译（辜鸿铭,1996:562）

译文 8. To be true is to shape ourselves; and the way is our own way. Lyall 与 King 英译（Lyall 与 King,1927:17）

译文 9. He who defines his words with precision will perfect himself and the process of this perfecting is in the process [that is, in the process par excellence defined in the first chapter, the total process of nature]. Pound 英译（Pound,1960:177）

译文 10. A man of sincerity is self-fulfilled. And the path he takes is what he chooses for himself. 吴国珍英译（吴国珍,2015:57）

译文 11. Sincerity means the completion of the self, and the Way is self directing. 陈荣捷英译（Chan,1963:108）

译文 12. Sincerity is completing oneself; the Way is to be followed for oneself. Bloom 英译（de Bary,1999:338）

译文 13. Creativity (*cheng* 诚) is self-consummating (*zicheng* 自成), and its way (*dao* 道) is self-directing. 安乐哲与郝大维英译（安乐哲与郝大维,2011:132）

译文 14. Creativity is self-consummating, and its way is self-advancing. 安乐哲英译（安乐哲,2009:34）

《中庸》之中强调:"诚身有道,不明乎善,不诚乎身矣。"[①]那么,显而易见,"诚"包含两个方面:天和人。一方面是"天"之"诚体"对人的锻造,另一方面则是人顺应天而体现出这样的"诚体"的"善意"。如此,两方面的结合,

---

① 郑玄（注）,孔颖达（疏）,《礼记正义》（下）（李学勤主编,《十三经注疏》之六）,第1450页。

才可形成真正的"诚"。

但是,在历代注解之中,天和人的这种关系,似乎没有得到重视,强调的中心被放在了人这一面。比如,郑玄注曰:"言人能至诚,所以'自成'也。有道艺所以自道达。"①虽然朱熹的《集注》没有停滞在这一方面,因为他说的是"言诚者物之所以自成,而道者人之所当自行也"②。但是,现代的注解仍然坚持的是郑玄的解释。如傅佩荣解释说:"自成也:本章前面几句,到'不诚无物',所说的都是'万物'(含人在内)的情况,然后从'是故君之'开始,就专讨人了。"③应该指出,这里他所说的仍是有区别的;如此,"诚"如我们所说,仍然是兼顾天人。

但是,在上引诸多译文之中,原文之中对两方的兼顾,实则已经化为一方的独占。如译文1讲"诚是自我完成的",这里的"诚"很容易只和人相联系;同样的,译文2"保持真诚,就会自己成就潜能的要求"之中的"自己",也会引向人,而不是天;而译文3"有诚心的人成就自我",就进一步明确了人的作用,天就随之缺席了。

汉语今译的译解,逐渐远离了天;而英文的译解,也同样如此。译文4的Realness is self-completing,完全可将self理解为人的"自我";译文5 Sincerity似应解为人的"真诚",与天无关,而self-completion进一步对之加以确认;译文6以Perfection(完满)取代诚,再加上self-completion,根本没有改变立人而弃天的指向;译文7以Truth is the realisation of our being(真理即我们的存在的实现)来解"诚者自成也",彻底丢掉了"诚者自成"之"诚"和"自成",也就谈不上其中的"天人关系";译文8 To be true is to shape ourselves(要企及真,就是要我们自我塑造),完全将焦点置于人;译文9 He who defines his words with precision will perfect himself and the process of this perfecting is in the process([以]精确[之法]界定其词语者,将使其自身

---

① 郑玄(注),孔颖达(疏),《礼记正义》(下)(李学勤主编,《十三经注疏》之六),第1450页。
② 朱熹(撰),《四书章句集注》,第33页。
③ 傅佩荣(译解),《大学中庸》,第84页。

完美;而此一完美过程就在过程之中),除了 process 的两次运用,几乎是另做文章;译文 10 A man of sincerity is self-fulfilled(真诚的人是自我完成的),只有解释的意思,仍然是在突出人,译文 11 Sincerity means the completion of the self(真诚意味着人的完成),译文 12 Sincerity is completing oneself(真诚是完成自我),这三个译文意向一致。

安乐哲与郝大维注意到了"诚"并非只是"人之真诚"或"忠诚"。不过,他们突出的只是其中一面,而使人消失于在场。

这样,译文 13 和 14 都是以 Creativity is self-consummating(创造性即为自我成就),来传达"诚者自成也"的寓意。但是,正如上文所说,这样的"创造性"太过现代,不适用于古代中国,也就不能和《中庸》的语境相合。另一方面,最为重要的是,"自成"正是事物存在之"自生"力量的体现,如此它们才能得其自然:其生命力的聚集,表现于过程之中,生发出一种不可遏制的力量。这也就是安乐哲与郝大维所说的"自生"之意。

那么,"诚"与"自成"之"成",依照音训之法,属于同一意义的词语。在哲学上,就要求一定的安排,来保证这样的表达是"诚成"的,也就是,保证"诚体"回到"成",回到其自身,才可真正成为"诚体"或曰"自成其体"。

那么,既然英文之中见不到类似的表达,我们需要的只能是再创造:

译文 15. Word-becoming is becoming itself, and *Dao* is *Dao*-ing itself.①

回译为汉语,意思即为:"词语-生成即在自我生成,而道也在道其自身。"这里的"道",同样是突出"道者"向着自身的回还和复原。如此才可有"自道者"的"道",也就是,具有"自身"之力的那种"道"。尽管英文之中目前并不存在类似的表达方式,但我们还是认为,若能依照中庸之道的方法,将原文之中的"诚者自成"和"道者自道"之类传达其中,则做出某种合乎原文形式的尝试还是有必要的;或许,也只有这样,使"诚者"所牵涉的两面在场,才是可能的:Word-becoming 强调的是,一方面,词语本身的在场,另一方

---

① 可参见本书 3.8 的讨论。

面,这样的在场是要经过"生成"或"变易"(becoming)的。生成(becoming)并不一定局限于人,而完全可能是某种始终存在而且要继续存在下去的力量,也就是"生生"的自然。这样,事物之来到语言,也就可以此为样板加以说明:事物之来到语言,与词语本身之在场一样,必然是"生生不已"的,也就是在拥有这样的"自生"之性、之能、之力的条件下,才算是真正的"生生"。同样的,"道者"只能是依自身之力达至"生生",或曰体现出"生生之意"。因而,在这里,似乎已无必要再作解释。

我们的译解,可从牟宗三对其所提出的"生成哲学"的解释之中,找到一定的根据:

> 内生外成是一宇宙论的发展概念,《中庸》所谓位育化育也,而与"乾知大始,坤作成物","元亨利贞"之终始过程,亦不背也。①

事物之"自生"是"内生外成",而"内"的积蓄,实则已有天之赐予。如此,二者互动,不断产生循环,就形成了事物本身自发自生性的存在运动,或曰生成。"合外内之道也",正是《中庸》所提倡的;只有如此,事物的存在才是有其根据的。

我们采用这样处理的办法,或许并不是安乐哲所要反对的。因为,就在研究"儒家角色伦理学"的著作之中,他也一样是在透过字本身的构成,来解说儒家的有关思想。比如,他用"六书"之法,从甲骨文的书写形式出发,来解读"老"、"孝"以及"学",进而将之贯穿起来,借以强调"老一代对后代的示范角色"这种儒家角色伦理。② 不过,我们这里的问题是,如果真的能让汉字本身的构成在有关典籍的英文译解之中发挥作用,则有关努力作用可能会更大一些。

因而,"生生"的跨文化处理,其表达涉及的可能还不仅仅局限于概念的

---

① 牟宗三(著),《五十自述》(《牟宗三全集》之32),第42页。
② 详见 Roger T. Ames(著),*Confucian Role Ethics: A Vocabulary*,第184页,香港:香港中文大学出版社,2011年版。

形式问题,而且牵涉到中华文化的特色性的表达及其背后的思想能否进入另一种文化。这样,也就有必要予以特别的重视。

很明显,若是不能站在"生生之意"的立场,就会脱离对特定表达的理解;实际上,那就远离了中国哲学的一个根本性的导向或方面。

总结的话,我们认为,安乐哲与郝大维的"焦点与场域的语言"并不是儒家所要求的那种语言,至少是与之不能对应的。因而,也就无法企及一个根本的方面:事物的原点。

只有通过中庸之道,调适上遂,才可能触及阴阳之道,也就是,事物之为事物的那种阴阳二气的来回翻转和相互推移。离开了这一点,则不可能触及儒家思想的实质,而去其精神自然遥远。按照本书的分析,可以推出"阴阳互动和感通的语言"的特色是:内外交合、循环不已、参赞天地以及自然而然。其根本的特性是,在动态过程之中的变易不住及其因对偶而形成的三(参或叁)的格局及其变易。

如此在跨文化的翻译研究领域提出"三"(参或叁)的自然之道的追求,或正能与西方的那种"非此即彼"的思路[①]形成反动,而凸显事物之为事物的三足鼎立和"诗经节奏"的本色,以求"将作为语言的语言带给语言"[②]。

论者指出,张载《正蒙》之中讲的"人以参为性两为体",是"明确肯定凡人皆有含三为一之性"[③]。在国人看来,宇宙的构成,其本身就是一个"三才"或曰"三极"(《逸周书·成开》[④]及《周易·系辞》[⑤])的世界:天、地、人缺一不可,而人一定是天地万物生成的参与者。之所以如此,是因为这是一个"生生"[⑥]的世界:在这里,所有的存在者都具有特定的生命形态,因而,也都

[①] 见本书0.2的有关论述。
[②] 详见本书4.4的分析和讨论。
[③] 参见庞朴(著),《浅说一分为三》,第45页。
[④] 见黄怀信、张懋镕、田旭东(撰),黄怀信(修订),李学勤(审定),《逸周书汇校集注》(上册),第499页,上海:上海古籍出版社,2007年版。
[⑤] 王弼(注),孔颖达(疏),《周易正义》(李学勤主编,《十三经注疏》之一),第263页。
[⑥] 同上,第271页。

拥有存在的作用和意义。而人身为其中的一员，得以与之相"感通"①。

对于这样一个充满生机活力的世界，若是能将她的原初样态再现于另一种文化，则一定会为世界文明做出贡献。但是，我们的探索目前还处于起步阶段，因而，上述探讨和研究具有特定的实验性和试探性。

不过，应该指出的是，若是仍然一味坚持以西方的视角看待中华文化，则一定是不能对应的。比如，汉学家墨子刻就在论及作为唐君毅的"至高无上的目标"(supreme goal)的"贯通"时，将之释为 forming a logically unified understanding out of all enlightened ideas②。我们认为，这是对唐君毅完全西化的扭曲：第一，诚如牟宗三所指出的，"若以逻辑和知识论的观点看中国哲学，那么中国哲学根本没有这些，至少可以说贫乏极了"③。如此，"贫乏极了"的"逻辑"，在这里，在唐君毅这个现代"新儒家"的代表人物之一这里，竟然成为"至高无上的目标"定性的组成部分？第二，enlightened 的使用，是否要凸显"启蒙运动"的"理性主义"的力量，在新儒家这里也发扬光大，而且，早已与儒家思想融为一体？

显而易见，在这位汉学家这里，和在很多中华文化典籍的研究者那里一样，始终存在着那种特定的无意识冲动：西方，永远是标准，而作为思想的尺度，也就是表达的尺度。

如此，的确就需要有应对的办法，才能做到真正体现思想的魅力。

而我们认为，就儒家而论，只有回到它的方法论中庸之道，才可能真正在跨文化的翻译研究领域启动思想的探讨。

---

① 王弼(注)，孔颖达(疏)，《周易正义》(李学勤主编，《十三经注疏》之一)，第284页。
② 见 Thomas A. Metzger(撰)，"Putting Western Philosophy on the Defensive? — Notes on Tang Junyi's Philosophy"，收入刘笑敢(主编)，《唐君毅与中国哲学研究》(《中国哲学与文化》第八辑)，第57-89页，引文见第89页，桂林：广西师范大学出版社，2010年版。
③ 牟宗三(著)，《中国哲学的特质》，第3页。

主要参阅文献

安乐哲、罗思文(著):《〈论语〉的哲学诠释》,余瑾(译),北京:中国社会科学出版社,2003年。

安乐哲(撰):《终极性的转化:古典道家的死亡观》,彭国翔(译),《中国哲学史》2004年第3期。

安乐哲、郝大维(著):《道不远人:比较哲学视域中的〈老子〉》,何金俐(译),北京:学苑出版社,2004年。

安乐哲(著):《和而不同:中西哲学的会通》,温海明等(译),北京:北京大学出版社,2009年。

安乐哲、郝大维(著):《切中伦常:〈中庸〉的新诠与新译》,彭国翔(译),北京:中国社会科学出版社,2011年。

安作璋(主编):《论语辞典》,上海:上海古籍出版社,2004年。

百度贴吧(http://tieba.baidu.com/p/2249419179),2017年5月4日采集。

博库网(http://detail.bookuu.com/2248846.html),2017年5月6日采集。

蔡尚思(著):《孔子思想体系》,上海:上海人民出版社,1982年。

蔡新乐(撰):《后殖民状况下还有翻译吗?——"翻译"的再概念化简论》,《中国比较文学》2002年第4期。

蔡新乐(撰):《"文化转向"无向可转?——巴斯奈特论文〈文化与翻译〉批判》,《外国语文研究》2015年第1期。

蔡新乐(撰):《翻译如何"厚重"?——西奥·赫曼斯"厚重翻译"批判》,《外语教学》2015年第3期。

蔡新乐(撰):《翻译哲学的阴阳之道:从"明"看儒家思想之于翻译的意义》,罗选民(主编):《亚太跨学科翻译研究》(第一辑),北京:清华大学出版社,2015年。

蔡新乐(著):《历史文献翻译的原则性追求:孙中山著〈伦敦绑架案〉的翻译》,南京:南京大学出版社,2015年。

蔡新乐(著):《翻译哲学导论:〈荷尔德林的赞美诗《伊斯特》〉的阴阳之道观》,南京:南京大学出版社,2016年。

蔡义江(著):《红楼梦诗词曲赋全解》,上海:复旦大学出版社,2011年。

曹雪芹(著):《红楼梦》(八十回《石头记》),周汝昌(汇校),北京:人民文学出版社,2006年。

查尔斯·巴姆巴赫(著):《海德格尔的根——尼采、国家社会主义和希腊人》,张志和(译),上海:上海书店出版社,2007年。

陈才俊(主编):《孟子全集》,杨广恩(注译),北京:海潮出版社,2008年。

陈大齐(著):《论语辑释》,周春健(校订),北京:华夏出版社,2010年。

陈东成(撰):《大易翻译学中的"译之义"》,《华北水利水电学院学报》2012年第5期。

陈东成(撰):《大易翻译学初探》,《周易研究》2015年第2期。

陈鼓应(译注):《庄子今注今译》,北京:中华书局,1983年。

陈鼓应(著):《老子注译及评价》,北京:中华书局,1984年。

陈嘉映(著):《海德格尔哲学概论》,北京:生活·读书·新知三联书店,1995年。

陈嘉映(著):《海德格尔哲学概论》,北京:生活·读书·新知三联书店,2005年。

陈来(著):《陈来儒学思想录:时代的回应和思考》,翟奎凤(编),上海:华东师范大学出版社,2014年。

陈乃扬(译):Laozi(Daodejing)(《英译〈老子〉》英汉对照),上海:上海外语教育出版社,2012年。

陈寅恪(著):《陈寅恪集·金明馆丛稿二编》,北京:生活·读书·新知三联书店,2001年。

陈致(访谈):《余英时访谈录》,北京:中华书局,2012年。

陈柱(著):《中庸注参》,桂林:广西师范大学出版社,2010年。

成中英、麻桑(著):《新新儒家启思录——成中英先生的本传世界》,北京:商务印书馆,2008年。

程颢、程颐(著):《二程集》,王孝鱼(点校),北京:中华书局,1981年。

程千帆、沈祖棻(注评):《古诗今选》,南京:凤凰出版社,2010年。

程树德(撰):《论语集释》(1—4册),程俊英、蒋见元(点校),北京:中华书局,1990年。

程颐(撰):《周易程氏传》,王孝鱼(点校),北京:中华书局,2011年。

崔波(注译):《周易》,郑州:中州古籍出版社,2007年。

戴望(撰):《管子》(《诸子集成》第五册),北京:中华书局,1954年。

戴震(著):《孟子字义疏证》,何文光(整理),北京:中华书局,1982年。

德拉·萨默斯(著):《朗文当代英语大词典(英英·英汉双解)》[(*Longman Dictionary of English Language and Culture*(*English-Chinese*)],朱原等(译),北京:商务印书馆,2005年。

丁祖馨、拉斐尔(编译):*Gems of Chinese Poetry*(《中国诗歌精华》英汉对照),沈阳:辽宁大学出版社,1986年。

杜维明(著):《道学政:论儒家知识分子》,钱文忠、盛勤(译),上海:上海人民出版社,2000年。

杜维明(著):《中庸洞见》(*The Insight of Zhong-yung* 汉英对照),段德智(译),林同奇(校),北京:人民出版社,2008年。

杜维明(著):《二十一世纪的儒学》,北京:中华书局,2014年。

菲利普·茹塞(撰):《思想冒险的图谱》,皮埃尔·夏蒂埃、梯叶里·马尔歇兹(编):《中欧思想的碰撞——从弗朗索瓦·于连的研究说开去》,北京:中国人民大学出版社,2011年。

冯象(译):《摩西五经》,香港:牛津大学出版社(中国)有限公司,2006年。

冯象(著):《宽宽信箱与出埃及记》,北京:生活·读书·新知三联书店,2007年。

冯友兰(著):《中国哲学简史》,涂友光(译),北京:北京大学出版社,2013年。

弗雷德里克·施莱尔马赫(撰):《论翻译的方法》,伍志雄(译),陈德鸿、张南峰(编):《西方翻译理论精选》,香港:香港城市大学出版社,2000年。

弗里德里希·荷尔德林(著):《荷尔德林诗选》,顾正祥(译),北京:北京大学出版社,1994年。

弗里德里希·荷尔德林(著):《荷尔德林后期诗歌》(文本卷,德汉对照),刘皓明(译),上海:华东师范大学出版社,2009年。

傅根清(今译),刘瑞祥、林之鹤(英译):*The Classic of Filial Piety*(《孝经》英汉对照),济南:山东友谊出版社,1993年。

傅佩荣(译解):《大学中庸》,北京:东方出版社,2012年。

傅佩荣(译解):《庄子》,北京:东方出版社,2012年。

G. W. F.黑格尔(著):《哲学史讲演录》(第1—2卷),贺麟、王太庆(译),北京:商务印书馆,1959年。

G. W. F.黑格尔(著):《小逻辑》,贺麟(译),北京:商务印书馆,1980年。

高亨(著):《周易古经今注》,上海:上海书店,1991年。

高永伟(主编):《新英汉词典》(*A New English-Chinese Dictionary*)(第四版),上海:上海译文出版社,2009年。

高诱(注):《淮南子》(《诸子集成》第七册),北京:中华书局,1954年。

辜鸿铭(译):"The Discourses and Sayings of Confucius",黄兴涛(编):《辜鸿铭文集》(下),海口:海南出版社,1996年。

辜鸿铭(译):"The Universal Order, or Conduct of life",黄兴涛(编):《辜鸿铭文集》(下),海口:海南出版社,1996年。

辜鸿铭(著):*The Spirit of the Chinese People*,北京:外语教学与研究出版社,1998年版。

谷衍奎(编):《汉字源流字典》,北京:华夏出版社,2003年。

广东、广西、湖南、河南辞源修订组、商务印书馆编辑部(编):《辞源》(修订本)(第三册),北京:商务印书馆,1982年。

郭沫若(译):《英诗译稿》,上海:上海译文出版社,1981年。

郭璞(注),邢昺(疏):《尔雅》(李学勤主编:《十三经注疏》之十三),北京:北京大学出版社,1999年。

郭沂(编):《开新:当代儒学理论创构》,北京:北京大学出版社,2013年。

韩水法(著):《康德传》,石家庄:河北人民出版社,1997年。

《汉语大字典》编辑委员会(编):《汉语大字典》,成都:四川辞书出版社;武汉:湖北辞书出版社,1993年。

郝大维,安乐哲(著):《通过孔子而思》,何金俐(译),北京:北京大学出版社,2005年。

何新(著):《大易新解》,北京:时事出版社,2002年。

何晏(注),邢昺(疏):《论语注疏》(李学勤主编:《十三经注疏》之十),北京:北京大学出版社,1999年。

赫伯特·芬格莱特(著):《孔子:即凡而圣》,彭国翔、张华(译),南京:江苏人民出版社,2002年。

侯璐、李葆华(撰):《浅析孟子的天命观》,《哈尔滨学院学报》2011年第4期。

胡文英(注):《屈骚指掌》,北京:北京古籍出版社,1979年。

黄宝华(撰):《杜甫〈成都府〉[解]》,萧涤非等(撰写):《唐诗鉴赏辞典》,上海:上海古籍出版社,1983年。

黄道周(撰):《易象正》,翟奎凤(整理),北京:中华书局,2011年。

黄杲炘(译):《英国抒情诗100首》,上海:上海译文出版社,1986年。

黄式三(著):《论语后案》,张涅、韩岚(点校),南京:凤凰出版社,2008年。

黄寿祺、张善文(著):《周易译注》,上海:上海古籍出版社,1989年。

霍韬晦:《现代佛学》,北京:中国社会科学出版社,2003年。

江枫(撰):《新世纪的新译论点评》,《中国翻译》2001年第3期。

蒋庆(著):《政治儒学:当代儒学的转向、特质与发展》(修订本),福州:福建教育出版社,2014年。

金景芳、吕绍纲(著):《周易全解》,长春:吉林大学出版社,2013年。

居古拉·格里马尔迪(著):《巫师苏格拉底》,邓刚(译),上海:华东师范大学出版社,2007年。

卡尔·荣格(撰):《集体无意识的概念》,叶舒宪(编):《神话-原型批评》,西安:陕西师范大学出版社,1987年。

孔安国(传),孔颖达(疏):《尚书正义》(李学勤主编:《十三经注疏》之二),北京:北京大学出版社,1999年。

匡亚明(著):《孔子评传》,南京:南京大学出版社,1990年。

李德顺、崔唯航(撰):《哲学思维的三大特性》,《学习与探索》2009年第5期。

李鼎祚(著):《周易集解》,北京:中国书店,1984年。

李隆基(注),邢昺(疏):《孝经注疏》(李学勤主编:《十三经注疏》之十二),北京:北京大学出版社,1999年。

李民、王健(撰):《〈尚书〉译注》,上海:上海古籍出版社,2012年。

李明(编):《翻译批评与赏析》,武汉:武汉大学出版社,2010年。

李谊(注释):《杜甫草堂诗注》,成都:四川人民出版社,1982年。

李赟(著):《在兹:错位中的天命发生》,上海:上海书店出版社,2007年。

李泽厚(著):《论语今读》,合肥:安徽文艺出版社,1998年。

理查德·罗蒂(著):《真理与进步》,杨玉成(译),北京:华夏出版社,2004年。

梁启超(著):《中国佛教研究史》,上海:生活·读书·新知三联书店,1988年。

梁启超(著):《儒家哲学》,上海:上海人民出版社,2009年。

林存光(著):《孔子新论》,北京:人民出版社,2012年。

林戊荪(英译):*Getting to Know Confucius—A New Translation of The Analects*(《〈论语〉新译》英汉对照),北京:外文出版社,2010年。

刘安(撰):《淮南子》,陈静(注译),郑州:中州古籍出版社,2010年。

刘宝楠(著):《论语正义》(《诸子集成》第一册),北京:中华书局,1954年。

刘殿爵(D. C. Lau)(英译):*The Analects*(《论语》英汉对照),北京:中华书局,2008年。

刘浩明(著):《荷尔德林后期诗歌》(评注·卷下),上海:华东师范大学出版社,2009年。

刘家和(著):《论中国古代轴心时期的文明与原始传统的关系》,《中国文化》(第八期),北京:生活·读书·新知三联书店,1993年。

刘宓庆、章艳(著):《翻译美学理论》,北京:外语教学与研究出版社,1989年。

刘述先(著):《儒家思想开拓的尝试》,北京:中国社会科学出版社,2001年。

刘小枫(编):《海德格尔与有限性思想》,孙周兴等(译),北京:华夏出版社,2002年。

刘小枫、陈少明(主编):《古典传统与自由教育》(《经典与解释》之五),北京:华夏出版社,2005年。

刘小枫(著):《昭告幽微:古希腊诗品读》,香港:牛津大学出版社,2009年版。

刘小枫(著):《施特劳斯的路标》,北京:华夏出版社,2011年。

刘艳春、冯全功、王少爽(撰):"Aspects of Translation Education: An Interview with Professor Anthony Pym",《广译》2012年第6期。

陆九渊(著):《陆九渊集》,钟晢(点校),北京:中华书局,1980年。

陆九渊、王守仁(著):《象山语录·阳明传习录》,杨国荣(导读),上海:上海古籍出版社,2000年。

罗新璋、陈应年(编):《翻译论集》(修订本),北京:商务印书馆,2009年。

罗志野(英译),周秉钧(今译):*Book of History*(《尚书》英汉对照、文白对照),长沙:湖南出版社,1997年。

马丁·海德格尔(著):《在通向语言的途中》(修订译本),孙周兴(译),北京:商务印书馆,2004年。

马丁·海德格尔(著):《存在论:实际性的解释学》,何卫平(译),北京:人民出版社,2009年。

马恒君(译著):《庄子正宗》,北京:华夏出版社,2014年。

马克·弗罗芒-默里斯(著):《海德格尔诗学》,冯尚(译),李峻(校),上海:上海译文出版社,2005年。

马一浮(著):《马一浮集》(第一册),杭州:浙江古籍出版社、浙江教育出版社,1996年。

毛亨(传),郑玄(笺),孔颖达(疏):《毛诗正义》(上中下卷),(李学勤主编:《十三经注疏》之三),北京:北京大学出版社,1999年。

毛泽东(著):*Mao Tsetung Poems*(《毛泽东诗词》英汉对照),北京:外文出版社,1976年。

毛泽东(著):*Poems of Mao Zedong with rhymed versions and annotations*(《英汉对照韵译毛泽东诗词》英汉对照),辜正坤(英译),北京:北京大学出版社,1993年。

莫砺锋、武国权(著):*Du Fu*(《杜甫》英汉对照),潘智丹(译),南京:南京大学出版社,2010年。

墨子刻(Thomas A. Metzger)(撰):"Putting Western Philosophy on the

Defensive? —Notes on Tang Junyi's Philosophy",收入刘笑敢(主编):《唐君毅与中国哲学研究》(《中国哲学与文化》第八辑),桂林:广西师范大学出版社,2010年。

牟钟鉴(撰):《用孔子智慧守护民族精神家园——牟钟鉴先生专访》,李文娟(整理),《孔子研究》(第二辑),上海:上海古籍出版社,2011年。

牟宗三(著):《现象与物自身》,台北:学生书局,1984年。

牟宗三(著):《中国哲学的特质》,上海:上海古籍出版社,1997年。

牟宗三(著):《牟宗三全集》,台北:联经出版事业股份有限公司,2003年。

牟宗三(著):《宋明儒学的问题与发展》,上海:华东师范大学出版社,2004年。

牟宗三(著):《周易哲学演讲录》,上海:华东师范大学出版社,2004年。

牟宗三(著):《历史哲学》,桂林:广西师范大学出版社,2007年。

牟宗三(著):《心体与性体》(上),吉林:长春出版集团责任公司,2013年。

南怀瑾、徐芹庭(注译):《周易今注今译》,重庆:重庆出版社,2011年。

南怀瑾(著):《论语别裁》,上海:复旦大学出版社,2014年。

南怀瑾(著):《易经系传别讲》,北京:东方出版社,2015年。

倪梁康(著):《现象学概念通释》,北京:生活·读书·新知三联书店,1999年。

庞朴(著):《浅说一分为三》,北京:新华出版社,2004年。

彭玉平(撰):《人间词话疏证》,北京:中华书局,2011年。

皮埃尔·夏蒂埃、梯叶里·马尔歇兹(主编):《中欧思想的碰撞——从弗朗索瓦·于连的研究说开去》,闫素文、董斌孜孜(译),北京:中国人民大学出版社,2011年。

蒲起龙(著):《读杜心解》(全三册),北京:中华书局,1961年。

钱歌川(著):《翻译的基本知识》,北京:世界图书出版公司,2011年。

钱厚生(主编):《中国古代名言辞典》(*Dictionary of Classic Chinese Quotations with English Translation* 汉英对照),南京:南京大学出版社,2010年。

钱基博(著):《国学要籍解题及其读法》,上海:上海古籍出版社,2012年。

钱穆(著):《中国历史研究法》,香港:孟氏教育基金会,1961年。

钱穆(著):《中国学术通义》,台北:台湾学生书局,1976年。

钱穆(著):《论语新解》,北京:生活·读书·新知三联书店,2002年。

钱穆(著):《朱子学提纲》,北京:生活·读书·新知三联书店,2002年。

钱锺书(著):《管锥编》(第1—5册),北京:中华书局,1986年。

钱锺书(著):《钱锺书散文》,杭州:浙江文艺出版社,1997年。

钱锺书(著):《写在人生边上·人生边上的边上·石语》,北京:生活·读书·新知三联书店,2012年。

任继愈(著):《汉唐佛教思想论集》,北京:人民出版社,1973年。

任继愈(著):《老子绎读》(Laozi: An Interpretation and Commentary 汉英对照),任远(英译),北京:商务印书馆,2009年。

沈复(著):Six Chapters of A Floating Life,林语堂(译),北京:外语教学与研究出版社,1999年。

沈卫威(著):《回眸学衡派——文化保守主义的现代命运》,北京:人民文学出版社,1999年。

司马迁(撰),裴骃(集解),司马贞(索隐),张守节(正义):《史记》(全三册),北京:中华书局,2005年。

宋淑萍(著):《中国人的圣书》,北京:中国青年出版社,1990年。

宋翔凤(著):《论语说义》(王先谦编:《皇清经解续编》卷三八九至三九八),南京:凤凰出版社,2005年。

苏秉琦(著):《中国文明起源新探》,北京:生活·读书·新知三联书店,1999年。

苏曼殊(著),柳亚子(编):《苏曼殊全集》(第一卷),北京:中国书店,1985年。

孙大雨(译):Selected Poems of Chü Yuan(《英译屈原诗选》英汉对照),上海:上海外语教育出版社,2007年。

孙海通(译注):《庄子》,北京:中华书局,2007年。

孙钦善(著):《论语本解》,北京:生活·读书·新知三联书店,2009年。

孙中山(著):《伦敦被难记》(《孙中山全集》第一卷),甘作霖(译),北京:中华书局,1981年。

谭正璧(著):《国学概论讲话》,香港:香港中和出版有限公司,2015年。

唐君毅(著):《生命存在与心灵境界》(上下册),台北:台湾学生书局,1986年。

唐明邦(主编):《周易评注》(修订本),北京:中华书局,2009年。

腾复(著):《马一浮和他的大时代》,厦门:庐江出版社,2015年。

屠岸(译):《杜甫〈梦李白〉(二首)》,吴钧陶(主编):《唐诗三百首》(300 Tang Poems 汉英对照),长沙:湖南出版社,1997年。

汪榕培、任秀桦(译):*Book of Change*(《英译易经》英汉对照),上海:上海外语教育出版社,2007年。

汪榕培、任秀桦(英译),秦旭卿、孙雍长(今译):*Zhuangzi*(《庄子》英汉对照),长沙:湖南人民出版社,1999年。

王弼(注):《老子注》(《诸子集成》第三册),北京:中华书局,1954年。

王弼(注),孔颖达(疏):《周易正义》(李学勤主编:《十三经注疏》之一),北京:北京大学出版社,1999年。

王弼(注),楼宇烈(校释):《周易校释》,北京:中华书局,2011年。

王夫之(著):《周易内传》(《船山全书》第1册),长沙:岳麓书社,1996年。

王国维(著),佛雏(校辑):《新订〈人间词话〉广〈人间词话〉》,上海:华东师范大学出版社,1990年。

王国维(著):《殷周制度论》,石家庄:河北教育出版社,2001年。

王国轩、张燕婴、蓝旭、王丽华(译):《四书》(文白对照),北京:中华书局,2007年。

王文锦(译注):《大学中庸译注》,北京:中华书局,2008年。

王文锦(译解):《礼记译解》,北京:中华书局,2016年。

王希孟(访谈):《政治理想、儒家文献以及中西对比——陈福滨先生访谈录》,《孔子研究》2011年第2期。

王先谦(著):《荀子集解》(《诸子集成》第二册),北京:中华书局,1954年。

王月清、暴庆刚、管国兴(编著):《中国哲学关键词》,南京:南京大学出版社,2011年版。

王振复(著):《周易精读》,上海:复旦大学出版社,2009年。

王佐良、李赋宁、周珏良、刘承沛(主编):《英国文学名篇选读》,北京:商务印书馆,1983年。

王佐良(著):《翻译:思考与试笔》,北京:外语教学与研究出版社,1989年。

吴国珍(译):A New Annotated English Version of the Great Learning & The Doctrine of the Mean(《〈大学〉〈中庸〉最新英文全译全注本》),福州:福建教育出版社,2015年。

吴国珍(译):A New Annotated English Version of the Works of Mencius (《〈孟子〉最新英文全译全注本》),福州:福建教育出版社,2015年。

吴雅凌(编译):《俄耳甫斯教祷歌》,北京:华夏出版社,2006年。

吴志杰(撰):《中国传统译论研究的新方向:和合翻译学》,《南京理工大学学报》2011年第2期。

吴志杰(撰):《和合翻译学论纲》,《广西大学学报》2012年第1期。

夏可君(著):《〈论语〉讲习录》,安徽:黄山书社,2009年。

夏瑞春(编):《德国思想家论中国》,陈爱政等(译),南京:江苏人民出版社,1995年。

熊十力(著):《原儒》,台北:明伦出版社,1972年。

熊铁基(撰):《对"神明"的历史考察——兼论〈太一生水〉的道家性质》,武汉大学中国文化研究院(编):《郭店楚简国际学术研讨会论文集》,武汉:湖北人民出版社,2000年。

徐复观(著):《中国思想史论集续编》,台北:时报文化出版公司,1982年。

徐复观(著):《中国人性论史·先秦篇》,台北:商务印书馆,1999年。

徐刚(著):《孔子之道与〈论语〉其书》,北京:北京大学出版社,2009年。

徐四海(编著):《毛泽东诗词全集》,北京:东方出版社,2016年。

许慎(著):《说文解字》(校订本),班吉庆、王剑、王华宝(点校),南京:凤凰出版社,2004年。

许慎(撰),段玉裁(注):《说文解字注》(下),南京:凤凰出版社,2007年。

许渊冲、陆佩弦、吴钧陶(编):300 Tang Poems:A New Version(《唐诗三百首新译》英汉对照),北京:中国对外翻译出版公司 & 香港:香港印书馆分馆,1988年。

许渊冲(译):Golden Treasury of Chinese Poetry in Han, Wei and Six

Dynasties(《汉魏六朝诗》英汉对照),北京:中国对外翻译出版公司,2009年。

荀况(著):*Xunzi*(《荀子》英汉对照),John Knoblock(英译),张觉(今译),长沙:湖南出版社 & 北京:外文出版社,1999年。

亚瑟·韦利(英译),陈鼓应(今译),傅惠生(校注):*Laozi*(《老子》英汉对照、文白对照),长沙:湖南出版社,1994年。

杨伯峻(著):《孟子译注》,北京:中华书局,1960年。

杨伯峻(著):《论语译注》,北京:中华书局,1980年。

杨伯峻(著):《论语译注》,北京:中华书局,2002年。

杨宪益(著):《银翘集》,福州:福建教育出版社,2007年。

杨伯峻(今译),刘殿爵(英译):*Confucius: The Analects*(《论语》汉英对照),北京:中华书局,2008年。

杨伯峻(著):《论语译注》,北京:中华书局,2008年。

伊曼努尔·康德(著):《批判哲学的批判》,宗白华(译),北京:商务印书馆,2000年。

伊曼努尔·康德(著):《康德三大批判书精粹》,杨祖陶、邓晓芒(编译),北京:人民出版社,2001年。

伊森克莱因·伯格(著):《存在的一代:海德格尔哲学在法国1927—1961》,陈颖(译),北京:新星出版社,2010年。

尹邦彦、尹海波(编译):*A Collection of Chinese Maxims*(《中国历代名人名言》英汉对照),南京:译林出版社,2009年。

余秋雨:《〈论语造句印谱〉序》,http://baike.so.com,2016年7月22日采集。

宇文所安(著):《中国文论:英译与评论》,王柏华、陶庆梅(译),上海:上海社会科学院出版社,2003年。

袁筱一、邹东来(著):《文学翻译基本问题》,上海:上海人民出版社,2011年。

翟江月(今译、英译):*Guanzi*(《管子》英汉对照),桂林:广西师范大学出版社,2005年。

翟江月(今译),翟江月、牟爱鹏(英译):*Huainanzi*(《淮南子》英汉对照),桂林:广西师范大学出版社,2010年。

詹森·威尔逊(著):《博尔赫斯》,徐立钱(译),北京:北京大学出版社,2011年。

张柏然、许钧(编):《译学新论丛书》,上海:上海译文出版社,2008年。

张岱年(著):Key Concepts in Chinese Philosophy,Edmund Ryden(译),北京:外文出版社,2002年。

张涤华(注释):《毛泽东诗词小笺》,合肥:安徽文艺出版社,1991年。

张国清(著):《无根基时代的精神状况——罗蒂哲学思想研究》,上海:上海三联书店,1999年。

张若兰、刘筱华、秦舒(撰):《〈楚辞·少司命〉英译比较研究》,《云梦学刊》2008年第6期。

张善文(今译),傅惠生(英译):The Zhou Book of Change(《周易》(汉英对照),长沙:湖南人民出版社,2008年。

张思洁(撰):《中国传统译论范畴及其体系略论》,《外语与外语教学》2007年第5期。

张廷琛、魏博思(英译):100 Tang Poems(《唐诗一百首》英汉对照),北京:中国对外翻译出版公司&商务印书馆,1991年。

张玮(著):《楚辞笔记》,北京:中国青年出版社,2012年。

张祥龙(著):《从现象学到孔夫子》,北京:商务印书馆,2001年。

张新颖(著):《沈从文的后半生:1948—1988》,太原:北岳文艺出版社,2002年。

张延伟、张延昭(著):《周易溯本》,郑州:河南大学出版社,2014年。

张载(著):《张载集》,北京:中华书局,1978年。

张智中(撰):《诗不厌改,贵乎精也——许渊冲先生诗词改译研究》,《中国矿业大学学报》2005年第1期。

赵岐(注),孙奭(疏):《孟子注疏》(李学勤主编:《十三经注疏》之十一),北京:北京大学出版社,1999年。

赵甄陶、张文庭、周定之(英译),杨伯峻(今译):Mencius(《孟子》英汉对照),长沙:湖南出版社,1999年。

郑海凌(撰):《翻译标准新说:和谐说》,《中国翻译》1999年第4期。

郑玄(注),孔颖达(疏):《礼记正义·中庸》(下册)(阮元主编:《十三经注疏》),北京:中华书局,1980年。

郑玄(注),贾公彦(疏):《周礼注疏》,上海:上海古籍出版社,1990年。

郑玄(注),贾公彦(疏):《周礼注疏》(上中下)(李学勤主编:《十三经注疏》之四),北京:北京大学出版社,1999年。

郑玄(注),孔颖达(疏):《礼记正义》(上中下)(李学勤主编:《十三经注疏》之六),北京:北京大学出版社,1999年。

中国孔子基金会(编):《中国儒学百科全书》,北京:中国大百科全书出版社,1997年。

中国社会科学院语言研究所词典编辑室(编):《现代汉语词典》(2002年增补本),北京:外语教学与研究出版社,2002年。

周山等(著),《中国哲学精神》,北京:学林出版社,2009年。

周振甫(著):《周易译注》,北京:中华书局,2012年。

朱高正(著):《近思录通解》,上海:华东师范大学出版社,2010年。

朱熹(著):《四书章句集注》,北京:中华书局,1983年。

朱熹(著):《朱熹集》(四),郭齐、尹波(点校),成都:四川教育出版社,1996年。

朱熹(撰):《四书或问》,朱杰人等(编):《朱子全书》(第6册),上海:上海古籍出版社;合肥:安徽文艺出版社,2002年。

朱熹(撰):《四书章句集注》,金良年(今译),上海:上海古籍出版社,2006年。

朱熹(撰):《周易本义》,廖明春(点校),北京:中华书局,2009年。

朱熹(集传):《诗经》,方玉润(评),朱杰人(导读),上海:上海世纪出版集团,2014年。

宗富邦、陈世饶、萧海波(主编):《故训汇纂》,北京:商务印书馆,2003年。

左丘明(传)、杜预(注)、孔颖达(正义):《春秋左传正义》(上中下)(李学勤主编:《十三经注疏》之七),北京:北京大学出版社,1999年。

Ames, Roger T. and Rosemont, Henry, Jr. (tr.), *The Analects of Confucius: A Philosophical Translation*, New York: Ballantine Books, 1998.

Ames, Roger. T. & Hall, David. L. (tr.), *Focusing the Familiar: A Translation and Philosophical Interpretation of the Zhongyong*, Honolulu: University of Hawaii Press, 2001.

Ames, Roger T., "Translating Chinese Philosophy," Chan Sin-wai and David E. Pollard (ed.), *An Encyclopedia of Translation: Chinese-English · English-Chinese*, Hong Kong, The Chinese University Press, 2001.

Ames, Roger T., *Confucian Role Ethics: A Vocabulary*, Hong Kong: Hong Kong Chinese University Press, 2011.

Bacon, Francis, *Francis Bacon: Selections*, Oxford: Oxford University Press, 1924.

Bary, Wm Theodore de, *Neo-Confucian Orthodoxy and the Learning of the Mind-And-Heart*, New York: Columbia University Press, 1981.

Bassnett, Susan and Lefevere, André (ed.), *Translation, History and Culture*, London and New York: Printer Publisher, 1990.

Bassnett, Susan, "Culture and Translation," Piotr Kuhiwczak & Karin Littau (ed.), *A Companion to Translation Studies*. Clevedon: Multilingual Matters Ltd, 2007: 13 – 24.

Baynes, Cary F. (tr.), *The I Ching or Book of Changes*, Princeton: Princeton University Press, 1977.

Bertschinger, Richard (tr.), *Yijing, Shamanic Oracle of China: A New Book of Change*, London: Singing Dragon, 2012.

Bloom, Irene (tr.), *Mencius*, New York: Columbia University Press, 2009.

Bridgman, Elijah Coleman (tr.), *Heaou King, or Filial Duty*, The Chinese Repository, Vol. IV, From May 1835 to April 1836, Canton: Printed for the Proprietors, 1836.

Bruyn, De F., " Genre Criticism," Irene R. Makaryk (ed.), *Encyclopedia of Contemporary Literary Theory: Approaches, Scholars, Terms*, Toronto University of Toronto Press, 1993: 79 – 85.

Chan, Wing-tsit (tr. And ed.), *A Sourcebook in Chinese Philosophy*

Princeton: Princeton University Press, 1963.

Chên, Ivan (tr.), *The Book of Filial Duty*, London: J. Murray, 1908.

Cheung, Martha P. Y. (tr. and ed.), *An Anthology of Chinese Discourse on Translation*, Volume I, *From Earliest Times to the Buddhist Project*, Shanghai: Shanghai Foreign Language Education Press, 2010.

Christensen, Lars Bo (tr.), *Book of Changes: The Original Core of the I Ching*, Copenhagen: CreateSpace Independent Publishing Platform, 2015.

Cleary, Thomas (tr.), *I Ching, The Book of Change*, Boston and London: Shambhala, 2011.

Collie, David (tr.), *The Chinese Classical Work Commonly Called the Four Books*, Malacca: The Mission Press, 1828.

Culler, Jonathan, *Literary Theory: A Very Short Introduction*, Oxford: Oxford University Press, 1997.

de Bary, Wm. Theodore de and Bloom, Irene (ed.), *Sources of Chinese Tradition* (Volume I), New York: Columbia University Press, 1999.

Derrida, Jacques, *Of Grammatology*. (tr.) Spivak, G. C., Baltimore and London: The John Hopkins University Press, 1976.

Derrida, Jacques, "La pharmacie de Platon," *Tel Quel*, 1968, 32: 3 - 48, and 33: 18 - 59, (tr.) Johnson, B. *Dissemination*, Chicago: University of Chicago Press, 1981.

Derrida, Jacques, "Différance," in Alan Bass (ed.) *Margins of Philosophy*, Chicago: The University of Chicago Press, 1982.

Derrida, Jacques, "Provocation: Forewords," Peggy Kamuf (tr.), *Without Alibi*, California: Stanford University Press, 2002.

Derrida, Jacques, *Rogus: Two Essys on Reason*. (tr.) Brault, Pascale-Anne and Naas, Michael. Stanford: Stanford University Press, 2005.

Eagleton, Terry, *Literary Theory: An Introduction*, Beijing: Foreign Language Teaching and Research Press, 2004.

Fung Yu-Lan, *Chuang-tzu: A New Selected Translation with An*

Exposition of the Philosophy of Kuo Hsiang, Beijing: Foreign Language Teaching and Research Press, 2012.

Gadamer, Hans-Georg, *Philosophical Hermeneutics*, (ed.) Linge, D. E. Berkeley, CA: California University Press, 1977.

Giles, Herbert A. (tr.), *Chuang-ztǔ: Mystic, Moralist, and Social Reformer*, London: Bernard Quaritch, 1889.

Graham, A. C. (tr.), *Chuang-ztǔ: the Inner Chapters*, London: Unwin Hymen Limited, 1981.

Groden, Michael, Martin & Kreiswirth & Imre Szeman (eds.), *The John Hopkins Guide to Literary Theory and Criticism*, Baltimore and London: The Johns Hopkins University Press, 2004: 710-713.

Hawkes, David (tr.), *The Story of the Stone*, Shanghai: Shanghai Foreign Language Education Press, 2012.

Heidegger, Martin, *On the Way to Language*, (tr.) Peter D. Hertz. New York: Harper and Row Publishers, 1982.

Heidegger, Martin, *Hölderlin's Hymn "The Ister"*, (tr.) McNeill, William and Davis, Julia, Bloomington and Indianapolis: Indiana University Press, 1996.

Hermans, T, "Cross-cultural Translation Studies as Thick Translation, *Bulletin of the School of Oriental and African Studies*, University of London, Vol. 66, No. 3 (2003): 380-389.

Hermans, T, "Literary Translation," Piotr Kuhiwczak & Karin Littau (ed.), *A Companion to Translation Studies*, 2007: 77-91.

Hinton, David (tr.), *I Ching, The Book of Change*, New York: Farrar Straus and Giroux, 2015.

Holmes, James, "The Name and Nature of Translation Studies," Lawrence Venuti (ed.), *The Translation Studies Reader*, London and New York: Routledge, 2000: 175-185.

Hornby, A. S. (ed.), *Oxford Advanced Learner's English-Chinese Dictionary*,李北达(译),Beijing: the Commercial Press, 1997.

Huang, Alfred (tr.), *The Complete I Ching, The Definitive Translation*, Rochester: Inner Traditions, 1998.

Huang, Alfred (tr.), *The Complete I Ching*, Rochester: Inner Traditions Bear and Company, 2012.

Huang, Kerson and Huang, Rosemary (tr.), *I Ching*, New York: Workman Publishing Company, Inc., 1987.

Hughes, E. R. (tr.), *The Great Learning and The Mean-in-Action*, New York: E. P. Dutton and Company, Inc., 1943.

Ku Hung-Ming (tr.), *Higher Education*, Accessed http: thebamboosea. wordpress. com, 2017 - 2 - 24.

Lau, D. C. (tr.), *Mencius*, London: Penguin Books, 2003.

Lau, D. C. (tr.), *Confucius: The Analects*, Beijing: Zhonghua Book Company, 2008.

Legge, James (tr.), *The Sacred Books of China: The Texts of Confucianism*, Oxford: The Clarendon Press, 1855.

Legge, James (tr.), *The Yǐ King*, Oxford: The Clarendon Press, 1882

Legge, James (tr.), *The Texts of Tâoism*, Oxford: The Clarendon Press, 1891.

Legge, James (tr.), *The Yǐ King*, Oxford: The Clarendon Press, 1899.

James Legge (tr.), *The Hsiao King, Or Classic of Filial Piety*, James Legge(tr.), *The Sacred Books of the East: The Texts of Confucianism*, Vol. III, Oxford: Clarendon Press, 1899

Legge, James (tr.), *The Works of Mencius*, Taipei: SMC Publishing Inc., 1991.

Legge, James (tr.), *The Chinese Classics*, Vol. 1, *Confucian Analects, The Great Learning, and The Doctrine of the Mean*, Taipei: SMC Publishing Inc., 1991.

Legge, James (tr.), *The Chinese/English Four Books*, 刘重德、罗志野(校注), Changsha: Hunan Press, 1992.

Legge, James (tr.), *Book of Changes*, 秦颖、秦穗(校注), Changsha: Hunan Press, 1993.

Legge, James (tr.), *The Analects*, Beijing: Yilin Press, 2010.

Legge, James (tr.), *The Doctrine of the Mean*(《中庸》英汉对照), Beijing: Foreign Language Teaching and Research Press, 2011.

Legge, James (tr.), *The Shoo King (The Chinese Classics*, Vol. Ⅲ), Shanghai: East China Normal University Press, 2011.

Lescourret, Marie-Anne, *Emmanuel Levinas*, Paris: Flammarion, 1994.

Levefere, André, "Preface," in André Lefevere (ed.), *Translation / History / Culture—A Sourcebook*, Shanghai: Shanghai Foreign Language Education Press, 2004: xi – xii.

Lin Yutang (ed. and tr.), *The Wisdom of China and India*, New York: Random House, 1942.

Long, L, "History and Translation," in Kuhiwczak, Piotr & Littau, Karin. (ed.), *A Companion to Translation Studies*, 2007: 63 – 76.

Lowell A & Ayscough F. (ed. and tr.), *Fir-flower Tablets: Poems From the Chinese*, Westport Connecticut: Hyperion Press, 1971.

Luo Guanzhong, *San Kuo, or Romance of the Three Kingdoms*, (tr.) Brewitt-Taylor, C. H. Shanghai: Kelly & Walsh, 1925.

Lyall, Leonard A. and King Chien-Kün (tr.), *The Chung-Yung or The Centre, The Common*, London: Longmans, Green and Co. Ltd., 1927.

Lynn, Richard John (tr.), *The Classic of Changes: A New Translation of the I Ching as Interpreted by Wang Bi*. New York: Columbia University Press, 1994.

Marshman, Joshua. *Elements of Chinese Grammar: with a Preliminary Dissertation on the Characters, and the Colloquial Medium of the Chinese, and an Appendix Containing the Tahyoh of Confucius with a Translation*. Malacca: The Mission Press, 1814.

McNeill, William and Davis, Julia, "Translators' Foreword," In Martin

Heidegger, *Hölderlin's Hymn "The Ister"*, Bloomington and Indianapolis: Indiana University Press, 1996.

Minford, John (tr.), *I Ching, The Book of Change*, New York: Penguin Group, 2014.

Morrison, Robert (tr.), *Hore Sinice: Translations from the Popular Literature of the Chinese*, London: Black and Parry, 1812.

Muller, A. Charles (tr.), *The Analects of Confucious*, Accessed http://www.acmuller.net/con-dao/analects, html, 2016.5.20.

Nietzsche, F., *The Will to Power*, (tr.) Walter Kaufmann and R. J. Hollingdale, New York, Vintage, 1968.

Owen, Steven, *Reading in Chinese Literary Thought*, Cambridge, Mass: Council on East Asian Studies, Harvard University, 1992.

Pangle, T. L. (ed.), *The Rebirth of Classical Political Rationalism*, Chicago: University of Chicago Press, 1989.

Pearson, Margaret J. (tr.), *The Original I Ching: An Authentic Translation of The Book of Changes*, Tokyo: Tuttle Publishing, 2011.

Plasks, Andrew, *Ta Hsueh and Chung Yung (The Highest Order of Cultivation and On the Practice of the Mean)*, London: Penguin Books, 2003.

Pound, Ezra (tr.), *Confucius: The Great Digest, The Unwobbling Pivot, The Analects*, New York: A New Directions Book, 1960.

Pym, A, "Philosophy and Translation," in Kuhiwczak, Piotr and Littau, Karin(ed.), *A Companion to Translation Studies*, 2007: 24-44.

Qian Zhongshu, "The Return of the Native," in Qian Zhongshu, *A Collection of Qian Zhangzhou's English Essays*, Beijing: Foreign language teaching and research press, 2005: 350-367.

Rorty, Richard, *Contingency, Irony and Solidarity*, Cambridge: Cambridge University Press, 1989.

Rosemont, Henry Jr. and Roger T. Ames (tr.), *The Chinese Classic of Family Reverence: A Philosophical Translation of The Xiaojing*, Honolulu:

Unversity of Hawai'i Press, 2009.

Russell, Bertrand, *A History of Western Philosophy*, New York: Simon and Schuster, 1945.

Schaefer, M. P. (tr.), *I Ching/Yi Jing (The Book of Changes/ the Fortune Telling Classic)*, London: CreateSpace Independent Publishing Platform, 2014.

Shaughnessy, Edward L., *Unearthing the Changes: Recently Discovered Manuscripts of the Yi Jing(I Ching) and Related Texts*, New York: Columbia University Press, 2014.

Smith, Richard J. (tr.), *The I Ching: A Biography*, Princeton: Princeton University Press, 2012.

Toury, G., *Descriptive Translation Studies and Beyond*, Amsterdam: John Benjamins Publishing Co., 1995.

Trainor, Robert (tr.), *I Ching*, Independently published, 2015.

Waley, Arthur (tr.), *The Analects*, Beijing: Foreign language teaching and research press, 1998.

Waley, Arthur (tr.), *The Analects*, Beijing: Foreign Language Teaching and Research Press, 2010.

Watson, Burton (tr.), *Zhuangzi: Basic Writings*, New York: Columbia University Press, 2003.

Wolfe, Kenneth B. (tr.), *The Classic of Filial Piety*, https://www.amazon. com/Classic-Filial-Piety-tranlated-Kenneth-ebook/dp/B017PO3I1G/ref, Accessed 15th May, 2017.

Wong, Siu-kit (tr.), *Early Chinese Literary Criticism*, Hong Kong: Joint Publishing Co., 1983.

Yang, Hsien-yi and Gladys Yang (tr.), *A Dream of Red Mansions*(Volume I), Beijing: Foreign Language Press, 1994.

图书在版编目(CIP)数据

翻译理论的中庸方法论研究 / 蔡新乐著. —— 南京：南京大学出版社，2019.12
ISBN 978-7-305-07132-4

Ⅰ.①翻… Ⅱ.①蔡… Ⅲ.①翻译理论—研究 Ⅳ.①H059

中国版本图书馆 CIP 数据核字(2019)第 189709 号

出版发行	南京大学出版社
社　　址	南京市汉口路 22 号　　邮　编　210093
出 版 人	金鑫荣
书　　名	翻译理论的中庸方法论研究
著　　者	蔡新乐
责任编辑	焦腊文　张　静
照　　排	南京南琳图文制作有限公司
印　　刷	江苏凤凰通达印刷有限公司
开　　本	635×965　1/16　印张 44.75　字数 645 千
版　　次	2019 年 12 月第 1 版　2019 年 12 月第 1 次印刷
ISBN	978-7-305-07132-4
定　　价	128.00 元

网址：http://www.njupco.com
官方微博：http://weibo.com/njupco
官方微信号：njupress
销售咨询热线：(025) 83594756

* 版权所有，侵权必究
* 凡购买南大版图书，如有印装质量问题，请与所购图书销售部门联系调换